심리학총서

성 격 심 리 학

민 경 환

法 文 社

존경하는 은사 里仁 鄭良殷 선생님의
80회 생신을 기려 이 책을 헌정합니다.

머리말

성격심리학을 가르치기 시작한 지 10년째 되는 해에 이 책을 내놓는다. '성격심리학'을 쓰겠다고 마음을 먹은 지는 5년 남짓하다. 지난 10년 동안 Mischel, Ross, Pervin 등의 영어로 된 책들을 차례로 교재로 쓰면서 다음과 같은 이유 때문에 우리말로 된 '성격심리학'의 필요성을 절감하였다. 첫째, 영어로 된 책은 그 내용을 학생들에게 전달하기에 급급해서 학생들과 토론을 하거나 새로운 세계로 함께 지적 여행을 떠나는 것이 거의 불가능했다. 둘째, 남들이 쓴 책에는 내가 가르치고 싶은 내용이 빠져 있거나 중요하지 않다고 생각되는 내용들이 많았다. 결과적으로 나와 학생들은 남들이 정해 놓은 교과서의 내용에 묶이게 되었다. 이 두 가지는 모두 강의와 학습을 수동적, 타율적으로 만들어서 가르치고 배우는 재미를 반감시켰다. 그래서 내 마음에 맞는 '성격심리학'을 쓰겠다고 마음먹고 지난 5년 동안 대학과 대학원에서 성격심리학을 가르치면서 꾸준히 자료를 모아 왔으나 게으른 성격 때문에 일의 진척이 무척 더뎠다. 다행히 작년에 연구교수로 선정되어 일년 동안 정리할 시간을 얻어 마침내 부족한대로 마무리를 지을 수 있었다.

성격심리화을 쓰는 사람은 책의 구성을 놓고 고민을 한다. 성격심리학이 대 이론 중심으로 발전해 온 만큼 주요 이론들을 차례로 소개하는 방식으로 책을 구성할지 혹은 다른 분야와 마찬가지로 주제 중심으로 책을 구성할지 갈등을 겪는다. 이론 중심이 되면 통일성은 있으나 꼭 심리학사 같은 느낌이 들어서 살아 숨쉬는 학문같지가 않고, 주제 중심으로 구성하면 하나의 이론이 여기저기에 흩어져 소개되므로 해당 이론에 대한 통합된 이해가 어려워진다.

'성격심리학'의 경우에 고민 끝에 절충적인 방식을 택하였다. 주제별로 책을 구성하되 하나 하나의 이론이 해체되지 않고 관련주제를 다룬 장에서 통일성을 갖추어 소개되도록 하였다. 그러므로 특질이론은 「제2장 성격의 개인차: 특질과 유형」에서, 정신역동이론은 「제3장 성격의 역동」에서, 사회인지이론은 「제4장 성격의 인지 요소」와 「제9장 자기」에서, 그리고 현상학적 이론은 「제5장 성격의 정서 및 동기 요소」와 「제9장 자기」에서 각각 다루었다. 만족스럽지는 못하지만 성격이론의 통일성과 성격연구의 현장감을 모두 살리기 위한 최선의 방법이라고 생각했다. 한편 「제1장 성격과 성격심리학」에서는 성격의 정의와 성격심리학의 개요를 소개했고, 「제6장 성격의 유전과 발달」, 「제7장 성격과 적응」, 「제8장 성격의 평가」에서는 성격심리학의 전통적인 주제들을 각각 다루었다. 이 책의 마지막 네 장을 구성하는 「제9장 자기」, 「제10장 공격성」, 「제11장 성, 애착, 사랑」, 「제12장 예술가」는 성격심리학의 주제로서도 중요하지만 모든 사람들이 일생을 두고 관심을 가져야 할 삶의 핵심주제라는 생각에서 포함시켰다. 이 주제들을 중심으로 관련된 책을 읽거나 보고서를 작성하거나 교실에서 토론을 하면 좋을 것이다.

'성격심리학'을 쓰면서 세 가지 목표를 정했다. 첫째 이 책에서 다루는 주제들이 살아있는 내용으로 학생들에게 다가가도록 할 것, 둘째 이 책에서 지식을 얻는데 그치지 않고 많은 생각을 유도할 수 있도록 할 것, 셋째 이 책을 통해서 학생들의 사고와 인식의 지평이 넓어지도록 할 것 등이다. 각 장을 주제 중심으로 구성한 것이나 공격성과 사랑 등 개인적이며 사회적인 삶의 중요한 주제들을 포함한 것, 다른 학문이나 예술과의 연결성을 강조한 것, 그리고 무엇보다도 객관적인 기술에 만족하지 않고 개인적인 의견을 여기저기서 피력한 것 등은 이 목표들에 충실하고자 했던 때문이다. 책을 완성한 시점에서 보니 그리 생동감이 있거나 깊이 있게 쓰여지지 못한 부분들도 많이 눈에 띄어 이 목표들은 반밖에 달성하지 못한 느낌이다. 그러나 이 목표들이 (좋은 방향으로든 나쁜 방향으로든) 이 책의 아이덴티티를 구성하는 데 한 몫을 한 것만은 사실이다.

막상 '성격심리학'을 탈고하고서 보니 마음에 걸리는 것들이 많다. 우선 대학생 수준에서 혼자 공부하기에는 내용이 상당히 어렵다는 평을 들었다. 성격에 관한 사고와 인식을 깊고 넓게 유도하는 책을 만들려는 욕심에서 비롯된 것이었는데 필자의 표현력 부족으로 공연히 어렵게 만든 경우도 자주 눈에 띄었다. 개정판을 기약하면서 우선 강의하시는 분들이 수업 시간에 잘 설명해 주시기를 부탁드릴 따름이다. 또한 필자의 견문과 성의 부족으로 한국에서 수행된 연구들을 제대로 반영하지 못하였다. 관련 연구들을 필자에게 알려주시면 개정판에서 반영하도록 노력할 것을 약속드린다. 마지막으로 이 책은 체제와 내용에서 Pervin의 'The Science of Personality'에 꽤 많은 빚을 지고 있다. 필자가 지난 6년간 강의교재로 활용해왔던 책으로서 성격심리학 교과서로는 가장 훌륭하다고 생각했던 탓에 참고를 많이 했다. 그러나 '성격심리학'을 구성하는 내용의 대부분은 필자가 학부 및 대학원 수업에서 다루었던 문헌들을 정리하여 재구성한 것으로 나름대로 필자의 땀과 개성을 담았다고 자부한다.

'성격심리학'과 관련해서 세 분의 스승이 생각난다. 대학원 시절의 지도교수로 심리학의 눈을 뜨게 해주셨던 정양은 선생님, 동향의 선배이자 한국의 성격심리학의 선구자로서 학문과 인품 모두에서 흠모했던 고(故)김성태 선생님, 그리고 필자에게 성격심리학을 가르쳐주시고 서울대학교에서 성격심리학을 가르칠 수 있도록 길을 열어주신 조대경 선생님, 이 세 분 선생님의 큰 은혜에 감사드린다. 또한 관악산에서의 삶을 훈훈하게 해준 이관용 선생님을 비롯한 동료 선후배 교수들과 10여 년에 걸친 산책동료인 이준구 교수와 이지순 교수에게도 고마운 마음을 표한다.

게으른 성품 탓에 마지막 순간까지 초읽기 작업을 했다. 마무리 작업을 도와준 성격방의 김지현선생, 최해연, 장승민, 유경, 김영철군 등 대학원생들과 아내와 아들 철홍에게 감사의 뜻을 전한다. 좋은 책을 만들고자 애를 쓰신 법문사의 김제원 차장을 비롯한 편집진께도 감사드린다.

마지막으로 필자가 요만큼의 성격이라도 갖추고 살아가는 것은 모두 부모님 덕분이다. 두 분께 큰 절을 올린다.

2002년 봄,
관악 연구실에서
민경환

차 례

제 1 장

성격과 성격심리학

로댕, 〈생각하는 사람〉 1880
생각으로부터 모든 지식이 잉태된다. 성격심리학도 인간에 대한 사색이 그 단초이다.

1 성격과 성격심리학

"인간은 갈대, 즉 자연에서 가장 약한 존재에 지나지 않는다. 그러나 인간은 생각하는 갈대이다."

—파스칼, 명상록—

사람들은 아마추어 성격심리학자로 일생을 살아간다. 어린아이는 자신을 타인과 구별할 수 있게 되면서부터 자신에 관한 질문을 던지고 주위사람들의 성격을 파악하려고 애쓴다. 이러한 노력은 평생 지속되는데, 왜냐하면 자신과 타인에 관해서 정확하고 충분하게 아는 것은 생존에 필수적이기 때문이다.

성격에 대한 관심은 인생의 전환점에 있거나 삶이나 인간관계의 중요한 결정을 내려야 할 때 특히 뚜렷해진다. 사춘기와 중년기, 노년기에 접어드는 시점에서 대부분의 사람들은 자기(성격심리학의 용어로 'self')에 관해서 많은 질문을 한다. 이러한 자기에 관한 질문은 대학에서 전공을 선택하거나 졸업후 직장을 결정할 때에도 집중적으로 반복된다. 한편 친구를 사귀거나 결혼을 하거나 사업상의 동료를 선정할 때, 사람들은 상대방의 성격에 관해서 알려고 노력하고 그 결과에 따라 결정을 내리곤 한다. 한 예로서, 많은 문화권에서 성격은 배우자를 선택하는데 가장 중요한 기준으로 자리잡고 있다.

성격에 관한 질문과 대답을 보다 체계적으로 만들려는 노력은 인간의 지식의 역사와 거의 일치한다. 그리스의 플라톤과 아리스토텔레스, 인도의 싯다르타, 중국의 공자와 맹자 등은 수천년전에 도달한 인간에 관한 깊은 통찰을 후세에 남긴 고전적인 성격심리학자들이다. 인간의 성격에 관한 예리한 관찰이라는 면에서는 학자들보다 오히려 시인과 작가들이 더욱 뛰어나다. 호메로스, 아리스토파네스, 사포, 셰익스피어, 브론테 자매, 모파상, 도스토에프스키, 버지니아 울프, 가와바다 야스나리, 김동인, 최인호 등은 인간에 대한 통찰력을 바탕으로 수많은 독자들을 감동시킨 탁월한 낭만적 성격심리학자들이다.

그러나 이러한 아마추어적인 성격심리학은 개인의 통찰능력에 주로 의존하고 있다는 점에서 한계가 있다. 성격심리학의 지식을 생성하고 확인하고 정리하고 축적하는 체계적인 작업에는 과학의 손길이 필요하였다. 심리학적 질문과 과학적 방법론의 결합은 1879년 Leibzig대학의 Wundt에 의해서 처음 시도되었는데(심리학자들은 1879년을 과학적 심리학이 탄생한 해라고 부른다), 성격심리학이 이 새로운 과학적 심리학 내에서 그 존재를 확고하게 한 것은 1930년대에 들어서이다. 성격심리학의 고전인 Gordon Allport의 'Personality: A Psychological Interpretation'과 Henry Murray의 'Explorations in Personality'가 1937년과 1938년에 각각 출간되었던 것이다. 성격심리학의 공동 창시자라고 불릴 수 있는 이 두 사람에 의해서 성격심리학의 정체가 확립되고 연구주제 및 연구방법들에 관한 기본적인 틀이 제시되었다.

이 장에서는 성격심리학이란 어떤 학문인가를 소개하는데 초점을 맞춘다. 따라서 성격심리학자들이 제시하는 성격의 정의를 우선 소개하고, 성격심리학의 특징 및 심리학에서의 위치, 성격심리학의 역사와 연구주제들, 성격심리학의 연구전통, 주요한 성격이론들을 개관한다.

성격의 정의

성격은 심리학의 용어일 뿐 아니라 일상적인 삶에서 자주 사용하는 생활용어이기도 하다. 따라서 모든 사람들이 성격이 무엇인가에 관한 생각을 갖고 있으며, 성격을 특별히 정의하지 않은 채로 성격이 좋다느니 나쁘다느니, 혹은 성격이 강하다느니 약하다느니 하는 대화를 나누곤 한다. 한편, 심리학 내에서 성격의 정의는 학자들의 개인적인 선호나 이론의 강조점의 차이에 따라 다양하다. 그 중 대표적인 정의 몇을 소개하면 다음과 같다.

…환경에 대한 개인의 독특한 적응을 결정하는 개인 내의 정신신체적 체계들의 역동적 조직(Allport, 1937, p. 48).

…개인의 행동의 세부사항들에 대한 가장 적절한 개념화(McClelland, 1951, p. 69).

…개인의 고유한 특성패턴(Guilford, 1959, p. 5).

…개인의 행동을 한 시점으로부터 다른 시점까지 일관성있게 하고, 다른 사람들이 유사한 상황에서 보일 행동과 다르게 만드는, 상당히 안정적이고 내적인 요인들(Child, 1968, p. 83).

…개인의 삶에 방향과 패턴(통일성)을 부여하는 인지, 감정, 행동의 복합적 조직(Pervin, 1996, p. 414).

위의 정의들 중 가장 고전적이고 많은 학자들 사이에 보편적으로 받아들여지고 있는 정의는 Allport의 정의로서 이 책에서도 그의 정의를 따른다. 그러나 위의 다양한 정의들은 서로 다른 면을 강조하고 있을 뿐 상호 모순되거나 배타적인 것은 아니다. 따라서 성격개념의 중요한 특징들은 위의 정의들을 종합함으로써 추출될 수 있는데, 그것을 정리하면 다음 5가지 요소로 열거될 수 있다. 즉 성격은 (1)내적 속성으로서, (2)통합성, (3)고유성, (4)일관성, (5)역동성을 지닌 존재이다. 이들 성격의 속성을 각각 자세히 설명하면 다음과 같다.

1. 성격은 내적 속성이다.

성격은 직접 관찰될 수 없으며, 외적으로 접근할 수 있는 현상을 관찰함으로써 간접적으로 측정될 수 있을 뿐이다. 심리학자는 성격검사를 실시하여 얻은 반응들로부터 피검자의 성격특성을 추론한다. 또한 사람들은 친구나 지인들의 성격을 그들의 행동을 관찰함으로써 추론하곤 한다. 물론 내적 존재인 성격과 성격추론의 근거가 되는 외적 현상(주로 행동) 간의 관계는 항상 일치하는 것은 아니기 때문에 성격판단에서 오류를 낳기도 한다. 이러한 오류는 행동을 결정하는 요소가 성격만이 아니기 때문에(다른 요소들로, 상황이나 역할, 규범 등을 열거할 수 있다) 불가피하다. 성격심리학에서 개인의 성격을 타당하고 신뢰롭게 측정하는 일은 이론의 검증에서나 실용적인 면에서도 무척 중요한 문제이다.

성격의 내적 속성은 과거에 행동주의 심리학자들의 공격대상이 되었다. 관찰될 수 있는 현상만을 타당한 자료로 간주하는 행동주의 심리학에서 성격은 비과학적인 개념으로 배척되었다. 그러나 심리학의 많은 중요한 개념들은 내적 속성을 지니고 있다. 성격과 더불어 가장 중요한 개인차의 차원으로 간주되는 지능도 내적 속성을 갖고 있다. 행동주의 심리학이 쇠퇴한 오늘날 성격개념의 내적 속성을 공격하는 심리학자는 거의 없다.

2. 성격은 정신신체적 체계들(인지, 감정, 행동)의 통합과정이다.

성격심리학에서는 부분적인 심리과정들보다는 이들이 어떻게 통합되어 전체로서 작용하는지에 더욱 관심을 갖는다. Allport 당대와는 달리 최근에는 인지와 정서에 대한 연구가 많이 진행되었다. 따라서 오늘날의 연구자들은 막연히 정신신체적 체계들의 통합과정으로 성격을 이해하는 대신 인지와 감정과 행동이 통합되는 양식에 관심을 갖고 성격을 연구한다. 이러한 연구방향은 개인차라는 좁은 영역에만 관심을 보여왔던 성격심리학의 시야를 넓히고 실험심리학과의 상호교류를 촉진시킨다는 점에서 환영할 만하다.

3. 개인은 고유한 성격을 갖고 있다.

심리학의 대부분의 영역에서는 인간의 심리과정이 보편적이라는 가정하에 이 보편적인 법칙을 발견하기 위한 연구를 수행한다. 학습심리학에서 발견된 망각곡선이나 사회심리학의 귀인오류 등은 사람들에게 보편적으로 적용되는 현상이나 법칙으로 간주된다. 그러나 성격심리학에서는 성격이 개인에 따라 다르다고 가정한다. 성격검사는 각 개인의 성격을 확인하기 위하여 사용하는 도구로 개인차가 있다는 가정에서 출발한다. 물론 이때 적용되는 성격차원들(예: 외향성-내향성, 지배성-복종성 등)은 사람들에게 보편적으로 적용될 수 있다고 연구에서 밝혀진 차원들이다. 그러나 Gordon Allport와 같은 학자는 좀 더 나아가서 개인의 성격은 어떤 성격차원에서 다른 사람들과 비교하는 방법으로는 이해될 수 없는 고유성을 갖고 있다고 주장한다. 어떤 사람을 제대로 이해하기 위해서는 그 사람에게 적용되는 인식의 틀을 사용하여 집중적으로 연구해야 한다는 것이다. 개별사례연구법(idiographic approach)이라 불리는 이 연구법은 개인의 이해가 필수적인 임상장면에서 특히 적절하다.

4. 성격에는 일관성이 있다.

성격의 일관성에는 두 가지 상이한 의미가 포함되어 있다. 하나는 시간에 따른 일관성을 지칭하고 다른 하나는 상황에 따른 일관성을 의미한다.

시간에 따른 일관성은 안정성으로도 불리는데 심리학자들은 성격을 상당히 안정적인 존재로 파악한다. 물론 성격이 불변하는 것은 아니며 어느정도는 변화하기도 한다. 오랜 세월에 걸쳐 성격이 성장하기도 하고 매일매일 단기적인 변동을 보이기도 한다. 그러나 성격심리학자들은 이러한 비안정성이 피상적인 것일 따름이며 이러한 피상적 변동의 배후에는 연속성이 내재하고 있다고 생각한다. 이러한 안정성의 가정은 우리들의 일상체험과 일치한다. 예를 들어, 우리는 친구의 성격이 만날 때마다 변한다고는 생각하지 않는다. 만약 그렇다면 우리의 인간관계는 예측불가능한 게임이 될 것이다. 물론 드물게 '괄목상대' 할 만큼 변모된 모습을 보여주는 친구도 있지만 그런 경우에도 옛날의 그와 새로운 그를 융합하여 하나의 통일된 전체로 파악할 수 있으며, 그가 여전히 동일한 사람이라고 확신할 수 있는 것이다. 한편, 일생에 걸친 성격변화의 정도나 과정은 성격심리학의 중요한 연구과제들 중의 하나로서 열띤 학문적 논쟁의 대상이기도 하다.

한편 특질이론을 신봉하는 성격심리학자들은 성격이 시간에 걸쳐 상당히 안정성이 있을 뿐 아니라 상이한 상황에서도 일관된 행동을 낳게 한다고 주장한다. 예를 들면, 지배적인 성격을 가진 사람은 다양한 상황들(회의, 파티, 운동경기, 세미나 등)에서 일관되게 지배적인 행동을 보인다는 것이다. 이러한 행동의 일관성 가정은 과거 20여 년간 논쟁의 초점이 되었다. 심리학자들은 행동을 결정하는데 성격과 상황 중 어느 쪽이 더 중요한가를 놓고 논쟁을 벌였는데, 이러한 성격 대 상황의 공방은 아직도 완결된 것은 아니지만 오늘날 많은 심리학자들은 행동결정에 있어서 성격의 중요성을 재인식하고 있다.

5. 성격은 역동적이다.

성격은 내적 역동성과 외적 역동성을 지니고 있다. 성격의 내적 역동성은 Freud의 정신역동이론에서 잘 드러난다. Freud에 따르면 사람의 마음은 원초아(id)와 자아(ego), 초자아(superego)의 세 성분으로 구성되어 있으며 이 셋 간의 역동이 마음의 모든 활동을 지배한다. 한편, 성격의 외적 역동성은 상황과의 관계에서 표출되는 역동성을 의미한다. 성격과 상황은 단순히 상호작용하여 행동을 산출하는 평면적인 관계가 아니라, 서로 선택하고 영향을 주고 변화시키며 시간에 따라 그 관계의 질이 변화하는 역동적 관계인 것이다.

성격심리학의 특징

성격심리학은 독특한 영역이다. 이러한 독특성은 성격심리학이 다른 심리학의 영역들과 달리 인격의 전체성과 주체성, 고유성에 대한 신념을 바탕에 두고 있기 때문이다. 성격심리학이 무엇이며 무엇을 하는 분야인가는 이 세 특징들을 부연 설명함으로써 이해될 수 있다.

첫째, 성격심리학에서는 무엇보다도 인간 전체에 관심을 갖는다. 심리학의 다른 분야들을 보면, 지각이나 학습, 사회행동 등 인간의 특정 측면에 관심을 둔다. 그러나 성격심리학은 단편적인 지식들보다는 총체적 인간행동에 관심을 가진다. 성격심리학에서는 삶 속의 의미있는 행동에 관심을 갖는데, 의미있는 행동이란 과학을 위해서 고립되고 정제된 행동이 아니라 삶의 현장에서 관찰되는 통합되고 자연스러운 행동인 것이다.

둘째, 성격심리학에서는 행동의 원인을 환경이나 생물학적 요인들보다는 개인의 성격에서 찾는다. 물론 성격 자체가 생물학적 조건들이나 과거의 학습의 결과라는 사실을 부정할 수는 없다. 그러나 성격이 어떤 경로로 형성되었든 성격심리학에서는 현재의 행동을 환경이나 생물학적 요인들 보다는 성격에 귀인시키는 접근을 택한다. 최근의 성격심리학자들은 성격을 행동의 배후과정일 뿐만 아니라 행동을 통하여 환경조건들을 변형시키는 적극적인 역할을 하는 것으로 파악하기도 한다. 성격심리학이 개인에게 부여하는 중요성은 인간을 피동적이고 결정론적으로 파악하는 심리학의 행동주의 전통에서 볼 때 무척 이색적이다.

셋째, 심리학 대부분의 영역들이 인간행동의 보편적 법칙을 추구하는데 비해서 성격심리학에서는 전통적으로 개인 간의 차이에 초점을 맞추어 왔다. 물론 성격심리학이 관심을 갖는 개인차는 피상적인 수준에서의 개인차가 아니라 기본적 경향이나 성질, 성향 등에서의 개인차이다. 전통적 성격심리학을 대표하는 정신역동이론과 특질이론을 살펴보면 개인차의 중요성이 이론자체에 내재되어 있음을 알 수 있다. 정신역동이론은 개인을 진단하고 치료하는 임상장면에서 발달된 이론이며, 특질이론은 사람들이 성격의 여러 차원들에서 양적으로 차이가 있음을 인정한다. 또한, 두 이론에서 모두 개인차를 측정하기 위한 측정도구의 개발이 중요한 위치를 차지해 왔다. 그러나 성격심리학이 개인차에만 관심을 갖고 보편적 심리과정에는 관여하지 않는다는 생각은 잘못이다. 대부분의 성격이론들은 심리과정의 보편성과 개인차를 다같이 함축하고 있다. 예를 들어, 정신역동이론에서는 모든 인간의 마음은 원초아, 자아, 초자아의 세 구성 성분으로 이루어져 있으나 각 성분의 강도는 개인에 따라 다르다고 본다.

심리학 속에서의 성격심리학

위에서 언급한 성격심리학의 특징인 인격의 전체성과 주체성과 고유성의 존중 때문에 성격심리학은 심리학 내에서 아주 독특한 위치를 차지한다. 성격심리학은 다음과 같은 점들에서 심리학의 꽃으로 불릴 수 있다.

첫째, 성격심리학은 종종 심리학을 대표하는 영역으로 간주된다. 우선 많은 사람들이 성격심리학의 영역에 해당되는 의문들에 끌려서 심리학에 관심을 갖거나 입문을 한다. 즉 심리학의 문외한들이 심리학에 대한 관심을 표명할 때, 그리고 많은 심리학자들이 심리학을 처음 선택할 때 던지는 질문들(예컨대, 나의 성격은 어떨까? 내 성격을 고칠 수 있을까? 다른 사람들의 성격을 판별해 낼 수 있을까? 등)이 성격심리학의 영역이다. 아마도 진지한 탐구자들(학자든 일반인이든)이 보편적으로 갖고 있는 중심주제인 '인간이란 무엇인가?'의 질문에 가장 접근해 있는 것이 성격심리학이라고 할 수 있다. 그러므로 식물의 정체성이 흔히 꽃으로 표현되듯 심리학의 정체성은 다른 무엇보다도 성격심리학적 질문에서 발견된다고 할 수 있다.

둘째, 심리학의 다양한 영역들(생리, 지각, 학습, 인지, 정서, 동기 등)에서 발견된 지식이 성격의 틀 안에서 종합된다. 앞에서 성격을 "개인의 삶에 방향과 패턴(일관성)을 부여하는 인지, 감정, 행동의 복합적 조직"이라고 정의한 바 있다. 식물의 여러 부분들(잎, 줄기, 뿌리 등)이 협동하여 꽃을 피우듯이 심리학의 다양한 영역들이 협동하여 성격심리학이라는 꽃을 피운다.

셋째, 성격심리학의 이론들은 다른 이론들에 비하여 연구자의 주관적 가치와 미적 가치를 크게 반영하는 경향을 보인다. 성격심리학에 내재하고 있는 전체성 때문에 성격이론에는 대 이론(grand theories)이 많으며, 이러한 대 이론들에서는 사실과의 부합성보다는 이론의 일관성, 설명범위, 인상 등 미적 가치에 의존하여 평가를 하게 된다. 또한 부분적 현상보다는 인격 전체를 대상으로 하는 성격이론에서 연구자들이 보다 자아관여적인 태도를 보이는 것도 자연스러운 일이다. 이점은 식물에서 꽃이 주로 미적 가치와 주관적 선호에 의해 평가되는 것에 비유될 수 있다.

심리학이 자연과학과 사회과학의 접점에 위치하듯이 성격심리학은 심리학의 모든 영역의 지식들이 수렴되고 방사되는 중심부에 위치한다. 따라서 성격심리학은 심리학의 다른 모든 영역들과 직접적으로 상호 지식을 교환하면서 연결되어 있다. 심리학에서 특히 성격심리학과 밀접한 관련을 맺고 있는 분야는 사회심리학, 발달심리학, 그리고 임상심리학이다.

사회심리학은 여러 면에서 성격심리학과 가장 친근하며 동시에 대립되는 성격을 지닌 분야이다. Lewin의 유명한 공리에 따르면 행동(Behavior: B)은 개인(Person: P)과 상황(Situation: S)의 함수, 즉 B=f(P, S)이다. 이 공리는 행동을 충분히 설명하기 위해서는 성격과 상황이 함께 고려되어야 한다는 사실을 지적한다. 사실상 성격심리학과 사회심리학은 학회와 학술잡지를 공유하며 공동의 학술활동을 전개하는 경우가 많다. 예를 들어, 미국의 심리학회에서는 성격심리학자들과 사회심리학자들이 'Society for Personality and Social Psychology' 에서 함께 학술활동을 하며 'Journal of Personality and Social Psychology' 라는 잡지를 만들어 논문발표의 장으로 함께 이용하고 있다. 이 점은 한국에서도 마찬가지로, 한국심리학회 산하에 '사회 및 성격심리학회' 가 구성되어 학회활동을 공유하며 공동으로 학술지 '사회 및 성격' 을 발간하고 있다. 한편, Lewin의 공리에서 추정할 수 있듯이 성격과 상황의 관계는 길항적이기도 하다. 즉, 행동에 관한 설명에서 상황이 강조될수록 성격이 간과되고, 성격이 강조될수록 상황이 중요하지 않게 평가되곤 한다. 1970년 이후 한때 상황의 영향이 과대평가되면서 성격의 지위가 위태로웠던 때가 있었다. 오늘날에는 성격의 중요성이 새로이 평가되고 있고 사회심리학자 중에 성격에 관심을 갖고 연구하는 이들도 적지 않다. 그러나 사회심리학과 성격심리학 사이의 과도한 밀착은 성격심리학 입장에서 보면 다른 연결고리들(예: 발달심리학과 임상심리학)을 약화시키는 결과를 초래할 수 있다는 점에서 조심해야 할 일이기도 하다.

발달심리학 역시 성격심리학과 깊은 관계를 맺고 있다. 성격발달(정서 및 사회성 발달을 포함할 때)은 인지발달과 더불어 발달심리학의 두 축을 구성한다. 성격은 단기간에 만들어지는 것이 아니라 어린시절부터 오랜 세월을 두고 서서히 형성되기 때문에 대부분의 포괄적인 성격이론들은 성격발달에 관한 이론을 포함하고 있다. 정신역동이론에서 성감대의 이동에 따라 발달단계를 나누고 각 단계에서의 적응의 적절성이 성격형성에 미치는 영향을 제시한 것이 그 한 예이다. 그밖에도 애착, 자기발달, 도덕발달, 정서발달, 성적발달 등에 관한 연구들이 모두 성격심리학과 발달심리학의 접점에서 이루어지고 있다. 최근에는 이러한 주제들을 아동기에 국한시키지 않고 청년기, 장년기, 중년기, 노년기를 포함한 일생동안에 걸친 변화에 관심을 두고 연구하고 있다. 성격심리학과 발달심리학간의 협력은 두 분야 모두에 다양성과 깊이를 더해줄 수 있다는 점에서 유용하다고 본다.

임상심리학은 성격심리학과 가장 밀접한 관계를 맺고 있는 응용분야이다. 성격심리학에서 축적한 많은 지식이 임상장면에서 환자의 진단과 치료에 활용된다. 한편, 임상장면은 성격심리 연구자들이 자료를 수집할 수 있는 좋은 기회를 제공한다. Freud의 성격이론은 의사로서 Freud가 환자들을 진료하면서 얻은 통찰과 지식을 기초로 해서 구성된 것이다. 그 외에도 많은 임상심리학자들(Erikson, Murray, Kelly, Rogers, Maslow, Bandura 등)이 이상행동의 관찰에서 비롯된 성격이론을 제시하였다. 오늘날에는 정상인의 성격을 다양한 심리학의 연구방법을 사용하여 독립적으로 연구하는 성격심리학자들이 증가하고 있으나 임상심리학은 여전히 성격심리학과 뗄 수 없는 관계를 유지하고 있다.

성격심리학을 '꽃'에 비유하는 화려한 수사에도 불구하고 성격심리학의 최근 위상이 Allport나 Murray 등이 활약했던 전성기만 못한 것은 사실이다. 그 주요한 이유는 심리학이 전문분야들로 분화해서 발전해가고 있을 때에 성격심리학은 유독 일반심리학(general psychology)의 속성을 보존해왔기 때문이라고 할 수 있다. 그러나 뒤집어보면 오히려 오늘날과 같은 전문가 시대에 전문영역을 개척해 나가는데 성격심리학의 복합적 성격이 대단히 유리하게 작용할 수 있기도 하다. 성격심리학에 기반을 두고 개척해 나갈 영역들을 몇 가지 나열해보면 다음과 같다: 정서지능을 비롯한 정서능력과 정서성향의 측정 및 개발과 관련된 영역, 예술적 재능의 측정과 발달에 관련된 영역, 범죄행위와 범죄성향의 분석 및 교도와 관련된 영역, 노년기의 성격 및 감정 변화와 관련된 영역 등등. 따라서 성격심리학은 앞으로 정서발달 전문가, 범죄심리 전문가, 예술적 재능의 측정과 개발 전문가, 노년심리 전문가 등 다양한 전문가 집단을 양성해 낼 수 있는 학문적 기반을 확보하고 있다고 볼 수 있다.

성격심리학의 역사와 연구주제

성격심리학의 역사

성격심리학이 탄생한 1930년대에서부터 현재에 이르기까지 성격심리학의 역사를 간략히 살펴보면 다음과 같다.

1930년대 및 1940년대

1. Gordon Allport의 'Personality: A Psychological Interpretation'(1937)과 Henry Murray의 'Explorations in Personality'(1938)가 출간됨.

2. Cattell과 Eysenck에 의해 요인분석 기법이 성격연구에 도입됨.

3. MMPI(Minnesota Multiphasic Personality Inventory, 미네소타 다면적 인성검사)가 개발됨.

4. 임상장면에서는 정신분석 이론이 영향을 끼치기 시작했고, Carl

Rogers의 이론이 형성되기 시작함.

5. 제2차 세계대전의 영향: 성격평가 기법의 개발과 권위주의에 관한 연구 등이 이루어짐.

1950년대

1. Rogers(현상학적 심리학 및 내담자 중심치료), Kelly(개인적 구성개념 이론), Cattell과 Eysenck(성격에 대한 요인분석적 접근) 등이 주요한 성격이론 발표.
2. 갈등과 같은 전통적인 임상분야의 현상들에 대한 실험연구 시도 (Dollard와 Miller 등).
3. 구성타당도 개념의 발달.
4. AAA, 즉 성취동기(achievement motivation), 권위주의 성격 (authoritarian personality), 불안(anxiety)에 대한 연구가 활발히 수행됨.

1960년대

1. Skinner의 연구가 임상장면에 응용됨.
2. 인지혁명으로 동기개념이 쇠퇴하고, 실험사회심리학의 팽창으로 성격분야가 위축됨.
3. Mischel에 의해 성격검사의 타당도가 비판받으면서 성격심리학의 시련기가 시작됨.

1970년대

1. 사람-상황의 논쟁과 관련연구들이 계속됨.
2. 인지, 감정, 동기, 행동 간 관계의 개념화 노력.

1980년대 및 1990년대

1. 성격심리학의 부흥.
2. 실험연구, 소이론들의 등장, 다른 영역과의 교류가 활발해짐.
3. 성격의 구성요소가 Big Five로 수렴됨.
4. 자기(self)에 대한 관심증대, 사회인지적 접근이 강조됨.
5. 유기체적 접근이 강조됨.
6. 정서에 대한 관심의 증대.

7. 무의식에 대한 관심의 증대.

8. 성격과 건강의 관계에 대한 연구가 활발해짐.

성격심리학의 연구주제

모든 학문의 주제가 학문의 성장변화와 더불어 변화하듯이 성격심리학의 주제들 역시 성격심리학의 발달과 더불어 변화해 왔다. 또한 성격심리학자들 간에도 어떤 접근을 선호하느냐에 따라(예: 정신역동적 접근, 현상학적 접근, 사회인지적 접근, 요인분석적 접근 등) 관심을 갖는 주제가 달라진다. 지난 50여년간 한때 각광을 받았던 주제들을 살펴보면, 경직성(rigidity), 공감(empathy), 불안(anxiety), 권위주의(authoritarianism), 독단성(dogmatism), 통제소재(locus of control), 반응세트와 반응스타일, 우울증 등이다. 한때 사라졌다가 재등장한 주제로는 정서, 동기, 자기, 무의식 과정, 문화차이 등을 들 수 있다. 그러나 이러한 변천에도 불구하고 상당한 세월동안 다수의 성격심리학자들이 관심을 갖고 연구해 온 주제들이 있다. 아래의 다섯 가지 주제는 Mischel(1993)이 성격심리학의 지속적이고 기본적인 관심을 대표하는 주제로 선정한 것이다.

1. 유전에 의해서 인간에게 주어지는 것은 무엇이며, 환경과의 경험을 통해서 획득되는 것은 무엇인가? 이 질문은 천성 대 양육(nature vs. nurture)이라는 뿌리깊은 논쟁으로 심리학자들 사이에 잘 알려져 있다.

2. 사람들을 개념화하고 연구하는 가장 적절한 단위는 무엇인가? 그 후보로는 상황, 신체적 반응, 사고나 인지, 요구, 갈등, 정서적 상태, 추론된 동기, 성향 등이 있다.

3. 특정한 심리적 성질이 얼마나 안정적이고 지속적인가? 이들이 어떻게 변화될 수 있는가? 어떤 수단에 의해서 변화될 수 있는가? 그리고 어떤 목적을 위해서 그러한 변화가 시도되는가?

4. 행동은 주로 개인에 의존하는가 아니면 상황에 의존하는가? 이 둘은 어떻게 상호작용하는가? 어떻게 하면 유기체와 환경 간의 중요한 사회적 상호작용들을 가장 잘 이해하고 연구할 수 있을까?

5. 성격 연구로부터 어떤 기본적이며 보편적인 원리들이 도출되는가? 이 원리들이 어떻게 우리에게 행동의 원인, 그리고 행동을 이해하고 수정하고 예언하는 방법에 관하여 알려주는가?

한편 1990년대의 성격심리학에서 특히 활발하게 논의되어 온 연구주제들은 다음과 같다.

6. 성격을 구성하는 특질차원들은 어떻게 정리될 수 있는가? 최근의 요인분석 연구들에서 성격의 5가지 특질차원으로 밝혀지고 있는 소위 'Big Five'는 범문화적인가?

7. 무의식을 구성하는 내용과 기제는 무엇인가? 정신역동이론과 인지심리학은 무의식의 영역에서 통합될 수 있는가?

8. 생각으로부터 행동에 이르는 경로에는 어떤 변인들이 개입하는가?

9. 자기는 어떻게 형성되고, 무엇으로 구성되어 있으며, 개인의 행동과 삶에 어떤 영향을 미치는가?

10. 삶에서 정서의 역할은 무엇인가? 정서의 체험과 표현의 개인차가 성격의 중요한 측면으로서 개인의 적응과 건강에 어떤 영향을 미치는가?

11. 인간의 행동 중 무엇이 어느 만큼 진화론적 관점에서 설명될 수 있는가?

12. 다양한 인지과정들과 정서과정들이 어떻게 한 사람 안에서 통합되어 행동으로 연결되는가? 그 통합의 원리와 개인에 따라 독특하게 나타나는 통합 방식들은 무엇인가?

한국인의 성격연구

한국인의 독특한 성격이 존재할까? 이 질문에 대한 답변은 심리적 단일성과 심리적 다원성의 두 가정 중에서 어느 쪽을 지지하는가와 관련된다. 심리적 단일성의 가정(assumption of psychic unity)은 심리과정이 모든 문화에 걸쳐 균일하다는 생각이고, 심리적 다원성의 가정(assumption of psychic pluralism)은 반대로 문화권에 따른 심리과정의 다양성을 인정하는 입장이다(Shweder & Sullivan, 1990). 인류학자들이 주로 심리적 다원성을 지지하는 것과 대조적으로 심리학자들은 전통적으로 심리적 단일성의 입장을 선호하였다. 심리학 실험실을 처음 만들어서 과학적 심리학의 창시자로 불리는 Wilhelm Wundt가 생애 후반기에 민족심리학(Völkerpsychologie)에 몰두한 것은 그리 잘 알려져 있지 않다. 후대의 심리학자들은 실험심리학자로서의 Wundt만 계승하고 민족심리학자로서의 Wundt는 잊어버리면서 심리적 다원성도 더불어 배척하였다. 심리학에서 법칙정립적 연구접근(nomothetic approach)과 실험법을 주로 사용하는 것은 이러한 심리적 단일성의 가정을 반영하는 연구전통이다. 오늘날 (비교)문화심리학이 부각되고 있는 것은 Wundt의 민족심리학의 부흥을 의미하는 듯하다.

한편 심리학의 다른 영역들과 달리 개인차를 중요한 연구주제로 삼아온 성격심리학은 심리적 다원성에 대한 거부감이 적은 편이다. 그러나 주로 개인에 초점을 맞추어 연구를 수행해 왔기 때문에 문화에 대한 관심은 상대적으로 미약하였다. 한국의 심리학자들에 의한 한국인의 성격연구도 그리 활발한 편은 아니었다. 한국심리학의 선구자중 한 사람인 윤태림은 '한국인' (1970)이란 저서에서 한국인의 성격특징으로 지나친 감수성, 과거에의 집착, 권위주의, 체면, 공리(功利)의 추구(현세 중심), 불안의 미만(彌滿), 기지, 예술성 등 여덟 가지를 열거하고 있다. 윤태림의 저서는 경험적 연구의 결과가 아니라 인문학적 통찰에 의존한 것이다. 한국 최초의 성격심리학자로 볼 수 있는 김성태는 저서 '성숙인격론' (1976)과 '경(敬)과 주의(注意)' (1982)에서 조선초기 성리학자들이 언급하고 있는 성인상을 서구의 심리학 이론에서 주장하는 성숙인격의 특질들과 비교하고, 경(敬)사상이 시사하고 있는 성숙인격상으로 생성성(生成性), 예비성(豫備性), 적정성(適正性)의 세 가지를 들었다. 유교사상의 분석을 통한 한국인의 성격연구는 정양은(1970), 이상로(1974), 임능빈(1991), 한덕웅(1994), 조긍호(1998)로 이어져 내려온다. 한편, 윤태림으로부터 시작된 한국인의 성격특성 탐색은 차재호(1994), 이수원(1995), 최상진(2000) 등 사회심리학자들에 의해 계승되었다. 차재호(1994)는 외국인들의 관찰기록을 분석하여 지난 100년간 지속적으로 관찰된 행동차원들을 한국인 성격의 피상적 측면들로 제시하였다. 그것들은 높은 정서성, 의존적 태도, 친화에 대한 높은 관심, 후한 인심, 비합리적 사고, 교육에 대한 높은 관심 등이다. 이수원(1995)은 한국인의 특성으로 인정(人情)을 강조했고, 최상진(2000)은 한국인의 사회심리적 특성으로 정(情), 한(恨), 체면, 눈치 등을 지목하여 각각에 대한 사회심리학적 분석을 시도하였다.

민경환(1997)은 문화에 관심을 가진 한국의 성격심리학자들이 다룰만한 연구주제들을 다음과 같이 예시하였다.

1. 성격의 구조: 'Big Five' 는 한국인의 성격에서도 나타날까?

2. 전형적인 한국인의 탐색(신체특성들로 전형적인 한국인을 표상하듯 성격특성들로 전형적인 한국인을 그릴 수 있을 것이다)

3. 한국인의 성격에서 인지, 정서, 의지 성분들 간의 상대적 크기(중요성)

4. 한국인의 독특한 정서체험, 표현 및 조절 방식

5. 성격-행동의 일관성에 영향을 미치는 한국적 변인들
6. 개성과 전형성을 갖춘 한국인의 전기적 연구
7. 한국인의 미적(美的) 감각
8. 성격(특질, 정서, 동기 등)과 관련된 한국어 단어들에 대한 분석
9. 한국인의 독특한 낙관주의와 비관주의의 양식
10. 한국인의 무의식을 구성하는 내용

성격심리학의 연구전통

Wundt가 Leibzig 대학에 최초의 심리학 실험실을 세움으로써 과학적 심리학이 출범한 이래 실험연구는 심리학의 대표적인 연구방법으로 자리잡아 왔다. 이는 경험적 사회학이 주로 상관연구에 의존하고, 인류학이 관찰연구를 주된 연구방법으로 삼는 것과 대조가 된다. 행동주의의 전성기에는 사실상 실험 이외의 연구법들은 심리학에서 타당한 연구방법으로 존중되지 않은 적도 있었다. 오늘날에는 자연관찰 및 체계적 관찰, 사례연구, 상관연구, 컴퓨터 시뮬레이션 등 다양한 연구법들이 실험연구와 더불어 심리학에서 폭 넓게 사용되고 있다.

성격심리학에서는 실험연구에만 치중했던 심리학의 다른 영역들과 달리 전통적으로 임상연구와 상관연구가 실험연구에 못지 않은 비중을 지니고 연구에 이용되어 왔다. 이 세 갈래의 연구전통을 소개하면 다음과 같다.

임상연구

임상연구는 임상장면에서 한 개인을 집중적으로 깊게 연구하는 방법이다. 임상연구는 사례연구로도 불리지만 비임상적 방법(기록이나 인터뷰 혹은 친지들로부터 정보를 얻는 등)에 의존하는 사례연구도 적지 않다. 예를 들어, Erikson의 'Young Man Luther'는 주로 기록에 의존하여 젊은 시절의 루터를 분석 조명한 것이다.

임상연구의 장점은 자연스러운 상황에서 다양한 심리현상을 심층적으로 연구할 수 있다는 점이다. 단점으로는 변인통제가 어렵고, 일반화에 제약이 있으며, 체계적인 관찰과 객관적인 자료해석이 이루어지기 어렵다는 점을 들 수 있다.

전통적으로 성격심리학의 주요 이론이나 발견들은 임상장면에서의 관찰에

서 비롯된 것이 많다. Freud, Jung, Adler, Erikson 등을 비롯한 정신역동 이론가들은 거의 모두 임상관찰에 기반을 두고 자신들의 이론을 발전시켰다. 비정신역동이론가들 중에도 Rogers와 Kelly는 대표적인 임상연구자들이다. 오늘날에는 많은 심리학자들이 임상장면에서 일하면서 정상 및 이상성격의 연구에 기여하고 있다.

읽어보기……

임상(사례)연구의 예: '어린 한스'의 사례

'어린 한스(Little Hans)' (1909)는 Freud의 유명한 사례들 중의 하나이다. 이 사례는 5살 먹은 소년의 공포를 분석한 것으로 아동기 공포증에 대한 정신분석학적 해석의 모델이 되었다. 어린 한스의 사례는 유아성욕 이론, 오이디푸스 콤플렉스와 거세불안의 기능, 증상형성의 역동, 행동변화의 과정을 예시하기 때문에 매우 중요하다. 실제로 Freud는 한스를 딱 한 번 보았을 뿐, 치료에 직접 참여하지는 않고 아버지를 통해서 치료를 도왔다.

어린 한스의 문제는 말이 자기를 물까 두려워서 집 밖을 나서지 못하는 것이었다. Freud는 아버지를 통해서 한스의 문제의 기원을 탐색하였다.

한스는 3살 때부터 자신의 성기에 대단한 관심을 보이기 시작했다. 그는 자신의 성기를 '고추'라고 부르며 성기를 만지는데 즐거움을 느꼈고, 자기와 다른 사람의 '고추'에 관심을 가졌다. 엄마는 한스가 고추를 만지는 것을 보고 야단을 치면서 또다시 고추를 갖고 장난을 치면 의사에게 보내서 잘라버리도록 하겠다고 위협했다. Freud는 한스의 거세 콤플렉스가 여기서 시작되었다고 지적했다.

한스의 고추에 대한 관심은 확장되어서 다른 동물의 고추에도 흥미를 갖게 되었다. 또한 엄마에게 고추가 있는가도 궁금해 했다. "엄마는 크니까 고추도 말만할 거예요." 세 살 반이 되었을 때 여동생이 태어났는데 한스는 여동생의 고추에 대해서도 관심을 가졌다. Freud에 의하면 한스는 자기가 본 것, 즉 고추가 없다는 것을 믿을 수 없었다. 그러려면 자기자신의 거세불안에 직면해야 했기 때문이다. 한스는 목욕을 하고 엄마가 몸을 닦아 줄 때 이런 대화를 나누었다.

한스: 왜 손가락을 거기 대지 않아요?
엄마: 더러워서.
한스: 더러워요? 왜요? (웃으며) 그치만 굉장히 재밌어요.

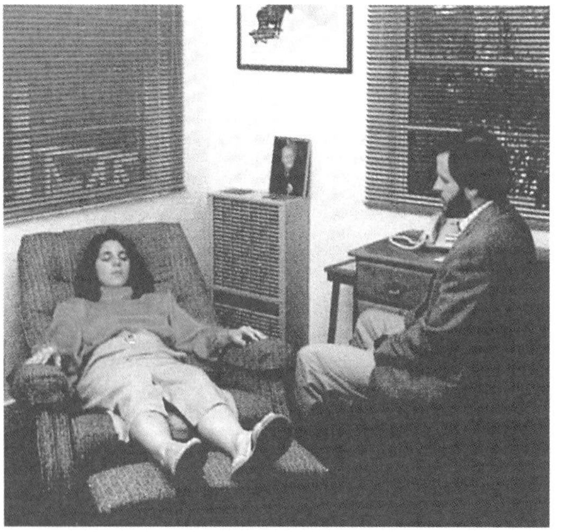

임상치료 장면

이런 식으로 이제 네 살이 된 한스는 성기에 집착하고, 거기서 즐거움을 맛보고, 그것을 잃어버릴까 겁내고, 엄마를 유혹하기 시작한 것이었다.

한스의 신경증적 장애가 현저해진 것은 이때였다. 아버지에 따르면 한스는 거리에서 말이 자기를 물지도 모른다고 두려워했는데 이러한 두려움은 아주 어릴 때 커다란 성기를 가진 말을 보았던 경험과 연결되는 듯했다. 한스는 여러 번 악몽을 꾸어서 엄마 곁에 가서 자곤 했는데 하루는 보모와 길을 가다가 크게 놀라서 엄마와 함께 있으려고 집으로 돌아왔다. 말이 자기를 물지도 모른다는 공포는 말이 집으로 들어올지도 모른다는 공포로 자라났다.

아버지는 Freud의 조언에 따라 한스에게 말을 무서워하는 것은 넌센스이고, 말을 무서워하는 것은 커다란 고추 때문이며, 여자는 고추가 없다는 것 등을 이야기해 주었다. 한스는 약간 안심하는 듯했지만, 여전히 말을 무서워하면서도 말에 대해 강박적인 흥미를 보였다. 한스는 자기 고추를 다른 동물들과 비교하고 실망하는 듯했다. 큰 동물은 그에게 자신의 결함을 상기시켰고 기분을 나쁘게 만들었다. 또한 여자에 대한 아버지의 설명은 한스의 거세불안을 고조시켰다.

Freud는 한스가 공포증의 발병 이전에 여름 휴가장소에 엄마와 둘이서만 있었던 것을 알았다. 그때 두가지 사건이 일어났다. 첫 번째는, 친구의 아버지가 친구더러 흰말이 사람들을 무니까 손가락을 말 입에 대지 말라고 경고하는 것이었고, 두 번째는, 한스의 경쟁자였던 친구가 말 흉내를 내며 어린 소녀를 쫓아다니다가 넘어져서 피를 흘린 것이었다. 한스의 공포증은 말이 달구지를 끌다가 넘어져서 발버둥칠거라는 공포를 포함하는 것으로 확장되었다. 이 공포증의 원인이 발견된 것은 이때였다. 한스는 엄마와 길을 가던 중 말이 달구지를 끌다가 넘어져서 발버둥치고 있는 것을 본 것이었다.

이 사례의 핵심 양상은 말에 대한 공포증이었다. 이 점에서 매혹적인 섯은 말이 아버지와 엄마, 그리고 한스 자신과 자주 연합되어 나타난다는 것이었다. 엄마의 경우, 말의 고추와 관련되어 한스의 관심을 끌었다는 점을 이미 이야기했다. 또 아버지를 말로 간주하고 대화를 하기도 했다. 한스 자신이 말 흉내를 내면서 놀기도 하고 아버지에게 달려가서 물기도 했다.

Freud에 따르면 한스의 공포증의 주원인은 오이디푸스 갈등이었다. 한스는 엄마를 무척 좋아했다. 아버지에 대해서도 호감을 가지기는 했으나 엄마의 사랑을 얻기 위해 다투는 경쟁자로 생각했다. 여름 휴가 장소에서 지낼 때 아버지가 같이 가지 않았으므로 한스는 엄마와 한 침대에서 잘 수 있었다. 이 경험이 엄마에 대한 끌림과 아버지에 대한 적대감을 고조시켰다.

Freud에 따르면, “한스는 아버지를 내쫓고 사랑하는 엄마와 자고 싶어하는 어린 오이디푸스였다. 이 소망은 여름 휴가 때 아버지가 같이 있을 때와 없을 때 엄마와의 친밀감의 정도에서 차이가 난다는 것을 깨달은 데서 비롯되었다”.

여름 휴가에서 돌아왔을 때 아버지에 대한 적대감은 더욱 커졌지만, 한스는 적대감을 억제하고 과장된 애정을 보이곤 했다. 한스는 오이디푸스 갈등을 해결할 아주 독창적인 방법을 생각해 냈다. 즉, 자기와 엄마가 아이들의 부모가 되고 아버지는 할아버지가 되는 것이었다. 그러나 이러한 환상은 만족스러운 해결책이 될 수 없었고 아버지에 대한 적대감은 계속 남아 있었다. 공포증을 유발시킨 직접적인 원인은 말이 넘어져 발버둥치는 것을 본 것이었다. 그 순간 한스에게는 아버지가 그렇게 넘어져서 죽었으면 하는 소망이 생기게 되었다. 아버지에 대한 적대감은 아버지에게로 투사되고, 말로 상징화되었다. 한스는 아버지가 넘어지기를 바라는 자신의 생각 때문에 말이 자기를 물까 두려워했던 것이다. 말이 방으로 들어올지도 모른다는 공포는 오이디푸스적인 환상의 유혹이 가장 심하다고 볼 수 있는 밤에 일어났다. 말 흉내를 내고, 아버지를 깨물 때 한스는 아버지와의 동일시를 표현했다. 공포증은 소망과 불안을 표현했고, 이차적으로는 한스가 엄마와 함께 집에 있을 수 있도록 하는 목적을 달성했다.

요약하면, 말이 자기를 물 것이라는 공포와 말이 넘어질 것이라는 공포는 다같이 한스가 품고 있는 나쁜 소망을 벌하려고 하는 아버지를 표상한 것이었다. 한스는 결국 공포증을 극복할 수 있었고, 후일 Freud가 보고한 바에 따르면, 잘 살아가고 있는 것처럼 보였다. 무엇이 변화를 가져왔을까? 첫째, 아버지의 성에 대한 계몽이 효과가 있었다. 한스는 아버지의 말을 처음에는 믿으려 하지 않았고, 게다가 (여자는 고추가 없다는 말 때문에) 거세불안까지 고조되었지만, 아버지가 심어준 지식은 그가 의지할 수 있는 유용한 현실을 제공하였다. 둘째, 아버지와 Freud가 제공한 분석은 전에 무의식의 영역에 있던 것들을 의식화시키는 데 유용했다. 마지막으로, 한스의 감정표현에 대해 아버지가 보인 관심과 허용적인 태도는 아버지와 경쟁하려는 소망과 거세불안을 감소시키고, 증상발전의 잠재성을 감소시키면서, 자신을 아버지와 동일시하는 방향으로 오이디푸스 갈등이 해결되도록 도왔다.

출처: Pervin & John, 1997

상관연구

상관연구는 변인들간의 관계의 방향과 크기에 관심을 가질 때 사용되는 방법이다. 주로 Pearson r로 표현되는 상관계수는 +1(완벽한 정적 상관)과 -1(완벽한 부적 상관) 사이의 값을 가지며 0일 때는 '전혀 상관없음' 을 나타낸다.

상관연구는 개인차, 측정, 통계적 관계 등에 주로 관심을 갖는 성격심리학에서 특히 중요하게 취급된다. Cattell과 Eysenck를 비롯한 많은 특질이론가들은 성격의 개인차를 반영하는 중요한 특질들을 발견하기 위하여 요인분석이라는 상관연구법을 사용하였다. 요인분석을 아주 간단히 설명하면 다음과 같다. 우선 많은 수의 사람들에게 다양한 성격검사들을 실시한다. 그 다음 각 성격검사 점수들 간의 상관계수의 행렬표를 구한다. 그러면 이 상관계수 행렬표로부터 성격검사들 간의 일종의 군집현상을 발견할 수 있다. 즉 서로 상관계수가 높게 나오는 성격검사들끼리 군집을 이루는 것으로 볼 수 있는 것이다. 이들 군집의 수를 확인하면 특질의 수가 되고, 각 군집을 구성하는 검사들의 내용을 조사하면 특질들의 적당한 이름을 얻을 수 있다. 또한, 개인의 성격을 측정하기 위한 검사를 개발한 후 신뢰도와 타당도를 확인하는데에도 상관기법이 주로 사용된다. 이렇게 측정된 특질들에 대하여 그 특질들끼리의 혹은 다른 중요한 변인들과의 통계적 관계를 상관방법을 통하여 확인하게 된다. 예를 들면, 권위주의 성격과 인지적 복잡성의 관계나 정서표현성과 주관적 안녕감의 관계를 상관연구를 통하여 확인할 수 있다.

상관연구의 장점으로는 (1) 윤리적인 이유나 현실적인 이유 때문에 실험연구가 불가능한 경우에 대안연구법으로 사용될 수 있다는 점, (2) 자연상황 혹은 현실세계에서의 연구를 가능하게 한다는 점, (3) 여러 변인들간의 관계를 조사할 수 있다는 점 등을 들 수 있다. 그러나 변인들 간의 심층적인 관계를 확인할 수 없으며, 특히 인과관계의 확립이 불가능하다는 단점이 있다.

읽어보기·····

상관연구의 예: '이브의 네 얼굴-중년여성의 성격유형 분류'

여기서 소개하는 연구(York & John, 1992)는 여성들의 종단적 연구에서 얻은 자료를 상관기법을 이용하여 분석, 여성들의 유형을 분류한 연구로 함께 언급되는 Block(1971)의 연구와 더불어 이 방면의 고전적 연구로 꼽히는 것이다. 요인분석을 비롯한 여러 복잡한 통계분석 방법들이 동원되었지만, 여기서는 방법 자체를 자세히 설명하지는 않고 성격에 관한 상관연구의 한 전형적인 예로 간략히 연구의 줄거리만을 소개하겠다.

이 연구는 세 부분으로 구성되어 있다. 연구1에서는 요인분석 방법을 사용해서 여성의 유형을 분류하고, 연구2에서는 앞에서 얻은 유형을 Block(1971)의 발달유형과 비교하여 수렴하는 정도를 확인하고, 연구3에서는 독립된 성격검사들을 실시하여 예언한대로 유형에 따라 차이가 나오는지를 봄으로써 여기서 얻은 유형분류의 타당성을 검증한다. 이러한 일련의 과정은 유형이나 특질을 밝히는 연구에서 전형적으로 밟는 수순이다.

연구1. 사람요인(person factors)의 추출

연구1의 피험자는 총 103명이었다. 이들은 종단연구를 위해서 1958년(51명)과 1960년(52명)에 각각 오클랜드의 Mills College 4학년 학생들 중에서 선발되었으며, 이 연구가 수행된 1981년에 이들의 평균 연령은 43세였고 연령범위는 42~45세 였다. 이들을 대상으로 100문항으로 구성된 성격검사인 CAQ(California Adult Q)를 실시하고, 이 자료를 요인분석했다. 보통 요인분석은 동질적이거나 유사한 변인들의 군집을 얻는 데 사용되는데(R 요인분석), 여기서는 행렬표에서 사람과 변인의 위치를 바꾸어 요인분석함으로써(Q 요인분석) 동질적인 사람들의 군집, 즉 유형을 추출하였다. 그 결과 4개의 유형이 추출되었는데, 이들은 CAQ 문항들의 내용을 참조하여, 각기 개성형(individuated), 전통형(traditional), 갈등형(conflicted), 자신형(assured)으로 명명되었다. 이들 네 요인은 전체변량의 67%를 설명하였다.

연구2. Block의 발달유형과의 수렴 정도 검증

Block(1971)은 86명의 여성을 대상으로 한 연구에서, 중학생시기부터 초기 성인기에 이르는 동안의 성격의 조직화와 변화의 패턴을 잘 기술하는 6개의 발달유형을 찾아냈다. Block의 발달유형 6개를 이 연구에서 얻은 4개의 유형과 대응시키면 다음과 같다.

Block의 발달유형	이 연구에서 추출된 유형
인지적 대처형(cognitive copers)	개성형
전형적 여성형(female prototypes)	전통형
과다 여성성 억압형(hyper-feminine repressives)	갈등형
고독한 독립형(lonely independents)	갈등형
지배적 자기애형(dominating narcissists)	자신형
취약한 저통제형(vulnerable undercontrollers)	자신형의 반대

위의 대응가설을 확인하기 위해, 103명의 피험자 각각에 대해서 Block의 6개 발달유형의 점수를 구하였다. 또한 이 연구의 4유형에 대한 유사성 점수를 피험자별로 구했다. 이 값은 피험자의 4유형 각각에 대한 요인부하값(factor loadings)으로 구했다. 그리고 피험자별로 Block의 6개 발달유형에 대한 점수와 이 연구의 4개 유형에 대한 유사성 점수간의 상관을 구하면(표 1.1 참조), 두 유형분류 간에 가설에서 예언한대로 대응관계가 존재하는지를 확인할 수 있다.

다음의 〈표 1.1〉은 대응가설의 예언들이 지지되었음을 보여준다. 즉, 인지적 대처형은 개성형과, 전형적 여성형은 전통형과, 고독한 독립형은 갈등형과, 과다 여성성 억압형은 역시 갈등형과, 지배적 자기애형은 자신형과 각각 높은 정적 상관을 보였고, 취약한 저통제형은 자신형과 높은 부적 상관을 보였다. 그러므로 Block의 유형들과 이 연구의 유형들은 서로 상당히 높은 정도로 수렴(합치)한다는 사실이 확인된 것이다.

표 1.1 Block의 발달유형 점수와 York & John 연구의 4유형 요인부하값 간의 상관

Block의 여성 유형	사람 요인 부하값			
	개성형	전통형	갈등형	자신형
인지적 대처형	**.56**	.43	−.47	.32
전형적 여성형	.11	**.84**	−.82	.30
고독한 독립형	−.09	−.46	**.78**	.00
과다 여성성 억압형	−.70	−.39	**.88**	−.20
지배적 자기애형	.29	−.32	−.31	**.82**
취약한 저통제형	−.47	.09	.40	**−.79**

주: 굵은 숫자로 표시한 것은 대응가설에서 예언한 쌍 간의 상관임.

연구 3. 유형에 관한 가설들을 성격검사를 통하여 확인하는 연구

이 연구에서 추출된 4가지 유형에 대한 CAQ 문항들을 근거로 다음과 같은 가설을 세울 수 있다. 이 가설들이 독립적인 성격검사 자료에서 검증이 되면 이 4유형 분류의 타당성은 상당히 높은 것으로 평가될 수 있을 것이다.

1. 창의력과 연관된 특질(예: 판단의 독립성, 자기표현 욕구)은 개성형과 전통형을 구별할 것이다.
2. 지적 기능, 사회적 평가와 지위, 사회적 접촉과 관계에 대한 능력은 개성형과 갈등형을 구별할 것이다.
3. 사회화와 여성성의 전통적 의미는 전통형과 갈등형을 구별할 것이다.
4. 개성형과 자신형은 개인적 적응, 긍정적 자기개념, 남성성, 자기주장성에서 높은 점수를 얻고 갈등형은 이들에서 낮은 점수를 얻을 것이다.

CPI(California Psychological Inventory), MBTI(Myers-Briggs Type Indicator), ACL(Adjective Check List) 등 3개의 검사에 포함된 문항들을 위의 가설들에서 언급된 성격특질에 따라 13개의 영역을 측정하는 척도로 분류한 뒤, 피험자들에게 실시하였다. 각 유형에 속하는 피험자들이 13개의 척도에서 보이는 패턴들을 분석한 결과, 위의 가설들을 대체로 지지하는 결과를 얻었다. 연구2와 연구3의 결과는 이 연구에서 시도한 중년여성의 유형분류가 상당한 정도로 타당성이 있음을 시사한다.

출처: York & John, 1992

실험연구

Wundt가 라이프치히에 최초의 심리학 실험실을 세우면서 과학적 심리학을 출범시킨 이래 실험연구는 심리학의 대표적인 연구방법으로 자리잡아 왔다. 이는 경험적 사회학이 주로 상관연구에 의존하고 인류학이 관찰연구를 주된 연구방법으로 삼는 것과 대조가 된다.

실험의 논리는 아주 단순하다. 실험연구에서는 관심의 대상인 하나 혹은 그 이상의 변인들을 조작하거나 변화시키는 것이 역시 관심의 대상인 다른 변인에 어떤 영향을 미치는지를 조사한다. 이때 실험자에 의해 조작 혹은 변화되는 변인을 독립변인이라고 부르고, 독립변인에 의존하여 변화할 것으로 예상되는 변인을 종속변인이라고 부른다. 예를 들어, 소음이 운전에 미치는 영향을 실험에서 확인하려면, 소음이 독립변인이 되고 운전행동이 종속변인이 된다. 연구자는 독립변인인 소음의 수준을 유무 혹은 고저로 변화시킨 후 이러한 독립변인의 변화가 종속변인인 운전행동에 어떤 영향을 미치는가를 확인하는 것이다. 이때 독립변인 외의 다른 조건들은 철저히 통제되므로 종속변

인에서의 변화는 독립변인의 변화 때문이라고 결론지을 수 있는 것이다. 심리학 실험에서는 외현적인 행동뿐 아니라 피험자의 내적 상태(감정, 태도, 사고, 동기, 행복감, 건강 등)의 생리적, 언어적 지표들도 광범위한 의미의 행동으로서 종속변인이 될 수 있다.

실험연구는 변인들을 엄격히 통제하여 체계적인 관찰과 객관적인 자료해석을 가능하게 하며 변인들 간의 인과관계를 확립할 수 있는 강력한 연구법이다. 그러나 실험연구에 대한 비판도 만만치 않다. 우선 실험실에서 연구될 수 있는 현상들에는 제한이 있으며, 실험실 상황이 인위적이기 때문에 그 결과를 현실세계에 일반화하기 어려울 때가 많다.

실험연구의 이러한 제약들은 성격연구에서 특히 두드러진다. 왜냐하면 성격은 상당히 안정적이며 핵심적인 심리과정이므로 실험실에서의 처치에 의해서 쉽게 변화하지 않을 뿐만 아니라 변화시키려는 시도 자체가 윤리적인 문제를 내포하고 있기 때문이다. 또한, 실험연구에서는 개인의 성격 요소들 간 관계의 풍부성을 연구하는데 제약이 있다. 조사대상을 잘 통제된 소수의 변인들에 국한시키는 실험연구는 성격과정의 요체라 할 수 있는 체계전체의 맥락 속에서 부분들이 기능하는 모습을 놓칠 수밖에 없다. 또한, 심리학의 초창기부터 상당히 오랫동안 실험심리학을 주도해온 행동주의가 성격과 같은 내적 현상을 부정하는 입장이었기 때문에 성격심리학은 실험심리학에서 소외된 상태에 있었다.

이러한 이유들 때문에 성격심리학에서는 다른 영역에서와 달리 유독 실험연구가 적은 편이다. 다만, 병리적 현상이나 치료와 관련해서는 일찍부터 실험연구가 있었다. 고전적 조건형성의 개념을 창시한 Pavlov는 신경증을 실험실에서 재현하였다. Pavlov는 한 자극을 정적 강화물에, 그리고 다른 한 자극을 부적 강화물에 조건형성시킨 뒤, 두 자극을 구별할 수 없을 만큼 비슷하게 만들었을 때 어떤 반응이 나타나는지 보았다. 예를 들면, 개를 대상으로 원을 음식물에, 그리고 타원을 전기충격에 조건형성시키고 점차로 원인지 타원인지 구별하기 힘든 자극들을 제시하였더니 개는 정서적으로 혼란된 반응을 발달시켰다. 이 현상을 실험적 신경증(experimental neurosis)이라고 부른다.

Skinner는 병리적 행동을 비적응적 학습으로 설명하고 조작적 조건형성의 원리를 행동의 수정에 적용하였다. 행동수정(behavior modification)이라 불리는 이 치료법은 행동에 영향을 주는 변인들을 적절히 조절함으로써 행동을 수정하는 절차를 사용한다. 행동수정은 실험연구에 기초를 둔 치료법으로 임상연구에 기초를 둔 정신분석이나 Rogers의 내담자 중심 치료와 대조적이다.

성격심리학에서 실험연구가 활발하게 이루어지기 시작한 것은 1960년대의 인지혁명 이후부터이다. 그때까지 행동주의 심리학에 의해 무시되었던 많은 성격과정들이 실험인지심리학의 원리와 절차들을 통하여 연구되기 시작하였다. 그 대표적인 성격 과정들이 무의식, 자기, 동기, 정서 등이다. 대표적인 인지성격심리학자인 Mischel과 Bandura는 각각 인지사회적 개인변인들(구성개념, 목표, 기대, 능력, 자기조절 체계 등)과 자기효능성(self-efficacy) 개념 등을 실험을 통하여 연구함으로써 성격심리학에 많은 기여를 하였다.

읽어보기……

실험연구의 예: Harlow의 원숭이 연구

1960년을 전후한 10여 년에 걸쳐 Wisconsin 대학의 심리학자인 Harlow와 그의 동료들은 초기 사회적 환경의 의미와 이것이 성격형성에 미치는 영향을 조사하는 일련의 실험들을 수행하였다. 이들의 연구에서 갓 태어난 원숭이들은 어미로부터 격리되어 젖병으로 길러졌다. 이 원숭이들에게는 부드러운 헝겊으로 만든 기저귀를 채웠는데 원숭이들이 이 기저귀에 무척 강한 애착을 형성하는 것이 관찰되었다. 이러한 관찰로부터 어린 원숭이들이 어미에게서 추구하는 것이 무엇인지를 알아보는 실험이 계획되었다. 또한, 어린 시절 어미없이 자라거나 사회적 고립 속에서 자라는 것이 단기 및 장기적으로 성격이나 행동에 어떤 영향을 미치는지를 조사하는 실험도 계획되었다.

두개의 가짜 어미가 만들어졌다. 하나는 철사를 용접하여 원통 모양으로 몸통을 만들고 그 위에 조악하게 나무로 머리와 얼굴을 만들어 붙인 것이고, 다른 하나는 그와 비슷하게 만들었지만 그 위에 부드러운 테리헝겊을 씌운 것이었다. 8마리의 새로 태어난 원숭이들은 모두 균등하게 철사어미와 헝겊어미에 접근할 수 있었다. 그러나 그 중 네 마리는 철사어미의 가슴으로부터 젖을 먹였고 다른 네 마리는 헝겊어미의 가슴으로부터 젖을 먹였다. 결과를 보면, 어린 원숭이들이 먹은 젖의 양이나 몸무게의 증가량에서는 두 가짜 어미가 아무런 차이도 가져오지 않았다. 그러나 어떤 어미의 가슴에서 젖을 먹었는지에 상관없이 아기 원숭이들은 철사어미보다 헝겊어미에게 기어오르고 매달리면서 더 많은 시간을 보냈다(사진). 이 발견은 접촉의 편안함이 중요하다는 사실을 제시했을 뿐만 아니라 어미에 대한 애정에 관한 이전의 생각이 너무 단순했다는 사실도 보여 주었다. 이전의 이론에서는 어미가 배고픔과 목마름을 감소시키는 역할 때문에 소중하게 된다고 주장하였다. Harlow 등의 연구는 음식의 제공보다 부드러움과 아늑함의 제공이 아기의 선호에 더 큰 영향을 미침을 보여주었다. 원숭이들이 태어난 지 100일쯤 되었을 때, 어떤 어미로부터 젖을 먹었는지에 상관없이 헝겊어미와는 하루에 평균 15시간 정도를 함께 보냈고 철사어미와는 평균 1.5시간 정도를 함께 보냈다.

후의 실험들은 아기 원숭이가 두려움을 유발하는 상황에 놓여졌을 때 마음을 가라앉히기 위해서 찾는 것은 헝겊어미임을 보여 주었다. 북을 치면서 다가오는 장난감 곰을 보고 놀란 원숭이는 헝겊어미에게로 도망가서 위안을 얻은 다음, 서서히 곰에게로 다가가서 탐색하고 나중에는 장난감인줄 깨닫고 갖고 놀았다. 헝겊어미가 방에 없을 때 아기 원숭이는 마루에 몸을 던지고 자신의 머리와 몸을 부둥켜 안고 비명을 질렀다. 철사어미는 아기 원숭이를 안심시키는 점에서 어미가 아예 없는 것보다 나을 것이 없었다.

또한 아기 원숭이를 Butler라는 심리학자가 고안한 'Butler 상자' 안에 넣고 지렛대를 누르면 바깥을 내다볼 수 있는 창이 열리도록 했을 때, 아기원숭이는 헝겊어미를 보기 위해서, 진짜 원숭이를 보기 위해서 만큼, 열심히 지렛대를 눌렀다. 그러나 철사어미의 경우에는 밖에 아무도 없을 때보다 더 열심히 누르지 않았다. 이 실험에서뿐만 아니라 일반적으로 철사어미는 어미가 없는 것보다 별로 낫지 않았고, 헝겊어미는 진짜 어미에 근사할 정도로 좋은 효과를 보였다(Harlow, 1959).

초기에 Harlow 등은 헝겊어미가 진짜 어미에 못지 않거나 (체벌을 가하지 않기 때문에) 오히려 더 나을 수도 있다고 생각했다. 그러나 장기적인 추수연구에서 헝겊어미는 결코 진짜 어미를 대신할 수 없음이 밝혀졌다. 어미없이 자란 많은 원숭이들은 그 자신 어미가 되었을 때 정상적으로 어미 옆에서 자란 원숭이들보다 첫번째 자식을 때리고 차고 짓뭉개는 등 잔인하게 대하거나 혹은 냉담하였다. 그러나 다행히 이들도 두번째 낳은 자식에 대해서는 정상적으로 다루거나 오히려 과보호하는 태도를 보였다(Harlow & Harlow, 1965).

Harlow 등(Harlow, 1971)은 아기 원숭이들을 사회적 고립 상태에서 양육하는데서 오는 영향을 조사하는 일련의 실험들도 수행하였다. 전면적인 고립조건에서 아기 원숭이들은 사람이든 동물이든 살아있는 물체와는 일체 격리되었다. 원숭이들의 모든 신체적 욕구는 자동화된 방법으로 충족되었다. 출생 이후 고립된 기간에 따라 0, 3, 6, 12개월의 네 집단으로 나누어 비교하였다. 고립되어 양육된 모든 원숭이들은 신체적으로 건강했지만 새로운 환경으로 옮겨졌을 때 공포 때문에 웅크리고 있었다. 단지 3개월 동안만 고립되었던 원숭이들은 대체로 일개월 내에 신경증적 공포로부터 회복되었다. 6개월 동안 고립되었던 원숭이들은 완전히 회복되지 않았다. 이들은 6개월 후에도 거의 놀이행동을 보이지 않았고 다른 원숭이들과 어울리지 않았다. 12개월 동안 고립되었던 원숭이들은 가장 심한 사회적 장애를 보였다. 이들은 아무것에도 관심을 보이지 않고 공포에 질려 있었으며 건강한 통제집단 원숭이들의 공격에 대해서 전혀 방어하지 못하였다.

초기 사회적 고립의 장기적 영향도 발견되었다. 6개월 동안 고립되었던 원숭이들은 몇 년이 지난 후 다른 원숭이들에 대한 반응에서 급격한 변화를 보였다. 이전에 이들은 다른 원숭이들에 의해서 공격을 받고 자신을 방어하지 못했으나 이제는 병리적 공격자로 발달해서 다른 원숭이들에 대한 무차별 공격행동을 보였는데, 이러한 행동은 같은 연령대의 정상 원숭이들에서는 거의 나타나지 않는 행동이었다. 초기 사회적 고립의 또 다른 장기적 영향은 성적 행동의 부적절성이었다. 유년기에 부분적으로만 고립되었던 암컷들조차 몸 단장을 하지 않고, 수컷과의 접촉을 피하고, 위협하거나 공격행동을 하고, 자신을 깨물거나 부둥켜안고, 수컷이 올라타면 협조하지 않았다. 고립되었던 수컷은 암컷보다 더 심한 장애를 보였다. 이들은 정상 수컷과 비교해서 몸 단장을 덜하고, 더 위협하고, 더 공격적이고, 성적 접촉을 거의 시도하지 않고, 비정상적인 성적 행동을 보이고, 성교시 삽입에 이르지 못했다.

Harlow 등의 실험은 원숭이들을 대상으로 이루어졌지만 인간의 성격발달에 중요한 함의를 준다. 유년기에 어미와의 신체적 접촉을 비롯한 적절한 사회적 자극의 존재가 건강한 성격 형성에 큰 영향을 준다는 사실을 밝혀낸 것이다. 인간을 대상으로는 이러한 실험이 불가능하기 때문에 원숭이 연구로부터 유추하는 수 밖에 없다.

성격의 설명: 성격이론

과학과 이론

이론의 정의

이론은 경험적 발견들에 의미와 질서를 부여하기 위하여 구성된 관념적 체계이다. 그러나 이론은 과학자의 전유물이 아니다. Kaplan(1963)에 따르면 이론의 형성은 인간의 가장 특징적이며 중요한 활동중의 하나이다. 이론의 힘 때문에 인간의 경험은 단순히 단편적이며 우연한 것들의 연속이 아니라 의미와 패턴을 갖고 있는 일련의 사상들로 구성되는 것이다.

보통사람들의 소박한 이론은 그 시대의 탁월한 지적 능력을 가진 인물들에 의해서 확장되고 체계화된다. 이렇게 체계화된 이론은 과학적 이론과 신화의 두 유형으로 나뉠 수 있다. 과학적 이론의 특징은 절약성과 경험성이다. 신화는 하나의 점에서만 현실과 접촉하고 소수의 현상들을 설명하기 위해 다수의 개념들을 동원한다. 그에 반하여 과학적 이론은 여러 점들에서 현실과 접촉하고 적은 수의 설명개념을 사용하여 다수의, 보편적인 현상들을 설명한다.

이론의 기능

과학적 이론은 두 가지 기능을 갖고 있다. 하나는 단편적인 경험적 발견들을 서로 관련짓고 조직하고 통합하는 것이고, 다른 하나는 새로운 연구에 대한 아이디어와 자극을 제공하는 것이다. 전자는 과학적 이론의 목적기능(goal function)에 해당하고 후자는 도구기능(tool function)에 해당한다고 볼 수 있다. 좋은 이론은 목적기능과 도구기능을 모두 훌륭히 수행하는 이론이다. 때로는 목적기능을 잘 수행하면서 도구기능에서는 뒤떨어지는 이론들이 있다. 이런 이론들은 대상현상을 잘 설명하고는 있지만 다른 연구자들의 상상력과 연구동기를 고양시키지 못하기 때문에 생명이 짧다. 연구자들이 어떤 이론에 대해 흥미를 잃게 되면 그 이론은 시들어 버리는 것이다.

이론의 구성

이론은 두가지 방향으로 구성될 수 있다. 하나는 관찰 혹은 경험적 자료들로부터 출발하여 이론을 구성하는 것인데 이렇게 구성된 이론을 귀납적 이론(inductive theories) 혹은 사후적 이론(post hoc theories)이라고 부르며, 다른 하나는 기본명제들로부터 논리적 유도를 통하여 이론을 구성하는 것인데 이렇게 구성된 이론은 연역적 이론(deductive theories) 혹은 선험적 이론(a priori theories)이라고 부른다. 연역적 이론은 수학이나 이론물리학 및 이론경제학에서 주로 발달하였으며, 귀납적 이론은 관찰과 실험을 중시하는 자연과학에서 발달하였다. 심리학 이론들 중 순수하게 연역적인 이론은 아주 드물다. 왜냐하면 연역적 이론은 (1) 과도하게 추상화되어서 현실세계와 너무 소원해 있고 (2) 완결된 형태로 제시되기 때문에 다른 연구자들의 관심을 불러일으키기 어렵기 때문이다.

대부분의 심리학이론들은 절충적인(혹은 기능적인) 귀납법에 의하여 구성된다. 여기서 자료(혹은 관찰)와 이론의 관계는 양방향적이다. 자료는 초기의 원시적인 이론의 형성을 가져오고, 다시 이론은 자료의 수집을 인도하며, 이렇게 수집된 자료는 이론을 교정하여 보다 정교화된 이론으로 발전하는데 도움을 준다.

이론의 평가

과학적 이론에서 가장 중요한 두 가지 요소는 검증가능성과 절약성이다. 검증가능성은 경험과학에서는 필수적인 요소이다. 경험적으로 확인하는 것이 불가능하도록 구성된 이론은 경험과학에서는 아무런 유용성이 없는 것이다. 또한 복잡한 현상을 정리해주고 간명하게 설명하는 것이 과학의 중요한 역할이라는 점에서 절약적인 이론일수록 좋은 과학이론이라고 할 수 있다. 그 밖에 이론의 내적 일관성과 많은 아이디어나 연구를 낳도록 자극하는 생산성 등도 과학이론을 평가하는 중요한 기준으로 거론되곤 한다. 다음은 과학이론을 평가하는데 자주 사용되는 기준들이다.

검증 가능성

어떤 이론이 사실과 합치하는가의 여부를 판명하기 위해서는 무엇보다도 이론 자체가 검증될 수 있는 형태로 구성되어야 한다. 완벽한 자료를 얻기 어려운 경험과학에서 어떤 이론이나 주장의 완벽한 검증은 불가능하다. 따라서 어떤 이론의 검증가능성은 그 이론을 반증하는 연구를 설계할 수 있는가의 여부로 규정된다. 철학자 Karl Popper(1959)는 반증가능성(falsifiability)을 과학이론을 평가하는 가장 중요한 기준으로 제시하였다. 이 기준에 따르면, 이론은 그 핵심적인 가정들이 결정적 실험(critical experiment)에 의해서 시험될 수 있도록 구성되어야 한다. 만약 경험적 자료가 이론을 지지하면 그 이론은 살아남고 그렇지 못하면 그 이론은 폐기된다. 자료가 이론과 일치하더라도 이론이 옳다고 결론을 내릴 수는 없다. 다른 관찰이나 실험에서 이론과 합치하지 않는 결과를 얻을 가능성이 남아 있기 때문이다. 다만 반증결과를 얻을 때까지 그 이론은 한시적 생명을 부여받는다. 그러나 자료가 이론과 합치하지 않으면 그 이론은 명백하게 틀린 것이며 따라서 폐기되는 것이다.

반증가능성의 기준은 과학의 발전에 기여할 수 있는 이론과 그렇지 못한 이론을 구분해 줄 수 있는 핵심적인 기준으로 각광을 받아왔다. 그러나 심리학 특히 성격심리학에는 반증가능성이 낮은 이론들이 허다하다. 예를 들면, 정신분석이론과 인본주의 이론은 반증을 위한 결정적 연구의 설계가 불가능하다. Freud 이론의 장수에 대해서 반증이 불가능한 덕분이라는 우스갯소리가 있을 정도이다. 일반적으로 대 이론과 은유에 주로 의존하는 이론은 검증(혹은 반증)하기가 어려운데 성격심리학의 고전적 이론들은 대부분 이러한 속성들을 지니고 있는 것이다. 그러나 외견상 비과학적인 대 이론이라 하더라도 그 부분적인 주장이나 개념들에 대해서는 반증이 가능한 연구를 설계할 수가 있다. Freud 이론에서도 방어기제와 같은 개념들은 경험적으로 확인될 수 있다. 그러나 Freud 이론의 근간을 이루는 내용들(예를 들면, 마음의 구조나 리비도의 존재)은 검증이 불가능하기 때문에 Freud 이론을 과학적 이론이라고 평가하기는 어렵다.

절약성

앞에서 과학적 이론의 특성 중 하나로 절약성(parsimony)을 들었다. 절약성의 기준에 따르면, 다른 기준들에서 우열을 평가하기 어려운 이론들이 여럿 있을 때, 가장 단순한 이론(즉 가장 적은 개념이나 가정들을 수반하는 이론)을 선택하여야 한다는 것이다. 과학의 기능을 생각해 볼 때 복잡한 현상을 단순하고 명료하게 정리 해주는 이론이 높이 평가되는 것은 당연하다고 할 수 있다. 고전적인 성격이론 중에서 특질이론은 절약성이 높은 이론인데 반하여, Freud 이론은 절약성이 낮은 이론에 속한다. 즉 단순하게 설명될 수 있는 현상을 Freud 이론에서는 복잡한 개념이나 기제들을 동원하여 설명한다는 비판을 받는다.

내적 일관성

내적 일관성은 이론 내에서 논리적 모순이나 불일치가 없음을 의미한다. Freud 이론은 그 복잡성에도 불구하고 놀라울 정도의 내적 일관성을 갖춘 이론으로 평가된다. 이러한 높은 내적 일관성 때문에 Freud 이론은 정교하게 만들어진 예술품의 인상을 준다. 그에 비하여 Adler나 Jung의 이론, 그리고 현상학적 이론들은 내적 일관성이 높지 않기 때문에 정교한 이론으로 인식되지 않는다.

생산성

과학을 하나의 일로 보면 일할 의욕을 고취시키고 계속 일감을 제공해주는 이론이 좋은 이론이라고 할 수 있다. 즉 어떤 이론을 중심으로 좋은 연구들이 많이 이루어지면 좋은 이론인 것이다. 이러한 생산성 혹은 유용성의 기준은 실용주의적 관점에 근거한 것으로서, 열매 즉 결실을 통하여 그 가치를 판단하는 것이다. 대부분의 과학이론들이 연구와 관련하여 생산성이 평가되지만 성격이론의 경우는 꼭 그렇지만은 않다. 성격심리학은 연구뿐 아니라 성격검사와 정신병리의 치료에도 관여하기 때문이다. 정신역동이론은 정신병리의 진단과 치료에서 높은 생산성을 보여왔고, 특질이론은 성격검사에서 특히 유용하였다. 반면 경험적 연구를 강조하는 실험심리학자들은 사회인지이론에 특히 관심을 보여왔다.

성격이론

성격심리학은 이론의 천국이다. 성격심리학의 교과서들을 훑어보면 중요한 이론들을 소개하는 내용으로 구성된 것들이 대부분이다. 성격심리학에 특히 이론이 많은 것은 아니다. 다만 성격심리학의 이론들은 대체로 대 이론(grand theory)의 특징을 갖고 있으며 대중적인 인지도가 높다는 점에서 다른 분야의 이론들과 구별된다. 예를 들면, 심리학자가 아니더라도 Freud는 물론 Jung이나 Rogers의 성격이론을 알고 있는 사람들이 많다. 대 이론은 인간전체를 조망해 주는 장점이 있는 반면에 개별현상들을 설명하거나 예언하는데는 적합치 않은 경우가 많다. 또한 대 이론들은 서로 배타적이어서 성격현상의 통합적 설명이나 상호보완 작업이 이루어지기도 어려웠다. 예를 들어, 정신역동이론에서는 무의식과 과거경험을 중시하는데 비하여 현상학적 이론에서는 의식을 강조하고 현재와 미래에 초점을 맞춘 설명을 제공한다. 성격심리학의 이러한 특징은 심리학의 다른 영역에서 행동주의-인지심리학의 패러다임을 공유하면서 연구를 수행하고 이론을 발전시켜온 점과 대비가 된다. 그러나 성격심리학에서도 최근에는 인지심리학적 접근을 축으로 하여 연구들이 수렴되는 경향을 발견할 수 있다.

성격이론은 통상 정신역동이론, 특질이론, 현상학적 이론, 사회인지적 이론의 네 유형으로 분류된다. 다음 장부터 전개되는 주제별 소개에서 개별 이론의 내용이 보다 깊이있게 논의될 것이기 때문에 여기서는 간략하게 각 이론의 윤곽만을 소개하는데 그친다.

정신역동이론

정신역동이론은 빈의 신경과 의사인 Freud에 의하여 창시되었다. Freud는 평생을 신경증의 원인을 규명하고 치료하는데 바쳤다. 그의 일생동안의 노력은 정신분석학이라는 방대한 지식체계를 발전시켰는데, 정신분석학은 신경증 환자의 치료뿐 아니라 20세기 인류의 모든 정신문화 영역에서 심대한 영향을 끼쳤다. 정신분석학은 임상장면에서의 관찰에 근거하고 있지만 Freud는 그의 이론을 정상인을 포함하는 보편적인 성격이론으로 확장시켰다. 정신분석학은 성격 내부의 역동적인 갈등을 강조하기 때문에 정신역동이론으로 불리기도 한다.

Freud의 이론에서 가장 핵심적인 두 개념은 무의식과 성충동이다. Freud는 마음 속에서 일어나는 현상 중 아주 많은 부분이 무의식에 속하기 때문에 정신생활(정신병리를 포함하여)의 많은 부분이 이해되지 않지만, 무의식적 원인(들)이 발견되면 인과적 연속성이 회복된다고 주장한다. Freud가 무의식에 접근하기 위하여 발전시킨 방법이 정신분석이다. 정신분석에서는 환자가 보고하는 사고와 느낌, 환자의 행동, 그리고 자유연상과 꿈의 분석을 통해서 무의식의 요소들에 접근하려 노력한다. 무의식을 구성하는 것은 허용되지 않는 욕구, 동기, 갈등이며 그 주된 내용은 성적인 것이라고 본다. Freud에 따르면 유아에게도 성적인 충동이 존재하고, 이러한 성적인 충동이나 갈등은 삶의 핵심주제로서 인간의 모든 활동과 병리에 관여한다고 한다.

Freud의 후계자들은 마음의 역동을 여전히 중시한다는 점에서 정신역동이론의 틀에 속하지만 몇가지 점들에서 Freud의 정통 정신분석학과 차이를 보인다. Jung은 무의식이 Freud가 규정한 개인무의식뿐만 아니라 인류가 경험한 내용이 축적된 집단무의식도 포함하고 있다고 주장하였다. Jung의 이론에서 무의식은 Freud에서처럼 억압된 내용들로 구성되어 있다는 부정적 면보다는 인류의 지혜와 경험이 축적된 저장고로서의 긍정적인 면이 강조된다. 신(新) Freud 학파에 속하는 Horney, Fromm, Sullivan 등은 성충동보다는 사회적 환경의 중요성을 강조하였고, Hartmann과 Erikson 등 자아심리학자들은 자아를 원초아의 봉사자로 보려는 Freud의 입장에 반대하면서 자아의 독립적 영역을 주장하였다. 또한 Klein, Kernberg, Mahler 등의 대상관계이론에서는 성충동의 단순한 충족보다 유아와 중요한 타인인 대상(주로 어머니 등 양육자) 간의 관계형성에 초점을 맞추어 성격발달을 조명하였다.

정신역동이론은 정신병리를 진단하고 치료하는 임상장면에서 여전히 지배적인 이론이다. 과학적 심리학으로 변모하고 있는 현대의 성격심리학에서 정신역동이론은 과거와 같은 영향력을 갖고 있지는 않지만, 무의식과 애착 등 정신역동적인 현상들이 인지나 정서심리학의 배경을 가진 성격심리학자들에 의해서 활발하게 연구되고 있다.

현상학적 이론

철학에서의 현상학은 본래 절대적인 진리를 발견하기 위한 철학적 방법론으로서 독일의 철학자인 Husserl에 의해서 그 토대가 세워졌다. 심리학에서 흔히 현상학적 이론이라고 불리는 성격이론들은 이러한 독일 관념론의 원래 목표와는 거리가 멀다. 이들은 그보다는 Husserl의 후기의 미발표된 입장인 생활세계의 현상학과 Merleau-Ponty 등의 실존주의적 현상학에서 나타나는 개인적이며 주관적인 생활체험을 강조하는 입장을 수용하여 심리학에 적용시킨 것이다. 현상학적 심리학은 정신역동이론의 결정론과 비관적인 인간관, 그리고 행동주의의 객관성의 강조와 피동적인 인간관 등에 반발하여 일어났다. 현상학적 이론에서는 개인의 주관적 세계를 강조하고, 자기실현의 성향과 역량을 인정하며, 과거보다 현재와 미래를 중시한다. 현상학적 성격이론을 발전시킨 사람은 Rogers, Maslow, Kelly(인지적 성격심리학자로 분류되기도 함) 등이다.

Rogers는 Freud와 마찬가지로 임상장면에서 이론을 발전시켰지만 Freud와는 달리 인간이 갖고 있는 긍정적 힘을 강조하였다. 그는 인간이 자신의 잠재력을 실현하려고 하는 경향성을 갖고 있으며, 이러한 자기실현의 경향성이 제대로 발현되지 못하는 것은 개인의 잠재력에 대한 이해가 부족한 주위의 압력이나 간섭 때문이라고 주장하였다. 따라서 부모는 자신의 요구를 앞세우는 조건적 존중보다는 무조건적인 존중과 수용을 통해서 아동이 자신의 잠재성을 실현할 수 있도록 도와주어야 한다고 주장한다.

Maslow도 자기실현을 삶의 최고목표로 생각했지만 Rogers와 달리 자기실현이 무조건적인 존중의 결과로 자연스럽게 얻어지는 것으로 보지는 않았다. 그의 요구위계설에 따르면 생리적 요구, 안전요구, 애정과 소속감의 요구, 자존감의 요구, 그리고 자기실현의 요구가 위계를 이루고 있어서, 각 요구는 하위단계의 요구들이 어느정도 충족되었을 때 비로소 지배적인 요구로 등장하게 된다. 따라서 요구위계에서 가장 높은 단계인 자기실현의 요구는 그 아래 네 단계의 요구들이 어느 정도 충족된 뒤에야 기대될 수 있다고 본다.

Kelly는 인간의 과학자적 속성에 주목하여 성격이론을 구성하였다. 과학자들은 구성개념(constructs)을 통하여 연구대상인 현상에 접근한다. 예를 들면, 인간의 다양한 슬기로운 행동들은 지능이라는 구성개념을 통하여 연구된다. Kelly에 따르면 일반사람들도 세상을 경험하고 해석하고 표현할 때 과학자들과 마찬가지로 구성개념을 사용한다고 한다. 이러한 구성개념은 사람에 따라 다르기 때문에 개인적 구성개념이 되는데, Kelly는 어떤 사람을 이해하기 위해서는 그 사람의 개인적 구성개념들을 파악해야 한다고 주장한다. Rogers와 Maslow의 이론이 인간의 가치를 강조한다는 점에서 인본주의 심리학으로 분류될 수도 있는 반면, Kelly의 이론은 과학자로서의 속성을 강조하기 때문에 인본주의 심리학보다는 오히려 인지이론에 가깝다고 볼 수 있다.

과학으로서의 성격심리학이 강조되고 있는 요즈음 현상학적 이론들은 상당히 퇴조한 느낌이다. 그러나 개인의 주관적 세계와 인본주의적 가치를 강조하는 태도는 Rogers의 내담자 중심 치료에서 보듯이 상담장면에서 대단히 중요한 영향을 미쳤으며, 최근의 성격심리학에서 보이는 자기(self)에 대한 관심의 증대도 현상학적 이론의 영향이 크다.

특질이론

사람들은 타인의 성격을 기술하기 위해서 특질을 나타내는 형용사들을 종종 사용한다. 예를 들면, 누구누구는 내향적이라거나 누구누구는 정직한 사람이라고 표현한다. 특질이론에서도 사람들의 행동을 기술하거나 설명하기 위해서 특질형용사들을 사용한다. 그러나 과학적인 특질이론에서는 사람들을 어떤 유형으로 분류를 하는 대신 해당 특질차원의 연속선상에서의 위치로 표현하는 양적 접근을 한다. 왜냐하면 유형론은 이분적이어서 과단순화된 기술방법이기 때문이다.

특질의 개념적 기초를 세운 사람은 Allport였다. 그에 따르면 특질이란, 많은 자극들에 대해 유사하게 반응하도록 만들고, 일관성있는 적응행동 및 표현행동을 하게 하는 능력을 가진 신경정신적 체계이다. 그러나 Allport의 특질개념에 모든 특질이론가들이 동의하는 것은 아니다. 특질이 단순히 행동을 기술하기 위한 경제적인 수단인지 혹은 Allport가 생각했듯이 행동을 설명할 수 있는 실체를 가진 존재인지에 대해서는 논쟁이 진행중이며, 또한 특질들의 신경생리적 근거들도 아직 확인되지 않았다. 덧붙여 Allport는 대부분의 특질이론들이 채택하고 있는 양적 접근에 비판적이었다.

요인분석을 통해서 성격에서의 개인차를 설명하는 특질들을 찾아내고자 시도한 성격심리학자들 중 Cattell과 Eysenck가 가장 유명하다. Cattell은 16개의 근원특질(source traits)을 찾아내었고, Eysenck는 외향성, 신경증성향, 정신병성향의 세 특질차원을 제안하였다. 이렇게 연구자에 따라 특질의 수에서 차이가 나는 것은, 요인분석을 위하여 실시된 성격검사들이 서로 다르고, 사용된 요인분석의 방법이 다르며, 어느 수준에서 묶을지의 기준이 서로 다르기 때문이다. 이와 같이 학자들마다 상이한 수와 내용의 성격특질을 추출해내는 현상은 요인분석적인 접근법에 대해서는 물론 특질이론 자체에 대해서도 회의를 가져올 우려가 있다. 다행히 최근에 여러 연구들에서 몇 개의 특질차원들이 일관성있게 확인됨에 따라 성격을 구성하는 특질차원들에 대한 결론에 접근하고 있는 듯한 조짐이 보인다. 이들은 외향성, 신경증성향, 경험에 대한 개방성, 우호성, 성실성의 5개의 특질차원들로 구성되어 있어 Big Five라는 애칭으로 불린다.

특질이론은 Mischel의 비판 이후로 한때 침체되었으나 최근의 Big Five 연구를 통하여 다시 부활하였으며, 특질이론을 통하여 정신병리에 접근하려는 시도들과 특질의 신경생물학적 근거와 발달경로를 밝히려는 연구들이 앞으로 중요한 성과를 가져올 것으로 기대된다.

사회인지적 이론

최근의 인지심리학의 급격한 발달, 그리고 성격심리학과 사회심리학의 상호교류에서 사회인지적 이론으로 통칭되는 새로운 성격이론들이 생겨났다. 이 이론들은 개인차의 근저에 놓여있는 사회인지적 과정들과 구조들을 탐색하는 접근법을 택한다. 성격의 사회인지적 접근의 부각에는 Mischel이 기여한 바가 크다. 그는 1968년에 출간된 '성격과 평가'(Personality and Assessment)라는 책에서 종래의 특질이론에 기반을 둔 성격검사들이 행동을 잘 예언하지 못한다는 사실을 지적하여 큰 파문을 일으켰다. Mischel의 비판은 그 후 행동을 결정하는데 개인변인과 상황변인의 어느 쪽이 더 중요한가의 논쟁을 일으켰고, 이 논쟁이 발전하면서 개인과 상황의 역동적 관계에 개입하는 개인의 능동적 인지과정에 초점을 맞추는 성격이론들이 등장하게 되었다. Mischel이 행동을 결정하는데 중요하다고 제안한 인지사회적 개인변인들로는 부호화 책략 및 개인적 구성개념, 목표, 기대, 인지적 능력, 자기조절 체계 등이 있다. 성격의 사회인지적 이론들은 다른 성격이론들처럼 성격의 전 측면을 설명하려는 대규모 이론이라기보다는 성격의 일부 측면에만 초점을 맞추어 설명을 적용하는 소규모 이론들이 대부분이다.

사회인지적 이론들 중에서 현재 가장 주목을 받고 있는 이론은 자기이론(self theory)이다. 자기에 대한 의식은 인간의 반성적 능력(reflexive ability), 즉 자기의 바깥에서 자기를 바라볼 수 있는 능력에서 비롯된다고 한다. 자기에 대한 지식이나 감정, 평가 등은 개인의 사고나 행동들에 중요한 영향을 미치기 때문에 자기와 결합된 많은 개념들이 심리학에서 다양한 자기이론들의 주제를 이루며 연구되어 왔다. 이들 중 중요한 것들을 열거하면 자기개념, 자기도식, 자기존중감, 자기통제, 자기효능성 등이다.

사회인지적 이론들은 현재 성격심리학에서 가장 활발한 연구성과를 낳고 있으며 앞으로 인지심리학의 발전과 더불어 계속 성격심리학의 주류를 이룰 것으로 기대된다. 사회인지적 이론은 특히 심리학의 다른 분야들(소위 과학적 심리학에 속하는 분야들)과의 교류를 촉진시킴으로써 성격심리학을 개방적인 분야로 탈바꿈하는데 공헌하였다. 한편 최근 정서에 대한 관심이 증대되면서 인지적 이론들이 점차로 성격과정에서 정서의 중요성을 강조하는 정서-인지 이론으로 바뀌어가고 있는 추세이다.

요 약

1. 성격은 "환경에 대한 개인의 독특한 적응을 결정하는 개인 내의 정신신체적 체계들의 역동적 조직"으로 정의된다. 이 정의에서 보듯이 성격은 (1)내적 속성이고, (2)인지, 감정, 행동의 통합과정이고, (3)개인에 따라 다르고, (4)일관성이 있으며, (5)역동적이다.
2. 성격심리학은 인격의 전체성, 주체성, 고유성을 존중한다. 그러므로 단편적 지식보다는 총체적인 인간 행동에 관심을 가지며, 행동의 원인을 환경이나 생물학적 요인보다는 개인의 성격에서 찾고, 보편적 법칙과 더불어 기본적인 경향이나 성향에서의 개인차를 중시한다. 이러한 특징을 지닌 성격심리학은 모든 심리학 영역의 지식들이 수렴하고 방사되는 중심부에 위치하며, 특히 사회심리학, 발달심리학, 임상심리학과 밀접한 관계를 갖는다.
3. 성격심리학에서 연구되는 주제들은 시대와 접근방식에 따라 변화해왔지만, 성격의 개념화 문제, 유전과 양육의 영향, 성격의 안정성과 변화, 개인과 환경의 상호작용 등의 주제들이 지속적인 관심을 받아왔다. 최근에는 성격을 구성하는 특질차원, 무의식의 내용과 기제, 자기의 형성과 기능, 정서와 동기 등의 주제들이 활발하게 연구되고 있다.
4. 성격심리학에서는 전통적으로 임상연구(사례연구), 상관연구, 실험연구가 폭넓게 사용되어 왔다. 임상연구는 임상장면에서 한 개인을 집중적으로 깊이 연구하는 방법으로 Freud나 Rogers 등이 대표적인 임상연구자들이다. 임상연구는 자연스러운 상황에서 다양한 심리현상을 심층적으로 연구할

수 있다는 장점을 지닌 반면, 변인통제의 어려움과 일반화의 제약이라는 약점을 갖는다.

5. 상관연구는 성격에서의 개인차를 반영하는 측정치들간의 통계적 관계를 밝히는데 주로 사용된다. Cattell, Eysenck, Big Five 연구자들은 요인분석이라는 상관분석 기법에 의존하여 성격특질들을 찾아냈다. 상관연구는 자연상황에서 다수의 변인들 간의 관계를 밝히고자 할 때 유용하게 사용되지만 심층적 관계나 인과관계를 밝히는데 한계를 갖는다
6. 실험연구에서는 다른 변인들을 통제한 상태에서 독립변인의 변화가 종속변인에 영향을 미치는지를 확인함으로써 변인들간의 인과관계를 밝힌다. Pavlov의 고전적 조건형성, Skinner의 조작적 조건형성, Bandura 등의 사회인지적 연구들이 실험에 의존하는 연구전통의 대표적 예들이다. 실험연구는 심리학의 연구전통을 대표하며, 변인간의 인과관계를 밝힐 수 있다는 장점이 있지만, 실험으로 연구될 수 있는 현상들에 제한이 있고, 실험상황의 인위성으로 인한 일반화 제약의 문제가 있다. 또한 안정적인 현상을 주로 연구하는 성격심리학에서는 최근에서야 자주 사용되기 시작한 연구법이다.
7. 성격이론은 인간전체를 조망하는 대이론의 특징을 가지며, 통상 정신역동이론, 특질이론, 현상학적 이론, 사회인지적 이론으로 분류된다. 성격이론은 성격심리학의 영역에서 경험적 발견들을 통합하고 새로운 연구들을 자극하는 기능을 수행한다.

관련된 책 소개

여기서는 성격심리학 교과서들을 소개한다.

시중에 나온 성격심리학 교과서들 중 한국심리학자에 의해 쓰여진 책으로는, '성격과 행동' (이현수 지음, 학지사), '성격심리학의 이해' (박아청 지음, 교육과학사), '성격심리(상)' (홍숙기 지음, 박영사) 등이 있고, 번역서로 '성격심리학' (Mischel 지음, 손정락 옮김, 시그마프레스), '성격심리학' (Phares 지음, 홍숙기 옮김, 박영사), '성격의 이론' (Lindzey & Hall 지음, 이상로와 이관용 옮김, 중앙적성출판사) 등이 있다. 교과서인 까닭에 대부분의 책들이

중요한 이론과 현상들을 포괄하고 있다. 특징있는 책들을 소개하면, '성격과 행동' (이현수)은 주로 특질이론(특히 Eysenck이론)의 관점에서 접근하였고, '성격심리(상)' (홍숙기)은 대이론 중심으로 성격심리학을 소개하고 있는데, 현재 출간된 (상)권은 정신역동이론과 인본주의 및 현상학적 이론만을 포함하고 있다. 다른 책들에서 비교적 소홀한 Jung과 Murray의 이론을 상세히 소개한 것이 특징이다. '성격심리학' (Mischel/손정락)은 Mischel의 성향을 반영하여 사회인지적 관점이 상세히 소개되어 있다.

제 2 장

성격의 개인차: 특질과 유형

레오나르도, 〈최후의 만찬〉 1498
레오나르도의 '최후의 만찬'에서 예수의 열두 제자는 모두 역동적인 모습으로 자신의 독특한 성격을 드러내고 있다.

성격의 개인차 : 특질과 유형

"세상의 온갖 모양만큼이나 사람의 마음도 다양하다."
—오비디우스, 사랑의 기술—

레오나르도 다 빈치가 그린 '최후의 만찬'을 보자. 자신의 죽음을 예감한 예수를 중심으로 열두 제자가 둘러앉거나 서 있다. 이 장면은 일상적인 식사장면이 아니다. 예수가 자신의 임박한 죽음을 제자들에게 알리고 그들의 신심을 추스리는 자리이다. 아마도 예수는 방금 그 운명적인 선언을 한 찰나일 것이다. "너희들 중의 하나가 나를 배신하리라." 제자들은 "주여, 그것이 저입니까?"고 묻고 있다. 제자들은 이 장면에서 단순히 예수의 말에 반응하고 있는 것이 아니다. 한 사람 한 사람이 자신의 성격을 드러내고 있으며 자신과 예수의 관계를 표현하고 있다. 모두 예수의 제자들 중 가장 신심이 깊은 자들이지만(물론 유다를 제외하고) 이 당혹스러운 사태를 한결같은 마음으로 받아들이지는 못한다. 믿어지지 않는다는 표정을 짓고 있는 자, 가슴이 찢어지는 아픔을 느끼는 자, 자신의 장래에 대해서 불안을 감추지 못하고 있는 자, 배신자가 누굴까 두리번 거리는 자, 스승이 원망스럽기만 한 자, 그냥 막막하기만 한 자, 전의를 불태우고 있는 자 등등 …… 비록 후에 유다를 제외한 모든 제자들이 예수의 가르침을 포교하는 전도자의 역할을 훌륭히 수행했지만 최후의 만찬에서 스승의 죽음을 알게되는 순간 이들이 보인 반응은 천차만별이다. 그 이유는 이들이 각자 독특한 성격의 소유자였기 때문이다. 즉 동일한 상황에서도 성격의 차이 때문에 상이한 반응을 보인 것이다.

예수의 열두 제자가 각기 다른 성격의 소유자들이듯이 우리들도 각자 다른 성격을 갖고 있다. 아마도 사람들이 성격에 관해서 갖는 첫번째 질문은 성격의 개인차일 것이다. 사람들은 어떻게 서로 다른가? 그 서로 다름은 어떤 차원들로 정리될 수 있는가? 예를 들면 토마스 만의 소설 '토니오 크뢰거'에서 주인공인 토니오와 친구 한스는 아마도 수많은 점들에서 다르겠지만 소설에서 특히 부각되는 차이는 토니오는 내향적이고 한스는 외향적이란 점일 것이다. 여기서 내향적-외향적은 특질차원이다. 특질차원이란 사람들의 성격의 개인차를 반영하는 차원을 일컫는다. 뒤에서 보겠지만 내향성-외향성은 사람들의 성격을 구분짓는 대단히 보편적이며 중요한 차원이다. 내향성-외향성 외에도 사람들의 성격을 구분짓는 중요한 차원들이 몇 개 더 있는데 그 수와 종류는 학자들에 따라 다르다.

특질이론은 특질개념을 중심으로 구성된 성격이론으로서 정신역동이론과 더불어 가장 오랜 전통을 가진 성격이론이다. 특질이론가들은 사람들의 성격의 개인차를 반영할 수 있는 보편적이며 중요한 특질차원들을 발견하고, 발견된 특질차원들을 측정하는 검사를 만들고, 이들 특질차원들의 생리적 · 발달적 기반을 연구하고, 특질과 상황이 어떻게 상호작용하여 행동을 산출하는지에 관심을 갖는다. 이 장에서는 성격심리학의 창시자인 Allport의 선구적인 특질개념으로부터 출발하여 Cattell, Eysenck, 그리고 최근의 Five Factor이론을 차례로 소개한다. 또한 성격의 질적 범주를 가정하는 유형이론들에 대해서도 소개할 것이다.

특 질

Allport의 특질이론

특질의 정의

심리학에서 특질의 개념은 Allport로부터 비롯되었다. Allport는 사람들이 서로 비슷하거나 다르게 행동하는 것을 설명하기 위한 가장 타당한 분석단위로 특질개념을 제안하였다. Allport에 따르면, 특질은 "많은 자극을 기능적으로 동등하게 만들고, 동등한(의미있게 일관성 있는) 형태의 적응적, 표현적 행동을 시작하게 하고 이끌어가는 능력을 지닌 신경정신적 구조(neuropsychic structure)"(1961, p.347)로 정의된다. 이를 풀어서 설명하면 특질은,

1. 성격의 기본적인 구성요소로서,
2. 특정한 방식으로 반응하는 성향(predisposition to respond)이고,
3. 많은 자극을 기능적으로 동등한 것으로 받아들이고,
4. 적응적이고 표현적인 행동으로 통합하며,
5. 신경정신적 체계에 기반을 두고,
6. 직접 관찰하거나 측정할 수는 없지만 일련의 행동을 통해 보여질 수 있는 존재이다.

Gordon W. Allport(1897~1967)

Gordon W. Allport는 미국 인디애나 주에서 태어나서 심리학을 전공한 형(Floyd Allport)을 따라서 Harvard University에 진학하였다. 학부에서는 경제학과 철학을 공부했으나 대학원에서는 심리학을 전공해서 1922년에 성격특성에 관한 연구로 심리학박사 학위를 받았다. 그후 Sheldon 연구비로 유럽에서 2년간 공부한 후 미국으로 돌아와 Dartmouth University에서 교수로 있다가 1942년 Harvard University로 옮겨 죽을 때까지 근무하였으며, 미국심리학회(APA)의 회장을 역임했고 학회에서 주는 학술상을 받았다.

Allport는 1937년 성격심리학의 고전인 'Personality: A Psychological Interpretation'을 출간함으로써 성격심리학의 창시자로 존경을 받았고, 그후 'The Individual and His Religion'(1950), 'Becoming: Basic Consideration for a Psychology of Personality'(1955), 'Personality and Social Encounter'(1960), 'Pattern and Growth in Personality'(1961) 등 많은 저서를 저술하였다.

Allport는 특질개념을 처음 제안한 학자이기는 하지만 이론가나 과학자라기 보다는 인문학적 소양을 갖춘 지식인의 면모가 두드러진 사람이다. 미국 심리학계의 지도자로서 길고 영향력 있는 생애동안 Allport는 인간다움, 건강함, 통합성 등을 강조하였다. 이러한 입장은 당대의 심리학계의 주도적 흐름이었던 행동주의의 학자들이 인간을 동물로 보고, 신경증적 행동에 초점을 맞추고, 기계적, 요소적으로 접근하던 태도와 대조가 된다.

Allport에게 있어서 특질은 성격의 기본적인 구성요소가 된다. Allport는 성격의 구성요소들은 재구성되었을 때 '생생하고 역동적인 전체성'을 가져야 된다고 생각했다. 태도, 가치, 욕구, 충동 들은 이러한 요구조건을 충족시키지 못하며, 오직 특질, 즉 개인의 인생을 결정짓는 독특하고 역동적인 심리신체적 조직만이 자격을 갖추고 있다고 주장했다. 이점에서 Allport는 요구(need)를 성격의 기본 분석단위로 중요시한 Murray와 차이를 보인다.

Allport에 따르면 특질이란 다양한 여러 상이한 자극 혹은 상황들에 대하여 유사한 방식으로 행동하려는 준비상태라 할 수 있다. [그림 2.1]은 감각추구라는 특질을 지닌 한 가공인물(김호동 씨라고 하자)의 예를 보여주고 있다. 이 특질에 의해, 자동차, 영화, 마약, 스포츠, 이성친구 등 다양한 자극들이 감각추구 동기를 불러 일으킨다. 김호동 씨는 자동차에 올라타면 스피드를 내어 달리게 되고, 영화를 고를 때면 공포영화를 선택하고, 마약에 접할 기회가 생

그림 2.1 자극과 반응의 동등성을 가져오는 특질의 예: 감각추구 특질

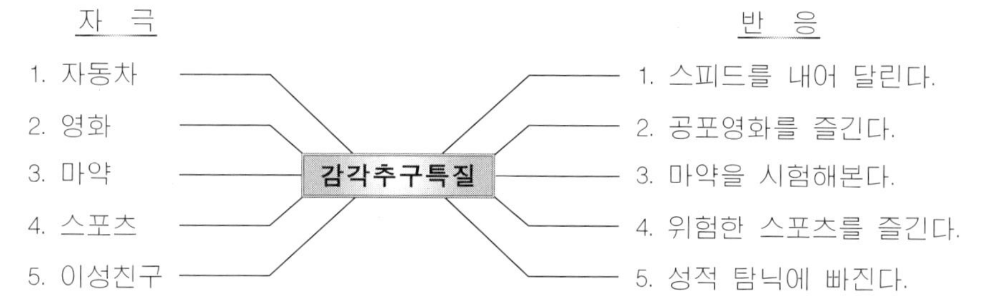

기면 피하지 않고 시험해 보고, 스포츠 중에서는 암벽타기나 공중점프와 같은 위험한 스포츠를 즐기고, 이성친구와는 친밀감을 쌓기보다 성적 탐닉을 추구할 것이다.

물론 감각추구 특질을 갖고 있지 않은 사람이라도 이러한 행동을 할 수 있다. 더욱이 공포영화를 즐기거나 성적탐닉에 빠지는 모든 사람들이 동일한 성격 범주에 속하지는 않는다. 그럼에도 불구하고 위의 예는, 특질을 통하여 다양한 자극들이 기능적으로 동등하게 되고(예에서 감각추구 동기를 유발하고), 특질의 결과로 다양한 행동반응을 일으키는데 그 반응들은 그 특질을 표현한다(예에서 감각추구 행동을 나타낸다)는 점에서 동등하다. 특질에 의해 통합되고 중재되는, 이러한 자극과 반응의 동등성의 개념이 Allport의 성격특질이론을 구성하고 있다. 본질적으로 특질은 다양한 자극과 반응을 이론적으로 통합하는 역할을 한다.

Allport는 특질을 이론적인 허구가 아니라 인간에게 실재하는 것으로 보았다. 사람들은 누구나 이러한 '일반화된 행동경향성'을 내재하고 있으며 이러한 일반화된 행동경향성의 본질을 밝혀 내는 것이 심리학자들의 임무라고 주장했다. 또한 특질의 존재는 경험적으로 정립될 수 있다고 보았다. 특질을 직접 관찰할 수는 없지만 반복적인 행동관찰이나 사례기록, 전기, 통계적 기법을 통해 확인된 자극-반응의 일관성 등을 통해 특질의 존재에 대한 증거를 얻을 수 있다는 것이다. Allport는 특질이 실재할 뿐만 아니라 신경정신적 기반을 갖고 있다고 주장했다. Allport 자신은 특질의 신경정신적 기반을 찾는 연구를 하지 않았지만 후에 Eysenck는 일부 특질들의 신경생리적 기제를 밝힘으로써 Allport의 개념을 뒷받침하였다.

공통특질 대 개인특질

Allport는 초기 저술(1937)에서 공통특질(common traits)과 개인특질(individual traits)을 구분하였다. 공통특질은 한 문화 안에 속한 대부분의 사람들을 합리적으로 비교할 수 있는 일반화된 성향들을 지칭한다. 공통특질의 존재를 가정할 수 있는 근거는 한 문화의 구성원들이 유사한 진화 및 사회적 영향을 받아왔다는 점이다. 공통특질은 후의 학자들에 의해서 요인분석의 방법을 통하여 탐색되었는데, Big Five로 불리는 안정성, 외향성, 성실성, 우호성, 경험에 대한 개방성 등은 공통특질의 예들이다. 공통특질의 분포는 정상분포를 그리며 표준화된 측정도구를 통하여 개인간 차이를 확인할 수 있다.

Allport는 공통특질 상에서의 개인 간 비교가 유용하다고 인정하였지만, 개인의 특유한 적응행동을 인도하고 방향짓고 동기화시키는 순수하고 신경정신적인 단위로서 개인특질(individual traits)의 존재를 보다 강조하였다. 개인특질은 개인에게 고유하여 개인 간 비교가 가능하지 않은 특질로서, 각 개인 내에서 그 나름의 독특한 방식으로 작용하며, 개인의 성격구조를 가장 정확하게 반영한다고 한다. 개인의 진정한 성격은 개인특질을 조사함으로써만 밝힐 수 있으며 이를 위하여 개인의 사례사, 일기, 편지 및 기타 개인적 기록들과 같은 자료들을 활용하여야 한다고 주장하였다.

기본성향, 중심성향, 이차성향

Allport는 후에 특질이라는 호칭을 공통특질과 개인특질에 모두 사용하는 것이 혼동을 가져온다고 생각하고, 개인특질을 개인성향(personal dispositions)으로 이름을 바꾸고 공통특질은 단순히 특질로 불렀다. Allport의 주된 관심은 개인성향에 있었다. Allport는 성격 내에서의 영향력의 크기에 따라 개인성향을 세 유형으로 분류하였다.

가장 포괄적인 영향력을 행사하는 성향은 기본성향(cardinal dispositions)으로 불리는데 개인의 생활 전반에 아주 광범위하게 퍼져있어 거의 모든 행동에서 그 영향력이 발견되는 성향을 가리킨다. 오직 소수의 사람들만이 이와 같은 극단적 열정의 지배를 받는데, 예를 들면 돈 후안(성적 탐닉), 스크루지(인색함), 히틀러(권력욕구), 테레사(인간애) 등을 이러한 기본성향의 소유자들로 볼 수 있다.

대부분의 사람들은 단 하나의 기본성향보다는 몇 개로 이루어진 중심성향(central dispositions)의 지배를 받는다. 중심성향은 기본성향보다는 더 제한된 범위의 상황에 미치는, 그러나 행동에 있어 폭넓은 일관성을 나타내는 성향을 가리키는데 정직함, 친절함, 개방성 등을 예로 들 수 있다. 중심성향은 성격을 구성하는 블록에 해당되며, Allport의 조사에 따르면 사람들은 각자 대략 5-10개의 중심성향을 보유하고 있다고 한다.

이차 성향(secondary dispositions)은 중심성향보다 덜 현저하고, 덜 일반적이고, 덜 일관된 성향을 가리킨다. 특정대상에 대한 태도(예: 일본인에 대한 태도), 음식에 대한 기호, 특정 상황에서의 행동경향성 등이 여기에 속하는 예들이다.

개별사례 연구 대 법칙정립 연구

Allport는 개인의 고유성을 강조한 사람이다. 따라서 그는 성격을 연구하는 방법으로 개인을 심층적으로 연구하는 개별사례 연구법(idiographic approach)을 주장하였다. 즉 개인에게 독특한 특질을 탐색하고 개인 내 특질들의 조직화를 탐구하는 것이 성격연구의 핵심이 되어야 한다고 생각했다. 그러나 Allport가 사람들에게 보편적으로 적용되는 성격과정의 법칙들을 정립하려는 노력(법칙정립 연구법: nomothetic approach)의 필요성을 부정한 것은 아니며 다만 개인의 이해는 개인의 언어로 접근하여야 한다는 입장이었다. 그는 공통특질 차원들에서의 상대적인 위치로 성격을 파악하는 개인차 접근이 개인의 진정한 성격을 보여주지 못한다고 생각했는데, 불행히도 Allport 이후의 특질이론가들은 그의 가르침을 따르지 않고, 개인차를 반영하는 차원들을 추출하고 검사를 개발하여 개인차를 측정하는 연구방향을 택하였다. Allport에 의해서 제기된 개별사례 연구 대 법칙정립 연구의 논쟁은 성격심리학의 전통적인 논제 중의 하나이다. 전통적으로 임상가들은 임상장면에서 특정개인의 이해에 초점을 맞추게 되고, 과학자들은 많은 사람들에게 보편적으로 적용될 수 있는 법칙을 찾는데 관심을 갖는다. 이러한 현실적인 이유 외에 개인의 인간관이나 학문관에 따라 두 연구법 중 하나를 선호하기도 한다. 개별사례 연구와 법칙정립 연구는 다양한 의미에서 구분되곤 하는데, 예를 들면 연구법(개인의 집중적 연구 대 집단의 통계적 연구), 예언에 대한 접근(임상적 예언 대 통계적 예언), 성격의 개념(전체적, 역동적 견해 대 분석적, 요소적 견해), 과학에 대한 견해(인문학 대 자연과학)등에 따라 구분되기도 한다. 그러나 연구법에 따른 구분이 가장 명확하고 생산적일 것이다.

Cattell의 특질연구

Raymond B. Cattell은 Allport와는 아주 대조적인 학자였다. Allport가 특질개념을 제안하고 그 개념적 정립에 노력한 사변적인 이론가인데 비하여, Cattell은 요인분석이라는 통계적 기법을 사용하여 특질들을 찾아내고 이들을 측정하는 성격검사를 제작하고 특질들의 형성에 유전과 환경이 미치는 영향을 연구한 실용적인 연구자였다. 또한 Allport가 개인의 고유한 특질을 강조하고 개별기술적 방법을 선호한 인본주의자라면, Cattell은 인간에게 보편적인 특질들의 존재를 믿고 통계적 방법에 전적으로 의존한 가치독립적인 과학자로 간주될 수 있다.

표면특질과 근원특질

Cattell은 특질을 표면특질(surface traits)과 근원특질(source traits)로 구분하였다. 표면특질은 외현적으로 한데 묶이는 특질요소들(반응들)의 군집을 가리킨다. 단정함, 호기심, 부정직성, 변덕스러움 등이 표면특질의 예들이다. 근원특질은 표면적인 행동의 결정원인이 되는 기저변인을 가리킨다. 근원특질은 관찰된 유사성에 그치는 표면특질과 달리 행동을 설명하는 설명개념의 기능이 부여되며 성격의 핵심을 구성하는 기본적인 구조로 간주된다. 하나의 근원특질이 여러 표면특질들에 관련되므로 근원특질의 수는 표면특질의

Raymond B. Cattell(1905~1998)

Raymond B. Cattell은 영국에서 태어나 University of London에서 박사 학위를 받고 한동안 아동상담소를 운영하면서 성격연구와 임상경험을 쌓았다. 1937년 미국으로 건너간 그는 Columbia, Harvard, Clark, Duke University 등의 대학에서 일했고, University of Illinois의 심리학 교수겸 성격측정 실험실의 소장으로 20여 년간 근무했다. Cattell의 가장 큰 업적은 요인분석을 통한 성격구조를 밝히는 작업이었는데, 그의 요인분석에 대한 관심은 영국에 있을 때 알고 지냈던 Spearman과 Burt의 영향 때문이었다. 또다른 영국의 심리학자 McDougall은 Cattell의 동기에 대한 관심에 영향을 미쳤다. 또한 그는 학부에서 화학을 전공했는데, 화학자 Mendeleyev의 원소 주기율표의 발표(1869)에 크게 탄복하여 자신도 성격을 구성하는 요소들을 찾아내는 연구에 평생을 보낼 결심을 하였다 한다.

수보다 훨씬 적다.

16 PF

Cattell은 사람들이 동일한 근원특질들을 보유하고 있으나 그 정도는 같지 않다고 믿는다. 따라서 근원특질들을 조사하는 것은 모든 사람들에게 공통적인 성격의 구조를 찾는 작업이 된다. Cattell은 생애기록, 자기평정, 객관적 검사 등에서 얻어진 자료들을 요인분석하여 16개의 근원특질들을 추출하였다(아래 표 2.1 참조). 이렇게 얻어진 근원특질들을 성격요인(personality factors)이라고 부르고 이들을 측정하는 자기 보고형 질문지인 Sixteen Personality Factor(16 PF) Questionnaire를 제작하였다. 16 PF 검사로부터 각 개인의 성격프로파일(personality profile)을 얻을 수 있다.

Cattell은 특질의 결정과 발달에도 관심을 가졌다. 복잡한 통계적 방법들을 통해 성격측정 자료를 분석하여 각 특질에 대한 유전과 환경의 영향의 정확한 비율을 결정하려고 시도하였다. 또한 특질이 (특히 연령이 높아질수록) 꽤 안정적임을 보였으며(Cattell, 1965), 어른 특질들의 1/3만이 4세 이하에서

표 2.1 Cattell의 16 성격요인들

내성적인(reserved)	외향적인(outgoing)
머리가 나쁜(less intelligent)	머리가 좋은(more intelligent)
안정적인 · 자아가 강한 (stable, ego strength)	정서적인 · 신경증적인 (emotionality/neuroticism)
겸손한(humble)	주장이 강한(assertive)
근실한(sober)	태평스러운(happy-go-lucky)
편의주의적인(expedient)	진지한(conscientious)
수줍은(shy)	대담한(venturesome)
마음이 강한(tough-minded)	마음이 약한(tender-minded)
잘 믿는(trusting)	의심 많은(suspicious)
실제적인(practical)	상상력이 풍부한(imaginative)
솔직한(forthright)	약삭빠른(shrewd)
차분한(placid)	걱정 많은(apprehensive)
보수적인(conservative)	실험적인(experimenting)
집단의존적인(group-dependent)	자기충족적인(self-sufficient)
제멋대로인(undisciplined)	억제된(controlled)
이완된(relaxed)	긴장된(tense)

발견된다고 보고하였다(Darnarin & Cattell, 1968). 성격의 구조적, 안정적 측면뿐 아니라 역동적(변화하는) 측면에도 관심을 가졌으며, 많은 동기 및 상황 요인들과 관련 특질들에 기초하여 행동을 예언하는 공식을 개발하려고 시도하였다.

Eysenck의 특질연구

Hans J. Eysenck도 Cattell과 마찬가지로 성격의 기본차원들을 발견하기 위하여 요인분석을 사용하였다. 그러나 Eysenck는 다음과 같은 세가지 점에서 Cattell과 차이를 보였다. 첫째, Cattell이 성격요인을 발견하기 위하여 요인분석에 전적으로 의존한 것과 달리 Eysenck는 가설로부터 출발하고 요인분석은 가설을 확인하는 수단으로 활용하였다. Cattell의 방법을 '산탄총식 접근법'이라면 Eysenck의 방법은 '소총식 접근법'이라고 할 수 있다. 둘째, Eysenck는 Cattell의 특질보다 하나 위의 수준인 유형(types)을 성격의 기본차원으로 간주하였다. Cattell의 특질이 16개로 이루어진 반면 Eysenck의 유형은 2-3개로 구성된다. 그러나 Eysenck의 유형은 배타적인 범주가 아니라 연속적인 차원의 성격을 갖고 있어서 좀더 범위가 넓고 수가 적은 특질들로 간주될 수 있다. 셋째, Eysenck는 특질에서의 개인차를 생물학적 기능에서의 차이와 연결지으려는 시도를 하였다. 이는 특질을 신경정신적 기반을 가진 실

Hans J. Eysenck(1916~1997)

Hans J. Eysenck는 독일에서 태어나서 나치의 박해를 피해 영국으로 이주하였다. Eysenck는 당대의 발전된 요인분석 기법을 연구에 활용했지만, 동시에 Jung과 Kretschmer 등의 유형론적 사고, Burt의 유전에 관한 연구, Pavlov의 고전적 조건형성에 관한 실험, Hull의 학습이론 등의 영향을 광범위하게 수용해서 연구에 반영하였다. 그의 연구

는 정상집단과 병리집단을 모두 포함하고 있지만 연구의 대부분은 영국의 Maudsley Hospital의 정신의학 연구소에서 이루어졌다. Eysenck는 과학적 연구를 위한 기준이 엄격했고, 개념의 명료성과 측정을 대단히 강조하였다. 그 때문에 Eysenck는 정신분석이론의 가장 혹독한 비판자로 알려져 있다. Eysenck는 특질이론을 지지했지만, 특질개념의 순환론적 설명을 극복하기 위해서 (1)특질을 측정할 적절한 측정도구를 개발할 필요성, (2)검증 및 반증될 수 있는 이론을 개발할 필요성, (3)각 특질의 존재에 대한 생물학적 기초를 확립하는 중요성 등을 강조했다.

그림 2.2 성격의 위계적 조직화의 도형 예시

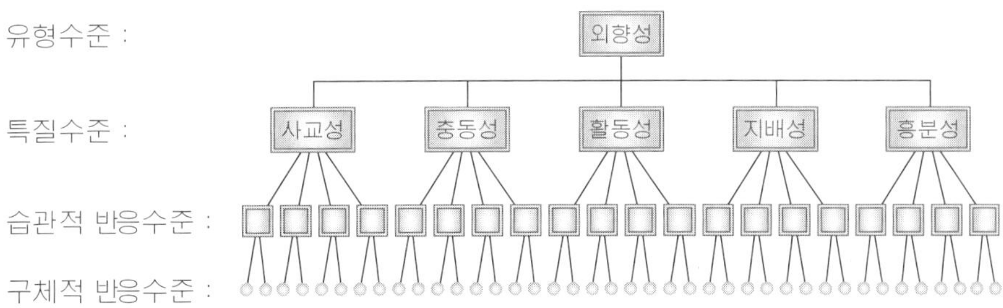

출처: Eysenck, 1970; Pervin, 1996에서 재인용

체로 파악한 Allport의 입장을 경험적으로 뒷받침하는 것으로 주로 통계에 의존하고 기술개념으로 폄하되어온 특질에 대하여 과학적 지위를 부여하는 공헌을 하였다.

성격의 위계모형

Eysenck(1970)는 성격이 다음과 같이 4수준의 위계구조로 이루어졌다고 주장했다.

1. 기저수준: 구체적 반응수준. 단일한 행위나 인지로 이루어짐.
2. 제2수준: 습관적 반응수준. 습관적인 행위나 인지들로 이루어짐.
3. 제3수준: 특질수준. 상이한 습관적 행동들간의 유의미한 상관으로 정의. 예를 들면, 사교성이란 특질은 파티가기, 다른 사람과 수다를 즐기며 혼자 있으면 심심함, 읽는 것보다 듣는 것을 선호하는 것 등으로 구성된다.
4. 제4수준: 유형수준. 특질들간 관찰된 상관으로 정의. 예를 들면, 외향성이란 유형은 사교성, 활동성, 충동성, 지배성, 흥분성 등으로 구성된다.

성격의 세 차원

Eysenck는 성격의 기본차원으로서 외향성(extraversion: E), 신경증 성향(neuroticism: N), 정신병 성향(psychoticism: P)의 세 유형 차원(PEN)을 제안하였다. 여기서 E, N 차원은 Cattell의 16요인을 다시 요인분석해서 얻어질 수 있는 것과 유사하며, 모든 요인분석적인 특질연구들에서 일관성있게 추출되는 요인이다. P차원은 Eysenck가 후에 첨가한 차원으로 다른 두 차원들만큼 학계에서 인정을 받고 있지는 않다. Eysenck(Eysenck & Eysenck, 1975)는 성격의 세 기본차원들을 측정하기 위한 도구로 Eysenck Personality Questionnaire(EPQ)를 개발하였다. 각 차원에 속하는 성격특징들을 간략히 기술하면 아래와 같다.

내향성-외향성: 사회성과 충동성에서의 차이와 관련된다.

1. 외향성은 사교적이고, 파티를 좋아하고, 친구가 많고, 흥미진진한 것을 추구하며, 순간의 기분에 따라 행동하는 것 등으로 특징지워진다. 반대로 내향성은 조용하고, 내성적이고, 말수가 적고, 반성적이며, 충동적 결정을 불신하고, 잘 정돈된 삶을 선호하는 것 등으로 특징지워진다.

그림 2.3 외향성의 하위 특질들

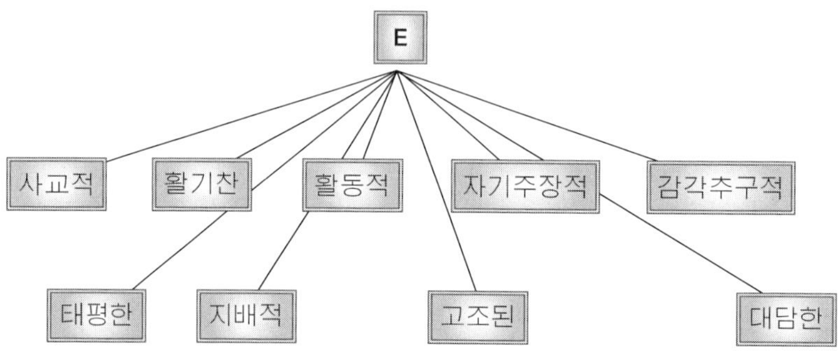

출처: Eysenck, 1990

그림 2.4 신경증 성향의 하위 특질들

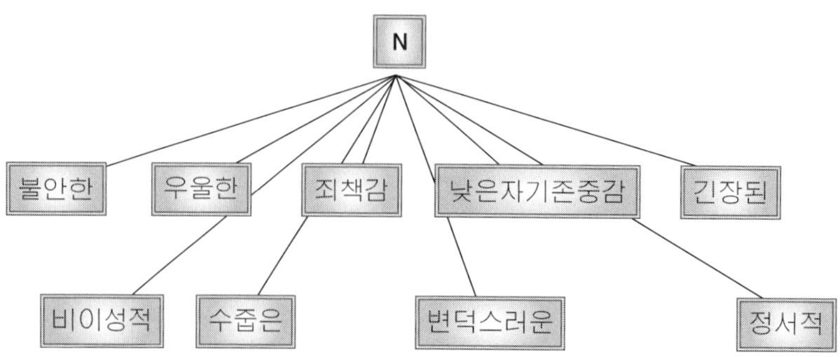

출처: Eysenck, 1990

그림 2.5 정신병 성향의 하위 특질들

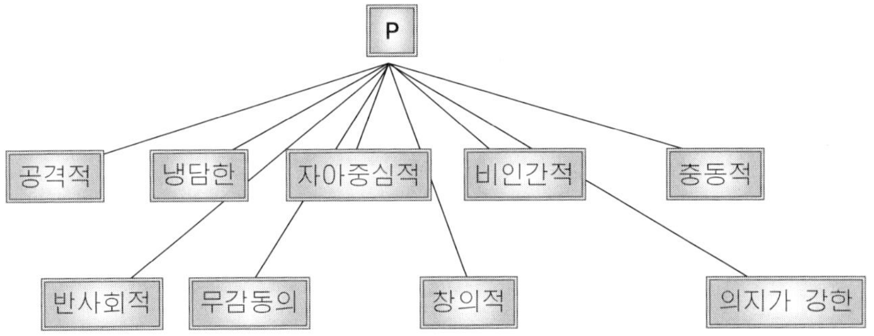

출처: Eysenck, 1990

2. 연구에 따르면, 내향인은 외향인에 비해 고통에 더 민감하고, 보다 쉽게 피로하고, 흥분이 수행을 저하시키고, 학교공부를 더 잘하고, 혼자 일하는 직업을 선호하고, 암시에 덜 반응하고, 성적으로 덜 활동적이다.

3. 생물학적 기능에서도 차이를 보이는데, 내향인은 사건들에 의해 보다 쉽게 각성되고 사회적 금지사항들을 보다 쉽게 학습한다. 그 결과 내향인은 더 억제되어 있다. 학습에서 내향인은 처벌에 의해서 보다 영향을 받고, 외향인은 보상에 의해서 보다 영향을 받는다는 증거가 있다.

신경증 성향: 정서적으로 불안정하고 변덕스러우며, 걱정, 불안, 우울, 낮은 자존감, 긴장, 수줍음 등의 특징이 있고, 신체적 통증의 호소가 빈번하다.

정신병 성향: 공격적, 차가움, 자기중심적, 비정함, 비사회적, 비관습적인 것 등으로 특징지워진다. 정신병리와 연관이 있을 수도 있지만 개인차는 정상분포를 따르므로 어느정도는 정신병(psychosis)과 무관하다고 볼 수 있다. Eysenck는 정신병 성향에서의 높은 점수를 창조성과 연관된 것으로 생각했다.

세 차원의 생물학적 기초

Eysenck는 왜 이러한 성격차원들이 나타나는지에 의문을 가졌다. 성격의 세 차원은 문화에 관계없이 확인되고, 강한 유전적 요소가 존재하며, 진화론적 증거도 발견되었다. 예를 들면 원숭이들의 행동을 요인 분석한 결과 E(놀이), N(무서워함, 위축됨), P(공격성)와 유사한 요인들이 발견되었다. Eysenck는 따라서 성격차원들에는 생물학적 기초가 존재한다고 생각하고 이를 밝히는 연구들을 수행하였다.

외향성-내향성에 관한 연구. Eysenck는 외향성-내향성에서의 개인차가 신경생리적 기능에서의 차이를 반영한다고 주장하였다. 외향인-내향인간의 가장 핵심적인 신경생리적 기능의 차이는, 내향인이 외향인보다 쉽게 각성되는 경향이 있다는 것이다. 이 각성 용이성(혹은 각성 역치)에서의 차이가 두 집단간의 사회적 행동에서의 차이를 낳는다. 즉 내향적인 사람들은 외부 자극들에 의해서 보다 쉽게 각성되기 때문에 최적 각성수준을 유지하기 위해서 사회적 자극들을 회피하는 경향이 있다. 반대로 외향적인 사람들은 외부 자극들에 의해서 쉽게 각성되지 않기 때문에 최적 각성수준을 유지하기 위해서 사회적 자극들을 추구하는 경향을 보인다.

이러한 각성 용이성(혹은 각성 역치)에서의 차이는 여러 연구들에서 확인되었다. Gale(1983)은 33개의 관련 연구들을 조사한 결과 외향인이 내향인보다 덜 각성된다는 결론을 얻었다. 내향성-외향성과 EEG의 관계에 대한 연구들은 다소 혼동스럽기는 하지만 대체로 내향인이 보다 높은 수준의 대뇌피질 각성을 보인다는 Eysenck의 예언을 지지하였다. 외향인-내향인의 구분은 간단한 레몬방울 검사로도 가능하다. 혀에 레몬즙을 떨어뜨렸을 때 침을 많이 분비하는 사람들이 내향인이다. 그 이유는 내향인의 경우 레몬즙의 산에 의해 더 많은 영향을 받기 때문에 이를 중화시키기 위해서 더 많은 양의 침을 분비할 필요가 있기 때문이다.

외향인이 내향인보다 자극 굶주림(stimulus hunger)이 높다는 가설 또한 실험실에서 지지되었다. 스키너의 조작적 조건형성 과제에서 내향성인 사람들은 주로 3초 동안의 침묵을 얻기 위해서 지렛대를 누르는 경향을 보인데 반하여, 외향성인 사람들은 주로 3초 동안의 요란한 음악과 번쩍거리는 불빛을 얻기 위해서 지렛대를 눌렀다(Eysenck, 1973). Gale(1969)의 연구에서도 외향인들은 다양한 소음을 산출하는 버튼을 보다 많이 누르는 경향을 보였다. 그밖에 Daitzman 등(1978)은 남성호르몬인 테스토스테론이 외향성 및 정신병 성향과 관계가 있음을 제시하였고, Zuckerman 등(1984)은 신경전달물질에 작용하는 효소인 MAO(monoamine oxidase)가 역시 외향성 및 정신병 성향과 관련이 있음을 보였다.

신경증 성향에 관한 연구. Lolas(1987)에 따르면 대뇌반구의 활동성과 수행에서 상이한 사람들은 정서성(emotionality)에서도 상이할 것으로 예측된다. 신경증 성향은 우반구와 관련될 것으로 추정되는데 그 이유는 우반구가 정서의 경험과 표현에 관여하기 때문이다. 그러나 윤리적 이유 때문에 신경증이나 정신병 상태를 실험실에서 유발시킬 수 없으므로 약한 정서적 감각자극에 의존한 연구를 수행할 수 밖에 없으며 그나마 관련 연구들도 많지 않다.

정신병 성향에 관한 연구. McGuffin(1979)은 백혈구 항원체계인 HLA(human leukocyte antigen system)와 정신분열증 환자의 관계를 연구했는데 특히 HLA-B27은 만성적인 편집적 정신분열증에서 상당히 증가하며 정신병 성향 점수와도 정적 상관을 보였다. 또한 Claridge(1985)에 따르면 높은 정신병 성향 점수를 얻은 사람들의 경우 정신분열증 환자와 유사한 중추신경계의 조직화를 보였다. Zuckerman(1989)은 정신병 성향의 한 특징인 충동성과 MAO간에 관계가 있음을 보였다.

성격의 5요인 모형

Allport, Cattell, Eysenck 등 특질이론가들은 특질이 성격의 기본단위라는 점에는 다같이 동의하고 있으나 특질들의 종류와 수에 관해서는 서로 다른 의견을 갖고 있었다. 이러한 핵심적인 사항에서 학자들간의 의견의 불일치는 특질 개념 자체에 대한 비판과 회의를 낳고 있었다. 그러나 최근 성격심리학자들은 성격이 5개의 요인들로 구성되어 있다는 성격의 5요인 모형(혹은 자주 불리는 애칭을 따르면 'Big Five')을 지지하는 쪽으로 의견이 수렴되어 가고 있다.

Big Five

성격의 기본단위를 발견하기 위한 한가지 방법은 성격을 기술하기 위하여 사람들이 사용하는 어휘들을 분석하는 것이다. 연구자들은 통상 사전으로부터 체계적으로 표집된 특질단어들 상에서 자신 혹은 타인들을 평정하도록 한다. 이렇게 얻어진 평정들은 요인분석을 통하여 어떤 특질들이 서로 공변하는가를 확인하는데 사용된다. 공변하는 특질들은 한데 묶여 하나의 요인을 나타내는 것으로 간주된다. Norman(1963)이 동료평정의 요인분석연구에서 5개의 기본적인 성격요인들을 발견한 이후 다양한 표본과 측정도구를 사용한 많은 연구에서 유사한 5 요인이 반복해서 발견되었다(John, 1990). 더욱이 5요인 모두 상당한 정도의 신뢰도와 타당도를 가지며 성인기에 이르기까지 비교적 안정적임이 밝혀졌다(McCrae & Costa, 1990; 1994). Big Five란 이름은 1981년에 Goldberg가 그때까지의 연구들을 종합한 뒤 붙인 애칭이다.

표 2.2 Goldberg의 간이 Big Five 검사

지시문: 당신 자신을 가능한 한 정확하게 기술하려고 노력하십시오. 미래에 되고 싶은 모습이 아니라 현재의 당신 자신을 기술하는 것이 중요합니다. 당신과 같은 성의 비슷한 나이의 다른 사람들과 비교해서 당신 자신이 어떤지 기술하십시오. 아래 목록의 특질척도의 각각에 대해서 이 차원에서 당신을 가장 잘 기술하는 숫자에 동그라미를 치십시오.

	내향성				대				외향성	
	매우		어느정도		둘다아님		어느정도		매우	
조용한	1	2	3	4	5	6	7	8	9	말 많은
주장이 약한	1	2	3	4	5	6	7	8	9	주장이 강한
모험적이 아닌	1	2	3	4	5	6	7	8	9	모험적인
정력적이 아닌	1	2	3	4	5	6	7	8	9	정력적인
소심한	1	2	3	4	5	6	7	8	9	대담한
	적대성				대				우호성	
불친절한	1	2	3	4	5	6	7	8	9	친절한
비협조적인	1	2	3	4	5	6	7	8	9	협조적인
이기적인	1	2	3	4	5	6	7	8	9	이기적이 아닌
잘 믿지 않는	1	2	3	4	5	6	7	8	9	잘 믿는
인색한	1	2	3	4	5	6	7	8	9	관대한
	방향의 결여				대				성실성	
비조직적인	1	2	3	4	5	6	7	8	9	조직적인
무책임한	1	2	3	4	5	6	7	8	9	책임감있는
실제적이 아닌	1	2	3	4	5	6	7	8	9	실제적인
부주의한	1	2	3	4	5	6	7	8	9	철저한
게으른	1	2	3	4	5	6	7	8	9	근면한
	정서적 안정성				대		신경증 성향			
이완된	1	2	3	4	5	6	7	8	9	긴장된
마음 편한	1	2	3	4	5	6	7	8	9	불안한
안정된	1	2	3	4	5	6	7	8	9	불안정한
만족한	1	2	3	4	5	6	7	8	9	불만족한
냉정한	1	2	3	4	5	6	7	8	9	감정적인
	경험에 대한 폐쇄성				대	경험에 대한 개방성				
상상력이 빈약한	1	2	3	4	5	6	7	8	9	상상력이 풍부한
창의적이 아닌	1	2	3	4	5	6	7	8	9	창의적인
호기심이 없는	1	2	3	4	5	6	7	8	9	호기심 많은
생각이 얕은	1	2	3	4	5	6	7	8	9	생각이 깊은
단순한	1	2	3	4	5	6	7	8	9	세련된

출처: Pervin & John, 1997

Big Five는 연구자들에 따라 조금씩 명칭이 달라질 수도 있지만, 대체로 신경증 성향(neuroticism: N), 외향성(extraversion: E), 경험에 대한 개방성(openness to experience: O), 우호성(agreeableness: A), 성실성(conscientiousness: C)의 5요인을 지칭한다. 〈표 2.2〉는 사람들이 자신의 성격을 Big Five상에서 간단하게 알아보도록 하기 위하여 Goldberg(1992)가 특질형용사들을 사용하여 만든 간이성격검사의 예이다. 이 검사로부터 Big Five의 각 요인의 의미를 어느 정도 짐작할 수 있을 것이다.

NEO-PI-R

Costa와 McCrae(1992)는 N, E, O를 측정하는 도구였던 NEO-PI에 A와 C를 추가하여 Big Five를 측정하는 성격검사인 NEO-PI-R(NEO-Personality Inventory Revised)를 개발하였다. NEO-PI-R에서 5요인의 각각은 6개의 하위척도로 구성된다(표 2.3 참조). 각 하위척도는 8문항으로 구성되므로 NEO-PI-R의 총 문항 수는 240문항(즉, 5요인 x 6하위척도 x 8문항)이다. 각 문항에 대해서 피검자들은 5점 척도상에서 진술문이 자신에게 해당되는 정도를 표시한다.

NEO-PI-R은 요인분석의 방법에 근거하여 제작된 다른 성격검사들(예: Cattell의 16 PF와 Eysenck의 EPQ 등)과 높은 일치도를 보였다. 특히 EPQ와의 관계를 보면, Big Five 중 외향성과 신경증 성향은 Eysenck의 동일이름의 요인들과 거의 일치하였고, Eysenck의 정신병 성향이 높은 사람들은 Big Five 중 우호성과 성실성이 낮은 사람들로 밝혀졌다.

표 2.3 NEO-PI-R의 Big Five 각각의 하위척도들

신경증 성향: 불안, 분노를 수반하는 적대감, 우울, 자의식, 충동성, 상처받기 쉬움
외향성: 따뜻함, 사교성, 자기주장성, 활동성, 흥분추구, 정적 정서
경험에 대한 개방성: 환상, 미적 감수성, 감정, 행위, 관념, 가치
우호성: 신뢰, 솔직함, 이타성, 순종성, 겸손, 온유함
성실성: 유능함, 질서, 의무감, 성취노력, 자기절제, 신중함

Big Five의 타당성에 관한 증거들

횡문화적 일관성

Big Five의 횡문화적 일관성은 여러 연구들에서 검증되었다. 여러 문화권

에서 성격을 기술하는 자연언어(natural language)를 요인분석한 결과 Big Five와 동일하거나 유사한 요인들이 일관성있게 발견되었다. 한국어 단어를 사용한 육성필(1994)의 연구에서도 Big Five가 확인되었는데 다만 요인의 순서에서 차이가 나타났고(서구 문화권의 경우 대체로 외향성이 제1요인인데 반해 이 연구에서는 성실성이 제1요인으로 나타났음), Big Five에 추가해서 남성성과 여성성의 두 요인이 발견되었다. 이러한 횡문화적 일치성은 Goldberg(1990)의 이른바 '기본어휘가설'(fundamental lexical hypothesis)에 의해서 뒷받침된다. Goldberg에 따르면,

> "인류의 상호접촉에서 가장 중요한 개인차는 세상의 언어들 속에 어휘가 되어 자리잡고 있을 것이다 … 더욱이 이 기본공리는 아주 중요한 계를 수반한다. 어떤 개인차가 인류의 상호접촉에서 중요할수록 더 많은 언어들이 그것에 대한 어휘를 가질 것이다"(Goldberg, 1981, pp. 141-142).

그러므로 예를 들면, '외향성'에서의 개인차는 사람들간의 상호접촉에서 아주 중요하기 때문에 많은 문화권들에서 외향성을 지칭하는 어휘들을 갖고 있는 것이다. 진화론적 관점에서도 Big Five는 인류의 생존과 번식에서 중요한 역할을 하기 때문에 중요한 개인차의 차원으로 발달한 것으로 볼 수 있다. 예를 들면 외향성과 정서적 안정성(신경증 성향의 반대 축)은 짝의 선택에 특히 중요하고(Kentrick et al., 1990), 성실성과 우호성은 집단의 생존에 특히 중요한 특성들이다.

유전적 기반

여러 연구들에서 Big Five에 관여하는 유전의 영향이 확인되었다. 아래 〈표 2.4〉는 Big Five 각각에 대한 유전성 추정치(heritability estimate: h^2)를 보여준다. 유전성 추정치는 '제6장 성격의 유전과 발달'에서 자세히 다루겠지만, 간략히 정의만을 소개하면 "어떤 특질의 관찰된 변량중 유전적 요인에 귀인될 수 있는 변량의 비율(즉, h^2=유전에 기인하는 변량/관찰된 변량)"을 지칭한다. 표에서 보듯이 Big Five 각각은 대체로 .3 내외의 유전성 추정치를 나타내고 있어서 어느 정도의 유전적 기반이 존재함이 확인되었다. Big Five 각각의 유전성 추정치를 비교해보면 경험에 대한 개방성이 가장 높고 우호성과 성실성이 비교적 낮았다. 경험에 대한 개방성의 유전성 추정치가 높게 나온 것은 아마도 유전의 영향이 큰 것으로 알려진 지능과 높이 관련되기 때

표 2.4 Big Five의 유전성 추정치

Big Five요인	유전성 추정치(h^2)
외향성	.36
우호성	.28
성실성	.28
신경증 성향	.31
경험에 대한 개방성	.46
Big Five 평균	.34

출처: Loehlin, 1992; Pervin, 1996에서 재인용

문으로 추정된다(Loehlin, 1992).

동기, 정서, 대인관계 및 성격장애와의 관련

Big Five의 성격특질들은 동기와 관련된 것으로 밝혀졌다. 특정 특질의 점수가 높은 사람들은 관련된 목표나 동기의 추구 성향이 높은 것으로 나타났다. 예를 들면 외향성 점수가 높은 사람들은 다른 사람들과 어울리려는 강한 동기를 보여준다. 또한 NEO-PI의 점수와 Murray의 요구를 측정하는 Personality Research Form의 점수간에도 상관이 발견되었다(Costa & McCrae, 1988).

Big Five의 성격특질들은 특정정서를 경험하는 경향성과도 관련된다. 예를 들면, 외향성의 높은 점수는 정적 정서를 경험하는 경향성과, 그리고 신경증 성향의 높은 점수는 부적 정서를 경험하는 경향성과 각각 상관을 보였다(Watson & Clark, 1992). 경험에 대한 개방성은 정적 및 부적 정서 모두를 더 경험하는 경향성과 관련되었고, 우호성과 성실성은 뚜렷하지는 않았지만 대체로 정적 정서를 경험하는 경향성과 관련을 보였다(McCrae & Costa, 1991).

Big Five의 성격특질들은 대인행동과도 관련된다. Wiggins(1991)에 따르면 대인행동은 지배-복종(dominance-submission)과 양육-적대(nurturance-hostility), 혹은 주도(agency)와 친화(communion)의 두 차원으로 표현될 수 있다. 그러므로 대인행동에서의 개인차는 이 두 차원의 함수로 이해될 수 있다. 예를 들면, 오만하고 타산적인 행동양식은 지배성과 적대성의 결합으로, 사교적이고 외향적인 행동양식은 지배성과 양육성의 결합으로, 냉담하고 내향적인 행동양식은 복종성과 적대성의 결합으로 각각 파악될 수 있다. Big Five의 점수들은 따라서 두 차원에 의해서 형성된 대인행동

양식과 관련될 수 있다.

Big Five의 성격특질들은 성격장애와도 관련된다. 의학모델에서 성격장애를 정상성격과 독립적인 분리된 범주로 파악하는 것과 대조적으로 Big Five 이론가들은 성격장애를 정상성격의 연장 혹은 극단으로 파악한다. 예를 들면, 강박적 성격장애는 성실성에서 극단적으로 높은 성격이고, 반사회적 성격장애는 우호성에서 극단적으로 낮은 성격이다. 단일 특질뿐만 아니라 Big Five의 각 특질에서의 점수들의 패턴은 다양한 성격장애들의 진단에 좋은 준거가 될 수 있다. 예를 들면, 자기애적 성격장애는 우호성에서의 낮은 점수, 그리고 외향성과 경험에 대한 개방성에서의 높은 점수로 특징지워진다.

읽어보기……

감각추구성향

이 장에서 소개한 특질이론들은 모두 성격의 구조를 파악하려는 시도를 포함하고 있다. 따라서 Cattell에 따르면 성격은 16개의 특질들로, Eysenck에 의하면 3개의 유형(특질)들로, 그리고 Big Five 이론가들에 의하면 5개의 특질들로 구성된다. 그러나 이와같이 요인분석을 통해서 성격의 구조를 파악하려는 시도들과는 달리 관심을 갖는 특정행동(군)과 관련된 특질을 탐색하고 그 특질에 초점을 맞추어 연구하는 학자들도 많다. 예를 들면 억압성격(repressive personality), 정서표현성(emotional expressiveness),낙천성(optimism), 부적 정서성(negative affectivity), 자아탄력성(ego resiliency), 감각추구 성격(sensation-seeking personality)들이 이러한 단일특질들에 속한다. 이들 중 Zuckerman(1979)에 의해 제안된 감각추구 성향은 성격특질의 요건들을 잘 갖추었으며 많은 경험적 연구가 축적된 특질이다.

감각추구 특질은 비교적 신기하고 자극적인 상황을 추구하고 탐색하려는 경향성으로서 "다채롭고 신기하고 복잡한 감각과 경험에 대한 욕구 및 그러한 경험을 위해서 신체적 사회적 위험을 기꺼이 감수하려는 의향"(Zuckerman, 1979, p. 10)으로 정의된다. Zuckerman이 제작한 감각추구 척도를 요인분석한 결과 다음과 같은 4개의 요인이 밝혀졌다.

이들은 스릴과 모험의 추구(신체적 위험을 수반하는 활동의 추구), 체험의 추구(새로운 감각적 혹은 지적 체험의 추구), 탈억제(성, 도박, 마약, 알코올, 파티 등을 수반하는 떠들썩한 활동을 통한 쾌락의 추구), 권태에 대한 민감성(변하지 않는 환경에서의 불안정, 재미없는 사람들이나 일상적인 활동에 대한 혐오 등) 등이다.

감각추구 성향은 직업이나 취미의 선택에서도 반영된다. 감각추구 척도에서 높은 점수를 받은 사람들 중에는 자동차 경주 선수, 상습적 범죄자, 스쿠버 다이버, 고공점프자, 고산 등반가 등이 다수 포함된다. 감각추구 성향은 나이 및 성에 따라서도 차이를 보이는데 특히 스릴과 모험의 추구와 탈억제의 두 요인에서 여자는 남자보다 그리고 나이든 사람이 젊은 사람보다 낮은 점수를 보인다(Zuckerman, 1979).

감각추구 성향은 생물학적 기반을 갖고 있는 것으로 알려졌다. 쌍생아들을 대상으로 한 연구에서 감각추구 특질은 .58의 유전성 추정치를 나타냈다(Fulker, Eysenck, & Zuckerman, 1980). 또한 감각추구 척도(특히 탈억제 요인)에서 높은 점수를 받은 사람들은 EEG 검사에서 자극의 강도가 증가함에 따라 대뇌피질의 활동이 증가하는 반응을 보였다(Zuckerman et al., 1980). 보다 중요한 발견으로, 감각추구 특질은 MAO의 수준과 관련된다. Zuckerman 등(1980)의 연구에서 감각추구 척도의 점수와 MAO 수준과는 부적인 상관이 나타났다. MAO를 억제하는 약이 우울증 치료에 사용되고, 이 약을 정상인에게 투여하면 흥분, 공격성, 환희, 조바심 등을 수반하는 변화를 가져온다는 연구결과들로부터 MAO가 신경전달물질에 대한 영향을 통해서 신경흥분을 억제 혹은 조절하는 기능을 수행한다고 추정할 수 있다. 마지막으로 감각추구 척도(특히 탈억제 요인)의 점수는 남성 호르몬인 테스토스테론 수준과 정적 상관을 보였다. Zuckerman(1979)은 이 결과에 근거해서 남성이 여성보다 감각추구 성향이 높은 것은 사회화 때문만은 아니라고 추정하였다.

특질을 둘러싼 논쟁

특질의 개념에 관한 논쟁

특질의 수와 종류에 관한 논쟁. Allport는 특질을 공통특질과 개인특질로 나누었는데 그가 주로 관심을 가진 것은 개인특질이었다. 개인특질은 특정 개인을 가장 잘 기술하는 특질들로 구성되므로 개인에 따라 특질의 종류가 다르다. 그러므로 Allport에 있어서 개인특질의 수는 무수히 많을 수밖에 없다. Allport의 후계자들은 요인분석을 사용한 연구들에서 다양한 수와 종류의 공통특질들을 찾아내었다. 이들 중 Cattell은 16개 내외의 특질들, Eysenck의 경우는 3개의 유형들, 그리고 Big Five 이론가들은 5개의 특질들을 발견하였다. Eysenck의 소위 유형(외향성, 신경증 성향, 정신병 성향)은 Cattell의 특질의 상위수준에 위치하는 것으로 간주될 수 있다. Cattell과 같이 다수의 특질들을 중심으로 하는 특질접근법은 개인차의 판별(예: 16 PF)에 적절한 반면, Eysenck와 같이 소수의 특질들을 중심으로 하는 접근법은 과학적 연구(특질의 생물학적 유전적 토대를 찾고 발달에 따른 변화를 추적하는 등)에 적합한 것으로 평가된다. Big Five 중 외향성과 신경증 성향은 Eysenck의 동명의 유형들과 거의 일치한다. 사실상 외향성과 신경증 성향의 두 성격요인은 요인분석을 통한 거의 모든 성격연구들에서 일관성있게 발견되는 범문화적이며 안정성있는 요인으로 간주된다. Big Five의 나머지 셋 중 우호성과 성실성이 Eysenck의 정신병 성향과 관련되어 있음은 위에서 언급하였고, 경험에 대한 개방성은 지능과 관련된 것으로 알려져 있다. 현재로서는 특질이론가들의 다수가 Big Five를 대표적인 성격요인들로 받아들이고 있는 상태이다.

특질차원들이 성격의 구조를 반영하는가에 관한 논쟁. 특질접근법에서는 요인분석을 사용하여 성격의 요인구조를 밝힐 수 있다고 주장한다. 그러나 요인분석법은 한낱 통계적 기법에 불과하므로 요인분석 자체의 타당성보다 더 핵심적인 문제가 이 논쟁에 관여한다. 첫째, 요인분석은 다수의 피험자들을 대상으로 성격의 개인차를 반영하는 주요 차원들을 찾아내는 방법이다. 따라서 이렇게 얻어진 차원들(예: Big Five)은 사람들간에 차이를 가져오는 중요한 성격차원들을 가리키는 것이지 어떤 한 개인의(혹은 보편적인 사람들의) 성격을 구성하는 요인들을 지칭하는 것은 아니다. 즉, 사람들은 Big Five란 성격차원들에서 서로 다른 것이지 사람의 성격이 Big Five로 구성된 것은 아니라는 점이다. 둘째, 요인분석의 대상인 자료들은 대부분 성격이나 행동을 기술하는 형용사나 설문들로서 언어에 크게 의존한다. 이러한 자료의 요인분석 결과를 성격의 구조로 받아들이기 위해서는 성격이 곧 성격에 관하여 기술하는 언어와 일치한다는 성격-성격언어 동형론(isomorphism)이 타당하여야 한다. 그렇지 않다면 Big Five는 단순히 사람들이 성격에 관해 갖고 있는 신념들을 정리한 것 - 민속심리학(folk psychology)의 반영 - 에 불과할 지도 모른다. 아마도 현재로서는 Big Five(혹은 다른 특질차원들)는 성격의 구조를 반영한다기 보다는 성격의 개인차를 반영하며, 이러한 개인차 차원들의 (언어를 떠나서의) 실재여부를 판단하기 위해서는 신경생리 및 발달 연구를 필요로 한다고 말하는 것이 가장 정확한 답변일 것이다.

기술개념 대 설명개념. 특질이 행동규칙성에 대한 기술인지 혹은 관찰된 규칙성에 대한 설명인지도 특질개념을 둘러싼 중요한 논쟁중의 하나이다. 특질을 단순히 기술개념으로 사용하면 순환론의 오류에 빠지게 된다. 예를 들면, 어떤 사람이 외향적인 행동들을 보이기 때문에 외향적인 특질을 가진 사람으로 명명하고는, 그 사람이 보이는 외향적인 행동들을 다시 외향성의 특질 때문인 것으로 설명하는 오류이다. Allport는 이러한 순환성의 오류를 배제하기 위하여 특질을 신경정신적인 실체를 지닌 설명개념으로 규정하였다. 그러나 단순히 설명개념으로 정의한다고 해서 기술개념이 설명개념이 되는 것은 아니다. 설명개념으로 정립되기 위해서는 이론의 뒷받침이 있어야 한다. Allport와 Cattell이 소홀히 했던 특질의 이론적 기초를 세우는 노력을 한 사람이 Eysenck이다. Eysenck는 3요인 각각을 (유전된) 신경생리적 기능에서의 차이와 연결시키려는 작업을 하였다. 그후의 Big Five에 이르러서는 비록 요인들의 유전적 요소를 강조하고 진화적 관점에서 바라보는 시도는 하고 있지만 아직 Big Five를 설명개념으로 정립시키기 위한 이론적 노력은 부족한 편이다.

행동의 결정인자로서의 사람(특질)과 상황

이른바 '사람-상황의 논쟁(person-situation controversy)'은 1968년에 출간된 Mischel의 책 '성격과 평가'(Personality and Assessment)로부터 비롯된다. 이 책에서 Mischel은 성격검사들의 예언타당도에 관한 문헌들을 고찰하면서, (성격검사들을 통해서 측정된) 특질과 해당 행동간의 상관이 .30을 넘는 연구들이 극히 드물다는 사실을 지적하였다. 덧붙여서 그는 한 상황에서의 행동이 다른 상황에서의 행동과 .30을 넘는 상관관계를 보이는 경우도 드물다는 연구결과들도 제시하였다. 그러므로 Mischel의 지적은 기존의 성격검사에 대한 비판뿐 아니라 특질개념, 나아가서 성격 자체에 대한 비판까지도 포함하고 있었다. 상황에 따라 사람의 행동이 달라진다면 행동을 결정하는 것은 성격이 아니라 상황이라고 볼 수 있으며, 그렇다면 행동에 아무 함의도 갖지 않는 성격이나 특질은 존재 이유가 없기 때문이다. Mischel로부터 30년이 지난 지금에 와서보면 사람-상황 논쟁은 부질없는 짓이 아니었나 하는 생각이 든다. 행동이 사람과 상황의 상호작용의 함수라는 것은 이미 1950년대에 Lewin에 의해서 제시된 것으로 상식이 조금이라도 있는 사람에게는 자명한 사실이기 때문이다.

그러나 사람-상황에 관한 10여년에 걸친 논쟁은 성격심리학의 흐름에 큰 영향을 미쳤고, 특질과 상황에 대한 학자들의 생각을 보다 정교화시켰다. 아래에 이 논쟁이 가져온 변화들을 열거해 보았다.

성격의 일관성에 대한 정의의 정교화. 성격의 안정성(stability)과 일관성(consistency)을 구분하게 되었다. 안정성은 종단적 일관성을 지칭하며 시간의 흐름에 따라 특성들이 별로 변하지 않음을 의미한다. 예를 들면, 10살 때 내향적이었던 사람이 20살이 되어서도 내향적이라면 이 사람은 내향성이란 안정적인 특질을 가진 것이다. 일관성은 다양한 상황에서 일관성 있는 행동을 보이는 횡상황적 일관성을 의미한다. 예를 들면, 어떤 사람이 토론에서나 친구관계에서나 데이트에서나 모두 내향적인 행동을 보인다면 이 사람은 내향성이란 일관성 있는 특질을 가진 것으로 간주된다.

상황의 중요성에 대한 인식. Mischel 이전의 성격심리학자들은 상황에 대해 관심을 거의 기울이지 않았다. 그러나 Mischel 이후에는 성격심리학자들도 행동의 예언에서 상황을 무시할 수 없게 되었으며 특히 사회심리학자들은 한때 상황이 성격보다 행동을 결정하는데 비중이 더 크다는 것을 증명해 보이려고 노력하였다. 오늘날에는 행동을 결정하는데 성격과 상황이 모두 중요하다는 의견에 반대하는 학자들은 별로 없다.

예언타당도를 개선하려는 노력. 성격검사의 예언타당도를 개선하려는 노력도 여러 방향에서 시도되었다. Epstein(1977)은 심리측정적인 접근을 제안했다. 그는 성격측정치는 많은 문항들로 이루어져서 신뢰도가 높은 반면, 행동측정치는 흔히 단일한 행동으로 이루어지기 때문에 둘간의 상관(즉 예언타당도)을 낮추는 원인이 된다고 지적하면서, 행동측정치 역시 다수의 행동들의 집합(aggregate of behaviors)을 사용하여 신뢰도를 높여야 한다고 주장했다. 다른 학자들(예: Bem & Allen, 1974)은 모든 특질들이 모든 사람들에게 적절하며 모든 사람들이 상황을 동일한 방식으로 체험한다는 전통적인 법칙정립적 가정(nomothetic assumption)에 잘못이 있다고 지적한다. 그 해결책으로 개별사례적 접근과 법칙정립적 접근을 병용할 것을 제안하는데, 즉 그 사람에게 적절하고 일관성있는 특질들을 찾는다든지 함으로써 예언타당도를 높일 수 있다는 것이다. 예를 들면, 김호동 씨의 경우 정직성으로 대표되고 또 늘 정직성을 보여왔다면 언제 어디서나 정직한 행동을 보일 것으로 예언할 수 있다는 것이다.

성격×상황의 상호작용에 관한 인식의 정교화. 성격과 상황의 상호작용에 관한 인식은 다음과 같이 발전하였다. (1) Mischel 이전에는 특질심리학자들이 상황을 상수(constant)로 놓고 행동을 전적으로 성격의 함수로 생각했으며, 반대로 사회심리학자들은 성격을 상수로 놓고 행동을 전적으로 상황의 함수로 생각했다. (2) 성격-상황 논쟁이 시작되면서 행동을 결정하는데 성격과 상황 중 어느 것의 비중이 더 큰가에 논쟁이 집중되었다. 이때는 변량분석의 모형을 따라서 연구가 진행되었다. 즉, B(행동)=P(성격)+S(상황)+P×S(성격과 상황의 상호작용)의 공식에서 P, S, P×S의 세 변인들이 각각 B에 기여하는 비중(설명변량)을 결정하는 것이 연구의 목표가 되었다. 많은 연구들이 수행되었지만 변인들의 측정(특히 S의 측정)의 어려움 때문에 뚜렷한 결론에 이르지 못하였다. (3) 변량분석 모형에서는 변인들간의 역동성이 고려되지 못한다. 즉 이 모형은 P와 S간에 서로 영향을 주고 받는 관계와 변인들의 시간에 따른 변화를 포함하지 못하는 평면적이고 정적인 모형이다. 따라서 B와 P와 S간의 역동성을 함축하는 역동적 모형이 새로이 제기되었다. 이 모형에서는 성격이 상황에 영향을 미치고(상황을 변화시키거나 상황을 선택 또는 회피하게 하고), 역으로 상황이 성격에 영향을 미치며(성격을 억압하거나 돌출하게 하는 등), 이러한 역동성은 정적인 것이 아니라 시간에 따라 변화한다. 예를 들면, 외향적인 사람은 파티와 같은 떠들썩한 상황을 선택하고, 조용한 모임도 시끄러운 모임으로 변화시킨다. 또한 영결미사에서는 아무리 외향적인 사람도 조용하고 엄숙한 태도를 유지하게 되고, 반대로 야유회라는 상황은 외향적인 사람을 더욱 외향적 행동이 드러나도록 만든다.

사회인지 이론의 등장. 사람-상황 논쟁의 가장 큰 성과는 사회인지 이론으로 불리는 성격이론의 등장이다. Mischel은 상황에 관계없이 특질이 행동을 결정한다는 전통적인 특질이론가들의 입장을 비판하고, 사람들은 상이한 상황들이 요구하는 바를 변별하여 적절하게 반응하는 능력이 있음을 강조하였다. 이러한 인지적 과정에 대한 관심으로부터 성격의 사회인지 이론이 싹트게 되었다. 물론 사회인지 이론은 인지심리학의 급격한 발달에 힘입은 바 크지만 성격심리학에 도입된 계기는 사람-상황 논쟁에서 비롯되었다고 볼 수 있다.

특질이론의 평가

특질이론은 정신역동이론과 더불어 가장 오랜 전통을 지닌 성격이론이다. Mischel의 비판 이후로 한동안 존립 자체가 위협을 받은 적도 있지만 오늘날 특질이론은 다시 성격심리학을 대표하는 이론 중의 하나로 많은 공헌을 하고 있다. 특질이론의 강점과 문제점들을 정리해보면 다음과 같다.

특질이론의 강점으로는 첫째, 성격의 개인차를 예언하거나 설명하는데 아주 유용하다는 점이다. 대부분의 성격검사들이 특질이론에 기초하여 개발되었으며, 이렇게 제작된 성격검사들은 성격의 개인차를 기술, 설명하고 개인의 미래 행동을 예언하고 적응을 도와주는데 아주 유용한 도구로 활용되어 왔다.

둘째, 특질이론은 진화론 및 생물학과 관련된 많은 연구들을 촉진시켜 왔다. 진화론적 입장에서 볼 때 특질은 인류의 진화과정에서 자주 직면하게 되는 적응문제들을 해결하려는 시도의 결과로 발전해 온 것으로 간주될 수 있다(Buss, 1995). 또한 특질의 형성에 관여하는 유전의 공헌에 관해서도 많은 연구들이 이루어지고 있으며(예: Loehlim, 1992; Plomin, 1994), 특질들의 생물학적 기반에 관한 연구들도 주목을 받고 있다(Eysenck, 1990; Depue, Luciana, Arbisi, Colins, & Leon, 1994). 특히 특질을 대뇌기능이나 호르몬 등 생물학적 기제로 설명하려는 연구방향은 앞으로 성격과정의 해명에 크게 공헌할 것으로 기대되는 영역이다. 셋째, 특질이론은 대인관계나 정신병리와 관련하여 많은 시사점을 제공해준다(Costa & Widiger, 1994; Wiggins & Pincus, 1994). 개인의 특질을 파악하는 것은 그 사람의 대인관계의 이해나 정신병리의 이해 및 치료에 많은 도움을 주기 때문이다.

특질이론의 문제점들은 이미 앞에서 대체로 언급되었다. 첫째, 많은 특질이론들이 요인분석에 과도하게 의존하고 있다는 비판을 받는다. 요인분석이 유용한 통계방법인 것은 사실이지만 이론에 바탕을 두고 수행되지 않을 때 산탄총식 접근(목표를 겨냥하지 않고 무조건 산탄총을 쏘아 맞는 것들을 거두어들이는 방식)이라는 비판을 받는 것은 당연하다. 그런 점에서 이론의 구성과 요인분석을 병행하는 Eysenck의 연구방식은 높이 평가받을 만하다. 둘째, 특질개념이 설명개념으로 자리잡지 못할 때 개념의 지위나 유용성은 사소한 것이 되고 만다. Eysenck는 자신이 제안한 특질개념의 생물학적 근거를 규명함으로써 설명개념의 지위를 부여하려는 노력을 하였으나, Cattell의 이론이나 최근에 널리 인정을 받고 있는 Big Five는 기술개념의 수준을 벗어나지 못했다고 볼 수 있다. 셋째, 특질이론은 성격의 역동, 조직화, 그리고 변화와 관련하여 거의 함구하고 있다. 물론 특질이론가들도 "성격의 핵심은 경험과 행동의 조직화"(McCrae & Costa, 1990, p.118)라고 인정하고 있지만 아직까지 이들 영역에서 특질이론의 공헌은 미미한 편이다.

특질이론은 정신역동이론과 더불어 가장 오랜 전통을 지닌 성격이론이며, 아마도 성격심리학을 가장 잘 대표하는 이론이라고 할 수 있다. 비록 Mischel의 비판 이후 한 때 존립의 위기에까지 가는 어려움을 겪었지만 오늘날 특질개념과 특질이론은 더욱 강하고 정제된 모습으로 회생하였다. 앞으로도 특질이론은 성격검사와 생물학과의 연계를 강화하면서 성격심리학의 주요 접근중의 하나로 계속 발전하리라 기대된다.

유 형

유형과 특질

전통적으로 유형접근은 질적 접근으로, 그리고 특질접근은 양적 접근으로 알려져 왔다. 유형접근에서는 사람들을 상호배제적인 범주들에 할당하는데 비해 특질접근에서는 특질차원의 연속성을 가정한다. 외향성-내향성의 예를 들면, 유형접근에서는 한 사람이 외향성이거나 내향성이거나 두 범주중의 하나에 속할 수밖에 없는데 비해, 특질접근에서는 외향성-내향성의 연속적인 차원상에서 어떤 위치를 차지하게 된다. 그러나 이러한 질적 대 양적 구분은 실제로는 애매한 경우가 많다. 왜냐하면 유형으로 지칭되는 경우에도 실제로는 연속성을 가정한채로 기준점의 어느쪽에 위치하는지에 따라 유형을 분류하는 경우가 많기 때문이다. 특질접근이면서 유형의 이름을 사용하는 Eysenck의 세 유형(외향성, 신경증성향, 정신병성향)은 말할 것도 없고, 유형접근중 가장 잘 알려져 있는 Jung의 유형이론에서도 측정도구인 MBTI(Myers-Briggs Type Indicator)는 4개의 연속적인 차원(외향-내향, 감각-직관, 사고-감정, 판단-인식)을 가정하고 있다. 그러므로 유형접근과 특질접근은 어떤 절대적인 기준에 따른 구분이라기 보다는 범주와 연속적 차원 중 어느 쪽을 강조하느냐에 따른 구분으로 보는 것이 합당할 것 같다. 유형접근은 연구자의 입장에서는 과단순화의 위험을 안고 있지만 한 사람의 성격을 간명하게 전달한다는 매력 때문에 일반사람들에게는 인기가 있는 접근법이다.

유형이론의 예

체액에 따른 성격유형의 분류

희랍의 의학자인 Hippocrates(460-377 B.C.)는 인체가 4종류의 체액 - 혈액(blood), 흑담즙(black bile), 황담즙(yellow bile), 점액(phlegm) - 을 갖고 있다고 주장하였다. A.D. 200년경 로마의 의학자인 Galen은 Hippocrates의 4가지 체액 각각의 과잉보유에 기인하는 기질유형들이 존재

그림 2.6 성격의 2차원적 분류

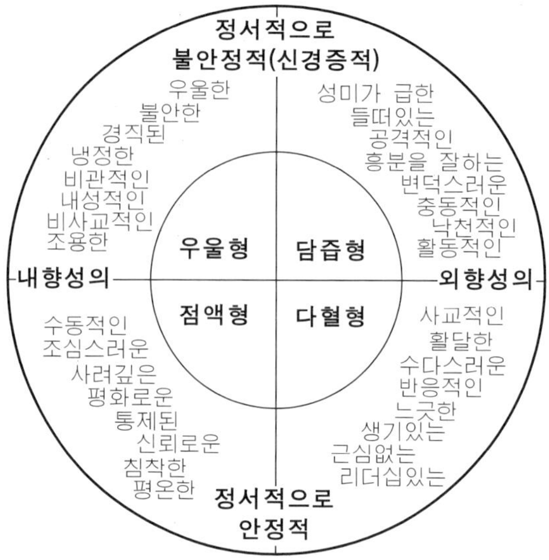

출처: Eysenck & Rachman, 1965; Mischel, 1993에서 재인용

한다고 발표하였다. 이 4기질유형은 다혈형(sanguine), 우울형(melancholic), 담즙형(choleric), 점액형(phlegmatic)으로 각각 불린다. 이들 중 다혈형은 피가 과도하게 많은 사람들로서 활동적이고 기운이 넘치고 자신만만하고, 우울형은 흑담즙을 과다보유한 사람들로 우울하고 비관적이며, 담즙형은 황담즙이 과도하게 많은 사람들로 쉽게 화를 내고 행동이 조급하고 폭력성향이 있고, 마지막으로 점액형은 점액이 과다한 사람들로 감정이 없고 무기력하다는 것이다. Galen의 4기질유형을 Eysenck의 두 성격특질 차원(내향성-외향성 및 정서적 안정성-불안정성)과 관련시킨 내용이 위의 [그림 2.6]에 제시되어 있다.

체형에 따른 성격유형의 분류

20세기에 들어와서 Kretschmer(1925)는 체형을 정신질환의 유형과 관련시켰고, Lombroso(1836-1909)는 범죄인들이 특징적인 체형을 갖고 있다고 주장하였다. 또한 Sheldon(1940)은 사람들을 체격에 따라 내배엽형(endomorphy; 비만체형), 중배엽형(mesomorphy: 근육체형), 외배엽형(ectomorphy: 마른체형)으로 분류하고 각 체격유형이 특정 기질유형(내장긴장형, 신체긴장형, 대뇌긴장형)과 관련된다고 주장하였다. 내장긴장형

읽어보기 .....

혈액형과 성격

많은 사람들이 궁금해하는 것 중의 하나가 혈액형과 성격의 관계이다. 혈액형별로 성격특징들을 기술하는 통념들이 존재한다. 아마도 인터넷에 들어가면 찾을 수 있을 것이다. 그 과학적 타당성이 밝혀지지 않았으므로 여기서는 소개하지 않겠다.

여기서는 대신 과학적 방법을 강조하는 영국의 심리학자 Eysenck(1990)가 관련된 경험적 연구들을 두루 조사하여 정리한 내용을 발췌하여 소개한다.

혈액형과 성격특질의 관계는 Cattell 등(Cattell, Young, & Hundleby, 1964)에 의해서 처음 시사되었다. 그후 Maurer-Groeli(1974)는 유럽에서 내향성과 외향성 사이, 그리고 정서가 불안정한 사람들과 느긋한 사람들 사이에 혈액형의 분포에서 차이가 있음을 밝힘으로써 이 방면의 연구에 기초를 놓았다. 그의 연구에서 내향성은 AB형 집단에서 의미있게 높은 빈도를 보였고, 정서성 혹은 신경증 성향은 A형 집단보다 B형 집단에서 의미있는 정도로 더 높은 빈도를 보였다.

Jogawar(1983)는 혈액형별로 사회경제적 지위와 기타 변인들을 통제한 590명의 학생들을 대상으로 16PF를 실시하였다. 그 결과, A형 집단은 B형 집단보다 정서적으로 더 안정적이고, B형 집단은 A형 집단보다 더 걱정이 많고, A형 집단은 B형 집단보다 더 자기충족적이고, B형 집단은 AB형 집단보다 더 긴장된 것으로 나타났다. 이것은 B형 집단을 신경증 성향, A형 집단을 정서적 안정성과 연결시켰던 앞의 연구결과를 확인한 것이었다. 외향성 차원에 관해서는 아무 증거도 없었다.

Eysenck(1977)는 비교문화 연구를 통해서 이 문제에 접근했다. 영국과 일본을 비교한 연구에서 일본집단은 영국집단보다 외향성에서 낮고 신경증 성향에서 높았다. 그러므로 A형:B형의 비율이 영국집단에서 더 높고, AB형의 비율은 일본집단에서 더 높을 것으로 예언되었다. 국가별로 혈액형 분포를 수록한 책(Mourant, Kopek, & Domaniewska-Sobezak, 1976)을 보면, AB형의 비율이 영국에서는 3.01%이고 일본에서는 8.98%로 외향성 차원에 관한 예언을 지지하였다. 또한 A형:B형의 비율도 4.54(영국)와 1.64(일본)로 예언대로 일본에서보다 영국에서 더 높았다. 두 표본을 합하여 백만명이 넘는다는 점을 생각하면 이 차이는 의심할바 없이 의미있는 것이다.

후에 Eysenck(1982)는 이 연구를 혈액형의 분포와 성격의 평균점수가 알려져있는 여러 나라들에 확장시켰다. 이 나라들을 불안+, 평균, 불안- 로 나누었을 때, B형 비율의 평균이 각각 14.60%, 12.71%, 9.91%로 나왔다. 외향성의 국가들을 내향성의 국가들과 AB형의 평균비율에서 비교하였을 때 4.79%와 6.68%로서 역시 예언과 일치하였다. 유사한 방식으로 정신병 성향(P+) 국가와 비정신병 성향(P-) 국가를 비교하였을 때, P+집단이 P-집단보다 B형의 비율이 높았고, AB형의 비율도 높았다. 이 결과들은 혈액형과 성격을 연결시키는 가설에 대한 비교문화적 지지를 제공한다.

혈액형과 신경증의 관계를 조사한 연구도 수행되었다. Rinieris 등(Rinieris, Rebavilas, Lykouras, & Stefanis, 1983)은 72명의 강박신경증 환자와 73명의 공포증 환자를 600명의 정상통제집단과 비교하였다. 결과를 보면, 강박신경증과 히스테리아는 A형이 많았고, O형은 두 신경증과 부적 관계를 보였다. 공포증은 반대로 O형과 정적인 관계를 보이고, A형과는 부적인 관계를 보였다. Boyer(1986)는 독립적인 정신과 외래환자 두 집단(각각 52명과 60명)을 대상으로 증상설문지를 실시하였다. 두 표본 모두에서 A형인 사람들은 O형인 사람들보다 강박성향을 의미하는 P요인에서 높았다. 이 결과들은 이전의 정신과 환자들을 대상으로 한 연구들에서 시사되었던 것, 즉 A형은 정신분열증에서 많이 발견되고 O형은 양극성 장애에서 높은 비율을 보인다는 가설을 지지하는 것이다.

Eysenck는 이 방면의 연구가 흥미롭고 중요하지만 아직 초기 단계로서 어떤 확실한 결론을 내리기에는 이르다고 하였다. 몇몇 연구는 일관성있고 흥미로운 패턴을 보여주지만 아직 더 많은 연구가 필요할 뿐더러, 혈액형과 성격특질간의 연결이 (만약 존재한다면) 어떤 기제를 통해서 이루어지는지에 관해서는 전혀 미답의 세계로 남아있다. 아래는 인터넷에서 뽑은 인종별 혈액형의 빈도이다. 인종에 따라 혈액형의 빈도분포가 다양하다는 것은 참 흥미롭다.

표 2.5 **인종별 혈액형의 빈도(%)**

	O형	A형	B형	AB형
한국인	28	34	27	11
일본인	29	38	22	11
일본인(아이누)	17	32	32	18
중국인	42	26	26	6
중국인(북경지역)	29	27	32	13
영국인	47	42	8	3
프랑스인	43	47	7	3
이탈리아인	46	42	11	3
헝가리 짚시	29	27	34	10
러시아인	33	36	23	8
미국백인	45	42	10	3
미국흑인	49	29	18	4
알라스카 에스키모	38	44	13	5
그린랜드 에스키모	54	39	5	1
나바호 인디안	73	27	0	0
페루 인디안	100	0	0	0
마야인	98	1	1	1

출처: http://swkwon.0za.to

(viscerotonics)은 유쾌하고 사교적이며 안락과 음식을 즐기는 사람들이고, 신체긴장형(somatotonics)은 자기주장적이고 지배적이며 시끄럽고 냉담하고 청년기 지향적이어서 신체적 모험과 운동을 즐기는 사람들이며, 대뇌긴장형(cerebrotonics)은 억제되어 있고 예민하며 내향적이고 고통에 예민하고 수

읽어보기……

사상(四象) 체질유형 분류

조선 후기의 한의학자인 이제마(1836-1900)는 주역(周易)의 태극설인 태양(太陽), 소양(小陽), 태음(太陰), 소음(小陰)의 사상(四象)을 인체에 적용, 기질과 인간을 4가지 형으로 나누어 그에 적합한 치료방법을 제시한 사상의학을 창안하였다. 이 학설은 종래의 음양오행설의 철리적 공론을 배척하고 임상학적인 방법에 따라 환자의 체질을 중심으로 치료방법을 제시한 점에 의의가 있다.

사상의학은 4가지 사상체질 유형의 성격적인 특징들을 기술하고 있으므로 성격유형 이론의 면도 갖추었다고 볼 수 있다. 아직까지 사상체질에 관한 심리학적인 연구는 별로 없으나 한국에서 만들어진 이론으로 최근 한의학에서 많은 연구가 진행되고 있으므로 앞으로 그 심리학적인 함의를 찾는 작업도 해볼 만하다. 각 사상체질의 체형과 성격에 관해서 아래에 간략하게 소개한다.

태양인

체형: 폐대간소(肺大肝小)하여 폐가 실하고 간이 허한 체질이므로 상체는 발달하였고 하체는 약한 편이다. 목부위가 굵고 머리가 크고 눈에 광채가 나며 허리와 다리가 약하여 오래 앉아 있거나 오래 서는 것을 싫어하여 눕거나 기대기를 좋아한다. 대체로 몸은 마른 편이며 키가 큰 편이다.

성격: 용의 성질을 가졌다. 과단성있고, 머리가 명석하고 뛰어나 독창적인 일을 잘하며, 대인관계에 능하다. 고집이 강한 성격이라서 쉽게 굽힐 줄을 모른다. 진취적 기상이 충만하다.

태음인

체형: 간대폐소(肝大肺小)하여 간이 실하고 폐가 허한 체질이므로 허리가 발달하였고 목부위가 약한 편이다. 상체보다 하체가 튼튼하며 얼굴의 윤곽이 뚜렷한 편이다. 대체로 몸에 살이 많고 골격이 큰 편이다.

성격: 소의 성질을 가졌다. 고집과 욕심이 많고 대범하며 일의 착수는 느리나 한번 시작한 것은 끝까지 하는 강한 지구력의 소유자이다. 사무에 민첩치 못하고 잘 움직이려 하지 않는다. 기상은 무겁고 점잖다.

소양인

체형: 비대신소(肥大腎小)하여 비장이 실하고 신장이 허한 체질이므로 흉곽이 발달하였고 허리 아래부위는 약한 편이다. 입이 크지 않고 입술은 얇은 편이며 피부는 희고 윤기가 적으며 땀이 별로 없는 편이다. 대체로 몸은 뚱뚱하지 않은 편이며 걸음걸이가 빠른 편이다.

성격: 말의 성질을 가졌다. 성격이 급하고 예민하며 사무에 능하나 꾸준하지 않다. 항상 무엇에라도 관계하고 싶어하고 조용히 있으려 하지 않는다. 날래고 똘똘한 기상을 가졌다.

소음인

체형: 신대비소(腎大肥小)하여 신장이 실하고 비장이 허한 체질이므로 상체보다는 하체가 발달하였으나 전체적으로 균형이 잘 잡혀있다. 피부가 매우 부드럽고 땀이 적은 편이며, 대체로 키는 작거나 보통 정도이다.

성격: 당나귀의 성질을 가졌다. 온순하고 소심하며 윗사람을 받들고 아래사람을 다스리는데 능숙하다. 항상 집안에 있으려하고 잘 나다니지 않는다. 기상은 단정하고 천연스럽다.

면에 어려움을 겪으며 노년기 지향적인 특색을 갖고 있는 사람들이다. 체격이나 체형에 따른 성격유형의 분류는 일반인들의 관심이나 통념에도 불구하고 과학적인 증거가 결여되어 있기 때문에 오늘날 학자들의 진지한 관심의 대상이 되지 못한다.

Jung의 유형이론

Jung은 자아 오리엔테이션(ego orientations)과 심리적 기능(psychological functions)의 두 개념을 중심으로 유형이론을 전개하였다. 자아 오리엔테이션은 삶에 대한 일반적인 태도로서 외향(extraversion)과 내향(introversion)의 두 상반되는 오리엔테이션으로 나뉜다. 외향은 바깥세계에 대하여 관심을 갖는 삶의 태도를 가리키고, 반대로 내향은 자신의 내부세계(사고, 감정, 경험 등)에 몰두하는 삶의 태도를 가리킨다. 그러므로 외향적인 사람들은 사교적이고 수다스럽고 친절하며, 반대로 내향적인 사람들은 사색적이고 조용하며 초연하다.

심리적 기능에는, 삶의 경험에 관한 판단을 내리는 것을 수반하기 때문에 합리적 기능으로 분류되는 사고(thinking)와 감정(feeling), 그리고 삶의 경험을 평가하거나 해석하지 않고 수동적으로 기록하는 것을 수반하기 때문에 비합리적 기능으로 분류되는 감각(sensing)과 직관(intuiting) 등이 있다. 사고는 세계에 대하여 지적으로 관계를 맺는 것이며 반대로 감정은 정적 및 부적 정서를 통하여 현실을 평가하는 것이다. 그러므로 사고지향적인 사람들은 논리와 이성의 사용을 통하여 일상경험의 의미를 이해하려 노력하고, 반대로 감정지향적인 사람들은 체험의 정서적 측면들(좋다-나쁘다, 유쾌하다-불쾌하다, 재미있다-따분하다 등)에 주의의 초점을 맞춘다. 또한 감각은 판단없이 외부세계를 직접적이고 현실적으로 지각하는 것이며, 반대로 직관은 일상경험에 대하여 무의식적으로 지각하는 것을 지칭한다. 그러므로 감각지향적인 사람들은 주위세계에 존재하는 자극들의 냄새, 맛, 감촉 등에 예민하고, 반대로 직관지향적인 사람들은 경험의 무의식적인 이미지, 상징, 숨겨진 의미 등을 추구한다.

Jung은 사람들이 상반되는 오리엔테이션과 심리적 기능들을 함께 갖고 있으며(예를 들면 한 사람 속에 외향성과 내향성이 공존), 또한 통합된 사람들은 삶을 살아가는데 모든 상반되는 오리엔테이션과 기능들을 활용한다고 보았다. 그러나 대부분의 경우에서는 한쪽이 다른쪽보다 지배적인 양식을 갖기 때문에 위에서 보듯이 외향적인 사람-내향적인 사람, 사고지향적인 사람-감정지향적인 사람, 감각지향적인 사람-직관지향적인 사람 등의 분류가 가능하다고 생각했다. 그러면 이러한 내향-외향(I-E), 감각-직관(S-N), 사고-감정(T-F)의 상호 독립적인 세 개의 축으로부터 8개의 성격유형이 만들어 질 수가 있는 것이다. Myers와 Briggs는 Jung의 세 개의 축에 판단-인식(judging-perceiving; J-P)의 축을 하나 더 추가함으로써 16개의 성격유형을 제안하고 이를 측정하는 검사인 MBTI(Myers-Briggs Type Indicator)를 개발하였다. 새로 추가된 판단-인식 축은 이행양식 혹은 생활양식을 의미하며, 판단지향적인 사람들이 목표의식이 뚜렷하고 계획적, 체계적인데 반해, 인식지향적인 사람들은 목표와 방향이 가변적이고 상황에 따른 융통성이 있으며 덜 계획적 체계적이다. 아래에 MBTI의 4가지 선호경향을 그림으로 표시하였다.

그림 2.7 MBTI의 4가지 선호경향

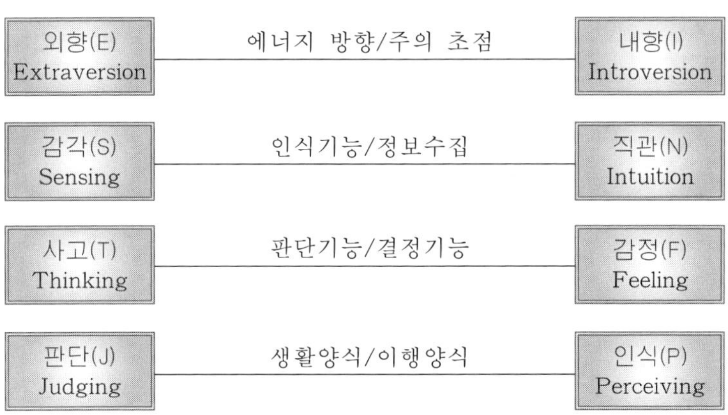

출처: http://www.mbti.co.kr

요 약

1. 특질이론은 특질 개념을 중심으로 구성된 오랜 전통을 가진 성격이론으로서 특질 이론가들은 사람들의 성격의 개인차를 반영할 수 있는 보편적이며 중요한 특질차원들을 발견하고, 발견된 특질 차원들을 측정하는 검사를 만들고, 이들 특질 차원들의 생리적 발달적 기반을 연구하고, 특질과 상황이 어떻게 상호작용하여 행동을 산출하는지에 관심을 갖는다.
2. Allport는 특질이 성격의 기본적인 구성요소로서, 특정한 방식으로 반응하는 성향이고, 많은 자극들을 기능적으로 동등한 것으로 받아들이고, 적응적이고 표현적인 행동으로 통합하며, 신경정신적 체계에 기반을 두고 있으며, 직접적으로 관찰하거나 측정할 수는 없지만 일련의 행동을 통해 보여질 수 있는 존재라고 정의했다. 그리고 특질을 크게 공통 특질과 개인 특질로 구분했다.
3. Cattell은 요인분석이라는 통계적 기법을 사용해서 특질들을 찾아내고 이를 측정하기 위한 성격검사(16 PF)를 제작하고, 특질들의 형성에 유전과 환경이 미치는 영향을 연구했다.
4. Eysenck는 요인분석 방법을 이용해서 성격의 기본차원으로 외향성, 신경증 성향, 정신병 성향의 세 유형차원(PEN)을 제안하고 이를 측정하기 위한 성격검사(EPQ)를 개발했으며, 이 차원들의 생물학적 기초를 밝히기 위한 연구들을 수행했다.
5. 최근의 특질연구의 결과들은 성격이 5개 요인으로 구성되어 있다는 성격의 5요인 모형으로 수렴하고 있다. 이 모형에서 제안된 Big Five(신경증 성향, 외향성, 경험에 대한 개방성, 우호성, 성실성)는 횡문화적 일관성이 있으며, 요인분석 방법에 기초해 제작된 다른 성격검사들과도 높은 일치도를 보이고, 유전적 기반이 시사되고, 동기, 정서, 대인관계 및 성격장애와 관련성을 보여주는 증거들이 밝혀짐으로써 타당성이 높은 것으로 평가되고 있다.
6. 사람-상황 논쟁을 통해 성격의 일관성에 관한 정의의 정교화가 이루어져 성격의 안정성과 일관성을 구분하게 되었고, 상황의 중요성에 대한 인식을 하게 되었고, 성격검사의 예언 타당도를 개선하려는 노력이 이루어졌으며, 성격×상황의 상호작용에 대한 인식의 정교화가 이루어졌고, 사회인지 이

론이 등장하게 되었다.

7. 특질이론은 성격의 개인차를 예언하거나 설명하는데 유용하고, 진화론 및 생물학과 관련된 많은 연구들을 촉진시켰으며, 대인관계나 정신병리와 관련해 많은 시사점을 제공해 준다는 장점을 지닌다. 그러나 많은 특질 이론들이 요인분석에 과도하게 의존하고 있고, 특질개념이 설명개념으로 자리잡지 못할 때 개념의 지위나 유용성은 사소한 것이 될 위험이 있으며, 성격의 역동이나 조직화, 변화를 설명하기 어렵다는 문제점이 있다.
8. 전통적으로 유형접근은 질적접근, 특질접근은 양적 접근으로 구분된다. 그러나 실제로는 절대적인 구분이라기 보다는 범주와 연속적 차원의 어느 쪽을 강조하느냐에 따른 구분으로 보는 것이 합리적이다. 대표적인 유형분류로는 Hippocrates와 Galen의 체액에 따른 유형론, Kretchmer와 Sheldon의 체형(체격)에 따른 유형론, Jung의 자아 오리엔테이션과 심리적 기능에 따른 유형론 등이 있다. Jung의 유형론은 훗날 MBTI라는 성격유형검사로 발전했다.

관련된 책 소개

이 장과 관련해서는 특별히 소개할 심리학 책이 없다. 성격검사(16PF, EPQ, NEO-PI, MBTI 등)를 통해서 자신의 성격을 알아보는 것도 좋다. 또한 성격심리학의 훌륭한 부교재라고 할 수 있는 셰익스피어, 도스토에프스키, 버지니아 울프, 제임스 조이스 등의 작품들을 접하는 것도 성격의 다양성과 깊이를 이해하는데 도움이 될 것이다. 서양인의 psyche의 기원, 나아가서 보편적인 인간 psyche의 기원을 탐색한다는 의미에서 그리스 로마 신화에 관한 책, 예를 들면, 오비디우스의 '변신 이야기' (이윤기 옮김, 민음사)나 이윤기의 '그리스 로마 신화' (웅진닷컴)를 읽는 것도 좋다.

제 3 장

성격의 역동

달리, 〈잠〉 1937
1938년 여름 초현실주의의 챔피언이었던 달리는 런던에 망명해 있던 프로이트를 방문하였다. 프로이트는 달리에게 "나는 고전적 회화에서는 잠재의식을 찾고, 초현실주의 작품에서는 의식적 요소를 찾습니다"라고 말했다.

성격의 역동

"불쌍한 자아는 더욱 어려운 시기를 맞는다. 그것은 세명의 엄한 주인을 섬겨야 하고, 그 셋의 요구와 주장을 절충시키기 위해 최선을 다해야 한다 … 그 세 폭군은 외부세계와 초자아와 원초아이다."

—프로이트, 정신분석입문 강의—

빈의 젊은 신경과 의사였던 Freud는 신경증 환자들의 임상경험으로부터 20세기의 가장 영향력이 큰 사상체계인 정신분석학을 발전시켰다. Freud 이전까지 수천년 동안 서구의 지배적인 사상은 합리적 인간간과 행동의 원인으로서의 의식의 중요성이었다. 독일의 Wundt가 1879년 라이프치히 대학에 실험실을 만듦으로써 출범시킨 과학적 심리학은 바로 이 서구사상의 정통성을 계승한 합리성과 의식의 심리학이었다. 인간의 마음의 나머지 반(Freud에 의하면 훨씬 광대하고 심원한 반)인 비합리성과 무의식의 세계는 Freud의 몫이었다. 그는 예술가적인 상상력과 과학자로서의 치밀함을 결합시키면서 인류에게 전혀 미답의 세계였던 무의식의 세계를 펼쳐 놓았다. 당대의 많은 사람들이 (Darwin의 동시대 사람들이 진화론에 대해서 그랬듯이) Freud의 이론을 혐오했지만 한번 Freud를 경험하게 되면 인간에 대해서 전과 같이 생각할 수가 없게 되었다. 그러므로 인류의 정신사는 Freud 이전과 이후로 나뉠 수 있다고까지 말할 수 있는 것이다.

성격이론으로서의 Freud 이론은 마음의 구조와 역동, 성격의 발달, 정상행동과 이상행동의 설명, 신경증의 원인과 치료방법 등을 모두 포괄하는 종합적이고 체계적인 대 이론이다. Freud 성격이론의 핵심을 한마디로 표현하면 마음의 역동성이라고 말할 수 있는데 그의 이론을 정신역동이론이라고 부르게 되는 근거이기도 하다. Freud는 인간의 마음을 질서있고 평화로우며 균형잡힌 상태로 보지않고, 억압된 욕망이 끓어오르고 상반되는 힘들이 서로 다투고 여러 요소들이 갈등하는 역동적인 힘겨루기 장소로 보았다. 이 장에서는 Freud의 정신분석이론을 기본가설, 마음의 모형(지형학적 모형, 구조모형, 발달모형 등), 정신병리와 치료 등으로 나누어 소개하고, Freud 이후의 정신역동이론의 흐름과 대표적인 정신분석 개념인 무의식에 관한 경험적 연구를 차례로 소개한다.

Sigmund Freud(1856~1939)

Sigmund Freud는 1856년 5월 6일 지금은 체코슬로바키아의 한 지역이된 모라비아라는 작은 오스트리아 마을에서 태어났다. 부모는 모두 유태인이었으며 Freud는 일곱남매중 맏이로 태어났으나 그의 아버지는 이미 전처 소생의 두 아들을 두고 있었다.

Freud의 집안은 경제적으로 어려웠으나 부모는 장남이며 우수한 학생이었던 Freud가 공부에 지장을 받지 않도록 세심한 배려를 하였다. Freud는 희랍어와 라틴어를 공부하고 고전을 읽었으며 문학적인 재능을 보였고 프랑스어, 영어, 스페인어, 이태리어에도 조예가 있었다. Freud는 어렸을 때 위대한 장군이나 관리가 되려는 꿈을 가졌으나 유태인이라는 제약 때문에 의학을 선택하였다.

Freud는 1873년 빈 대학의 의학부에 입학하고 1876년에서 1882년까지 Brücke 교수의 생리학 실험실에서 일했다. 1881년에 의학박사 학위를 받았고 다음해에 연구소를 그만두고 병원의 신경과 의사로 들어갔다. Freud는 계속 대학에 남아 교수가 되고 싶었지만 당시의 반유태주의 때문에 교수가 되기를 기대하기가 어려웠고, 무엇보다도 사랑하는 여자와 결혼하기 위해서는 상당한 수입이 필요했던 것이다.

1885년은 Freud에게 있어서는 전환기였다. 2월에 대학 정교수 자격과정을 마치고 신경병리학 프리바트도첸트(Privatdozent: 대학 정교수 자격을 가지고 정교수 자리를 기다리는 지위)가 되었으며, 가을에는 파리에 가서 수개월 동안 당시 최면술을 사용한 히스테리 치료로 명성을 날리던 Jean Charcot에게 배웠다. 후에 Freud는 최면술을 치료기술로 사용하는 것을 반대하였으나 당시에는 Charcot의 강의와 임상실습에 깊은 흥미를 느꼈으며, 이 체류기간 동안에 신경학자에서 정신병리학자로의 전환이 이루어졌다. 1886년에 Freud는 Martha Bernays와 결혼하여 세 딸과 세 아들을 두게 된다. 막내딸 Anna Freud는 나중에 유명한 아동분석학자가 되었다. 이때 Freud는 빈의 유명한 외과의사인 Josef Breuer와 함께 연구하면서 1895년에 'Studies in Hysteria'를 공동으로 집필하였다. 그러나 둘 사이의 우정은 Freud가 성욕이 히스테리의 주요원인이라고 고집을 부림으로써 종지부를 찍었다.

Freud의 최고 걸작으로 평가되는 'The Interpretation of Dreams'은 1900년에 출간되었다. 이 책은 처음에는 정신병리학회에서 무시되었지만 다음해부터 그의 명성은 높아지기 시작했으며 1902년에는 빈 정신분석학회가 창립되어 Freud를 추종하는 헌신적인 학자들의 집단이 탄생되었다. 여기에는 Ernest Jones, Carl Jung, Alfred Adler, Hans Sachs, Otto Rank 등이 포함되어 있다. 1909년에는 미국의 심리학자인 G. Stanley Hall이 Freud를 Clark University에서 강연하도록 초청함으로써 정신분석학을 신대륙에 널리 알리는 계기가 되었다.

Freud의 헌신적인 노력으로 정신분석은 전 세계적으로 인정을 받게 되고 Freud 자신은 괴테상을 받는 등

위대한 사상가며 문필가로 존경을 받게 되지만 Freud의 만년은 그리 행복한 것은 아니었다. Freud의 충실한 동료이자 제자였던 Adler, Jung, Rank 등이 Freud 곁을 떠나 자신들의 학파를 만들었고, 제1차 및 제2차 세계대전의 참혹함을 지켜보았으며, 유럽을 휩쓴 반유태주의의 물결 때문에 고통을 받았다. 특히 제2차 세계대전 때는 나치의 핍박을 피하여 영국으로 망명하는 신세가 되었다. Freud는 1923년부터 후두부와 턱에 생긴 암 때문에 고통을 받았고 33번이나 수술을 받았음에도 쉬지 않고 일을 계속했으나 결국 1939년 9월 23일에 영국 런던에서 사망했다.

Freud가 정신분석을 발전시킨 과정을 연대별로 개관하면 다음과 같다.

1. 전(前) 정신분석기(1886–1896)

정신분석학에서는 1896년을 정신분석학이 시작된 해로 보고, Freud가 정신과 개업을 한 1886년에서 1896년까지의 10년간을 전(前)정신분석기로 부른다. Freud는 신경학에 대한 관심과 연구를 통해 정신분석학에 대한 기반을 쌓았다. 그는 신경생리학과 신경병리학에 크게 공헌하였는데, 중추신경계의 진화, 실어증, 뇌성마비, 코카인 등에 관한 연구들에서 업적을 남겼고 뉴론 이론의 정립에도 기여하였다. 정신분석은 무엇보다도 19세기에 수수께끼처럼 유행하던 히스테리를 치료하고 그 원인을 규명하려는 노력의 과정에서 발전되었다. 1893년에서 1895년 사이에 빈의 외과의사인 Josef Breuer와 공동으로 집필하여 발표한 'Studies in Hysteria' 에서 히스테리 증상이 뇌의 문제가 아니라 충격적인 체험을 소화할 수 없기 때문에 유발된다고 주장했는데, 이는 전통적인 정신병리의 틀에 맞지 않았다. 이 책의 출판과 함께 정신분석은 태어날 준비를 하고 있었고, Freud가 최면술을 포기하고 자유연상을 사용하여 치료하기 시작한 1896년에 정신분석은 태어났다.

2. 근본적인 발견의 시기(1896–1910)

이 시기에 Freud는 'The Interpretation of Dreams' (1900), 'The Psychopathology of Everyday Life' (1901), 'Three Essays on Sexuality' (1905), 'Jokes and Their Relation to the Unconscious' (1905) 등을 저술하였는데, 여기서 무의식의 존재와 의미를 밝히고 자유연상기법을 구축하였으며, 아이들에 있어서 성의 의미를 논의했다. Freud는 'Three Essays on Sexuality' 에서 아이들의 심리 성적 발달단계를 공식화하고 오이디푸스 콤플렉스가 일어나기까지 아이들이 치루어 나가야 할 발달과제를 제시하였다.

3. 확립기(1910–1919)

이 시기의 가장 중요한 업적은 정신분석적 치료기법에 관한 연구결과를 정리한 것이다. 이 시기에 무의식의 역동적, 지형학적, 경제적, 발생기원적, 구조적, 적응적 측면을 다룬 초(超)심리학(metapsychology)에 대한 연구결과가 발표되었으며, 이것은 치료기법과 긴밀하게 연결되어 있다.

4. 추동이론의 수정과 구조이론의 발전에 기여한 시기(1919–1926)

이 시기에 Freud는 'Beyond the Pleasure Principle' (1920)에서 삶의 추동에 대응하는 죽음의 추동을 가정했고, 'The Ego and the Id' (1923)에서 새로운 삼원 구조이론(자아, 초자아, 원초아)을 정립했다.

5. 자아심리학 구축기(1926–1939)

이 시기에 Freud는 'The Future of an Illusion' (1927), 'Civilization and Its

Discontents' (1930), 'New Introductory Lectures on Psychoanalysis' (1933) 등의 주요 저술들에서 문명의 허상, 자아의 기능과 장치, 그리고 정신분석 치료의 목표 등에 대해서 기술하였다.

기본 가설

정신분석의 여러 가설들(예: 유아성욕설, 본능설, 성격의 구조 등) 가운데 다음 두 가설은 이론의 중추를 이루며 동시에 널리 수용되고 있다. 하나는 심적 결정론 혹은 인과론의 가설이고, 다른 하나는 정신과정에서 의식은 정상적이라기 보다 예외적인 속성이라는 가설이다. 후자를 정신분석 이론에 따라 달리 표현하면, 정상적 정신기능에서건 비정상적 정신기능에서건 무의식적 정신과정이 의식적 정신과정보다 더욱 빈번하고 유의미하다는 것이다.

심적 결정론

심적 결정론(psychic determinism)은 마음에서도 물리적 세계에서와 마찬가지로 모든 현상이 우연적인 것이 아니고 선행하는 사상에 의해서 결정된다는 가설이다. 즉, 우리의 정신생활에서 우발적이고 선행사상들과 상호연관성이 없어 보이는 현상들도 단지 외견상 그러할 뿐 원인이 되는 선행현상은 항상 존재한다는 것이다. 심적 결정론은 인간의 심리를 연구하는데 기본원칙으로 삼을 수 있다. 이 원칙을 받아들인다면, 어떠한 심적 현상이라도 무의미하다거나 우연한 것이라고하여 무시할 수 없게 된다. 대신에 해답이 존재할 것이라는 확신을 가지고 관심을 갖는 모든 심적 현상들에 대하여 "원인이 무엇일까?" "왜 그렇게 되었을까?" 하고 끈기있게 물음을 던질 것이다. Freud 이전에 많은 정신장애들이 해명이 불가능하거나 초자연적인 힘의 작용으로 간주되어 과학적인 접근과 치료를 포기해왔던 것을 생각하면, Freud의 심적 결정론은 정신의학사에서 대단히 중요한 태도의 전환을 의미한다. Freud가 특히 관심을 갖고 해명하려고 노력했던 우발적이거나 불가사의하게 보이는 심적 현상들중에는 말 실수, 꿈, 신경증상 등이 있다.

무의식적 정신과정의 중요성

Freud에 따르면 마음 속에서 일어나는 현상중 많은 부분이 무의식(unconscious)에 속하기 때문에 정신생활이 비연속적인 것(비인과적인 것)으로 지각된다고 한다. 사고나 감정이나 우연한 망각이나 혹은 신경증적 증상이 마음 속에서 선행현상과 관계가 없는 것처럼 보이는 것은 그 인과관계가 의식적인 정신과정보다는 무의식적 정신과정에 속해 있기 때문이다. 이때에 무의식적 원인이 발견되면 모든 외견상의 비연속성이 소멸하고 인과적 연속성이 회복된다고 한다. 예를 들면, 오페라에 대해서 아는 바가 하나도 없는 사람이 무심코 '트라비아타'의 '축배의 노래'를 콧노래로 흥얼거리고 있다면 대단히 이상하게 보일 것이고 본인도 자신의 행동을 설명할 수 없을 것이다. 그러나 친구가 그 노래가 한 FM 방송의 아침프로의 주제음악으로 나오는 것이며, 이 사람은 그 시간에 출근하면서 습관적으로 그 방송을 틀어놓았다는 사실을 지적한다면 외견상의 비연속성이 제거되고 그의 행동은 쉽게 이해될 것이다. 이 예는 무척 단순한 경우인데, 대부분의 무의식적인 정신과정이 이 예와 같이 용이하고 간단하게 밝혀지지는 않는다. 무의식의 정신과정을 연구하는 가장 효과적이고 신뢰로운 방법은 Freud가 수년에 걸쳐 발전시킨 정신분석이라는 기법이다.

마음의 모형

Freud는 일생을 두고 마음에 관한 모형들을 발전시켰으며 이들은 Freud 이론의 근간을 이룬다. Freud의 마음의 모형은 에너지 모형(추동과 리비도), 지형학적 모형(의식, 전의식, 무의식), 구조모형(원초아, 자아, 초자아), 발달 모형(심리성적 발달단계) 등을 포함한다.

에너지 모형

추동

Freud 이론은 인간이 에너지 체계로 구성되어 있다는 생각을 기초로 정립되었다. 19세기의 생리학과 물리학의 영향을 받아 Freud는 인간의 행동이 에너지 보존법칙에 따라 단일 에너지에 의해서 활성화된다는 것을 알았다. Freud는 정신 에너지의 근본은 신경생리적 흥분상태에서 유래된다고 주장하였다. 그는 이러한 신체적 흥분이 소망(wish)의 형태로 마음 속에 표상된 것을 추동(drive)이라고 이름붙였다. 따라서 추동은 표현과 긴장감소를 추구하는 선천적인 신체적 흥분상태를 반영한다. Freud는 모든 인간의 활동(사고, 지각, 기억, 꿈 등)이 추동에 의해서 결정된다고 주장하였다. 추동의 행동에 대한 영향은 직접적일 수도 있고 우회적이거나 위장될 수도 있다.

Freud가 말하는 추동은 흔히 본능으로 잘못 인식되곤 한다. 그러나 추동은 하등동물의 본능(instinct)과 구별되어야 한다. 본능은 특정한 자극양상에 정해진 방식으로 반응하는 생득적 능력 혹은 생득적 필요성을 의미한다. 중추신경계를 가진 동물의 본능은 자극, 일종의 중추흥분, 그리고 미리 정해진 방식을 따르는 운동반응으로 이루어져 있다. 반면에 추동은 운동반응이 아니고 자극에 대한 반응으로서의 중추신경계의 흥분상태를 말한다. 이 흥분상태에 의해서 일어나는 운동은 정신분석학에서 'ego'라고 알려진 마음의 부분에 의해서 중재된다. 그러므로 정해진 패턴을 따르는 행동을 산출하는 본능과 달리 추동은 경험과 반성에 의해서 행동이 수정될 수 있음을 내포하고 있다.

Freud의 추동이 흔히 본능으로 오인되는 것은 추동을 뜻하는 독일어인 Trieb가 영어로 처음 번역될 때 instinct로 번역되었기 때문이다. 이러한 오역은 Freud 이론의 올바른 이해에 해로운 결과를 가져왔다. 우선 위에서 언급한 바와 같이 추동을 본능으로 오해하는 개념상의 혼동이 초래되었고, 둘째 본능은 많은 심리학자들 사이에 비과학적인 개념으로 간수되어온 까닭에 본능을 주축으로 하는 Freud 이론도 비과학적이라는 인상을 주었으며, 셋째 추동이 후에 심리학 및 생리학에서 중요한 동기 개념으로 부각된 점을 생각해 볼 때 Freud 이론을 심리학 및 생리학과 연결시켜 주었을 중요한 고리를 상실하는 결과를 초래했다.

성적 추동과 공격적 추동

Freud는 처음에 추동을 성적 추동과 자기보존적 추동으로 구분하였으나, 곧 자기보존적 추동을 버리고, 모든 본능적 표현은 성적 추동의 일부이거나 이로부터 파생된다고 생각했다. 그후 1차 세계대전을 거치며 인간의 잔인성과 파괴적 행위를 목격한 후 공격적 추동을 추가함으로써 정신생활의 본능적 양상을 성적 추동과 공격적 추동의 두 종류의 추동으로 설명하게 되었다. 이 두 추동의 정확한 정의는 사실상 불가능한데, 한 추동(성적 추동)은 정신활동의 성적 요소를 유발하고, 다른 추동(공격적 추동)은 파괴적 요소를 유발한다고 말하면 대충 근사한 정의가 될 것이다. Freud는 성적 추동을 삶의 추동으로, 공격적 추동을 죽음의 추동으로 부르기도 했는데, 대체로 경험적 근거가 불확실하고 개념상의 혼동만 가져온다는 것이 오늘날 대부분의 정신분석학자들의 입장이다. 성적 추동은 신체적 기반(성적 쾌감을 주는 신체부위의 존재 및 성 호르몬의 작용등)이 잘 알려져 있으나 공격적 추동의 경우에는 신체적인 원인이 밝혀져 있지 않다. Freud가 주로 성적 추동을 중심으로 이론을 발전시킨 것은 공격적 추동의 생물학적 기반에 대하여 확신을 갖지 못했기 때문일지도 모른다.

Freud는 정상적이건 병리적이건, 우리가 관찰할 수 있는 모든 본능적 표현에 성적 및 공격적 추동이 함께 참여하고 있다고 본다. 즉, 가장 순수한 공격적 추동을 만족시킨다고 볼 수 있는 아주 잔혹한 행위도 당사자에게는 어느 정도의 무의식적인 성적 의미를 갖고 있으며, 마찬가지로 아무리 부드러운 애정행위에도 무의식적인 공격적 추동이 관여하고 있다는 것이다.

이 두가지 추동에는 모두 심적 에너지가 수반되는데, 성적 추동에 수반되는 심적 에너지에는 '리비도(libido)' 라는 이름을 부여했지만, 공격적 추동에 수반되는 심적 에너지는 이름이 없으며 필요할 때 '공격적 에너지' 라고 불릴 따름이다. Freud는 심적 에너지가 어떤 대상에 부착(Besetzung; cathexis) 된다는 표현을 쓰곤 하는데, 실제로 심적 에너지가 개인으로부터 나와서 공간을 통하여 이동하여 어떤 대상에 부착되는 것은 아니다. 이때 부착이 의미하는 것은 정신적 혹은 심적 표상을 구성하는 대상에 대한 여러 가지 기억이나 사고나 공상들인 것이다. 예를 들면, 아이의 심적 에너지가 엄마에게 부착되었다는 표현은, 아이의 마음 속이 엄마에 관계된 사고, 심상 및 공상들로 채워져 있다는 의미인 것이다. 열정적인 사랑에 빠져있는 청년이 애인에 대한 상념으로 열병을 앓고 있는 것을 생각하면 이해가 될 것이다.

심적 에너지를 본래의 대상에 방출할 수 없는 경우, 그 대안으로서 다른 대상을 찾아 에너지를 방출하는 전위(displacement)가 일어난다. Freud는 수많은 사회심리적 현상들을 성적 추동과 공격적 추동의 전위로 설명할 수 있다고 주장했다. 예를 들면, 아동의 사회화는 성적 추동의 전위에 기반을 두고 있고, 인종편견이나 전쟁은 공격적 추동의 전위로 볼 수 있다는 것이다. Freud는 나아가 모든 현대문명을 성적 추동과 공격적 추동이 전위되어 나타난 산물이라고 주장하였다. 사람들은 추동의 직접적이고 즉각적인 충족을 얻지 못할 때, 이러한 본능적 에너지를 다른 가능한 사람, 사물, 행동에 전위시켜서 방출하는 것을 배우게 되며, 그 결과로 예술, 종교, 정치, 경제, 스포츠 등이 생겨난다고 본 것이다.

지형학적 모형

Freud는 정신분석이론을 정립하는 초기 단계에서 지형학적 모형(topographical model)을 통하여 마음의 구조를 설명하려고 하였다. 이 모형에 의하면 정신생활은 의식과 전의식 그리고 무의식의 세 가지 의식수준으로 나타낼 수 있다(그림 3.1 참조). Freud는 이 '마음의 지도'를 사고나 환상과 같은 심리적 사상들이 의식될 수 있는 정도를 기술하기 위하여 사용하였다.

의식

의식(conscious)이란 어떤 특정 순간에 자각이 되는 모든 감각과 경험들로 구성된다. Freud에 따르면 정신생활의 아주 작은 부분만이 의식의 영역 속에 포함된다고 한다. 한 개인이 특정 순간에 체험하는 의식의 내용이 무엇이든간에 그것은 외부 단서에 의해서 주로 조절되는 선택적 여과과정의 결과일 따름이다. 더욱이 아주 짧은 시간동안 의식될 따름이며 다른 단서로 주의가 옮겨가면서 곧 전의식이나 무의식으로 합류하게 된다. Freud는 의식을 중요하게 생각하지 않았고, 또 다른 학자들이 의식에 관한 연구를 이미 많이 하였으므로 그가 의식에 관한 지식에 공헌한 바는 극히 미미하다.

전의식

전의식(preconscious)은 바로 그 순간에 의식되지는 않지만, 자발적으로 혹은 최소한의 노력을 통하여 용이하게 의식될 수 있는 모든 경험을 일컫는다. 예를 들면, 자신의 생년월일, 이성친구의 핸드폰 번호, 지난 학기에 가르쳤던 과목, 지난 여름에 방문했던 도시, 어제 본 경기에서 한국축구 대표팀의 선발 라인업 등이다. Freud의 지형학적 모형에서 전의식은 의식과 무의식의 사이에 위치하는데, 질적으로는 무의식보다 빈번하게 호환되는 의식에 더 가깝다고 할 수 있다. Freud의 이론에서 전의식은 별로 중요하게 다루어지지 않는다. 다만 정신분석 치료에서 무의식의 내용이 우선 전의식을 거쳤다가 다음에 의식으로 옮아갈 수 있다는 점에서 의식과 무의식을 다리놓는 역할이 부여되는 정도이다.

무의식

무의식(unconscious)의 개념을 Freud가 처음 제안한 것은 아니다. 쇼펜

하우어를 비롯한 18, 19세기의 여러 철학자들이 이미 무의식적인 내적 세계에 관한 생각을 갖고 있었다. 그러나 Freud는 이러한 생각을 중요한 설명역할을 하는 포괄적이며 역동적인 체계로 발전시켰다. Freud에 이르러서 무의식은 단순히 추상적인 관념이 아니라 삶에 광범위한 영향을 미치는 실체로서 경험적으로 연구될 수 있는 현실이 되었다. 정신분석학은 한동안 '심층 심리학' 으로 불리웠는데 이는 정신분석학에서 무의식이 차지하는 중요성을 잘 반영한다. Freud는 인간행동 중에서 정말로 중요한 측면들은 전적으로 의식의 영역 밖에 위치하는 충동과 욕구들에 의해서 형성되고 결정된다고 굳게 믿었다. 이러한 힘들은 의식되지 않을 뿐 아니라, 개인내에는 이들이 의식되거나 행동으로 직접 표현되는 것을 막는 강한 저항이 존재한다. 무의식은 전혀 의식되지 않는다는 점과 그럼에도 불구하고 인간의 행동을 결정하는데 중요한 역할을 한다는 점에서 전의식과 다르다. 무의식적인 충동들이 꿈이나 놀이나 일에서 간접적으로 충족되는데서 보듯이 무의식적인 재료가 위장되거나 상징된 형태로 표현될 수도 있다. Freud는 이러한 통찰을 환자를 분석하는데 이용하였다.

구조 모형

Freud는 정신분석 이론을 발전시키면서 지형학적 모형이 마음의 역동을 설명하는데 충분하지 못하다고 생각하게 되었다. 우선 지형학적 모형은 다양한 환자들을 다루는데 충분히 복잡하지 않았다. 이 모형은 히스테리는 잘 설명해주지만 망상증이나 과도한 죄책감에는 부적합하게 느껴졌다. 또한 무의식을 구성하는 내용들도 하나의 범주로 분류하기에는 이질적인 요소들이 혼재하고 있는 것 같았다. 따라서 Freud는 마음의 역동성을 잘 반영하고, 기능적으로 동질적인 집단들로 분류되는 새로운 범주를 생각하게 되었다. 이 새로운 모형은 구조 모형(structural model)으로 불리며, 세 개의 상호연관되고 상호작용하는 체계 혹은 구조인 원초아(id), 자아(ego), 초자아(superego)로 구성되어 있다. Freud는 이 구조들을 물리적 실체가 아닌 가설적인 구성개념(constructs)으로 간주하였다. 그 이유는 이들이 중추 신경계의 어디에 위치하는지를 파악할 만큼 신경해부학이 발달하지 않았기 때문이었다. 아래에 마음의 구조를 의식수준과 관련시켜 표현한 내용이 그림으로 제시되어 있는데 (그림 3.1 참조), 이 그림에서 보면 모든 원초아는 무의식이며 자아와 초자아는 의식과 전의식 및 무의식 모두에 걸쳐서 있다. 무의식은 이 세 가지 마음의 구조를 모두 포함하지만 그 대부분은 원초아의 몫이다.

Freud가 이 세 구조에 대하여 붙인 이름들은 Es(영어로 it), Ich(영어로 I), Überich(영어로 over-I)로서 대단히 친근한 일상용어들이었다. 그러나 영어로 번역될 때 학문적인 권위를 높인다는 의도로 난해한 라틴어를 사용하여 Es는 id로, Ich는 ego로, 그리고 Überich는 superego로 바뀌어 세상에 알려지게 되었다. Freud는 정신분석을 사람들의 일상적인 삶을 이해하는데 도움을 주는 친근한 학문으로 발전시키려 했는데 영어번역자는 라틴어 단어를 사용함으로써 신비한 학문이라는 인상을 주고 말았다. 우리말 번역인 원초아, 자아, 초자아도 Freud의 의도를 적절히 반영한 것은 못된다.

원초아

원초아는 가장 기본적이며 태어날 때부터 존재하는 마음의 구조로서 심적 에너지인 리비도의 저장고이기도 하다. 원시적이고, 억제되지 않고, 합리적 통제가 결여되어 있으므로 모든 충동의 즉각적인 만족과 긴장의 즉각적인 방출을 추구한다. 원초아는 무조건적인 쾌락을 추구하는 쾌락원칙(pleasure principle)을 따르므로 자신과 타인의 안위에는 관심이 없다.

Freud는 원초아를 신체적 과정과 정신적 과정의 매개체로 본다. 즉 신체적 과정으로부터 본능적 욕구를 전달받아서 이를 다시 정신적 표현으로 넘겨주는 역할을 한다는 것이다. 원초아의 비현실성은 일차과정(primary

그림 3.1 의식의 세 수준을 표시한 마음의 구조

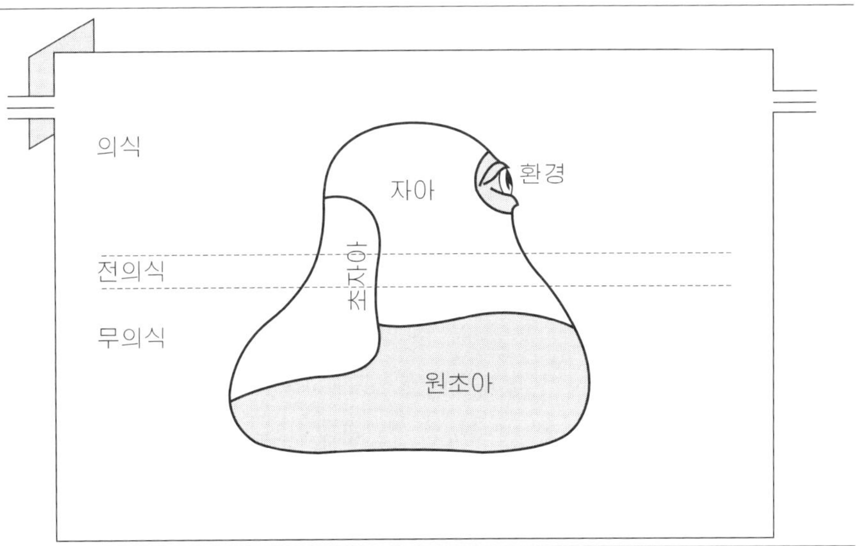

process)에서 잘 드러난다. 일차과정은 원초아가 과거에 기본적인 욕구의 충족과 연합되었던 대상의 심상(mental image)을 형성함으로써 긴장을 감소시키는 방략이다. 예를 들면, 배고픈 유아가 엄마의 유방을 머리에 떠올리는 것 등이다. 꿈과 정신병 환자의 환각도 일차과정에 속하는 것들이다.

일차과정은 충동을 통제하지 못하고, 현실과 비현실을 구별하지 못하는, 비논리적이고 비합리적이며 공상적인 사고 형태이다. 일차과정에만 의존하고 외부 현실을 무시하면 죽음에 이를 수밖에 없다. 그러므로 유아에게 가장 중요한 과제는 기본적 욕구의 충족을 지연하는 것을 배우는 것이다. 이러한 능력은 유아가 자신의 욕구나 충동과는 별개로 외부 세계가 존재한다는 인식을 갖게 될 때 나타나며, 이러한 인식이 발달함에 따라서 마음의 두 번째 구조인 자아가 출현한다.

자아

자아는 원초아의 욕구를 외부세계의 제약을 고려하면서 표현하고 충족시키려 노력하는 마음의 조직적, 합리적, 현실지향적인 구조이다. 자아는 원초아로부터 분화되어 형성되었으며 원초아로부터 에너지를 빌어서 기능을 수행한다. 그러므로 자아는 원초아의 위에 군림하면서 원초아를 통제하는 상급자가 아니라 원초아의 요구가 현실 속에서 실현되도록 열심히 일하는 원초아의 봉사자인 것이다. Freud에 따르면, 자아의 분화는 생후 6-8개월 이내에 시작되며 그후에도 성장과 변화가 이루어지기는 하나 대략 2-3세까지는 어느정도 확립된다.

원초아의 쾌락원칙과 대조적으로 자아는 적당한 대상과 방법이 발견될 때까지 본능적 충동들의 충족을 지연시키는 현실원칙(reality principle)을 따른다. 현실원칙은 원초아의 원시적인 에너지를 사회적 제약과 양심의 한계 내에서 억제하고 다시 방향짓고 서서히 방출하는 것을 가능하게 해준다. 예를 들면, 성적 추동의 표현은 적절한 대상과 환경상황이 가용할 때까지 연기된다. 반면에 대상과 조건이 이상적이면 쾌락원칙은 충족된다. 그러므로 현실원칙은 우리의 행동에 합리성을 도입해주는 것이다.

원초아와 달리 자아는 현실과 환상을 구별하고, 어느 정도의 긴장을 허용하고, 새로운 경험에 의해 변화하며, 합리적인 인지적 활동에 종사한다. Freud는 자아의 합리적 사고과정을 이차 과정(secondary process)이라고 불렀는데, 이차 과정의 결과로 자아는 자신이나 타인의 안전을 위험에 빠뜨림이 없이 본능적 욕구를 충족시키는 적절한 경로의 행동을 수립할 수 있는 것이다. 자아는 말하자면, 마음의 경영자며, 지적 과정과 문제해결의 장소이다. 정신분석치료의 주요목표의 하나는 자아의 에너지의 일부를 해방시켜서 보다 높은 수준의 문제해결에 활용할 수 있도록 하는 것이다.

초자아

개인이 사회에서 효과적으로 살아나가기 위해서는 사회의 가치와 규범과 윤리의 체계를 획득하여야 한다. 이 체계는 사회화 과정을 통해서 획득되는데, Freud의 구조 모형에서는 초자아의 형성을 통해서 발달된다고 본다.

초자아는 마지막으로 발달되는 마음의 성분으로서 사회의 규범과 행동규준들이 내면화된 것이다. 초자아는 태어날 때는 존재하지 않으며, 자아로부터 분화되고, 원초아로부터 에너지를 제공받는다. Freud에 따르면, 초자아의 분화는 5-6세까지 별로 이루어지지 않으며 10-11세에 이르러서야 확립이 된다고 한다. 초자아는 부모에 대한 긴 의존시기의 결과로서 형성되는데, 처음에는 옳고 그른 것에 대한 부모의 기대만을 반영하지만, 아이의 사회적 세계가 학교, 종교 및 또래 집단 등으로 확장됨에 따라 이들 집단의 가치관을 흡수하며 확장된다. 초자아는 사회의 집합적 양심(collective conscience)이 개인속에 반영된 것으로서 도덕원칙(moral principle)을 따른다.

초자아는 양심(conscience)과 자아이상(ego-ideal)의 두 하위체계로 나뉘어진다. 양심은 잘못된 행동에 대한 처벌을 통하여 형성되는 것으로 초자아의 처벌적 측면(부정적 자기평가, 도덕적 금지, 죄책감 등)을 의미한다. 반대로 자아이상은 잘한 행동에 대한 칭찬이나 수용을 통하여 형성되며 초자아의 보상적 측면(자존감과 자부심 등)을 의미한다.

초자아가 수립되므로써 자아의 임무는 더욱 복잡해진다. 자아는 이제 원초아의 욕구를 충족시키는데 외적 현실뿐만 아니라 초자아의 도덕적 감시의 눈초리까지 고려해야 하는 것이다.

마음의 역동과 자아방어기제

상호작용과 균형

마음을 구성하는 세 체계는 복잡한 상호관계를 이룬다. 원초아는 충동에 의해서 움직이는 에너지 원천이고, 초자아는 죄책감을 유발하는 도덕적 심판관이며, 자아는 외부세계의 현실을 평가하고 그에 맞추어 원초아의 요구와 초자아의 명령을 조정하는 과제를 담당하는 집행관이다. 이들 강력한 힘들의 상호작용이 효과적으로 기능하기 위해서는 미묘한 균형이 유지되어야 한다. 만약 원초아의 충동이나 초자아의 경직성 혹은 외부세계의 스트레스가 자아의 자원을 압도하여 합리적으로 추론하고 문제를 해결하고 삶을 촉진시키는 기능을 방해한다면 그 사람은 적절하게 기능하는 것이 불가능해질 것이다. Freud에 따르면, 신경증이나 정신병과 같은 심리장애는 이러한 마음의 세 체계간의 균형이 붕괴되었다는 표징이다. 이러한 불균형을 방지하고 마음을 온전히 유지하고 개인이 정상적으로 기능하도록 하기위해 자아는 경고장치와 방어기제라 불리는 다수의 방어책략들을 갖추고 있다.

불안과 방어기제

원초아, 자아, 초자아의 세 체계들간의 균형이 붕괴될 위협이 있을 때마다, 그리고 자아가 통합과 조정의 기능을 못하고 통제를 상실할 위험이 생길 때마다 자아는 불안을 체험한다. 이 불유쾌한 감각은 자아로 하여금 세 체계의 통합과 외부세계와의 관계에 대한 위협을 제거하거나 감소시킬 것을 목표로 하는 다양한 비상수단들을 동원하도록 독촉하는 경고신호의 역할을 한다. 불안은 위협의 출처가 외적 환경, 원초아, 초자아의 어느 것인가에 따라 현실불안, 신경증적 불안, 도덕적 불안으로 분류되지만 정신분석에서 가장 중요하게 인식되는 불안은 원초아의 충동을 자아가 통제할 수 없을 것이라는 두려움에서 초래되는 신경증적 불안이다.

신경증적 불안으로부터 개인을 보호하기 위하여 발달된 것이 자아방어기제이다. Freud는 자아방어기제를 개인이 원초아의 금지된 충동의 공개적 표현과 그에 반대하는 초자아의 압력으로부터 자신을 방어하기 위해서 사용하는 정신적 책략으로 정의하였다. 자아가 원초아의 충동이 의식 위로 뚫고 나오려는 위협에 대응하는 방법에는 두 가지가 있다. 하나는 충동이 의식적 행동으로 표현되는 것을 봉쇄하는 것이고, 다른 하나는 왜곡을 통하여 원래의 강도가 현저하게 감소되거나 빗나가게 하는 것이다. 모든 방어기제에는 두가지 특징이 있다. 즉 (1) 무의식 수준에서 작용하므로 자기기만적이며, (2) 현실의 지각을 왜곡하거나 부정하거나 거짓으로 만듦으로써 불안을 감소시킨다. Freud에 따르면 사람들은 불안으로부터 자신을 보호하기 위하여 여러 가지 방어기제를 사용하는 경향이 있다고 한다. 아래에 중요한 자아방어기제들을 소개한다.

억압(repression). Freud는 억압을 가장 기본적인 자아방어로 생각했다. 그 이유는 억압이 보다 정교한 방어기제들의 토대일 뿐 아니라 불안을 회피하기 위한 가장 직접적인 방법이기도 하기 때문이다. 억압은 용납될 수 없는 충동과 불유쾌한 기억을 의식으로부터 배제하는 과정이다. 그 결과 개인은 불안을 유발하는 갈등을 의식하지 못하거나 정서적으로 고통스러운 과거의 사건들을 기억하지 못하게 된다. 예를 들면, 어린 시절에 성폭행을 당한 여자가 전혀 그 경험을 회상하지 못하는 경우를 들 수 있다. 그러나 억압을 통한 불안으로부터의 구원에는 대가가 따른다. Freud는 억압된 기억과 충동들은 무의식속에서 활동상태로 남아있기 때문에 이들이 의식 속으로 들어오는 것을 막기 위해서는 끊임없이 심적 에너지가 소요된다고 주장했다. 이렇게 자아의 자원을 계속 소모하면 보다 적응적이고 건설적이며 창조적인 행동에 사용할 에너지의 양이 심각하게 제약을 받게 되는 것이다. 한편 억압된 재료를 밖으로 표현하려는 끈질긴 노력은 꿈이나 농담이나 말 실수나 기타 Freud의 이른바 '일상생활의 정신병리' 의 표징들을 통하여 일시적인 만족을 발견하기도 한다. Freud 심리학에서 억압은 모든 신경증적 행동, 정신신체적 질병 및 심리-성적 장애들의 중심 기제로 논의된다. 즉 억압은 가장 기본적이며 널리 사용되는 방어기제인 것이다.

투사(projection). 투사는 개인이 용납할 수 없는 사고, 감정, 행동 들을 다른 사람이나 환경에 귀인시키는 과정을 일컫는다. 투사는 그러므로 자신의 잘못을 다른 사람이나 사물에 전가할 수 있도록 해준다. 테니스에서 공을 잘못 치고는 라켓이 잘못된 것처럼 만지작거리는 것이나, 자신의 은밀한 욕정을 의식하지 못하고 모든 주위의 남자들이 자기를 유혹한다고 불평하는 여자들의 예에서 투사를 발견할 수 있다. 투사를 사용하는 사람들은 종종 자기 자신의 충동을 다른 사람에게 투사하면서 그 투사 대상을 박해하는데 많은 에너지를 소모한다. 사회적 편견이나 희생양 등이 그 좋은 예들이다.

전위(displacement). 전위는 본능적 충동을 위협적인 대상에서 덜 위협적인 대상에게로 방향을 바꾸어 표현하는 것이다. 흔한 예로는, 부모에게 야단을 맞고 동생에게 화풀이를 하거나 개를 걷어차는 행위들이 여기에 속한다. 전위는 사소한 일에 과민반응하는데서도 발견된다. 직장에서 상사에게 야단맞은 남편이 아내나 자식이 조금 성가시게 구는 행동에도 버럭 화를 내는 수가 있는데, 이때 적대감이 직장 상사로부터 가족에게로 전위된 것을 의식하지 못하는 수가 많다. 타인에 대한 적대적 충동이 자기 자신에게로 전위되어 우울증과 자기비하를 낳는 수도 있다.

합리화(rationalization). 합리화는 현실왜곡을 통해서 자존감을 보호하는 방어기제이다. 합리화에서는 거짓추론을 통해서 비합리적 행동을 자신과 타인에게 합리적이며 정당화될 수 있는 행동으로 보이도록 시도한다. 합리화의 대표적 예는 이솝우화에 나오는 '신 포도' 이야기이다. 포도가 먹고 싶었던 여우는 몇번 포도를 따려고 시도했으나 실패하자 그 포도는 어차피 시어서 못 먹는 포도라고 둘러댄다. 일상생활에서도 사람들은 합리화를 많이 사용하는데, 데이트를 신청했다가 거절당한 남자가 상대 여자가 사실은 그리 매력있는 여자는 아니라고 자신을 위로하는 예를 들 수 있다.

반동형성(reaction formation). 반동형성은 금지된 충동으로부터 자신을 방어하기 위하여 반대의 사고와 행동을 표출하는 것이다. 반동형성은 두 단계로 이루어지는데, 첫단계에서는 용납할 수 없는 충동이 억압되고, 두 번째 단계에서는 정반대의 행동이 의식적 수준에서 표현된다. 반동형성은 사회적으로 용납되는 행동이 강박적이고 과장되며 경직되어 나타날 때 특히 명백하다. 섬머셋 모옴의 '비'에서 자신의 은밀한 성적 욕망에 의해서 위협을 받는 목사가 과도한 열정을 가지고 금욕을 강조하는 설교를 늘어놓는 것은 반동형성의 예로 볼 수 있다.

퇴행(regression). 퇴행은 위협에 직면하여 미성숙하고 어린아이같은 행동패턴으로 되돌아가는 것을 의미한다. 보다 안전하고 즐거웠던 어린 시절로 돌아감으로써 불안을 감소시키려는 방법이다. 퇴행의 경우, 위협은 원초아의 충동보다는 외부 현실에 존재하는 경우가 많다. 일상적으로 관찰되는 퇴행의 예로, 멀쩡했던 아이가 동생을 보고나서 잘 때 오줌을 싸는 행동을 보이는 것을 들 수 있다. 성인들도 화를 내고, 물건을 부수고, 무모하게 차를 몰고, 어린아이처럼 말하고 행동하는 것 등에서 퇴행의 징표를 발견할 수 있다. 심각한 정신병 환자가 태아의 자세로 누워있는 것도 안락했던 엄마의 자궁 속으로 되돌아가고자 하는 바램에서 비롯된 퇴행 행동으로 설명된다.

승화(sublimation). 승화는 허용될 수 없는 충동을 사회적으로 허용되는 사고와 행위에로 전환시키는 것이다. 승화는 충동의 표현을 억제하지 않고 충동의 목표와 대상을 (사회적으로 허용되는 형태로) 변화시키기 때문에 건강하고 건설적인 책략으로 간주된다. 예를 들면, 강한 무의식적인 공격충동을 지닌 사람이 외과의사나 법관이 되므로써 공격충동을 사회적으로 허용되는 형태로 충족시킬 수 있다는 것이다. Freud는 모든 문화적 노력과 성취가 승화된 원시적 충동의 결과라고 주장한다.

부정(denial). 부정은 불유쾌한 사건이 일어난 것을 부인하는 것이다. 배우자의 죽음을 믿기를 거부하고 살아있는 것처럼 대화도 하고 식사와 의복을 준비하는 여인의 경우에서 부정의 예를 볼 수 있다. 부정은 불치의 병을 선고받은 환자가 겪는 심적 단계의 하나이기도 하다(Kübler-Ross, 1969). Freud에 따르면 부정은 어린아이나 미성숙한 어른에게서 가장 전형적으로 나타나지만 성숙한 어른도 극히 고통스러운 상황에서 때때로 부정 기제를 사용한다고 한다.

위의 자아방어 기제들은 자아가 내적, 외적 위협으로부터 자신을 보호하기 위하여 사용하는 방법들이다. 방어기제의 사용에는 심적 에너지가 소모되며 그 결과 자아의 유연성과 힘을 약화시킨다. 더불어 방어기제들은 우리의 충동, 공포, 원망에 대한 왜곡된 그림을 만들어내게 된다. 그러나 Freud는 사람들이 모두 어느정도 방어기제를 사용하고 있으며 오직 과도하게 의존할 때만 문제가 된다고 주장했다. 심각한 정신병리적 문제들은 방어기제들이 현실을 크게 왜곡할 때에 발생한다는 것이다.

심리성적 발달 단계(발달 모형)

Freud의 심리성적 발달 모형은 Freud의 이론 중에서 가장 혁명적이고 독창적이면서 가장 치열한 논쟁의 대상이 되어왔다. Freud 이전에는 신생아가 무엇을 갖추고 태어나며 어떻게 궁극적으로 성숙한 성인으로 발달하는지에 대해서 별로 관심을 두지 않았다. 기껏해야 종교적인 원죄나, 존 록크의 tabula rasa의 개념이나, 루소의 어린이의 순수성에 대한 낭만적 생각이 있었을 따름이었다. Freud는 이들 철학적이거나 문학적인 생각들을 거부하고 과학자로서 접근하였다. Freud가 내린 결론은, 어린아이는 생물학적 욕구들을 지닌 신체와 리비도라 불리는 심적 에너지를 갖고 세상에 태어난다는 것이었다.

Freud는 리비도를 성적 에너지로 개념화했기 때문에 만약 어린아이가 리비도를 갖고 태어났다면 초기부터 발달에 핵심적인 역할을 하는 것은 성적 에너지일 수밖에 없다고 추론하였다. 이런 추론에 바탕을 두고 소개된 것이 유아 성욕(infantile sexuality)의 개념이다. 유아 성욕은 혁명적인 개념으로 많은 논쟁과 조소와 오해를 불러 일으켰지만 심리성적 발달로 불리는 Freud 성격발달 이론의 핵심 개념이다.

Freud의 심리성적 발달 이론에서는 성격이 구순기, 항문기, 남근기, 성기기의 네가지 단계를 거치며 발달한다고 한다. 각 단계는 모두 성적 흥분을 민감하게 느끼는 부위를 지칭한다. 각 단계에서 아이는 신체의 해당 부위를 통하여 유쾌한 긴장을 가져다 줄 대상이나 활동을 추구하게 된다. 심리성적 발달 단계는 생물학적으로 결정되어 있으며, 발달의 순서와 특징은 범문화적인 보편성을 갖고 있다. 성격은 각 단계에서 아이가 어떤 사회적 경험을 하는가에 따라 영향을 받는다. 양육자의 양육행위가 적절치 못하면 각 단계에서 아이에게 좌절을 줄 수도 있고, 과잉충족에 이르도록 할 수도 있다. 좌절은 아이의 심리성적 욕구가 양육자에 의해 방해를 받는 것이고, 과잉충족은 반대로 절제의 훈련이 결여된 것이다. 두 경우 모두 리비도의 과잉투자를 가져와서 성인기에 그 시기의 행동이 부분적으로 남아있게 된다. 이른바 구순형 성격, 항문형 성격, 남근형 성격 등은 모두 해당 시기의 아동의 욕구의 과잉충족이나 좌절을 반영하는 성격 유형이다.

고착과 퇴행도 각 단계에서 심리성적 발달 과제(주로 성적 욕구 및 갈등과 관련된 과제)를 잘 해결하지 못한 것을 의미한다. 고착(fixation)은 특정 발달 단계를 벗어나지 못하고 그 시기의 행동을 계속 보이는 것을 지칭한다. 10살이나 된 아이가 손가락을 빨고 있다면 구순기에 고착된 것이며 이런 아이는 구순기에 어울리는 활동들에 에너지가 과잉투자된다. 앞에서 자아방어기제의 하나로 소개된 퇴행도 마찬가지로서, 발달과제를 적절히 해결하지 못한 사람들이 스트레스에 직면해서 과거 단계의 사고와 행동으로 돌아가는 것이다.

구순기

구순기(oral stage)는 대략 생후 일년 동안을 포함하며 생존을 전적으로 타인에게 의존하는 시기이다. 이 시기에 구순 부위(입, 혀, 입술 등)는 생물학적 충동의 해소와 성적 쾌감을 얻는 핵심 부위이다. 아이는 입으로 엄마의 젖을 빨므로써 배고픔을 해소할 뿐만 아니라 성적인 쾌감을 얻는다. 이러한 이유 때문에 구순부위는 이 시기의 아이의 활동과 관심의 초점이 된다. 구순부위는 유아가 사회적, 물리적 환경과 접촉하는 일차적인 수단이 되며 대부분의 성적 에너지가 집중된 곳이다. Freud는 구순이 일생을 통해서 중요한 성감대로 존재한다고 믿었다. 성인의 행동 중에서도 구순기 행동들의 흔적(껌을 씹거나 손톱을 물어뜯거나 키스를 하거나 담배를 피거나 과식을 하는 행위들)을 통하여 구순부위에 리비도가 분포되어 있음을 알 수 있다고 주장한다. 이 시기에 유아의 중심과제는 타인과의 관계에서 의존과 독립심 및 신뢰에 관한 (초보적이지만) 일반적인 태도를 확립하는 것이다. 생후 일년의 후반부에 유아는 이가 나면서, 좌절을 깨물거나 씹는 행위로 표현하고, 침을 뱉는 등의 공격적인 행동에서 구순적 만족을 얻는다.

구순기에 유아의 욕구(먹여주고 돌보아 주는 것)가 과잉충족되거나 과도한 좌절을 경험하게 되면 구순기에 부분적으로 고착된 성격, 즉 구순형 성격(oral character)을 발달시킨다. 구순기의 전반기에 고착된 사람들은 낙관적이고 남에게 잘 속고 수동적 의존적이며, 반대로 이가 나서 깨무는 행동이 나타나는 구순기의 후반기에 고착된 사람들은 비관적이고, 의심이 많으며, 논쟁을 좋아하고, 신랄하며, 공격적이다. 이 둘을 구분해서 전자를 구순수동적 성격(혹은 구순성애적 성격), 후자를 구순공격적 성격(혹은 구순가학적 성격)으로 부르기도 한다.

항문기

항문기(anal stage)는 대략 생후 일년 반에서 3년 사이에 걸쳐서 나타난다. 이 시기에는 리비도 에너지의 초점이 항문으로 옮아가서 항문이 성적 긴장과 만족의 중요한 부위가 된다. 아이는 이 시기에 대변의 배설과 보류에서 쾌감을 경험하며 신체근육이 성숙한 결과로 대변의 배설과 보류를 조절하는 능력을 갖추게 된다. 그러므로 대부분의 사회에서 엄마들은 이 시기에 배변훈련을 시키기 시작한다. 따라서 이 시기에 항문은 생물학적으로 선호되는 성감대일 뿐 아니라 엄마와 아이간의 상호작용의 초점이기도 하다(마치 구순기에 입이 선호되는 성감대인 동시에 젖을 먹여주는 엄마와 아이간의 상호작용의 초점인 것과 같다). 아이는 배변훈련을 통하여 사회화 대상과의 갈등을 경험하면서 복종과 반항, 질서와 무질서에 대한 태도를 형성하며, 대변의 배설과 보류의 경험을 통하여 주기와 간직하기, 그리고 더러움과 청결에 대한 태도를 형성한다. 사실상 모든 훗날의 자기통제와 숙달은 항문기에 그 기원을 가진다.

항문기에 과도하게 엄격하고 경직된 배변훈련을 요구하면 항문기에 부분적으로 고착된 항문형 성격(anal character)을 발전시킨다. 이들중 항문보유적 성격(anal-retentive personality)으로 불리는 사람들은 자발성과 유연성이 결여된 보유행동을 고집하는 사람들로서 완강함, 인색함, 질서와 청결에 대한 집착 등을 보인다. 반대로 항문축출적 성격(anal-expulsive personality)으로 불리는 사람들은 부적절하고 충동적인 행동표출을 보이는 사람들로서 충동적이고 무질서하며 잔인하고 파괴적인 특성을 갖고 있다. 적절한 배변훈련은 긍정적인 자존감을 촉진시키고 나아가 창조적인 성향을 발전시키는데 도움을 주기도 한다.

남근기

남근기(phallic stage)는 생후 3년부터 5-6세 사이에 걸쳐서 나타나며, 이 시기에 쾌감각의 중심은 성기로 집중된다. 아동은 자신의 성기를 자세히 관찰하고, 자위행위를 하며, 출생과 성에 대한 관심을 나타낸다. Freud의 이론에서, 남근기는 훗날의 성적 적응에 결정적인 영향을 미치는 발달과제, 이른바 오이디푸스 콤플렉스(Oedipus complex)를 다루게 된다. 오이디푸스는 희랍의 소포클레스가 쓴 희곡 '오이디푸스 왕'에 나오는 테바이의 왕으로서 아버지를 살해하고 어머니와 간음한 뒤 스스로 눈을 찔러 자신을 벌한 비극적 주인공이다(읽어보기 참조). Freud는 이 이야기가 신화이기는 하지만 인간의 가장 큰 정신적 갈등을 상징적으로 표현한 것이라고 주장한다. 즉 이성의 부모에 대한 독점적인 성적 욕망과 애정의 경쟁자인 동성의 부모에 대한 적대적 태도가 오이디푸스 콤플렉스의 핵심 내용인 것이다.

오이디푸스 콤플렉스는 남자 아이에게서 더 뚜렷이 나타난다. 왜냐하면 남자 아이에게 엄마는 출생 때부터 돌보고 욕구를 충족시켜주는 존재로서 자연스럽게 성적 애착의 감정을 발달시키게 되는 대상이기 때문이다. 아버지는 이러한 애정의 경쟁자이므로 적대적 감정을 갖게 되지만 동시에 자신보다 훨씬 강한 존재이기 때문에 거세불안(castration anxiety)과 같은 보복의 두려움을 발달시키게 된다.

5세에서 7세 사이에 아동은 어머니에 대한 성적 욕망을 억압하고 아버지와 동일시하기 시작하므로써 오이디푸스 콤플렉스에서 벗어나게 된다. 아버지와의 동일시를 통해 아동은 그 사회의 도덕, 가치관, 태도, 성역할 등을 학습하는데 이러한 동일시로부터 초자아의 발달이 비롯된다. 즉 초자아는 오이디푸스 콤플렉스의 해결 과정에서 형성되는 것이다.

Freud 이론에서 남자 아이의 오이디푸스 콤플렉스에 대응하는 여자 아이의 갈등은 엘렉트라 콤플렉스(Electra complex)이다. 여자 아이에서도 최초의 애정의 대상은 주된 양육자이며 만족의 원천인 어머니이다. 그러나 자신이 남근이 없다는 사실을 발견하면서 남근선망(penis envy)의 태도를 갖게 된다. 동시에 남근을 빼앗았다고 생각되는 어머니에 대한 적개심과 더불어 남근을 갖고 있는 존재인 아버지를 소유하고 싶은 욕구를 발전시키게 된다. 오이디푸스 콤플렉스에서처럼 이러한 어머니에 대한 적개심과 아버지에 대한 동경은 나이가 들면서 서서히 변화하여 어머니와 동일시하려는 행동이 지배적이 된다. 그러나 엘렉트라 콤플렉스에서 어머니의 존재와 역할은 오이디푸스 콤플렉스에서의 아버지처럼 강력하고 위협적이지 않기 때문에 엘렉트라 콤플렉스의 형성과 해결은 상당히 애매한 채로 남아있다.

오이디푸스 콤플렉스가 생물학적 현상이며 따라서 범문화적이라는 Freud의 주장은 많은 비판을 가져왔다. 여러 문화권에서 오이디푸스 콤플렉스가 발견되지 않으며 또한 많은 문화권에서 아들과 아버지의 갈등이 성적이기 보다는 세력의 다툼임을 보여주는 증거들이 제시되어 왔다. 더불어 Horney등은 여아의 남근선망도 남성의 특정 신체기관에 대한 선망이기 보다는 남성우월적인 사회에서 남자가 갖는 지위와 특혜에 대한 선망을 상징할 따름이라고 주장한다. 한편 오이디푸스 콤플렉스 자체를 성적인 관점에서만 바라보는 것은 Freud의 이론을 너무 협소하게 해석한 것일 수도 있다. 오이디푸스 콤플렉스는 어머니와 아이의 이자 관계에서 아버시를 포함하는 삼자 관계로 이행하는 과정에서 자연스럽게 발생하는 인간관계의 갈등으로 광의로 해석될 수도 있다. 또한 거세불안 역시 처벌에 대한 상징의 의미로 받아들일 수도 있다.

남근기에 부분적으로 고착이 된 사람들은 남근형 성격(phallic character)을 발달시키는데 남녀간에 나타나는 방식에서 차이를 보인다. 남근기에 고착된 남성들은 무모하고 잘난체 하고 경박하게 행동한다. 이들은 항상 자신의 남성성과 정력을 과시하려하고 자신이 진짜 남자임을 남들에게 증명하려고 한다. 그 한가지 방식은 돈 후안과 같이 여성을 끊임없이 정복해 나가는 것이다. 한편 여성의 경우에 남근기의 고착은, 성적 관계에서 순진하고 무지한 듯 보이면서도 남자를 유혹하고 바람기가 있고 성적 방종에 빠지는 특성들을 지닌다. 또한 이 시기에 오이디푸스 콤플렉스가 잘 해결되지 않으면 후에 신경증적 패턴을 발전시킬 가능성이 높아진다.

잠복기

6-7세경부터 10대 초반이 시작되는 사이에 아동은 잠복기(latent period)로 불리는 비교적 성적으로 고요한 상태를 거치게 된다. 이 시기에 리비도는

읽어보기……

소포클레스의 희곡 '오이디푸스 왕'

테바이 왕 라이오스는 장차 태어날 아들이 자신을 죽일 뿐 아니라, 집안에 엄청난 불행을 가져오리라는 예언을 들었다. 하지만 그는 이 불길한 신탁을 무시하고 아내 이오카스테와 동침하여 사내아이 하나를 얻는다. 아이는 태어나자 마자 산 속에 버려졌다. 지나가던 목동들이 그를 발견해서 발꿈치가 부어있는 것을 보고 오이디푸스, 곧 '부은 발'이라는 이름을 붙여준다. 목동들은 아이를 코린토스 왕에게 데려다주었고, 왕은 그를 친자식처럼 정성껏 키웠다.

소년이 된 오이디푸스는 자신이 데려다 기른 아이였다는 말을 듣고 진실을 알기위해 델포이 신전을 찾아간다. 그리고 장차 그가 아비를 죽이고 친어미와 한 잠자리에 들게 되리라는 신탁을 듣는다. 놀란 오이디푸스는 예언에 나타난 비극을 피하기 위해서라도 다시는 코린토스 땅으로 돌아가지 않기로 작정한다. 길을 떠나 방황하던 그는 어느날, 길에서 만난 여행자 한 사람과 사소한 싸움을 벌이다가 상대방을 죽여 버린다.

방랑 끝에 테바이 문전에 이른 오이디푸스는 그곳에서 괴물 스핑크스를 만난다. 반은 여자요 반은 암사자 형상을 한 스핑크스는 행인들에게 수수께끼를 냈다가 답을 맞추지 못하면 잡아먹는 괴물이었다. "처음에는 네 발로, 다음에는 두 발로, 그리고 더 나중에는 세 발로 걷는게 무엇이냐"는 스핑크스의 물음에 오이디푸스는 인간이라고 대답한다. 제가 낸 수수께끼가 풀린데 대해 치욕을 느낀 스핑크스는 즉시 바닥으로 몸을 던져 죽는다. 테바이 사람들은 스핑크스를 처치한 데 대한 고마움으로 오이디푸스를 왕의 자리에 앉히고, 얼마 전 과부가 된 왕비를 아내로 삼게 한다. 행복한 결혼 생활을 통해 오이디푸스는 두 아들과 두 딸을 얻는다.

그러나 곧 무서운 역병이 테바이 전역을 휩쓸었고, 이를 물리치기 위해 알아본 신탁은 라이오스 왕의 살인자를 처벌하라고 명한다. 오이디푸스는 신탁에 따라 왕의 살인자를 응징할 것을 공공연히 선언하고 조사에 착수한다. 그러던 중에 그는 점쟁이 티레시아스의 입을 통해 참으로 잔혹한 진실을 알게 된다. 살인자는 바로 그, 오이디푸스였던 것이다. 코린토스를 떠나 방황하던 시절, 그가 길에서 죽인 여행자는 다름 아닌 자신의 친아버지 라이오스였다. 그와같은 사실을 꿈에도 알리없는 오이디푸스는 자기 때문에 미망인이 된 친어머니를 아내로 맞아 잠자리를 같이 하였으니, 그 사이에서 태어난 아이들은 그의 자식이자 형제인 셈이었다.

앵그르, 〈오이디푸스와 스핑크스〉 1808

모든 사실을 안 이오카스테는 결국 목을 매달았고, 오이디푸스는 스스로 두 눈을 파버린 뒤 딸 안티고네와 함께 길을 떠난다. 테세우스가 아티카 땅에서 죄많은 이 테바이 왕을 받아주었다. 오이디푸스는 그곳에서 죽었다고도 하고, 콜로노스에서 종적을 감추었다고도 한다. 오이디푸스의 자식들도 모두 일찍 비참하게 죽음으로써 오이디푸스의 핏줄은 자식 대에서 끊기게 된다.

Freud는 오이디푸스 신화를 새롭게 해석해서 오이디푸스 콤플렉스라는 정신분석이론의 핵심 개념을 만들어냈다. 그러나 오이디푸스 콤플렉스는 사실상 실제 오이디푸스와는 거리가 먼 콤플렉스이다. 오이디푸스 콤플렉스는 간단히 정의하면, '이성의 부모에게 느끼는 성적 감정과 동성의 부모에게 느끼는 적대감'이라고 할 수 있는데, 오이디푸스 자신은 아버지에 대한 미움이나 어머니에 대한 성적 감정이 없었으나 운명에 의해서 죄를 짓게된 불행한 사람이었다. 실제로 다른 신화연구가들은 오이디푸스 신화를 왕권을 계승하기 위한 통과의례를 의미하거나 가까운 혈족간의 성적 문란에 대한 경고 등으로 해석하기도 한다.

Freud가 오이디푸스 신화를 독특하게 해석하고 오이디푸스 콤플렉스를 정신분석의 핵심 개념으로 만든데에는 Freud 자신의 콤플렉스가 크게 작용했다고 한다. Freud는 가난한 집안의 총명한 맏아들로서 어머니의 기대와 사랑을 독차지했기 때문에 둘 간의 관계는 특별했다는 것이다. 아버지가 죽었을 때 Freud는 한동안 깊은 고통과 실의 속에 빠졌고, 죄의식을 의미하는 꿈을 꾸곤 했다. 그러나 끊임없는 자기분석을 통해 점차로 자기 속의 '어머니에 대한 사랑의 감정과 아버지에 대한 질투의 감정' 즉 오이디푸스 콤플렉스를 찾아내면서 Freud는 다시 일어설 수 있었다고 한다.

출처: 신화(Mythologie), 프랑수아즈 프롱티시 뒤크로아 지음, 신미경 옮김, 창해; 소설 프로이트(The Passions of the Mind), 어빙 스톤 지음, 설영환 옮김, 오늘.

승화를 통하여 지적 추구나 운동, 또래관계 등 비성적인 활동에 투여된다. 잠복기는 최종 심리성적 단계에서 일어날 중요한 성장을 준비하는 기간으로 간주될 수 있다. Freud는 성적 추동의 감소가 아동의 신체에서 생리적 변화와 성격에서 자아와 초자아 구조의 출현이 복합적으로 작용한 결과로 보았다. 잠복기는 새로운 성감대가 출현하지도 않고 성적 추동이 지배적이지도 않기 때문에 심리성적 발달 단계로 불릴 자격이 없다. 잠복기는 앞의 세 단계를 합친 만큼 길지만 Freud는 이 시기의 발달과정에 관하여 거의 언급하지 않았다.

성기기

사춘기가 시작되면서 성적 추동과 공격적 추동이 다시 부활하고, 이성에 대한 의식과 관심이 증가하는 성기기(genital stage)가 도래한다. Freud의 심리성적 발달의 마지막 단계로서 성기기는 사춘기로부터 죽을 때 까지에 걸쳐 있는데 그 시작은 유기체의 생화학적이고 생리학적인 변화에 의해서 초래된다. 생식기관이 성숙하고 내분비 기관이 제2차 성징을 가져오는 호르몬을 분비하면서 (이제) 청년은 흥분도가 높아지고 성적 활동이 증가한다. Freud

에 따르면 성기기 초기에 모든 청년들은 동성애적 성향을 거친다고 한다. 아마도 갑자기 증가한 성적 에너지가 여러모로 사회적 제약이 따르는 이성보다 손쉬운 동성에게 향한 것이라고 볼 수 있는데, 이 시기에 동성의 청년들끼리 어울려 다니는 현상은 자주 발견된다. 그러나 리비도 에너지의 대상이 서서히 이성으로 바뀌면서 남녀간의 연애행동이 나타난다.

성기형 성격(genital character)은 정신분석에서 이상적인 성격유형으로 간주된다. 성기형 성격의 소유자는 심리성적 발달 과정에서 직면하는 많은 어려움들을 헤쳐 나가면서 리비도적 추동을 사회적으로 유용하고 문화적으로 건설적인 활동들로 승화시키는 것을 배운 사람이다. 이 사람은 타인과 친밀하고 긍정적인 양식으로 관계를 맺고 자신의 성에 적절한 성적 활동에 종사할 수 있다. Freud는 '건강한 사람'을 'lieben und arbeiten'(사랑하고 일하는 것)의 역량을 가진 사람으로 정의하였다. 즉 이성과의 건강한 사랑과 사회적으로 유용한 활동이 건강한 사람의 징표인 것이다.

정신병리와 치료

Freud의 이론에서 첫째, 모든 행동은 동기를 갖고 있고, 둘째, 성인의 성격은 생물학적으로 결정된 발달단계에서 일어난 사건들의 산물이다. 그러므로 모든 행동은 적응적이든 부적응적이든 동기와 발달의 관점을 통하여 이해될 수 있다고 본다. 단순한 말 실수로부터 히스테리적인 마비에 이르기까지, 그리고 단순하게 사람의 이름을 잊어버리는 일로부터 정신병적인 망상에 이르기까지 기저에 놓인 역동을 통하여 설명되어야 한다는 것이다.

이러한 역동은 원초아의 충동과 초자아의 명령과 자아의 처리 사이의 상호작용, 그리고 외적 환경의 요구에 직면하여 내적 균형을 유지하려는 자아의 시도를 포함한다. 이 균형이 위협을 받았을 때 자아는 불안을 체험하고 다양한 방어기제를 동원하게 된다. 방어기제들은 자아로 하여금 잠재적으로 위협적이고 마음을 혼란시키는 생각들을 무의식 수준에 묶어 둠으로써 통제를 유지하는 한편, 용납할 수 없는 충동들을 보다 용납할 수 있는 형태로 방출할 수 있는 출구를 제공한다.

정신병리의 근원

심리장애 혹은 정신병리는 어떻게 해서 비롯되는가? 그 하나는 자아가 내적 갈등(예를 들면 원초아의 충동과 초자아의 명령 사이)에 대한 통제를 유지하는데 너무 몰두하는 나머지 환경의 현실적 요구에 대응하는 에너지나 역량이 소진되어 버리는 것이다. 다른 하나는 방어기제가 너무 자주 그리고 과도하게 동원된 결과 다른 사람들과의 상호작용을 왜곡시키는 것이다. 예를 들어, 투사를 과도하게 사용하면, 다른 사람들에 대한 의심이 너무 커져서 사람들과의 접촉을 아예 피하거나 공개적으로 공격하거나 하는 행동을 보인다. 또 다른 근원은 방어기제가 적절하게 기능하지 않는 것이다. 그 결과 공격 충동 같은 충동이 우회적으로가 아니라 원래의 원시적 형태로 표현되기도 하고, 혹은 자아가 너무나 큰 불안을 경험해서 압도되거나 무력하게 된다. 정신병리의 근원이 이들 중 어느것이든 결국 그 외적 징표인 증상은 내적 갈등의 반영이다. 그러므로 치료를 위한 시도는 갈등의 해결에 초점을 맞추어야 한다.

정신분석

정신병리의 원인으로 간주되는 갈등은 무의식 수준에서 일어난다. 갈등이 해결되기 위해서는 무엇이 일어나고 있는지를 자아가 인식하여 보다 적응적이고 보다 성숙한 양식으로 대처할 수 있어야 한다. 그러므로 갈등의 재료를 무의식 수준으로부터 의식수준으로 가져올 수 있는 방법이 필요한데 이 방법을 정신분석이라 부른다.

Freud는 정신분석을 환자를 치료하기 위한 기법이자 성격이론을 발전시키기 위한 연구 도구로 발전시켰다. Freud는 자신의 이론을 임상적 작업과정에서 진화시키고 검증하고 수정했기 때문에 환자를 치료하고 이론을 발전시키는 것은 밀접하게 연결된 활동이었다. 정신분석을 몇 개의 문장으로 기술하는 것은 불완전하고 피상적이며 부정확할 수밖에 없겠지만 여기서는 불가피한 일이기도 하다.

갈등의 재료를 무의식으로부터 의식으로 가져오기 위해 정신분석에서 사용하는 주된 도구는 자유연상(free association)이다. 치료자(정신분석자)는 환자에게 무슨 생각이든지 떠오르는대로 말을 하라고 지시한다. 사람들은 사회화과정에서 점잖치 못하거나 당혹스럽거나 우스꽝스럽거나 무례하거나 의미없는 것들을 말하는 것은 허용되지 않는다고 배웠다. 그러므로 피분석자는 어떤 사고도 검열하지 않는 것과 단편적인 생각의 잡동사니들을 논리적으로 일관성있는 대화로 정리하려 하지 않는 것을 배워야 한다. 실제로 정신분석자는 대부분의 시간 침묵을 지키면서 피분석자가 내놓는 내용을 듣고, 자유연상의 흐름이 중단되었을 때 다시 언어화가 진행되도록 가끔 질문하는 정도로 개입한다.

환자가 말하는 것들의 순서, 말하는 방식, 중단이 일어나는 시점 등에 주목하면서 정신분석자는 환자가 제공하는 재료가 환자의 무의식 과정에서 가질 의미 – 특히 오래전에 망각(억압)되었던 어린 시절의 경험과 관련하여 – 에 관한 가설들을 형성한다. 때때로 분석자는 질문형태로 말하면서 이러한 가설들을 검증하는, 이른바 해석(interpretation)을 한다. 정신분석 과정이 피분석자로 하여금 무의식적 재료에 근접하도록 이끌면서 이전에 인식되지 않았던 관계들을 의식으로 끌어 올린다. 그러한 연계가 맺어졌을 때 피분석자는 이른바 통찰(insight)에 도달한 것이다.

치료과정에서 다루어지는 주제들 중에 환자의 꿈이 있다. 정신분석에서 꿈의 역할에 관한 일반적인 오해와는 반대로, 꿈은 분리되어 해석되지 않고 자유연상의 주제가 된다. 따라서 꿈은 환자가 분석자에게 말하는 다른 내용들과 다를 바가 없다. 그러나 Freud는 꿈에 대한 자유연상이 무의식적 재료과 관련하여 특히 내용이 풍부하다는 것을 발견했다. 그러므로 그는 자아가 위협적인 생각에 대해서 경계를 하고 있을 깨어있는 상태에서 보이는 사고보다 꿈이 더 마음의 원시적 작동을 명료하게 드러낸다고 결론을 내렸다.

환자의 자유연상을 들으면서 Freud는 두 개의 밀접히 연결된 현상을 인식하였다. 하나는 그가 중립적인 청취자이며 관찰자임에도 불구하고 환자는 필연적으로 그에게 사랑 혹은 미움이 실린 대단히 감정적인 말투로 반응하게 되었다는 것이다. 그는 이것을 전이(transference)라고 불렀다. 전이를 자유연상의 주제로 놓고 분석한 결과, Freud는 환자가 초기 아동기에 중요했던 권위적인 인물의 특징을 자신에게 귀인시켰기 때문에 자신에 대해 정서적 반응을 보였다는 사실을 알게 되었다. 이 인물은 통상 부모중의 하나로서 피분석자들은 이들의 지각된 차가움이나 따뜻함을 Freud에게서 발견했다고 생각했다. 이 관찰은 두 번째 착상에로 이끌었다. 환자의 현재의 문제는 그 기원을 초기 아동기 – 특히 구순기, 항문기, 남근기 – 의 경험에 두고 있고, 이 경험들이 개인의 성격의 발달에 결정적인 역할을 한다는 것이다.

일단 이런식으로 연결이 만들어지자 Freud는 치료의 목표가 억압된 초기 기억을 환자의 의식으로 가져오는 것이어야 한다는 것을 인식하였다. 그는 일단 과거의 현재에 대한 관계가 자아의 의식적 수준에 도달하면 기억의 비합리적인 측면들이 인식되고 원시적인 아동기 공포들이 합리적 방식으로 다루어질 것으로 추론하였고, 이러한 추론은 후에 임상적으로 확인되었다. 그 결과 억압되어야 했던 재료가 더 이상 불안의 원천이 되지 않음에 따라 현실을 왜곡하는 방어기제가 더 이상 요구되지 않는다. 그 시점에서 이전에 손상되었던 환자의 기능이 회복되고, 정신분석은 성공적으로 끝난 것으로 간주될 수 있는 것이다.

Freud 이론의 수정과 계승

Freud는 일생에 걸쳐서 계속 자신의 이론을 변형, 수정해 나갔다. 그중 대표적인 것은 인간의 파괴성과 공격성을 설명하기 위한 공격추동의 추가이다. 그러나 Freud는 성적 추동의 중요성에 대한 신념에서는 일생동안 변함이 없었다. Freud의 당대에, 그리고 사후에 정신분석학은 중요한 변화를 겪었다. 초기 제자들인 Adler와 Jung은 Freud 당대에 Freud와 결별하여 자신들의 이론체계를 정립하였다. 이들의 이론은 사실상 정신분석학과 분리된 독자적인 이론체계로 간주된다. Freud의 사후에는 신(新) 프로이트 학파, 자아심리학, 대상관계이론 등이 등장하여 정신분석학의 지평을 넓혔다. 이들은 Freud의 소위 정통적인 정신분석학과 중요한 점들에서 차이를 보이지만 넓은 의미의 정신분석학의 전통을 계승하고 발전시킨 이론들로 간주된다.

Adler의 개인심리학

Alfred Adler는 빈 정신분석학회의 핵심 회원이었으나 1911년에 탈퇴하고 개인심리학(individual psychology)으로 불리는 자신의 학파를 세웠다. Adler는 Freud가 성적인 충동과 무의식 과정을 강조한데 반대하고 사회적 충동과 의식적 과정을 강조하였다. 초기에 Adler는 사람들이 어떻게 기관 열등성(organ inferiority)을 보상하려는 노력을 하는지에 관심을 가졌다. 예를 들면 말을 더듬는 아이가 열심히 노력하여 위대한 웅변가(예: 희랍의 데모스테네스)로 성장하거나 신체가 허약한 아이가 운동을 열심히 해서 뛰어난 달리기 선수(예: 체코의 자토벡)로 성공하는 경우 등이다. Adler는 처음에 신체기관의 취약성에 관심을 가졌으나 점차 심리적인 열등감(feelings of inferiority)과 이 열등감을 감추거나 감소시키려는 보상노력(compensatory strivings)으로 관심이 옮겨갔다. Adler에 따르면, 열등감에 대처하는 개인의 독특한 방식은 그 사람의 삶의 양식(style of life)으로서 성격기능의 특징적

Alfred Adler(1870~1937)

Alfred Adler는 빈에서 유태인의 아들로 태어났다. 어릴 때 병약하고 죽을 고비를 여러 번 넘겨서 죽음에 대한 공포가 극심했으며 어릴때의 이러한 경험들이 후에 그의 이론에 영향을 미쳤다. Adler는 빈 대학에서 의학을 전공하고 한때 안과를 개업했으나 다시 정신의학을 공부하고 정신과의사가 되었다. 1902년부터 1911년까지 Freud의 그룹에서 활동했으나 차츰 Freud 이론에 회의를 품게 되어 1911년 빈 정신분석학회 회장 직을 물러났고, 다음 해에 개인심리학회(Society for Individual Psychology)를 창설하였다. Adler는 1920년대 중반 이후 미국을 자주 방문했고, 1934년 히틀러의 박해를 피해 미국으로 이주하여 롱 아일랜드 의과대학의 교수로 근무했다. 열정적인 강연자로서 자주 강연을 다녔고, 1937년 강연 여행 도중 갑자기 쓰러져 숨졌다. 'The Practice and Theory of Individual' (1927)을 비롯한 많은 저서와 논문을 남겼다. Adler는 오늘날 심리학자들이 사용하는 수많은 개념들의 선구적 제안자이다. 예를 들면, 열등감과 보상추구, 신체적 결함과 정신신체 반응, 성숙의 길잡이로서의 자신감, 자존감과 권력에 대한 욕망, 스트레스와 적응, 출생순서의 효과, 자기실현과 타인에 대한 봉사, 창조성 등이 Adler에 의해서 소개되었다.

인 부분을 구성한다고 한다.

Adler는 인간의 핵심 동기로 처음에는 권력에의 의지(will to power)를 제안했으나 후에 우월을 향한 노력(striving for superiority)으로 생각을 바꾸었다. 우월을 향한 노력은 유아기의 무력감과 열등감을 보상하려는 욕구에서 비롯되며, 신경증적 형태로 나타날 때는 권력에 대한 욕구와 타인에 대한 통제로 표현되지만, 건강한 형태로 나타날 때는 조화와 완벽을 추구하는 상향 욕구의 성격을 지닌다. 사회적 감정과 협력, 그리고 경쟁 및 자기주장 등은 우월을 향한 노력의 표현으로 볼 수 있다. Adler는 또한 인간이 사회적 관심(social interest)을 갖고 태어났으며 출생순서가 성격발달에 영향을 미친다는 주장을 하였다.

Adler의 이론은 Freud 이론에 비하여 통일성이 결여되고 절충적이다. 따라서 주요한 성격이론으로 발전되지 못했으며 다만 사회적 요소의 강조를 통하여 훗날의 신 프로이트 학파의 형성에 영향을 미쳤다. 그밖에도 출생순서와 성격의 관계 등 다양한 아이디어들이 단편적으로나마 후세의 학자들의 연구와 사고에 영향을 주었다.

Jung의 분석심리학

Carl Gustav Jung은 스위스의 정신과 의사로서 Freud가 한때 후계자로 생각할만큼 기대를 많이 했던 제자였다. Jung은 Freud의 추천으로 국제정신분석학회의 초대 회장을 역임하였으나 1914년에 학회를 탈퇴하고 분석심리학(analytical psychology)이라 부르는 자신의 학파를 형성하였다. Jung은 Freud가 성과 인간의 병리적 측면을 지나치게 강조한다고 비판하였다. Jung은 리비도가 성 뿐만 아니라 쾌락과 창조성에 대한 추구를 포함하는 보편적인 삶의 에너지라고 주장했으며, 인간에게는 수동적이며 병리적 측면 뿐만 아니라 창조적이고 긍정적인 측면도 존재한다는 사실을 강조하였다. Jung의 중요 개념들을 소개하면 다음과 같다.

집단무의식

Jung은 성격(psyche)이 자아(ego)와 개인무의식(personal unconscious)과 집단무의식(collective unconscious)의 세 요소로 구성되어 있다고 보았

Carl Gustav Jung(1875~1961)

Carl Gustav Jung은 스위스에서 목사의 아들로 태어났다. 소년시절의 Jung은 조용하고 내성적이며 꿈과 환상에 자주 빠졌고 책을 읽는 것을 좋아했다. Jung은 바젤 대학에서 의학을 전공하고 1900년에 정신의학 전공으로 학위를 받았다. 졸업 후 츄리히 정신병원에서 일하면서 정신분열증에 관심을 가졌고, Freud의 '꿈의 해석'을 읽고 Freud 그룹에 가담하여 정신분석학의 열렬한 대변자가 되었다. Freud는 Jung을 무척 아껴서 후계자로 생각했고, 1910년에 국제정신분석학회의 초대 회장으로 선출되도록 도왔다. 그러나 두 사람은 성격 및 이론상의 갈등으로 사이가 벌어지기 시작했고, Jung은 1914년에 학회를 떠났다. 그후 4년간 극심한 정신적 위기를 겪었던 Jung은 1차 대전이 끝날 무렵 자신의 생각을 정리하여 분석심리학(analytical psychology)을 창시하였다. 그후 죽을 때까지 저술과 강연과 훈련에 전념하면서 전세계로 영향을 넓혀갔다. 그는 20세기의 위대한 창조적 사상가의 한 사람으로 평가되며 많은 영역에서 사람들의 사고에 영향을 주었다.

다. 이 중 자아와 개인무의식은 Freud 이론과 크게 다르지 않다. 그러나 집단무의식은 전혀 새로운 개념이며 Jung의 심리학에서 핵심적인 위치를 차지한다. 집단무의식은 태어날 때 이미 갖고 나오는 무의식으로 누구에게나 보편적으로 존재한다. 집단무의식은 유사이전부터 수백만년에 이르는 조상대대로의 경험이 집적되어 저장된 것으로, 인류는 진화적 과정에서 조상을 공유하고 있기 때문에 집단무의식은 우리 각자가 다른 동료 인간들과 공유하고 있는 사고와 감정들을 반영한다. Freud가 무의식을 원시적 충동과 갈등의 저장소로 간주한데 반해 Jung은 집단무의식을 조상들의 공동경험과 지혜가 축적된 집적체이며 인간 잠재력의 보고로 높이 평가했다.

원형

Jung은 집단무의식의 내용이 원형(archetype)이라 부르는 강력하고 원초적인 이미지들로 구성되어 있다고 생각했다. 원형은 사람들로 하여금 세계를 특정 양식으로 지각하고 경험하고 반응하도록 이끄는 보편적, 집단적, 선험적인 아이디어나 기억들이다. Jung이 언급한 원형의 예를 들면, 엄마, 아이, 영웅, 늙은 현인, 신, 죽음 등이다. 이들 각자는 상응하는 대상이나 상황에 대하여 특별한 종류의 감정이나 사고를 표현하는 경향성과 연합되어 있다. 엄마라는 원형의 예를 들면, 유아는 엄마를 지각할 때 실제 엄마의 특징과 더불어 양육과 생산과 의존과 같은 원형적인 엄마의 속성들에 대한 무의식적 관념들을 혼합하여 경험하게 되는 것이다. Jung은 원형적 이미지와 아이디어가 자주 꿈에 반영되고, 예술, 문학, 종교에서의 상징의 사용에서 자주 드러난다고 주장했다. 그는 또한 서로 다른 문화로부터 나온 상징들이 흔히 놀라운 유사성을 보이곤 하는데 그 이유는 이들이 모든 인류에 의해서 공유되는 원형으로부터 출현하기 때문이라고 한다. 예를 들면 많은 문화에서 만달라는 자기(self)의 통합된 완전성을 상징하는 부호로 사용된다. Jung의 이론에서 중요한 원형들로는 페르조나(persona), 그림자(shadow), 아니마(anima)와 아니무스(animus), 자기(self) 등이 있다.

페르조나는 가면을 뜻하는 라틴어로서 우리가 다른 사람과의 관계에서 내보이는 공적인 얼굴이다. 페르조나는 사회적 요구에 반응하여 수행하는 다양한 역할들을 반영하며, 다른 사람들에게 인상을 주거나 자신을 감추는데 사용된다. Jung은 페르조나가 일상생활에서 타인들과 어울려 살아가는데 필수적이기는 하지만, 너무 가치를 두면 피상적이 되고, 특정 역할에 감금되고, 순수한 정서경험으로부터 괴리되는 결과를 초래한다고 경고한다.

그림자는 우리 마음의 어둡고, 사악하고, 동물적인 측면을 반영한다. 그림자는 사회적으로 용납될 수 없는 성적 충동과 공격적 충동, 그리고 비도덕적인 사고와 열정 등을 포함한다. 그러나 그림자의 긍정적인 측면도 무시될 수 없다. Jung에 따르면 그림자는 활력, 자발성, 창조성 등의 원천이기도 하므로 적절히 통제되고 방향지어지면 활기있고 창조적인 삶에 공헌할 수 있다고 한다.

아니마와 아니무스는 인간에 내재하고 있는 양성적인 속성을 반영하는 원형들이다. 아니마는 남성의 여성적이고 수동적인 면을 지칭하고, 아니무스는 여성의 남성적이고 자기주장적인 면을 가리킨다. 이 원형들은 인류가 태고적부터 오랜 세월에 걸쳐 이성을 경험해오면서 진화해서 집단무의식 속에 자리잡은 것이다. Jung은 자신의 내면에 존재하는 양성성을 인정하고 표현에서 적절한 균형을 추구하는 것이 자기실현을 향한 진전에 중요하다고 주장했다. 그렇지 않으면 필수적인 특성들이 발달되지 못하여 성격의 성장과 기능에서 한쪽에 치우치는 결과를 초래한다는 것이다.

자기는 마음의 핵심으로서 모든 다른 요소들은 자기를 둘러싸고 조직되고 통합된다. 자기는 마음의 모든 측면들의 통합이 이루어졌을 때 실현되며, 이렇게 자기실현에 도달한 사람은 통합, 조화, 완전 등의 느낌을 갖게 된다. Jung은 자기의 발달을 삶의 궁극적인 목표로 생각했다. 그러나 마음의 여러 측면들의 균형과 통합에는 끈기, 통찰력, 지혜 등이 요구되며 중년 이후에나 가능하다고 한다. 자기의 개념은 Jung의 긍정적인 인간관을 잘 반영한다. Freud 이론에서는 자기 개념이 없으나 Jung의 이론에서는 개인이 통합된 완전성의 상태인 자기를 지향하여 나아가는 것이 매우 중요하다.

Jung은 삶에 대한 오리엔테이션(외향과 내향)과 심리적 기능(사고와 감정, 감각과 직관)에 기반을 두고 성격의 유형론을 발전시켰다. Jung의 유형론은 제2장에서 소개하였으므로 여기서는 생략한다. Jung의 이론에서 특기할만한 한가지는 꿈의 의미이다. Freud 이론에서 꿈은 억압된 무의식의 내용이 검열을 피하여 우회적으로, 그리고 왜곡된 형태로 나타난 것이다. 그러나 Jung은 꿈을 역동적이 아니라 현상적 의미로 파악한다. Jung(1961)의 말을 빌면, "꿈은 감추지 않는다. 그것은 가리킨다."는 것이다. Jung에게 있어서 꿈은 목적을 가진 무의식적 메시지가 상징적 형태로 표현된 것으로, 그 주된 기능은 의식에 대한 보상이다. 예를 들면, 의식이 너무 도덕적으로 완벽하면 꿈에서는 성적으로 문란하거나 거짓말과 같은 부도덕한 행위를 한다. 이러한 꿈의 보상 기능은 자연스럽고 정상적인 마음의 평형을 실현하려는데 그 목적이 있다고 한다.

Jung 이론의 평가

Jung의 이론을 과학의 잣대로 평가하기는 어렵다. Jung은 연금술, 점성술, 종교, 신화, 고고학, 인류학 등에 폭 넓은 관심과 지식을 지니고 있었고, 그의 이론은 과학에서처럼 분할된 대상이나 영역이 아니라 전체성을 추구하였기 때문에 과학이론이라기 보다는 철학이나 인간학으로 이해하는 것이 더 적절하다. Jung은 삶의 정신적 요소를 강조하고, 상징이라는 수단을 통해 창조적이고 생동하는 무의식에 귀를 기울일 것을 주장하였다. 미래, 삶의 의미, 자기실현의 성취 등에 대한 Jung의 강조는 현대 성격이론에서 현상학-인본주의-실존주의 계열에 중요한 영향을 미쳤다. Jung의 유형론을 근거로 Myers와 Briggs는 MBTI라는 대단히 인기있는 성격유형검사를 만들었다. Jung의 집단무의식의 개념은 최근의 뇌연구에서 지지를 받았다.

MacLean(1993)에 따르면 인간의 전뇌는 세 개의 구분된 체계들로 구성되며, 각 체계는 진화의 다른 단계에 생성되어 이전에 존재하던 체계에 누적되어 진화해왔다고 한다. 이 세 개의 체계는 선조계(striatal system), 변연계(limbic system), 신피질(neocortex)로서 진화과정에서 각각 파충류, 포유류, 영장류 및 인간 시기를 반영하며, 각 시기의 특징적인 행동목록을 반영한다. 예를 들면 선조계는 일상생활의 스크립트, 변연계는 사회적 행동과 정서행동, 신피질은 인지적 능력 등을 담당하는 것이다. 이러한 진화의 층이 뇌의 구조에서 반영된다는 사실은 집단무의식이 태고 이래의 조상들의 경험을 집적한 것으로 뇌의 구조에 반영된다는 Jung의 가설과 부합한다고 볼 수 있다.

신(新) 프로이트 학파

Freud 심리학의 계승자들 중 일부 학자들은 인간의 행동을 결정하는데 성과 같은 생물학적 요인보다 사회적 요인이 더 중요하다고 생각했다. 이들은 신(新) 프로이트 학파(Neo-Freudians)로 불리며, Horney, Fromm, Sullivan 등이 포함된다.

Karen Horney는 두가지 면에서 심리학에 공헌을 남겼다. 하나는 기본불안(basic anxiety)에 관한 이론의 제안이다. 기본불안은 아이가 잠재적으로 적대적인 세계에서 고립되고 무력하다는 느낌을 가지는데서 비롯된다. 이러한 견해는 불안을 무의식적 충동이 자아의 방어를 위협하는데서 비롯되는 것으로 본 Freud와 다른 것으로 사회적 요인을 강조한 입장이다. Horney에 따르면 기본불안에 대응하는 방식에는 사람들에게 다가가는 것(moving toward), 대항하는 것(moving against), 회피하는 것(moving away)의 세 가지가 있는데, 신경증은 이 책략들을 경직되고 개인의 잠재력을 발휘하지 못하는 양식으로 사용하는데서 비롯된다고 한다. Horney의 또 다른 공헌은 여성심리학(feminist psychology)의 영역에서이다. Horney는 오이디푸스 콤플렉스와 그로부터 파생되는 갈등이 범문화적이라는 Freud의 주장을 비판하고, 이들이 유전학적 · 생물학적으로 결정되는 것이 아니라 사회문화적 조건에 의해서 형성된 것임을 지적하였다. Freud는 남성우월적인 사회에서 살았기 때문에 그의 여성관에는 이러한 문화적 편파가 반영되어 있다고 한다. 예를 들면 남근선망은 남근 자체에 대한 여성들의 보편적인 선망이 아니라 남성 우월적인 사회에서만 발견되는 현상으로 남성이 누리는 지위와 특혜에 대한 선망일 따름이라는 것이다.

Erich Fromm은 개인의 정신역동보다도 삶의 사회적 조건들에 더 관심을 가진 학자이다. 그에 의하면 인간이란 의미를 추구하고 동료 인간들과 관계를 맺으려는 욕구를 가진 존재이다. Fromm은 관계를 맺는 방식에 따라 사람들을 수용형(receptive), 착취형(exploitative), 축적형(hoarding), 판매형(marketing), 생산형(productive)의 5가지 오리엔테이션으로 분류하였다. 수용형 오리엔테이션은 수동적으로 받기만 하려는 태도, 착취형 오리엔테이션은 능동적으로 빼앗아 가지려는 태도, 축적형 오리엔테이션은 모으는 것에 최고의 가치를 두는 태도, 판매형 오리엔테이션은 자신을 상품으로 간주하는 태도, 생산형 오리엔테이션은 자율적 생산성을 지향하는 태도 등으로 정의할 수 있다. Fromm은 이러한 기본적인 성격 오리엔테이션들(basic character orientations)이 그 사람이 살고 있는 사회의 유형과 밀접하게 관련되어 있다고 주장했다. 예를 들면, 자본주의 사회에서는 부모들이 판매형 오리엔테이션을 발달시키는 방향으로 자식을 양육한다는 것이다. Fromm은 사람들을 수단으로서가 아닌 그 자체로서 가치를 인정하는 생산형 오리엔테이션을 이상적인 유형으로 생각했다.

Harry Stack Sullivan은 자신의 이론을 대인관계이론으로 지칭할만큼 대인관계의 중요성을 누구보다도 강조한 학자이다. 그에 의하면, 일단 기본적인 생물학적 욕구들이 충족되면 사람들은 다음 목표로 안전(security)에 관심을 갖게 되는데, 안전은 주로 다른 사람들과의 관계에서 추구되는 것이다. 이러한 대인관계, 특히 엄마-아이의 관계로부터 각 개인은 '자기' 체계를 발달시킨다. '자기'는 자신이 남들에 의해서 어떻게 평가되는가에 대한 지각(반사된 평가)을 통하여 형성된다고 한다. '자기'를 구성하는 부분들에는 '좋은 나' (good me: 유쾌한 경험과 연합된 부분), '나쁜 나' (bad me: 고통과 안전에 대한 위협과 연합된 부분), '나 아닌 것' (not me: 견딜수 없는 불안과 연합되었기 때문에 배척되는 부분) 등이 있다. Sullivan은 엄마-아이 관계 뿐 아니라 소년기에 또래와의 관계도 발달에 중요한 영향을 미친다고 주장했다.

자아 심리학

Freud 이론에서 자아는 원초아로부터 분화되어 나오고, 원초아로부터 에너지를 제공받으며, 원초아의 욕구를 충족시키기 위하여 봉사하는, 말하자면 원초아를 주인으로 섬기는 집사이다. 물론 자아는 갈등의 중재자로서 현실적 제약과 초자아의 명령을 고려하면서 때로는 원초아의 요구를 억압하기도 하고, 회피하기도 하고, 지연시키거나 변형시키기도 한다. 그러나 여전히 원초아가 주인이고 자아는 봉사자인 관계에는 변함이 없다. Freud가 원초아를 최고 권력자로 부상시킨 이유는 아마도 자신의 생물학적인 배경과 더불어 심리장애 환자들의 관찰로부터 이론을 구성하였기 때문일 것이다.

그러나 Freud 사후 여러 정신분석학자들은 자아를 원초아의 파생물이며 심리적 갈등의 중재자로 간주한 전통적 입장을 비판하기 시작했다. 이들은 삶에는 심리적 갈등과 상관없는 영역이 존재하며, 이러한 '갈등으로부터 자유로운 영역' (conflict-free sphere)을 설명하기 위해서는 자아의 자율성이 확보되어야 한다고 주장했다. 자아는 원초아와 독립적으로 발달하고, 심리적 갈등과는 상관없는 독립된 기능(사고, 지각, 학습, 판단 등)을 갖고 있다고 본 것이다. 이와같이 자아에게 독립적 기능을 부여할 것을 주장하는 심리학자들을 자아심리학자(ego psychologists)로 통칭해서 부르며, Hartmann, Rapaport, Erikson 등으로 대표된다.

자아심리학자들중 가장 큰 족적을 남긴 사람은 발달심리학자인 Erikson이다. Freud가 생물학적으로 결정되는 심리성적 발달 이론을 제안하고 청년기까지 발달이 완성된다고 본데 비해, Erikson은 자아기능의 확장과 성숙에 의해 결정되는 심리사회적 발달 이론을 제안하고 발달이 평생에 걸쳐서 이루어지는 과정임을 주장하였다. Erikson의 발달이론은 '제6장 성격의 유전과 발달' 에서 보다 상세히 다룰 것이다.

대상관계 이론

오늘날 가장 관심을 끌고 있는 정신분석 계열의 이론인 대상관계이론(object relations theory)은 Klein, Kernberg, Fairbairn, Mahler 등에 의해서 발전되었다. 전통적 정신분석이론에서는 개인내 심리(intrapsychic psychology)에 초점을 두고 인간을 리비도 추동을 만족시키는 존재로 파악했다. 그러므로 대상(타인)은 추동만족의 대상에 불과할 뿐 대상과의 상호작용에는 관심이 없었다. 그러나 대상관계이론에서 대상은 아이가 관계를 맺는 심리적으로 중요한 사람을 의미하며, 대상과의 상호작용이 관심의 초점이 된다. 그러므로 전통적인 Freud 이론이 추동만족에 초점을 두었다면 대상관계이론은 관계추구를 강조하는 이론이라고 할 수 있다.

대상관계이론에서는 생애초기(0-3 · 4년), 특히 오이디푸스 이전시기에 엄마와 아이간의 상호작용에 관심을 갖는다. 이것은 전통적인 Freud 이론에서 오이디푸스 시기를 강조하고 그 이전의 시기에 대해서는 소홀히 한 것과 대비된다. 대상관계이론에 따르면, 유아는 생애 초기에 대상(주로 엄마)과의 상호작용을 통하여 자기에 대한 표상과 대상에 대한 표상, 그리고 대상과의 관계에서의 자기에 대한 표상을 형성한다고 한다. 이들 표상들은 다차원적이고, 감정이 부하되어 있으며, 소망과 공포 등의 동기들과 연합되어 있고, 의식 혹은 무의식일 수 있으며, 하나의 체계로 조직화되어 있다. 이 생애 초기에 형성된 표상들이 개인의 성격발달과 정신병리 및 인간관계에 큰 영향을 미친다는 것이 대상관계이론가들의 주장이다.

대상관계이론가들 중 Mahler의 발달심리학과 Kohut의 자기심리학을 간략히 소개하면 다음과 같다. Mahler는 아동이 한 개인으로서 '심리적으로 탄생' 하는 과정을 공생과 분리-개별화의 개념으로 설명하였다. 그녀는 오이디푸스 이전의 발달단계를 자폐적(autistic) 단계, 공생적(symbiotic) 단계, 분리-개별화(separation-individuation) 단계의 셋으로 구분하고, 단계별로 생리적 평형의 유지, 공생적 만족감의 획득, 독립성의 성취 등의 목표를 달성하는 것이 중요하다고 주장했다. 특히 초기 발달단계에서의 분리-개별화 과

정의 장애가 경계선 성격장애를 비롯한 성격장애 형성의 기초가 된다고 보았다.

Kohut는 나르시즘의 연구로부터 자기심리학(self psychology)이라 불리는 독특한 이론을 발전시켜 나갔다. Kohut에 따르면 아이는 태어날 때부터 '자기'의 능력을 갖고 태어나는데, '자기'가 건강하게 발달하기 위해서는 자기발달의 세 축에 해당하는 이상화된 부모상, 과대자기, 대리자아가 잘 형성되도록 도와주어야 한다고 주장한다. 이상화된 부모상은 유아의 안전, 편안함, 보호에 대한 욕구등과 관련되고, 과대자기는 유아 자신의 힘, 야망, 그리고 가치에 대한 느낌을 포함하며, 대리자아는 타인과 동일시하거나 소속되려는 욕구 들로 구성된다. 유아와 양육자의 관계에서 이 세가지 발달의 축이 잘 형성되면 아이는 건강한 나르시즘을 발달시키게 된다. Kohut는 Freud와 달리 나르시즘이 건강성의 징표이며 심리적인 안녕을 위해 필요한 것으로 보았다. 자기사랑인 나르시즘과 타인사랑인 대상사랑은 배타적인 것이 아니며 그 균형(즉 자기 리비도와 대상 리비도의 균형)을 이루는 것이 중요한 것이다. 인간은 본래 나르시스적 욕구(공감과 칭찬에 대한 욕구)를 갖고 태어나는데 이 욕구가 심하게 좌절되면 자기사랑과 대상사랑의 균형이 파괴되어 나르시스적 장애를 일으키게 된다고 한다. 따라서 Kohut는 발달과정에서나 정신치료에서나 공감의 중요성을 크게 강조한다.

정신분석개념의 경험적 연구: 무의식

정신분석이론의 수많은 개념들중 핵심적인 중요성을 지니며 또한 최근에 많은 심리학자들의 주목을 받고 있는 개념이 무의식(unconscious)이다. 심리학에서 무의식에 관한 연구는 대단히 드물었다. 그 이유는 관찰될 수 있는 현상만을 적법한 연구 대상으로 간주하는 행동주의와 실험방법을 통하여 얻어진 증거만을 인정하는 실험심리학이 심리학을 오랜 세월 지배해왔기 때문이다. 무의식은 관찰은 물론 의식되지도 않는 현상이며 임상장면에서 주로 추론되는 현상이었다. 심리학내에서 그나마 무의식에 대한 관심이 엿보였던 시기는 1950년대로서 이 시기를 전후하여 소위 'New Look' 운동과 지각적 방어(perceptual defense)에 대한 연구가 활발히 수행되었다. New Look 운동은 지각자의 내적 상태나 특성이 (의식되지 않는 과정을 통하여) 지각에 영향을 미친다는 증거들을 근거로 지각이 수동적인 과정이 아니라 지각자가 능동적으로 참여하는 과정임을 주장하는 운동이였다. 대표적인 실험결과들을 들면, (1) 아이들은 액면가치가 높은 동전을 낮은 동전보다 더 큰 것으로 추정했고 이러한 편파된 지각은 가난한 아이들에서 더욱 뚜렷했으며(Bruner & Goodman, 1947), (2) 피험자에게 가치가 있는 단어들은 그렇지 않은 단어들보다 더 쉽게 지각되었다(Postman, Bruner, & McGinnies, 1948). 한편 정신역동적 오리엔테이션을 가진 심리학자들은 사람들이 어떻게 위협적인 자극의 지각에 대해서 무의식적으로 방어하는가를 보이는 연구들을 수행하였다. 그러나 대부분의 심리학자들은 이러한 연구들의 방법론적 결함을 문제삼으며 지각적 방어 현상을 인정하지 않았고, 결국 무의식에 대한 관심은 개화되지 못한 채로 시들어갔다.

그후 1960년대에 불어닥친 인지혁명은 심리학자들의 관심을 행동으로부터 사고와 의식으로 옮겨 놓았다. 그러나 초기의 인지심리학자들은 합리적 사고와 주로 관련되는 의식에 관심을 가졌을 뿐 비합리적 사고의 영역으로 간주되는 무의식에 대해서는 관심을 두지 않았다. 심리학자들이 무의식에 관심을 갖고 활발히 연구하게 된 것은 비교적 최근의 일이다. 인지심리학자들의 무의식에 대한 관심을 촉발시킨 한 고전적인 연구(Nisbett & Wilson, 1977)에 의하면, 사람들은 자신의 행동에 대해서 설명을 하지만 이 설명들이 실제 이유와는 아무 관련이 없는 경우가 많다고 한다. 이들의 연구에서 고객들은 자신이 어떤 상품을 구매한 이유로 상표를 제시했지만 실제로는 다른 이유(예: 상품의 진열대에서의 위치)가 그들의 선택을 결정했다. 즉 사람들의 머리 속에서 일어나는 과정들 중 어떤 것들은 의사결정과 판단에 영향을 미치지만 사람들은 그 과정을 모니터하지 않기 때문에 의식되지 않는다는 것이다. 이러한 인지심리학자들의 무의식은 정보처리적 관점에서 본 무의식이기 때문에 정신분석에서 말하는 무의식과는 여러 면에서 다르다.

역동적 무의식과 인지적 무의식

인지심리학자들에 의해 무의식이 심리학의 연구대상으로 받아들여졌지만 이들이 무의식이라고 부르는 현상은 정신역동의 오리엔테이션을 갖고 있는 학자들이 생각하는 무의식과는 질적인 차이가 있다. 정신역동이론에서 비롯된 무의식을 역동적 무의식(dynamic unconscious), 인지심리학에서 다루어지는 무의식을 인지적 무의식(cognitive unconscious)이라고 부른다. 역동적 무의식은 앞에서 언급했듯이 억압된 욕구와 갈등으로 구성되어 있으며 특별

표 3.1 역동적 무의식과 인지적 무의식의 비교

역동적(정신분석적) 관점	인지적(정보처리적) 관점
1. 동기와 소망이 주 내용	사고가 주 내용
2. 방어적 기능 강조	비방어적 기능 강조
3. 비논리적, 비이성적인 무의식 과정 강조	의식적 과정과 무의식적 과정간에 근본적인 차이는 없다고 봄.
4. 무의식이 의식화되기 위해 특별한 조건이 필요	정상적인 지각과 기억의 법칙이 적용됨.

출전: Pervin, 1996

한 방법(정신분석)에 의해서만 의식될 수 있다. 이에 비해 인지적 무의식은 정보처리적 관점에서 무의식으로 간주되는 것으로 여러 과정들이 서로간에 의식됨이 없이 동시에 진행되는 현상을 지칭한다. 역동적 무의식과 인지적 무의식을 간략하게 비교하면 〈표 3.1〉과 같다.

역동적 무의식에 관한 경험적 연구

Poetzl의 연구

역동적 무의식 개념의 제안자인 Freud는 임상장면에서 무의식을 연구하였다. 특히 꿈과 신경증 증상은 무의식의 내용과 과정을 이해하는데 좋은 자료가 되었다. Freud는 실험이 무의식을 연구하는데 적당하거나 필요하다고 생각하지 않았기 때문에 무의식을 확인하기 위한 아무 실험도 수행하지 않았다.

역동적 무의식에 대한 최초의 실험적 증거는 빈의 신경심리학자인 Otto Poetzl(1917)에 의해서 얻어졌다. Poetzl은 피험자들에게 의식적 지각보다 아래 수준에서 그림자극을 제시했다(즉 피험자들은 무엇을 보았는지 보고할 수 없었다). 다음날 이들에게 전날밤의 꿈을 보고하고 꿈에 나오는 요소들을 그림으로 그리도록 했을 때 전날 제시했던 그림자극들이 이들의 그림에 등장하는 것을 발견했다. 피험자들은 제시된 그림자극을 보고할 수 없었지만 이를 지각했을 뿐만 아니라 그날 밤의 꿈의 내용에도 영향을 미쳤던 것이다.

역하지각과 지각적 방어 연구들

Poetzl의 연구는 그후 오랫동안 무시되어 왔다. 그러나 1950년대 New

Look 운동에서 재평가되면서 실험실에서 그의 발견을 확인하고 확장하는 작업으로 이어졌다. 그 중의 하나인 역하지각(subliminal perception) 연구들은 의식 수준에서 지각되지 않은 자극이 뒤이은 심리적 과정들에 미치는 영향을 실험실에서 확인하였다. 예를 들면, 아이들에게 의식적 지각이 불가능하게 빠른 속도로 오리그림을 보여주고 경치를 그려보라고 하면 오리그림을 보여주지 않은 아이들보다 오리 관련 이미지를 포함하는 그림을 더 많이 그렸다(Eagle, Wolitzky, & Klein, 1966). 그러나 역하지각 연구에서는 정신역동적이거나 동기적인 힘이 개입되어 있음을 가정할 필요는 없다는 점에서 역동적 무의식을 검증했다고는 볼 수 없다. 역동적 무의식에 대한 직접적 검증은 지각적 방어(perceptual defense)에 관한 실험들에서 시도되었다. 지각적 방어에 관한 전형적 연구(McGinnies, 1949)에서 피험자들은 중립적 단어들(예: apple, dance 등) 보다 감정부하가 높은 단어들(예: penis, whore 등)을 지각하는데 더 많은 시간을 소요하였다. 그러나 지각적 방어에 관한 연구들은 방법론상 많은 문제점들을 내포하고 있어서 대부분의 학자들은 결과의 신뢰성에 대하여 회의적이었다. 즉 감정부하가 높은 단어들은 지각단계에서 지연되는 것이 아니라 언어로 보고할 때의 망설임 때문에 반응시간이 길어졌을 수 있으며, 또한 이 단어들이 자주 사용되지 않는 소위 금기단어들이기 때문에 지각하는데 더 어려움을 겪었다고 해석할 수도 있는 것이다.

역하지각을 통한 정신역동적 활성화 연구들

역동적 무의식에 관한 최근의 연구들에서는 무의식적 동기들을 의식수준으로 가져오지 않은 채로 활성화시키는 방법을 많이 사용한다. 보통 순간노출기(tachistoscope)를 사용하여 위협적이거나 불안을 완화시킬 것으로 기대되는 소망이나 공포와 관련된 자극을 제시하는 절차가 이용된다. 이러한 역동적 무의식의 활성화 연구들에서는 자극이 역하로 제시되었을 때만(즉 의식되지 않았을 때만) 효과가 관찰되고, 자극이 역상으로 제시되었을 때는(즉 의식되었을 때는) 활성화 효과가 나타나지 않았다. 이들 중 세 연구를 소개하면 다음과 같다.

불안완화 효과의 검증. 정신분열증 환자들을 대상으로 한 연구(Silverman & Weinberger, 1985)에서 환자들에게 세가지 메시지 중 하나를 역하지각 수준에서 제시하였다. 이들은 각기 “엄마와 나는 하나다” “사람들이 걷고 있다” “엄마는 가버렸다” 등이었다. 이들 중 첫 번째 메시지는 긍정적인 메시지(정신분석이론에서는 사람들에게 어린시절의 따뜻하고 마음 착한 엄마와 하나가 되고 싶은 소망이 있다고 본다), 두 번째는 중립적인 메시지, 세 번째는 위협적인 메시지로 간주되었다. 이들 세 집단 중 "엄마와 나는 하나다"라는 메시지를 역하수준에서 제시받은 환자들의 경우에 병리적 증상이 완화되고 치료에서 진전을 보였다.

오이디푸스 콤플렉스의 연구. Silverman등(Silverman, Ross, Adler, & Lustig, 1978)은 아동들을 대상으로한 연구에서 오이디푸스 콤플렉스를 강화시키는 메시지("아빠를 이기는 것은 나쁘다")와 완화시키는 메시지("아빠를 이기는 것은 괜찮다"), 그리고 중립적인 메시지("사람들이 걷고 있다")를 역하수준에서 제시했다. 피험자들은 메시지를 받기 전과 후에 각각 화살던지기(dart-throwing) 경기를 했는데, 오이디푸스 콤플렉스를 강화시키는 메시지 조건의 아동들은 수행성적이 저하되었고, 오이디푸스 콤플렉스를 완화시키는 메시지 조건의 아동들은 향상되었으며, 중립적인 메시지 조건의 아동들은 별로 변화가 없었다.

섭식장애 여대생의 연구. 정상적인 여대생과 섭식장애 여대생을 비교한 연구(Patton, 1992)에서도 위협적인 메시지("엄마가 나를 떠난다")를 역하지각 수준에서 제시받은 섭식장애 여대생들의 크래커를 먹는 양이 증가했다. 중립적인 메시지를 제시받거나 역상지각 수준에서 메시지를 제시받거나 정상 여대생들의 경우에는 크래커를 먹는 양에 변화가 없었다.

억압성격자의 연구

억압은 정신분석이론의 핵심적인 개념이다. 최근에 미국에서는 어린시절의 학대경험을 정신분석장면에서 회상했다는 보고가 유행처럼 증가해서 사회적으로 논쟁의 대상이 되고 있다. 그런데 억압의 과정과 해소를 실험실에서 제시하기는 무척 어렵다. 그 대안으로 사람들을 억압성격자(repressors)와 비억압성격자(non-repressors)로 나누어 각 집단의 특징을 조사하는 방법이 사용되기도 한다(Davis & Schwartz, 1987). 억압성격자는 불안검사에서 낮은 점수를 얻고 사회적 바람직성 검사에서 높은 점수를 얻는 사람들로 정의되는데, 이들은 비억압성격자보다 부정적인 어린시절의 경험을 더 적게 보고하고 초기기억도 더 적게 보고한다고 한다. 그러나 이런 식의 분류가 타당한지에 대해서는 학자들간에 의견의 일치를 보지 못하고 있다.

읽어보기……

억압된 기억에 관한 논쟁

정신분석학자들은 사람들이 아동기의 고통스러운 경험에 대한 기억을 억압이라는 방어를 통해 무의식 속에 묻어버린다고 말한다. 이들은 또한 특별한 조건(예, 심리치료)에서 사람들은 이 망각된 경험을 회상해낼 수 있다고 주장한다. 반대로 다른 학자들(주로 인지심리학자들)은 아동기 경험에 대한 성인의 회상의 정확성에 대해 의문을 표시한다. 이 학문적인 논쟁은 최근에 대중적인 관심으로 떠올랐다. 심리치료를 통해서 어린시절의 성적 학대를 회상하고, 범행을 저질렀다고 지목된 사람을 대상으로 소송을 제기하는 사례가 급증하였기 때문이다. 대체로 범행을 저지른 것으로 지목된 사람이 아버지, 오빠, 아저씨 등 주위의 가까운 사람들이었기 때문에 문제는 더욱 심각해졌다.

어떤 전문가들은 성적 학대 회상의 진실성에 대해서 확신하고, 그것을 현실로 간주하지 않으면 잘못이라고 말하지만, 다른 사람들은 그 진실성에 의문을 제기하고, '거짓 기억 증상'(false memeory syndrome)의 일부로 간주한다. 이들은 보고된 사례의 대부분이 그러한 사건이 일어났다고 확신한 치료자의 끈질긴 질문에 의해서 유도된 것이라고 주장한다. 목격자 기억을 연구해 온 인지심리학자 Elisabeth Loftus(1993)는 억압되었던 성적 학대의 기억이 치료자의 도움을 받아 회복되었다는 주장을 뒷받침하는 어떤 과학적 증거도 현재로서는 없다고 말한다. 반면에 이러한 현상이 존재하지 않는다는 증거도 없다. 사람들은 기억하기 싫은 사건들을 종종 망각하고는 후에 다시 기억해내곤 한다. 학자들은 이전에 억압되었던 기억이 회복될 수 있다는 주장에 대해서 의견이 나뉘어져 있다. 그러나 그러한 기억이 회복될 수 있다고 해도 현재로서는 회복된 기억과 거짓기억을 구별할 방법이 없다.

출처: Pervin & John, 1997; Loftus, 1993

정신분석이론의 공헌과 평가

정신분석이론은 거대한 코끼리와 같다. 많은 사람들이 다양한 관점에서 정신분석이론을 비판하거나 찬양하지만, 그 하나 하나는 거대한 코끼리의 일부만을 지목한 경우가 많다. 다면적이며 거대한 학문체계인 정신분석이론을 정당하게 평가하자면 적어도 과학의 관점, 심리치료의 관점, 사상으로서의 관점을 포괄하여야 한다.

과학으로서의 정신분석이론

정신분석이론이 가장 혹독하게 비판되는 영역이 과학이다. 특히 자연과학적인 오리엔테이션을 가진 실험심리학자들은 정신분석이론을 비과학적인 체계로 매도하는 것을 주저하지 않는다. 정신분석이론의 과학성에 관한 논쟁은 다음 질문들을 포함한다.

정신분석이 과학이냐 해석학이냐의 논쟁. Freud는 정신분석이 보편적인 법칙과 인과관계를 추구하기 때문에 과학이라고 주장한다. 그러나 인간행동의 이해가 목적이므로 해석학(hermeneutics)이라고 주장하는 사람들도 있다. 정신분석이 보편적인 법칙(nomothetic)을 추구하면서 개인의 이해(idiographic)도 추구하는 것은 사실이다. 예를 들면, 꿈은 무의식에 관한 보편적인 법칙을 담고 있지만 동시에 개인의 꿈을 분석함으로써 그 사람의 무의식의 역동에 접근하기도 한다. 그러나 훌륭한 과학이론이면서 동시에 훌륭한 해석학적 방법이 될 수 있을까? 다시 말하면 좋은 과학이론의 기준과 해석학의 목표가 동시에 충족될 수 있는가? 실험심리학에서는 비판적이다.

정신분석이 과학이라면 좋은 이론이며 증거는 타당한가? Popper는 정신분석이 검증할 수 없는 의사과학(pseudoscience)이라고 비판하였다. 이에 대해 Grunbaum은 Popper의 전제는 틀렸지만 결론은 맞다고 주장한다. 즉, 정신분석이 검증불가능하다는 주장은 틀렸지만 정신분석의 이론과 자료가 과학적으로 문제가 많다는 주장은 옳다는 것이다. Grunbaum에 따르면 정신분석의 많은 개념들, 특히 임상적 개념들(예: 방어기제들)은 검증될 수 있다. 문제는 대부분의 증거들이 실험실보다는 임상장면에서 얻어지고 있다는 사실이다. 임상적 증거는 치료자의 압력이나 암시, 기대 등에 의해서 영향을 받으므로 실험적 증거만큼 객관성을 신뢰받지 못한다. 그러나 최근 정신분석학자들 가운데서도 체계적인 실험연구의 필요성이 점차 강조되고 있으므로 정신분석을 보다 과학적인 이론으로 만들려는 노력은 앞으로 좋은 성과가 기대된다. 한편 실험적 검증이 불가능하지만 현상을 이해하는데 큰 도움을 주는 가치있는 개념들은 정신분석뿐 아니라 물리학 등 과학의 다른 영역에서도 존재한다. 필자의 생각으로는 정신분석이론의 가장 큰 문제점은 검증이 어렵다는 점보다는 이론 자체의 자폐적 성격이라고 본다. 현대 생물학과 심리학의 발전이 정신분석학의 발전에 미친 영향은 미미하다고 볼 수밖에 없다. 인접 학문과 활발하게 교류하면서 발전하지 않는다면 그 학문은 도태될 수밖에 없다. 아마도 정신분석 이론의 내적 일관성, 권위주의적 학풍, 독자적이고 배타적인 용어의 사용, 인문학적 성격 등이 타학문, 특히 자연과학과의 교류를 어렵게 하는 원인들이 아닐까 싶다.

정신분석이 좋은 성격이론인가의 물음. Freud의 표본집단은 19세기 말 성의 억압이 심했던 유럽에서 살았던 중상류층의 젊은 부인들로 이루어진 신경증 환자들이었다. 후세의 학자들은 이러한 시공간적으로 제약되고 편파된 표본집단에서 얻어진 관찰들을 일반화시킨 성격이론이 타당한가에 대해서 의문을 제기했다. 특히 성(성적 욕구, 성적 갈등)의 지나친 강조는 후의 정신역동이론가들에 의해서 부정되거나 수정되었다. 그러나 Freud 사후에 생겨난 주요한 이론들인 자아심리학, 자기심리학, 대상관계이론 등은 모두 Freud의 이론에서 그 씨앗을 찾을 수 있다. 이러한 사실은 시대를 뛰어넘는 보편적 진실이 존재하며, 동시에 그러한 진실을 찾아내는 천재의 통찰력을 Freud가 갖추었다는 점을 재삼 인식하게 해준다. 특히 Freud의 성격이론은 무의식의 중요성과 기제를 밝히는 등 정신과정의 심층적 이해에 큰 공헌을 하였다. 정신분석이론은 과학이론으로서의 많은 약점에도 불구하고 오늘날에도 가장 포괄적이고 체계적이며 인간의 깊은 측면을 이해하는데 도움을 주는 성격이론으로서 독보적인 존재이다.

심리치료로서의 정신분석이론

정신분석이론은 Freud가 환자를 치료하는 과정에서 발전된 이론이다. 따라서 정신분석이론을 가장 공평하게 평가하는 기준은 심리치료에 얼마나 공헌을 했는가일 것이다. 아래에서 이와 관련된 몇가지 사항들을 살펴보자.

이상행동에 대한 합리적 접근의 시도. Freud는 이상행동의 이해와 치료에 대한 합리적 접근을 제시한 첫번째 학자였다. 정신병에 대한 종래의 신화적 접근을 과학적, 경험적 접근으로 바꾸어 놓은 것은 Freud의 커다란 공헌이다.

이상행동의 이해와 치료를 위한 심리적 모형의 제시. Freud는 종래의 의학적 혹은 생물학적 모형에 대한 대안으로서 심리적 모형을 제시하였다. 정신분석은 상담치료의 효시로 볼 수 있으며, Freud 이후에 등장한 다양한 심리치료의 기법들은 정신분석에서 파생하거나 정신분석에 대한 도전으로 발전된 것이다. 그러나 정신분석이 다른 심리치료들보다 효과가 우월하다는 증거는 없다. Freud는 신경증, 특히 히스테리의 분석과 치료과정에서 정신분석이론을 발전시켰다. 따라서 정신분석은 정서의 관여가 큰 신경증 장애들에 적절하다는 평가를 받고 있다.

무의식적 경험(억압된 경험)의 회상. 정신분석은 억압된 기억을 의식으로 가져오도록 도와주는 기법이다. 그러나 이렇게 정신분석을 통하여 드러난 억압된 어린시절의 경험에 관한 이야기를 어느정도 신뢰할 수 있을까? 과연 실제로 일어난 일일까? 혹은 치료자의 암시와 압력에 의해 유도된 거짓 이야기일까? 최근에 정신분석을 통하여 회상된 어린시절의 성 폭행 경험의 진실성 여부를 둘러싼 논쟁이 뜨거운 상태이다.

사상으로서의 정신분석이론

정신분석이론은 심리학과 정신의학의 영역에 국한된 과학이론으로 그치지 않는다. 많은 사람들이 정신분석이론을 20세기에 사람들의 사고와 문화에 가장 큰 영향을 끼친 사상으로 평가한다. Freud의 광범위한 영향을 살펴보면 다음과 같다.

인간관의 변화. 인류 역사에서 사람들의 인간관을 근본적으로 바꾼 과학자들은 Copernicus, Darwin, Freud의 세 사람을 들 수 있다. Copernicus는 지동설을 통하여 인간이 사는 지구가 수많은 별들 중의 하나임을 밝힘으로써 인간중심적 우주관을 종식시켰고, Darwin은 진화론을 통하여 인간이 한낱 동물의 하나임을 밝힘으로써 특별하고 신성한 존재로서의 인간관을 무너뜨렸다. Freud는 정신분석이론에서 인간이 리비도적 충동에 의해서 지배되며 인간이 의식하지 못하는 무의식의 광대한 세계가 존재함을 주장함으로써, 인간이 이성에 의해 지배되며 자신을 통제할 수 있다는 합리적 인간관에 치명적인 타격을 가했다. Freud 이후의 인간이 Freud 이전의 인간과 다르다는 말이 나올 정도로 무의식과 성과 방어기제는 20세기 인간의 트레이드 마크가 되었다. 흔히 Freud의 인간관을 비관적 인간관 혹은 성악설로 분류하는데 이것은 잘못된 생각이다. Freud는 자연과학자로서 인간의 생물학적 욕구(성, 공격성 등)를 인정했을 따름이며, 이 욕구들은 그 자체로는 착하거나 악한 것이 아니고 자연스러운 것이다. 다만 이 욕구들의 직접적이고 즉각적인 충족은 사회적 환경과 갈등을 일으키므로 지연, 억압, 우회 등의 통제방법(자아방어기제)을 통해서 갈등을 최소화하며 욕구의 충족을 꾀하는 것이다. 이때 통제의 주체가 외부에 있는 사회가 아니라 개인내 그러니까 자아에 있다는 점에서 Freud의 인간관은 비관론이거나 성악설은 아닌 것이다. 그러나 Freud가 인간의 성장 잠재력, 사회적 관계에 대한 욕구, 문제해결 능력 등을 무시하거나 과소평가한 것은 사실이다.

사회현상, 종교, 문화 및 예술 등을 정신분석적 시각에서 해석. Freud는 정신분석이론을 사회현상, 종교, 문화, 예술 등에 광범위하게 적용하였다.

Freud가 주로 사용한 핵심 화두는 성충동, 특히 오이디푸스 갈등의 승화였다. Freud는 과학자에게 주는 노벨상 대신 문필가에게 주는 괴테 상을 받았는데 이는 당시에 그의 인문학적 통찰과 성취를 과학적 업적보다 더 높이 평가했던 사실을 반영한다. 그러나 Freud의 이론이 긍정적으로 수용되기만 한 것은 아니었다. 러시아의 심리학자인 Vygotsky는 정신분석학에 근거한 예술심리학의 문제점으로, 무의식과 독립된 의식적 요소의 무시, 형식이 지니는 독립된 가치와 예술적 효과의 무시, 그리고 범성욕주의에 의한 모든 예술의 설명 등을 지적한다. 한편 프랑스의 철학자인 시몬느 드 보부아르는 정신분석이론에서 여성을 부정적으로 표현한 것을 비판하면서, 여성의 열등감과 수동성이 Freud가 주장하듯이 생물학적인 근거가 있는 것이 아니라 사회문화적 조건 때문임을 지적하였다.

정신분석이론은 20세기에서 가장 영향력이 큰 사상으로 평가된다. 심리학은 물론이고 사회학, 인류학, 정치학, 역사, 종교학, 문학, 영화, 미술, 음악, 무용 어느 분야에서든 정신분석이론의 영향이 미치지 않은 곳이 없다. 특히 무의식의 개념은 의식의 좁은 울타리 속에 갇혀있던 예술의 모든 분야에서 광활하고 자유로운 우주를 펼쳐놓듯 그 지평을 무한히 넓혀놓았다. 20세기의 예술이 이전의 예술과 질적으로 뚜렷하게 구분되는 모습을 보이게 된 데에는 정신분석이론의 영향이 크다.

요 약

1. 정신분석은 모든 현상이 선행하는 사상에 의해 결정된다는 심적 결정론과, 정신과정에는 의식하지 못하는 생각, 느낌, 경험들이 빈번하며, 이러한 무의식적 정신과정이 정신생활의 비연속성의 원인이라는 두 기본가설을 주축으로 한다.
2. Freud는 정신 에너지의 근본이 신경생리적 흥분상태에서 유래한다고 보았다. 긴장감소를 추구하는 선천적인 신체적 흥분상태가 소망의 형태로 마음속에 표상된 것을 추동이라 부른다. Freud의 에너지 모형에서는 성적 추동과 공격적 추동을 구분하였으며 성적 추동에 수반하는 심적 에너지를 리비도라 불렀다.

3. Freud는 마음의 지형학적 모형에서 마음을 의식, 전의식, 무의식의 세가지 의식수준으로 구분하고, 이 중에서 인간의 행동을 결정하는데 무의식이 가장 중요한 역할을 한다고 보았다. 무의식 속의 충동과 욕구들은 의식되지 않으며 의식되거나 표현되는 것을 막는 강한 저항이 존재하므로 위장되거나 상징된 형태로 표현될 수 있다.
4. Freud의 구조적 모형은 원초아, 자아, 초자아로 구성되어 있다. 심적 에너지의 저장고인 원초아는 선천적으로 존재하며, 쾌락원칙을 따르고, 충동을 통제 못하는 비논리적이고 공상적인 사고형태인 일차과정에 의존한다. 원초아의 욕구와 현실 및 초자아의 도덕성간의 중재를 담당하는 마음의 구조가 자아로서, 현실원칙을 따르며 합리적인 사고과정인 이차과정에 의존한다. 초자아는 사회의 규범과 행동규준들이 동일시를 통하여 내면화된 마음의 구조로 도덕원칙을 따른다. 마음을 구성하는 원초아, 자아, 초자아는 상호관계를 이루며 심리적 역동을 유발한다.
5. 원초아의 충동을 자아가 통제할 수 없을 것이라는 신경증적 불안을 감소시키기 위하여 발달된 자아의 무의식적인 책략들이 자아방어기제로서 억압, 투사, 전위, 합리화, 반동형성, 퇴행, 승화, 부정 등이 포함된다. 방어기제의 사용은 심적 에너지를 소모하여 자아의 유연성을 저하시키며, 현실을 왜곡하므로 과도하게 의존할 때는 문제가 된다.
6. Freud는 유아에게도 성적인 충동이 존재하며, 성적충동의 표현의 전형적인 순서에 따라 성격이 구순기, 항문기, 남근기, 성기기의 네 단계로 이루어진 심리성적 발달단계를 거치는 것으로 보았다. 각 단계에서의 욕구가 적절히 처리되지 못할 때, 고착이나 퇴행이 나타날 수 있으며, 이후의 성격발달이나 병리에 중요한 역할을 한다고 보았다.
7. Freud 이후 정신분석학은 중요한 변화를 겪었다. Jung은 무의식 속에 개인 무의식뿐 아니라 인류의 진화사가 축적된 집단 무의식을 포함시켰고, 무의식의 보다 창조적이고 긍정적인 면을 강조하였다. 사회적 요인을 보다 중시하는 신프로이트 학파, 자아의 자율적 측면을 강조하는 자아심리학, 유아기 대상과의 상호작용을 강조하는 대상관계 이론 등이 등장하며 정신분석학의 지평을 넓혀갔다.
8. 오늘날에는 인지심리학자들도 무의식의 개념을 인정한다. 그러나 인지심리학의 무의식은 정신분석에서 다루는 역동적 무의식과 다르다. 역동적 무의식이 억압된 욕구와 갈등으로 구성되고 의식과는 다른 비논리적인 과정을

따르며 정신분석에 의하여 의식되는 반면, 인지적 무의식은 사고가 주요 구성요소로 의식 과정과 근본적인 차이가 없으며 정상적인 지각과 기억의 법칙이 적용된다.

관련된 책 소개

'프로이트 전집' (열린책들) 총 20권이 나와있다. 프로이트의 원전(비록 번역판이지만)을 읽고자 하는 사람은 이 중에서 자신의 취향에 맞는 책을 골라서 읽으면 된다. 프로이트라는 인물과 정신분석이론에 대한 아주 간략한 지식을 원하는 사람은 '나의 이력서' 를, 정신분석이론에 관한 좀 더 자세한 소개를 원하는 사람은 '정신분석강의(상, 하)' 와 '새로운 정신분석강의' 를, 그리고 정신분석이론 자체보다 사회문제, 종교, 예술, 문화와의 관련성에 관심이 있는 사람은 '문명속의 불만' , '예술과 정신분석' , '종교의 기원' , '창조적인 작가와 몽상' 등이 적당할 것이다. 프로이트의 저서들은 여러 출판사에서 중복 번역되었고, 그 밖에 프로이트의 삶이나 프로이트 이론을 소개한 책들도 상당히 많다. 프로이트 이론을 명료하게 소개한 책으로 평가되는 Charles Brenner의 정신분석학 입문(An Elementary Textbook of Psychoanalysis: 조대경 옮김, 법문사)도 좋은 책이다. 보다 쉽게 재미를 느끼며 프로이트라는 인물과 그의 이론에 접하고 싶은 사람에게는 '소설 프로이트' (어빙 스톤 지음, 설영환 옮김, 오늘)를 권한다.

Jung과 관련해서는 '분석심리학' (이부영 지음, 일조각), '현대의 신화' (융 지음, 이부영 옮김, 삼성출판사), '그림자' (이부영 지음, 한길사), '아니마와 아니무스' (이부영 지음, 한길사), '한권으로 읽는 융' (베넷 지음, 김형섭 옮김, 푸른숲) 등이 시중에 나와있다. 뒤의 세 책이 비교적 읽기에 용이할 것이다.

제 4 장

성격의 인지 요소

라파엘로, 〈아테나이 학당〉의 부분(플라톤과 아리스토텔레스) 1510~1511
플라톤이 세운 아테나이 학당은 서구 합리주의 사상의 시원이 된다. 라파엘로는 플라톤과 아리스토텔레스를 존경하는 두 선배 레오나르도와 미켈란젤로의 모습과 비슷하게 그려 넣었다.

성격의 인지 요소

"사람의 의지는 이성에 의해서 좌우된다."

―셰익스피어, 한여름밤의 꿈―

인간과 다른 동물들간의 가장 큰 차이는 무엇일까? 인간을 왜 만물의 영장이라고 부르는것일까? 이 질문에 대한 가장 적절한 대답은 아마도 인간의 인지능력일 것이다. 인간과 동물을 구별짓는 중요한 차이라고 일컬어지는 도구의 사용이나 언어능력이나 반성능력 모두에서 그 핵심에 자리잡고 있는 것은 인간의 탁월한(비록 종종 지혜와 괴리를 보여주기는 하지만) 인지능력인 것이다. 성격심리학에서 비교적 최근에 부각된 이론인 인지이론은 성격에서 인간의 인지적 요소를 강조한다. 즉 상황의 요구를 변별하는 능력, 자신의 내적 상태와 행동을 검색하는 능력, 목표를 설정하고 설정된 목표를 지향하여 행동을 계획하고 수행하는 능력 등이 성격의 인지이론에서 강조하는 요소들이다.

이 장에서는 성격심리학에서 인지적 접근을 처음 제안한 Kelly와 Rotter, 그리고 인지혁명 이후에 성격심리학에서 사회인지적 접근을 이끌어 온 Mischel과 Bandura 등 네 사람의 이론을 차례로 소개한다.

성격심리학의 인지이론에서는 Kelly와 Rotter가 선구자로 간주된다. 이들은 인지심리학이 확립되기 이전인 1950년대에 인지를 강조하는 성격이론을 제안하였다. 성격심리학에서 본격적으로 인지이론이 대두된 것은 1970년대 이후로 당시 심리학의 새로운 패러다임으로 부상한 인지심리학, 그리고 가장 미국적인 심리학으로 간주되는 사회심리학의 영향으로 비롯되었다. 이 후기의 인지적 성격이론은 사회적 정보처리를 강조하여 사회인지적 성격이론으로 불리며 Mischel과 Bandura로 대표된다. 사회인지적 성격이론은 현재 성격심리학에서 가장 활발한 연구성과들을 낳고 있는 이론인데, 인지심리학과 사회심리학의 장점과 약점을 동시에 갖고 있다는 것이 필자의 평가이다. 성격심리학에서 인지는 환경과 자기에 관한 정보를 처리하는 양식을 지칭하는데 이 장에서는 전자를 다루고, 제9장 '자기'에서 후자를 다룰 것이다.

초기의 인지적 성격이론: Kelly와 Rotter

소위 인지혁명(1960년대)이 태동하기 이전인 1950년대에 Kelly와 Rotter는 인간의 인지적 측면을 강조하는 성격이론을 제안하였다. 당시는 실험심리학내에서는 행동주의가 지배하고 성격심리학에서는 정신역동이론과 특질이론이 두 주류를 이루었던 시기였다. 두 사람 모두 성격 및 임상심리학자로서 인지심리학의 발달과는 독립적으로 이론을 구성하였다. 그러므로 이들의 이론에서 인지심리학의 이론이나 연구가 적용된 것은 아니었으나 인지적 측면에 초점을 맞추어 성격이론을 구성했기 때문에 성격의 인지적 접근의 선구자들로 간주된다.

Kelly의 개인적 구성개념 이론

성격심리학자들 중 가장 독창적인 이론가 중의 한 사람으로 평가되는 George Kelly는 1955년 출간된 '개인적 구성개념의 심리학'(The Psychology of Personal Constructs)에서 과학자로서의 인간모형에 기반을 둔 성격이

George Kelly(1905~1966)

George Kelly는 캔자스에서 나고 자라서 미주리의 Friends University에서 학부를 다니고 Park College에서 수학과 물리학의 석사를 받았다. State University of Iowa에서 박사학위를 받은 후 한때 캔자스에서 순회클리닉을 만들어 운영하였는데 이때 Freud 이론과 결별하였다. 왜냐하면 중서부의 농부들에게 성적 충동은 별로 심각한 문제가 아님을 깨달았기 때문이었다. 그후 2차 대전때 항공심리학자로 일했으며, 종전후 교수가 되어 Ohio State University에서 20년 가량 근무하였다. Ohio에 있는 동안 대학원 임상심리학의 프로그램을 본 궤도에 올려놓음으로써 전국의 심리학과의 임상프로그램의 모범으로 만들었고, 성격이론의 발전에도 많은 공헌을 하였다. 그의 화려하지 않은 성장배경과 다양한 경험들이 Kelly로 하여금 새로운 아이디어에 개방적으로 만들었다. Kelly의 저서 'The Psychology of Personal Constructs'(1955)에서 제안된 개인적 구성개념 이론은 성격심리학의 새로운 지평을 연 참신한 이론으로 평가된다.

론을 제안하였다. 그의 개인적 구성개념 이론(personal construct theory)은 구성적 대안주의(constructive alternativism)라 불리는 철학적 견해에 뿌리를 두고 있다. 이 견해에 따르면 객관적 진실이나 절대적 진리란 존재하지 않으며, 세계는 자신이 해석하는(즉 구성하는) 방식으로 존재한다. 그러므로 세상에 대한 많은 구성적 대안들 중에서 어떤 대안을 선택하느냐에 따라 세계는 달라지는 것이다. Kelly는 이러한 구성적 대안주의를 성격이론에 적용하여, 성격을 개인이 세계를 해석하는데 사용하는 구성개념의 체계로 보는 개인적 구성개념 이론을 제안하였다.

과학자로서의 인간

Kelly는 인간의 과학자적인 측면에 주목하였다. 과학자의 목표는 현상을 기술, 설명, 예언하는 것인데 일반 사람들도 삶에서 동일한 목표를 갖는다. 즉 사건들을 기술, 설명, 예언하는 것이 일반인들의 삶에서도 대단히 중요한 것이다. Kelly는 동료 심리학자들이 연구자인 자신들과 연구대상인 일반사람들의 행위를 질적으로 다르게 설명하는 것에 대해 분개하였다. 즉, 심리학자들은 자신들을 현상을 보다 잘 예언하고 통제하기 위해 연구를 수행하는 과학자로 생각하면서, 자신의 연구대상인 일반 사람들은 내적 충동이나 욕망의 충족을 추구하는 단순한 유기체로 간주하는 것이다. Kelly에 따르면 일반 사람들도 과학자와 마찬가지로 자신의 삶에서 일어나는 사건들을 이해해야 할 필요성과 동기를 갖고 있으며, 과학자와 마찬가지로 인지적 수단을 동원하여 이러한 목표를 추구한다는 것이다. 물론 대부분의 사람들은 체계적이고 세련된 방법으로 자료를 수집하고 평가하는 전문적인 과학자는 아니지만 가설을 세우고 이를 검증하는 방법을 따른다는 점에서는 과학자와 다를 바가 없다는 것이 Kelly의 주장이다. 이 점에서 Kelly는 연구대상을 연구자와 동등한 반열로 끌어올린 휴머니스트라고 평가할 수 있다.

인간을 과학자로 보는 Kelly의 견해는 과거의 성격이론과는 전혀 다른 인간에 대한 조망을 제시한다. 우선 그의 이론에서는 사람들이 과거나 현재보다는 미래 지향적이라는 점을 부각시켰다. 모든 행동은 그 속성상 예기적이며, 미래의 사건을 예상하고 통제하려는 시도에서 현실에 관한 견해는 끊임없이 검증된다는 것이 Kelly의 주장이다. "사람들은 미래의 현실을 보다 잘 표상하기 위해서 예상을 한다. 사람들이 관심을 갖는 것은 과거가 아니라 미래이다. 사람들은 항상 현재의 창을 통하여 미래에 도달한다"(Kelly, 1955, p. 49).

인간을 과학자로 보는데서 오는 두 번째 결과는, 사람들이 단순히 수동적으로 환경에 반응하기 보다는 능동적으로 자신의 환경을 표상하는 역량을 갖고 있다는 인식이다. 마치 심리학자가 현상에 관한 이론적 개념을 합리적으로 구성하고 수정하는 것과 마찬가지로 일반 사람들도 자신의 환경을 해석하고 수정하고 재해석할 수 있다. Kelly에게 삶이란 구체적 경험세계를 이해하기 위한 끊임없는 노력으로서, 사람들로 하여금 자신의 운명을 만들어 나갈 수 있도록 하는 것은 바로 이러한 삶의 속성인 것이다. 사람들은 자신이 원하지 않는다면 과거 역사나 현재 상황의 노예가 될 필요가 없다. 사람들은 Skinner가 시사하듯이 현재 상황에 의해서 통제되거나 Freud가 주장하듯이 과거 사건에 의해서 통제되는 것이 아니라 자신이 제기한 질문과 발견한 답에 의존하여 사건들을 통제해 나가는 것이다.

구성개념: 현실의 형판

Kelly의 성격이론의 핵심은 개인이 자신의 환경내의 사물과 인물들을 지각하고 해석하는 양식에 있다. 자신의 접근을 개인적 구성개념 이론으로 명명하면서 Kelly는 사람들이 자신의 삶에서 일어나는 사건들을 조직화하고 이해할 수 있도록하는 심리적 과정에 초점을 맞추었다. 이 심리석 과정의 핵심을 이루는 것이 구성개념(construct)이다. Kelly는 과학자들이 자신이 관심을 갖고 있는 현상을 연구하기 위해서 이론적인 구성개념을 사용하듯이 일반 사람들도 세상을 지각하고 이해하기 위해서 구성개념을 사용한다고 보았다. 과학자들이 구성개념을 공유하는데 비해 일반 사람들이 사용하는 구성개념은 사람마다 다를 수 있기 때문에 개인적 구성개념(personal constructs)이라고 부른다. 어떤 사람의 성격을 이해하는데 가장 좋은 방법은, Kelly에 따르면, 그 사람의 개인적 구성개념을 파악하는 것이다.

좀 더 구체적으로 설명하면, 개인적 구성개념은 개인이 자신의 경험을 해석하거나 설명하거나 예언하기 위해서 사용하는 아이디어나 사고로서, 현실의 측면들을 유사성과 대조성의 관점을 통하여 이해하는 일관성있는 양식을 의미한다. 개인적 구성개념의 예를 들면, '똑똑한-바보같은,' '부유한-가난한,' '착한-악한,' '남성적인-여성적인,' '친절한-적대적인,' '재미있는-졸리운' 등등이다. 이들은 사람들이 일상의 삶에서 사건들에 의미를 부여하기 위해서 사용하는 헤아릴 수 없이 많은 구성개념들의 아주 적은 예들이다.

구성개념이 실제로 작용하는 예로서 어떻게 사람들이 동일한 사건을 서로 다르게 해석하는지 살펴보자. 고등학교에 재학 중인 한 여학생('세원' 이라고 하자)이 학교를 자퇴하고 가수의 길을 가겠다고 결심한다. 세원의 결정은 주위 사람들에게 대단한 충격을 주었고 각자 나름대로 그녀의 행동을 해석하려고 노력한다. 세원의 아버지는 딸이 자신의 권위에 반항하는 것이라고 해석한다. 그러므로 그는 '반항적인-순종적인' 의 구성개념으로 딸의 행동을 파악한다. 한편 세원의 담임선생은 세원의 행동을 학교생활에 적응하지 못한 탓으로 돌리고 '적응적-부적응적' 의 구성개념을 사용하여 해석한다. 세원의 친구들은 세원이 억압적인 학교환경을 떠나 자유로운 바깥세계로 떠나려는 것이라고 생각한다. 그들이 사용한 구성개념은 그러므로 '자유로운-억압받는' 이다. 세원은 자신의 행동이 자신의 적성에 가장 잘 맞는 자연스러운 길을 택한 것이며 따라서 '자기발견적인-타인의식적인' 의 구성개념으로 자신의 행동을 설명한다. 어떤 해석이 옳은 것일까? Kelly의 이론에서는 대답하지 않는다. 단지 우리 각자에게 현실은 상이한 형판(templates) 혹은 구성개념을 통하여 여과되며, 이렇게 자신의 구성개념을 통하여 바라보는 것이 세상을 일관성있게 이해하기 위하여 필요한 것이라고 말할 따름이다.

Kelly는 모든 개인적 구성개념이 양극적(bipolar)이고 이분적(dichotomous)인 속성을 갖고 있다고 주장한다. 즉 인간 사고의 핵심은 삶의 체험을 흑백의 이분법으로 지각하는 것이지 음영이나 회색으로 지각하는 것은 아니라는 것이다. 보다 구체적으로, 사건을 체험할 때 어떤 사건들은 서로 유사하고 다른 사건과는 상이하다고 관찰한다. 유사성과 상이성을 관찰하는 이 인지적 과정이 개인적 구성개념을 형성한다. 따라서 구성개념의 형성을 위해서 적어도 세 개의 요소(사건 혹은 사물)가 요구된다. 구성개념 요소들 중 둘은 서로 유사한 것으로 지각되고 세 번째 요소는 나머지 둘과 다른 것으로 지각되어야 한다. 예를 들면, 우돌과 삼수는 미련하고 달구는 영리하다고 지각하거나, 혹은 소라와 진주는 정직하고 마리는 부정직하다고 지각하면 구성개념이 만들어질 것이다. 다만 비교와 대조가 모두 동일한 맥락에서 일어나야 한다.

불행히도 Kelly는 개인이 자신의 체험을 특정 경로를 따라 해석하도록 이르는 과정에 대해서 별로 설명하지 않았다. 개인적 구성개념의 개인차를 보여주는 기원이나 발달은 그의 관심 밖이었다. Kelly의 이론은 개인의 생애 초기 경험을 강조하지 않는다는 점에서 몰역사적(ahistorical)이다. 그러나 구성개념이 어디에선가로부터 유래하여야 한다고 볼 때 개인의 과거 역사의 산물이라고 가정하는 것이 가장 합리적이다. 즉 상이한 삶의 역사가 구성개념 체계의 다양성을 설명한다고 볼 수 있을 것이다.

구성개념의 속성

Kelly는 모든 구성개념들을 특징짓는 형식적 속성들을 다음과 같이 제안하였다. 첫째, 구성개념은 적용될 수 있는 사건들의 범위, 즉 편의범위(range of convenience)를 갖고 있다. 예를 들면, '독창적 대 비독창적'의 구성개념 차원은 광범위한 지적, 예술적 업적들을 이해하는데 적용될 수 있지만 낙관주의와 비관주의의 차이를 이해하는데는 부적절할 것이다. Kelly는 어떤 구성개념의 예언적 효율성은 적용될 수 있는 사건들의 범위를 넘어서서 일반화될 때 심각하게 훼손된다는 사실을 지적하였다. 그러므로 모든 구성개념들은 비록 그 정도에는 차이가 있지만 제한된 편의범위를 갖고 있다. '좋은 대 나쁜'의 구성개념은 개인적 평가를 요구하는 모든 상황에 적용될 수 있으므로 편의범위가 대단히 넓은 반면에 '성 도착증 대 금욕'의 구성개념은 편의범위가 훨씬 좁다.

둘째, 각 구성개념은 편의초점(focus of convenience)을 갖고 있다. 이것은 편의범위내에서 구성개념이 가장 용이하게 적용되는 사건들을 가리킨다. 예를 들면, '성실 대 불성실'의 편의초점은 교사에게는 공부를 열심히 하는 것과 그렇지 않은 것에 맞추어져 있으나, 마피아 두목에게는 자신의 명령을 충실히 이행하는 것과 그렇지 않은 것을 의미한다. 즉 편의초점은 그 구성개념을 사용하는 사람에 따라 다를 수 있는 것이다. 편의범위와 편의초점은 성격이론을 평가하는데 적용될 수도 있다. 예를 들면, 정신역동과 같은 대 이론은 대단히 넓은 범위의 현상을 설명하고자 하기 때문에 편의범위가 아주 넓은 반면에 최근에 유행하고 있는 사회인지적 성격이론들은 편의범위가 대체로 좁은 편이다. 물론 편의범위가 넓다고 좋은 이론이고 좁다고 나쁜 이론은 아니다. 설명하고자 하는 현상을 얼마나 잘 설명하느냐가 보다 중요한 기준인 것이다. 한편 정신역동이론은 정신병리 현상을 설명하는데 특히 유용하고, 사회인지적 성격이론들은 사회적 맥락에서 정상인의 행동을 설명하는데 특히 적절하다는 인상을 준다. 그 이유는 편의초점이 정신역동 이론에서는 정신병리 현상이고 사회인지적 성격이론들에서는 사회적 맥락에서 정상인의 행동이기 때문이다.

셋째, 구성개념은 투과성-비투과성의 차원에서 서로 다르다. 투과적 구성개념은 그 영역 내에서 아직 해석되지 않은 요소들을 편의범위 내로 받아들인다. 그러므로 새로운 사건들을 해석하는데 개방적이다. 반대로 비투과적 구성개념은 새로운 경험의 해석에 대하여 폐쇄적이다. 예를 들면, 어떤 여자의 '신뢰할 수 있는 남자–신뢰할 수 없는 남자'의 구성개념이 투과적이라면 그 여자는 새로운 남자를 만날 때마다 이 구성개념을 통하여 그 남자를 평가할 것이다. 그러나 그 여자가 신뢰할 수 있는 남자는 죽은 애인 한 사람 뿐이며 그 밖의 모든 남자들은 악당일 뿐이라고 생각한다면 신뢰할 수 있는 남자와 신뢰할 수 없는 남자의 구분은 더 이상 그 여자에게 적절하지가 않다. 신뢰할 수 있는 남자는 이제 더 이상 존재하지 않기 때문이다. 투과성은 편의범위 내에서만 적용될 수 있음을 주목해야 한다. '신뢰할 수 있는–신뢰할 수 없는'의 구성개념은 예술작품을 감상하는 장면에서는 아무 의미도 없게 되는 것이다.

구성개념의 유형

개인적 구성개념은 요소들에 대하여 행사하는 통제의 성격에 따라 분류될 수 있다. 요소들을 전적으로 자기 영역에만 소속되도록 동결(선점)하는 구성개념을 선점적 구성개념(preemptive construct)이라고 한다. 선점적 구성개념은 경직된 사람들에게서 흔히 발견되는 '오직 – 뿐'의 사고 특성과 유사하다. 인종의 꼬리표가 좋은 예이다. 어떤 사람이 유태인으로 판명되었으면 그는 오직 '유태인'일 뿐 그의 직업이나 취미나 사상적 성향은 무시된다. 성 전형화된 남자들도 마찬가지다. 이들의 남성–여성 구성개념은 극히 선점적이어서 어떤 여성도 여성일 뿐이다. 그녀가 컴퓨터 전문가이며 환경 운동에 열렬히 참여하고 있다는 사실에는 눈길도 주지 않는다. 좀 덜한 정도이긴 하지만 김응룡 감독도 이러한 선점적 구성개념의 희생자이다. 그는 오랫동안 카리스마적인 감독으로 알려져 온 까닭에 많은 야구팬이나 선수들은 그의 다른 면을 보지 못한다. 실제로 김응룡 감독은 가족이나 여자들에 대해서는 매우 다정다감하다고 한다. 이와 같이 선점적 구성개념은 우리 주위의 세계를 새로운 관점에서 바라보고 해석할 권리를 타인과 자신 모두에게 거부하는 사고 유형이다.

군집적 구성개념(constellatory construct)은 요소들이 동시에 다른 영역들에 속할 수 있도록 허용하지만 그들의 영역 멤버쉽을 고정해 버린다 . 즉 일단 어떤 사상이 하나의 범주나 구성개념 아래 놓이게 되면 그것의 특성들은 고정된다. 고정관념적인 사고는 이 유형의 구성개념을 예시한다. 예를 들면, 군집적 사고에서는 어떤 여자가 연예인이면 '자기를 드러내고 싶어하고, 노출이 심한 옷차림을 즐기며, 성적으로 자유분방하고, 정치나 사회문제에는 관심이 없는 여자' 라고 규정해 버린다. 그녀가 연예인이면서 다른 특성들(예를 들면 생각이 깊고 내성적이며 성적으로 보수적이라든지)을 가질 여지는 군집적 사고에서는 차단되어 있는 것이다. 정의상 군집적 구성개념은 대안적인 견해를 채택할 기회를 제한한다; 일단 어떤 사람을 특정 범주에 할당하면 그 범주와 연합된 특성들의 군집을 그에게 귀속시키는 것이다.

요소들의 대안적 구성을 허용하는 구성개념은 제안적 구성개념(propositional construct)이라고 불린다. 이 유형의 구성개념은 새로운 경험에 개방적이 되게 하고 대안적인 세계관을 채택하도록 허용한다는 점에서 앞서의 선점적 구성개념이나 군집적 구성개념과 대조를 이룬다. 이 경우에 어떤 여자를 연예인으로 인식한다고 해서 다른 특성들이 필연적으로 기대되지는 않는다. 제안적 사고는 유연한 사고로서 개인은 새로운 경험에 개방되어 있고, 현재의 구성개념들을 수정할 수 있다. 이렇게 보면 제안적 구성개념은 바람직하고, 선점적 구성개념과 군집적 구성개념은 바람직하지 않은 것처럼 생각되지만 Kelly는 꼭 그런 것은 아니라고 한다. 만약에 제안적 구성개념들만을 사용한다면 긴급한 결정에 도달할 수 없기 때문에 세상을 살아가는데 어려움을 겪게 되기 때문이다. 예를 들어 당장 머리 위에 떨어지는 돌을 피하기 위해서는 극도로 단순화된 선점적 사고가 여러 각도에서 고려와 재고려를 거듭하는 제안적 사고보다 훨씬 유용할 것이다. 그러므로 선점적 구성개념, 군집적 구성개념, 제안적 사고 유형이 삶에서 모두 필요하기는 하다. 그러나 제안적 사고는 비생산적이고 경직되고 고정관념적인 현실지각을 벗어나게 해준다는 점에서 대단히 중요한 사고 유형이다.

그밖에도 개인적 구성개념을 분류하는 여러 방식들이 있을 수 있다. 예를 들면, 관여하는 사상들의 폭의 넓고 좁음에 따라(즉 편의범위의 넓고 좁음에 따라) 포괄적 구성개념(comprehensive constructs)과 부수적 구성개념(incidental constructs)으로 분류하기도 하고, 기본적 기능을 지배하는 핵심 구성개념(core constructs)과 핵심 구조의 큰 수정없이 변화 가능한 주변 구성개념(peripheral constructs)으로 나누기도 한다. 또한 구성개념들 간에 위계가 있어서 그 안에 다른 구성개념들을 포함하는 상위 구성개념(superordinate constructs)과 다른 구성개념 안에 포함되는 하위 구성개념(subordinate constructs)도 있다. 예를 들면, 좋다-나쁘다는 상위 구성개념으로 그 안에 정직하다-부정직하다, 깨끗하다-더럽다 등의 하위 개념들을 포함한다. 그밖에 단어로 표현될 수 있는 언어적 구성개념(verbal constructs)과 언어사용을 학습하기 이전에 형성되어 단어로 표현되지 못하는 전(前)언어적 구성개념(preverbal constrcuts)도 있다.

불안, 공포, 위협 및 심리적 장애의 설명

Kelly는 기존의 구성개념 체계에 대한 도전이 다양한 부적 정서와 심리적 장애의 원인을 이룬다고 생각하였다. 그에 따르면 불안은 "현재 직면하고 있는 사건이 자신의 구성개념 체계의 편의범위 밖에 놓여 있다는 인식"(1955, p. 495)에서 비롯된다. 그는 불안을 유발하는 것은 구성개념 체계가 잘 기능하지 못하고 있다는 인식이 아니라 직면하고 있는 사건들을 해석할 적절한 구성개념을 갖고 있지 못하다는 인식이라고 주장하였다. 예를 들어, 이혼이 불안을 가져오는 이유는 전에 경험하지 못했던 사건으로서, 그 결과와 함의를 이해하고 예견할 구성개념을 갖고 있지 못하기 때문이라는 것이다. 불안에 대한 이러한 견해는 불안을 무의식적인 갈등과 본능적인 에너지의 억압에서 기인하는 것으로 보는 Freud의 생각과 무척 다르다. Kelly 이론에서 불안을 치료하는 방법은 고통을 주는 사건들을 보다 잘 예언할 수 있는 새로운 구성개념을 획득하도록 도와주거나, 기존 구성개념을 보다 투과적으로 만들어서 새로운 경험이 편의범위 내에 들어오도록 도와주는 것이 될 것이다. 공포는 새로운 구성개념이 기존의 구성개념 체계 속으로 들어오려고 할 때 경험되며, 위협은 기존의 구성개념 체계가 포괄적인 변화에 직면했을 때 경험된다고 한다. Kelly는 구성개념 체계를 확장시키려는 욕구와 체계의 붕괴 위협을 피하려는 욕구 사이의 상호작용적 역동에 주목하였다. 사람들은 항상 예언체계의 보존과 증진을 추구하지만 불안과 위협에 직면해서는 기존의 구성개념 체계를 확장하는 위험에 뛰어들기 보다는 위축된 체계에 집착하는 경직된 행태를 보이곤 한다.

Kelly에 따르면 잘 기능하는 사람들은, 첫째 자신의 구성개념들의 타당성(예언적 효율성)을 평가하고자 하는 의지를 갖고 있고, 둘째 타당하지 않은 것으로 밝혀진 구성개념들을 포기하거나 재구성할 수 있고, 셋째 자신의 구성개념 체계의 범위와 조망을 확장하려는 욕구를 갖고 있고, 넷째 다양한 사회적 역할들을 잘 이해하고 수행하는 능력을 갖고 있다. 심리적 장애를 가진 사람들은 결함이 있는 구성개념 체계를 갖고 있으며, 더욱이 자신의 구성개념 체계가 타당하지 않다는 반복되는 증거에도 불구하고 계속해서 그 체계에 집착하는 행동을 보인다. 과학자 비유를 적용하면, 세계에 관한 틀린 가설을 만들어내고, 그 가설의 편의범위 밖의 사건들을 설명하려하고, 모순되는 증거에도 불구하고 자신의 가설을 완강하게 고집하는 과학자는 잘못된 과학자이듯이, 자신의 구성개념 체계와 관련해서 잘못된 과학자의 행태를 보이는 사람은 심리적 장애자라는 것이 Kelly의 지적이다. 그러므로 개인적 구성개념 이론에서 심리치료의 목표는 구성개념 체계의 변화를 통하여 예언적 효율성을 높이도록 도와주는 것이다.

역할 구성개념 목록 검사

Kelly(1955)는 개인이 자신의 삶에서 중요한 사람들을 해석하는데 사용하는 구성개념들을 찾아내기 위해서 역할 구성개념 목록 검사(Role Construct Repertory Test: Rep Test)를 개발하였다. Rep Test는 원래 치료자가 내담자의 개인적 구성개념 체계를 이해하는 것을 돕기 위해서 고안되었다.

많은 형태의 Rep Test가 존재하지만 다음과 같은 절차는 모든 Rep Test들에 공통적이다. 피검자에게 특히 중요하다고 가정되는 20-30명의 역할 명칭 목록을 각 역할의 정의와 함께 제시하고 피검자로 하여금 각 역할에 해당되는 사람의 이름을 적도록 한다. 다음에 피검자에게 목록으로부터 세명씩 인물을 묶어서 제시하고 "어떤 중요한 방식으로 둘은 서로 같고 나머지 하나는 다른가"에 대답하도록 한다. 예를 들면, 피검자는 누나와 형과 엄마로 적어낸 세 사람중 어떤 면에서 두 사람은 서로 같고, 나머지 한 사람은 앞의 두 사람과 다른지를 답하는 것이다. 만약 피검자가 누나와 형은 수다스럽다는 점에서 닮고, 엄마는 조용하다는 점에서 다르다고 대답하면, '수다스럽다-조용하다'의 구성개념 차원이 하나 얻어지는 것이다. 이런 식으로 20-30회 반복하여 얻어낸 구성개념들의 언어적 내용에 근거하여 심리학자는 피검자가 자신의 삶에서 중요한 사람들을 지각하고 대처하는 방식에 관한 가설들을 세울 수 있게 된다. Rep Test는 전통적인 심리측정 도구들과 달리 신뢰도나 타당도나 표준화에 대한 고려없이 만들어졌고, 사람들이 자신이 사용하는 구성개념을 정확하게 언어로 기술할 수 있다는 가정에 근거하는 등 취약점을 갖고 있지만, 다른 자기보고 검사들과 마찬가지로 여러 정보 출처 중의 하나로 간주하여 사려깊게 사용하면 임상적으로 중요한 정보들을 제공할 수 있는 유용한 도구이다. Bieri(1955, 1961)는 Rep Test 결과에 근거하여 피검자의 인지적 복잡성 정도를 평가할 수 있는 방법을 개발하였다.

표 4.1 Rep Test의 구성개념 예시

유사한 인물 쌍	유사성 구성개념	대조 인물	대조적 구성개념
자기, 아버지	이상의 강조	어머니	현실의 강조
남자친구, 어머니	이야기를 잘 들어줌	헤어진 남자친구	의사소통의 어려움
선생님, 여자친구	감성적임	아버지	이성적임
자기, 선생님	내성적임	남자친구	외향적임
싫은 사람, 고용주	구두쇠임	남자친구	관대함
남동생, 행복한 사람	낙천적임	고용주	비관적임
여자친구, 남동생	수다스러움	자기	과묵함
여동생, 어머니	남을 배려함	남동생	자기중심적임

Kelly 이론의 평가

Kelly의 개인적 구성개념 이론은 과학적이고 독창적인 성격이론으로 높이 평가된다. Kelly가 그의 이론을 발표한 1950년대는 심리학에서 행동주의가 지배적인 패러다임이었고, 성격심리학은 Freud의 정신분석학과 특질이론으로 대표되고 있었으며, 인지혁명은 아직 시작되지 않았던 시기였다. 그러한 시대에 Kelly는 독특하면서도 설득력있는 인간관에 근거하여 인지적 접근의 효시가 된 성격이론을 제안하고, 대단히 체계적이고 완성도가 높은 이론으로 발전시켰다. Bruner(1956)가 Kelly의 이론을 과거 10년 사이에 성격심리학에서 이루어진 가장 큰 업적으로 평가한 것이나, Neimeyer(1992)가 Kelly의 이론은 세월이 갈수록 점점 더 현대적이 되는 아이로니를 지니고 있다고 지적한 것처럼 Kelly의 이론은 당대에는 대단히 혁명적이었고, 오늘날에는 대단히 현대적이라는 인상을 준다. 아마도 그 이유는 Kelly의 과학자로서의 인간 모형과 인지적 접근이 과학으로 대표되는 오늘날의 시대정신과 현대 심리학의 주류인 인지심리학에 잘 부응하기 때문일 것이다.

Kelly의 이론은 주관성을 강조하기 때문에 종종 현상학적 이론으로 분류되지만 다른 현상학적 이론들이 주관적 체험 자체만을 강조한데 비해 체험을 결정하는 구조를 동시에 강조했다는 점에서 독특하다. 이러한 성격구조에 대한 관심 때문에 Kelly는 Rogers나 Maslow 등 다른 현상학적 심리학자들보다 훨씬 체계적인 이론을 형성할 수 있었다. 또한 그의 개인적 구성개념 이론은 성격과정의 보편성과 개인차를 모두 설명한다. 즉, 인간은 구성개념을 사용하여 세계를 해석한다는 점에서 공통적이지만, 개인이 사용하는 구성개념은 그 사람에게 고유한 개인적 구성개념인 것이다.

읽어보기……

인지적 복잡성, 리더십, 그리고 국제적 위기?

Bieri(1955)의 인지적 복잡성에 관한 연구는 Kelly의 구성개념 체계의 구조적 측면에 초점을 맞춘 대표적인 연구이다. Bieri는 어떤 구성개념 체계의 분화될 수 있는 정도가 그 체계의 인지적 복잡성을 반영하는 것으로 보았다. 인지적으로 복잡한 체계는 많은 구성개념들을 포함하고, 현상의 지각에 상당한 정도의 변별을 제공한다. 반대로 인지적으로 단순한 체계는 적은 수의 구성개념들만을 포함하고 현상의 지각에 낮은 수준의 변별만을 제공한다. 인지적으로 복잡한 사람은 사람들을 분화된 양식으로, 즉 다양한 속성들을 가진 존재로 파악하는데 반해 인지적으로 단순한 사람은 사람들을 미분화된 양식으로 지각한다. 극단적인 경우에는 단 하나의 구성개념(예: 좋은-나쁜)만으로 세상을 해석하는 단순성을 보이기도 한다. Bieri는 인지적 복잡성을 정보처리 변인, 즉 '사회적 행동을 다차원적 방식으로 해석하는 역량'으로 정의하고, 이 차원이 성격의 차원으로 간주될 수 있다고 주장하였다(Bieri et al., 1966).

최근에 여러 연구들이 인지적 복잡성-단순성의 차원이 리더십이나 국제관계에 중요한 함의를 갖고 있음을 시사하였다. 예를 들면, 혁명지도자의 경우 인지적 복잡성이 큰 것이 유리할까 작은 것이 유리할까를 생각해 볼 수 있다. 네 번의 혁명(미국, 러시아, 중국, 쿠바)의 성공적인 지도자들과 비성공적인 지도자들에 대한 연구에서, 혁명을 위한 투쟁단계에서는 낮은 인지적 복잡성이 성공과 연합되지만, 그후의 정착화단계에서는 높은 인지적 복잡성이 성공과 연합된 것으로 밝혀졌다. 여기서 시사하는 바는, 단순하고 지돌적인 접근이 초기단계에는 바람직하지만 후기단계로 가면 보다 유연하고 통합적인 접근이 필요하다는 것이다. 인지적 복잡성은 대기업을 이끌어나가는 리더십에서도 가치있는 특성이다. 성공적인 기업지도자들은 유연한 계획을 개발하고, 결정에 다양한 종류의 정보를 포함시키고, 결정들 사이를 연결지을 수 있는 능력이 있어야 한다.

어떻게 그러한 특성들이 국제관계와 관련을 가질까? 전쟁으로 이어진 국제적인 위기에서 주고받았던 외교적 커뮤니케이션은 전쟁으로 이어지지 않은 경우의 외교적 커뮤니케이션보다 인지적 복잡성에서 더 낮았다는 증거들이 있다. 예를 들면, 한국전쟁의 발발 직전의 미국과 소련 사이의 커뮤니케이션은 베를린 봉쇄나 쿠바 미사일 위기 직전보다 복잡성에서 낮았다. 또한, 유엔총회에서 행해진 이스라엘과 아랍 연설의 표본들을 분석해본 결과 네 번의 중동전쟁(1948, 1956, 1967, 1973) 직전에 복잡성이 의미있게 감소하였다. 그러한 측정치들이 미래의 전쟁을 예언하거나 더 나아가서 방지하는데 사용될 수 있지 않을까?

구자숙(2002)은 남북간 고위지도자들간에 교환된 서신들의 내용을 인지적 복잡성의 관점에서 분석한 연구를 발표하였다. 인지적 복잡성의 개념은 앞으로 이와 같이 흥미롭고 현실적 함의가 큰 연구들을 많이 낳을 것으로 기대된다.

출처: Suedfeld & Tetlock, 1991; Tetlock, Peterson, & Berry, 1993; Pervin & John, 1997에서 재인용; Koo, Han, & Kim, 2002.

주: 인지적 복잡성이 개인차가 아니라 사회심리적 과정(예: 커뮤니케이션)에 적용될 때는 통합적 복잡성(integrative complexity)으로 지칭되기도 한다.

그러나 모든 이론들이 그렇듯이 Kelly의 이론도 한계와 취약점들을 갖고 있다. 우선 Kelly는 다른 성격심리학자들이 편파적인 인간관을 가졌다고 비판했지만 그의 이론 역시 전체 인간을 대표한다고 말하기 어렵다. 인간의 인지적 측면을 강조한 결과로 그의 이론에서는 정서와 동기가 소홀히 취급되었다. Bruner는 Kelly가 그동안의 비합리주의에 대해서 과도하게 반응한 것이라고 비판하였다. 또한 성격의 발달에 관한 설명이 소홀한 것도 그의 이론의 취약점 중의 하나이다.

Kelly의 개인적 구성개념 이론은 동료 학자들의 높은 평가에도 불구하고 많은 후속 연구와 논쟁을 낳는 영향력있는 이론으로 자리잡지 못하였다. 특히 미국내에서는 소수의 열렬한 추종자들을 제외하고는 역사적 유물로 취급되어 왔다. 이 점은 그의 이론보다 체계성이 떨어지는 Rogers 이론의 영향력이 큰 것과 좋은 대조가 된다. 아마도 그의 이론이 어떤 학파와도 무관하게 Kelly 개인의 독창성에 의존하여 형성되었고, 또한 Kelly가 자신의 이론을 전파하려는 노력을 하지 않은 것 등이 주된 원인인 듯하다. 그리고 그의 이론이 인지혁명 이전에 형성되었기 때문에 발달된 인지심리학의 지식기반을 활용할 수 없었던 것도 원인으로 꼽을 수 있다. 그러나 미국에서와 달리 영국에서는 Kelly의 이론이 널리 알려지고, 임상가 훈련에 적용되고 있으며, 그의 Rep Test는 전 세계적으로 임상장면에서 활용되고 있다.

사회인지적 접근을 취하는 현대의 많은 성격심리학자들은 본인들이 인정하든 않든 Kelly의 아이디어를 사용하고 있거나 적어도 상당한 영향을 받은 것으로 간주된다. 특히 뒤에 언급할 Mischel의 이론에는 Kelly의 영향이 곳곳에서 발견된다. Kelly의 이론에는 놀랄만한 통찰이 많이 담겨져 있어서 앞으로 점점 많은 연구자들이 그의 이론에서 좋은 연구주제를 찾아 연구를 할 것으로 기대된다. 최근에 관심이 부활하고 있는 인지적 복잡성(cognitive complexity)은 그 중의 한 예이다.

Rotter의 사회학습 이론

George Kelly와 Ohio State University의 동료였던 Julian Rotter는 임상가인 동시에 실험심리학자였다. 따라서 Kelly와 달리 Rotter의 이론에는 실험심리학 특히 학습심리학의 전통이 반영되어 있다. Rotter의 사회 학습 이론(social learning theory)의 초점은 특정 상황에서 개인의 행동을 예언하는 것이다.

Rotter의 이론은 정신역동이론가인 Adler와 학습심리학자인 Hull과 Tolman의 영향을 받아서 형성되었다. Adler는 성(性)을 모든 것의 핵심에 놓은 Freud의 입장에 반발하여 Freud와 결별한 사람이다. 그는 심리적 기능의 사회적 요인을 강조하였는데, 그의 영향을 받아 Rotter는 학습의 대부분이 사회적 맥락내에서 일어나며 우리의 동기의 대부분이 다른 사람과 관련되어 있다고 보았다. 또한 1940년대 실험심리학에서는 학습이 이루어지는 기제에 관하여 Hull과 Tolman 사이에 논쟁이 불붙고 있었다. Hull은 학습에서 강화에 기초해서 형성되는 자극과 반응간의 S-R 연결을 강조하였고, Tolman은 이에 반대하여 학습은 강화가 없이도 이루어지며 우리가 학습하는 것은 S-R 연결이라기 보다는 인지 지도(cognitive map)라고 주장하였다. 예를 들면, 쥐가 미로에서 학습하는 것은 각 단계에서의 기계적인 S-R 연결이 아니라 미로의 지도라는 것이다.

Rotter의 사회학습 이론과 행동의 예언

Rotter는 인간의 사회행동을 설명하기 위해서 Hull의 주장(강화의 중요성)과 Tolman의 주장(인지의 중요성)을 결합시키는 시도를 하였다. 그가 제안한 기대-가치 모형(Expectancy-Value Model)에 따르면, 어떤 상황에서 특정 행동이 나타날 잠재력(behavioral potential)은 그 행동이 특정 결과를 가져올 확률인 기대(expectancy)와 그 결과와 연합된 부적 혹은 정적 값, 즉 강화값(reinforcement value)의 함수이다.

B(Behavior Potential) = f(Expectancy, Reinforcement Value)

예를 들어, 상사에게 질책을 받은 회사원이 용서를 빌까 혹은 자신은 잘못이 없다고 항변을 할까 갈등을 느끼고 있다고 하자. 이때 그는 각각의 행동이 특정 결과를 초래할 확률과 그 결과와 연합된 강화값의 함수로 행동 잠재력의 값을 구하여 이 값이 더 큰 행동을 선택한다는 것이다.

Rotter에 따르면 기대(E)와 강화값(RV)은 개인에 따라 다르다고 한다. 사람들의 유별난 행동은 각 개인이 적용하는 E와 RV가 다르기 때문으로 이해할 수 있다. 예를 들면, 상습적인 도둑은 잡혀서 처벌받을 확률(E)을 일반인들보다 낮게 볼 뿐만 아니라 처벌 자체에 대한 두려움(RV)도 일반인들보다 낮기 때문에 도둑질을 하는 것이다. E와 RV는 또한 상황에 따라 달라진다. 모든 상황에서 같은 행동이 항상 동일한 결과를 가져오지는 않기 때문이다. 예를 들면, 자신보다 신체적으로 약한 사람을 공격하는 것과 강한 사람을 공격하는 것은 결과에서 엄청난 차이를 가져온다.

내부 대 외부 통제 소재

Rotter는 기대와 강화값이 상황에 따라 달라지기는 하지만 동시에 사람들은 여러 상황에 걸쳐 일정하게 유지되는 일반화된 기대(generalized expectancies)를 발전시키기도 한다고 주장하였다(Rotter, 1966, 1971, 1990). 사람들을 믿을 수 있다고 생각하는 정도인 대인신뢰(interpersonal trust)는 Rotter가 강조한 일반화된 기대 중의 하나이다. 일반화된 기대는 상황에 걸친 일관성과 개인차의 속성을 지니므로 성격변인으로 간주될 수 있다. 가장 잘 알려진 일반화된 기대는 '내부 대 외부 통제 소재'(internal vs. external locus of control) 혹은 '통제 소재'(locus of control)이다. 내부 통제 소재는 자신의 성공과 실패가 내부 요인(노력이나 능력 등)에 의해서 결정된다는 일반화된 기대이며, 반대로 외부 통제 소재는 성공과 실패가 자신의 노력보다는 외부 요인(운이나 우연이나 예측할 수 없는 환경의 힘 등)에 의해서 결정된다는 일반화된 기대이다. Rotter는 내부 통제와 외부 통제가 상호 배타적인 유형이라기 보다는 연속선 상에 위치하는 특질로 간주하였다.

Rotter(1966)는 개인의 통제 소재를 측정하는 '내외 통제성 척도'(interal-external locus of control scale; I-E Scale)를 개발하였다(아래 표 4.2 참조). 내외 통제성 척도는 대단한 주목을 받아서 이 척도를 사용한 많은 연구들이 발표되었다. 연구자들은 흔히 내외 통제성 척도에서 높은 점수를 받은 사람들과 낮은 점수를 받은 사람들의 두 극단 집단을 뽑아서 여러 성격 및 행동 특성들에서의 차이를 조사하였다. 중요한 연구결과들은 아래와 같

표 4.2 내외 통제성 척도의 문항 예

1a. 일어날 일은 기어코 일어나고야 만다.
1b. 노력하지 않고 운만 믿을 때는 결과가 아주 좋지 않다.
2a. 세상은 착실한 사람이 손해를 보게 마련이다.
2b. 착실히 사는 것이 세상을 가장 잘 사는 방법이다.
3a. 국민도 나라 일에 영향을 줄 수 있다.
3b. 일반국민은 나라 일에 왈가왈부해 보았자 소용이 없다.
4a. 내가 노력해야 좋은 배필을 만난다.
4b. 연분이 닿아야 좋은 배필을 만난다.

출처: 심리척도 핸드북 I(고려대학교 부설 행동과학연구소 편), 1998.

이 정리될 수 있다.

첫째, 건강과 관련하여, 내부 통제자들은 외부 통제자들보다 적극적으로 정보를 추구하고, 건강을 유지하거나 증진시키기 위한 예방 조치(금연, 운동, 정기 검진 등)를 취하는 경향이 더 크다(Strickland, 1978; Walston & Walston, 1982). Lau(1982)는 이에 대한 설명으로 내부 통제자들의 경우, 어렸을 때 부모들이 건강 습관을 학습하도록 훈육하는 가정에서 성장한 경우가 많았다는 사실을 지적하였다. 둘째, 외부 통제자들은 내부 통제자들보다 심리적 장애를 더 자주 발전시키는 경향을 보인다. 외부 통제자들은 더 높은 불안 및 우울증 증세를 보이고, 더 낮은 자존감을 나타내며, 정신과 환자로 분류될 확률이 더 높았고(Phares, 1978), 한 연구에서는 자살률도 더 높았다(Boor, 1976). 왜 외부 통제성은 부적응과 관련될까? 아마도 사람들은 자신의 운명이 자신의 통제 아래 있다고 믿을 때 삶에서 더 효과적으로 기능하기 때문일 것이다. 셋째, 외부 통제자들은 사회적 영향에 보다 취약한 경향을 보인다(Phares, 1978). 반대로 내부 통제자들은 다른 사람들이 영향력을 행사하려 하는데 저항할 뿐만 아니라 기회만 주어지면 타인의 행동을 통제하려는 시도를 한다. 또한 자신이 영향력을 미칠 수 없는 사람들을 싫어하고 자신이 쉽게 조종할 수 있는 사람들을 좋아하는 경향을 보인다.

Rotter 이론의 평가

Rotter는 인간 행동의 설명과 예언에 사회적 요인과 인지적 요인이 중요하다는 점을 강조함으로써 전통적인 행동주의의 조망을 확장시켰다. 그의 이론은 성격의 가장 중요한 측면들은 사회적 맥락 속에서 학습된다는 가정에 기초하고 있다. 그는 사람들은 어떤 상황에서 자신의 어떤 행동이 보상을 받는지 알고 있다고 주장했다. 또한 사람들은 생애를 통하여 자신의 목표와 행동 방략들을 능동적으로 구성해나가는 인지적 존재라고 생각하였다. Rotter의 이론은 Kelly의 이론처럼 광범위한 성격현상을 포괄적으로 설명하는 대 이론은 아니지만 실험심리학자 출신답게 간결하며 내적 일관성을 갖추고 있다. 그의 이론은 Kelly의 이론보다 최근의 사회인지적 성격 이론들에 가까우며 특히 Bandura의 이론과 많은 공통점을 갖고 있다. Rotter 이론의 주요 부분은 인지혁명 이전에 이루어졌기 때문에 Kelly 이론과 마찬가지로 현대 인지심리학에서 발달된 개념과 이론을 자신의 성격이론에 접목시키지 못하였다. 그러나 그의 이론은 흥미로운 시사점들을 많이 포함하고 있으며, 그가 개발한 I-E

척도는 지난 수십년간 가장 인기있는 성격 척도 중의 하나였다.

최근의 사회인지적 성격이론: Mischel과 Bandura

Mischel이 1968년에 출간된 '성격과 평가'(Personality and Assessment)에서 당대의 성격심리학을 비판한 이후 성격심리학은 1970년대를 성격-상황의 논쟁 속에서 자기회의와 정체성 혼란의 어려움을 겪으면서 보냈다. 그러나 1980년대에 접어들어 사회인지적 관점을 가진 학자들이 성격연구에 본격적으로 참여하면서 성격심리학은 새로운 모습으로 부흥하였다. 최근의 성격심리학은 역사상 처음으로 심리학의 주류와 패러다임을 공유하는 모습을 보였다. 즉 성격심리학에서도 심리학의 다른 분야와 마찬가지로 인지 패러다임이 주도적 패러다임으로 부상한 것이다. 성격심리학에서 최근의 사회인지적 흐름을 주도해온 사람은 Mischel과 Bandura의 두 사람이다. Mischel은 Kelly와 Rotter의 학생이었으며, Bandura는 행동주의 학습이론가인 Kenneth Spence의 학생이었다. 따라서 이 두 사람의 이론은 인지혁명 이후의 인지심리학의 발전에 많은 영향을 받았지만 동시에 그 이전의 인지적 관점 및 학습이론과도 맥이 닿아있다. 오늘날 많은 성격심리학자들이 사회 인지적 관점에서 연구와 이론을 전개하고 있다. 이 장에서는 Mischel과 Bandura의 이론만을 소개하는데, 그 이유는 이들이 사회 인지적 성격심리학의 틀을 만든 학자들로서 이들의 이론을 통해서 전체의 모습을 잘 조망할 수 있기 때문이다. 그리고 사회 인지적 관점의 많은 성격이론이나 연구들이 동기나 자기와 관련된 현상을 다루고 있으므로 이들은 각기 해당 장에서 언급될 것이다.

Mischel의 사회인지적 성격이론

Walter Mischel은 인지사회적 개인변인들의 제안과 만족지연에 관한 연구를 통해 사회인지적 성격이론의 발전에 크게 기여하였다. 아래에서 Mischel의 이론과 연구를 살펴보자.

인지 사회적 개인 변인들

Mischel은 1973년 성격의 인지적 사회학습적 재 개념화에 관한 논문을 발표하면서 인지 사회적 영역에서 개인차를 분석하기 위한 심리적 개인 변인들을 소개했다. 이들은 정신역동이나 특질이론에서 발견되는 포괄적인 성격특질이나 성격유형에 대한 대안으로 소개되었다. 이 개인변인들은 개인이 사회적 자극을 어떻게 선택하고, 지각하고, 처리하고, 해석하고, 사용하는가에 관한 질문을 인지 사회적 관점에서 대답하는데 도움을 주는 개인의 심리적 속성들이다. 이들은 개인의 역사와 유전적 성향의 산물이면서, 또한 새로운 경험이 영향을 주는 방식을 조절하는 역할을 한다. 후에(Mischel, 1990) 인지 사회적 개인 변인들(cognitive social person variables)로 호칭된 이 변인들은 사회 인지적 성격 이론의 핵심을 이루는 개념들로서 많은 성격 연구들에서 주목을 받았다. 이들은 개인적 구성개념과 부호화 방략, 목표, 기대, 능력, 자기 조절적 체계 등이다.

개인적 구성개념(personal constructs)과 부호화 방략(encoding strategies)은 사람들이 자기, 타인, 그리고 세계에 관한 정보들을 해석하고 처리하는 양식을 지칭한다. 개인적 구성개념은 Kelly에서 비롯되었고, 부호화 방략은 인지심리학의 정보 처리 모형에서 차용된 개념이다. 예를 들어 소

Walter Mischel(1930~)

Walter Mischel은 빈에서 태어나 어린시절을 Freud 집 근처에서 살았다. 1939년 미국으로 이주한 후 Ohio State University에서 박사학위를 받았다. Ohio에서는 George Kelly와 Julian Rotter의 영향을 받았으며, 그의 이론에서 보이는 인지와 사회학습 오리엔테이션은 이 두 스승의 영향을 반영한다. 졸업후 Mischel은 Harvard University와 Stanford University를 거쳐 1984년 이래 Columbia University에 재직하고 있다. Mischel은 1965년에 Peace Corps 평가 프로젝트에 참여했는데, 이 때 전반적 특질 측정치가 수행을 예언하는데 신통치 않음을 발견하였다. 정신분석이론이나 특질이론과 같은 전통적인 성격이론에 대한 Mischel의 회의는 이때 싹텄으며, 1968년에 출간된 'Personality and Assessment'에서 전통적인 성격심리학에 대한 통열한 비판을 가함으로써 '성격-상황 논쟁'을 촉발시켰다. 이 책 때문에 한동안 그는 성격심리학에 적대적인 인물로 알려졌지만 성격의 사회인지적 접근의 물꼬를 텄고, 그 자신 많은 성격연구를 수행함으로써 성격심리학에 큰 공헌을 하였다.

개팅에서 헝클어진 머리에 수염이 더부룩한 남자가 운동복 차림으로 나타났다고 하자. A라는 여자는 무척 상스럽고 매너없는 남자라고 생각하는 반면에 B라는 여자는 대단히 소탈하고 대범하며 남성미가 넘치는 남자라고 생각했다. 이렇게 사람들은 세상을 부호화하고 범주화하는데 개인차를 보인다. 또한 이렇게 부호화하는 방식은 우리들의 다음 행동에 영향을 미친다. 그러므로 A는 얼른 그 자리를 떠나 버렸고, B는 밤 늦게까지 그 남자와 같이 즐기고 다음 만날 약속을 하고서 헤어졌다. 개인적 구성개념과 부호화 방략은 성격의 다른 차원들과 상호작용한다. 예를 들면, 외향성인 사람은 대부분의 사회적 상황을 즐기는 상황으로 해석하는데 비해 내향성인 사람은 동일한 상황을 자신의 사회적 기술을 시험하는 상황으로 해석한다.

목표(goals)는 개인이 추구하는 미래의 사상으로서 상당 기간 동안 동기를 유지시키고 순간순간의 영향에 흔들리지 않고 지속할 수 있도록 하는 힘을 지닌다. 여기서 목표는 본능이나 추동과 달리 인지적 개념으로서 동기적 힘이 부여되었다. 우리가 어떤 장기적 목표를 세우고 많은 난관에도 불구하고 계속해서 나아갈 수 있는 것은 목표를 끊임없이 머리 속에서 상기시키기 때문이라고 한다. 목표들은 보통 하나의 체계로 조직화되어 있어서 어떤 목표는 다른 목표보다 중요하거나 중추적이다. 그러나 체계가 고정되거나 경직된 것은 아니어서 개인은 무엇이 그 당시 가장 중요하게 보이는가, 가장 적절한 기회를 제공하는 것이 무엇인가, 자신의 능력과 환경의 요구를 저울질할 때 무엇이 달성 가능한가 등을 판단하여 여러 목표들 가운데서 선택한다.

기대(expectancies)는 행동의 예견되는 결과를 지칭한다. 기대에는 Rotter의 내 · 외 통제의 기대나 낙관주의-비관주의와 같은 일반화된 기대도 있지만 여기서 특히 강조되는 것은 기대의 상황 특정성이다. 상황을 잘 변별하여 적절한 행동을 취하는 것은 생존에 필수적이다. 인간은 뛰어난 인지적 능력을 보유한 탓으로 대단히 섬세하게 상황을 변별하며, 각 상황에서 어떤 행동이 가능하며 그 행동의 결과는 무엇일지에 대한 기대를 발전시킨다. Mischel(1990)은 두 상황과 연합된 기대가 서로 다르면 행동도 달라질 것이라고 추정하였다. 예를 들면, 유치원에서 거친 말투를 교사 앞에서 사용하면 벌을 받지만 친구들 사이에서 사용하면 존경을 받은 아이는 두 상황에서 거친 말투를 사용하는데 대한 기대가 다르며 따라서 행동도 달라진다는 것이다.

인지 및 행동 유능성(cognitive and behavioral competencies)은 목표를 달성하기 위해서 필수적인 과제를 수행하거나 문제를 풀 수 있는 개인의 인지 및 행동상의 능력을 지칭한다. 사람들은 갖고 있는 정보, 정보를 이용하는 능력, 행동기술 등에서 차이를 보인다. Mischel(1990)은 인지 및 행동 유능성이 여러 변인의 영향을 받는 실제 성취보다 잠재적 성취와 관련된다고 주장한다. 또한 인지 및 행동 유능성이 시간과 상황에 걸쳐서 상당한 안정성을 보이지만 고정적인 특질처럼 취급하지는 말아야 한다고 경고한다. 예를 들면, 학문 영역에서 유능한 사람이 사회적 장면에서는 아주 서투른 경우가 많다. 이와같이 맥락에 상관없는 특질과 달리, 사회 인지적 관점에서는 특정 상황과 관련해서 그 사람이 어떻게 기능하는가에 관심을 갖는다.

자기조절 체계(self-regulatory systems)는 자신의 행동을 조절하기 위하여 인지과정을 활용하는 체계를 지칭한다. 자기조절 체계는 복합적이고 장기적인 목표를 외적인 지원이 없을 때조차 오랜 기간 동안 발달 및 유지하는 현상을 설명한다. 사람은 장기적 계획을 세우고 실행하며, 유혹에 저항하고 좌절을 극복하면서 목표를 지속적으로 추구하는 능력을 갖고 있다. 이렇게 목표를 추구하는 과정에서, 사람들은 자신의 수행을 점검하고, 성취를 평가하며, 잘한 일에 대해서는 자신을 칭찬함으로써 보상을 주고, 잘못에 대해서는 자신을 비판함으로써 벌을 주곤 한다. 이러한 인지적 과정이 자기조절 체계의 핵심을 이루며 지속적인 목표추구에 큰 역할을 한다.

Mischel의 연구: 만족지연

자기 조절 체계 중에서 Mischel(1990)이 특히 관심을 가진 것은 아동이 만족지연(delay of gratification)에 사용하는 방략이다. 만족지연이란 미래의 더 큰 보상을 위해서 당장의 보상을 포기하는 행동을 지칭한다. 예를 들면, 아이는 당장 눈앞의 과자를 먹거나, 혹은 기다렸다가 나중에 더 맛있는 과자를 먹는 것 중에서 선택을 하는 상황에 놓일 수 있다. Mischel에 따르면 만족지연은 장기적 목표를 성공적으로 달성하기 위해서 필수적인 행동으로 삶의 모든 영역에서 요구되기 때문에 기본적인 인간 과제로 간주될 수 있다고 한다. 삶에서 만족지연의 예는, 어릴 때의 변 훈련, 좋은 성적을 받기 위해서 당장 놀고 싶은 유혹을 뿌리치는 것, 집을 장만하기 위해서 자신의 씀씀이에 통제를 가하는 것, 결혼할 때까지 성적 욕구를 억제하는 것 등등 헤아릴 수 없이 많다. 만족지연은 모든 문화의 핵심 코드로 자리잡고 있으며, 먹이를 저장하는 행동에서 보듯이 많은 동물에서도 관찰되는 현상이다. Mischel의 만족지연 연구(Mischel & Ebbesen, 1970)에서는 어린 아동을 실험실에서 혼자 대기하도록 한다. 아동은 언제라도 신호를 해서 실험자를 불러 기다림을 끝낼 수 있다. 이렇게 대기하고 있는 아동에게 좋아하는 정도에서 차이가 나는 두 대상(과자나 장난감 등으로 사전검사에 의해서 각각에 대해 좋아하는 정도를 파악)을 제시한다. 아동이 더 좋아하는 대상을 얻기 위해서는 실험자가 스스로 돌아올 때까지 기다려야 한다. 만약 아동이 신호를 해서 실험자를 부르면 덜 좋아하는 대상을 곧 얻게 되지만 더 좋아하는 대상은 포기해야 한다. 아동은 어떤 대상이 책상 위에 놓여있는가에 따라 네 가지 조건 중의 하나에 할당되었다. 즉, 아무 것도 놓여있지 않은 경우(보상물 없음), 당장 얻을 수 있는 대상이 놓여있는 경우(즉시 보상물), 나중에 얻을 수 있는 대상이 놓여있는 경우(지연 보상물), 그리고 두 가지 대상이 모두 놓여있는 경우(두 가지 보상물 모두)이다. 결과(그림 4.1)를 보면, 아무 대상도 놓여있지 않은 경우에 아동들은 가장 오래 기다릴 수 있었다. 즉 대상을 눈 앞에 보면서 기다리는 것보다 보지 않으면서 기다리는 것이 더 쉬웠던 것이다. 또한 많은 아동들이 다른 행동을 하거나 다른 생각을 하면서 기다리는 고통을 극복하였다. Mischel은 이 실험에 근거하여, 고통스러운 대상에 주목하면서 의지의 힘을 통하여 좌절상황을 극복한다는 종래의 방략보다 주의전환이나 인지적 변환을 통해서 좌절상황을 중성적이거나 유쾌한 상황으로 전환시키는 방략이 더 효과적일 것이라고 주장한다. 정영숙(1996)은 초등학교 아동들을 대상으로 한 연구에서 어머니에게 드릴 선물을 받을 것을 기대한 아동들은 자신이 선물을 받을 것을

그림 4.1 주의가 만족지연에 미치는 영향

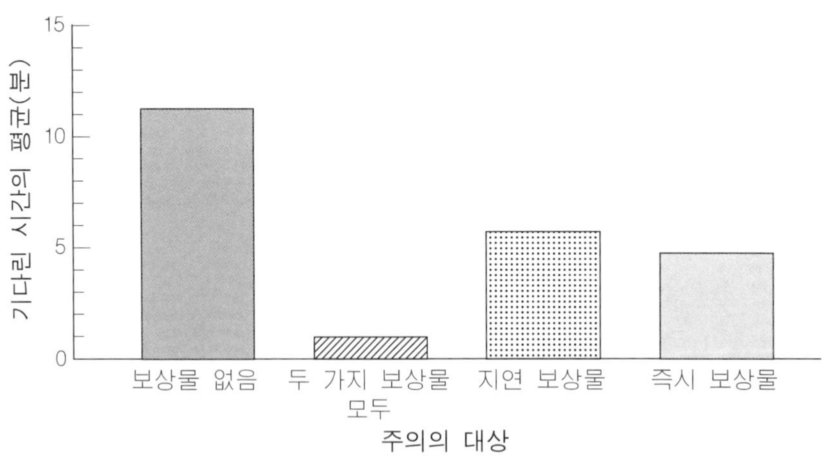

출처: Mischel & Ebbesen, 1970; Mischel, 1993에서 재인용

기대한 아동들보다 어렵고 지루한 과제를 더 잘 참아냈다는 결과를 얻었다. 이 연구는 자신의 이해와 연결된 자기통제성은 한계가 있고, 오히려 자기가 좋아하는 타인에 대한 배려가 강력한 자기통제의 원천이 될 수 있음을 시사한다.

Mischel에 따르면 만족지연은 인지적 사회적 유능성의 신뢰로운 지표의 하나라고 한다. 실험실에서 측정한 만족지연의 능력은 10여년 후 부모들에 의해서 평정된 인지적 사회적 행동 유능성과 유의미한 상관을 보였으며, 어떤 조건에서는 대학입학을 위한 SAT 성적과 유의미한 상관이 기록되기도 하였다(Shoda, Mischel, & Peake, 1990). 최근에 Goleman(1995)은 만족지연의 능력을 정서지능의 중요한 성분으로 소개하였다.

Mischel의 연구: 행동의 상황 특정성

사람들의 행동은 어느 정도로 상황에 걸친 일관성을 보이며 어느 정도로 상황 특정성을 보이는가? 이 질문에 대답하기 위해서 Mischel 등(Shoda, Mischel & Wright, 1994)은 행동상의 문제를 갖고 있는 아동들을 위한 여름 캠프에서 소년들의 행동을 관찰하였다. 행동 관찰은 다음 다섯 가지 상황에서 기록되었다. 즉 (1) 또래가 긍정적 접촉을 시삭했을 때, (2) 또래기 괴롭히거나 약을 올리거나 위협했을 때, (3) 어른에게 칭찬받았을 때, (4) 어른에게 주의를 들었을 때, (5) 어른에게 벌을 받았을 때 등. 각 상황에서 아이들의 반응은 언어적 공격, 신체적 공격, 불평, 응종, 친사회적 대화의 다섯 가지 범주로 나누어 기록하였다.

결과를 정리하면 다음과 같았다.

1. 행동은 심리적 상황들의 범주내에서는 안정적이지만 범주들간에서는 변화하였다. 즉 또래가 약을 올리는 상황에서 언어적 공격으로 반응한 아이는 회의장, 놀이터, 교실을 가리지 않고 또래가 약을 올리면 언어적 공격으로 반응하였으나, 다른 상황, 예를 들면 어른에게 주의를 듣거나 벌을 받는 상황에서는 이런 반응을 보이지 않았다.

2. 서로 다른 심리적 상황들보다 서로 유사한 심리적 상황들간에 행동이 더 일관적이었다. 상황의 유사성은 두 상황이 공유하는 속성들(예: 정적 상호작용 혹은 부적 상호작용, 또래 혹은 어른과의 상호작용)의 수로 정의된다. 행동에서의 개인차도 유사하지 않은 상황들보다 유사한 상황들간에 더욱 일관성있는 경향을 보였다(그림 4.2 참조).

그림 4.2 상황의 유사성에 따른 행동의 개인차의 일관성

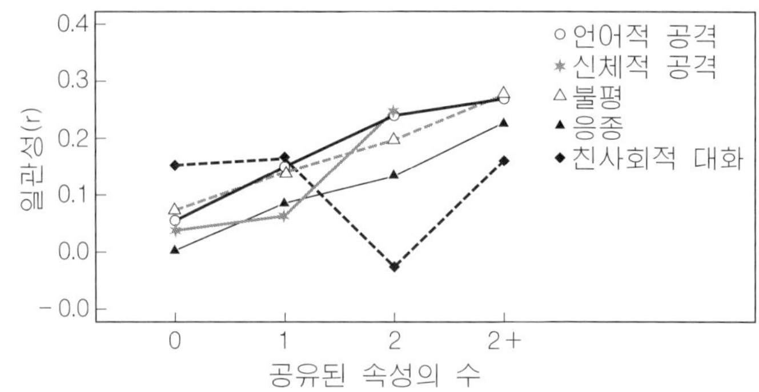

출처: Shoda, Mischel, & Wright, 1994

3. 개인별로 상황의 유형과 행동 범주를 연결하는 독특하고 안정적인 관계가 발견되었다.즉 개인별로 다섯 가지 행동을 다섯 가지 상황에서 표현하는 독특한 패턴이 있었다.

4. 일정범위의 상황들에서 동일군의 행동들을 결합하는 것은 행동의 개인차의 안정성을 증가시키지만 상황 맥락이 행동에 미치는 영향은 여전히 상존하였다.

이 연구는 성격이 안정성과 변화의 양면을 갖고 있음을 시사한다. 사람들은 상이한 상황집단에서 상이한 특징적 행동 패턴을 보인다. 그러므로 외향성이라고 해서 모든 상황에서 사교적인 행동을 보이는 것이 아니라 어떤 상황집단에서는 사교적인 행동 패턴을, 그리고 다른 상황집단에서는 비사교적인 행동 패턴을 보이는 것이다. 또한 두 사람이 외향성 점수가 동일하다 하더라도 사교적 행동을 보이는 상황집단은 서로 다르다. Mischel에 따르면 사람들은 안정적인 성격을 갖고 있지만 특정 상황이나 상황집단의 지각된 요구에 적응하기 위해서 인지적 능력을 사용하는데, 각 성격을 고유하게 만드는 것은 바로 이러한 인지적 능력의 사용이라는 것이다.

Mischel 이론의 평가

Mischel은 성격심리학에 사회 인지적 관점을 도입하고 그 기초를 닦은 사람이다. 그의 업적은 크게 세 가지를 들 수 있는데, 첫째 1968년도에 출간된 '성격과 평가'에서 기존의 특질 관점의 성격심리학을 비판함으로써 성격-상황 논쟁의 단초를 제공한 것, 둘째 인지 사회적 개인 변인들을 제안하여 사회

인지적 연구의 방향을 제시하고 그 기초를 세운 것, 셋째 만족지연에 관한 일련의 연구들을 수행하여 그 기제를 밝힌 것 등이다. Mischel은 그의 1968년 저서 때문에 성격의 중요성을 폄하하고 개인차를 부정한 사람으로 오해를 받곤 하는데 이는 사실과 다르다. Mischel은 성격이 상황보다 중요하지 않다고 생각한 것은 아니다. 오히려 인지 사회적 개인변인들에 관한 연구에서 보듯이 상황을 선택하고 해석하고 처리하는 개인의 능력을 강조하였다. 그는 성격심리학을 반대한 것이 아니라 특질 관점을 반대하였으며, 그 대안으로 사회 인지적 관점을 제시한 사람이다. Mischel이 개인차를 부정하였다는 것도 사실이 아니다. 그는 상황 단서를 변별하여 행동하는 인간의 인지적 역량을 무시하고 행동의 범 상황적 일관성을 주장하는 특질 관점을 부정하였을 따름이다. 그는 오히려 사회 인지적 관점에서 중요한 개인차 변인들로 인지 사회적 개인변인들을 제안하였다. 최근에 Mischel은 인지와 더불어 감정의 중요성을 인식하여 이 두 성분의 통합적인 체계로 성격을 설명하는 '성격의 인지 감정 체계'(cognitive-affective system of personality)에 관한 이론적 정립을 시도하고 있다.

Bandura의 사회인지적 성격이론

Bandura는 초기에 행동주의 관점에서 사회학습 이론을 제안하였으나 인지심리학의 영향을 받으면서 점차 인지적 변인들을 강조하는 성격이론을 발전시켰다. Bandura의 업적은 초기의 관찰학습에 관한 연구와 후기의 자기효능성과 목표 및 규준에 관한 연구들로 대표된다.

관찰학습

Bandura의 초기 연구는 관찰학습(observational learning)에 집중되었다. 관찰학습은 타인의 행동을 관찰하는 것만으로도 학습이 일어나는 과정을 가리킨다. 관찰학습의 개념은 Tolman의 영향을 많이 받았다. Tolman은 학습에서 인지 변인의 역할을 강조하였고, 행동의 획득과 수행을 구분하면서 강화는 후자에만 필수적이라고 주장하였다. Bandura는 아이들을 대상으로 한 실험에서, 강화가 없더라도 학습은 일어나지만 수행은 강화가 존재할 때 나타난다는 사실을 확인하였다. 관찰학습은 고전적 조건형성 및 조작적 조건형성과 함께 중요한 학습 유형의 하나로 간주된다. 실제로 사회학습의 대부분은 관찰학습을 통하여 이루어진다고 해도 과언이 아니다.

Albert Bandura(1925~)

Albert Bandura는 캐나다에서 출생해서 University of British Columbia에서 학부를 마친 후 University of Iowa에서 임상심리학으로 박사학위를 받았다. Iowa에서는 Hull의 제자인 학습심리학자 Spence의 영향을 받았으며, 학습이론을 임상장면에 적용하는데 흥미를 가졌다. 졸업 후에는 Stanford University에서 교수로 재직하면서 공격행동의 모델링 효과를 비롯한 관찰학습 연구들과 자기효능성 신념에 관한 연구들을 수행하였고, 초기에는 사회학습, 후기에는 사회인지 이론가로서 'Adolescent Aggression'(1959), 'Social Learning and Personality Development'(1963) 등의 저서를 저술하였다. Bandura는 미국심리학회의 회장을 역임하였고, 심리학회의 학술상을 수상한 대표적인 성격심리학자이다.

Bandura의 고전적인 실험(Bandura, Ross, & Ross, 1963)에서 아동들은 모델이 공격적인 행동을 표현하는 것(Bobo인형을 때리는 것)을 관찰하였다. 한 집단의 아동들은 모델이 공격적 행동에 대해서 보상을 받는 것을 관찰하였고, 두번째 집단은 처벌을 받는 것을 관찰하였으며, 세 번째 집단은 보상도 처벌도 받지 않는 것을 관찰하였다. 다음에 아무도 없는 방에 Bobo 인형 및 다른 장난감들과 함께 두고, 아동이 인형에 대해 공격적 행동을 보이는지를 관찰하였다. 아동은 모델의 행동을 흉내내는 것에 대해 인센티브를 받거나 받지 않았다. 즉 3조건(모델-보상받음/모델-처벌받음/모델-보상 및 처벌 없음)×2조건(인센티브 있음/인센티브 없음)의 실험 설계였다.

결과는 다음과 같았다. (1) 세 집단 모두 인센티브 없음보다 인센티브 있음 조건에서 더 많은 공격행동을 보였다. 즉, 아동들은 학습한 공격적 행동을 인센티브가 제공될 때만 수행하고 인센티브가 제공되지 않을 때는 수행하지 않았다. 그러므로 행동을 학습하는데는 보상이 필요없고 수행에는 보상이 필요하다고 결론을 내릴 수 있다. (2) 인센티브 없음 조건에서는 모델-보상받음 조건의 아동들이 가장 많은 공격행동을 보였고 모델-처벌받음 조건의 아동들이 가장 적은 공격행동을 보였다. 반면에 인센티브 있음 조건에서는 모두 비슷하였다. 인센티브 없음 조건의 아동들에게 인센티브를 제공하면 세 집단 모두 비슷한 수준의 공격행동을 보였다. 따라서 모델에게 일어난 결과(보상이나 처벌)가 공격행동의 수행에는 영향을 주지만 획득에는 영향을 주지 않는다고 말할 수 있다.

관찰학습은 광범위한 행동 영역에서 이루어진다. 아동은 부모의 행동을 단순히 관찰함으로써 많은 것을 배운다. 사회 인지적 성격 이론에서 강조되고 있는 기술, 규준, 만족지연, 자기효능성 등도 관찰학습을 통해 학습된다. 행동뿐 아니라 기쁨이나 공포와 같은 정서반응들도 모델을 관찰함으로써 대리적으로 학습될 수 있다. Bandura에 따르면, "사람들이 개인적으로 접촉한 일이 없이도 장소나 사람이나 사물에 대해서 강한 정서적 반응을 발전시키는 일은 드물지 않다"(Bandura, 1986, p. 185). 타인을 관찰하는 것에 의해서 정서반응을 학습하는 과정을 대리적 조건형성(vicarious conditioning)이라고 부른다. 예를 들면, 모델이 공포반응을 표현하는 것을 관찰한 피험자는 이전에 중성적이었던 자극에 대해서 대리적으로 조건화된 공포반응을 발전시켰다(Bandura & Rosenthal, 1966). 대리적 조건형성은 인간뿐 아니라 원숭이와 같은 동물에서도 발견된다. 예를 들면, 어린 원숭이는 어미 원숭이가 뱀을 보고 무서워하는 것을 관찰하고는 뱀에 대해서 강하고 지속적인 공포반응을 형성하였다. 정서반응의 대리적 조건형성은 대단히 효과적이어서 짧은 시간의 관찰만으로도 이루어질 뿐만 아니라 일단 형성되면 아주 강렬하고 지속적이며 다른 상황에도 일반화된다(Mineka et al., 1984).

관찰학습은 특히 대중매체의 영향과 관련해서 많은 함의를 지닌다. 주로 부모나 또래나 형제 등 주위 사람들을 모델로 관찰학습이 일어나던 과거와 달리 오늘날에는 영화나 TV 등 대중매체가 관찰학습이 일어나는 대표적인 장이다. 대중매체의 영향은 뒤(제10장 공격성)에서 주로 폭력물과 관계지어 다루겠지만 오늘날 아동들은 공격행동뿐 아니라 거의 모든 행동영역에서 대중매체를 통한 관찰학습의 가능성(그리고 위험성)을 갖게 된다. Bandura에 의해서 제안된 관찰학습의 중요성이 점점 더 증대하고 있는 것이다.

자기효능성

Bandura는 초기의 행동주의 관점의 학습심리학자에서 점점 사회 인지적 관점의 성격심리학자로 변모해갔다. 이러한 후기의 성향을 대표하는 업적이 자기효능성(self-efficacy), 즉 특정 상황에 대처하는 지각된 능력에 관한 연구들이다. 자기효능성 개념은 사람들이 특정 과제나 상황에서의 행동능력에 대한 판단과 관련된다. 여기서 주목할 것은, 첫째 자기효능성의 '자기' 개념이 구조가 아니라 과정 혹은 기능을 의미한다는 점과, 둘째 자기효능성이 포괄적인 효능성이 아니라 특정 과제나 상황에 국한된 효능성을 지칭한다는 점이다. Bandura에 따르면 포괄적 자기개념은 "상이한 활동, 동일한 활동의 상이한 수준, 상이한 상황에 걸쳐 변화하는 자기효능성의 복잡성을 옳게 대변하지 못한다"(Bandura, 1986, p.41)는 것이다. Bandura의 상황(과제) 특정적인 자기효능성 개념은 포괄적 특질을 부정하고 상황에 따른 변별성을 강조하는 사회인지적 관점을 잘 반영한다. 자기효능성 개념은 1977년에 발표한 논문에서 처음 등장한 후, Bandura 연구의 핵심을 이루면서 사회 인지적 관점의 성격 이론에서 가장 영향력있는 개념으로 자리잡았다.

Bandura(1986)에 따르면, 자기효능성 신념은 실제 수행의 성취, 대리적 경험, 언어적 설득, 정서적 각성의 네 가지 경로를 통하여 결정된다고 한다. 실제 수행의 성취는 자기효능성에 관한 직접적이고 가장 비중있는 정보를 제공한다. 사람들은 실제로 과제를 수행해 본 경험을 통해서 자신의 능력과 한계를 인식하는 것이다. 대리적 경험은 다른 사람들의 성공과 실패를 관찰하고, 자신을 그들과 관련하여 평가함으로써 자기효능성 신념을 발달시키는 역할을 한다. 사람들은 또한 언어적 설득에 의해서 자기효능성 신념을 형성하기도 한다. 부모나 친구나 배우자가 신뢰를 표현하는가 불신을 표현하는가는 우리의 자기효능성 신념에 큰 차이를 가져온다. 그러나 언어적 설득만으로는 불충분하며 실제 성취에 의해서 확인되어야만 자기효능성 신념이 확실해진다고 한다. 마지막으로 우리는 정서적 각성의 의식을 통해서 자기효능성에 관한 정보를 얻기도 한다. 불안과 가슴의 두근거림은 낮은 자기효능성 판단과 연결되고, 평온하거나 유쾌한 기분은 높은 자기효능성 판단을 알려준다.

자기효능성 신념은 우리가 어떤 활동에 종사할지, 얼마나 많은 노력을 할지, 얼마나 꾸준히 과제를 수행할지, 어떤 정서반응을 보일지 등에 영향을 미친다. 즉, 어떤 상황에서 자신의 능력을 얼마나 신뢰하는지 못하는지에 따라 그 상황에서 생각하고 행동하고 느끼는 것이 달라지는 것이다. 자기효능성이 과제 수행을 위한 동기에 미치는 영향은 다음 부분에서 소개할 연구(Bandura & Cervone, 1983)에서 제시되었다.

자기효능성 개념은 이론적 가치뿐만 아니라 심리치료나 건강과 관련된 실용적 함의도 대단히 크다. 정신병리는 흔히 비기능적인 기대와 자기지각을 수반하기 때문에 효과적인 심리치료는 자기효능성 신념의 변화를 수반한다. 자기효능성은 주로 공포증(phobia)의 치료와 관련하여 연구되어 왔다. 예를 들면 한 연구(Bandura, Adams, & Beyer, 1977)에서 뱀 공포증이 있는 피험자들을 모델링 기법을 사용하여 치료하였다. 피험자들은 참여 모델링 조건(치료자가 모델로서 시범을 보이면 피험자는 치료자의 도움을 받아 점차 조금씩 따라서 하다가 마지막에는 혼자서 하는 것)과 모델링 조건(피험자는 치료자가 과제를 수행하는 것을 관찰하기만 하는 것) 및 통제조건에 배분되었다. 치료전과 치료후에 뱀에 대한 접근행동과 자기효능성을 각각 측정하였다. 결과를 보면, 두 가지 모델링 모두 뱀에 대한 접근행동과 자기효능성 판단의 증가를 가져왔으며, 자기효능성 판단은 수행의 정확한 예언자임이 밝혀졌다.

자기효능성 신념이 건강에 미치는 영향도 여러 연구들에서 확인되었다. 자기효능성 신념과 건강을 연결하는 고리는 신체의 면역체계이다. 신체의 면역체계는 과도한 스트레스를 받으면 손상을 입고, 반대로 스트레스를 완화시킬 수 있으면 기능이 증진된다. Bandura 등(Wiedenfeld et al., 1990)은 자기효능성 신념이 면역체계의 기능을 증진시킨다는 사실을 실험에서 확인하였다. 이 연구에서 뱀 공포증을 지닌 피험자들은 세 단계에 걸쳐서 자기효능성을 증진시키는 치료를 받았다—처음에는 스트레스 자극(뱀)에 노출되지 않는 기저 통제 단계, 다음에는 도움을 받으며 스트레스 자극에 대처하는 자기효능성을 획득해가는 단계, 그리고 마지막으로 스트레스 자극에 완전한 대처를 발전시킨 최대의 자기효능성 단계 등. 피험자들로부터 각 단계에서 피를 뽑아서 면역체계의 기능을 돕는 도움 T 세포의 증감을 조사한 결과 자기효능성 신념의 증가는 도움 T 세포의 증가와 연결되었음을 확인하였다.

이상에서 보듯이 자기효능성 신념은 우리의 사고, 행동, 정서, 동기에 영향을 미치며 정신 및 신체적 건강에 중요한 함의를 갖는다.

목표, 규준, 자기 조절

사회 인지 이론에서는 초기에 정서와 동기 영역을 소홀히 하는 이른바 차가운 인지(cold cognition)를 지향했으나 점차 이들을 강조하는 뜨거운 인지(hot cognition)로 전환하고 있다. 그러나 전통적으로 인지와 구별되는 영역이었던 정서와 동기의 연구에서도 사회 인지적 접근의 특성이 잘 나타나고 있다. Bandura는 사회 인지적 개념인 목표(goals)와 규준(standards)을 통하여 동기에 접근하였다. 목표는 바라는 종착점과 관련되고, 규준은 바라는 행동이나 수행에 대한 참조점을 의미한다. 규준은 타인에 의해서 주어질 수도 있고(외적 규준), 자신에 의해서 설정될 수도 있으며(내적 규준), 규준에 도달하거나 도달하지 못하면 칭찬이나 비판이 뒤따른다. 그러므로 규준은 우리가 달성해야 할 목표이며, 타인이나 자신으로부터 강화를 기대할 기준점이 된다.

사회 인지적 관점에서 행동에 영향을 미치는 것은 목표의 표상이다. Bandura는 목표를 표상하고, 다양한 행위가 가져오는 결과를 예견하고, 과거의 성공과 실패에 대하여 귀인을 하고, 자기효능성을 추정하는데 관여하는 인지적 활동을 강조한다.

Bandura에 따르면 인지과정은 다음과 같은 경로를 통해 동기와 관계를 맺는다. 첫째, 사람들은 목표에 계속 충실하기 위해 수행 피드백에 의존한다. 우리는 목표를 향하여 얼마나 진행하고 있는가에 대한 정보가 주어질 때 그렇지 않을 때보다 더 높은 동기를 갖게 된다. 둘째, 자기효능성 판단이 동기화된 노력과 추구에 중요한 역할을 한다. 사람들은 목표의 달성과 관련해서 높은 자기효능성 판단을 가질 때 더 높은 동기를 가질 수 있는 것이다. 셋째, 행동은 그때 그때의 결과보다는 기대나 예견된 결과에 의해서 지속된다. 사람들은 다양한 행위의 결과들에 관한 기대를 인지적으로 발달시킴으로써 행위를 시도하기 전에 결과를 예견할 수 있고 먼 훗날의 보상이나 처벌도 예견할 수 있다. 이러한 인지적 발달은 자기 조절(self-regulation)의 과정에 중요하다. 장기간을 소요하는 목표를 (특히 외적 보상이 존재하지 않을 때) 어떻게 해서 지속적으로 추구할 수 있을까? 목표를 마음 속에 유지시키고, (부분적으로 자기효능성에 의존하여) 미래의 보상을 예견하고, 목표를 향하여 접근하고 있는 자신에게 스스로 보상을 주는 인지적 역량을 통해서 가능한 것이다. 반대로 목표를 마음 속에 유지시킬 수 있는 인지적 역량이 부족하고, 미래를 예견할 수 있는 역량도 제약되고, 목표를 달성할 가능성이 크지 않다고 믿고, 달성한 진전에 대해서 아무런 외적 혹은 내적 보상도 받지 못한다면 장기적 목표를 추구하는데 많은 어려움을 겪을 것이다. 사회 인지적 관점에서는 이와같이 기대, 수행 피드백, 목표와 규준의 인지적 표상, 자기효능성 판단 등 인지적 변인들이 동기의 핵심 성분들이라고 본다.

Bandura(1989)는 실험을 통하여 목표가 갖는 동기적 힘을 제시하였다. 노력을 요구하는 수행을 하게 된 피험자들은 목표를 설정하지 않거나 낮은 목표를 설정하거나 높은 목표를 설정하였다. 이 세 집단의 노력과 수행에서의 차이를 조사한 결과 두 지표 모두에서 높은 목표 설정 집단, 낮은 목표 설정 집단, 목표 미설정 집단의 순서를 보였다. 또 다른 실험(Bandura & Cervone, 1983)에서는 목표와 피드백의 효과를 검증하였는데, 목표와 피드백 정보가 다같이 주어졌을 때 목표나 피드백만 주어졌을 때보다 훨씬 수행의 증가를 보였다. 그러므로 목표와 수행 피드백의 결합이 강력한 동기적 힘을 지닌다고 할 수 있다. 이 연구에서는 자기효능성의 영향도 조사하였는데, 규준 이하의 수행에 불만족하고 높은 자기효능성을 지닌 피험자들이 다음 수행에서 가장 많은 노력을 보였다. 불만족이나 높은 자기효능성 만으로는 상응하는 효과가 나타나지 않았다. 그러므로 목표는 자기평가와 자기효능성 판단을 통해서 동기적 힘을 가짐을 알 수 있다.

그러면 어떤 목표가 가장 강한 동기적 힘을 가질까? Bandura는 구체적, 도전적, 현실적, 단기적 목표가 모호하고 비현실적이며 비도전적인 장기적 목표보다 더 강한 동기를 유발한다고 한다. 그러므로 동기에 문제가 있는 사람들은 보다 더 동기를 강화시킬 수 있는 방향으로 목표를 변환시키는 방략을 고려할 필요가 있다. Bandura(Bandura & Schunk, 1981)는 수학 성적이 낮고 관심이 없는 아동들을 대상으로 한 연구에서, 단기적 목표가 장기적 목표나 목표가 없는 경우보다 수행을 개선하고 자기효능성을 높이고 수학에 대한 내재적 관심을 증가시키는데 더 효과가 있음을 증명하였다.

Bandura 이론의 평가

Bandura는 Mischel과 더불어 사회 인지적 관점의 성격심리학을 대표하는 학자이다. 그가 제안한 관찰학습과 자기효능성은 각각 당대에 가장 영향력이 큰 개념들 중의 하나로 간주된다. Bandura는 초기에 행동주의 관점에서 연구를 진행하였으나 점차 인지를 강조하는 이론으로 변모하였다. 그의 자기효능성 개념은 심리치료와 건강에 활발히 적용되고 있다. 사회 인지적 성격심리학자로서 Bandura는 상관연구보다 실험연구를 강조하였으며 특정 상황과 과제에 대한 적응성에 관심을 가졌다. Mischel과 마찬가지로 Bandura도 성격의 대이론을 만들어내고자 하는 시도는 하지 않았지만 관찰학습, 자기효능성, 목표 추구 행동 등을 포괄하는 그의 이론은 점차 인간행동의 대부분을 설명하는 대이론으로 발전하고 있다는 인상을 준다.

사회인지적 성격이론의 평가

사회인지적 성격 이론이 성격심리학에 끼친 공헌은 다음 세가지로 정리될 수 있다. 첫째, 상호 결정론(reciprocal determinism)의 철학적 관점에서 인간을 파악하였다. 상호 결정론은 인간과 환경이 서로 지속적으로 영향을 미친다는 주장이다. 이전의 정신역동이론이나 특질이론, 행동주의 이론은 모두 인간을 수동적인 존재로 보고 환경이나 학습이나 유전된 특질에 의해서 인간의 행동이 결정된다는 관점을 취했다. 그러나 사회인지 이론에서는 인간이 능동적인 행위의 집행자로서 환경을 선택하고 변화시키는 역량을 지니고 있음을 강조하였다. 둘째, 인간의 인지적 능력과 행동의 사회적 기원을 강조하였다. 사회인지 이론에서는 인간의 인지과정을 강조하면서 행동뿐 아니라 정서와 동기, 정신병리등 대부분의 정상 및 이상 심리과정을 인지로 설명하려는 태도를 취한다. 대표적인 것이 Bandura의 자기효능성 개념이다. 또한 동기를 목표와 규준, 피드백 정보 등으로 접근하려는 것도 인지 중심적인 태도를 반영한다. 행동의 사회적 기원의 강조는 관찰학습을 중요시하고 행동의 상황 특정성을 주장하는 태도에서 잘 나타난다. 물론 모든 행동을 사회인지의 관점에서 설명하는 것은 한계를 지니고 있지만 인간의 합리성과 인지적 능력을 강조하는 입장은 성격심리학의 새로운 지평을 연 것으로 평가될 만 하다. 셋째, 과학적인 성격심리학을 강조하였다. 물론 기존의 정신역동 이론이나 특질이론이 비과학적이란 것은 아니다. 그러나 정신역동 이론은 임상관찰로부터 유래하였고 특질이론은 상관연구에 의존하고 있다. 반면에 사회인지적 성격이론은 실험을 주 방법론으로 삼는다. 다시 말하면, 사회인지 이론은 전통적인 실증적 심리학의 가치관과 방법론을 전적으로 수용하고 있는 성격이론이다. 이 점은 무척 중요한데 왜냐하면 사회인지 이론에 이르러 비로소 성격심리학은 주류 심리학(실험심리학)과 교류하기 시작하였기 때문이다. 그 이전의 성격심리학은 심리학내에서 섬과 같은 존재로서 심리학의 다른 분야들과 거의 교류가 없었다. 따라서 심리학의 발전이 성격심리학에 직접적으로 영향을 미치지도 않았고 그 역도 마찬가지 였다. 그러나 사회인지 이론에 이르러 성격심리학은 다른 분야와 활발히 교류하면서, 다른 분야에서 이루어진 발전을 흡수하고, 역으로 성격심리학의 업적들을 통하여 다른 분야들을 자극하고 있다. 즉 사회인지 이론은 성격심리학의 자폐성을 개방성으로 전환시킨 큰 변혁을 이루어 낸 것이다.

그러나 사회인지적 성격 이론은 다음과 같은 점들에서 비판을 받는다. 첫째, 사회인지적 성격 이론은 잘 통합된 체계적 이론이 아니라는 점이다. 사회인지 이론에서는 다양한 개념들이 서로 유기적으로 연결되지 않은 채로 단편적으로 연구되었다. 이점은 놀라울만큼 내적 일관성을 지니고 있는 정신역동 이론과 대비가 된다. 아마도 이러한 통합성의 결여는 사회인지 이론의 성격상 불가피한 것일지도 모른다. 실증 심리학을 지향하는 사회인지적 성격심리학자들은 근거없는 가정들을 포함하는 대이론에 대해 거부감을 갖고 있다고 본다. 또한 이론의 통합에 공헌하는 개념들보다 실험적으로 검증될 수 있는 개념들을 선호하는 것도 원인의 하나일 것이다. 그리고 무엇보다도 사회인지적 성격심리학자들이 통합된 이론의 구성보다는 관심있는 개념들을 실험적으로 검증하는 연구에 보다 관심을 보여왔기 때문이다. 그러나 Bandura의 30여년에 걸친 연구 노력은 점차 통합된 대이론을 만들어가고 있는 것으로 평가되고 있다. 둘째, 사회 인지적 성격 이론은 몇가지 중요한 현상들을 소홀히 다루고 있다. 물론 어떤 이론이든지 전 영역을 포함할 수는 없다. 그러나 사회인지 이론은 발달, 동기, 감정, 갈등 등 중요한 현상들에 관하여 별로 언급하고 있지 않다. 특히 발달의 소홀은 성격이론으로서 상당히 큰 취약점이 아닐 수 없다. 동기와 감정은 최근에야 사회인지 심리학자들의 관심을 끌고 있다. 그러나 두 영역 모두 독립적인 존재로 인정하지 않고 인지에 종속된 존재로 다루고 있다는 인상이다. 예를 들면 동기를 목표, 규준, 수행 피드백 등의 인지적 개념으로 설명하고 있는데, 성(性)과 같이 이런 식의 설명이 가능하지 않은 동기들도 많다. 셋째, 사회인지적 성격 이론은 인지가 현상의 전부인 것처럼 간주한다. 예를 들면, 지기효능성 신념이 과제를 해결할 수 있는 실제 능력보다 중요하게 취급된다. 이것은 자극과 반응을 객관적으로 측정했던 행동주의 입장과는 정반대이다. 물론 인지는 중요하다. 그러나 잘못 인지에만 의존해서 현상을 바라본다면 구체적 현상보다는 관념 속의 현상에 현혹될 가능성도 많다.

요 약

1. 성격심리학에서 인지는 환경과 자기에 관한 정보를 처리하는 양식을 지칭한다. 성격에 대한 인지적 접근은 상황의 요구를 변별하는 능력, 자신의 내적 상태와 행동을 검색하는 능력, 목표를 설정하고 설정된 목표를 지향하여 행동을 계획하고 수행하는 능력 등을 강조한다.
2. 인지 혁명이 태동하기 이전인 1950년대에 Kelly와 Rotter는 인간의 인지적 측면을 강조하는 성격이론을 제안하였다. Kelly는 인간을 과학자로 간주하고 성격을 개인이 세계를 해석하는데 사용하는 구성개념의 체계로 보는 개인적 구성개념 이론을 제안하였다. 개인의 구성개념 체계를 측정하기 위하여 개발된 역할 구성개념 목록 검사(Rep Test)는 임상장면에서 자주 사용되는 유용한 검사이다.
3. Rotter는 학습심리학의 전통을 반영, 성격의 중요한 측면들은 사회적 맥락 속에서 학습된다는 가정에 기초하여 특정 상황에서 개인의 행동을 예언하는데 초점을 두었다. 그가 통제소재에 대한 일반화된 기대를 측정하기 위하여 개발한 내외 통제성 척도(I-E Scale)는 심리학 연구에서 자주 사용되는 척도중의 하나이다.
4. 성격심리학에서 최근의 사회인지적 흐름을 주도해온 사람은 Mischel과 Bandura의 두 사람이다. Mischel은 인지 사회적 영역에서 개인차를 분석하기 위하여 개인이 사회적 자극을 어떻게 선택하고, 지각하고, 처리하고, 해석하고, 사용하는가에 관한 심리적 개인 변인들을 제안하였다. 인지사회적 개인 변인들로 불리는 이 변인들에는 개인적 구성개념과 부호화 방략, 목표, 기대, 능력, 자기조절 체계 등이 포함된다.
5. Bandura는 초기에 행동주의 관점에서 사회 학습 이론을 제안하였으나 인지심리학의 영향을 받으면서 점차 인지적 변인들을 강조하는 성격이론을 발전시켰다. Bandura의 대표적인 연구로는 초기의 관찰학습에 관한 연구와 후기의 자기효능성, 목표, 규준에 관한 연구들이 있다.
6. 사회인지적 성격 이론은 상호 결정론(reciprocal determinism)의 철학적 관점에서 인간을 파악하였다는 점, 인간의 인지적 능력과 행동의 사회적 기원을 강조하였다는 점, 과학적인 성격심리학을 강조하였다는 점 등에서 성격심리학에 큰 공헌을 하였다. 반면, 사회인지적 성격 이론은 잘 통합된 체

계적 이론이 아니라는 점, 발달, 동기, 감정, 갈등 등 몇 가지 중요한 현상들을 소홀히 다루고 있다는 점, 인지가 현상의 전부인 것처럼 간주한다는 점 등에서 비판을 받는다.

관련된 책 소개

성격의 인지이론과 관련해서는 마땅한 책이 없다. 인지심리학을 깊이 알고 싶은 사람에게는 '인지심리학'(이정모 지음, 아카넷)을 권한다. 인지심리학의 역사, 개념적 기초, 인지심리학적 조망 등에 관해서 깊고 자세하게 해설하였다.

제 5 장

성격의 정서 및 동기 요소

미켈란젤로, 〈피에타〉 1498~1500

'피에타'는 서구에서 가장 경건한 감정을 표현한다. 미켈란젤로는 스물 한 살에 '피에타'에 착수해서 2년 후인 스물 세 살에 완성하였다.

5 성격의 정서 및 동기 요소

> "정서는 모든 것을 의식에 이르게 하는 주된 원천이다. 정서없이는 어둠이 빛으로, 그리고 무관심이 감동으로 변환될 수 없다"
>
> — 융, 심리적 숙고 —

이 세상에서 가장 감동적인 예술작품을 선정한다면, 아마도 많은 사람들이 로마의 베드로 성당에 있는 '피에타'를 지목할 것이다. 아무리 예술에 관해서 무지한 사람도, 그리고 기독교에 대해서 냉담하거나 혐오감을 품고 있는 사람이라도 미켈란젤로가 스물 세 살에 만들었다는 피에타를 보는 순간 형언할 수 없는 마음의 파동을 느끼게 된다. 이 감동의 근원은 무엇일까? 십자가에서 끌어내려진 예수를 안고 있는 마리아의 고요한 얼굴이 왜 그렇게 사람의 마음을 흔들어 놓는가? 피에타를 보면서 우리가 느끼는 슬픔은 마리아에 대한 연민인가? 혹은 예수의 죽음에 대한 애통함인가? 미켈란젤로는 마리아의 얼굴에서 노골적인 비탄의 표정을 제거하고도 어떻게 보는 이로 하여금 다른 어떤 피에타보다 수 백배 더 슬픔에 잠기게 할 수 있을까?

이러한 마음의 떨림의 원인이 무엇이든 그 현상 자체는 정서적인 것이다. 감정과 관련된 허다한 사례들 중에서 하필 미켈란젤로의 피에타를 예로 든 것은 흔히 파괴와 광기로 폄하되어온 감정의 세계가 한없이 아름다울 수 있다는 것을 보이고 싶어서이다. 니체의 그리스 비극에 대한 분석을 여기에 적용한다면, 피에타가 주는 감동은 아폴론적인 것과 디오뉘소스적인 것의 절묘한 통합에서 비롯된다.

니체는 '비극의 탄생'에서 소크라테스로부터 비롯된 합리주의가 자유롭고 분방한 감정의 세계(주로 디오뉘소스적인 것)를 억압해 온 것이 서구사상사의 기본흐름이라고 지적한다. 동양도 마찬가지다. 동양에서 서구의 소크라테스와 동일한 역할을 한 사람은 공자이다. 유학이 도입되기 이전의 고려와 유학을 국학으로 선택한 조선을 비교해 보면 얼마나 자유분방했던 사회가 예의와 학문을 중시하는 근엄한 사회로 돌변했는지 경탄을 금치 못할 것이다. 동일한 한민족이었는데도 말이다. 최근의 과학만능주의는 그나마 반쪽인 이성 중에서도 천박한 부분만을 선택하여 추구한다는 인상을 준다.

이성에 대한 존중과 감정에 대한 경시는 심리학에서도 반영되었다. 심리학에서 정서와 동기는 인지에 비하여 최근까지 소홀히 취급되어왔다. 감정의 세계가 이성의 세계보다 훨씬 역동적이고 다양하며 흥미롭다는 점을 생각하면 심리학자들의 마음 돌아감이란 참으로 이해하기 어렵다. 그러나 인지혁명이 일어난지 20년쯤 지난 1980년대에 접어들면서 심리학에서도 '정서혁명'이라고 불릴만큼 정서에 대한 관심이 폭발적으로 증대되기 시작했다. 특히 최근에는 '정서지능' 개념이 제안되면서 성격심리학내에서 정서에 관한 연구가 대단히 활발해졌다. 성격심리학자들은 정서와 동기가 성격의 중요한 부분일 뿐만 아니라 다른 심리과정들을 통합하고 조직하는 핵심적인 성분이라고 생각한다(Pervin, 1996).

이 장에서는 정서와 동기에 관한 최근의 이론과 연구들을 성격심리학적 함의를 고려하면서 소개하고자 한다. 정서 부분에서는 정서의 정의와 기능, 기본정서 이론, 정서의 체험과 표현, 정서의 진화와 발달, 정서와 적응 등을 다루고, 동기 부분에서는 추동이론, 인지이론, 성장 및 자기실현 이론 등 주요 동기이론들을 소개한다.

성격의 정서 요소

정서심리학의 선구자

정서심리학의 선구자들로는 Darwin, James, Freud의 세 사람을 꼽을 수 있다. 이들은 각기 정서의 표현, 정서의 체험, 정서적 병리의 세 영역에서 선구적인 업적을 쌓았다.

Charles Darwin

Darwin은 1859년에 출판된 '종의 기원'(The origin of species)에서 자연선택(natural selection)에 기반을 둔 진화론을 발표하였다. 그후 1872년에 또다른 명저인 '인간과 동물의 정서표현'(The expression of the emotions in man and animals)을 출판하였다. '인간과 동물의 정서표현'은 정서에 대한 관심에서 비롯된 것이라기 보다는 인류의 진화에 대한 증거를 찾기 위한 노력의 결과였다. 그는 이 책을 쓰기 위하여 동물과 인간(성인 및 유아)의 정서표현을 관찰하였고, 정상인뿐만 아니라 비정상인의 정서표현을 관찰하기 위하여 정신병원을 방문하였으며, 세계 각지에 파견되어 있는 선교사나 여행자들에게 설문지를 보내어 다양한 문화권에서 정서표현에 관한 자료를 수집하였다. 여러 정서에 대한 얼굴표정을 사진으로 찍어서 소개한 것도 특기할 만한 사실이다.

Darwin은 정서표현이 인간과 하등동물, 그리고 성인과 유아 사이에 연속성을 보인다고 주장하였다. 그에 따르면, 정서표현은 진화의 역사에서, 그리고 개체의 삶에서 과거에 한때 유용했던 습관으로부터 유래한 것이다. 예를 들면, 극도의 공포를 느낄 때 머리털이 곤두서는 것이나, 극도로 화가 났을 때 이를 드러내는 것 등은 인류가 원시동물일 때 유용했으나 인류가 진화하면서 이제는 거의 유용성이 사라진 원시적 속성인 것이다. 또한 슬플 때 눈물을 흘리는 것은 유아기의 울부짖음에서 유래한 것으로 유아기에는 자신을 보호하는 기능을 갖고 있으나 성인기에는 기능적 유용성이 거의 사라진 예라고 한다. 또 성인들이 사랑하는 사람을 품에 안는 행위는 부모가 유아를 안아주었던 행위에 기반을 두고 있다고 한다.

이와 같이 Darwin은 인간의 정서가 원시적 속성을 갖고 있고, 종의 과거 및 개인의 과거와 연결되어 있으며, 완전한 자의적 통제가 불가능한 존재라는 사실 등을 지적하였다. 그러나 인류의 진화와 더불어 정서의 기능적 유용성은 점점 감소되어 왔다고 생각하였다. Vygotsky에 따르면, Darwin은 인간의 심리적 속성들 중에서 정서는 '사라져가는 종족'(dying tribe)이라는 생각을 갖고 있었다고 한다. 오늘날의 정서심리학자들에 의해서 지적되고 있는 정서의 중요한 기능들(특히 사회적 기능)을 Darwin은 인식하지 못했던 듯 싶다. 그러나 Darwin의 진화론적 입장은 Tomkins, Ekman, Izard 등 중요한 정서심리학자들의 이론과 연구에 큰 영향을 미쳤다.

William James

미국 기능주의 심리학의 창시자로서 심리학 최고의 고전으로 꼽히는 '심리학의 원리'(The principles of psychology, 1890)의 저자인 William James는 정서에 특별한 관심을 보였으며 James-Lange 이론으로 알려진 정서이론을 제안하기도 하였다. James-Lange 이론은 미국의 James와 덴마크의 Lange가 독립적으로 발표한 이론으로서, 간단히 표현하면 정서란 '우리가 사건에 반응함으로써 생겨나는 신체변화의 지각'이라는 주장이다. 이러한 주장은 정서를 체험하고 그 결과로 어떤 행동을 하게 된다는 상식과는 반대이다. 예를 들면, 곰을 만났을 때 우리는 공포를 느끼고 그 결과로 몸이 떨리고 심장이 두근거리고 도망치는 반응을 보인다고 생각하는데, James에 따르면 이러한 신체변화나 활동이 정서체험의 결과가 아니라 정서체험 자체라는 것이다. 즉 자신이 떨고 있고 심장이 두근거리고 도망치고 있다는 느낌이 공포의 정서를 구성한다는 것이다. 정서에서 신체변화의 역할에 대한 James의 강조는 다음 인용문에서 읽을 수 있다.

> "만약 우리가 어떤 강한 감정을 상상하고 그것의 의식으로부터 신체증상의 모든 느낌을 배제하려고 노력한다면, 뒤에 남는 것은 아무 것도 없다는 것을 발견할 것이다"(James, 1890, p. 451).

여기서 신체변화는 주로 자율신경계의 작용에 의한 변화(심장, 혈관, 위, 땀샘 등의 내부 기관에 관여하는 변화)를 지칭하지만 James는 근육이나 관절의 운동으로부터 오는 변화도 포함시켰다. James의 주장은 뒤에 Cannon-Bard 등에 의해서 비판되기도 했지만 정서체험에서 신체변화의 중요성을 부각시킨 것은 중요한 업적이다. James는 또한 정서가 체험에 색채와 따뜻함을 제공한다는 점을 지적하였다. 이러한 James의 생각은 후에 정서의 이해와 접근에 큰 영향을 미쳤다.

Sigmund Freud

전통적인 성격이론들 중에서 정서의 중요성을 가장 강조한 이론은 Freud의 정신분석이론이다. 이 점은 언급된 정서의 범위(불안, 죄의식, 우울, 분노, 수치, 질투, 선망 등)와 이론에서 정서가 차지하는 핵심적인 역할에서 모두 드러난다. Freud 이론에서 인간의 가장 기본적인 성향은 쾌를 추구하고 불쾌를 회피하는 것이다. 쾌를 추구하는 원초아의 충동은 자아에 의해서 조절되고 타협되지만 여전히 본질은 그대로 존재한다. 불쾌한 경험을 회피하려는 욕구는 억압이나 합리화 등 자아방어기제에 의해서 주로 성취된다. Freud 이론에서 가까운 대상과의 인간관계는 강렬한 감정이 부하된 관계로서, 적절히 처리되지 못할 때 정신병리의 발생 원인이 된다. 그러므로 정신분석에서 환자는 분석자와의 관계를 통하여 과거의 가까운 인물과의 정서경험을 재현하는 전이를 가짐으로써 치료효과를 얻게 된다. 즉 정신분석이론에서는 병리와 치료 모두 감정적인 측면이 핵심성분인 것이다. Freud는 정서의 모호함, 무의식성, 파괴성을 강조하였고 이러한 정서의 속성들이 병리의 이해와 치료를 어렵게 만든다고 생각했다.

그러나 Freud는 다양한 정서에 관심을 두기보다는 일부 병리적인 정서에만 관심을 가졌다. 또한 정서 자체에 대한 연구를 수행하거나 이론을 발전시킨 것이 아니라 정서적 병리의 발생과 치료에만 연구를 집중함으로써 정서심리학의 발전에 직접적으로 기여하지는 못하였다. 그러나 다른 성격이론들과 비교할 때 정신분석이론은 가장 '정서적인' 이론이라 불릴 만하다. 현상학적 이론은 개인의 주관적 체험을 강조하였으나 정서적 측면에 대한 언급이 거의 없으며, 특질이론의 경우에도 특질을 구성하는 요소들이 주로 정서적 성분이라는 점 외에는 개별정서나 정서과정에 대한 연구나 이론적 언급이 눈에 뜨이지 않는다. 사회인지적 관점의 성격이론은 초기에는 차가운 인지(cold cognitions)를 강조하여 정서나 동기에 대한 관심을 보이지 않았으나 최근에는 이들을 포함하는 뜨거운 인지(hot cognitions)에 대한 관심이 높아가고 있다.

정서의 정의와 기능

정서의 정의

심리학의 다른 중요한 개념들과 마찬가지로 정서개념도 많은 사람들이 일상적으로 사용하고는 있으나 학자들간에 일치된 정의를 발견하기 어렵다. 그러나 Frijda(1986)에 따르면 정서는 다음과 같은 속성들을 갖고 있다고 한다.

첫째, 정서는 중요한 목표(관심)와 관련된 사건의 의식적, 무의식적 평가에 의해서 유발된다. 목표가 진전되었을 때는 정적인 정서를 느끼고 목표가 방해를 받았을 때는 부적인 정서를 느낀다.

둘째, 정서의 핵심은 행동 준비성(action readiness)이다. 정서는 하나 혹은 소수의 행동에 대해서 압력을 느끼게 함으로써 행동을 준비시킨다.

셋째, 정서는 보통 독특한 유형의 마음상태로서 체험되며, 때때로 신체변화, 표현, 행동 등을 수반한다.

예를 들면, 여자친구에게 바람을 맞은 남자를 생각해보자. 이 남자는 여자친구와 즐거운 시간을 가지려는 생각(목표)에 수업까지 빼먹고 약속장소에 갔으나 여자가 약속을 지키지 않는 바람에 목표를 이룰 수가 없었다(목표의 좌절). 이 남자는 분노(부적 정서)를 느끼게 되고, 다른 일들은 모두 젖혀놓고 여자를 만나서 따지겠다는 생각을 하게 된다(행동 준비성). 너무 화가 나서 맥박이 뛰고(신체변화) 얼굴을 잔뜩 찌푸리고(표현) 길가의 돌을 걷어찬다(행동).

Frijda는 특히 행동준비성에서의 변화를 정서의 필요조건으로 제안하였다. 즉, 정서가 유발되면 그때까지 존재하던 행동의 우선순위에서 변화가 발생한다. 예를 들어, 슈퍼에서 물건을 사려고 카운터에 줄을 서 있는데 권총강도가 들어왔다고 하자. 이 사람은 공포를 느끼게 되어 물건을 사려는 생각은 흔적없이 사라지고 어떻게든 도망갈 행동을 마음 속에 준비한다. 이때 행동에서의 변화라고 하지 않고 행동준비성에서의 변화라고 한 이유는 실제 행동은 마음상태 외의 다른 많은 요소들(상황의 평가, 손익의 계산 등)에 의해서 영향을 받기 때문이다.

과학자들의 정의와는 별개로 일반인들은 일상생활에서 정서개념을 나름대로 사용하고 있다. Fehr와 Russell(1984)에 따르면 일반인들은 정서개념의 필요조건과 충분조건을 따지지 않고 원형(prototype), 즉 가장 전형적인 모습으로 표상한다고 한다. 나아가서 사람들의 정서에 대한 일상적인 원형은 스크립트(사건이 순서적으로 전개되는 특징적인 윤곽)의 형태를 갖고 있다고 한다. 예를 들면, 분노의 스크립트는, A가 B를 해치는 일을 하면 → B는 분노의 감정이 일어나고 → 그 결과 상황을 수정하기 위한 행동이나 사고가 뒤따르는 식으로 구성된다.

정서의 기능

정서 혹은 감정은 이성과 대비되어 그 역기능적인 면이 강조되어왔다. 그러나 진화론의 관점에서 볼 때 인류가 정서를 갖고 있다는 것은 정서가 생존상의 중요한 기능을 수행하고 있다는 점을 시사한다. 그러므로 정서에 대해서 부정적인 선입견을 떨쳐버리고 정서의 기능이 무엇인가를 살펴보고, 그 다음에 어떻게 해서 정서가 역기능을 갖게 되는가를 생각해보는 것이 공평한 태도일 것이다. 정서는 다음과 같은 사회적, 생리적 생존 관련 기능을 수행한다.

첫째, 정서는 기본적인 생물학적 요구에 대한 효과적 대처를 돕는다. 앞에서 정서의 핵심요소를 행동준비성에서의 변화라고 지적했다. 진화상으로 정서는 생존에 중요한 행동들과 연결되어 있다. 예를 들면, 분노는 전투와, 사랑은 접근과, 공포는 도피와 연결되어 해당 행동을 효율적으로 수행할 수 있도록 도와준다. 만약 사자와 맞닥뜨려서 공포를 느끼지 않으면 (도망갈 수 있을지도 의문이지만) 효과적으로 도망갈 수 없을 것이다. 정서의 이러한 동기적 기능은 Tomkins에 의해서 강조되었다. Tomkins에 따르면 물에 빠졌을 때 발버둥치게 하는 것은 산소의 부족이 아니라 숨을 못쉬면 죽을지도 모른다는 공포 때문이라고 한다.

둘째, 정서는 이성과 보완적 관계를 구성한다. 인간의 이성은 완전치 못하다. 인간의 지식과 지적 능력은 아주 제한되어 있고, 끊임없이 새로운 경험과 부딪치며, 많은 목표들이 서로 갈등관계를 갖고 있다. 정서는 이성을 인도하여 미지의 세계를 헤쳐나아가고 목표간의 위계를 결정할 수 있도록 해준다. 정서의 이러한 역할은 Epstein(1990)의 경험적 체계와 유사하다. Epstein은 인지-경험적 자기이론(cognitive-experiential self theory)에서 합리적 체계와 경험적 체계를 구분하고, 합리적 체계가 의식 수준에서 합리적인 의사결정을 관장하는데 비해 경험적 체계는 전의식 수준에서 처리되는 정서적이며 자동적인 반응을 관장한다고 지적하였다.

셋째, 정서는 사회적 삶을 위한 기초구조(infrastructure)를 제공한다. 인간은 협동의 정서(사랑, 호감, 행복 등)와 경쟁의 정서(분노, 공포, 경멸, 혐오 등)를 통하여 타인과 연결되고 교류하고 상호작용한다. 인간관계란 사실상 정서의 교환이다. 자신의 슬픔과 분노와 애정을 상대방에게 전달하고 그로부터 위로나 사과를 받고 애정을 확인하는 것이 친밀한 인간관계의 본질인 것이다. 정서가 없으면 인간은 모두 모래알일 따름이다. 정서는 인간이라는 모래알들을 서로 끌어당기게도 하고 배척하게도 하는 마술적인 힘이다. 아마도 현대사회에서 정서가 갖는 가장 중요한 기능은 바로 이 사회적 기능일 것이다.

정서는 그러나 자주 역기능적인 면을 드러낸다. 첫째, 정서는 종종 합리적 적응을 방해한다. 강한 정서, 예를 들면 극도의 분노나 슬픔은 종종 이성을 마비시킨다. 우리는 강렬한 분노가 얼마나 파괴적인지를 역사에서 배웠고 또한 많은 폭력범죄에서도 목격한다. 스트레스 상황에서 정서는 종종 합리적 대처를 어렵게 만든다. 심리학자들은 정서적 대처를 인지적 대처와 대비하여 비적응적인 대처로 분류한다. 둘째, 정서반응은 사회규범과 종종 갈등을 빚는다. 대부분의 문화에서는 정서에 관한 표현규칙을 만들어서 정서관리를 한다. 예를 들면, 분노를 직접적인 신체적 행동으로 표현하는 것은 대부분의 사회에서 금지되어 있다. 셋째, 우리의 몸 속에 장치된 정서기제는 수만년전에 반(半)유목의 사냥-채집집단이 살았던 환경에 적합하도록 진화된 것으로 이러한 진화상의 적응 환경(environment of evolutionary adaptedness)은 현대인의 환경과 크게 괴리되어 있다. 사회적 진화가 몸의 진화보다 훨씬 빠르게 진행된 결과이다. 그러므로 인간의 자연스러운 정서반응은 오늘날의 삶의 환경과 끊임없이 충돌할 수밖에 없는 것이다.

정서관련 용어들

정서와 관련된 여러 용어들이 뚜렷한 구별없이 혼동되어 사용되고 있다. 아직 정서심리학자들 사이에 용어에 관한 통일안은 만들어지지 않았지만 여기서 다수의 학자들의 사용방식을 소개함으로써 용어와 관련된 혼란을 줄이고자 한다.

먼저 정서(emotion)는 선행사건(대상)이 비교적 뚜렷하고 단기간 지속(몇분에서 몇시간)되는 경우에 사용된다. 예를 들면, 남자친구가 약속시간에 늦는 바람에 화가 난 여자의 경우를 보면 선행사건과 대상이 뚜렷하며 지속시간도 (여자에 따라, 그리고 늦은 이유에 따라 다르겠지만) 그리 길지 않으므로 정서에 해당된다고 하겠다. 다음에 기분(mood)은 선행사건(대상)이 뚜렷하지 않고 비교적 장기간 지속(몇시간에서 몇 달)되는 경우를 일컫는다. 예를 들면, 특별한 일이 있었던 것도 아닌데 공연히 마음이 가라앉고 슬픈 상태가 며칠 계속되는 것은 기분으로 지칭된다. 정서와 기분은 서로 명확하게 구분되는 것은 아니다. 선행사건이 뚜렷한 정서상태가 며칠이나 몇 달 지속될 때도 있고, 원인이 확실치 않은 것으로 보였던 기분이 사실상 어떤 특정사건의 결과일 수도 있다. 그러므로 정서와 기분의 구분은 상당히 모호하고 대략적이다. 정서와 기분을 구분짓는 또 하나의 특징은, 정서는 해소지향석인네 반해 기분의 경우는 유지지향적이라는 점이다. 즉, 정서의 경우에는 행동을 통하여 평정상태로 돌아가려는 경향성을 보이는데 반하여 기분의 경우에는 계속 그 상태를 유지하려는 경향성을 보인다. 슬픈 기분에 빠져있는 사람이 슬픈 음악을 들으며 그 상태를 음미하는 것이나 행복한 상태에 있는 사람이 자신의 행복을 깨트리려 하지 않는 것이 기분의 지속성 추구의 예들이다. 느낌(feeling)은 정서의 여러 성분들 중 현상적 체험, 즉 주관적으로 의식되는 느낌을 지칭한다. 슬프다, 기쁘다, 화난다, 혐오스럽다 등의 의식이 모두 느낌에 포함된다. 그러나 느낌 중에는 감정상태가 아닌 것들도 포함된다. 예를 들면, 배고픔, 차가움, 뜨거움, 메스꺼움은 느낌이지만 비감정적인 속성의 것들이다. 마지막으로 감정(affect)은 감정세계를 총칭하는데 주로 사용된다. 그러므로 감정은 이성(reason)이나 인지(cognition)에 대응되는 개념으로 볼 수 있다. 예를 들면, 모든 지적 과정을 포괄하여 다루는 인지과학(cognitive science)이 새로운 학문체계로 자리잡고 있는 것과 마찬가지로 모든 감정 과정을 다루는 감정과학(affective science)의 출현도 곧 기대할 수 있을 것이다. 한편 응용현장에서는 감성지능, 감성공학에서 보듯이 감성이라는 용어를 자주 사용하는데, 구체적으로 무엇을 가리키는지 아직 명확하게 정리되어 있지 않다. 심리학자들은 정서(emotion)라는 용어를 감정과 관련된 현상들을 지칭하는데 대표단어로 자주 사용한다. 그러므로 심리학 교과서에서는 정서와 동기, 정서 심리학, 정서의 발달 등의 표현을 발견하게 된다.

기본정서 이론

기본정서 이론(basic emotions theory)은 Darwin의 진화론적 전통에서 비롯되었으며 Tomkins와 그의 영향을 받은 Ekman, Izard 등에 의해서 발전되었다. Izard는 기본정서 이론보다는 개별정서 이론(differential emotions theory)이라는 명칭을 선호한다. 기본정서 이론의 골격은 다음과 같다.

첫째, 범문화적으로 발견되는 기본정서, 혹은 일차정서들이 존재한다. 기본정서의 수는 학자에 따라 다르지만 대략 6-12개가 거론된다. Ekman은 행복, 혐오, 놀람, 슬픔, 분노, 공포의 6개를 기본정서 속에 포함시켰고, Plutchik은 공포, 분노, 기쁨, 슬픔, 수용, 혐오, 기대, 놀람의 8개를, 그리고 Izard는 흥미, 즐김, 놀람, 슬픔, 분노, 혐오, 경멸, 공포, 죄의식, 수치, 수줍음, 내향적 적대감의 12개를 각각 기본정서로 제안했다. 기본정서를 가정하고 있는 거의 모든 학자들이 행복(기쁨), 분노, 슬픔, 공포를 포함시킨다.

둘째, 기본정서들은 진화론적으로 중요한 적응적 가치를 갖고 있다. 이들은 인류의 역사에서 반복하여 일어나는 상황에 대한 반응으로 자신과 다른 사람들에게 행동이 필요하다는 신호의 기능을 한다. 예를 들면, 위험한 상황을 맞이하면 공포반응이 일어나는데 이것은 빨리 그 상황에서 도피하는 행동이 필요하다는 신호이다. 기본정서들의 대부분이 부적 정서라는 점도 적응적 가치와의 관련성을 시사하는 것이다. 즉, 정적인 상황에서는 특별한 행동을 필요로 하지 않으므로 구별할 필요없이 그냥 정적인 정서를 경험하는 것으로 충분하지만, 부적 상황의 경우에는 차별적인 행동이 요구되기 때문에 상호 구별되는 부적 정서들을 체험하는 것이 필요하다. 예를 들면, 도망가야 하는 상황에서는 공포, 싸워야 하는 상황에서는 분노, 돌이킬 수 없는 상황에서는 슬픔의 정서를 각각 구별하여 체험하는 것이 필요하다. 여기서 보듯이 감정체계는 적응적 가치 때문에 진화한 것이다.

셋째, 기본정서들은 각각 고유한 속성들(얼굴표정과 생리적 반응패턴)을 갖고 있다. 그러므로 기본정서들은 하나 하나의 묶음(package)으로 이루어진다. 즉 각 정서별로 고유한 정서체험과 얼굴표정과 생리적 반응패턴이 마련되

그림 5.1 얼굴에 나타난 감정표현의 예시

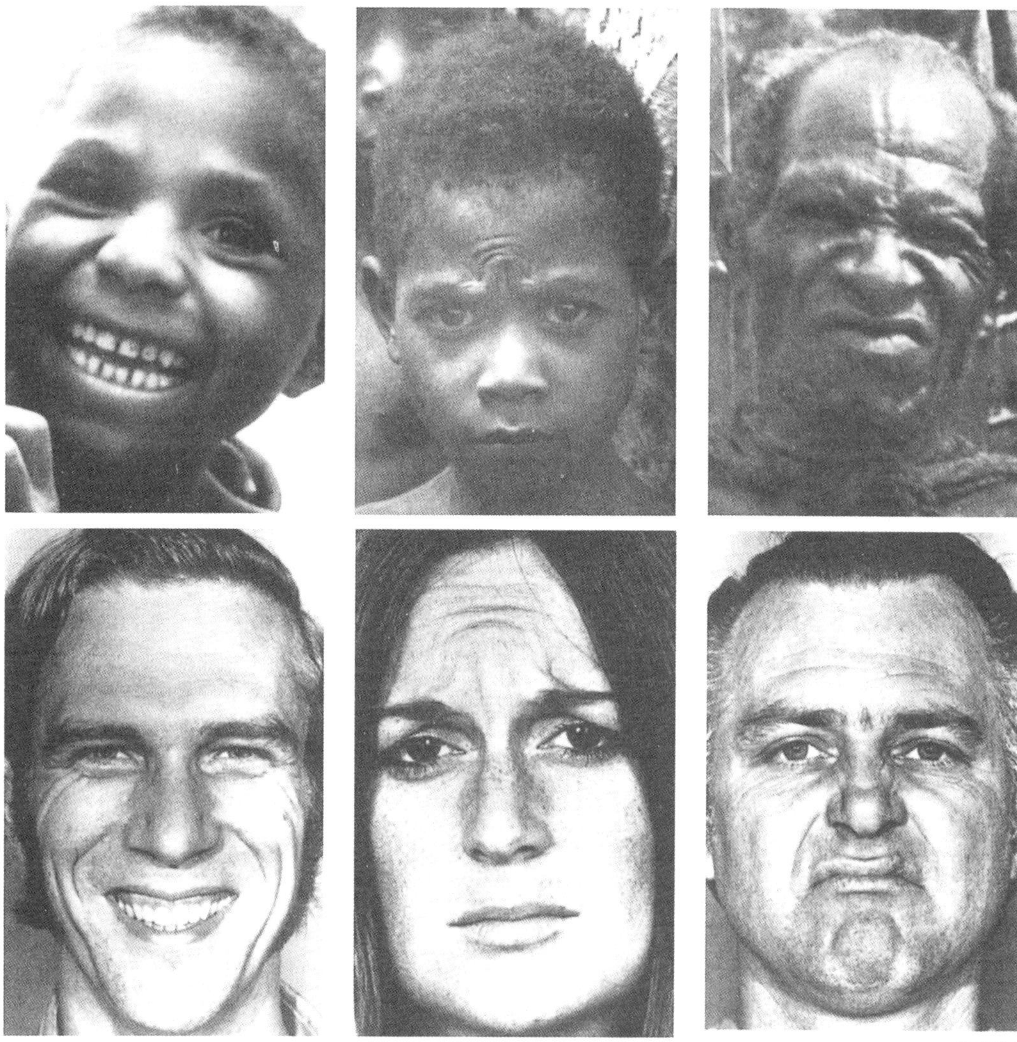

어 있는 것이다. 특히 얼굴표정은 기본정서 이론에 대한 가장 강력한 증거를 제공한다. 각 정서에 특유한 얼굴표정은 생득적이고 범문화적인 것으로 알려졌다. 즉, 각 기본정서에 대한 공통된 얼굴표정이 어린 아동과 어른에서, 그리고 상이한 문화집단에서 발견되었다. Ekman과 Izard는 서로 독립적인 연구들에서 상이한 문화권의 사람들이 기본정서에 대해서 동일한 얼굴표정을 공유하고 있음을 발견하였다(다음 읽어보기 참조). 기본정서 이론가들은 이러한 얼굴표정의 범문화성에 덧붙여서 각 기본정서가 서로 구분되는 생리적 패턴을 갖고 있다고 주장한다.

기본정서 이론에 대해서 반론이 없는 것은 아니다. 기본정서 이론을 비판하는 학자들은 다음과 같은 점들을 지적한다. 첫째, 기본정서의 수와 종류에서 학자들간에 일치를 보이지 않는다. 물론 공포, 슬픔, 분노, 행복, 혐오 등

읽어보기……

얼굴표정에 관한 Ekman의 문화비교 연구

Ekman과 그의 동료들은 뉴기니아의 Fore족을 대상으로 얼굴표정을 연구했다. Fore족은 신석기문화를 보존하고 있는 부족으로서 12년전까지 모든 외부문명으로부터 고립되어 생활하던 사람들이었다.

첫 번째 연구(Ekman, Sorenson, & Friesen, 1969)에서 연구자들은 Fore 사람들에게 6개의 정서를 나타내는 미국인들을 찍은 30장의 사진들을 보여주고 각각에 대해서 가장 잘 부합하는 정서단어(영어단어를 Fore말로 번역하였음)를 고르도록 하였다. '행복'에 대한 재인율이 가장 높아서 82-99%에 이르렀고, 부적 정서들은 그보다 낮았고(56% 혹은 그 이하), 특히 '슬픔' 표정은 '분노'로 인식되는 경향을 보였다.

두 번째 연구(Ekman & Friesen, 1971)는 외부인과 거의 접촉이 없었던 189명의 성인과 130명의 아이들을 대상으로 수행되었다. 정서단어 대신 사진의 정서와 상응하는 짤막한 이야기들이 만들어졌다. 예를 들면, 행복한 얼굴에 대한 이야기는 "친구가 와서 기쁘다"; 그리고 공포를 나타내는 얼굴에 대한 이야기는, '혼자 오두막에 있는데 멧돼지를 만나는 것'으로 좀 더 길었다. Fore인 조수가 이야기를 들려주면 피험자들은 3장의 미국인 사진들 중에서 해당 이야기에 걸맞는 얼굴표정을 보이는 사진을 고르도록 하였다. 성인들의 경우 '행복' 이야기에 대해서 90%가 넘는 피험자들이 '행복' 사진을 골랐고, '슬픔' '분노' '혐오' 이야기들에 대해서는 69-89%의 피험자들이 정확한 사진을 골랐다. '공포'와 '놀람'의 사진들 간에는 우연 이상의 변별을 보이지 않았다. 두 장의 사진 중에서 고르도록 했던 아이들의 경우에도 성인들과 비슷한 결과가 얻어졌다.

마지막으로, Ekman과 Friesen은 Fore 사람들에게 6개의 정서 이야기에 해당되는 표정을 짓도록 해서 사진을 찍은 뒤, 미국에 돌아와서 미국 대학생들로 하여금 상응하는 정서를 고르도록 하였다. 6개의 정서 중 4개에 대해서는 46-73%의 학생들이 정확한 판단을 했으나 공포와 놀람에 대해서는 정확한 판단을 하지 못했다(Ekman, 1972).

위의 연구들에 근거하여 Ekman은 행복, 놀람, 슬픔, 분노, 공포, 혐오의 6개 정서(후에 경멸을 추가했음)의 얼굴표현이 문화에 상관없이 모든 인류에 보편적이라고 주장했다(Ekman & Friesen, 1986). Ekman은 후에 얼굴표정의 2요인이론 혹은 신경-문화 이론(neurocultural theory of facial expression)을 제안했는데, 이 이론에 따르면 얼굴표정은 생래적인 신경계(범문화적 보편성의 근거)와 언제 표현될 수 있을지를 조절하는 표현규칙(문화에 따른 차이의 근거)에 의해서 결정된다.

4-5개의 정서들은 대부분의 목록에 포함되지만 그외에는 학자들에 따라 상이한 정서들을 목록에 포함시킨다. 더욱이 놀람이나 흥미 등은 정서로 간주되기 어려운데도 불구하고 기본정서의 목록에 포함시키는 학자들이 있다. 학자들에 따른 목록의 차이는 주로 기본정서의 기준을 무엇에 근거해서 설정하느냐에 따른 차이에 기인한다. 범문화적이며 서로 구별되는 얼굴표정의 존재를 기준으로 삼을 수도 있고, 생득적이거나 생애초기에 출현하는 정서를 기본정서로 규정하기도 하며, 정서를 나타내는 어휘들을 분석하여 기본정서들을 선정하기도 한다(Johnson-Laird & Oatley, 1989). 둘째, 기본정서가 생물학적 근거를 갖고 있다는 증거가 충분하지 않다. 개별정서에 상응하는 신경회로를 찾으려는 노력은 아직 성과가 없으며 오히려 현존하는 연구들(Panksepp, 1982; Gray, 1985)은 신경회로가 정서보다는 반응체계와 관련된다는 점을 시사한다. 또한 얼굴표정의 범문화성에 관한 증거도 Ekman이 주장하듯 설득력이 있는 것이 아니며(Russell, 1994), 얼굴표정은 정서와 상관없이 생성될 수 있고, 놀람이나 흥미와 같이 정서라고 볼 수 없는 상태에 수반된 특징적인 얼굴표정이 존재한다. 그리고 인간 외의 영장류가 기본정서에 해당되는 범위의 정서를 경험하는지도 아직 확인되지 않았다. 셋째, 어떤 정서가 다른 정서보다 더 기본직이라는 주장은 문화적 편파를 반영한다. 실제로 연구자들이 기본정서로 열거한 것들을 보면 기본정서의 조건을 충족시키지 않더라도 문화나 경험상 특출한 정서를 기본정서로 간주하는 경향을 보여준다. 한편 인류학자들은 기본정서의 목록에 포함되는 정서들이 특정 문화권에서는 무시되거나 사소하게 간주되는 사례들을 제시한다. 예를 들면, 슬픔은 호전적인 부족으로 알려진 아라비아의 Bedouin족에서는 아예 존재하지 않는 것으로 간주된다고 한다.

기본정서 이론에 대한 열렬한 비판자인 Russell은 정서가 기본정서로 환원되는 것이 아니라 비정서적인 몇 개의 차원(성분)들로 환원된다는 정서의 차원이론(dimensional theory of emotion)을 제안하였다. 그는 모든 정서가 [그림 5.2]와 같이 쾌-불쾌와 각성-비각성의 두 차원으로 이루어진 평면상의 좌표로 표현될 수 있다고 주장한다. Russell의 정서의 2차원 이론은 정서단어들의 분석으로부터 유도되었다. 그러나 한국어 단어들을 분석한 안신호 등(안신호 · 이승혜 · 권오식, 1993)의 연구에서는 쾌-불쾌 차원은 나왔으나 각성-비각성 차원은 나오지 않았다. 안신호 등은 그 원인으로 두 연구간에 단어 선정의 차이를 거론하였으나 추후 연구를 통한 확인이 필요할 것으로 생각

그림 5.2 Russell의 감정의 2차원과 개별정서들의 위치

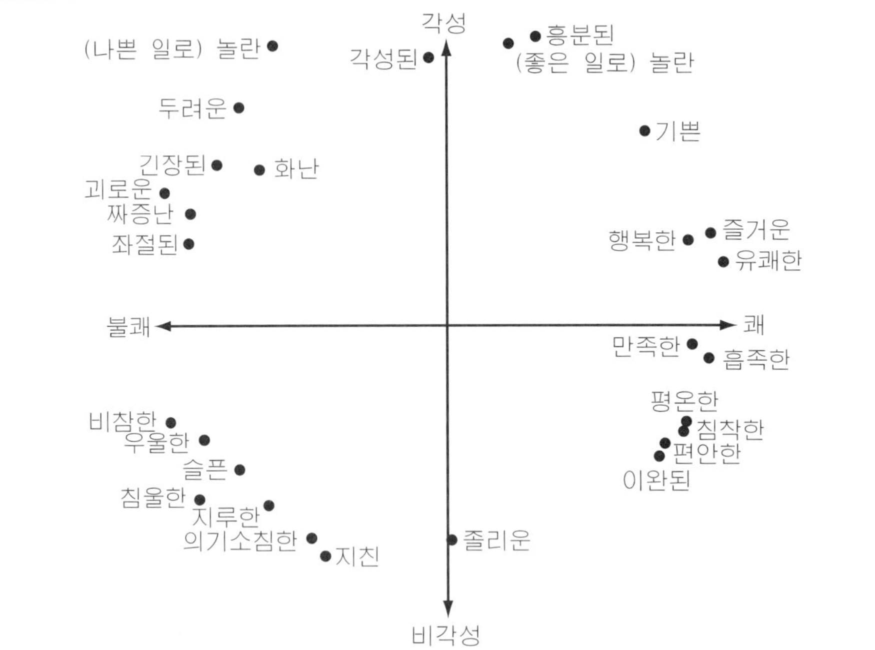

출처: Russell, 1980

된다.

또한 기본정서들이 생득적이라는 주장에 대하여 역동적 체계이론(dynamic systems theory of emotion)에서는 정서를 구성하는 성분들이 초기에는 독립적이었다가 발달과 사회적 상호작용을 통하여 통합되고 정제되어 성인의 정서로 이행된다고 주장한다. 예를 들면, 유아의 내적 상태와 얼굴표정과의 관계는 성인의 그것과 다르므로 웃는다고 행복을 추론해서는 안된다는 것이다. 이러한 비판들과 불충분한 증거들에도 불구하고 기본정서 이론은 진화론적 타당성과 설명의 단순성 때문에 아직 지배적인 정서이론으로 인정받고 있다.

정서의 체험과 표현

인지적 평가

정서의 생물학적, 진화적 기반에도 불구하고 인간의 정서체험은 주로 인지적 평가(cognitive appraisal)의 결과로 발생한다. Lazarus(1991)에 따르면

사람들은 동기 혹은 목표와 자기와 세계에 대한 신념을 갖고 상황에 들어간다. 사건이 일어나면 이들 목표 및 신념들과 관련시켜서 평가가 이루어지고 그 결과로 정서의 체험과 대처노력이 이어진다. 이를 도식으로 표현하면 다음과 같다.

동기→사건→평가→정서→대처

Lazarus의 정서이론은 '정서의 인지-동기-관계 이론'(cognitive-motivational-relational theory of emotions)으로 지칭된다. 이 이론은 평가과정과 자기 및 세계에 관한 신념을 강조한다는 점에서 인지적이고, 개인이 동기와 목표를 지니고 환경과 조우한다는 점에서 동기적이며, 개인과 환경간의 관계를 강조한다는 점에서 관계적이다. Lazarus는 사건에 대한 평가가 목표관련성(goal relevance), 목표합치성(goal congruence) 등의 측면들에 걸쳐서 이루어지며 그 결과로 정서 체험이 일어난다고 주장한다. 즉 사건이 개인의 중요한 목표와 관련되면 정서를 체험하고 관련이 없으면 정서를 체험하지 않는다. 또한 관련된 목표를 촉진시키면 정적 정서, 좌절시키면 부적 정서를 체험한다. 그밖에도 자아관여성이나 상황의 변화가능성의 평가도 정서체험에 영향을 미친다. 예를 들면, 목표의 좌절이 다른 사람의 탓이라고 평가하면 분노를 느끼지만 자신의 잘못으로 평가하면 죄의식을 느끼게 된다. 그리고 부적 상황이 개선될 수 있다고 평가하면 희망의 정서를 체험하지만 상실을 되돌릴 수 없다고 평가하면 슬픔의 정서를 갖게 된다. 이러한 단계적 평가의 결과는 각 정서의 핵심관계주제(core relational theme)에서 잘 반영된다. [그림 5.3]은 단계적 평가과정을 제시하고 있으며 〈표 5.1〉은 중요한 정서들의 핵심관계주제를 소개하고 있다.

그러나 평가가 정서체험의 필요조건은 아니다. 정서체험에는 인지적 평가에 근거한 정서체험과 인지에 선행하는 정서체험(Zajonc, 1984; 1980)의 두 종류가 있다. Le Doux(1989)는 정서체험에 핵심적인 역할을 하는 편도핵(amygdala)을 수반하는 두 가지 경로의 존재를 제안하였다. 하나는 감각자극이 신피질(cortex)을 경유하여 편도핵에 도달하는 경로이고, 다른 하나는 감각자극이 신피질을 경유하지 않고 직접 편도핵에 전달되는 경로이다. 대부분의 감각자극의 경우에는 신피질에서 인지적 평가가 이루어지는 전자의 경로를 취하지만 신속한 대응을 요구하는 감각자극의 경우에는 인지적 평가를 생

그림 5.3 사건의 단계적 평가와 정서의 체험

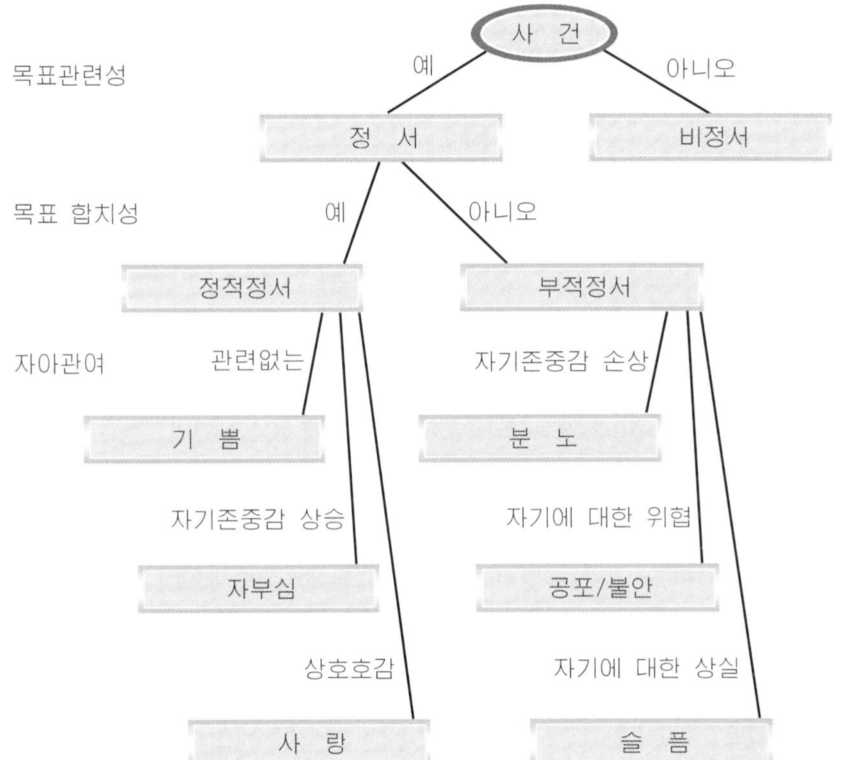

출처: Lazarus, 1991

략하는 후자의 경로를 택한다고 한다. 그러나 인지적 평가가 개입되지 않은 정서체험은 모호한 정적 혹은 부적 느낌의 수준에 국한될 뿐 다양성과 깊이가 결여될 수밖에 없다. 더욱이 인지적 평가를 폭 넓게 정의해서 진화를 통해서 인류가 획득한 원시적, 자동적 상황의 평가를 포함하는 것으로 본다면 거의 모든 정서가 평가를 수반한다고 말할 수 있다(Lazarus, 1991).

신체변화

William James가 정서체험에서 신체적인 것을 빼면 남는 것이 없다고 주장했을 정도로 신체변화는 정서의 핵심이다. 신체변화는 정서인식과 관련해서 그 역할이 자주 논의되었다. James-Lange 이론에서는 신체변화의 인식을 통하여 정서체험이 이루어진다고 본다. 즉 도둑이 경찰 옆을 지나갈 때 가슴이 두근거리고 몸이 떨리며 땀이 줄줄 흐르는 것을 인식하면서 내가 공포를 느끼고 있구나 하고 안다는 것이다. Cannon-Bard 이론에서는 신체변화가

표 5.1 중요정서들의 핵심관계주제

분노(anger)	나와 나의 것을 모욕하는 공격
불안(anxiety)	불확실하고 실존적인 위협에 직면
공포(fright)	즉각적, 구체적, 압도적인 신체적 위험에 직면
죄책감(guilt)	도덕적 잘못을 저지름
수치심(shame)	자아이상에 미치지 못함
슬픔(sadness)	돌이킬 수 없는 상실을 경험함
선망(envy)	다른 사람이 갖고 있는 것을 원함
질투(jealousy)	어떤 사람의 애정에 대한 위협이나 상실을 이유로 제3자를 미워함
혐오(disgust)	소화시킬 수 없는 대상이나 생각을 삼키거나 너무 가까이 있음
행복감(happiness)	목표의 실현을 향해서 적당한 정도의 진전을 함
자부심(pride)	가치있는 대상이나 성취에 대해서 자신 혹은 자신과 동일시되는 어떤 사람이나 집단에게 공을 돌리면서 자신의 자아정체감을 향상시킴
안도감(relief)	고통스러운 목표-불합치 조건이 좋은 쪽으로 변화했거나 사라짐
희망(hope)	최악을 두려워하지만 더 좋아지는 것을 열망함
사랑(love)	보통은 상호 주고받지만 꼭 그렇지만은 않은, 애정에 대한 욕망 혹은 참여
연민(compassion)	타인의 고통에 의해서 마음이 움직이고 도와주고 싶어함.

출처: Lazarus, 1991

충분히 빠르거나 섬세하지 못하다는 점을 지적하면서 신체변화와 정서체험은 동시에 일어난다고 주장한다. Schachter의 2요인 이론에서는 정서체험을 하기 위해서는 신체변화(생리적 각성)와 인지적 단서의 두 요인이 모두 필요하다고 주장한다. 즉 정서체험을 위해서 신체변화는 필요조건이며, 덧붙여서 신체변화를 해석하기 위한 인지적 단서가 요구된다는 것이다. 예를 들면 숨이 가쁘고 목이 마르는 느낌은 옆에 아름다운 여자가 앉아 있다는 인지적 단서에 근거하여 연애감정으로 해석된다.

오늘날 정서심리학자들은 정서와 신체변화의 관계, 특히 과연 개별정서에 특유한 신체변화가 존재하느냐에 관심을 갖고 있다. Ekman을 비롯한 기본정서 이론가들은 기본정서들간을 구별하는 고유한 신체변화가 존재한다고 주장한다. 그러나 지금까지의 연구들은 정서에 따른 신뢰로운 자율신경계의 활동의 차이를 보여주지 못하고 있다. 자율신경계의 지표들 중 신체긴장, 심장수축시 혈압, 안면온도, 호흡, 피부전도성, 심박량 등은 정서들간을 일관성있게 구별해주지 못하며 심박율, 심장확장시의 혈압, 손가락 온도 등에서 일부 정

그림 5.4 정서의 체험에 관한 주요 이론들의 도식

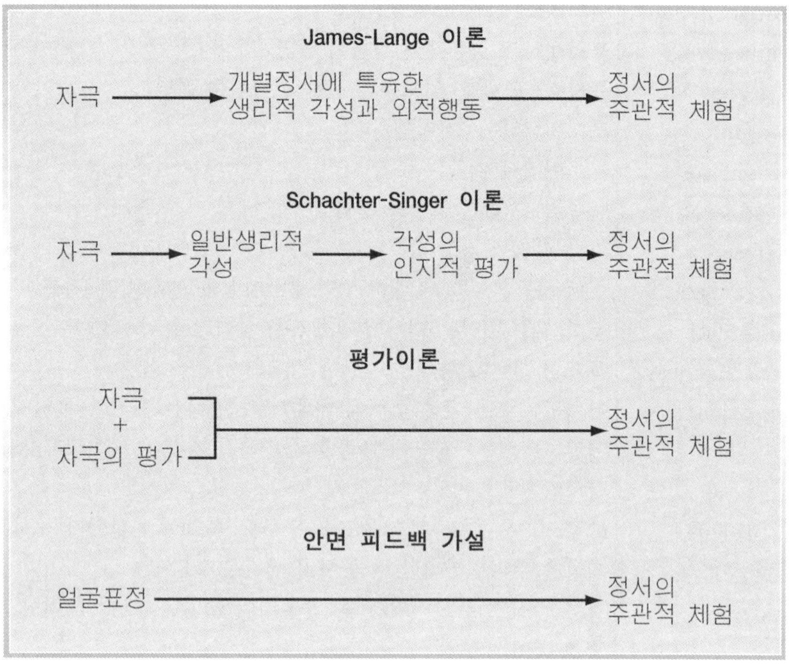

서들간에 신뢰로운 차이를 발견했을 뿐이다. 예를 들면, 심박율은 혐오를, 심장확장시 혈압은 분노를, 그리고 손가락 온도는 분노를 다른 정서들과 구별해준다. 그러나 유발된 정서강도의 일관성, 자율신경계활동의 개인차, 기대되거나 실행된 신체활동, 호흡, 주의 등이 자율신경계의 변화에 미치는 영향 때문에 개별정서와 신체변화간의 일대일 대응을 확인하기는 어렵다.

얼굴표정

정서의 표현 중 가장 집중적으로 연구된 것이 얼굴표정이다. 얼굴표정은 중요한 사회적 커뮤니케이션의 매체로서 체험한 정서의 다양성, 강도, 깊이를 표현한다. 얼굴은 언어 다음으로 정서의 미묘함을 잘 표현할 수 있을 뿐 아니라 언어보다 더 솔직한 매체로 알려져 있다. Ekman을 비롯한 기본정서 이론가들은 기본정서의 경우 정서체험과 얼굴표정 간에 신경회로로 연결되어 있다고 주장한다. 얼굴표정의 범문화성은 바로 이러한 생물학적 기반 때문에 존재한다는 것이 이들의 주장이다.

만약 정서체험과 얼굴표정 간에 신경회로로 연결되어 있다면, 정서가 얼굴표정을 산출할 뿐만 아니라 거꾸로 얼굴표정이 정서의 체험에 영향을 미친다는 안면 피드백 가설(facial feedback hypothesis)(Tomkins, 1962)도 성립될 수 있다. 예를 들면, 슬픈 얼굴을 하면 슬퍼지고 웃는 표정을 지으면 기분이 좋아진다는 가설이다. 안면 피드백 가설을 주장하는 학자들도 얼굴표정이 특정 정서를 산출할 수 있다고 보는 강한 입장과 기왕에 체험하고 있는 정서를 강화시킬 뿐이라는 약한 입장으로 나누어진다. 한편 얼굴표정의 신경생리학적 기반보다 사회적 커뮤니케이션 기능을 더 강조하는 학자들도 있다. 한 연구(Kraut & Johnston, 1979)에서, 사람들은 볼링을 할 때 스트라이크를 기록한 후 바로 볼을 보고 웃는 것이 아니라 돌아서서 친구를 보면서 비로소 웃는다는 것을 발견하였다. 얼굴표정은 자신의 감정상태를 상대방에게 전달하는 매체로서의 기능이 가장 중요하다는 것이다.

얼굴표정은 어느정도 수의적 조절이 가능하다. 그러므로 사람들은 문화의 요구에 따라 얼굴표정을 관리하기도 한다. Ekman이 제안한 표현규칙(display rule)에 따르면 사람들은 사회 및 문화 규범에 맞추어서 정서표현을 관리한다고 한다. 예를 들면, 유교 문화권에서는 어른 앞에서 크게 웃거나 성내는 모습을 보여서는 안된다고 가르친다. 이와 같이 정서는 범문화성과 문화에 따른 차이의 양면을 갖고 있다. Ekman은 생물학적 요인과 문화적 요인(표현규칙)을 포괄하는 얼굴표정의 신경-문화 이론(neurocultural theory of facial expressions)이 정서현상을 가장 잘 설명할 것이라고 제안한다.

정서의 조절

앞에서 정서의 역기능을 논의하였다. 정서는 합리적 적응을 방해하고, 종종 사회규범과 충돌하며, 현대사회와 맞지 않는 진화상의 유물이라는 점 등이다. 그러므로 사람들은 정서를 적절히 조절하면서 살아나가야 한다. 정서의 조절은 개인의 적응과 대인관계에서 매우 중요하다. 정서의 조절에 관한 연구는 주로 부적 정서에 집중되어 있는데, 그 이유는 정적 정서와 달리 부적 정서의 체험은 개인에게 고통스럽고 대인관계에서 표현될 경우 관계를 악화시키기 때문이다.

부적 정서의 조절양식은 크게 세 가지로 분류된다. 첫째, 능동적 양식으로서 여기에는 문제해결을 위한 계획 세우기, 구체적인 문제해결 행동, 자신의 느낌 혹은 상황을 이해하기 위한 노력 등이 포함된다. 두 번째 조절양식은 회피·분산적 양식으로서 문제상황으로부터의 회피와 주의분산이 포함된다. 세 번째의 지지추구적 양식은 타인으로부터 정서적, 도구적 지지 구하기 이다.

표 5.2 부적 정서의 조절양식과 하위방략들

조절양식	하위방략들
능동적 양식 문제해결을 위한 계획세우기 구체적인 문제해결 행동 자신의 느낌, 혹은 상황을 이해하기 위한 노력	7. 문제를 해결하거나 상황을 개선하기 위한 구체적인 일을 한다. 8. 상황을 개선하거나 문제를 해결하기 위한 구체적인 계획을 세운다. 9. 상황(혹은 문제)을 보다 명확히 이해하고자 한다. 11. 왜 내가 이런 기분을 느끼게 되었는지 이해하려고 노력한다.
회피 · 분산적 양식 문제 상황으로부터의 회피 주의의 분산	1. 기분을 나쁘게 한 상황이나 문제로부터 벗어나려고 한다. 6. 관계없는 다른 일을 떠올리거나 다른 일에 집중한다. 10. 막연히 "나아지겠지", "어떻게든 되겠지"라고 생각한다. 12. 마음 속에서 그 문제를 완전히 지워버리려고 노력한다.
지지 추구적 양식 타인으로부터의 정서적, 도구적 지지 구하기	2. 가족이나 친구와 만난다. 3. 누군가 나를 이해하고 위로해 주길 바란다. 4. 다른 사람들과 나의 느낌에 관하여 이야기한다. 5. 다른 사람들로부터 도움이나 조언을 구한다.

주: 문항앞의 번호는 정서조절 양식 설문지의 문항 번호임.
출처: 민경환 · 김지현 · 윤석빈 · 장승민, 2000

이들 정서조절 양식과 하위방략들은 〈표 5.2〉에 제시되어 있다.

정서조절 양식의 선택은 개인에 따라 다르고 경험하는 정서에 따라 다를 것으로 예상된다. 대학생들을 대상으로 한 연구(민경환 등, 2000)에서 자존감과 낙관성은 능동적 양식의 선택과 정적 상관을 보였고, 외향성과 정서표현성은 지지추구적 양식의 선택, 신경증 성향은 회피 · 분산적 양식의 선택과 각각 정적 상관을 보였다(표 5.3 참조). 동일한 연구에서 네 가지 부적 정서(분노,

표 5.3 정서조절 양식과 개인차 변인들간의 상관

개인차 변화	정서조절 양식		
	능동적 양식	회피 · 분산적 양식	지지추구적 양식
자존감	.351***	−.078	.005
외향성	.173**	−.024	.277***
신경증성향	−.117	.286***	.111
낙관성	.257***	.016	.099
정서 표현성	.061	−.109	.369***

주: N=252, *$p<.05$, **$p<.01$, ***$p<.001$
출처: 민경환 · 김지현 · 윤석빈 · 장승민, 2000

그림 5.5 정서종류에 따른 조절양식의 선택 수

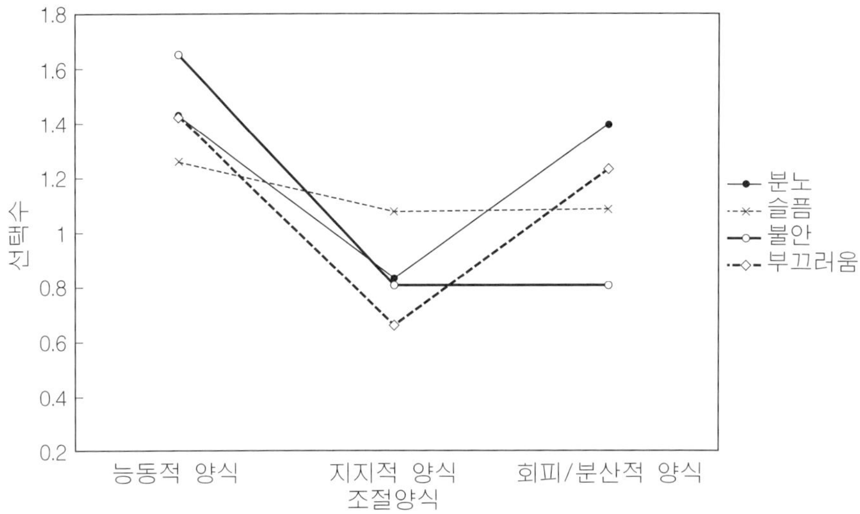

출처: 민경환 · 김지현 · 윤석빈 · 장승민, 2000

슬픔, 불안, 부끄러움)별로 선호되는 조절양식을 조사한 결과 모든 정서에서 능동적 조절이 첫 번째로 자주 선택되었다. 그러나 그 정도는 정서마다 달라서, 불안의 경우 능동적 조절이 압도적으로 선택되었고, 분노와 부끄러움에서는 능동적 조절과 회피 · 분산이 비슷한 정도로 선택되었고, 슬픔의 경우 세 가지 조절양식들이 모두 비슷한 정도로 선택되었다(그림 5.5 참조). 각 정서 조절양식의 효과성을 질문한 결과, 분노에서는 지지추구와 능동적 조절이, 슬픔에서는 지지추구가, 그리고 불안과 부끄러움에서는 능동적 조절이 가장 효과가 있는 것으로 응답했다. 회피 · 분산은 대체로 효과가 낮은 것으로 평가되었다(그림 5.6 참조). 그러므로 조절양식의 선택과 효과성에 대한 믿음이 항상 일치한다고 보기는 어렵다.

정서의 진화와 발달

정서의 진화

Darwin은 '인간과 동물의 정서표현'(1872)에서 영장류와 인간의 정서표현의 유사성을 제시하였다. 그는 인간의 정서표현에는 원시적 특성이 있으며 현대에는 더 이상 유용하지 않은 사라져가는 특성이라고 주장했다. 최근의 생물학에서는 정서를 퇴화된 것으로 보지 않고, 어떻게 정서가 선택되고, 어떤

그림 5.6 **정서종류에 따른 조절양식의 효과성**

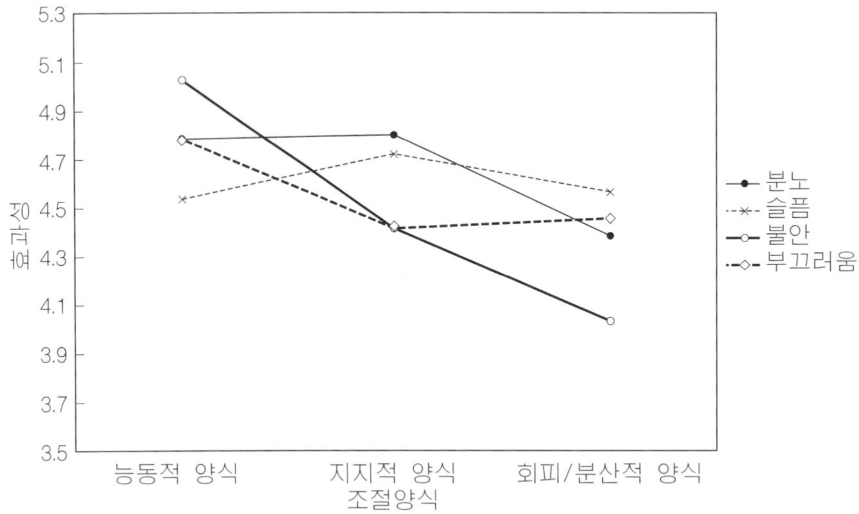

출처: 민경환 · 김지현 · 윤석빈 · 장승민, 2000

기능을 수행하며, 어떻게 진화와 관련되는지에 초점을 맞춘다. 정서와 관련하여 유전되는 패턴들에는 (1)표현, (2)행동에 대한 종-특유의 프로그램, (3)특정 정서에의 편향성 등이 있는데 이들 중 (1)과 (2)는 대체로 인류가 공유하고 (3)은 개인차가 존재하는 것으로 알려져 있다.

MacLean은 인간의 전뇌는 세 개의 구분된 체계들로 구성된다고 주장한다. 각 체계는 진화상의 다른 단계에서 생성되어 이전에 존재하던 체계에 누적되어 계속 진화해왔다고 한다. 새롭게 진화된 경로는 하위의 반사경로를 단순히 통제하기 보다는 여러 가지 종특유의 레퍼토리를 제공한다. 이 세 개의 체계는 선조계(striatal system)와 변연계(limbic system)와 신피질(neocortex)이다. 선조계는 파충류의 진화와 더불어 확장되었으며 파충류에서 진화된 모든 동물행동의 기초를 제공한다. 이들은 주로 하루 생활의 윤곽을 만들어내는 데 관여한다. 변연계는 포유류의 진화와 더불어 확장된 것으로 자기보존 및 종족계승 등에 관여한다. 파충류에는 없는 사회성 원리가 추가되었으며 정서경험에서 핵심적 역할을 한다. 마지막으로 신피질은 영장류와 인간에서 중요한 역할을 하며 정서경험에 인지적 요소를 추가함으로써 다양한 정서경험을 가능하게 한다. 신피질은 다시 좌반구와 우반구로 나뉠 수 있는데 정서의 인식은 주로 우반구에서 담당하며, 긍정적 정서는 좌반구에 그리고 부정적 정서는 우반구에 주로 표상된다.

그림 5.7 MacLean의 전뇌

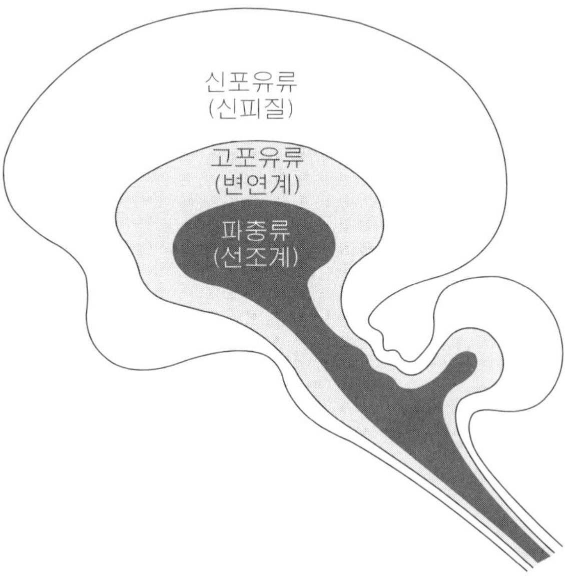

영장류의 연구는 인간의 정서에 관하여 많은 정보를 제공한다. Jane Goodall(읽어보기 참조)은 수십년에 길친 침팬지의 연구로부터 인간과 침팬지가 정서적 측면에서 유사하다는 것을 발견했다. 침팬지는 인간과 정서유발 사건이나 얼굴표정, 정서적인 음성신호 등에서 유사성을 보였으며 인간과 마찬가지로 사회적 관계는 주로 정서적 관계로 해석될 수 있었다. 침팬지는 또한 인간에서나 발견되는 것으로 알려졌던 불필요한 공격성을 보이는 것이 관찰되었다. 한편 침팬지 중에서도 가장 인간과 가까운 것으로 알려진 피그미 침팬지는 특히 (인간과 유사하게) 성적으로 무척 활동적이다. 다른 일반 침팬지들에서 공격성과 지배를 위한 다툼이 두드러지는데 반해 성적으로 활동적인 피그미 침팬지에서는 공격행동이 드물어서 성적 활동이 갈등을 가라앉히는데 기여한다는 인상을 준다.

인류로 돌아가서 이야기해보자. 인류의 조상은(보다 오래된 유골이 새로 발견될 때마다 달라지기는 하지만) 약 20만년 전에 아프리카에서 살았던 African Eve로 알려졌다. 20만년의 인류역사에서 인간이 정착하고 문명을 건설한 것은 지난 일만년, 즉 인류역사의 약 5%에 불과하다고 한다. 지난 일만년 동안 문화는 괄목할만큼 변화했지만 진화론적으로 볼 때 인간의 정서기제는 약 일만년전의 수렵-채집생활을 할 때와 거의 다르지 않다. 오늘날의 삶이 일만년전의 수렵-채집 시절과 얼마나 다른지는 말할 필요도 없을 것이다. 인간의 정서적 삶의 불행은 이와 같은 정서기제와 삶의 양식의 괴리에 가장 큰 원인이 있는 것이다.

읽어보기·····

Jane Goodall의 침팬지 연구

1960년 여름, 당시 26살이던 Jane Goodall(사진)은 아프리카로 건너가서 탄자니아의 곰베에 자리잡고 침팬지 연구를 시작하였다. 당시에 아프리카 오지로 여성이 들어간다는 것은 들어보지도 못한 일이었으나 그 여행은 Jane Goodall의 어린시절의 꿈을 실현하는 것이었다. 탄자니아에서의 그녀의 연구는 상상외로 성과가 있었다. 곰베에서의 첫해에 그녀는 침팬지가 흰개미를 잡기 위해 도구를 만들어 사냥하는 것을 관찰하였다. 이 발견은 인간만이 도구를 만들 수 있다는 당시의 상식을 뒤엎었다. 1965년에 Jane Goodall은 Cambridge University에서 동물행동학으로 박사학위를 받았고, 그후 곧 탄자니아로 돌아와서 침팬지 연구를 계속하였다. 그녀의 평생에 걸친 연구로 우리는 침팬지가 고기를 먹기 위해 사냥을 하고, 도구를 사용하고, 인간과 유사한 정서적 삶을 영위하고, 다양한 성격들을 보유하고 있으며, (슬프게도) 인간과 다를바 없는 의미없는 공격성을 보이기도 한다는 것을 알게 되었다.

Jane Goodall은 1977년에 Jane Goodall Institute를 설립하였다. 이 연구소는 야생침팬지의 현장연구에 대한 지속적인 지원을 제공하기 위해서 설립되었으나, 오늘날 이 연구소의 사명은 모든 생명체의 환경을 개선하기 위해 지식과 공감에 기반을 두고 행동을 하는 사람들의 힘을 증진시키는 것이다.

Jane Goodall은 'My Friends, the Wild Chimpanzees'(1967), 'The Chimpanzees of Gombe'(1984), 'Through a Window: 30 Years Observing the Gombe Chimpanzees'(1987), 'Jane Goodall: With Love'(1994) 등을 저술하였고, National Geographic Society의 Hubbard Medal을 비롯한 많은 상을 수상하였다. Jane Goodall은 현재 대부분의 시간을 강연을 하면서, 미래에 대한 그녀의 메시지를 젊은이들과 공유하고 그들로 하여금 다른 세상을 만들도록 격려하며 보내고 있다. 한국에도 1996년에 찾아와서 세종문화회관에서 강연을 한 적이 있는데 필자가 세상에서 만나본 가장 아름다운 여인으로 기억하고 있다.

정서의 발달

유아의 정서발달을 연구하는 것은 무척 어렵다. 유아는 말을 배우기 전에는 자신의 정서를 보고할 수가 없고, 말을 배운 후에도 아주 초보적인 수준의 표현밖에 하지 못하기 때문이다. 또한 아동의 표정과 내적 상태간의 대응성을 어른에서와 같다고 볼 수도 없다. 예를 들면, 유아는 생후 첫주부터 미소를 보이지만 이때의 미소가 행복을 의미한다고 보기 어렵다. 따라서 아동의 정서에 대한 이해는 얼굴표정이나 행동의 관찰만으로는 부족하며 맥락을 고려하여 추론하여야 한다.

정서발달은 다양한 측면을 포괄한다. 정서체험의 종류와 깊이, 정서표현과 조절, 타인의 정서를 변별하고 적절히 반응하는 능력, 정서의 원인에 대한 이해, 정서은폐의 이해, 양가감정 개념의 이해(한 사람이 기쁨과 슬픔 등 서로 상반되는 감정가의 정서를 동시에 체험할 수 있다는 것의 이해) 등이 정서발달에서 중요한 측면들이다. 이들 각각은 상호 협응하여 발달하며 또한 인지발달, 신체적 성숙, 환경 등의 영향을 받는다. 여기서는 아동의 정서체험의 발달에 국한시켜서 소개한다. Lewis는 아동의 정서체험의 발달이 대체로 생후 첫 3년 동안 기초가 완성된다고 주장하며 다음과 같은 발달일정을 제시한다.

아동은 태어날 때 이분적인 정서적 삶을 보인다. 울음이나 짜증으로 표현되는 부적 상태(distress)와 미소나 만족한 표정 등으로부터 추론되는 정적 상태가 그것이다. 흥미나 주목 등의 표정도 생애 초기부터 발견되는데 이것은 정적 상태에 포함시킬 수도 있고 독립된 상태로 분류할 수도 있다. 3개월쯤 되면 아동은 기쁨, 흥미, 슬픔, 혐오 등을 적절한 맥락에서 표현한다. 분노는 4-6개월에 출현하는 것으로 알려졌다. 분노는 좌절의 결과정서로서 수단-목표지식(means-ends knowledge)을 필요로 한다. 놀람은 기대의 어긋남에서 비롯되는 정서로 6개월 무렵에 출현한다. 공포는 7-8개월에 출현하는데 공포를 경험하기 위해서 아동은 공포를 유발하는 사건을 다른 사건과 구별, 비교할 수 있어야 한다. 이렇게 해서 대략 8-9개월이 되면 아동은 소위 6개의 기초정서 혹은 기본정서의 출현을 반영하는 행동을 보이게 된다. 이들 초기 정서의 출현에는 인지과정이 중요한 역할을 한다. 그러나 이 때의 인지과정은 아주 초보적이다.

두 번째 해의 후반기 무렵에는 아동은 자기참조적 행동을 통하여 새로운 인지적 역량, 즉 자기의식의 출현을 보여준다. 그 결과 새로운 범주의 정서, 즉 자의식적 정서(self-conscious emotions)인 당혹, 공감, 질투 등이 나타나기 시작한다. 이 정서들은 자의식을 반영하지만 자기평가를 필요로 하지는 않는다. 두 살이 지나 두 번째 획기적인 인지적 발달, 즉 자신의 행동을 규준(standard)과 비교하여 평가하는 능력이 생기면서 자의식적 평가정서(self-conscious evaluative emotions)가 출현한다. 여기에는 자부심, 수치, 죄책감, 후회 등이 포함된다. 이 정서들은 아동이 자기개념을 갖고 있고 자기의 행동을 규준과 관련시켜 비교할 능력을 갖고 있을 것을 요구한다. 아동이 규준에 도달하지 못하면 수치나 죄책감이나 후회를 느끼고 규준에 도달하는데 성공하면 자부심을 느끼게 된다.

이렇게 해서 세 살경에는 정교하고 복잡한 정서체계를 갖추게 된다. 비록 새로운 경험과 인지적 역량의 발달이 아동의 정서적 삶을 확대시키고 정교화하겠지만 Darwin이 말한 인류에게 고유한 정서들은 세 살경에는 갖추어진다고 보아야 할 것이다. [그림 5.8]은 생애의 첫 3년 동안에 일어나는 정서의 발달을 정리한 것이다.

그림 5.8 생애의 첫 3년 동안에 일어나는 정서의 발달

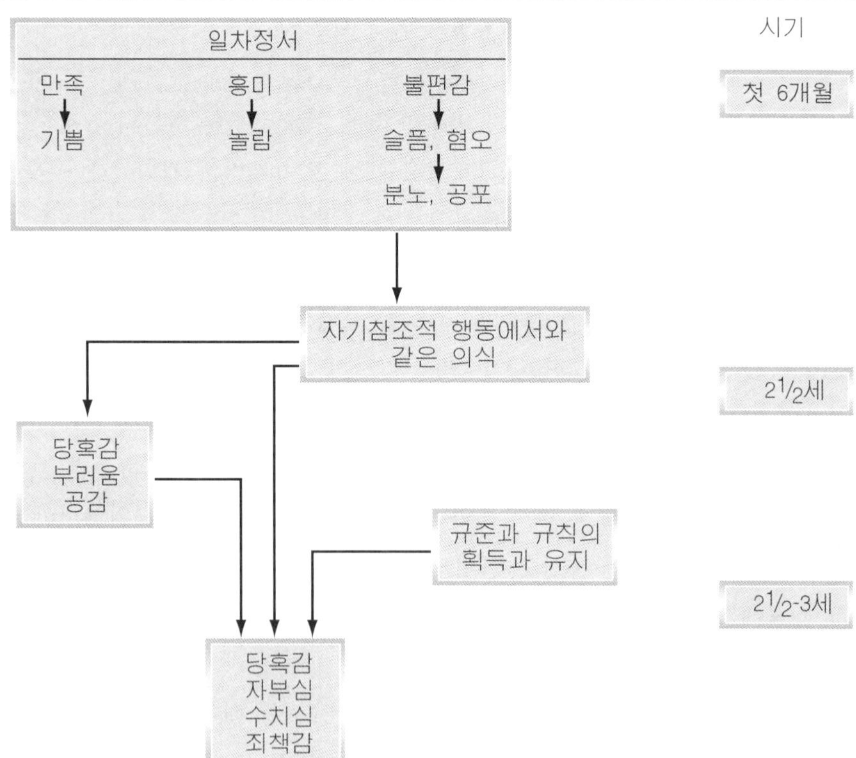

출처: Lewis, 1993

정서와 적응

낙관성

최근에 긍정적 사고의 이점에 관한 책이나 기사들이 쏟아져 나오고 있다. 심리학에서는 Scheier와 Carver(1993)가 낙관성(optimism)에 관하여 연구를 수행해왔다. 낙관성은 자신의 삶에서 대체로 나쁜 일보다는 좋은 일이 일어날 것이라고 믿는 일반화된 기대를 일컫는다. 낙관성은 비교적 안정적이며 개인차를 보여주므로 성격특질로 간주된다. 낙관성은 Scheier와 Carver(1985)에 의해서 개발된 '삶의 오리엔테이션 검사'(Life Orientation Test: LOT)로 측정된다. LOT의 문항 예가 〈표 5.4〉에 제시되어 있다. LOT를 사용한 연구에서 낙관적인 사람들은 비관적인 사람들보다 심리적 신체적 건강에서 더 유리한 것으로 밝혀졌다. 예를 들면, 낙관성 점수가 높은 사람들은 낮은 사람들보다 스트레스 기간에 더 높은 주관적 안녕감을 유지했고(Scheier & Carver, 1993), 관상동맥 수술로부터 더 빨리 회복되었다(Scheier et al., 1989). Scheier 등은 낙관성의 효과를, 비관주의자들이 정서초점적 대처방법을 자주 사용하는데 비해 낙관주의자들은 문제초점적 대처방법을 주로 사용하기 때문이라고 설명했다. 낙관주의자들은 문제해결을 위해 직접 행동을 취하고 보다 계획적이며 대처노력에 보다 초점을 맞춘다는 것이다. 반대로 비관주의자들은 스트레스 사건을 부정하거나 문제와 직접 부딪치는 것을 회피하는 태도를 취한다. Scheier와 Carver는 대처양식을 측정하는 도구(COPE)를 개발하여 LOT와 상관을 구한 결과, 낙관성은 적극적 대처 및 계획과 정적인 상관을, 그리고 정서에 대한 초점, 부정, 회피 등과 부적 상관을 보였다(Carver, Scheier, & Weintraub, 1989).

표 5.4 LOT의 문항 예

1. 나는 항상 사물의 밝은 쪽을 바라본다.
2. 불확실한 시기에, 나는 보통 최선을 예상한다.
3. 나는 검은 구름 저쪽에 밝은 하늘이 있다는 생각을 믿는 사람이다.
4. 나는 좋은 일이 나에게 일어난다고는 별로 생각하지 않는다.(R)

주: R은 역채점 문항임
출처: Scheier & Carver, 1985; Pervin, 1996에서 재인용

부적 정서성

부적 정서성(negative affectivity: NA)은 Watson과 Clark(1984)에 의해서 제안된 개념으로 삶에서 부적 정서를 주로 체험하는 성향을 지칭한다. 부적 정서성은 신경증 성향이나 불안 특질과 관련되고 임상적인 불안 및 우울과 관계되어 있다(Watson, Clark, & Carey, 1988). 부적 정서성은 PANAS (Positive Affect and Negative Affect Schedule)로 측정되는데 이 척도는 정적 정서성(PA)을 측정하는 형용사들과 부적 정서성(NA)을 측정하는 형용사들로 구성되어 있다. PA와 NA는 독립적인 것으로 밝혀졌다. 즉, 부적 정서성이 높은 사람들이 반드시 정적 정서성이 낮은 것은 아니다. 사람에 따라 부적 정서성과 정적 정서성이 모두 높을 수도 있고, 둘다 낮을 수도 있고, 어느 하나는 높고 다른 하나는 낮을 수도 있다. 예를 들면, 한 사람이 기쁨과 슬픔을 모두 자주 체험할 수도 있고, 기쁨과 슬픔 중 한가지만을 자주 체험할 수도 있고, 두 정서 모두를 드물게 체험할 수도 있다.

부적 정서성은 낮은 주관적 안녕감과 관련되며, 낮은 수준의 결혼 및 직업 만족도, 그리고 높은 수준의 지각된 스트레스 및 갈등과 관련된다. 그러나 부적 정서성은 신체적 건강 자체보다는 건강에 관한 불평과 주로 관련된 것으로 나타났다. 즉 부적 정서성은 건강에 관한 불평과는 관련이 있으나 심장질환, 암, 사망률 등과는 별로 관련이 없었다(Watson & Pennebaker, 1989). 이 결과는 낙관성이 신체적 건강과 관련을 보인 것과 대비되어 흥미롭다. 아직 검증되지는 않았지만 신체적 건강에 보다 중요한 것은 부적 정서를 얼마나 자주 체험하는가보다 정적 정서를 얼마나 자주 체험하는가일 가능성을 시사해 준다.

정서 표현성

정서의 자유로운 표현은 자연의 순리이다. 그러나 정서의 표현은 종종 문화에 의해서 규제된다. 정서를 표출하고자 하는 자연스러운 힘과 이를 억제하는 문화간의 갈등은 현대인의 정서적 삶의 특징이다. 정서표현의 억제는 개인의 심리적 신체적 건강에 어떤 영향을 미칠까?

정서억제의 역설적 효과

Wegner는 사고나 감정의 억제(suppression)가 오히려 역효과를 가져온다는 사실을 실험을 통하여 밝혔다. 유명한 '흰곰 실험' (Wegner, Schneider, Carter, & White, 1987)에서 피험자들에게 의식의 흐름을 녹음기에 진술하도록 요구하였다. 그리고 만약 '흰곰'이라고 말하거나 '흰곰'이 마음에 떠오를 때마다 종을 울리도록 하였다. 실험은 각각 5분으로 구성된 억제회기와 표현회기로 이루어졌다. 억제회기에서는 '흰곰'을 생각하지 않도록 노력할 것을 요구하였고, 표현회기에서는 반대로 '흰곰'을 생각하도록 노력할 것을 요구하였다. 두 집단으로 나누어 한 집단은 억제회기-표현회기 순으로, 그리고 다른 한 집단은 표현회기-억제회기 순으로 실험을 진행하였다. 결과(그림 5.9 참조)를 보면, 우선 억제회기에서보다 표현회기에서 '흰곰'이라고 말하거나 생각한 횟수가 더 많았다. 또한 피험자들은 억제회기에서 '흰곰'에 대한 생각을 억제하는데 어려움을 겪었다. 가장 흥미로운 결과는 억제회기 다음의 표현회기에서 종을 울린 횟수가 억제회기 이전의 표현회기에서보다 훨씬 많았다는 것이다. 다시 말하면, 앞 회기에서의 사고억제는 다음 표현회기에서 사고의 급증을 가져오는 반등효과를 낳은 것이다. 그러므로 이 실험에 따르면 사고억제는 오히려 억제된 사고에 집착하는 결과를 가져오는 역설적

그림 5.9 표현 및 억제회기에서 종을 울린 횟수

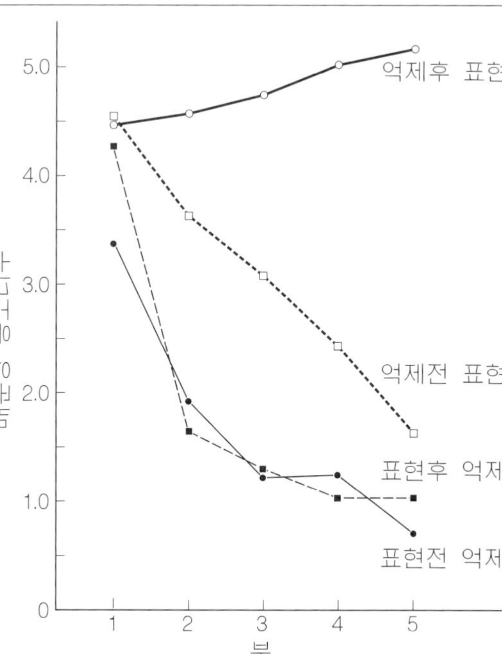

출처: Wegner et al., 1990

효과가 있는 것이다. Wegner 등(Wegner, Shortt, Blake, & Page, 1990)은 후속된 실험에서 성(sex)과 같은 흥분을 유발시키는 주제에 대한 생각을 억제하도록 하였을 때, 비록 사고의 빈도수는 중성적인 주제들보다 높지 않았지만 피부전도율로 측정한 각성정도는 훨씬 높음을 발견하였다. 이 실험 결과는 흥분을 유발하는 사고의 억제가 흥분을 오히려 촉진시키는 경향이 있음을 보여준다. Wegner의 역설적 과정 이론(ironic process theory)에 따르면 시간의 압력을 받을 때나 스트레스 상황에서 정신적 통제를 하려는 노력은 종종 의도하지 않은 반대효과를 초래한다고 한다. 공포나 공황이나 불안 등 원치 않는 정서반응들도 사고억제에 의해서 초래되는 역설적 효과들로 간주된다.

정서표현의 치유효과

사고와 감정을 억제하는 것은 역설적 효과를 초래할 뿐만 아니라 장기적인 억제는 스트레스와 질병에도 취약하게 만든다는 것이 마음과 건강의 관계를 연구하는 학자들의 일반적인 생각이다. Pennebaker는 역으로 스트레스와 관련된 사고나 감정의 표현이 억제에서 비롯된 부적 효과를 감소시킬 수 있는가에 관심을 가졌다. 실험(Pennebaker, Kiecolt-Glaser, & Glaser, 1988)에서 그는 대학생 피험자들 중 한 집단(실험집단)은 과거의 외상경험(traumatic experience)에 관하여 나흘 동안 쓰도록 하고, 다른 집단(통제집단)은 피상적인 주제에 관하여 역시 나흘 동안 쓰도록 하였다. 외상경험에 관하여 쓰는 것이 치료효과가 있는지를 알아보기 위해서 실험전 15개월과 실험후 6개월 동안 건강센터를 방문한 횟수를 기록하였고, 더불어 면역체계 기능과 혈압수준 및 주관적 불편감 등을 측정하였다. 결과를 보면, 외상경험을 쓴 집단은 건강센터의 방문횟수가 감소하였고 피상적인 주제를 쓴 집단은 오히려 증가하였다. 또한 면역체계 기능과 혈압수준 및 주관적 불편감의 보고에서도 외상경험을 쓴 집단에서 건강에 유리한 결과가 나타났다. 이러한 치료효과는 전에 타인에게 털어놓은 적이 없는 외상경험을 쓴 경우에 특히 크게 나타났다. 이 실험으로부터 Pennebaker는 고통스러운 경험을 타인에게 털어놓는 것이 치료효과가 있다고 결론지었다.

Pennebaker는 그의 가설을 지진이나 전쟁과 같은 실제 삶의 위기상황에서도 검증하였다. San Francisco 지진(1989)이 일어난 후 그는 1, 2, 3, 6, 8, 16, 28, 50주의 시점에서 California와 Texas의 주민들을 대상으로 전화 인터뷰를 하였다. 응답자들은 지난 24시간 동안 얼마나 자주 지진에 관하여 이야기하고 생각했는지, 그리고 기분과 인간관계가 어떠했는지 등에 관해서 대답하도록 요구되었다. 결과를 보면, California 주민들은 첫 2주간 지진에 관해서 대단히 많이 생각하고 이야기를 나누었다. 그러나 다음 5주간(지진후 3주-8주 사이)에는 지진에 관해서 생각은 계속되었으나 지진을 화제로하는 대화는 크게 감소하였다. 많은 사람들의 경우 지진에 관해서 생각하고 이야기하던 것이 생각만 하는 양상으로 옮겨진 것이다. 이 기간동안 California 응답자들은 부적 기분, 가족이나 직장동료와의 다툼, 지진에 관한 꿈 등이 증가했다고 보고했으며 이 지역에서 폭력사건도 증가하였다. 그러나 이러한 괴로움의 징후들은 지진후 약 8주가 지나면서 사라졌다. 한편 지진 피해지역으로부터 멀리 떨어진 Texas 응답자들에서는 이러한 현상이 나타나지 않았다.

동일한 현상이 Gulf 전쟁(1991)과 관련시킨 연구에서도 나타났다. 여기서도 첫 2주간은 전쟁에 관한 생각과 대화가 크게 증가했다가 그 후에는 생각에 비해 대화는 크게 감소했다. 그리고 앞의 연구에서와 마찬가지로 3-8주 사이에 신체적 증상, 불안, 말다툼, 전쟁에 관한 꿈 등이 증가했다.

Pennebaker(1993)는 이 연구들에 기초하여 외상에 대처하는 3단계 모델을 제시하였다. 첫단계는 위급단계(emergency phase)로서 사람들의 사고와 대화는 외상을 둘러싸고 이루어지며 사람들은 사건에 관하여 이야기함으로써 사회적 지원을 받는다. 두 번째 단계인 억제단계(inhibition phase)에서는 사고는 외상을 맴돌지만 사람들이 더 이상 듣고 싶어하지 않기 때문에 외상을 화제로 한 대화는 감소한다. 이러한 사회적 제약으로 인한 감정의 억제는 종

그림 5.10 Gulf 전쟁에 관해서 지난 24시간 동안 사고와 대화를 한 빈도

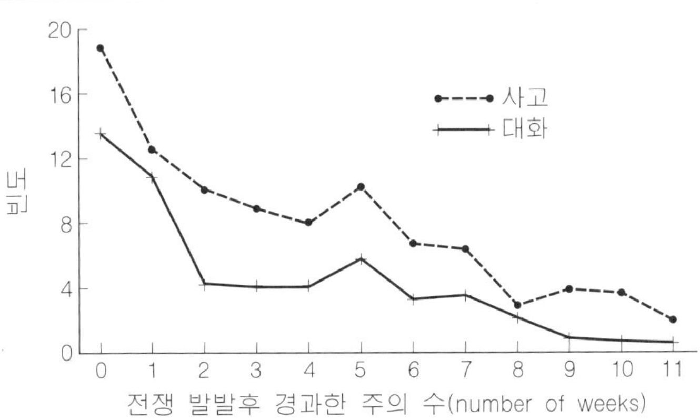

출처: Pennebaker, 1993

종 건강이나 안녕감에 해로운 결과를 초래한다. 마지막으로 세 번째 단계인 적응단계(adaptation phase)에서는 사고, 대화, 스트레스가 모두 감소한다. 각 단계에서 요구되는 기간은 관련된 사건과 외상에 따라 달라진다. Pennebaker의 연구는 정신분석학의 억압(repression)을 연상시키지만 그 자신은 정신분석학과 자신의 이론을 연결시키지 않았다.

성격특성으로서의 정서 표현성

성격특성의 하나로서 정서 표현성을 측정하려는 시도도 여러 학자들에 의해서 이루어졌다. King과 Emmons(1990)가 개발한 정서표현 질문지(Emotional Expressivity Questionnaire; EEQ)는 부정적 정서의 표현, 긍정적 정서의 표현, 친밀감 표현의 세 요인으로 구성된 척도로서 이 세 요인의 점수를 합하면 정서표현성의 점수가 된다. Kring, Smith 및 Neale(1994)은 부정적 정서와 긍정적 정서를 구분하지 않고 사람들이 자신의 정서를 외부로 나타내는 정도를 단일요인으로 간주하여 측정하는 척도인 정서표현성 척도(Emotional Expressiveness Scale; EES)를 개발하였다. 한편 King과 Emmons(1990)는 EEQ에 추가하여 정서표현에 대한 갈등을 측정하는 정서표현 갈등 질문지(Ambivalence over Emotional Expressiveness Questionnaire; AEQ)를 개발하였다. 이들에 따르면 정신 신체적 건강에는 정서표현 자체보다는 정서표현 욕구와 관련된 갈등이 더 중요하다고 한다. 대학생들을 대상으로 이루어진 상관연구(이주일 등, 1997)에서 정서체험의 강도는 정서표현성과 높은 상관을 보였고, 주관적 안녕은 정서표현성 및 정서표현 갈등과 상관을 보이지만, 주관적 건강과 신체적 질환은 정서표현 갈등과만 의미있는 상관을 나타내고 있어 King과 Emmons의 주장을 지지한다. 이 연구에서는 또한 성차도 조사하였는데 정서체험의 강도, 정서표현성 등에서 여자가 남자보다 높으며 정서표현 갈등에서는 남자가 여자보다 높게 나오는 등 여자가 남자보다 정서적이라는 통념을 지지하는 결과가 나왔다.

알렉시티미아

전통적으로 임상병리학에서는 정서와 관련된 장애로 불안장애, 우울증, 양극성 정서장애(조울증) 등이 연구되어 왔다. 실제로 거의 모든 심리장애가 정서적 불편감을 수반하기 때문에 정서장애로 간주될 수 있다. 그러나 정서과정(정서의 처리 및 조절과정 등) 자체의 장애로는 알렉시티미아가 유일하게 학자들의 주목을 받고 있다.

알렉시티미아(alexithymia)는 신체화 질병(psychosomatic diseases)의 연구로부터 비롯되었다. 신체화 장애 환자들은 자신의 주관적인 느낌을 기술하는데 매우 어려움을 나타내며, 외부적 사건의 아주 사소한 면에 집착하고, 추동관련 환상이 결핍되어 있는 특징적인 의사소통 스타일을 보인다. Sifneos(1973)는 이러한 인지적 감정적 스타일을 알렉시티미아(a=lack, lexis=word, thymos=emotion)로 명명하였다. 알렉시티미아는 다음과 같은 특징을 갖는 것으로 개념화되었다(Taylor, 1994). (1) 정서적 느낌을 변별하고 정서적 느낌과 신체감각을 구분하는 어려움, (2) 정서적 느낌을 타인에게 기술하는 어려움, (3) 환상의 빈곤에서 증명되는 위축된 상상과정, (4) 자극에 구속된, 외부 지향적인 인지 스타일. 이러한 특징들은 알렉시티미아인 사람들이 흔히 보이는 불안이나 우울의 표현과 모순되어 보이지만 이들은 대부분 자신의 내적 느낌을 알지 못하기 때문에 자신의 상태와 기억, 환상, 상황들을 연결시키지 못하며 정교한 수준의 감정을 경험하지 못한다. 알렉시티미아는 정서처리 과정과 정서조절 능력에 결함이 있다. 그러므로 정서적 각성과 동반되는 신체화된 감각을 과장하고 오해함으로써 건강염려증이나 신체화 장애를 나타내기도 하고, 인지적 처리과정을 통해서 정서조절을 하지 못하므로 불쾌한 정서상태를 벗어나기 위해서 충동적이거나 강박적인 행동(예: 폭식, 약물남용, 성행위의 탐닉, 거식증 등)을 보이기도 한다.

알렉시티미아의 원인에 대해서는 아직 확실하게 규명되지 않았다. Sifneos(1988, 1994)는 신경생물학적 결함의 결과로 나타나는 일차 알렉시티미아와 발달초기의 외상적 경험이나 불안정 애착 등 사회적, 환경적 영향으로 인하여 유발되는 이차 알렉시티미아로 구분하였다. Salovey 등(1993)은 심각한 알렉시티미아 환자의 경우 정서지능이 매우 낮음을 밝혔다. 알렉시티미아를 측정하기 위해서 Toronto Alexithymia Scale(TAS)이 개발되었다(Bagby, Taylor, & Ryan, 1986).

정서지능

정서지능(emotional intelligence)은 1990년 Salovey와 Mayer에 의해 제안된 이후 심리학계뿐 아니라 대중적으로도 널리 유포된 개념이다. 정서지능은 지능지수인 IQ와 대비하여 정서지수를 뜻하는 EQ로도 알려져 있다.

정서지능은 “자신과 타인의 정서를 검색하고, 그것들을 잘 구분하며, 이러한 정서 관련 정보를 자신의 사고와 행동을 결정하는 데에 적절하게 활용하는 능력"(Salovey & Mayer, 1990)으로 정의된다. 정서지능은 (1)자기와 타인의 정서를 평가하고 표현하는 것, (2)자기와 타인의 정서를 조절하는 것, (3)정서를(사고, 추리, 문제해결, 창의성 등에) 적응적으로 활용하는 것의 세 가지 요소로 구성되어 있다.

Salovey와 Mayer는 Gardner(1983)의 개인적 지능(personal intelligence)이나 Thorndike (Thorndike & Stein, 1937)의 사회적 지능(social intelligence)이 정서지능의 개념을 포함하고 있다고 보았다. 개인적 지능은 개인간 지능(interpersonal intelligence)과 개인내 지능(intrapersonal intelligence)으로 구성되는데, 개인간 지능은 다른 사람들의 욕구나 동기나 정서를 변별하는 능력이고, 개인내 지능은 자기 자신의 정서나 동기와 같은 내적 상태를 인식하는 능력을 지칭한다. 또한 사회적 지능은 타인을 이해하고 인간관계에서 슬기롭게 행동하는 능력을 가리킨다. 이들은 모두 전통적인 인지적 지능과 구별하여 사회적 적응능력을 개념화한 것이다. 그러나 Mayer와 Salovey(1993)는 개인적 지능이나 사회적 지능의 경우 너무 포괄적으로 정의되고 정서 외의 요소들이 포함되어 있어서 개념적 독립성을 갖는데 실패한 반면에, 정서지능은 정서에만 국한되므로 더 높은 변별타당도를 갖는다고 주장한다. 이들에 의하면, 정서지능이 '지능'인 이유는 성격과 같은 개인의 일반적인 성향이나 행동 선호도 혹은 사회적 기술과는 달리 자신과 타인에 대한 기분을 파악하고 그것을 조절하는 것은 정신적 '능력'의 영역에 속하기 때문이라는 것이다. 더욱이 이러한 능력은 일반지능과는 독립적이라고 본다.

정서지능은 개념화와 측정의 두 측면에서 상당한 혼란을 낳았다. 우선 개념적 측면에서 보면, 첫째, 정서지능의 세 요소로 제안된 정서의 인식, 조절, 활용간의 관계가 독립적인지 혹은 상관관계가 있는지, 만약 상관관계가 있다면 정적인지 부적인지가 알려지지 않았다. 만약 이 요소들간에 부적 상관관계가 존재한다면 세 요소의 점수를 합산한 EQ는 의미가 없을 것이다. 둘째, 정서지능에는 분명히 정서적 요소이며 적응에 중요한 함의를 갖는 낙관성이나 정서복잡성 등이 누락되어 있다. 셋째, IQ의 경우에는 학업성취도가 예언타당도의 기준으로 공인되어 있지만 EQ의 경우에는 무엇이 기준이 될지 불분명하다. 타당도의 기준이 정해지지 않은 상태에서 개념의 정제나 측정도구의 제작은 방향을 잡기 어렵다. 측정의 측면에서 가장 중요한 문제는 정서지능이라는 능력의 측정을 자기보고 질문지에 의존할 수 있는가이다. 현재 대부분의 EQ

검사는 자기보고 기법을 사용하고 있는데 자기보고 질문지의 경우 정서지능 자체보다는 사회적으로 바람직하게 응답하려는 성향을 측정할 가능성이 높다. 이 점은 수행검사의 방식을 채택하는 지능검사와 대비된다.

〈표 5.5〉에 소개하는 문항 예는 Salovey 등(Salovey, Mayer, Goldman, Turvey, & Palfai, 1995)에 의해서 제작된 TMMS(Trait Meta-Mood Scale)에 포함된 것들이다. TMMS는 정서지능의 가장 핵심적인 요소라고 생각되는 (1)정서에 대한 주의, (2)정서경험의 명료성, (3)정서의 개선 등 세 요소를 측정하는 문항들로 구성되어 있다.

정서지능 개념은 일반인들 사이에 상당히 높은 인지도를 얻었지만 심리학계의 반응은 그다지 열광적이지는 않았다. 그 이유는 개념의 타당화와 정교화 작업이 선행되지 않은 채로 상업적인 목적 때문에 무분별한 척도와 훈련 프로그램이 제작되어 범람하였기 때문이다. 또한 인간의 능력을 수량화함으로써 차별의 근거를 제공한다는 점에서 EQ는 IQ의 폐해를 되풀이할 위험성이 크다는 점도 지적된다. 그리고 다채로운 개성의 가장 핵심적인 양상이라고 볼 수 있는 정서체험이나 반응을 옳고 그르거나, 좋다, 나쁘다 등의 잣대로 평가함으로써 인간의 다양성을 훼손하고 규격화된 인간을 양산할 것이라는 비판도 제기되었다. 반면에 정서지능 개념이 삶에서 정서적 측면의 중요성을 부각시켰고, 정서적 역량을 훈련이나 교육을 통하여 키울 수 있다는 점을 인식시켰으며, 그 결과로 종전의 지식이나 지적 능력 위주의 교육에서 탈피하여 인간의 정서적 측면을 강조하는 교육이나 양육을 시도하는 흐름이 일어나는 계기가 된 것은 중요한 공헌이다.

표 5.5 TMMS의 문항 예

1. 나는 늘 내가 어떻게 느끼는지에 대해 혼란스럽다. (명료성, R)
2. 기분이 나쁠 때에도 좋은 생각을 떠올리려고 노력한다. (개선)
3. 나는 자주 나의 느낌에 대해 생각한다. (주의)
4. 감정에 대해 생각하는 일은 보통 시간낭비이다. (주의, R)
5. 나는 보통 내 느낌들에 대해 매우 명확하다. (명료성)
6. 나는 별로 내 느낌에 주의를 기울이지 않는다. (주의, R)
7. 나는 내 느낌을 이해할 수가 없다. (명료성, R)
8. 때때로 슬플 때도 있지만 나는 대체로 낙관적인 전망을 지닌다. (개선)

자료원: 주: R은 역채점 문항임
출처: 이수정과 이훈구, 1997

성격의 동기 요소

동기는 반응의 활성화, 선택, 준비성 등에 관여한다. 즉, 무엇이 행동을 활성화시키는가, 왜 여러 반응대안들 중 특정 반응을 선택하는가, 왜 한때는 이런 방식으로 반응하고 다른 때는 다른 방식으로 반응하는가 등의 질문에 대답하기 위해서 생겨난 개념이다.

성격심리학의 여러 접근들은 동기를 다루는 방식에서 그 특징들이 가장 잘 드러난다. 정신역동적 접근에서는 Freud의 리비도 개념에서 보듯이 동기가 핵심개념이다. Freud와 다른 정신역동학자들간의 논쟁도 주로 어떤 동기를 가장 중요하다고 보느냐에서 비롯되었다. 구조주의적 입장을 취하는 특질접근에서는 비교적 동기가 소홀히 취급되었다. 현상학적 접근에서는 자기실현이나 자기성장의 동기를 강조하였고, 최근의 사회인지적 접근에서는 인지개념(목표, 기대, 규준 등)에 동기화 능력을 부여한다. 동기이론들은 크게 추동이론, 인지이론, 성장 및 자기실현 이론의 셋으로 분류될 수 있다.

추동 이론

추동(drive) 개념은 1920년대 Woodworth에 의해서 제안되었다. 그 이전에는 본능개념으로 동기현상을 설명했다. 예를 들면, McDougall(1908)은 18가지에 이르는 다양한 본능들을 제안하였다.

추동이론에서는 생리적 결핍(이차추동의 경우 심리적 결핍)이 발생하면 긴장상태가 초래되고 유기체는 긴장감소를 추구하는 행동을 한다고 설명한다. 아주 간단한 예를 들면, 장시간 음식을 먹지 않으면 생리적 결핍이 초래되어 배고픔 추동과 연합된 긴장상태에 이른다. 이때 긴장상태는 불쾌한 상태이므로 유기체는 음식을 먹음으로써 긴장을 감소시키려는 노력을 한다. 긴장감소는 불쾌한 상태를 감소하거나 쾌 상태를 가져온다. 성격심리학에서 추동 개념은 Freud 이론, Hull의 S-R 이론, Murray의 요구-압력 모형 등에서 찾아볼 수 있다.

Freud의 추동이론

Freud의 동기이론은 제3장에서 다루었기 때문에 여기서는 간략히 언급한다. Freud는 초기에는 자아추동과 성추동을 가정하였다. 자아추동은 자기보존의 경향성을 지닌 추동이며 성추동은 종 보존의 경향성을 지닌 추동이다. 그러나 후기에는 자아추동과 성추동을 합하여 생의 추동으로 재개념화하였다. 죽음의 추동 혹은 공격추동은 제1차 세계대전의 참상을 목격하면서 추가된 추동이다.

Freud의 정신분석이론은 추동, 에너지 모델, 수력학 모델, 갈등, 억압 등 추동이론의 성격을 지니고 있지만, Freud 이후의 정신역동이론에서는 추동으로 간주되기 어려운 동기개념들이 다수 제안되었다. 아마도 Freud 이후의 이론들이 주로 성추동의 강조에 대한 반발에서 출발하였기 때문인 듯 싶다. Adler는 우월에 대한 욕구를 강조하였고, Jung은 전인성의 지향을 강조하였다. 신 프로이트 학파는 사회적 욕구를 강조하였고, 대상관계이론가들은 관계에 대한 욕구를 강조하였으며, 자아심리학자들은 동기개념을 별로 중요하게 취급하지 않았다. 이와 같이 정통 Freud 이론을 제외한 정신역동이론들에서는 Freud의 생물학적인 추동개념이 보다 사회적이거나 인지적인 다른 동기개념으로 대체된 감을 준다.

Hull의 S-R 이론

Hull은 1940년대와 1950년대 행동주의 심리학을 대표하는 학자들중의 하나이다. 그의 S-R 이론은 외적 자극(S)과 반응행동(R) 사이를 매개하는 유기체의 내적 상태를 가정한다는 점에서 내적 개념을 전혀 인정하지 않는 Watson이나 Skinner 등 극단적인 행동주의자들과 입장을 달리한다. Hull은 유기체의 내적 상태 중 특히 추동의 역할을 강조하였다. 추동은 생리적 조건과 연합된 일차추동(primary drives), 그리고 일차추동의 만족과 연합되어 학습된 이차추동(secondary drives)으로 구분된다. 예를 들면, 금전의 추구는 음식이나 안락과 같은 일차추동의 만족과 연합된 이차추동으로 볼 수 있다. 다른 예로, 불안은 일차추동인 고통의 회피와 연합된 이차추동이다. Hull이 제안한 도구적 학습(instrumental learning)은 추동의 감소가 강화를 가져옴으로써 이루어지는 학습모형을 지칭한다. 예를 들면, 쥐의 미로학습은 음식박탈의 시간(배고픔 추동의 강도)과 성공했을 때 주어지는 먹이의 양(강화의 크기)에 의해서 영향을 받는다. 즉 쥐의 미로학습에서 도구적 반응(정확한 방향으로 회전하는 것)은 배고픔 추동의 감소를 통해서 강화되는 것이다. 자극과 반응의 짝짓기는 습관(habits)이라 불리며, 성격은 이와 같이 추동감소를 통해서 학습되는 습관들 혹은 S-R 연결들로 구성된다고 한다. Hull의 도구적 학습 개념은 Tolman과 차이를 보인다. Tolman은 쥐가 학습하는 것은 개별 도구적 반응이 아니라 미로의 인지 지도(cognitive map)로서 추동감소를 가져오는 강화물이 없어도 학습은 일어난다고 주장했다.

Freud의 정신역동적인 추동개념과 Hull의 학습심리학에 근거한 추동개념은 서로 대단히 다르다. 그러나 1950년 전후에 미국의 Dollard와 Miller(1950)는 Freud의 정신역동 개념들을 학습심리학의 원리로 설명하려는 시도를 하였다. 그 대표적인 예가 정신역동이론의 핵심개념인 갈등을 Hull의 학습원리로 설명하려는 시도이다. 이들은 동일한 반응이 쾌와 고통의 두 양극적 경험과 동시에 연합될 경우를 쥐를 대상으로하는 학습실험에서 관찰하였다. 실험에서 배고픈 쥐를 미로에 넣어두고 목표지점에 도달하면 먹이를 줌으로써 미로를 달리는 반응을 학습시켰다. 그러면 쥐는 목표지점(먹이)에 가까워질수록 접근반응이 강해진다. 이러한 현상은 [그림 5.11]의 실선이 갖는 접근 기울기에서 반영된다. 다음에 쥐가 목표지점에 도달하면 때때로 전기충격을 준다. 그러면 쥐가 미로를 달리는 반응은 고통과 연합이되고 쥐는 접근행동대신 회피행동을 학습하게 된다. 그 결과 [그림 5.11]의 점선의 회피기울기에서 보듯이 목표지점에 가까워질수록 회피반응은 강해진다. 이와 같은

그림 5.11 도식으로 표현된 접근-회피 갈등

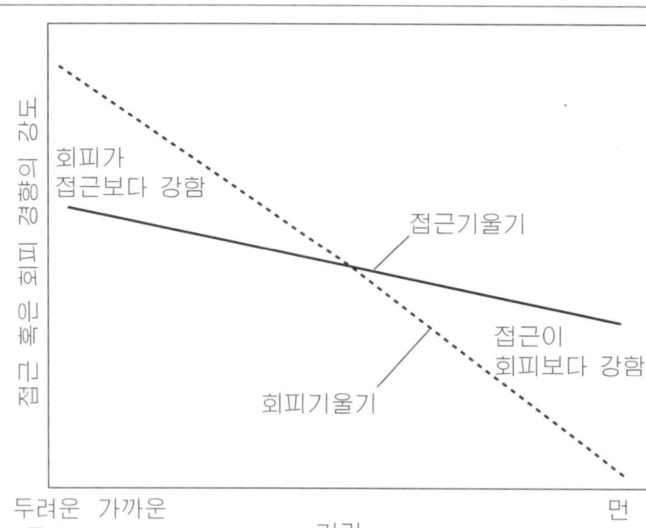

출처: Dollard & Miller, 1950

미로에 놓여진 쥐는 갈등상황에 직면하게 된다. 동일한 목표지점이 정적 강화(먹이) 및 처벌(전기충격)과 동시에 연합되어 있는 것이다. 목표지점을 향하여 접근하는 것은 배고픔 추동의 감소와 연합되고, 회피하는 것은 공포 추동의 감소와 연합된다. 접근 기울기와 회피 기울기가 차이가 있으므로 쥐는 두 선이 교차하는 지점, 즉 접근하는 힘과 회피하는 힘이 동일하게 되는 지점에서 멈출 것으로 예측되며 실험결과는 이 예측과 일치하였다.

Dollard와 Miller는 이 실험을 인간이 어떻게 갈등을 갖게될 수 있나를 보여주는 모델로 사용하였다. 즉 인간도 동일한 대상에 대해서 접근반응과 회피반응을 획득하는 것을 통해서 갈등을 갖게 되는 것이다. 이와 같이 중요한 정신역동 개념들을 실험심리학의 원리로 재구성하고자 한 Dollard와 Miller의 시도는 심리학의 이질적인 양대 진영간의 다리를 놓는 작업으로 높이 평가할 만 하다. 그러나 이들의 노력은 그후 계승되지 못했고, 정신역동이론과 실험심리학의 간격은 점점 더 커져가기만 한 것은 안타까운 일이 아닐 수 없다.

Murray의 요구-압력 모형

Murray는 앞에서 소개했듯이 Allport와 더불어 성격심리학의 기초를 닦은 사람이다. Murray는 Allport와 달리 특질(traits)보다 동기적 개념인 요구(needs)에 관심을 집중시켰으며 동기의 요구-압력 모형(need-press model)을 제안하였다. 요구는 추동에 해당되는 개념으로 직접적인 표현이 허용되는 외현적 요구(manifest needs)와 표현이 억제되거나 봉쇄되는 잠재적 요구(latent needs)로 구분된다. Murray는 20개의 외현적 요구와 8개의 잠재적 요구로 이루어진 요구목록을 제안하였다. 외현적 요구에는 지배, 성취, 친화, 공격, 양육, 유희, 성 등의 요구들이 있다.

Murray의 동기이론에서 요구와 대응되는 환경의 상대물은 압력(press)이다. 압력은 요구의 충족 혹은 좌절과 연합될 수 있는 환경의 특성이다. 개인과 환경의 관계는 요구-압력 합치성(need-press congruence)의 정도에 의해 결정된다. 예를 들면, 많은 사회적 상호작용을 지닌 환경은 외향적인 사람의 요구에는 적합하나 내향적인 사람의 요구에는 부적합하다. Murray는 동기의 측정에 자기보고 측정도구보다 환상 측정도구(fantasy measure)가 적당하다고 생각하였다. 그가 Morgan과 더불어 개인의 요구를 측정하기 위하여 개발한 주제통각검사(Thematic Apperception Test: TAT)는 오늘날 개별 요구의 측정뿐 아니라 임상장면 전 영역에서 가장 널리 사용되는 투사

Henry A. Murray(1893~1988)

Henry A. Murray는 뉴욕의 부유한 가정에서 태어났다. 그는 Harvard University에서 역사학을 전공했고 Columbia University의 의과대학을 졸업한 후 영국의 Cambridge University에서 생화학 연구로 박사가 되었다. 영국에 머물던 시기에 취리히로 가서 Carl Jung을 만나 그의 영향을 받고 심리학에 매력을 느끼게 되었다. 미국으로 돌아온 Murray는 록펠러 연구소, 뉴욕의 정신병 진료소 등에서 일하다가 1927년 모교인 Harvard University로 돌아가서 임상심리학 교수가 되었다. 1928년 하바드 임상심리연구소의 소장이 된 그는 지금도 성격연구의 모범으로 높이 평가받는 공동연구를 이끌었고, 그 결과를 성격심리학의 고전인 'Explorations in Personality' (1938)로 출판하였다. Murray는 2차 대전때 소령으로 참전하여 다른 심리학자들과 함께 정보요원인 OSS 대원들을 선발, 배치하는 일을 맡았는데, OSS 프로젝트는 심리평가의 발전에 크게 공헌하였다. 그는 심리학 뿐만 아니라 문학연구에도 열중해서 25년에 걸쳐 '백경' 의 저자인 허만 멜빌의 생애와 문학작품을 연구했다. Murray는 미국 심리학회의 학술상을 수상하였고, 요구이론으로 불리는 동기이론을 제안했으며, Morgan과 공동으로 투사검사인 주제통각검사(TAT)를 개발하였다.

검사 중의 하나이다.

Murray의 요구-압력 모형은 후의 성격심리학들자에 의해서 계승 발전되지 못하였다. 그러나 그가 제안한 요구들 중 성취요구(McClelland, 1961), 권력요구(Winter, 1973), 친밀요구(McAdams, 1988) 등은 계속해서 성격심리학자들의 주목을 받으며 많은 연구들이 수행되었다.

인지이론

인지심리학의 발전에 따라 동기를 추동이나 요구와 같은 생물학적 쾌, 불쾌보다 인지적 표상이나 인지적 요구를 강조하는 동기이론이 발전하게 되었다. '제4장 성격의 인지 요소' 에서 소개한 성격이론들은 인지적으로 개념화된 동기이론을 포함하고 있다.

Kelly

성격의 인지이론의 선구자인 Kelly는 동기에 관하여 별로 관심을 보이지 않았다. 그는 인간의 행동을 설명하기 위해서 추동이나 유인물과 같은 개념이 필요없다고 보았다. 왜냐하면 인간은 본질적으로 능동적인 존재이기 때문이다. Kelly는 과학자로서의 인간모형을 제안한 사람이기 때문에 인간이 과학자와 같은 동기를 갖고 있다고 보았다. 인간은 과학자와 마찬가지로 사건을 이해하고 예언하고 통제하려는 동기를 갖고 있다는 것이다. 그러므로 Kelly에 따르면 인간은 보다 정교하고 발전된 구성개념 체계를 추구한다. 한편 인간은 동일한 예언을 반복하는 데서 오는 지루함(boredom)을 회피하는 동시에 적절한 구성개념을 갖지 못해 예언을 할 수 없는 데서 오는 불안도 회피하려고 한다. 이와 같이 불쾌한 상태를 회피하려는 방향성을 인정한다는 점에서 Kelly의 동기이론도 쾌 원리(hedonic principle)를 받아들이고 있다고 볼 수 있다. 그러나 Kelly의 이론에서 불확실성이나 비일관성이 동기적 힘을 갖는 것인지 혹은 그에 수반되는 긴장이나 불안이 동기적 힘을 갖는 것인지는 분명하지 않다.

Mischel과 Bandura

Mischel과 Bandura는 동기를 인지사회적 개인변인들(cognitive social person variables)로 개념화하였다. 특히 목표(goals), 기대(expectancies), 유능성(competencies), 규준(standards), 자기조절체계(self-regulatory systems)등에 동기적 속성을 부여하였다. 목표는 개인이 추구하는 미래의 사상으로서 상당기간 동기를 유지시키고 순간순간의 영향에 흔들리지 않고 지속할 수 있도록 하는 힘을 지닌다. 기대는 상황특정적으로 "만약 __ 이면, __ 이다"의 형태를 갖는다. 이러한 결과기대(outcome expectancies)는 특정 상황에서의 행동의 선택에 영향을 준다. 유능성(competencies)도 역시 행동의 선택에 영향을 준다. 특정 상황에서 유능성을 갖고 있으면 긍정적인 결과가 기대되는 행동이 선택되는 경향이 있다. Bandura의 이론에서 유능성 신념은 자기효능성 신념(self-efficacy beliefs)으로 명명되어 핵심개념으로 제안되었다. 규준은 지향되는 행동이나 수행에 대한 참조점으로서 타인에 의해서 주어질 수도 있고 자신에 의해서 설정될 수도 있다. 규준은 칭찬이나 비판등 피드백의 기준이 된다. 자기조절체계는 복합적이고 장기적인 목표가 오랜 세월에 걸쳐 개발되고 유지되는데 관여한다. 목표를 추구하는 과정에서 사람들은 자신의 수행을 점검하고 스스로 보상과 비판을 줌으로써 외적 보상이 없는 상태에서도 목표를 추구하는 행동을 오랜 기간동안 지속해나갈 수 있다.

목표이론들

인지심리학에서 동기는 종종 목표(goals)로 개념화되어 연구된다. 목표이론은 동기의 유인이론(incentive theory)과 인지심리학의 결합으로서, 행동의 동기화되고 목적을 지니며 목표지향적인 속성을 강조하는 이론이다. 이러한 속성은 추동이론의 긴장감소와 대비된다. 목표는 여러 명칭들로 개념화되는데, 예를 들면 생애과제(life tasks), 개인적 추구(personal strivings), 개인적 프로젝트(personal projects) 등이 여기에 속한다.

개인적 프로젝트는 Little(1989)에 의해서 개념화된 것으로 개인적 목표를 달성하기 위하여 의도되는 광범위한 행위들을 지칭한다. 개인적 프로젝트는 "개를 데리고 산책을 한다"는 사소하게 보이는 것들로부터 "지구환경을 개선한다"는 원대한 것들까지 포함될 수 있다. 어떤 한 시점에서 개인은 여러 개인적 프로젝트를 가질 수 있다. 개인적 프로젝트는 자기보고식 방법에 의해서 도출될 수 있으며 대체로 15가지 정도의 프로젝트에 대해서 중요성, 즐거움, 어려움, 진전, 정적 및 부적 영향 등을 조사함으로써 각 프로젝트 및 전체 프로젝트 체계의 의미, 구조, 스트레스, 효능성 등에 관한 정보를 얻는다. 사람들의 삶의 만족도는 개인적 프로젝트와 연합된 스트레스와 효능성의 영역에 집중되므로 개인적 프로젝트의 분석은 개인의 적응에 관하여 중요한 정보를 제공한다.

개인적 추구는 Emmons(1989)에 의해서 제안된 것으로 개인이 상이한 상황들에서 달성하려고 희망하는 전형적인 목표유형들을 지칭한다. 예를 들면, "다른 사람들의 욕구를 생각한다" "자주적으로 결정을 내린다" "재정적 손해에 관하여 걱정하지 않는다" 등이다. 개인적 추구는 정적인 것뿐만 아니라 회피하고자 하는 부적인 것들도 포함된다. 예를 들면, "이성이 너무 가까이 접근하도록 허용하지 않는다"는 회피적 속성을 갖는 개인적 추구이다. 개인적 추구는 개인적 프로젝트와 마찬가지로 자기보고식 방법에 의해서 도출되며 유사한 방식으로 분석된다.

생애과제는 Cantor(1990)에 의해서 제안된 것으로 개인이 특정 생애기간과 특정맥락에서 수행하는 (개인의 목표로부터 도출된) 개별 과제들을 지칭한다. 이러한 목표들은 맥락에 따라 달라지고 또한 생애시기에 따라 달라진다.

개인은 당면한 생애과제들을 해결하기 위해서 인지적 책략들을 사용한다. Cantor에 의하면 생애과제와 인지적 책략을 연구하기 위한 가장 좋은 시기는 중요한 생애변동이 일어나는 시기라고 한다. 예를 들면, 고등학교에서 대학으로 진학하는 시기나 독신에서 결혼에 이르는 시기 등이 여기에 속한다. 이러한 변동기에 사람들은 자신의 목표와 생애과제에 보다 주의를 집중하고 숙고하게 된다. Cantor는 과제도 변하고 해결의 기회나 제약도 변하기 때문에 성격의 유연성과 학습이 성격의 안정성이나 일관성보다 안녕에 더 중요하다고 주장한다.

Dweck의 자기와 세계에 관한 암묵적 신념 모형

Dweck의 이론은 아동들이 학습과제를 실패한 후 보이는 반응이 서로 다름을 관찰한데서 출발하였다. 두 반응 스타일이 특히 주목을 받았는데, 하나는 무력감 스타일(helpless style)이고 다른 하나는 숙달지향 스타일(mastery-oriented style)이었다. 무력감 스타일의 아동들은 과제를 잘 못하면 자신이 실패했고, 능력이 없는 탓이며, 미래의 전망이 좋지 않다고 생각했다. 반대로 숙달지향 스타일의 아동들은 과제를 잘 못하더라도 일시적인 차질일 따름이며 노력을 통하여 숙달할 수 있는 도전이라고 생각했다. 이러한 인지적 차이는 아동들의 감정과 동기에 큰 차이를 가져왔다. 무력감 스타일의 아동들이 지루함, 불안, 과제에 대한 염증을 보이고 후속 과제에서 수행이 더 낮아진데 반해 숙달지향 스타일의 아동들은 자신에 관한 신뢰감과 도전의욕을 유지하였고 후속 과제에서 수행이 증진되었다.

왜 반응 스타일의 차이가 생겨났을까? Dweck은 두 집단의 아동들이 상이한 목표를 추구하고 있기 때문이라고 설명했다. 즉 무력감 스타일의 아동들은 수행목표(performance goal)를 추구한데 비해 숙달지향 스타일의 아동들은 학습목표(learning goal)를 추구했다는 것이다. 전자는 자신의 능력을 확립하려는 목표를 가졌고 후자는 자신의 능력을 개선하려는 목표를 가졌다. 이러한 목표의 차이의 근저에는 지능의 본질에 관한 상이한 이론(혹은 신념)이 존재한다고 보았다. 전자는 지능을 실체(entity), 즉 고정된 것으로 간주하고, 후자는 지능을 증진될 수 있는(incremental), 즉 변화시킬 수 있는 것으로 간주하였다. 지능이 고정된 것이라고 보게 되면 아동은 과제 자체를 자신의 불변하는 능력을 시험하는 것으로 생각하게 되고 실패하면 무력감에 빠지게 된다. 반면에 지능이 증진될 수 있는 것이라고 보면 아동은 과제 자체를 도전과 학습의 기회로 보고 실패하더라도 노력을 통해서 개선할 수 있을 것으로 생각하는 것이다. 이러한 실체 대 증진 신념은 학습영역에만 적용되는 것이 아니라 사회적 영역에서도 발견된다고 한다. 예를 들면, 친구를 사귀는 능력에 대해서도 고정적인 것으로 보느냐 증진될 수 있는 것으로 보느냐에 따라 실패에 대한 반응이 달라질 것이다. 그러나 신념은 영역특정적이어서 학습영역에서의 신념이 사회적 영역에까지 일반화되는 것은 아니다. 학습능력에 대해서는 실체 이론을 갖고 있으면서 사회적 능력에 대해서는 증진 이론을 가질 수 있는 것이다.

Dweck의 동기이론은 사람들이 자기와 세상에 관한 암묵적 이론을 발전시키고, 암묵적 이론은 다시 상이한 목표를 지향하도록 하며, 목표는 상이한 인지, 감정, 행동패턴에로 이끈다는 것이다. 즉,

이론→목표지향→인지, 감정, 행동 패턴

위에서 논의한 지능의 경우를 보면 실체이론→수행목표→무력감 반응, 혹은 증진이론→학습목표→숙달지향 반응으로 이어진다. Dweck의 암묵적 신념 모형은 동기현상을 인지적 개념으로 설명한 사회인지적 동기 모형의 좋은 예이다.

성장 및 자기실현 이론

Maslow의 요구 위계이론

인본주의 심리학자들은 인간이 성장과 자기실현의 기본동기를 갖추고 있다고 주장한다. 이러한 주장을 대표하는 두 학자가 Rogers와 Maslow이다. Rogers의 이론에 관해서는 '제9장 자기'에서 소개할 것이므로 여기서는 간략하게 언급하겠다. Rogers는 자기실현이 자연스러운 성향으로서 간섭이나 방해를 받지 않으면 인간은 자기실현의 방향으로 저절로 나아갈 것이라고 생각한다. 나아가 Rogers는 자기실현 혹은 성장이 인간뿐 아니라 모든 생명체에 내재하는 기본성향이라고 주장한다. 물론 Maslow도 인본주의 심리학자로서 자기실현의 동기의 중요성에는 공감하지만 이러한 고급동기가 부각되기 위해서는 하위의 보다 기본적인 동기들이 어느정도 충족되어야 한다는 입장이다. 이렇게 보면 같은 인본주의 계열에 속하면서도 Rogers는 낙관적 자연론자이

Abraham H. Maslow(1908~1970)

Abraham H. Maslow는 뉴욕의 브루클린에서 러시아에서 이민 온 부모의 7남매 중 장남으로 태어났다. 처음에는 부모의 강권으로 법학을 공부했으나 중도에 심리학으로 전공을 바꿔 University of Wisconsin에서 학사, 석사 및 박사학위를 받았다. 처음에는 Watson의 행동주의 심리학에 빠졌으나 첫딸을 낳았을 때 행동주의가 어리석은 이론이라는 것을 깨달았다. Maslow는 Wisconsin에서 Harry Harlow의 지도아래 원숭이의 성적 특성과 지배특성에 관한 논문으로 박사학위를 받았다. 성과 애정(affection)에 대한 관심은 이때 비롯되었는데 후에 그는 이 관심을 동물에서 인간에게로 전환시켰다. 졸업후 Maslow는 Columbia University를 거쳐 Brandeis University에 재직했다. Brandeis에 있는 동안 그는 미국 심리학계의 인본주의 운동을 이끄는 지도자가 되었고, 미국 심리학회의 회장을 역임했다. Maslow의 저서들은 그 인본주의 색채 때문에 아직까지도 대학생들 사이에 많이 읽힌다. 이들 중 'Toward a Psychology of Being' (1962), 'Motivation and Personality' (1970), 'The Farther Reaches of Human Nature' (1971) 등이 잘 알려져 있다.

고 Maslow는 비관적 사회개혁론자로 구분될 수 있는 것 같다.

Maslow(1970)의 요구 위계이론에 따르면, 요구(혹은 동기)는 타고난 것으로서 그 강도와 우선순위에 따라 위계적으로 배열할 수 있다고 한다. 그러므로 [그림 5.12]에서 보듯이 제일 아래서부터 생리적 요구, 안전요구, 소속감과 사랑의 요구, 자존감의 요구, 자기실현 요구 등의 순서로 배열된다. 이 그림이 시사하듯이 Maslow는 어떤 요구에 대한 의식이나 동기부여가 일어나기 위해서는 그 아래 수준의 동기가 어느정도 만족되어야 한다고 가정한다. 예를 들면 소속감과 사랑의 요구는 생리적 요구와 안전요구가 어느정도 만족되어야 출현한다는 것이다. 물론 Maslow도 모든 경우에 요구의 위계이론이 적용된다고 생각하지는 않는다. 예를 들면 사람들은 사랑이나 이상(자기실현) 때문에 배고픔과 신체적 고통을 견디고 때로는 목숨까지 내놓기도 한다. 그러나 일반적으로 낮은 요구단계일수록 그 강도와 우선 순위는 높아진다.

Maslow의 요구 위계이론에서 가장 강조되는 것은 제일 위의 요구인 자기실현 요구이다. Maslow에 의하면 자기실현은 자신의 잠재력을 최고로 발휘함으로써 자신이 되고자하는 사람이 되는 것이다. 이러한 자기실현 요구는 자

그림 5.12 Maslow의 요구위계

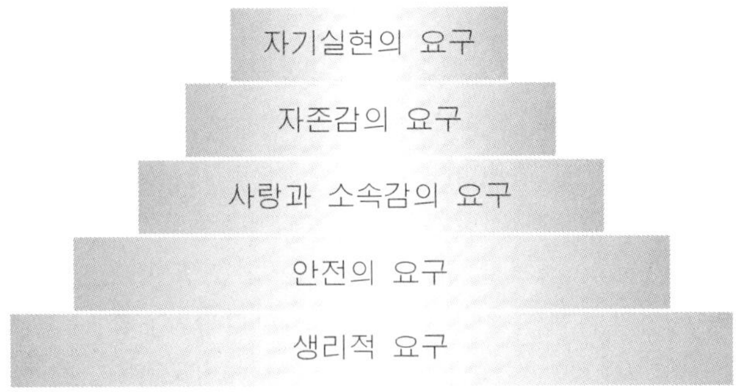

연스럽고 필요한 것이지만 인류의 극소수(1% 미만)만이 달성한다고 한다. 그렇다면 무엇이 자기실현에 장애가 되는 것일까? Maslow에 따르면 다음 세가지가 자기실현을 가로막는다고 한다. 첫째, 많은 사람들이 자신의 잠재력을 인식하지 못할 뿐더러 자기증진이 주는 보상에 대해서도 이해하지 못한다. 사람들은 자신의 능력을 의심하고 새로운 도전을 두려워하곤 한다. 둘째, 억압적인 사회적 환경이 자기실현을 방해한다. 예를 들면, 남성성과 여성성에 대한 고정관념들이나 직업의 가치에 대한 고정관념들이 자신의 적성에 맞는 경력의 추구에 제동을 가하는 일이 많다. 셋째, 안전요구가 가져다주는 강한 부정적 영향을 들 수 있다. 자기실현을 달성하기 위해서는 새로운 착상과 경험에 대한 개방을 필요로 하는데 이러한 도전은 안전을 포기할 수 있는 용기가 없으면 어렵다. 그러므로 자기실현 요구를 촉진시키기 위해서는 안전요구를 비롯한 기본적인 요구들이 충분히 충족되는 따뜻하고 허용적인 성장배경이 중요하다고 한다.

Maslow(1955)는 동기를 성장동기(growth motives) 혹은 존재동기(being motives: B 동기)와 결손동기(deficiency motives: D 동기)로 구분하기도 한다. 결손동기는 결손상태(예: 배고픔, 추위, 불안 등)를 방지하려는 동기로 동기위계에서 하위요구들인 생리적 요구와 안전요구등이 여기에 속한다. 성장동기는 인간의 잠재력을 실현하려는 동기로 요구위계의 자기실현 요구와 일치하는 동기이다.

Deci와 Ryan의 내재적 동기와 자기결정 이론

Rogers와 Maslow의 인본주의 심리학은 심리학자들의 인간에 대한 태도에는 많은 영향을 미쳤지만 이론적 연구에는 별로 영향을 미치지 못했다. 그러나 최근의 Deci와 Ryan의 내재적 동기에 관한 연구들은 인본주의 심리학의 정신을 공유한다고 볼 수 있다.

Deci와 Ryan에 따르면 인간은 자신의 관심사를 추구하고 역량을 행사하고 적절한 도전에 응하려는 동기를 갖고 있다고 한다. 이러한 동기는 내재적 동기로 표현된다. 내재적 동기는 과제 그 자체에 대한 흥미 때문에 참여하려는 동기로서, 과제를 성공적으로 완수하면 받게 되는 보상 때문에 과제에 참여하려는 동기인 외재적 동기와 대비된다. 이들의 초기연구에서 보상은 오히려 과제수행을 저하시킬 수도 있음을 보여주었다. 즉 보상은 내재적 동기를 낮춤으로써 과제수행에 부적인 영향을 미치기도 하는 것이다.

Deci와 Ryan은 후기 연구에서 사회적 통제와 자기결정감을 내재적 동기와 연결시켰다. 이들에 따르면 과제를 사회적 통제(예: 위협, 마감일, 경쟁, 평가 등) 때문에 수행하게 되면 내재적 동기가 감소한다고 한다. 반대로 능력을 증진시킬 기회가 주어지고 자기결정감을 체험하도록 하면 내재적 동기가 증가한다는 것이다. 이 가설을 검증하는 실험(Flink, Boggiano, & Barrett, 1990)에서, 초등학교 4학년 아동들을 수행을 극대화하도록 압력을 넣고 통제책략을 사용하는 교사와 학습을 강조하고 비통제적 방법을 사용하는 교사들에게 각각 할당하여 학습을 시킨 결과 앞의 집단이 뒤의 집단의 아동들보다 수행이 상대적으로 낮았다. 그밖에도 여러 연구결과들에서 통제적 책략이 내재적 동기와 창의성과 성취를 저해한다는 결론을 내릴 수 있다. 그러나 그렇다면 베토벤 효과는 어떻게 설명할 수 있을까? 베토벤의 아버지는 베토벤이 어렸을 때 혹독하게 피아노 훈련을 시켰다고 한다. 그 결과로 베토벤이 음악에 대한 내재적 동기를 상실했다고 말할 사람은 없을 것이다. 필자의 생각으로는 어떤 과제나 영역의 경우에는(아마도 고전음악이 대표적일텐데) 내재적 동기가 생겨나기 위해서는 어느정도의 숙달이나 지식이 선행되어야 하는 것 같다. 그러한 숙달이나 지식을 심어주기 위해서 어떤 교육방식을 선택하느냐는 또 다른 문제가 된다.

내재적 동기와 관련되어 Mihaly Csikszentmihalyi(1975)의 최적경험(optimal experience) 또는 흐름(flow)에 관한 연구가 언급된다. 최적경험은 그 자체의 즐거움 외에는 통상적 의미의 보상이 주어지지 않는 활동에 종사할 때 갖게 되는 심리상태이다. 예를 들면, 연주에 몰두하고 있는 바이올리니스트나 발견의 재미에 흠뻑 빠진 과학자가 경험하는 심적 상태가 여기에 해당된다. 이들은 종종 주의가 완전히 과제에 집중되고 자의식의 상실이 수반된 이른바 '흐름' 경험을 보고하기도 한다. 이 상태에서는 모든 것이 물 흐르듯 완벽하게 조화를 이루어 흘러가며 시간의 흐름도 의식되지 않는다. 하고 있는 활동 자체가 기쁨을 주기 때문에 권태나 불안도 없고 쉬지 않고 계속하고 싶어한다. 아이디어만 떠오르면 며칠밤을 잠을 자지 않고 발명에 골몰했던 에디슨, 황홀과 전율 속에서 불과 몇 달만에 대표작 '짜라투스트라는 이렇게 말했다'를 완성한 니체, 역시 7일밤만에 어른들을 위한 아름다운 동화집 '신(神) 이야기'를 완성한 릴케 등이 좋은 예들이다. 화가 장욱진도 아내의 모습을 부처의 형상으로 담아낸 '진진묘'(眞眞妙)를 그릴 때, 7일 밤낮을 덕소의 냉방에서 식음을 전폐하다시피하며 작업한 후 집에 돌아와서 몇 달을 앓아누웠다고 한다. 이렇게 삶에서 종종 '흐름'을 경험하면서 살아가는 사람이 제일 행복한 사람이다.

요 약

1. 정서는 중요한 목표와 관련된 사건의 의식적 또는 무의식적 평가에 의해서 유발되며, 정서의 핵심은 행동 준비성이고, 독특한 유형의 마음상태로 체험되며, 때때로 신체 변화, 표현, 행동 등을 수반한다.
2. 정서는 기본적인 생물학적 요구에 대한 효과적인 대처를 돕고, 이성과 보완적인 관계를 구성하며, 사회적 삶을 위한 기초구조를 제공하는 등의 기능을 갖는다. 정서의 역기능적 특성으로는 종종 합리적 적응을 방해하고, 정서반응은 사회규범과 종종 갈등관계를 가지며, 우리의 몸속에 장치된 정서기제는 수만년 전의 환경에 적합하도록 진화된 것으로 현대의 환경에는 잘 적응하지 못한다는 점 등을 들 수 있다.
3. 기본정서 이론에 따르면, 첫째 범문화적으로 발견되는 기본정서 혹은 일차정서들이 존재하고, 둘째 기본정서들은 진화론적으로 중요한 적응적 가치를 지니며, 셋째 기본 정서들은 각각 고유한 속성들(얼굴표정과 생리적 반응 패턴)을 갖고 있다. 그러나 일부학자들은 기본정서 개념을 비판하면서, 대신 정서가 몇 개의 비정서적인 차원(성분)으로 환원된다는 정서의 차원이론을 제기하였다.
4. 부적 정서의 조절 양식은 크게, 능동적 양식, 회피 · 분산적 양식, 지지추구

적 양식 등 세 가지로 구분되며, 조절 양식의 선택은 개인에 따라, 그리고 경험하는 정서에 따라 다르게 나타난다.

5. 정서와 적응 연구를 살펴보면, 낙관적인 사람들은 비관적인 사람들에 비해 심리적, 신체적 건강에 더 유리하고, 높은 부적 정서성은 낮은 주관적 안녕감과 관련된다. 또한 사고와 감정을 지나치게 억제하게되면 역설적 효과를 초래할 뿐만 아니라 장기적인 억제는 스트레스와 질병에도 취약해질 수 있다는 연구 결과가 있다.
6. 정서지능은 정서의 인식과 조절 및 활용의 세 가지 능력으로 규정된다. 개념과 측정상의 문제에도 불구하고 정서지능 개념은 인지(혹은 지능)와 비교하여 그동안 소홀했던 정서적 측면을 부각시키는데 기여하였다.
7. 성격과 관련된 동기 이론들로는 추동이론, 인지이론, 그리고 성장 및 자기실현 이론의 세 가지가 있다. 긴장감소를 주요 원리로 가정하는 추동이론에는 Freud 이론, Hull의 S-R 이론, Murray의 요구-압력 모형이 포함된다. 동기를 인지과정으로 설명하는 인지이론가들은 목표, 기대, 유능성, 규준, 자기조절체계, 자기효능성 신념 등의 인지과정들에 동기화 능력을 부여하였다. 마지막으로 성장 및 자기실현 이론에서는 자기실현 요구와 내재적 동기를 강조한다.

관련된 책 소개

정서와 관련해서는 정서심리학자 Lazarus의 '감정과 이성' (Passion and Reason: 정영목 옮김, 문예출판사)을 권한다. 감정에 관한 심리학적 지식을 대중적인 수준에서 전달하고 있다. 동기와 관련해서는 Maslow의 '존재의 심리학' (이혜성 옮김, 이화여대 출판부)을 권한다. D. H. Lawrence의 작품들도 인간의 복잡한 감정과 강렬한 욕구에 관한 훌륭한 교과서이다.

제 6 장

성격의 유전과 발달

클림트, 〈세 연령대의 여인〉 1905
클림트의 화려한 장식성 속에는 삶과 아름다움의 덧없음에 대한 쓸쓸한 자각이 담겨 있다.

6 성격의 유전과 발달

"산다는 것은 천천히 태어나는 것이다."

—생텍쥐페리, 야간비행—

성격은 타고나는 것일까 혹은 학습되는 것일까? 성격은 한번 형성되면 일생동안 변하지 않는 것일까 혹은 나이를 먹고 세상을 겪어가면서 달라지는 것일까? 성격의 유전과 발달에 관한 이러한 질문들은 성격심리학의 핵심주제로서 일반사람들이 심리학에서 가장 알고 싶어하는 것들에 속한다. 심리학의 다른 분야들에서는 이와 같은 통시적 질문들을 별로 하지 않는다는 점에서 성격심리학의 독특한 문제의식을 반영하는 주제이기도 하다.

성격의 유전과 발달은 과거에는 생물학과 심리학을 구별짓는 주제이기도 하였다. 천성의 중요성과 성격의 안정성은 유전을 연구하는 생물학에서 주로 주장되었고, 양육(환경)의 중요성과 성격의 변화는 심리학의 학습이론에 의해서 대변되었다. 오늘날 심리학에서 이 주제를 균형있게 다룰 수 있게 된 것은 심리학이 그만큼 성숙했다는 증거이기도 하다.

천성과 양육, 그리고 안정성과 변화에 대해서 어떤 입장을 취하느냐에 따라 개인적인 결정과 사회적인 결정이 다같이 크게 영향을 받는다. 성격이 주로 유전에 의해서 결정되고 변화의 가능성이 크지 않다고 믿는다면, 자신이나 가족에 대해서는 숙명론적인 사고에 치우칠 것이고, 사회적인 관계에서도 사람들을 변화시키려는 노력보다는 좋은 성품을 타고난 사람들을 선별하는데 더 비중을 둘 것이다. 반대로 성격이 주로 양육에 의해서 형성되고 환경의 영향에 의해서 얼마든지 변화될 수 있다고 믿는다면, 자신과 가족에 대해서 덜 숙명론적이 되어 변화를 위한 시도를 보다 많이 할 것이고, 타인과의 관계에서도 덜 선별적인 대신 요구를 더 많이 하게 될 것이다.

성격의 유전과 안정성을 강조하는 입장이 과거의 골품제나 엘리트주의와 연합되고, 성격의 학습과 변화를 강조하는 입장이 평등주의적인 현대의 가치관에 부합되므로 정치적으로 옳은(politically correct) 것처럼 보일 수도 있다. 그러나 성격의 변화 가능성을 무한히 신뢰한다는 것은 사람을 환경에 의해서 전적으로 지배되는 존재로 전락시킬 뿐 아니라, 사람들간의 차이나 개성을 인정하지 않는 것을 의미할 수도 있다. 이와 같이, 유전과 환경, 그리고 안정성과 변화를 어떻게 바라보는가는 개인에서 사회에 이르는 다양한 결정들에 중요한 영향을 미치는 것이다.

이 장에서는 먼저 행동유전학적 연구들을 통하여 유전과 환경의 영향을 비교하고, 성격의 안정성과 변화에 관한 경험적 연구결과들을 제시하며, 대표적인 종단연구들의 방법과 결과를 살펴보고, 성격발달의 단계이론을 대표하는 Erikson의 이론과 Levinson의 이론을 소개한다. 성격발달에서 중요한 위치를 차지하는 정서발달과 '자기'의 발달은 이 책의 다른 장들(제5장과 제9장)에서 언급된다.

천성과 양육

심리학의 고전적인 두 논제는 마음과 신체(mind-body), 그리고 천성과 양육(nature-nurture)의 문제이다. 이 중 천성과 양육의 문제는 생물학과 심리학에서 각각 중요한 주제로 다루어진다. 심리학에서 집중적으로 이 문제를 연구하는 분야는 행동유전학이다. 행동유전학은 유전이 행동에 미치는 영향을 연구하는 학문분야이다.

천성과 양육에 관한 관점은 시대에 따라 변해왔다. 우선 언급해야 할 것은 질문의 변화이다. 초기에는 천성이냐 양육이냐(즉 유전이냐 환경이냐)의 이분법적 결정에 관한 질문이었다. 예를 들면, 지능이 유전에 의해서 결정되느냐 혹은 환경에 의해서 결정되느냐가 초기 심리학자들의 관심사였다. 그후 유전과 환경의 상대적인 비중(유전의 영향이 더 큰가 혹은 환경의 영향이 더 큰가)에 관심을 갖다가 최근에는 유전과 환경이 어떻게 상호작용해서 행동을 결정하느냐로 질문이 변화했다. 한편 천성과 양육의 상대적 중요성에 대한 생각도 시대에 따라 변화했다. 행동유전학의 아버지라고 할 수 있는 Galton은 천성의 중요성을 신봉하였다. 이러한 흐름은 1920년대까지 계속되어 오다가 1930, 1940년대에 이르러 나치즘에 대한 반발 때문에 유전을 강조하는 입장이 쇠퇴하였다. 나치주의자들은 게르만민족의 천성적 우월성과 혈통의 순수성을 강조하면서 타민족에 대한 지배, 특히 유태민족의 박해를 정당화하였다. 2차대전 후에는 행동주의의 영향 때문에 1950-1970년대에 이르도록 환경론이 우세하였다. 그러나 1980년대로 들어오면서 환경론은 쇠퇴하고 유전의 중요성이 다시금 부각되기 시작하였다. 최근의 생물학의 발전이 이러한 변화에 큰 영향을 준 것으로 생각된다. 특히 최근에 완성된 인간게놈 프로젝트는 앞으로 천성과 양육에 관한 지식의 지평을 혁명적으로 넓혀줄 것으로 기대된다. 아마도 몇 년 내에 이 장은 완전히 새롭게 다시 쓰여져야 할지 모른다.

유전과 환경의 영향에 대해서 Waddington(1957)은 재미있는 비유를 제시하고 있다. 그는 발달의 경로에서 유전과 환경이 상호작용해가는 것을 공이 지형을 따라 굴러내려가는 것에 비유한다. 지형(언덕과 계곡을 가졌으며 높이나 깊이나 경사에서 다름)은 유전적 결정요소들을 가리키며 공에 가해지는 힘은 환경을 지칭한다. 공이 지형을 따라 내려갈 때 지형의 윤곽내에서 움직일 뿐이며 언덕을 거슬러 올라가거나 계곡에서 빠져나오는 것은 오직 환경의 힘이 대단히 클 때만 가능하다. 공이 내려오는 자연스러운 경로(가장 저항이 적은 길)가 있지만 여러 방향으로 비껴갈 수도 있으며 여러 경로들이 열려 있을 때도 있다. 아래로 내려갈수록 최종 위치가 점점 더 규정된다. 발달의 경우에도 나이가 들수록 성격특성들이 점점 더 규정이 되고 변화가 어렵다.

읽어보기……

인간 게놈 프로젝트

인간게놈 프로젝트는 1990년 미국을 중심으로 프랑스, 영국, 일본 등 15개국이 함께 시작한 사업으로 어떤 염기서열에 어떤 유전정보를 가진 유전자가 존재하는지를 밝혀내 일종의 유전자 지도로 만들어 공개함으로써 인류의 공동재산으로 삼으려는 것이다. DNA의 이중나선구조를 밝힌 공로로 1962년 노벨 생리 · 의학상을 공동 수상한 J. D. Watson이 연구를 맡았으며 30억 달러의 예산으로 인간게놈위원회(The Human Genome Organization/HUGO)가 만들어졌다.

게놈이란 한 개체가 지닌 유전자 세트를 말하며 이는 생명현상의 유지 및 모든 형질의 발현에 필요한 하나의 단위이다. 인간의 게놈은 22쌍의 상염색체(像染色體)와 1쌍의 성염색체, 즉 23쌍의 서로 다른 염색체로 이루어진다.

인간세포 속의 세포핵에는 2중 나선형으로 꼬여 있는 23쌍, 46개의 염색체에 모든 유전정보가 담겨 있다. 유전정보를 담고 있는 물질은 DNA이고, DNA는 A, G, C, T 등 네 가지 염기의 다양한 조합으로 이루어져 있다. 이 염기들은 게놈상에서 수백만, 수억만 번이나 반복되어 있는데, 이들 염기의 결합순서를 파악하게 되면 각 생물이 가지고 있는 고유한 염기배열을 알 수 있다.

DNA 분석에는 많은 사람들로부터 얻은 소량의 혈액이나 조직 샘플이 이용된다. 인간은 유전적으로 99.9%가 동일하지만 나머지 0.1%의 차이 때문에 질병, 독극물, 병원체, 의약품 등에 대해 서로 다른 반응을 일으키게 된다. 따라서 이 프로젝트가 완성되면 질병의 초기 진단이 가능하고, 유전자에 따른 적절한 치료방법의 선택으로 많은 난치병이 정복될 것으로 기대된다. 이미 손상되어 기능의 재생이 불가능한 세포나 조직 또는 장기를 대체할 수도 있고, 노화방지에 따른 질병예방과 수명연장도 가능하게 될 것이다. 그러나 개인의 사생활 침해 문제, 복제인간 문제 등 반윤리적 문제가 대두함에 따라 1997년 11월에 열린 유네스코 29차 총회에서 '인간 게놈과 인권에 관한 보편적 선언'을 발표함으로써 인간유전자 연구가 지녀야 할 윤리를 국제적으로 제정하였다.

1990년 10월 1일에 시작된 게놈 프로젝트는 2005년까지 15년 동안 5년 단위로 3차에 걸쳐 수행될 계획이었다. 그러나 프로젝트는 예상보다 빨리 진행되어 2001년 2월 12일에 인간게놈 프로젝트의 완성이 선언되었다. 6개국(미국, 영국, 프랑스, 독일, 일본, 중국)으로 구성된 국제 컨소시엄의 합동연구팀인 인간게놈프로젝트(HGP)와 미국 벤처기업인 셀레라 지노믹스사가 각각 독립적으로 수행한 연구를 통해 인간게놈의 염기서열을 99% 정도 밝혀낸 것이다. 흥미롭게도 이번 연구를 통해 인간 유전자 수가 초파리의 두 배에 불과한 3만 5천개 정도로 예상되어 고등동물일수록 유전자 수가 압도적으로 많을 것이라는 통념이 무너졌다.

출처: 두산세계대백과 EnCyber

성격의 유전 요소

유전자

성격은 유전자(genes)를 통해서 유전된다. 인간은 23쌍의 염색체를 물려받는데 각 쌍은 생물학적 부모로부터 하나씩 받아서 구성된다. 염색체는 수천 개의 유전자를 갖고 있고, 유전자는 DNA라 불리는 단백질 합성에 관여하는 분자들로 구성된다. 유전자는 단백질을 특정 방향으로 합성함으로써 유기체의 생물학적 발달에 영향을 미친다. 유전자에 관해서 다음 사항들을 알아두어야 한다.

1. 유전자에 포함된 정보가 유기체의 생물학적 발달을 지령한다. 즉, 수정된 알을 태아로, 완전한 형태를 갖춘 신생아로, 2차 성징을 갖춘 청소년으로, 그리고 노년기 특징을 가진 노인으로 발달하도록 지시한다.

2. 유전자가 행동을 직접 지배하는 것은 아니다. 유전자는 신체의 생물학적 기능을 지시함으로써 성격에 영향을 미친다. 따라서 공격성 유전자니 외향성 유전자니 하는 것은 존재하지 않는다.

3. 유전자에 저장된 정보의 양은 엄청나게 많다. 상이한 종들간의 해부학

적 차이나 종특유 행동(species-specific behavior)은 유전자에 의해서 결정된다. 예를 들면, 먹이를 발견한 꿀벌은 춤을 통하여 동료에게 먹이에 관한 대단히 복잡한 정보를 전달한다. 여기에는 학습도 관여하겠지만 대부분은 유전자에 의해서 결정되는 것이다.

4. 과거의 본능-학습의 엄격한 구분은 잘못이다. 과거에 본능행동으로 간주되었던 것들이 결정기(critical period) 혹은 민감기(sensitive period)에 어느 정도의 경험을 필요로 한다는 것이 밝혀졌다. 예를 들면, 새의 노래는 유전자에 담겨있는 정보와 결정시기의 감각경험의 결과로 발달한다. 그러므로 뜸북새는 '뜸북 뜸북' 하고 노래부를 수 있는 능력을 타고나지만, 결정기에 다른 뜸북새와 격리되어 '뜸북 뜸북' 하는 노래를 듣지 못하면 뜸북새 특유의 노래를 부르는 발달이 일어나지 않는다. 유전자는 종특유의 생물학적 과정의 발달을 결정하지만 이것이 종특유 행동으로 발달하기 위해서는 환경경험을 필요로 하는 것이다.

5. 대부분의 행동들은 단일 유전자가 아니라 여러 유전자들의 상호작용(유전자 배열)에 의해서 영향을 받는다. 그러므로 유전적으로 결정되는 성격특성이라도 한 가계의 모든 구성원들이 공유하지는 않으며 오직 동일한 유전자 배열을 갖는 구성원들에게만 나타난다.

진화론적 설명

천성의 설명은 궁극원인(ultimate causes)에 의한 설명과 근접원인(proximate causes)에 의한 설명의 두 가지를 포함한다. 전자는 진화론적 설명으로서, 어떤 행동이 왜 진화했고, 그 행동이 봉사하는 적응상의 기능은 무엇인가에 초점을 맞춘다. 후자는 행동이 관찰되는 시점에서 유기체내에서 작용하는 생물학적 과정을 지목하는 설명이다. 예를 들면, 포유류의 새끼가 어미와 가까이 있으려고 하는 소위 애착행동은 생존을 위해 필요한 행동으로 진화론적 타당성을 지닌다. 한편, 새끼는 어미가 보이지 않으면 공포반응을 일으키는데 이러한 공포반응을 감소시키기 위해서 어미와 떨어지지 않으려고 한다. 이 두 설명의 공통분모는, 적응상의 문제를 풀기 위한 유기체의 시도에 유전자가 중요한 역할을 한다는 것이다. 진화론에서 보면 적응과제를 해결하는 유기체는 자신의 유전자를 뒤의 세대들에게로 전달해왔고, 근접원인에 의한 설명에서 보면 유전자는 현재의 적응과제를 해결하기 위한 생물학적 기반을 제공하는 것이다. 즉, 과거에 적응기능을 위한 기반을 제공했던 유전자가 현재에도 계속해서 그 기반을 제공하는 것이다.

진화론적 입장의 심리학자들은 기초적인 심리기제가 자연선택(natural selection)을 통하여 진화해 왔다고 주장한다. 이들이 관심을 갖는 질문은 다음 세 가지이다. 첫째, 인류가 다른 동물들(포유류 및 영장류)과 공유하는 행동 및 성격 특성들은 무엇인가? 둘째, 인류가 다른 동물들(영장류)과 구별되는 행동 및 성격 특성들은 무엇인가? 셋째, 진화에 기반을 둔 남녀간의 행동 및 성격 특성들에서의 차이는 무엇인가?

인류가 다른 모든 포유류와 공유하는 것은 하루의 활동리듬, 탐색행동, 공포반응, 공격행동, 각성정서(공포, 분노, 성적 흥분 등) 등이며, 특히 사회적 포유류와 공유하는 것은 애착의 형성과 유지, 관계정서(질투, 사랑, 기쁨, 슬픔 등), 지배와 지위체계 등이다. 인류가 다른 영장류와 구별되는 것은 도구(보다 복잡해지고 필수적이 됨), 아동기(더욱 길어지고 아동기의 특성들을 평생 유지함), 인지적 능력(추상적 개념들의 사용, 이해의 추구, 사회중심적 관점, 높은 수준의 언어, 규칙 등), 자기(자기존중감, 공적 자기의식, 정체감 등의 보유), 사회화(친척의식, 높은 수준의 사회적 규칙들, 문화, 종교, 도덕 등) 등에서이며, 기타 영장류의 특성들이 보다 정교화된다. 마지막으로 진화에 기반을 둔 남녀간의 행동 및 성격 특성들에서의 차이에 관해서는 최근 Buss(1989, 1991, 1995) 등 여러 심리학자들이 성적 선호 및 감정에서의 남녀차이를 부모투자이론(parental investment theory)과 친자확률(parenthood probability) 등 진화의 관점에서 설명을 시도하고 있다. 이 마지막 질문은 뒤의 장(제11장 성, 애착, 사랑)에서 자세히 다룰 것이다.

행동 유전학

행동 유전학(behavioral genetics)에서는 선택적 교배, 쌍생아 연구, 입양 연구의 세 가지 방법을 사용해서 유전과 행동간의 연결고리를 규명한다.

선택적 교배연구(selective breeding studies)는 동물을 대상으로 특정 속성을 지닌 품종이 나타날 때까지 몇 세대를 걸쳐 선택적으로 교배하는 것이다. 탁월한 경주마를 얻거나 특정 목적에 맞는 특성을 지닌 개를 얻기 위해서 주로 사용하는 방법이 바로 이 선택적 교배이다. 심리학에서는 Tyron(1940)이 영리한 쥐 혈통과 우둔한 쥐 혈통을 얻기 위해서 선택적 교배를 실시하였다. 여러 번의 선택적 교배의 결과 Tyron은 영리한 집단의 가장 우둔한 쥐가 우둔한 집단의 가장 영리한 쥐보다 영리하도록 두 개의 혈통을 발전시켰다.

이러한 선택적 교배는 인류역사에서 낯선 것은 아니다. 과거에는 대부분의 문화권에서 결혼을 자신의 계급 내에서만 허용되도록 명문화하였으며, 오늘날에도 명문화된 법은 존재하지 않더라도 배우자를 자신이 속한 계층에서 구하도록 하는 사회적 압력은 여전히 존재한다. 싱가폴에서는 대학출신 부부들의 출산을 정부에서 적극 장려하는데, 이것은 선택적 교배를 정부의 공식정책으로 채택한 예이다. 선택적 교배는 유전과 환경의 영향을 조사하는데 유용한 방법이기도 하다. 즉, 선택적 교배를 통해 유전적 유사성의 정도가 조작된 동물들을 상이한 발달환경에 노출시킴으로써 특정 행동에서의 차이에 기여하는 유전과 환경의 영향을 확인할 수 있다. 그러나 인간의 경우는 윤리적인 문제 때문에 선택적 교배나 발달환경의 조작이 가능하지 않다. 차선책으로 행동유전학자들은 유전적 유사성과 발달환경의 유사성의 정도가 알려진 사례들을 찾아서 관찰연구를 수행하는데, 쌍생아 연구와 입양연구가 여기에 속한다.

쌍생아 연구(twin studies)에서는 유전적 유사성을 조작하는 대신 유전적 유사성의 정도가 알려진 일란성 쌍생아와 이란성 쌍생아를 비교함으로써 유전과 환경의 영향을 가늠한다. 일란성 쌍생아(monozygotic twins)는 같은 알에서 출생하였으므로 유전적으로 동일하며, 이란성 쌍생아(dizygotic twins)는 다른 알에서 출생하였으므로 다른 형제들간과 마찬가지로 50% 정도의 유전자를 서로 공유한다.

따라서 일란성 쌍생아간의 상관관계가 이란성 쌍생아간의 상관관계보다 높으면 그 차이는 주로 공유하는 유전자 비율의 차이 때문일 것이다.

쌍생아 연구에서 특히 문제가 되는 것은 쌍생아 중의 한 명이 겪는 환경이 다른 한 명이 겪는 환경과 얼마나 유사한가(혹은 다른가)이다. 함께 자라는 일란성이나 이란성 쌍생아는 상당한 정도로 환경을 공유한다고 가정되지만 실제로 얼마나 공유하는지는 알 수가 없다. 뒤에서 언급되지만 형제들간에 공유되지 않는 환경(비공유환경)은 공유환경보다 훨씬 더 영향이 큰 것으로 밝혀졌다. 그러므로 유전과 환경의 상대적 비중을 밝히는 쌍생아 연구는 정확한 결론을 제공한다기 보다는 대강의 윤곽을 시사하는 정도로 이해해야 할 것이다. 쌍생아 연구는 동일한 환경에서 양육한 쌍생아와 상이한 환경에서 양육한 쌍생아를 비교함으로써 확장될 수 있다. 상이한 환경에서 양육된 일란성 쌍생아간의 유사성은 유전요인의 작용으로, 그리고 차이는 환경요인의 작용으로 해석될 수 있다. 쌍생아가 상이한 양육환경을 갖게 되는 것은 입양 때문이다.

입양연구(adoption studies)는 적절한 기록이 제공된다면 유전과 환경의 영향에 관해서 많은 정보를 제공한다. 왜냐하면 (환경에 영향을 미치지 않는) 생물학적 부모와의 유사성과 (유전자를 공유하지 않는) 양부모와의 유사성을 고려할 수 있기 때문이다. 생물학적 부모와의 유사성의 정도는 유전요인의 지표가 되고, 양부모와의 유사성의 정도는 환경요인의 영향의 크기를 나타낸다. 한 가정에 입양한 자녀와 생물학적 자녀가 동시에 있을 경우에는(굳이 우디 알렌과 미아 패로우의 가정을 떠올리지 않더라도 외국에는 이런 가정이 많은데 아이를 기르는 보람과 재미를 추구하는 사람들이 많기 때문이다) 보다 많은 정보를 얻을 수 있다. 예를 들어, 어떤 가정에 두 명의 생물학적 자녀와 두 명의 (서로 혈연관계가 없는) 입양된 자녀가 있다고 하자. 두 명의 생물학적 자녀는 서로 유전자를 공유하고 있으며 그들의 부모와도 그렇다. 그러나 두 명의 입양된 자녀는 형제들과 유전자를 공유하고 있지 않으며 그들의 양부모와도 그렇다. 그러므로 부모-자녀 및 형제들간 유전적 유사성의 여러 수준들에서 성격특성의 유사성을 비교할 수 있다. 예를 들어, 생물학적 형제가 입양 형제들보다 서로 더 유사하고 부모와도 더 유사한가 등의 질문을 통하여 유전요인의 중요성을 확인할 수 있다. 또한 입양형제들간의 유사성이 이들과 격리되어 살고 있는 생물학적 형제들간의 유사성보다 더 큰가의 질문을 통하여 환경요인의 영향을 확인할 수 있다. 이와 같이 입양연구에서는 다양한 정도의 유전적 유사성과 다양한 정도의 환경적 유사성을 결합시켜 가며 관심있는 속성에서 유전(혹은 환경)의 영향의 정도를 확인할 수 있다. 〈표 6.1〉은 다양한 수준의 유전적 유사성과 환경적 유사성이 결합되었을 때 IQ의 상관관계가 어떻게 변화하는지를 보여준다.

어떤 특질에서 유전적 요인이 기여하는 비율은 유전성 추정치(heritability estimate; h^2)로 표현된다. 유전성 추정치는 어떤 특질의 관찰된 변량 중 유전요인에 의해 설명될 수 있는 변량의 비율(즉, h^2=유전에 기인하는 변량/관찰된 변량)로 정의된다. 유전성 추정치를 구하는데는 여러 방법이 있으며 어떤 방법을 사용하느냐에 따라 추정치의 크기가 달라진다. 쌍생아 연구로부터 계산하는 대표적인 방식은 $h^2=2(rM-rD)$이다. 이 공식에서 rM은 일란성 쌍생아간의 상관관계를, 그리고 rD는 이란성 쌍생아간의 상관관계를 각각 가리킨다. 이 공식을 〈표 6.1〉의 IQ에 적용하면 $h^2=2(.86-.60)=.52$가 된다. 즉 IQ의 경우 관찰된 변량 중 유전에 귀인할 수 있는 변량은 약 52%가 되는 것이다.

유전성 추정치는 다음과 같은 점에 유의하여 해석하여야 한다. 첫째, 유전성 추정치는 집단 통계치이므로 개인에 적용하는 것은 옳지 않다. 만약 키의

표 6.1 가족들간 IQ 평균 상관

관계		평균 상관(r)	쌍의 수
함께 양육된 혈연가족			
일란성 쌍생아	(100%)	.86	4,672
이란성 쌍생아	(50%)	.60	5,533
형제	(50%)	.47	26,473
부모-자녀	(50%)	.42	8,433
부모 중 한쪽만 공유한 형제	(25%)	.35	200
사촌	(12.5%)	.15	1,176
따로 양육된 혈연가족			
일란성 쌍생아	(100%)	.72	65
형제	(50%)	.24	203
부모-자녀	(50%)	.24	720
함께 양육된 비혈연가족			
입양형제	(0%)	.32	714
양부모-자녀	(0%)	.24	720

출처: Bouchard & McGue, 1981; Pervin, 1996에서 재인용
주: ( ) 안은 유전자 공유율을 표시

유전성 추정치가 .80이라면 이것은 특정 시기에 측정된 전집 표본에서 키의 변량의 80%가 유전요인의 함수라는 의미일 뿐, 어떤 개인의 키의 80%가 유전에 의해서 결정되고 나머지 20%가 환경에 의해서 결정된다는 의미는 아니다. 둘째, 유전성 추정치는 특정 표본집단을 대상으로 얻어진 측정치이다. 그러므로 유전성 추정치를 표본집단을 넘어서서 일반화하려고 할 때는 표본집단이 일반화하고자 하는 전집을 잘 대표하는지 확인하여야 한다. 셋째, 유전성 추정치는 변화한다. 앞에서 유전성 추정치가 추정방법에 따라 달라진다고 하였다. 유전성 추정치는 또한 측정 집단이나 시점, 그리고 환경조건이 달라지면 값이 변화한다. 또한 성격특질의 경우 성격검사를 통하여 측정되므로 검사의 신뢰도나 타당도가 유전성 추정치에 영향을 미치게 된다. 이러한 유전성 추정치의 한계를 인식하면서 다양한 속성들에서 얻어진 유전성 추정치들을 살펴보면 〈표 6.2〉와 같다.

성격의 환경 요소

앞에서 성격 변량의 약 40%가 유전요인에 의해서 결정된다고 하였다. 그렇다면 나머지 60%는 환경과 측정오차의 몫이 될 것이다. 여기서 보듯이 행동

표 6.2 유전성 추정치들

특질	유전성 추정치(h^2)
키	.80
몸무게	.60
IQ	.50
개별 인지 능력	.40
학교 성적	.40
Big Five	
외향성	.36
신경증 성향	.31
성실성	.28
우호성	.28
경험에 대한 개방성	.46
기질	
정서성	.40
활동성	.25
사교성	.25
충동성	.45
성격 전반	.40
태도	
보수성	.30
종교성	.16
인종 통합	.00
TV시청	.20

출처: Pervin, 1996

유전학 연구는 유전의 중요성뿐 아니라 환경의 중요성도 드러내준다.

공유환경과 비공유환경

과거에는 동일한 가정내에서 양육되는 형제들은 동일한 환경을 갖고 있다고 보았다. 그러나 오늘날 행동유전학자들은 이러한 과단순화된 생각이 잘못되었으며, 환경은 공유환경과 비공유환경으로 구분되어야 한다고 주장한다(Plomin, 1990). 공유환경(shared environments)은 동일한 가정내에서 자라나는 형제들에 의해서 공유되는 환경들로 구성된다. 예를 들면, 가정의 가치나 양육방식이나 경제수준 등은 모든 형제들에게 공통된다. 비공유환경(nonshared environments)은 동일한 가정내에서 자라나는 형제들에 의해

그림 6.1 성격 변량의 성분들

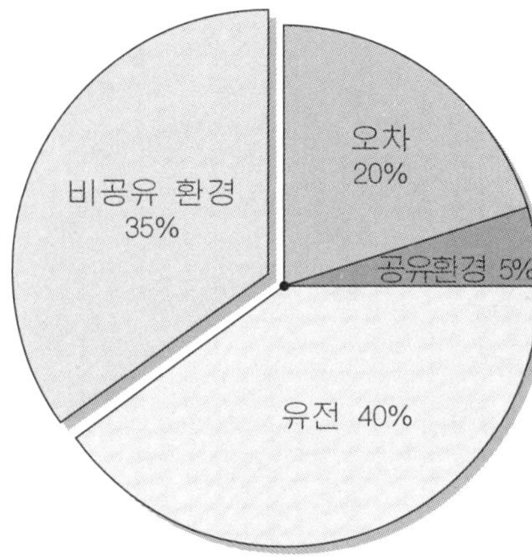

출처: Dunn & Plomin, 1990; Pervin, 1996에서 재인용

서 공유되지 않는 환경들로 구성된다. 예를 들면, 부모는 자녀들을 성(性)이나 출생순서나 특성에 따라 다르게 취급하곤 한다.

공유환경과 비공유환경 중 어느 쪽이 성격의 발달에 더 큰 영향을 미칠까? 행동유전학에서는 같은 가정에서 함께 자란 생물학적 형제들과 다른 가정에서 서로 떨어져 자란 생물학적 형제들을 비교하거나 같은 가정에서 함께 자란 입양형제들과 다른 가정에서 서로 떨어져 자란 생물학적 형제들을 비교하는 방법을 통하여 이 문제에 대한 해답을 구한다. 만약 공유환경의 영향이 크다면 같은 가정에서 함께 자란 형제들이 다른 가정에서 서로 떨어져 자란 형제들보다 유사성이 훨씬 더 높을 것이다. 반대로 비공유환경의 영향이 크다면 함께 자란 형제들이 다른 가정에서 서로 떨어져 자란 형제들보다 유사성이 별로 더 높지 않을 것이다. 공유환경이 더 중요할 것이라는 일반적인 관념과는 달리 행동유전학의 연구들은 비공유환경이 공유환경보다 훨씬 더 중요하다는 결과를 보여주었다. 즉 형제들에게 공통적인 환경보다 각자가 고유하게 경험하는 환경이 훨씬 더 큰 영향을 미친다는 것이다. 〈표 6.3〉은 한 가정에서 함께 자란 생물학적 형제들 및 입양된 형제들간의 여러 속성들에서의 상관관계를 보여준다. 여기서 함께 자란 생물학적 형제들간의 성격전반에서의 상관은 .15로 아주 미미하다. 더욱이 입양된 형제들간의 성격전반에서의 상관은 .05로 0에 가까워서 공유환경의 영향이 거의 없다고 말할 수 있을 정도이다. Dunn과 Plomin(1990)은 성격변량의 40%는 유전요인, 35%는 비공유환경의 경험, 5%는 공유환경의 경험, 그리고 나머지 20%는 측정오차에 기인한다고

표 6.3 동일한 가정에서 자란 형제들간의 상관

특성	상관(r)
키	.50
몸무게	.50
입 크기	.30
IQ	.47
학교 성적	.50
고혈압	.07
천식	.07
당뇨병	.06
외향성	.25
신경증 성향	.07
성격 전반	.15
일란성 쌍생아 성격 전반	.50
이란성 쌍생아 성격 전반	.30
입양된 형제 자매 성격 전반	.05
입양된 형제 키	.02
입양된 형제 몸무게	.05

출처: Dunn & Plomin, 1990; Pervin, 1996에서 재인용

결론을 내렸다.

한 가정에서 자라는 형제들의 비공유경험을 알아보기 위하여 '형제들간 차별경험검사'(Sibling Inventory of Differential Experiences: SIDE)가 개발되었다(Daniels & Plomin, 1985). 이 검사는 자기보고 질문지로서 부모의 취급이나 형제간 관계 등에서 자신의 경험을 다른 형제들과 비교하여 대답하도록 묻는 문항들로 구성되어 있다(표 6.4 참조). 이 검사를 사용해서 측정한 결과 부모와의 관계에 대한 지각에서 형제들간에 뚜렷한 차이가 나타났다.

그렇다면 한 가정의 형제들간에 공유되지 않는 경험들을 구성하는 것은 어떤 것들인가? 앞에서 언급했듯이 자녀의 성, 출생순서, 특성 등에 따라 부모가 자녀를 대하는 방식은 달라지는 경향이 있다. 예를 들면, 어떤 부모는 형에게는 아주 엄격하고 동생에게는 비교적 관대하고 방임적인 양육태도를 보인다. 이러한 부모의 차별에 대한 아이들의 지각이 비공유경험을 구성하는 가장

표 6.4 SIDE의 문항 예

	형제에게 더욱 많이	동일하게			나에게 더욱 많이
어머니:					
우리에게 엄격하다	1	2	3	4	5
우리와 지내는 것을 즐긴다	1	2	3	4	5
우리가 생각하고 느끼는 것에 민감하다	1	2	3	4	5
우리를 훈육시킨다	1	2	3	4	5
아버지:					
우리에게 엄격하다	1	2	3	4	5
우리와 지내는 것을 즐긴다	1	2	3	4	5
우리가 생각하고 느끼는 것에 민감하다	1	2	3	4	5
우리를 훈육시킨다	1	2	3	4	5

출처: Dunn & Plomin, 1990; Pervin, 1996에서 재인용

중요한 성분일 것이다. 그밖에도 가정형편의 변화에 따른 차이(예: 배곯고 자란 형과 형편이 나아져서 고생을 모르고 자란 동생), 시대에 따라 변화하는 문화적 경험의 차이(예: 1980년대에 컴퓨터 없이 자란 형과 1990년대에 인터넷을 즐기며 자란 동생), 학교경험 및 친구들과의 경험의 차이 등등이 형제들의 비공유경험을 구성한다.

그러나 비공유경험을 강조하는 나머지 공유경험의 중요성을 과소평가하는 것도 옳지는 않다. Hoffman(1991)은 형제들이 서로 다른 것에 놀라워 할 것이 아니라 조금이라도 유사한 것에 오히려 놀라워해야 할 것이라고 주장한다. 즉, 형제가 하나 추가될 때마다 가족역동이 달라지고, 이미 상이한 특성을 지닌 형제들에게 가정환경이 영향을 주고 영향을 받으며, 가정내와 밖으로부터 무수한 영향이 주어지는 터에 같은 가정내의 형제들이라고 성격특질들에서 서로 유사할 것을 기대한다는 것은 잘못이라는 것이다. 더불어 성격측정도구들이 성격의 심층양상인 유전자형(genotypes)보다는 표면양상인 표현형(phenotype)을 측정하는 경향이 있는 것도 형제들간을 실제보다 다르게 보이게하는 원인이라고 한다. 예를 들어, 두 형제가 다같이 공격충동 때문에 고통을 겪고 있다고 하자. 그러나 형은 공격충동을 드러내놓고 발산하는데 반해 동생은 과도한 억제를 통하여 해결하는 행동패턴을 보일 수도 있다. 대부분의 자기보고 성격검사에서는 관찰될 수 있는 행동에 초점을 맞추기 때문에 심층

적인 유사성을 간과하고 표면상의 차이만이 부각되게 된다.

유전과 환경의 상호작용

행동유전학의 연구들이 주는 교훈은 성격발달에 유전과 환경이 다같이 중요하다는 것이다. 실제로 (당연하게도) 성격은 유전과 환경의 상호작용에 의해서 형성된다. 그러나 어떻게? 과거에는 유전과 환경이 단순히 더해져서 성격을 결정한다고 개념화하였다. 그러나 최근에는 유전이 환경에 영향을 미치고, 동시에 환경이 유전에 영향을 미치는 역동적 상호작용으로 유전과 환경의 관계를 파악한다. 환경이 현재 개인이 갖고 있는 유전자에 직접적으로 영향을 미쳐서 변화시키는 것은 대단히 이례적인 경우(병이나 사고 등)일 것이다. 그러나 환경이 유전적 소인의 실현에 영향을 미치는 것은 가능하다. 최근에 Bronfenbrenner(1994)는 인간발달의 생물생태학적 모형(bioecological model of human development)을 제시하면서 효과적인 심리적 기능을 위한 (유전에 의해서 타고난) 잠재성이 적절한 환경자극의 제공, 이른바 근접과정(proximal processes)에 의해서 실현될 수 있음을 시사하였다. 예를 들면, 적절한 조기교육은 유전적인 지적 잠재력의 실현을 극대화시키는 효과를 발휘한다.

발달심리학자들은 천성과 양육의 상호작용을 설명하는 여러 모형들을 제안하였다. 다음에 소개하는 세 가지 모형은 이러한 노력을 대표하는 모형들이다.

수로화 모형

유전과 환경이 모두 대부분의 인간특성들에 기여하지만 어떤 특성에 대해서는 유전이 특별히 더 큰 영향을 미친다. 오래 전에 Waddington(1966)은 유전자가 발달을 제한하여 소수의 발달결과를 가져오는 현상을 수로화(canalization)라는 개념으로 설명하였다. 고도로 수로화된 인간특성의 한 예는 옹알이이다. 모든 영아들은—심지어 선천적으로 듣지 못하는 아이조차도—생후 8개월 내지 10개월 경에 거의 동일한 방식으로 옹알이를 한다. 이처럼 강하게 수로화된 속성들은 유전자의 성숙 프로그램에 따라 전개되기 때문에 환경의 영향을 거의 받지 않는다. 이와는 반대로 지능, 기질, 성격 등 수로화가 약한 속성들은 다양한 생의 경험들에 의해 유전적인 경로로부터 여러 방향으로 벗어날 수 있다.

반응범위 모형

반응범위(range of reaction)란 유전자형이 표현형으로 나타나는 과정에서 유전적 소인이 환경적 경험의 힘에 의해 변화될 수 있는 크기를 의미한다(Gottesman, 1963). 반응범위 모형에서는 유전이 어떤 특성이나 행동을 결정하는 것이 아니라, 상이한 환경 내에서 개인이 발달시킬 수 있는 가능성의 범위를 결정한다고 생각한다. 키를 예로 들면, 아무리 풍요한 환경을 제공하더라도 유전적 소인의 범위를 넘어서서 무한정 커지지는 않는다. 즉, 키의 경우 반응의 범위가 상당히 좁은 특성이라고 말할 수 있다.

반응범위 모형에서 환경의 질은 유전적 잠재력의 정도와 상호작용한다. 지능의 예를 들면, 풍요한 환경은 낮은 지적 잠재력을 가진 아동보다 높은 지적 잠재력을 가진 아동에게 훨씬 더 큰 긍정적 영향을 발휘한다. 또한 지적 잠재력이 높은 아동은 지적 잠재력이 낮은 아동보다 환경의 질에 의해서 더 크게 영향을 받는다. [그림 6.2]는 지능을 예로 들어, 환경의 질과 유전적 잠재력 사이의 상호작용을 보여준다.

그림 6.2 상이한 환경유형에서 세 어린이가 보여준 지적 수행의 가설적 반응범위

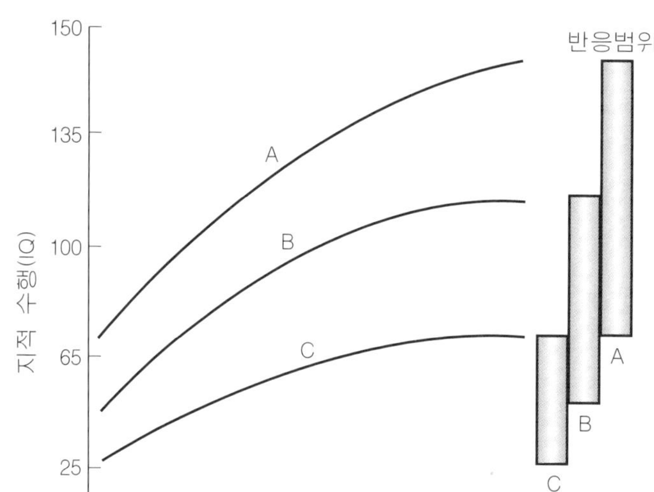

출처: Gottesman, 1963; Shaffer(송길연 등 역, 2000)에서 재인용

유전자형/환경 상관

행동유전학자들은 유전과 환경의 관계에서 유전자가 환경에 미치는 영향에 관심을 갖고 있다. Scarr와 McCartney(1983)는 유전자가 환경에 영향을 미치는 방식을 다음 세 가지로 정리하였다.

수동적 유전자형/환경 상관(passive genotype/environmental correlations). Scarr와 McCartney에 따르면, 부모는 자녀에게 유전자를 물려줄 뿐만 아니라 자녀의 양육환경에도 부모의 유전자형이 부분적으로 영향을 미친다. 따라서 아동의 양육환경과 아동의 유전자형간에는 상관이 존재하게 된다. 예를 들면, 음악적 재능과 관련된 유전자를 갖고 있는 부모들은 자녀에게 음악적 재능 유전자를 물려줄 뿐만 아니라 음악에 관심을 갖도록 격려하는 환경도 만들어 준다. 그러므로 이들의 자녀는 음악가로 성장하기에 유리한 유전과 환경을 갖추게 된다. 이와 같이 유전과 환경은 밀접하게 상관되어 있다.

유발적 유전자형/환경 상관(evocative genotype/environmental correlations). 이 개념은 상이한 유전적 소인을 가진 아동들이 환경으로부터 상이한 반응을 유발하는 것을 말한다. 예를 들면, 싹싹하고 순한 아이와 심술궂고 까다로운 아이는 사람들로부터 상이한 반응을 불러일으킨다. 유발적 영향은 대단히 보편적이며 생애전반에 걸쳐 영향을 미친다. 남아와 여아, 예쁜 아이와 못생긴 아이, 영리한 아이와 우둔한 아이는 주위 사람들로부터 각기 상이한 반응을 불러 일으키며, 이러한 유발된 반응이 아이의 성격형성을 비롯하여 인생전반에 걸쳐 큰 영향을 미친다.

능동적 유전자형/환경 상관(active genotype/environmental correlations). 이 개념에 따르면, 아동은 자신의 유전적 성향에 가장 적합한 환경을 추구하고 선호하는 경향을 보인다. 예를 들면, 외향성의 유전적 소인을 가진 아동은 파티에 열심히 참석하고 친구들을 불러모으고 여러 가지 자극적인 사회활동을 추구한다. 반대로 수줍고 내향적인 유전적 소인을 가진 아동은 사교적인 모임을 피하고 혼자 집에서 책을 읽거나 컴퓨터 게임을 하면서 시간을 보낼 것이다. 이와 같은 기제를 통하여 서로 다른 유전자형을 가진 사람들은 자신에게 맞는 환경적소(environmental niches)를 선택한다. 아동이 선택한 환경적소는 그 아동의 미래의 사회적, 정서적, 지적 발달에 큰 영향을 줄 수 있다.

이와 같이 유전자가 환경에 미치는 영향을 탐색하는 분야를 환경유전학(environmental genetics)(Plomin & Bergman, 1991)이라고 부르며 최근 많은 행동유전학자들의 주목을 받고 있다. 유전자가 환경에 미치는 영향이 우리에게 주는 교훈은 유전과 환경은 상호 독립적일 수는 없다는 것이며, 그러므로 성격에 미치는 유전요인과 환경요인의 상대적 비율을 얻더라도 그 값은 상당한 정도로 왜곡된 것일 수밖에 없다는 것이다.

성격의 안정성과 변화

성격은 한번 형성되면 죽을 때까지 그 모습을 유지하는 것일까? 혹은 일생을 두고 여러번 변화하는 것일까? 만약 변화한다면 어떤 시점에서 어떤 원인에 의해서 어떻게 변화하는 것일까? 그리고 모든 성격특질들이 안정성에서 유사한 것일까? 혹은 어떤 성격특질은 잘 변화하고 어떤 성격특질은 고집스럽게 변하지 않는 것일까? 성격의 안정성과 변화에서 남녀 차이나 개인차는 없을까? 이러한 질문들은 성격발달에서 중요한 주제들이다.

안정성과 변화의 개념

성격의 안정성과 변화에 관하여 연구하고 그 결과를 타당하게 해석하기 위해서는 안정성과 변화의 개념을 정립하는 것이 무엇보다도 선행되어야 한다. 성격변화의 개념은 대략 다음 네 가지로 분류하여 정리될 수 있다. 성격의 변화를 논의할 때에는 이 네 가지 유형의 변화 중 어떤 것을 의미하는지 분명히 하여야 할 것이다.

절대적 변화 대 상대적 변화. 절대적 변화는 개인의 절대적 측정치에서의 변화이며 상대적 변화는 동년배 혹은 기타 준거집단에서의 상대적 위치의 변화이다. 예를 들면, 어떤 아이가 어렸을 때 대단히 공격적인 행동을 보였는데 나이가 들면서 공격행동이 감소했다. 그러나 동년배집단과 비교했을 때는 여전히 공격행동의 양의 순위에서 변화가 없을 수도 있다. 즉, 공격행동이 절대적으로는 변화했으나 상대적인 변화는 일어나지 않은 것이다.

양적 변화 대 질적 변화. 양적 변화는 양에서만 변화를 보이는 것이고 질적 변화는 질에서의 변화를 수반하는 것이다. 신체변화를 예로 들면, 신장이나 체중의 증가는 양적 변화에 불과하지만 청년기의 신체변화는 상당한 심리학적 함의를 지닌 질적 변화이다. 성격발달에서도 자기의식의 발달은 단순한 양적 지식의 증가가 아니라 사고와 감정과 행동에서의 근본적인 변화를 수반하는 질적 변화로 볼 수 있다.

연속적 변화 대 비연속적 변화. 연속적 변화는 점진적이고 법칙적이며 일관성있는 패턴을 따르는 변화이고, 비연속적 변화는 갑작스러우며 근본적인 변화이다. 아이가 여성 혹은 남성으로 변모해가는 것을 비롯해서 비연속적으로 보이는 많은 변화들이 가까이서 들여다보면 실제로는 연속적이고 점진적인 변화이다. 비연속적 변화는 전쟁과 같은 충격적인 경험이나 사고에 의해서 일어나곤 한다.

표면적 변화 대 심층적 변화. 표면적 변화는 관찰될 수 있는 수준에서 보이는 변화이고, 심층적 변화는 기저의 구조적 수준에서 일어나는 변화이다. 성격발달에서 이 두 변화를 구분하는 것은 매우 중요하지만 또한 어려운 문제이기도 하다. 예를 들어, 어렸을 때 신체적 공격행동을 많이 보이던 아이가 자라서 점잖지만 대단히 연구에 경쟁적인 대학교수가 되었을 때 이 사람의 변화를 표면적인 변화로만 볼 것인가? 혹은 심층적인 변화가 일어났다고 볼 것인가? 성격발달과 관련하여 많은 오해와 의견의 차이가 표면적 변화와 심층적 변화를 구분하는 기준이 뚜렷치 못한데서 비롯된다.

성격의 안정성과 변화에 관한 증거

성격의 안정성은 성격특질에 따라서 다를 뿐만 아니라 성차와 개인차도 관여하는 복잡한 문제로서 명쾌한 결론을 내리는 것이 불가능하다. 그러나 다음 세 가지 패턴은 일관성있게 발견되는 듯하다. 첫째, 유전과 생물학적 요인의 영향을 많이 받는 특질일수록 안정성이 높고 둘째, 안정성은 연령이 높아지면서 증가하며 셋째, 기간이 짧을수록 보다 높은 안정성을 기록한다. 성격특질을 지능과 기질과 Big Five로 나누어 각각의 안정성에 관한 연구들을 살펴보면 다음과 같다.

지능

지능은 유전요인의 영향이 비교적 크기 때문에(유전성 추정치가 .50) 상당히 안정적인 특질로 간주되고 있다. 그러나 연구들은 일관성있는 결과를 보여주지 못했다. 예를 들면, Hoznik 등(Hoznik, MacFarlane, & Allen, 1948)의 종단연구에서는 4, 6, 8, 10, 12세의 아동들을 대상으로 IQ를 측정한 후 18세에 다시 측정하여 비교하였는데 상관이 .42, .61, .70, .76, .76으로 대단히

읽어보기……

진정한 변화? 혹은 겉모습만의 변화?

아마도 학생들에게는 까마득한 옛날 이야기로 들리겠지만 1970년대는 베트남전이 절정에 오른 세계적으로 아주 불안정한 시대였다. 당시에는 안정된 것은 존재하지 않았고 변화가 시대의 코드였다. 사람들은 내일을 생각하지 않고 살아갔고 변화에 몸을 맡겼다.

Jerry Rubin은 소리를 질러대는, 전투적인 Yippie로 1970년대를 맞이하였다. 그러나 10년 후에 그는 양복과 넥타이를 걸친 점잖은 월 스트리트의 분석가로 변신하였다. 하버드 대학교 심리학과의 야심많은 조교수였던 Richard Alpert는 마약에 빠져든 뒤, 인도로 갔다가 몇 년 후에 긴 턱수염을 기르고 늘어뜨린 승복을 입고 사람들에게 가르침을 주는 신비주의자 Baba Ram Dass가 되어 돌아왔다. 성공적인 안과의사 Richard Raskind는 성전환 수술을 받은 후, 키가 크고 근육이 발달한 여자 테니스 선수, Renée Richards가 되었다. 이들은 당시에도 엄청나게 변신한 사람들로 받아들여졌다.

아마도 대부분의 사람들은 1960년대의 정력적인 심리학 교수 Richard Alpert와 1970년대의 수염을 기른 유유자적한 정신적 지도자 Ram Dass를 보고 전혀 다른 두 사람이라고 말할 지 모른다. 그러나 Alpert를 잘 알고 지냈던 하버드의 심리학자 David McClelland는 이 인도의 성자와 얼마간 함께 있어 보고는 이렇게 말했다. "그는 옛날의 Dick 그대로요. 여전히 매력있고, 여전히 내적 체험에 관심있고, 여전히 권력지향적이고…" Jerry Rubin은 Yippie와 월 스트리트 사이에 내적인 연속성을 발견하는데 어려움을 겪지 않았다. "내가 실로 누구였나를 발견하는 것은 전형적인 Jerry Rubin 방식으로 이루어졌다. 나는 모든 것을 시도하고, 한없는 에너지와 호기심을 가지고 뛰어다녔다." 만약 우리가 충분히 가까이서 바라본다면 심지어 Richard Raskind와 Renée Richards마저도 공통점이 많다는 것을 발견할 것이다.

출처: Zick Rubin(Psychology Today, May 1981)

높게 나왔으나, Humphrey와 Davey의 연구(1988)에서는 8세와 18세의 10년 간격을 두고 측정한 IQ간의 상관이 .28로 상당히 낮았다. 또한 발달초기에 적극적으로 환경에 대한 노력이 주어지면 15점 정도의 변화는 가능하다는 연구들(Bloom, 1964; Turkheimer, 1991)도 있다. 종합하면, 지능은 안정적이면서 어느 정도 가소성(malleability)도 있는 특질이다. 지능을 측정하는 도구인 IQ검사의 신뢰도 때문에 안정성이 실제보다 낮게 나오는 점도 감안해야 한다.

기질

기질(temperament)은 성격의 하위집합으로 유전적이며 체질적인 기반을 갖는 성격의 핵심요소이다. Rothbart(1989)는 기질을 "체질적 기반을 가진 정서, 운동, 주의의 반응성 및 자기조절에서의 개인차"로 정의한다. 기질의 하위유형들에 대해서는 학자에 따라 다른데, Buss와 Plomin(1975)은 정서성, 활동성, 사교성, 충동성의 네 유형을 포함시키고, Rothbart(1981)는 활동성, 미소와 웃음, 공포, 제약에 대한 짜증, 달래기 쉬움, 끈질김 등을 포함시킨다. 기질의 안정성은 많은 연구들에서 확인되었다. Rothbart(1986)는 생후 6개월과 9개월에 부모가 평정한 미소/웃음, 공포, 제약에 대한 짜증 점수들간에 각각 r=.48, .37, .51의 상관을 보고하였고, Worobey와 Blajda(1989)는 생후 2개월과 12개월의 평정치간에 정적 반응성에서 .46, 부적 반응성에서 .50의 상관을 보고하였다. 보다 장기간에 걸친 연속성도 발견되었다. Chess와 Thomas(1990)는 생후 5년 동안 매년 측정한 기질 점수와 성인기의 기질 측정치의 상관을 구했을 때, 기질의 하위차원들 각각에서는 유의미한 상관을 별로 발견하지 못했으나, 차원들을 순한 기질(easy temperament)과 까다로운 기질(difficult temperament)로 통합하였을 때는 높은 상관을 얻을 수 있었다(3, 4, 5세 때와 성인기간의 상관이 각각 r=.31, .37, .15이었음). 유아들이 어떤 정서를 얼마나 자주 얼굴에 나타내는가로 측정한 정서성에서도 연속성을 발견할 수 있었으나, 연구자에 따라 연속성을 보이는 정서와 보이지 않는 정서가 달랐다(Hyson & Izard, 1985; Sullivan, Lewis, & Alessandri, 1992; Malatesta et al., 1989). Kagan 등(Kagan & Snidman, 1991)은 생후 4개월의 아동들을 '낯선 것에 대해 억제된' 아동들과 '낯선 것에 대해 억제되지 않은' 아동들로 나누었다. '낯선 것에 대한 억제'는 수줍음(shyness)과 매우 유사한 특질이다. 대부분의 아동들은 8세에 이르도록 동일 범주의 집단에 머물렀다. 그러나 동시에 많은 아동들이 다른 범주로 옮겨갔는데, 예를 들면 2세 때 억제집단에 속했던 아동 중 1/3이 3.5세에는 별로 수줍음을 보이지 않았다. 이상의 연구들을 종합하면, 기질의 연속성은 많은 연구들에서 확인되고 있지만 동시에 환경의 영향에 의해서 변화될 수 있는 가능성도 시사되었다.

Big Five

Big Five는 여러 연구들에서 상당히 안정적인 특질들로 밝혀졌다(Costa & McCrae, 1994; McCrae & Costa, 1990). 예를 들면, 3년에서 30년에 이르는 기간동안 Big Five 점수들의 상관의 중앙값은 .65에 이르렀다. 또한 성격특질의 변산의 3/5이 성인기 전반에 걸쳐 안정적이며, 성격은 21–30세 사이에 거의 완성된다고 한다(Costa & McCrae, 1994). 성격특질뿐 아니라 성인의 태도들도 상당히 오랜 기간동안 안정적이라는 증거가 있다(Alwin, Cohen, & Newcomb, 1991). 그러나 성격의 변화를 보여주는 연구들도 많다. 예를 들면, 유전자를 완전히 공유하는 일란성 쌍생아도 성장하면서 점점 성격의 차이가 커진다(McCartney, Harris, & Bernieri, 1990). 또한 집단에서 얻어진 상관들의 평균이나 중앙값은 안정성과 변화의 패턴에서 개인이 갖고 있는 다양함을 제대로 반영하지 못한다. 그밖에도 성격이 안정적이라는 고정관념에 기인하는 연구자들의 '안정성 편파' 도 성격의 안정성 점수를 높이는 데 기여할 수 있다.

유전적 요소 외에도 성격의 안정성과 일관성을 촉진시키는 개인내 과정과 환경과정들이 존재한다. 그 중 대표적인 것이 자기확인(self-verification)의 추구이다. 이에 따르면, 개인은 자신의 자기지각과 행동양식을 유지시키는 반응을 다른 사람들로부터 유발시키고, 자신의 성격과 일치하는 환경을 선택하고, 다른 사람들은 그 사람에 대해 형성한 이미지와 일치하는 양식으로 그를 대한다는 것이다. 또한 사람들은 성인기에 도달하면서 친교의 범위를 좁히고 안정시키는 경향이 있다. 이러한 개인내, 환경내, 그리고 개인-환경간에 존재하는 힘들이 성격의 안정성과 일관성을 촉진시키는 것이다. 동시에 성격의 변화를 가져오는 요인들도 존재한다. 심리치료, 강력한 환경, 삶의 예측하기 어려운 요소들, 그리고 극적인 사회적 경제적 사건들이 성격의 변화를 가져올 수 있는 요소들로 거론될 수 있을 것이다.

성격발달에 관한 종단연구

성격의 안정성과 변화를 연구하는 가장 이상적인 방법은 종단연구를 하는 것이다. 종단연구(longitudinal study)는 동일 피험자들을 장기간에 걸쳐서 반복하여 연구하는 것으로 상이한 연령집단을 대상으로 동시에 연구하는 횡단연구(cross-sectional study)와 대비가 된다. 예를 들면, 자의식적 정서(수치심, 죄책감, 자부심 등)의 발달을 연구할 때, 횡단연구에서는 각 연령집단에 속하는 아동들을 표집하여 이들을 대상으로 연령에 따른 자의식적 정서의 차이를 조사하는데 비해, 종단연구에서는 새로 태어난 아동들을 표집하여 오랜 세월에 걸쳐 이들에게서 나타나는 자의식적 정서의 발달을 추적 조사한다. 실제로 대표적인 종단연구들(예: Berkeley의 IHD 연구)은 평생에 걸쳐서 이루어지고 있다. 횡단연구는 인과적 연결성을 실제로 추적하기 보다는 추론하는 데 그칠 수밖에 없고 연령집단간 점수차이가 연령에 따른 변화 때문인지 사회적 경험의 차이 때문인지가 확실치 않은데 반해, 종단연구를 수행하면 발달과정의 전개를 연구할 수 있고 단일 변인의 발달적 진행뿐 아니라 관계패턴도 연구할 수 있는 장점이 있다. 그러나 종단연구는 시간과 노력과 경비가 막대하게 소요되고, 오랜 세월을 투자하여야만 결과를 얻을 수 있기 때문에 많은 연구가 수행되지 못하고 있다. 이러한 어려움 때문에 종단연구와 횡단연구를 절충하여, 상이한 연령집단의 아동들을 표집하여 일정기간에 걸쳐 추적 연구하는 계열연구(sequential study)도 많이 수행되고 있다. 여기서는 성격발달을 다룬 대표적인 종단연구 셋을 소개한다.

Magnusson의 스웨덴 연구

Magnusson의 스웨덴 연구는 종단연구의 모범적인 예로서 높이 평가되는 연구이다. 이 연구에서는 아동기부터 성인기까지 개인요인과 환경요인이 어떻게 상호작용하여 발달에 영향을 미치는가를 규명하고자 하였다. 특히 알코올 중독이나 범죄, 심리장애 등 사회적 부적응의 바탕에 있는 발달과정을 밝히는 것에 중점을 두었다. 이 연구는 1965년에 스웨덴 중부의 한 마을의 10, 13, 15세의 아동 약 1,400명을 대상으로 연구를 시작하여 30여년간 계속되고 있다.

피험자의 자기보고, 부모, 교사, 동료, 공공 기록 등을 통해 얻어진 정보들로 자료가 구성되었다. 자료의 대부분은 검사, 질문지, 평정, 면접, 관찰 등을 통해 얻어졌으며 생물학적 측정치(EEG, 스트레스에 대한 호르몬 반응)와 환경적 요인들(집, 학교의 특징들)에 대한 자료들도 얻었다. 이 종단연구에서 얻어진 중요한 발견들을 정리하면 다음과 같다.

여아의 생물학적 성숙과 사회적 발달과 관련해서는 (1) 일찍 성숙한 여아들은 늦게 성숙한 여아들에 비해 15세 때 더 많은 문제행동(가출, 무단결석, 약물이나 알코올 사용 등)을 보였고, (2) 성인기가 시작되면서 문제행동이나 사회적 관계에서 나타나는 차이는 감소되었지만 일찍 성숙한 여아들은 늦게 성숙한 여아들에 비해 결혼을 하고 학교를 떠나고 직업을 갖는 연령이 더 빨랐다.

남아의 문제행동의 발달과 관련해서는 (1) 13세의 소년들을 공격성, 동작 산만성, 낮은 집중력, 또래와의 나쁜 관계 등의 성격변인들에 따라 분류하고 이러한 측정치들이 후의 문제행동, 즉 알코올중독이나 범죄행동들을 예언하는가를 조사하였다. 또래와 나쁜 관계만을 보인 집단과 또래와 나쁜 관계를 보이면서 동시에 과잉활동성(hyperactivity)과 공격성을 함께 보인 집단을 비교한 결과 앞의 집단은 후에 문제행동을 보이지 않았으나 뒤의 집단은 후에 알코올중독이나 범죄행동 등 문제행동들을 보였다. 이 패턴은 생물학적 요인과 관련되는 듯 하였다. 즉, 과잉활동성과 공격성을 보인 소년들은 소변검사 결과 낮은 아드레날린 분비를 보였다. 낮은 아드레날린 분비를 보이는 사람들은 생리적 반응성이 낮고 따라서 보통 사람들에게는 위협적인 상황을 별로 위협적이지 않은 것으로 지각하는 경향이 있다. 위협적인 상황에 대한 이러한 둔감성은 범죄성향과 관련되며 따라서 13세에 낮은 아드레날린 분비를 보인 소년은 후에 지속적인 범죄행동을 보이게 된다. (2) 성인을 범죄행위에 따라서 세 집단(범죄를 저지른 적이 없는 집단, 오직 10대에만 범죄를 저지른 집단, 지속적인 범죄집단)으로 나누고 청소년기의 지속적인 과잉활동성과 아드레날린 분비수준을 비교하였다. 결과를 보면, 지속적인 범죄집단은 청소년기에 높은 과잉활동성과 낮은 아드레날린 분비수준을 보였고, 10대에만 범죄를 저지른 집단은 다소 높은 과잉활동성만을 보였으며, 범죄를 저지르지 않은 집단은 낮은 과잉활동성과 높은 아드레날린 분비수준을 보였다. 그러므로 이 연구결과는 지속적인 범죄행동의 배후에는 성격과정에 영향을 미치는 생물학적 요인이 개입하고 있음을 시사한다.

Block의 Berkeley 연구

Jack Block과 그의 아내 Jeanne Block은 1968년에 종단연구를 시작하였다. 이들은 캘리포니아 대학(버클리)의 인간발달연구소(Institute of Human Development: IHD)를 통하여 종단연구를 수행하였다. 이들은 아동기부터 성인기까지 다양한 성격변인들의 변화를 추적하고 환경요인들과의 관계를 확인하고자 하였다. 특히 자아통제, 자아탄력성, 자기존중감 등의 변화에 주목하였으며 남녀간의 발달궤적의 차이에도 관심을 가졌다. 자아통제와 자아탄력성은 Block이 제안한 개념으로 그의 연구에서 핵심적인 위치를 차지한다. 자아통제(ego-control)는 개인의 충동, 감정, 욕망의 특징적인 표현이나 억제를 지칭한다. 개인은 자아통제의 정도에 따라 과다통제로부터 과소통제에 이르는 연속선상에 놓이게 된다. 과다통제된 개인은 과도하게 억제되어있고 욕구충족을 지나치게 지연하며 정서를 거의 표현하지 않는다. 반대로, 과소통제된 개인은 자유롭게 감정을 표현하고 욕구충족을 지연시키지 못하며 많은 열정과 흥미를 갖고 있지만 오래가지 못한다. 두 극단 모두 중간보다 덜 적응적인 것으로 간주된다. 자아탄력성(ego-resiliency)은 개인이 상황의 요구에 맞추어 자신의 자아통제의 수준을 수정할 수 있는 정도를 지칭한다. 그러므로 자아탄력적인 사람은 변화하는 삶의 환경에 맞추어 유연성과 적응성을 보이며, 때로는 계획적이고 조직적이며 때로는 자발적이고 충동적이다. 개인은 '비탄력적'으로부터 '탄력적'의 연속선상에 놓이며 보다 탄력적일수록 적응기능이 증가한다.

Berkeley 소재의 두 보육원에 다니는 128명의 아동들(사회경제적 지위, 부모의 교육수준, 인종상에서 이질적인 표본)을 대상으로 3, 4, 5, 7, 11, 14, 18, 23세에 각각 측정하였다. 여덟 번의 평가를 통해 다양한 자료가 각 피험자에 대해 얻어졌다. 여기에는 L-data(생활사, 학교기록 및 인구통계학적 정보), O-data(교사, 부모, 기타 관찰자들의 평정), T-data(실험 및 표준화된 검사 자료), S-data(질문지를 포함한 자기보고) 등이 포함되었다. 전반적 평가가 요구될 때에는 Q-sort 방법이 사용되었고 성격특성들의 평가는 신뢰도와 일반화를 위하여 둘 이상의 측정도구를 사용하도록 노력하였다. 이 연구에서 얻어진 중요한 발견들은 아래와 같았다.

1. 자아통제: 남성과 여성 모두 시간에 걸쳐 일관되게 정적인 상관을 보였다. 이와 같은 결과는 어릴 때부터 자아통제 수준의 개인차를 변별할 수 있을 뿐만 아니라, 그것이 적어도 향후 20년 동안 지속된다는 것을 보여준다.

2. 자아탄력성: 남성에게 있어서는 시간에 걸쳐 일관되게 정적인 상관(연령간 평균상관은 .43이고 범위는 .22에서 .65 사이임)을 나타냈다. 따라서 남성들의 경우 자아탄력성의 개인차를 초년에 변별할 수 있고 이것이 이후 20여 년 동안 대체로 지속됨을 알 수 있었다. 그러나 여성들에서는 상당히 다른 패턴이 나타났다. 여성의 연령간 평균상관은 .21이고 범위는 -.28에서 .68에 이르렀다. 여성의 경우 특기할 점은, 자아탄력성이 바로 인접한 시기간에는 어느정도 정적인 상관이 나타났고 아동기와 청년기 내에서는 각각 상당한 상관을 보였으나, 이 두 시기간에는 전혀 상관이 없었다는 점이다. 여성의 경우 아동기에서 청년기로 접어들면서 남성보다 급격한 변화를 겪는 듯하며, 이 변화는 주로 과다통제의 감소가 자아탄력성의 증가로 이어지는 변화로 보인다.

3. 자기존중감: 남성과 여성은 자기존중감 점수의 변화에서 차이를 보였다. 남성의 경우 자기존중감은 청년기 동안 상승하였으나 여성은 이 시기동안 하락하였다. 남성과 여성 모두 자기존중감이 높은 사람들은 탄력적이고 자기

주장이 강하며 기분이 안정되어 있고 유머감각이 있었다. 그러나 성차도 발견되었는데, 즉 자기존중감이 높은 여성들이 행복하고 따뜻하고 외향적이며 대인관계에 관심이 많은 반면에, 자기존중감이 높은 남성들은 자기중심적이고 방어적 비판적이고 불안정하며 타인과 관계를 맺을 준비가 덜 되어 있었다.

4. 부모의 이혼을 앞둔 소년들은 그렇지 않은 소년들보다 충동의 통제가 약하고 문제를 일으키는 경향이 더 높았다. 이러한 행동상의 문제는 이혼의 결과라기 보다는 이혼이 일어나기 이전부터 나타나는 것 같다.

5. 14세 때의 마리화나의 사용은 남성과 여성 모두 낮은 자아통제와 관련되었다. 보다 강한 마약의 사용은 낮은 자아통제 및 낮은 자아탄력성과 관련되었다.

6. 우울증의 전조는 남녀간에 차이가 있었다. 18세에 우울증을 나타낸 소년들은 어릴 때 사회화가 덜 되어 있고 공격적이고 낮은 통제를 보인 소년들이었다. 반대로 18세에 우울증을 나타낸 소녀들은 어릴 때 자기처벌적이고 과도하게 사회화되고 과다통제를 보인 소녀들이었다.

IHD 자료의 사후 분석

Block 부부는 자신들의 종단연구를 시작했을 뿐만 아니라 이전에 수행된 IHD의 종단연구 자료들도 분석하였다. 이 분석은 중학교, 고등학교 및 30대에 각기 조사된 자료들을 토대로 성격의 안정성과 변화를 확인하는 것에 초점이 맞추어졌다. 그러나 종단연구에서 발생하는 많은 문제점들에 봉착하였는데, 첫째 대부분의 자료가 양화하는 것이 불가능했고, 둘째 유실된 자료가 많았고, 셋째 검사의 절차와 방법이 세월이 흐름에 따라 달라져서 평가의 연속성에서 문제가 있었고, 마지막으로 관심의 초점과 개념적 언어에서 불일치한 것들이 많았다. Block 부부는 이러한 문제들을 Q-sort 방법을 사용하여 해결했다. 즉, California Q-Set로부터 추출된 100개의 성격 진술문들을 판단자로 하여금 각 피험자에게 적용되는 정도에 따라 정상분포를 그리도록 분류 할당하도록 한 뒤, 중학교, 고등학교, 30대의 Q-sort들간을 비교하고 서로 상관을 구했다. 여기서 얻어진 중요한 발견들은 다음과 같았다.

1. 서로 다른 세 시기의 성격평정들간에 통계적으로 유의미한 상관이 존재하여 성격의 연속성을 보여주었다. 즉, 다양한 성격측정치들의 평균상관이 중학생-고등학생은 .56, 고등학생-성인은 .28, 중학생-성인은 .22로서 간격이 길수록 상관은 낮아지는 경향을 보였다.

2. 전체적인 변화에서, 그리고 연속성을 나타내는 변인들에서 남녀 차이가 존재했다. 남성의 경우 고등학생-성인 사이의 기간에서 관심의 축소와 유머에 덜 반응하는 경향성을 보이는데 반해, 여성의 경우 같은 시기동안 관심의 확대가 일어나고 보다 공감적이 되었다. 또한 전체적인 심리적 적응에서 여성들은 고등학교 시절 특별히 어려움을 겪지만 성인기에는 남성들과 같은 수준의 적응을 보였다.

3. 시간에 따른 일관성에서 피험자들 사이에 상당한 다양성을 보였다. 남성의 경우 전체적인(모든 성격측정치들을 총괄했을 때) 중학생-고등학생 시기간의 상관은 .77이나 개인들의 상관의 범위는 -.01부터 1.00까지 다양했으며, 여성의 경우에도 전체는 .75이나 개인들은 -.02부터 1.00까지의 범위를 보였다.

Minnesota 부모-아동 프로젝트

유아기 애착(제11장 성, 애착, 사랑 참조)이 이후의 발달에 미치는 영향을 종단적으로 접근한 대표적인 연구는 Minnesota 부모-아동 프로젝트(Sroufe et al., 1993)이다. 이 프로젝트는 1974-1975년에 임신 6개월 이상된 여성 267명을 대상으로 시작되었디. 아동과 양육자는 생후 첫해에 일곱 번, 다음 삼 년간은 일년에 두 번씩, 그리고 그후 13세에 이르기까지는 매년 한번씩 연구자와 만났다. 다양한 정보(기질, 지능, 부모-아동 상호작용, 또래관계 등)가 수집되었고, 집, 실험실, 학교에서 관찰이 이루어졌다. 13년이 지난 후에도 원래 표본의 2/3가 연구대상으로 남았다.

'낯선 상황' 절차를 사용하여 측정된 유아기 애착양식의 개인차가 후의 사회 및 정서적 행동의 차이와 관련이 있을까? 이 연구에서는 긍정적인 대답을 얻었다. 안정애착된 유아들은 탁아소의 교사와 독립적인 관찰자들에 의해서 불안이나 저항애착된 유아들보다 덜 의존적인 것으로 평정되었다. 또한 안정애착된 유아들은 다른 집단보다 높은 자아탄력성(ego-resiliency)을 보였다. 유아 애착양식과 자아탄력성 사이의 이러한 관련성은 아동 중기까지 계속되었다.

유아 애착양식과 또래관계간의 상관도 역시 발견되었다. 안정애착된 유아들은 다른 집단들에 비해 또래집단에 보다 적극적으로 참여했고, 또래와의 상호작용에 보다 긍정적이었다. 이러한 관련성은 평정자가 독립적 관찰자든 교사든 또래친구든 상관없이 나타났다. 안정애착된 유아들은 또한 다른 집단보

표 6.5 2세 때의 애착안정성과 아동기 중기의 여름 캠프 평정간의 상관

변 인	r	p
정서적 건강	.35	.011
자기신뢰	.34	.012
사회적 능력	.36	.007
사회적 기술	.33	.013
자아탄력성	.32	.019

주: 피험자 수는 44-47 범위임.
출처: Sroufe, Carlson, & Shulman, 1993; Pervin, 1996에서 재인용

다 더 높은 공감능력을 보였고 거절에 대해 보다 쉽게 대응하였다. 마지막으로, 아동들은 애착유형에 따라 교사들로부터 다른 반응들을 이끌어냈다. 안정애착된 아동들은 교사들로부터 따뜻한 행동을, 저항애착된 아동들은 과도하게 배려하고 보호하는 행동을, 회피애착된 아동들은 통제적이고 때때로 화난 행동을 이끌어냈다. 그러므로 아동은 자신의 경험의 역사에 근거해서 자신의 환경을 능동적으로 창출한다고 볼 수 있다.

이러한 패턴들이 아동기 중기(10-11세) 까지 지속될까? 〈표 6.5〉에서 보듯이 유아기에 애착안정성이 높았던 아동들은 10-11세에서도 정서적 건강, 자기신뢰, 사회적 능력, 사회적 기술, 자아탄력성 등에서 높은 점수를 받았다.

이 연구결과는 유아기의 애착양식과 후의 행동패턴간에 연속성이 있음을 시사한다. 그러나 이 결과를 두고 유아기 애착이 영구적인 성격구조의 결정에 영향을 미쳤기 때문이라고 결론을 내리는 것은 속단이다. 실제로 많은 연구들에서 유아의 애착안정성과 이후의 사회 및 성격 기능들간의 관계의 강도는 그리 높지 않다. 또한 Minnesota 연구에서와 같이 어느 정도의 연속성이 발견되더라도 그 원인은 고정된 성격구조의 발달 때문이라기 보다는 개인-환경간 상호작용 패턴의 발달 때문인 것으로 추정된다. 그러므로 초기에 경험한 것과 다른 강력한 관계를 후에 경험하게 되면 충분히 변화될 수 있는 것이다.

성격발달의 단계이론

성격의 변화는 단계이론들에서 주로 반영된다. 단계이론은 그 정의상 성격의 변화(즉, 단계에 따른 질적 변화)를 가정하고 있는 이론이기도 하다. 물론 단계이론가들이 관심을 갖는것은 특정 성격특질(예: 외향성)의 변화나 안정성

이 아니라, 발달의 어떤 단계에서 어떤 과제에 직면하게 되며, 그 과제를 처리하는 과정에서 성격의 어떤 측면이 어떻게 영향을 받는가이다. 아래에 대표적인 성격발달의 단계이론인 Erikson의 심리사회적 발달이론과 Levinson의 생애의 계절 모형을 소개한다. Freud의 심리성적 발달단계는 제3장에서 소개하였기 때문에 여기서는 생략한다.

Erikson의 심리사회적 발달이론

Erikson 발달단계 이론의 특징

개인의 전반적인 성격발달을 설명하는 이론들 중 가장 널리 알려진 것은 Erikson의 심리사회적 발달이론(psychosocial theory of development)이다. Erikson은 정신분석의 훈련을 받은 정신역동이론가로서 그의 심리사회적 발달단계는 Freud의 심리성적 발달이론에 그 기원을 두고 있다. 그러나 Erikson의 발달단계는 다음과 같은 점들에서 독특하다.

1. Freud의 추동(특히 성추동)과 생물학적 발달에 대한 강조와는 대조적으로 Erikson은 자아의 기능을 강조하고 사회적 발달에 초점을 맞추었다.

2. Freud의 발달단계가 아동기에 국한된데 비해 Erikson은 발달단계를 성인기(노년기 포함)까지 확장시켰다.

3. 생애 초기 5년 동안 기본적인 성격구조가 결정된다는 Freud의 입장과 비교할 때 Erikson은 덜 결정론적이다. 그는 발달의 후기 단계들도 관련 주제들을 갖고 새로운 발달과 긍정적인 결과를 위한 기회를 제공한다고 보았다.

다른 단계이론들과 마찬가지로 Erikson도 단계들을 서로 완전히 독립적인 것으로 간주하지 않았다. 즉, 각 단계는 앞의 단계들에서 일어난 것에 의해서 영향을 받고 뒤의 단계들에서의 발달에 함의를 갖는다고 보았다.

Erikson의 발달의 8단계

〈표 6.6〉은 Erikson에 의해서 제안된 생애의 8단계 각각을 간략히 제시한 것이다. 각 단계에 대한 보다 상세한 설명은 아래에 제시되었다.

기본적 신뢰 대 불신(basic trust vs. mistrust)

Erikson은 각 성적인 부위마다 특유한 자아양식이 있다는 것을 지적함으로써 Freud의 단계에 보다 큰 일반성을 부여하려 했다. Erikson의 첫 번째

Erik H. Erikson(1902~1994)

Erikson은 독일의 프랑크푸르트에서 출생하였다. 부모는 덴마아크 사람들(어머니는 유태계임)이었으나 그가 태어나기 몇 달전에 이혼했고, 그의 어머니는 Erikson이 세 살 때 소아과 의사와 재혼했다. 어머니와 의부는 모두 유태인이었으나 Erikson은 키가 크고 눈이 푸르며 금발이어서 덴마아크인을 닮은 용모를 지녔다. 이렇게 주위의 유태계 사람들과 구별되는 용모 때문에 Erikson은 아이덴티티의 문제를 심하게 겪었고, 훗날 그의 이론에서 아이덴티티가 중심개념이 되는 계기가 되었다고 한다. 소년 시절의 Erikson은 평범한 학생으로 고대사와 미술에서는 뛰어났지만 형식적인 학교 분위기를 싫어했다. Erikson은 고등학교를 졸업하고 나서 진로를 결정하지 못하고 유럽을 떠돌며 방황하였다. 한때 미술을 공부하기도 했으나 곧 포기하였다. 이 시기를 그는 후에 유예기(moratorium)라고 불렀다. Erikson은 25세 때 Anna Freud와 Dorothy Burlingham이 세운 빈의 신설 학교에서 아동들을 가르치는 일을 맡으면서 마침내 자신이 해야 할 일을 발견했다. 이 학교에서 Erikson은 수업이 없을 때면 Anna Freud와 함께 아동정신분석을 연구했고, 또 Anna에게서 분석을 받기도 했다. Erikson은 히틀러의 출현으로 1933년에 유럽을 떠나 미국 보스톤에 정착하여 그 도시 최초의 아동분석가가 되었다. 그후 Yale, California, Harvard 대학 등에서 근무했으며, 인디안들과 함께 살면서 인디안에 대한 연구도 하였다. Erikson은 Freud가 손대지 않았던 미지의 영역을 연구하였는데, 그것은 바로 상이한 문화적 여건에서 자라는 아동들의 삶과 정상아동들의 삶에 관한 것이었다. California 대학에 근무하던 시절에는 대학에서 국가에 대한 충성 서약을 강요하자 이를 거부하고 사임하기도 하였다. Erikson은 뛰어난 문장가로 많은 명저를 남겼다. 그의 중요한 저서들로는 'Childhood and Society' (1950), 'Young Man Luther: A Study in Psychoanalysis and History' (1958), 'Identity: Youth and Crisis' (1968) 등이 있다. 인도의 무저항주의자 Gandhi의 심리전기적 연구서인 'Gandhi' s Truth' (1969)로 퓰리처 상과 저술상(national book award)을 수상하였다.

단계는 Freud의 심리성적 발달단계의 구순기에 해당된다. 이 단계의 주요 부위는 입으로서 수동적인 받아들이기와 능동적인 잡기의 행동양식에 초점이 주어지며 이러한 신체적 행동양식은 자아가 외계와 접촉하는 일반적인 양식인 수동적 개방과 능동적 파악으로 확대된다. 이 시기에 아동은 부모(돌보는 이)의 행동에서 일관성, 예언성, 신뢰성을 발견하게 되면 부모에 대한 기본적 신뢰감을 발달시키게 되며 그렇지 못할 때 불신감이 형성된다. 또한 자기에

표 6.6 Erikson의 생애의 8단계

시기(연령범위)	심리성적 단계	심리사회적 주제	핵심 질문	관련 덕성
영아기(0-1)	구순기	기본적 신뢰 대 불신	어떻게 안전할 수 있을까?	희망
유아기(2-3)	항문기	자율성 대 수치와 회의	어떻게 독립적일 수 있을까?	의지
어린 아동기(4-5)	남근기	주도성 대 죄의식	어떻게 힘을 가질 수 있을까?	목표
아동기(6-11)	잠복기	근면성 대 열등감	어떻게 잘 할 수 있을까?	유능
청년기(12-20)	성기기	정체감 대 역할 혼미	나는 누구이며 어떻게 성인세계에 잘 맞출 수 있을까?	성실
초기 성인기(20-30)		친밀감 대 고립감	어떻게 사랑할 수 있을까?	사랑
성인기(30-65)		생산성 대 침체	어떤 선물을 줄 수 있을까?	배려
노년기(65+)		자아통정 대 낙담	어떤 선물을 받을 수 있을까?	지혜

대한 신뢰감의 형성도 중요하다. 아동의 성장에는 신뢰와 불신의 경험이 모두 필요하며 중요한 것은 신뢰와 불신 사이의 적당한 비율이다. 궁극적으로 신뢰는 부모의 자기확신, 즉 자기가 올바르게 하고 있다는 인식에 의해서 좌우된다고 한다.

자율성 대 수치와 회의(autonomy vs. shame and doubt)

이 단계는 Freud의 심리성적 발달단계의 항문기에 해당된다. 이 시기에는 배변훈련을 비롯하여 아동의 자율성과 사회적 규제 사이에 갈등이 일어난다. 자율성은 생물학적 성숙의 결과로 스스로 어떤 일을 할 수 있는 능력(괄약근 통제, 자기 발로 서기, 손을 사용하는 것 등)을 발달시킴으로써 생겨난다. 반면에 수치와 회의는 사회의 기대와 압력을 의식함으로써 생겨난다. 수치란 다른 사람의 눈에 자신이 좋게 보이지 않는다는 느낌이다(오줌을 싼 경우 등). 회의는 자신이 강력하지 못하기 때문에 다른 사람들이 자기를 통제할 수 있고, 자기보다 더 나은 행동을 수행할 수 있다고 깨닫는데서 시작된다. 부모가 아동의 의지를 묵살하지 않고 사회적 행동을 배우도록 친절히 도와줄 경우 아동은 처음의 자율감을 상실하지 않고도 사회적 규제에 잘 적응할 수 있다.

주도성 대 죄의식(initiative vs. guilt)

이 단계는 Freud의 심리성적 발달단계의 남근기(오이디푸스기)에 해당된다. 이 시기에 아동은 주도성을 갖고 계획을 세우고 목표를 설정하며 그것을 달성하고자 노력한다. 그러나 아동이 자신의 가장 소중한 계획과 희망이 이루어질 수 없다는 것을 깨달으면 위기가 오게 된다. 물론 이런 야망들은 부모 중

한쪽을 소유하려하고 다른 쪽을 경쟁상대로 생각하는 오이디푸스적인 것이다. 아동은 이러한 것들이 사회적인 금기이며 위험하다는 것을 알게 된다. 이렇게 위험한 충동과 환상을 억제하기 위해 사회가 금지하는 것—죄의식을 만들어내는 초자아—을 내면화하게 되어, 결국 새로운 형태의 자기억제를 하게 된다. 이후로는 개인의 순진한 열망과 대담함은 자기관찰이나 자기통제 또는 자기처벌 등에 의해서 억제된다. Erikson에 따르면 초자아의 형성은 비극이라고 한다. 즉, 사회화를 위해서는 필요하지만 남근기의 아이들이 인생을 대하는 대담한 주도성을 위축시킨다는 것이다. 그러나 이 시기의 아동들은 다른 어떤 시기보다도 활발하게 움직이고, 열심히 배우며, 자신들의 야망을 사회적으로 유용한 것의 추구와 연결지으려 한다. 부모가 자신들의 권위를 조금 누그러뜨리고 흥미있는 계획에 아동이 동등한 자격으로 참여토록 함으로써, 아동이 자신의 야망을 포기하지 않고 성인 사회생활의 목표에 맞추어 추구해 나갈 수 있도록 도와줄 수 있다.

근면성 대 열등감(industry vs. inferiority)

Freud 이론에서는 오이디푸스 콤플렉스가 해결되면 잠복기로 들어가게 되는데, 이 기간 동안은 성적인 신체부위가 없고, 앞 단계에서 위기를 조성했던 성적, 공격적 충동이 일시적으로 잠복하게 된다. Erikson은 이 시기를 자아성장의 가장 결정적인 단계라고 보았다. 이 시기에 아동은 중요한 인지적, 사회적 기술을 숙달한다. 이때의 위기는 근면성 대 열등감이다. 아동은 가족을 벗어나 보다 넓은 문화의 유용한 기술과 도구를 배우는데 전념한다. 아동은 의미있는 일을 배우고, 꾸준한 주의집중과 지속적인 근면을 유지하는 자아능력을 발달시키며, 또래들과 함께 일하고 노는 것을 배운다. 이 단계에서 지나치게 부적절감과 열등감을 느끼는 것은 위험하다. 전(前)단계의 갈등을 제대로 해결하지 못했거나 학교나 지역사회의 태도가 근면성의 발달을 방해하기도 한다. 훌륭한 교사는 이 시기의 아동들이 재능을 발견하고 발달시킬 수 있도록 도울 수 있다.

정체감 대 역할혼미(identity vs. role confusion)

이 시기는 극적인 생리적 변화로 인한 격동의 단계이다. 잠복기 동안 잠자고 있던 성적, 공격적 충동은 이제 자아와 그 방어를 압도할 정도로 위협을 준다. 특히 생식기 부위에는 막대한 성적 에너지가 주입되고 청년들은 오이디푸스적 환상으로 고민한다. 청년기의 가장 중요한 과업은 새로운 자아정체감(ego identity)을 확립하는 것이다. 이 시기에는 신체적 성장이나 성적 충동이 정체감 혼미를 가져오지만 청년들을 고민하게 만드는 것은 이것들 자체가 아니라 다른 사람의 시선이나 기대, 그리고 사회에서의 자신의 미래의 위치 등이다. 청년들은 정체감을 소속집단과의 동일시나 성취를 통하여 추구하기도 한다. 정체감 형성은 전 생애에 걸친 과정이기는 하지만 많은 내적 변화가 일어나고 미래의 진로가 결정되는 청년기에 가장 큰 위기를 맞게 된다. Marcia(1966, 1980)는 정체감 결과(identity outcome)를 다음 네 가지로 구분함으로써 Erikson의 이론을 확장하였다.

1. 정체감 성취(identity achievement): 이상적으로는 청년은 정체감을 성취하면서 이 시기를 떠난다. 정체감 성취는 대안적 가치와 직업적 목표들의 충분한 탐색 및 그 결과 선택한 것에 종사할 준비성을 포함한다.

2. 유예(moratorium): (종종 상당히 강박적인 집착과 불안을 수반하며) 탐색과 시험을 계속하지만 결정을 향한 진전이 없는 상태이다. Freud, Piaget, Erikson 등은 모두 조기종결의 유혹을 뿌리치고 상당한 기간 유예상태를 지속하면서 방황하였다.

3. 조기종결(foreclosure): 대안에 대한 고려가 없이 어떤 가치와 목표를 선택하는 것이다. 이때의 선택은 시기상조이며 부모의 가치와 목표에 추종하려는 과도한 욕구나 탐색에 수반된 불확실성에 대한 과도한 불안 때문에 일어난다. 조기종결은 후에 위기가 닥쳤을 때 정체감이 쉽게 무너지는 취약성이 있다.

4. 정체감 혼미(identity confusion): 방향감각이 결여되어 있으며 유예와는 달리 정체감을 성취하려는 지속적인 노력이 없는 상태를 지칭한다.

친밀감 대 고립(intimacy vs. isolation)

Erikson은 성인기를 위한 단계를 따로 구분할 것을 주장한 최초의 Freud 학파 학자이다. 성인의 발달 단계들은 다른 사람에 대한 사랑과 보살핌을 넓혀가고 심화시키는 단계들이다. 이전의 단계인 청년기에 젊은이들은 사랑에 빠지기도 하지만 이것은 대부분 자기정의(self definition)를 위한 노력으로서, 이성과의 상호작용에서 청년들은 자신의 진정한 감정, 서로를 보는 관점, 자신의 미래 계획, 희망, 그리고 기대에 관해 끊임없이 이야기함으로써 자신이 누구인지를 찾으려 한다. 이렇듯 청년은 자신이 누구인가 하는 문제에 너무 몰두하게 되어 성인 초기의 과제인 친밀감을 획득하지 못한다. 진정한 친밀감은 합리적인 정체감이 형성되었을 때에만 가능하다. 친밀감이 잘 형성되지 못할 때 사람들은 고립감과 자기몰입에 빠진다. Erikson에 따르면 진정한 친밀감은 두 사람이 생활의 모든 측면들을 함께 나누며 서로 조절해나가는 것을 의미한다.

생산성 대 침체(generativity vs. stagnation)

일단 두 사람이 어느 정도의 친밀감을 형성하면, 그들의 관심은 자기들 두 사람을 넘어서서 확대되기 시작한다. 그들은 다음 세대를 기르는데 관심을 갖는다. 여기서 '생산성'은 넓게 정의되어, 자녀를 낳고 기르는 것뿐만 아니라 작업을 통하여 물건을 만들고 이상을 세우는 것도 포함한다. 그러나 Erikson은 전자에 더 중점을 두었다. 생산성은 자식을 낳는 것만으로는 충분치 못하며 적절하게 양육하고 지도하는 것도 포함한다. 또한 수녀나 신부에서 보듯이 자식을 갖지 않고도 다른 사람들의 자녀를 돌보고 인도함으로써 생산성을 성취할 수도 있다. 생산성이 결핍될 때의 결과는 성격이 침체되고 황량하게 되는 것이다. 이런 경우에 사람들은 종종 의사친밀(pseudo-intimacy)로 퇴행하거나 마치 혼자 살아가는 것처럼 스스로에게 빠져들기도 한다.

자아통정 대 낙담(ego integrity vs. despair)

노년기는 쇠퇴의 시기로서 일련의 신체적, 사회적 상실(체력, 건강, 직업, 수입원, 배우자, 친척, 친구, 지위 등의 상실)에 대처해야만 한다. 대체로 성공적인 노년은 신체적, 사회적인 쇠퇴에 어떻게 적응해 나가는가에 있다. 그러나 Erikson은 외적 적응보다는 이 시기의 내적인 투쟁—성숙과 지혜의 잠재력을 갖기 위한 투쟁—을 강조한다. Erikson은 노인이 죽음에 직면하게 됨에 따라 지나간 생을 재음미하는데 많은 시간을 보낸다고 한다. 그들은 자기의 생애를 돌아보고 과연 가치가 있었는지를 질문한다. 그 결과 낙담(이미 살아온 생애가 후회스럽지만 이제는 시간이 다 흘러가 버려서 다른 종류의 삶을 선택할 기회가 없다는 느낌)에 빠지기도 한다. 한편 이러한 낙담에 직면하면서 노인들은 자아통정(자신의 삶을 필연적인 것, 그리고 다른 어떤 것에 의해서도 대치될 수 없는 가치있는 것으로 받아들이는 태도)을 이루려는 노력을 한다. 자아통정은 초연함과 철학적인 지혜로 노인을 인도한다.

Erikson 이론의 평가

Erikson의 심리사회적 발달단계는 생애 전반에 걸쳐 사람들이 어떤 과제에 직면하며, 과제의 수행을 통하여 무엇을 배우고, 어떻게 성장하는가를 잘 보여준다. Freud의 심리성적 발달이론에서 느껴지던 성에 대한 고집스러운 집착이 Erikson에 이르면 삶의 큰 흐름 속에 용해되어 버린 느낌이다. 이와 같이 Erikson은 인생의 흐름을 8개의 단계로 나누되 통합적인 시각을 유지하면서 합리적이고 지혜로운 눈으로 인생 전체를 조망하였다. 그의 이론을 보다 공식적인 어휘로 평가하면 다음과 같다. 첫째, Erikson은 Freud 이론을 확장시켰다. Freud의 각 단계마다 가장 보편적인 주제들을 기술했고, 전 생애를 포함하도록 단계를 확장했으며, 각 단계에서 사회적 요인들이 어떻게 개입되는지를 제시하였다. 둘째, Freud의 성숙의 개념을 긍정적이며 보다 포괄적인 의미로 발전시켰다. Freud 이론에서 성숙은 억압이라는 수단을 통해 본능적인 충동의 방향을 이끌어나가지만, Erikson의 이론에서 성숙은 자율성, 주도성과 같은 자아양식들과 보편적인 자아속성의 성장을 촉진시킨다. 셋째, Erikson은 자아발달의 여러 측면들을 Freud의 성적 신체부위에 너무 무리하게 연결시키려 했다는 비판을 받는다. Erikson은 각 신체부위마다 자아가 외부세계와 상호작용하는 특징적 양식이 있다고 주장하였다. 그러나 White(1960)에 의하면, 자아성장은 유능성(competence)을 얻으려는 일반적인 성향으로 생각할 수 있다는 것이다. 넷째, Erikson의 이론과 개념들은 모호하여 명료한 이해와 경험적 연구를 어렵게 만든다. 그러나 Marcia에서 보듯이 훌륭한 연구들이 이루어지기도 하였다.

Levinson의 생애의 계절 모형

Levinson 모형의 개요

Daniel Levinson(1978, 1986)은 근로자, 기업가, 학자, 예술가로 살아가는 35-45세 남성 40명을 대상으로 삶의 전반에 관해 심층적인 면접을 하여 얻은 자료와 유명인의 자서전이나 문학작품 속 주인공들의 생애를 분석한 결과를 종합하여 생애의 계절(seasons of life) 모형을 제안했다. 이 모형에서 기본이 되는 개념은 삶의 구조(life structure)인데, 이것은 사람들이 "지금 내 삶은 어떠한 모습인가?"라는 의문에 대해 스스로 제시하는 답을 의미하며, (1) 개인의 사회문화적 세계(종교, 인종, 사회계급, 가족, 직업 등), (2) 자아의 여러 측면들(소망, 갈등, 불안감과 조절방법, 환상, 재능, 도덕적 가치, 감정, 사고양식 등), (3) 주변세계에 대한 개인의 참여정도의 세 가지 관점으로 구성된다. Levinson은 자신에게 중요한 사람들과의 관계, 결혼과 가족, 직업, 종교 등을 가장 중요한 요소로 간주한다. 삶의 구조가 형성되는 과정은 연령이 증가함에 따라 일정한 계열(sequence)을 형성하게 되며, 생애를 약 20년의 기간마다 하나의 시기(era)로 구분하고, 각 시기 안에는 단계(phase)와 전환기(transition)를 포함시켰다(그림 6.3 참조).

성인기의 특징

Levinson은 [그림 6.3]에 제시한대로 성인초기와 성인중기에 연구를 집중하였다.

성인초기 전환기(17-22세)는 부모로부터 독립해서 자신의 정체감을 형성하여 성인으로서의 삶을 준비하는 시기이다. 성인초기(22-40세)는 인생에서 가장 활발하고 에너지가 넘치는 시기로 취업, 결혼, 출산을 경험하면서 가정과 직장에서 중요한 역할을 하기 시작하는 시기이다. 성인초기 삶의 초입구조(entry life structure)를 형성하는 제1정착기(22-28세)에는 직업을 선택하고 이성을 만나 가정을 구성하기 시작하며, 이때 가장 중요한 영향을 미치는 요인으로는 꿈과 스승(mentor)을 든다. 꿈은 자신의 과업에 몰입하고 활력을 주는 성인 초기의 삶의 지표가 되며, 스승과의 만남을 통해 얻게 되는 교훈들은 일생 동안 많은 영향을 준다. 30세 전환기(28-33세)에 남성들은 지난 10여년 동안의 자신의 삶을 되돌아보고 평가하면서 가벼운 위기를 경험하게 된다. 이 시기에는 신체적, 정신적 자원이 풍부하여 새로운 전환이 가능하다. 이 위기를 잘 극복하면 자신의 삶에 대해 자신감을 갖고 안정적인 삶의 구조를 형성할 수 있다. 성인초기 삶의 절정구조(culminating life structure)를 형성하는 제2정착기(33-40세)에는 직장이나 가정, 기타 활동을 통해 열정적으로 일하게 되며, 자신의 삶의 양식에 대해 확신을 갖게 된다. 이 시기에는 인생의 모델로 삼았던 스승으로부터 벗어나 자신만의 위치를 획득하게 되는데, 이를 Levinson은 '자기자신 되기(Becoming One's Own Man: BOOM)' 라고 지칭하였다.

성인중기 전환기(40-45세)에는 지난 날의 삶에 대한 의문이 시작되어 자신의 꿈과 목표를 재평가하게 됨과 동시에 신체적 능력의 감소와 노화를 느끼면서 자신이 앞으로 해야할 일과 자신에게 주어진 시간이 얼마인지에 대해 고

그림 6.3 Levinson의 사다리

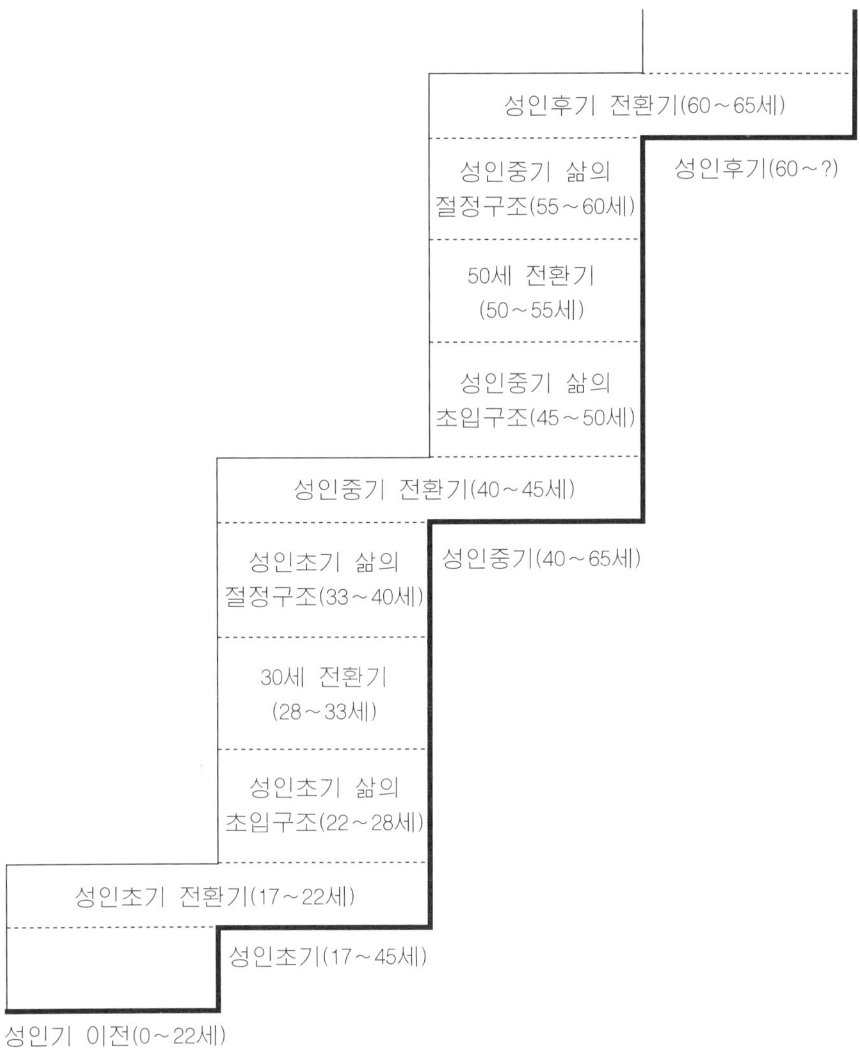

출처: Levinson, 1978

려하면서 시간전망(time perspective)의 변화가 일어난다. 그 결과 이 시기의 Levinson의 심층면접자들 중 70-80%가 위기감을 경험하고 있다고 보고하였다. Levinson은 이 시기에 위기감을 겪으면서 이제까지 외면하고 살았던 면들을 인식하고 자신을 보다 전체적으로 통합시키는 자기성찰이 이루어지면서 자신의 본질에 대해 새롭게 이해하게 되는 중요한 변환을 경험하게 된다고 보았다.

성인중기(45-60세)에는 신체적 능력이 성인초기보다는 감소하지만 아직 개인적으로 만족스럽고 사회적으로 가치 있는 생활을 하기에는 충분하다. 대개의 경우, 자신의 세계에서 연장자로서 자신과 타인의 일에 책임을 지게 되고 또한 젊은 세대에 대해 배려하게 된다. 성인중기 삶의 초입구조 단계(45-50세)에서 대부분의 사람들은 남은 생애 동안 지속될 자신의 삶의 새로운 구조를 형성하게 된다. 가정에서 아내와 자녀와의 관계를 재정립하고, 직장에서 자신의 위치를 다시 한번 점검한다. 50세 전환기(50-55세)는 또 한번의 위기를 경험하는 시기로, 성인중기 전환기(40-45세)에 충분히 갈등을 경험하고 극복하여 성인중기 삶의 초입구조 단계에서 삶의 새로운 구조를 확립한 사람은 비교적 쉽게 넘어가지만, 성인중기 전환기를 무난히 넘긴 사람에게는 힘든 시기가 될 수도 있다. 성인중기 삶의 절정구조단계(55-60세)는 중년기를 마무리하는 단계로 개인의 삶의 완성기라고 할 수 있다. 성인후기 전환기(60-65세)는 자신의 신체적 노화와 동료들의 노화를 확인하는 시기로 자신의 권위와 힘이 감소해가는 것을 느끼면서 자신의 에너지를 새로운 형태의 활동에 투입하게 된다.

Levinson 모형의 평가

Levinson의 생애의 계절 모형은 본래 남자만을 대상으로 만들어졌기 때문에 비판을 받았다. 그러나 후의 연구에서는 여자들도 포함시켰다. 또한 그는 자신의 모형이 범문화적으로 타당하다고 주장했는데 그 주장을 입증할만한 증거는 제시하지 않았다. 단계에 따라 삶의 구조가 달라진다는 주장도 논리적 경험적 설득력이 약하다. 또한 단계를 너무 세분하여 제시함으로써 절약성(parsimony)의 관점에서는 좋은 모형이라고 간주하기 어렵다. 그러나 성인기가 사람들이 생각하듯 안정된 것이 아니라 변화한다는 사실을 제시한 것은 Levinson의 중요한 공헌이다. Levinson은 전 생애가 안정과 갈등이 주기적으로 반복되는 변증법적인 변화과정이라고 시사하였다.

요 약

1. 천성과 양육에 대한 관심은 초기의 성격을 결정하는 것이 유전과 환경 중 어느 것인지를 묻는 이분법적 질문으로부터 시작해서, 그후 유전과 환경의

상대적인 비중에 대한 물음으로 옮겨갔고, 최근에는 유전과 환경이 어떻게 상호작용해서 행동을 결정하는가로 질문이 변화했다.

2. 천성에 대한 진화론적 설명은 궁극원인(ultimate causes), 즉 왜 어떤 행동이 진화했고 그것이 봉사하는 적응적 기능은 무엇인가에 초점을 맞춘다. 진화론적 입장의 심리학자들은 인류가 다른 동물과 공유하는 특성들, 다른 동물과 구별되는 특성들, 진화에 기반을 둔 남녀간의 특성들의 차이를 탐색한다.
3. 행동유전학에서는 선택적 교배, 쌍생아 연구, 입양 연구의 세 가지 방법을 사용해서 유전과 행동간의 연결고리를 규명한다. 어떤 특성에서 유전적 요인이 기여하는 비율은 유전성 추정치(h^2)라는 지표로 표현된다.
4. 성격형성에 영향을 미치는 환경요소는 공유환경과 비공유환경으로 구분될 수 있다. 행동유전학의 연구들은 비공유환경이 공유환경보다 훨씬 더 중요하다는 결과를 제시하였다.
5. 유전과 환경의 상호작용을 설명하는 모형으로 수로화 모형, 반응범위 모형, 유전자형/환경 상관 모형 등이 제안되었다.
6. 성격의 안정성과 변화에 대해서 살펴보면, 첫째 유전과 생물학적 요인의 영향을 많이 받는 특질일수록 안정성이 높고, 둘째 안정성은 연령이 높아지면서 증가하며, 셋째 기간이 짧을수록 보다 높은 안정성을 기록한다. 지능, 기질, Big Five는 상당히 안정적인 특질로 밝혀졌다.
7. 성격발달에 관한 종단연구들 중, Magnusson의 스웨덴 연구에서는 개인적 요인(특히 생물학적 요인)과 환경적 요인이 어떻게 상호작용해서 발달에 영향을 미치는가를 규명하였고, Block 부부의 Berkeley 연구에서는 자아탄력성을 비롯한 다양한 성격변인들의 변화를 추적하고 환경요인들과의 관계를 확인하였으며, Minnesota 부모-아동 프로젝트에서는 유아기 애착이 후의 성격 및 대인관계의 발달에 미치는 영향을 연구하였다.
8. Erikson의 심리사회적 발달이론은 Freud의 정신분석이론에 기반을 두었으나, 자아의 능력을 존중하고, 심리사회적 발달에 초점을 맞추었으며, 발달단계를 성인기(노년기 포함)까지 확장시켰다는 점에서 Freud와 구별된다. 한편 Levinson은 성인을 대상으로 한 연구로부터 각 단계에서 삶의 구조를 강조하는 생애의 계절 모형을 제안하였다.

관련된 책 소개

성격의 발달과 관련해서 Erikson의 초기작이면서 발달의 8단계 이론을 잘 소개한 '아동기와 사회' (Childhood and Society: 윤진과 김인경 옮김, 중앙적성출판사)와 청년기의 정체감 위기를 다룬 '아이덴티티' (Identity: 조대경 옮김, 삼성출판사)를 권한다. 종교개혁가 루터의 젊은 시절을 Erikson이 심리사회적 발달의 관점에서 분석한 '청년 루터' (Young Man Luther: 최연석 옮김, 크리스챤 다이제스트)도 젊은 시절에 읽을 만한 책이다. 성격의 발달을 좀 더 넓은 발달심리학적 관점에서 보고 싶은 사람은 '발달의 이론' (Cain 지음, 서봉연 옮김, 중앙적성출판사)이나 '발달심리학' (Shaffer 지음, 송길연 등 옮김, 시그마프레스)을 참고하면 될 것이다.

성격과 적응

제 7 장

고흐, 〈낮잠〉 1890

미 요양원에서 그린 이 그림은 반 고흐의 말년 그림들 중에서 드물게 평화로움이 는다. 그러나 반 고흐가 그해 여름에 자살했다는 것을 알고 있는 우리에게 이 그림 포레의 레퀴엄 같은 울림을 준다.

성격과 적응

"뱃사공은 돛을 바람에 맞춘다."

—플라우투스, 에피디쿠스—

성격은 세상을 살아가는데 얼마나 중요할까? 그리고 어떤 성격이 세상을 잘 살아가는데 도움이 되고, 어떤 성격이 삶의 질을 낮출까? 우리는 비슷한 환경에서 어떤 사람은 행복하게 살아가고 어떤 사람은 불행하게 살아가는 모습을 주위에서 자주 관찰한다. 성격이 행복과 불행을 만드는 중요한 요소라는 증거이다. 한편 성격은 심리적 건강뿐만 아니라 신체적 건강에도 중요한 영향을 미친다. Type A 행동패턴과 관상동맥 질환의 관련성을 보인 연구들을 시작으로 성격과 질병의 관계를 밝히는 연구들이 활발하게 이루어지고 있다. 이 장에서는 성격이 행복감(주관적 안녕감)에 미치는 영향을 조사하고, 성격과 신체적 건강간의 관계를 밝히는 모형과 연구들을 소개한다. 그리고 부적응적인 성격들의 목록이라고 말할 수 있는 이른바 성격장애들을 소개하고, 각 성격이론들이 성격장애를 비롯한 정신병리를 어떻게 설명하는지 알아본다.

성격과 주관적 안녕감

주관적 안녕감

최근에 Diener(1998)는 성격이 주관적 안녕감(subjective well-being)의 가장 큰 결정요인이라는 대담한 주장을 하였다. 주관적 안녕감이란 '행복'

에 대응하는 심리학적 용어이다. '행복' 이란 용어가 일상용어로서 다양한 의미들을 포함하고 있기 때문에 보다 정리된 개념인 '주관적 안녕감' 을 심리학에서는 선호하는 것이다. 주관적 안녕감은 자신의 삶에 대한 평가와 관련되며 전반적인 삶의 만족감, 특정 삶의 영역(예: 결혼이나 직장)에서의 만족, 정적 감정의 빈번한 경험, 그리고 부적 감정의 상대적 부재 등으로 구성된다. 이들 요소들은 흔히 통합되어 주관적 안녕감이란 하나의 큰 요인을 구성하는 것으로 간주되지만 분리하여 접근하는 것이 필요하다는 주장도 있다. 예를 들면, 정적 감정의 경험과 부적 감정의 경험은 서로 독립적이라는 연구결과들이 존재한다(Watson, Clark, & Carey, 1988). 즉, 정적 감정을 자주 경험하는 사람이 반드시 부적 경험을 적게 경험하지는 않는다는 것이다. 정적 경험과 부적 경험을 모두 자주 경험하는 사람들이 있는가 하면, 두 방향의 정서를 모두 드물게 경험하는 사람들도 있다. 그러므로 개인의 정적 정서경험으로부터 부적 정서경험을 빼서 그 사람의 정서값을 구한다면 현상을 왜곡하거나 많은 정보를 상실하는 것이 된다. 이 경우에는 정적 정서경험과 부적 정서경험을 독립된 두 개의 지표로 파악하는 것이 타당할 것이다.

Diener(1998)는 정적 정서경험과 부적 정서경험의 독립성에 근거하여 사람들을 네 집단으로 나누고 이들을 고대 희랍의 체액에 따른 성격분류와 대응시켰다. 즉 정적-부적 정서가 모두 높은 사람은 담즙형(choleric person), 정적 정서는 높고 부적 정서는 낮은 사람은 다혈형(sanguine person), 정적 정서는 낮고 부적 정서는 높은 사람은 우울형(melancholic person), 마지막으로 정적 정서도 낮고 부적 정서도 낮은 사람은 점액형(phlegmatic person)과 대응시키는 것이다.

Diener(1984)에 따르면 주관적 안녕감은 다음과 같은 중요한 특징들을 갖고 있다. 첫째, 주관적 안녕감에서는 안녕감을 반응자의 관점에서 접근한다. 따라서 제3자가 어떻게 파악하는지에 상관없이 반응자 자신이 삶에 만족한다고 생각하면 그 사람의 주관적 안녕감은 높은 것이다. 이와같이 안녕 여부를 심리학자가 판단하지 않고 반응자의 지각에 의존하는 방식은 주관적 안녕감이 현상학적 전통과 연결되어 있음을 시사한다. 둘째, 주관적 안녕감은 순간적인 기분이나 감정이 아니라 오랜 기간에 걸친 안녕감을 지칭한다. 예를 들어, 복권에 당첨되면 그 순간에는 무척 기쁘겠지만 그러한 즐거운 기분이 오래 지속될지는 의문이다. 그런데 주관적 안녕감의 연구자들이 관심을 갖는 것은 복권당첨의 즉각적 효과보다는 장기간에 걸쳐 나타나는 지속적인 효과이다. 셋째, 주관적 안녕감의 개념에서는 정적 극단에서 부적 극단에 이르기까지 삶의 만족의 전범위를 포괄한다. 이것은 대부분의 심리학 연구들이 우울이나 스트레스와 같은 부적 상태에 초점을 맞추는 것과 대조가 된다. 주관적 안녕감에서는 부적 상태로부터 벗어나는 것만으로는 충분하지 않고 기쁨이나 행복의 경험도 중요한 관심의 대상인 것이다.

그렇다면 주관적 안녕감에 영향을 미치는 변인들은 무엇일까? 연구자들(Diener, 1984; Myers, 1992)에 따르면 결혼과 수입은 주관적 안녕감을 신뢰롭게 예언하는 반면에 교육과 지능은 주관적 안녕감과 별 상관이 없었다. 무엇보다도 주관적 안녕감과 가장 큰 상관을 갖는 것은 성격이었다.

기질과 주관적 안녕감

기질(temperament)과 성격(personality)은 모두 주관적 안녕감과 강한 관계를 갖고 있다. 기질이 생애 초기에 나타나는 생물학적 반응경향성으로 유전적 요소가 큰 데 반해서, 성격은 성인의 반응경향성으로서 생물학적, 학습적 요소를 다같이 포함하고 있다.

기질이 주관적 안녕감의 수준에 영향을 준다는 증거는 많다. 이들 중 가장 설득력있는 증거는 유전성 연구들로서 주관적 안녕감이 유전자 구성에 의해서 영향을 받음을 명백하게 보여준다. Tellegen 등(1988)의 쌍생아연구에서는 아주 어린 시기부터 함께 자라거나 분리되어 자란 일란성 쌍생아와 이란성 쌍생아들을 대상으로 주관적 안녕감의 유전성을 조사하였다. 〈표 7.1〉은 정적 감정과 부적 감정 및 주관적 안녕감의 변량의 약 1/2 정도가 유전에 의해서 결정된다는 것을 보여준다. 공유된 가정환경은 영향력이 적거나(정적 감정과 주관적 안녕감) 거의 0에 가까웠다(부적 감정). 그러므로 다음과 같은 결론을 내릴 수 있다. 첫째, 행복감(정적 및 부적 감정과 안녕감을 모두 고려한)을 결정하는 가장 큰 요인은 유전이고 둘째, 공유된 가정환경은 행복감에 미치는 영향이 크지 않고 셋째, 유전의 영향은 정적 감정보다 부적 감정에서 더욱 크다.

주관적 안녕감이 유전의 영향을 크게 받는다는 사실은 아동기 초기의 기질 연구에서도 지지된다. Kagan(1994)에 따르면, 유아기에 새로운 자극에 민감하게 반응하는 유아는 아동기에 공포에 대한 낮은 역치를 보이고 엄마로부터의 분리에 보다 부정적으로 반응한다고 한다. 또한 억제된 행동을 보이는 유아들은 아동기 및 청년기 초기에도 보다 억제된 행동을 보인다. Kagan은 유전적 요소가 뇌의 정서중추의 반응성에 차이를 가져오고 그 결과 사람들은 정

표 7.1 함께 혹은 분리 양육된 쌍생아들에 근거한 유전 및 환경변량 성분들의 크기

	변량의 크기	
	유 전	공유된 가정환경
정적 감정	.40	.22
부적 감정	.55	.02
안녕감	.48	.13

출처: Diener, 1998

적 혹은 부적 감정을 더 크거나 작게 경험할 것이라는 가능성을 제기하였다.

생물학적 기초를 가진 기질이 주관적 안녕감에 영향을 미친다면, 성격과 주관적 안녕감에서도 시간과 상황을 뛰어넘는 안정성과 일관성이 있을 것으로 기대된다. Costa(1994)는 많은 연구들의 고찰을 통하여 30여년이 넘는 세월에 걸쳐서도 성인의 성격이 매우 안정적이라는 증거를 제시하였다. Magnus와 Diener(1991)의 연구에서는 4년에 걸쳐서 측정된 삶의 만족도가 .58의 상관을 보임을 발견하였다. 삶의 만족도는 첫 번째 측정때 자기보고를 얻고 다음 측정때 친구나 가족으로부터 얻었을 때도 .52라는 높은 상관이 나왔다. Costa와 McCrae(1988)의 연구에서도 6년의 간격을 두고 첫 번째는 배우자로부터 얻고 두 번째는 본인으로부터 얻은 각종 측정치들이 높은 안정성을 보였다. 예를 들면 두 측정치간의 상관이 정적 정서의 경우에는 .56, 불안은 .53, 적대감은 .55, 우울은 .44였다. 상이한 출처로부터 얻은 측정치들이 이와 같이 높은 상관을 보인 것은 안정성이 반응경향성에서 비롯된 인위적인 결과가 아님을 의미하는 것이다.

주관적 안녕감은 시간에 걸쳐서 뿐 아니라 상황에 걸쳐서도 안정적인 것 같다. Diener와 Larson(1984)의 연구에서 작업상황과 유희상황에서의 정적 감정수준간에는 .70, 그리고 부적 감정수준간에는 .74의 높은 상관이 나왔다. 이 결과는 작업상황을 즐기는 사람들은 유희상황도 즐긴다는 사실을 시사하는 것으로 일을 즐기는 사람과 놀이를 즐기는 사람이 구분된다는 종래의 통념과는 반대의 결과이다. 정적 정서와 부적 정서의 범상황적 일관성은 사회적 상황들 대 혼자있는 상황들, 그리고 새로운 상황들 대 친숙한 상황들에서 각기 비슷한 크기로 나타났다. 한편 삶의 만족도의 안정성 계수들의 평균수준은 더욱 높아서 .95에 이르렀다.

주관적 안녕감의 안정성을 기질의 안정성보다는 환경의 안정성 때문으로 설명할 수도 있을 것이다. 그러나 Costa, McCrae와 Zonderman(1987)은 10

년의 세월에 걸쳐 환경의 변화가 많았던 집단(퇴직, 이혼, 배우자 사망 등)과 적었던 집단을 비교한 결과 두 집단간에 안정성 계수에서 의미있는 차이를 발견하지 못하였다. Diener, Sandvik, Seidlitz와 Diener(1993)도 10년 동안 수입이 증가했던 집단, 감소했던 집단, 그대로였던 집단들간에 안정성 계수에서 차이가 없었음을 보고하였다. 그러므로 주관적 안녕감의 안정성은 변화하지 않은 환경 때문이 아니라 개인내의 안정성에 기초하고 있다고 볼 수 있다.

환경이 주관적 안녕감에 미치는 영향은 생각만큼 크지 않다는 것이 최근의 연구결과들이다. Vaillant와 Vaillant(1990)는 Harvard 대학교 졸업생 표본을 대상으로 한 45년에 걸친 생애연구에서 시간이 지남에 따라 어린 시절의 외상이 주관적 안녕감에 영향을 적게 미친다는 사실을 발견하였다. 중년 후기에 이르면 부모의 사망이나 부모의 불안정한 결혼생활 같은 초기 외상의 영향은 거의 사라지고 없었다. 이것은 초기의 공유환경이 성격에 미치는 영향이 크지 않다는 행동유전학 연구와 함께 아동기 사건이 후의 주관적 안녕감에 압도적인 영향을 미치지는 않는다는 점을 시사한다.

또한 여러 연구들에서 많은 상황변인들이 주관적 안녕감과 아주 약하게만 관련되어 있다는 것을 보여준다(Meyers, 1992). 예를 들면, 미국에서 경제적 수입은 주관적 안녕감과 .13의 상관관계만을 나타냈고, 신체적 매력도 데이트하는 대학생 집단에서조차 비슷한 수준의 약한 상관을 보였다(Diener, Wolsic, & Fujita, 1995). 또한 노인들 집단에서도 의사에 의해서 평가된 객관적인 신체건강은 주관적 안녕감과 아주 낮은 상관을 보였다. 그러므로 서구사회에서 높이 평가하는 세 가지 중요한 자원 — 건강, 돈, 외모 — 이 모두 행복과 미미한 상관밖에 보이지 못한 것이다. 미국인의 전국표본에서도, 측정된 모든 인구통계학적 변인들(연령, 성, 수입, 인종, 교육, 결혼여부 등을 포함하여)을 모두 합쳐도 주관적 안녕감의 변량의 20%에 못 미치는 양을 설명하였을 뿐이었다. 환경보다는 오히려 성격이 주관적 안녕감과 더 깊이 관련되어있는 것처럼 보인다. Magnus(1991)의 4년에 걸친 연구에서도 시점 1의 성격이 시점 2의 삶의 만족도 및 다른 주관적 안녕감 측정치들을 생애사건들보다 더 잘 예언하였다.

이상의 다양한 증거들 — 성격의 안정성, 주관적 안녕감의 안정성, 그리고 둘 사이의 상관 — 은 성격이 주관적 안녕감에 지속적인 영향을 미치고 있다는 사실을 말해준다. 동시에 환경의 영향이 종전에 생각해 오던 것보다는 중요하지 않다는 점도 주목할 만하다. 아직 성격-환경 중 어느 쪽이 더 중요하다는 결론을 내릴만큼 자료가 축적되어 있지는 않지만, 생물학적 기반을 가진 성격이 주관적 안녕감의 결정에 중요한 영향을 미친다는 사실은 많은 연구자들의 동의를 얻고 있는 듯하다.

Big Five와 주관적 안녕감

외향성

성격의 5요인중 첫 번째 요인인 외향성과 정적 감정간의 상관은 많은 연구들에서 확립된 사실이다. 외향성은 사회성, 자극추구, 지배성, 높은 활동성, 따뜻함 등의 성격특성들을 포함한다. 한편 외향성이 정적 감정과 상당한 크기의 정적 상관을 보임에도 불구하고 부적 감정과의 부적 상관은 거의 나타나지 않았다. Costa와 McCrae의 연구(1980)에서는 40개 국가의 6,311명의 대학생들을 대상으로 정적 및 부적 감정과 외향성간의 상관관계를 조사하였다. 결과를 보면, 외향성은 부적 감정의 빈도와 작지만 통계적으로 의미있는 부적 상관을 보였고($r=.15$), 부적 감정의 강도와는 거의 상관이 없었다($r=.02$). 또한 외향성은 정적 감정의 빈도 및 강도와 모두 상당한 크기의 정적 상관을 나타냈다(각각 .36 및 .38). 한편 5요인 중 두 번째 요인인 신경증 성향은 부적 감정과 높은 정적 상관을 보였으나 정적 감정과는 아주 낮은 부적 상관을 보였다. 외향성이 정적 감정의 경험과 주로 관련되고 신경증 성향은 부적 감정의 경험과 주로 관련된다는 이러한 결과는 외향성과 신경증 성향이 각각 뇌의 접근 및 회피체계에서의 개인차를 반영한다는 점을 시사한다.

정적 감정과 외향성간의 관계는 여러 연구들에서 반복 검증되었다. Diener, Sandvik, Pavot 및 Fujita(1992)는 미국인 표본을 대상으로 외향성인 사람들의 주관적 안녕감이 내향성인 사람들보다 더 높다는 사실을 확인하였다. 즉 외향성인 사람들은 혼자 살거나 다른 사람들과 같이 살거나, 혼자 있는 상황에서나 사회적 상황에서나 평균적으로 더 행복했으며, 이러한 외향성인 사람들의 높은 주관적 안녕감은 다양한 인종, 성, 연령 집단에 걸쳐서 일관성있게 나타났다. 주관적 안녕감을 일주일에 걸쳐 계속 측정한 연구(Larsen & Kasimatis, 1990)에서도 요일에 따른 안녕감의 변화 패턴은 외향인과 내향인이 일치하였지만(예: 월요일이 가장 낮고 토요일이 가장 높음 등) 모든 요일에서 외향인이 내향인보다 더 높았다. 내향성인 사람들의 주관적 안녕감은 가장 기분이 좋은 날(토요일)에도 가장 기분이 좋지않은 날(월요

그림 7.1 외향성인 사람과 내향성인 사람의 요일별 기분

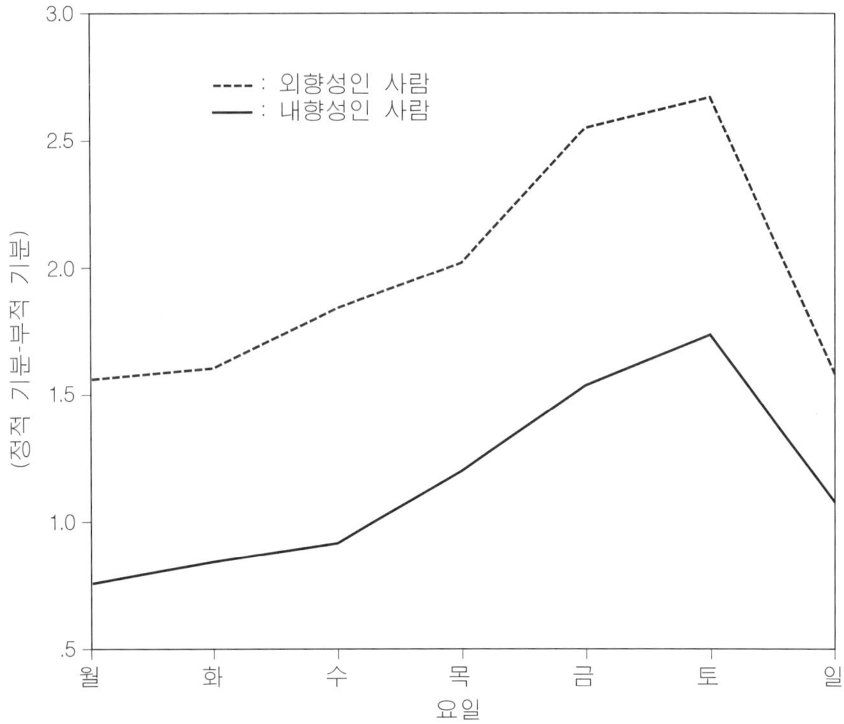

일과 일요일)의 외향성인 사람들의 주관적 안녕감과 비슷한 수준이었다(그림 7.1 참조).

외향성과 정적 감정간의 공변은 서구인들을 대상으로 한 여러 연구들에서 확인되었지만 그 이유에 대해서는 아직 확실히 밝혀지지 않았다. 아마도 외향성인 사람들이 내향성인 사람들보다 보상에 민감하게 반응하는 생물학적 소인을 갖고 있다는 점이 그 원인일지도 모른다. 혹은 외향성인 사람들은 정적 감정을 산출하는 사회적 상황에서 더 많은 시간을 보내기 때문일 수도 있다. 마지막으로, 외향성인 사람들이 보다 정적인 사건들을 경험하는 능력을 갖추고 있기 때문이라고 설명할 수도 있다. 즉, 외향성인 사람들은 자신에게 보상적인 결과를 만들어내는데 보다 성공적이라는 것이다.

신경증 성향

신경증 성향은 불안, 비관성, 과민성, 신체증상의 불평 등 넓은 범위의 불쾌한 사고와 정서를 포함한다. 신경증 성향 척도는 불쾌한 정서경험에 관한 문항들을 다수 포함하고 있기 때문에 이 특질이 부적 감정과 높은 상관을 갖는 것은 당연한 일이다. 그러나 부적 감정과 부적 인지를 함께 경험한다는 것, 그리고 동일한 사람이 다양한 부적 정서들 — 슬픔, 적대감, 죄의식, 분노, 불안 등 — 을 경험하는 성향을 보인다는 것은 주목할만한 일이다. 그러므로 신경증 성향은 부적 사고와 정서를 경험하는 광범위한 경향성을 의미한다고 볼 수 있다. Watson과 Clark(1984)은 부적 감정을 경험하는 성향을 부적 정서성(negative affectivity)으로 명명하고 이 성향을 측정하는 척도를 개발하였다. 한편 신경증 성향인들에서 부적 감정과 부적 사고 간의 인과관계의 방향은 흥미로운 문제이다. 신경증 성향인들이 사건을 부정적으로 해석하는 성향 때문에 부적 감정을 주로 경험하는지, 혹은 부적 자극에 특히 민감한 반응체계를 갖고 있기 때문에 부적 감정을 주로 경험하고 그 결과 부적 사고에 이르게 되는지는 아직 확실치 않으며 앞으로 연구가 필요한 문제이다.

신경증 성향인들은 그렇지 않은 사람들보다 불쾌한 생활사건들을 보다 자주 경험하는 경향을 보인다(Headey & Wearing, 1992; Magnus et al., 1993). 만약 신경증 성향인들이 부적 사건들에 대해서 보다 부적 감정으로 반응한다면 왜 부적 사건들을 피하지 않고 오히려 더 많이 불러들이는 것일까? 아마도 부적 정서와 부적 사고가 이들을 이러한 자기패배적 행동의 함정으로 끌고기기 때문일 것이다. 다른 한편, 부적 감정과 상관을 보이는 특질들의 신경증과의 관계 때문일 수도 있다. 예를 들면, 실제 자기(actual self)와 이상적 자기(ideal self)간의 합치도는 정신건강과 밀접한 관련을 갖는 것으로 알려져 왔는데, 신경증 성향인들은 이 둘간의 괴리가 높았다(Pavot, Fujita, & Diener, 1996). 이 경우 신경증 성향이 실제-이상적 자기간의 괴리와 정신건강에 모두 영향을 미침으로써 두 변인간의 상관을 만들어 냈다는 해석이 가능하다. 그러므로 정신건강과 관련을 보이는 특질들을 연구할 때는 해당 특질이 신경증 성향의 역할을 배제하고도 여전히 정신건강에 영향을 미치는 지를 먼저 확인하여야 할 것이다.

기타 Big Five 특성들

성실성과 우호성은 주관적 안녕감과 상관을 보였으나 외향성이나 신경증 성향보다 상관의 크기가 훨씬 낮았다. 아마도 외향성과 신경증 성향은 신경계의 접근-회피 체계에 근거하여 정적 및 부적 감정과 자동적으로 연합되지만, 성실성과 우호성은 특정 환경에서 이러한 성향을 가진 개인이 보상을 받는가에 의존하는 듯하다. 경험에 대한 개방성은 주관적 안녕감과 상관을 보이지 않았다. 이 특질은 개인의 정서적 경험의 방향(정적 혹은 부적)보다는 오히려 경험의 강도에 영향을 미칠 가능성이 있다.

Big Five외의 특성들과 주관적 안녕감

자기존중감

사람들이 행복을 느끼기 위해서는 무엇보다도 자기에 대해서 긍정적인 생각을 갖고 있어야 한다는 점에서 자기존중감(self-esteem)은 주관적 안녕감에 필수적인 것처럼 보인다. 경험적인 연구들에서 자기존중감은 적어도 서구문화에서는 주관적 안녕감을 잘 예언하였다. 예를 들면, 미국 여자 대학생들의 경우 자기존중감은 삶의 만족과 .60의 상관을 보였다. 그러나 집합주의 사회(collectivistic societies)에서 자기존중감은 주관적 안녕감과 아주 약한 상관을 보였다(Diener & Diener, 1995). 예를 들면, 인도 여자들의 경우 자기존중감은 삶의 만족과 겨우 .08의 상관을 보였다. 이러한 문화 차이를 어떻게 해석할까? Diener(1998)는 두 가지 가능성을 제시했다. 첫째, 집합주의 문화에서는 자기에 대해 얼마나 만족하느냐는 가족과의 관계에서 얼마나 만족하느냐보다 훨씬 덜 중요하다는 것이다. 두 번째 가능성으로는, 집합주의 사회에서도 자기존중감은 중요하지만 자신에 관하여 좋게 말하거나 자기에 대해 만족한다고 보고하는 것을 꺼리기 때문이라는 것이다. 어느 설명이 맞는지는 앞으로의 연구를 통하여 확인할 문제이다. 또한 자기존중감이 신경증 성향과 독립하여 주관적 안녕감에 영향을 미치는 지도 확실치 않다. 신경증 성향인들은 자신과 세계에 대하여 부정적인 사고를 하기 때문에 자기존중감이 낮다. 따라서 신경증 성향이 자기존중감과 주관적 안녕감의 관계를 결정하는 기저의 원인일 수도 있다. 더불어 자기존중감의 여러 측정치들간의 상관이 이들과 다른 개념의 측정치들간의 상관보다도 높지 않기 때문에 자기존중감의 독립적인 영향을 확인하기가 어렵다(Lucas, Diener, & Suh, 1996).

자기존중감과 관련된 개인차 특성인 자기효능감(self-efficacy)도 주관적 안녕감과 관계가 있는 것으로 밝혀졌다. Feasel(1995)은 포괄적인 자기효능감이 삶의 만족과 정적 감정을 예언하며, 또한 중요한 목표에서의 자기효능감이 덜 중요한 목표에서의 자기효능감보다 더 좋은 예언자임을 확인하였다.

낙관성

낙관성(optimism)은 자신의 삶에서 대체로 나쁜 일보다는 좋은 일들이 일어날 것이라는 신념이다. 낙관주의자들은 비관주의자들보다 스트레스에 직면했을 때 높은 주관적 안녕감을 유지하는 것으로 밝혀졌다(Scheier & Carver, 1993). 또한 낙관성은 신체적 건강에도 유익하다는 증거가 있다. 낙관성은 왜 삶에 유리한 특성일까? Scheier, Weintraub와 Carver(1986)에 따르면, 낙관주의자들은 어려움에 직면했을 때 문제 중심적 대처를 하고, 사회적 지지를 추구하며, 상황의 긍정적 측면을 강조하는데 반해, 비관주의자들은 사실을 부정하고, 고통스러운 감정에 초점을 맞추며, 적절한 목표로부터 도피하는 경향을 보인다. 즉, 낙관주의자들은 보다 효과적인 형태의 대처방략을 사용한다는 것이다. 낙관성에 대한 이론적 비판은 낙관성이 주관적 안녕감과 독립된 개념이 아니라 한 부분이라는 지적이다. 그러나 Lucas 등(Lucas, Diener, & Suh, 1996)은 낙관성이 주관적 안녕감과 관련되기는 하지만 구별되는 개념이라는 증거를 제시하였다.

이외에도 자아탄력성, 낮은 부적 정서성, 정서 표현성 등이 주관적 안녕감과 관련이 있을 것으로 추정된다. 자아탄력성(ego resiliency)은 Block(1980)에 의해서 제안된 개념으로, 개인이 상황의 요구에 맞추어 자신의 자아통제의 수준을 수정할 수 있는 정도를 지칭한다. 자아탄력적인 사람은 변화하는 삶의 상황들에 직면하여 유연성과 적응성을 보여서, 때로는 계획적, 조직적이 되기도 하고 때로는 자발적, 충동적이 되기도 한다.

낮은 부적 정서성(low negative affectivity)은 앞에서 언급한 부적 정서성 척도에서 낮은 점수를 받은 경우를 지칭한다. 부적 정서성(NA)은 불안이나 우울과 같은 부정적인 정서상태를 경험하고, 자신에 대해 부정적인 견해를 갖고, 자기와 세계의 부정적 측면에 집중하는 성향을 지칭하기 때문에 NA가 낮을수록 심리적, 신체적 건강에 유리한 것으로 간주된다.

마지막으로 정서 표현성(emotional expressiveness)은 체험된 정서를 표출하는 정도를 지칭하는데 이 성향이 높을수록 심리적 신체적 건강에 유리하며 더 높은 사회적 지원을 받는다고 한다. Pennebaker(1990)는 스트레스와 관련된 사고와 느낌들을 표현하는 것이 치료적 힘(healing power)을 갖고 있다고 주장한다. 낙관성, 부적 정서성, 정서 표현성은 신체적 건강에도 영향을 미치는 것으로 알려져 있는데, 그 부분은 이 장의 성격과 신체적 건강에서 다루어 질 것이다.

성 전형화된 행동과 성차

오늘날 많은 심리학자들은 남성성(masculinity)과 여성성(femininity)이라는 어휘를 더 이상 사용하지 않는다. 남성성과 여성성이 각각 특정 성격특질들을 남성 혹은 여성의 전유물로 만들어 성 전형화된 행동(sex-typed behavior)을 고착시킨다는 비판 때문이다. 과거에 남성성이었던 특질들은 이제 주도성(agency)으로 분류되며 독립성, 자기 확신, 결단성 등을 포함하고, 여성성이었던 특질들은 친화성(communion)이라는 이름 아래 따뜻함, 타인에 대한 배려, 이해심 등을 포함한다. 이러한 용어의 변화에도 불구하고 과거의 남성성(주도성)은 여전히 주관적 안녕감을 잘 예언하는 반면, 과거의 여성성(친화성)은 주관적 안녕감과 약한 상관을 보일 뿐이었다. 이 결과는 현대 산업사회에서 주도성에 해당되는 특질들이 보다 적응에 유리하기 때문으로 해석할 수도 있고, 혹은 보다 기본적인 특질들(외향성과 신경증 성향 등)과의 관련성 때문으로 해석할 수도 있다.

주관적 안녕감의 성차는 서구 사회에서는 아주 작거나 존재하지 않았다. 16개국의 17만 응답자들을 대상으로 수행된 세계 가치관 조사(Inglehart, 1990)에서 남성과 여성간의 주관적 안녕감의 차이는 극히 미미했고, 30개국의 18,000명 대학생들을 대상으로 수행된 연구(Michalos, 1991)에서도 삶의 만족도와 행복에서 아주 작은 성차만이 발견되었다. 비록 남성들이 여성들보다 높은 주관적 안녕감을 보고하지 않았지만, 주도성의 특성들을 가진 사람들이 더 높은 주관적 안녕감을 보고해서, 남녀를 불문하고 주도성이 높은 사람들이 낮은 사람들보다 더 높은 주관적 안녕감을 갖는 것으로 해석된다.

성차와 관련해서 흥미로운 사실은 여성이 남성보다 부적인 감정과 높은 수준의 우울을 더 보고하고 더 자주 이러한 질환에 대한 치료를 받으러 다닌다고 보고하는데도 불구하고, 포괄적인 행복에 대한 설문에서는 남녀가 거의 동일한 수준으로 나타난다는 것이다. Diener(1998)는 이 결과에 대해 세 가지 해석이 가능하다고 추정했다. 첫째 여성이 남성만큼 행복하지는 않지만 사회적으로 바람직하게 보이는 행동에 대한 압력 때문에 남성만큼 행복한 것으로 보고한다는 것, 둘째 남성과 여성이 비슷한 수준의 부적 감정과 우울을 경험하지만 여성은 이러한 부적 감정을 받아들이고 도움을 추구하는데 비해 남성은 부정하는 경향을 보이기 때문이라는 것, 그리고 셋째 여성이 정적 및 부적 감정을 막론하고 감정 경험에 대해 보다 개방적이 되도록 사회화되었기 때문에 보다 높은 수준의 정적 및 부적 감정을 경험한다는 것 등이다. 따라서 부적 감정과 우울만을 묻는 질문에서는 여성이 높은 수준을 보고하고, 정적 감정과 부적 감정을 합산하는 포괄적 행복에서는 남녀가 유사한 수준으로 나올 수밖에 없다는 것이다. 이 세 번째 해석은 정적 감정 역시 여자가 더 높은 수준을 보고했다는 Fujita 등(Fujita, Diener, & Sandvik, 1991)의 연구 결과에서 검증되었다.

성격과 신체적 건강

지난 20여년간 성격이 신체적 건강에 미치는 영향에 대해서 많은 연구가 이루어졌다. 이 새로운 주제에 대한 관심의 증대는 Type A 행동 패턴에 관한 연구(Friedman & Rosenman, 1974)로부터 비롯되었다고 볼 수 있다. 정신분석이론에서도 성격과 질병의 관계를 다루었지만 최근의 성격심리학 연구들은 경험적 증거를 중시한다는 점에서 의학과 심리학 양쪽에서 주목을 받고 있다. 그러나 아직 성격과 건강을 연결하는 기제에 관해서는 충분히 밝혀지지 않았다. 여기시는 성격과 건강의 연결 모형을 소개하고 건강에 영향을 미치는 것으로 알려진 성격 특성들을 알아본다.

성격과 건강의 연결모형

성격이 어떤 경로로 건강에 영향을 미칠까? 아래에서 성격과 건강(혹은 질병)을 연결하는 4개의 모형을 소개한다. 이들은 상호 배타적이 아니기 때문에 어느 한 경로만이 옳은 것은 아니며 둘 이상의 경로를 통해서 건강에 영향을 미칠 수도 있다.

스트레스 조절 모형

성격과 건강에 대한 많은 연구들에서 스트레스가 핵심 개념으로 거론된다. 스트레스는 질병의 발병에 영향을 미치는 것으로 알려져 왔지만 스트레스-질병의 연결고리는 상당히 약한 것으로 밝혀졌다. 이러한 약한 연결고리의 원인으로 스트레스에 대한 취약성에서의 개인차가 언급된다. 스트레스 조절 모형(stress-moderation model)에서는 스트레스가 질병을 유발하며, 성격 요인이 스트레스의 병인적 효과를 강하거나 약하게 만든다고 가정한다. 스트레스로부터 질병에 이르는 과정이 [그림 7.2]와 [그림 7.3]에 제시되어 있다. 스트레스 조절 모형에는 상호작용적 스트레스 조절 모형(interactional stress-moderation model)과 상호거래적 스트레스 조절 모형(transactional stress-moderation model)의 두 가지가 있다.

상호작용적 스트레스 조절 모형

1. 상호작용적 스트레스 조절 모형에서는 성격이 자극의 평가와 대처에 미치는 영향을 통하여 건강(질병)에 영향을 준다고 본다.

2. 스트레스에 대한 주관적 평가는 교감 및 신경내분비 체계들을 활성화시킴으로써 생리적 흥분을 일으키며 또한 대처반응들을 결정한다.

3. 대처를 위한 인지적 행동적 노력이 또한 생리적 흥분에 영향을 미친다.

4. 지속적인 생리적 흥분은 신체기관과 체계들에 과도한 부담을 주어 질병을 일으키기도 하고 스트레스로 인한 신경내분비의 활성화는 면역체계의 효율성에 손상을 주어 질병에 취약하게 만든다.

5. 성격이 자극의 평가와 대처반응들에 영향을 미친다. 즉, 성격의 인지적 동기적 측면은 잠재적인 스트레스 사건을 위협적으로 평가하는데 기여하거나 완화시키는데 기여하며, 또한 적응적이거나 부적응적인 대처반응을 활용하도록 결정함으로써 스트레스 체험의 강도와 지속기간과 빈도에 영향을 미친다.

6. 상호작용적 스트레스 조절 모형은 직선적 접근으로서의 매력을 갖고 있지만 성격, 대처, 상황요소들을 시간에 걸친 상호작용 속에서 과정지향적으로 개념화할 필요가 있다는 비판을 받는다.

그림 7.2 상호작용적 스트레스 조절 모형

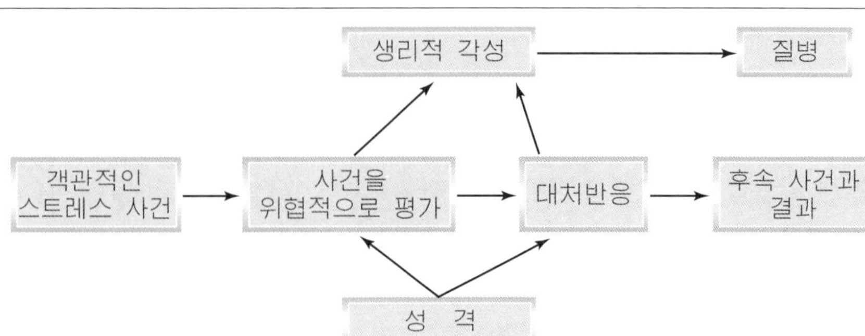

출처: Wiebe & Smith, 1997

그림 7.3 **상호거래적 스트레스 조절 모형**

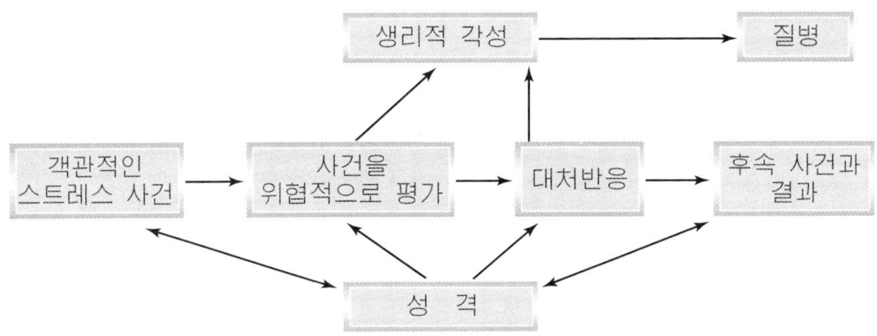

출처: Wiebe & Smith, 1997

상호거래적 스트레스 조절 모형

1. 상호거래적 스트레스 조절 모형은 성격과 상황의 상호거래적 관계(특히 성격이 상황을 선택하고 창출하는 점)를 반영하는 모형이다. 앞의 상호작용적 스트레스 조절 모형이 성격에 대한 정적인 상호작용적 접근을 반영하는 것과 대비된다.

2. 성격이 질병에 영향을 미치는 세 경로를 제시하였다. 성격은 앞 모형에서 제시한 평가 및 대처반응뿐 아니라 객관적 사건(객관적인 스트레스 사건 및 후속사건과 결과)에도 영향을 미친다.

3. 성격은 또한 객관적 사건과 상황적 맥락에 의해서 강화되고 유지되는 등 영향을 받으면서 일종의 순환적 과정을 형성한다.

건강행동 모형

1. 성격과 생리적 각성간의 직접적 연결을 가정하는 스트레스 조절 모형과 달리 건강행동 모형(health behavior model)에서는 성격이 개인의 건강습관의 질을 통하여 건강에 영향을 미친다는 사실을 반영한다. 즉, 성격은 개인의 건강행동의 선택에 영향을 미치기 때문에 질병과 연결된다는 것이다.

2. 나쁜 건강습관(흡연, 운동부족, 과식 등)은 질병으로 발전될 위험성을 높인다.

3. 강인성, 신경증성향, 적개심 등은 건강을 증진시키거나 건강에 해로운 행동을 할 경향성과 관련된다.

4. 성격과 건강행동 사이에 평가와 대처의 조절변인이 개입될 수도 있다.

그림 7.4 건강행동 모형

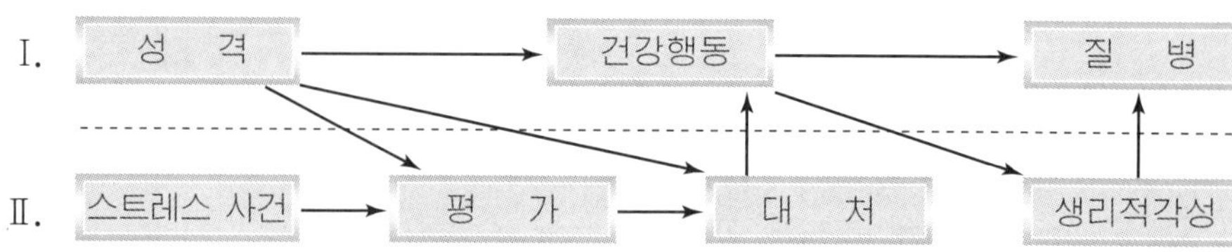

출처: Wiebe & Smith, 1997

즉, 건강행동은 스트레스 동안에 후퇴하기도 하고, 흡연이나 음주 등의 건강행동은 퇴행적 혹은 회피적 대처행동으로 볼 수도 있다(그림의 아래부분에서 반영).

5. 건강행동 모형의 약점은 성격과 포괄적인 건강행동간의 관계가 명확하지 않다는 점이다. 예를 들면, 건강증진 행동과 건강훼손 행동간의 상관이 낮고 안정적이지 않으며 따라서 이 둘의 종합인 포괄적인 건강행동이 성격과 높은 상관을 보일 가능성도 낮다. 그러므로 포괄적인 건강행동이 성격과 건강간의 강력한 조절변인으로 확인되기는 어려울 것이다.

체질적 소인 모형

1. 체질적 소인 모형(constitutional predisposition model)에서는 성격과 질병간의 통계적 연관이 직접적인 인과관계라기 보다는 제3의 변인이 작용한 결과라고 주장한다.

2. 개인은 유전적으로 특정 병리생리적 과정들(고양된 교감 반응성이나 스트레스 반응을 완화시키는 부교감 활동의 취약 등)에 대한 소인을 갖고 있으며 이러한 소인들이 질병과 성격(측정된 성격의 행동, 인지, 정서적 측면들)의 발전에 동시에 영향을 미친다.

그림 7.5 체질적 소인 모형

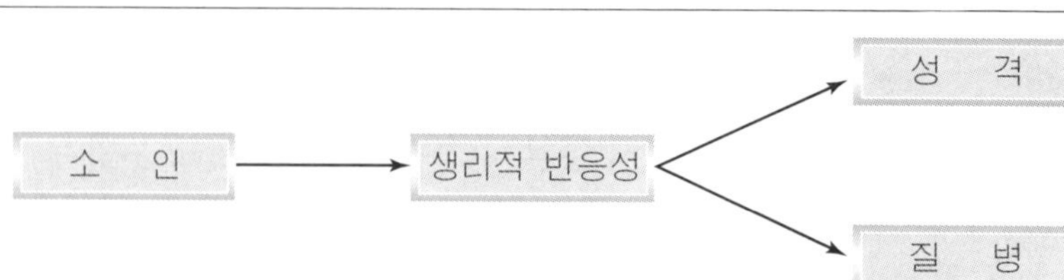

출처: Wiebe & Smith, 1997

그림 7.6 **질병행동 모형**

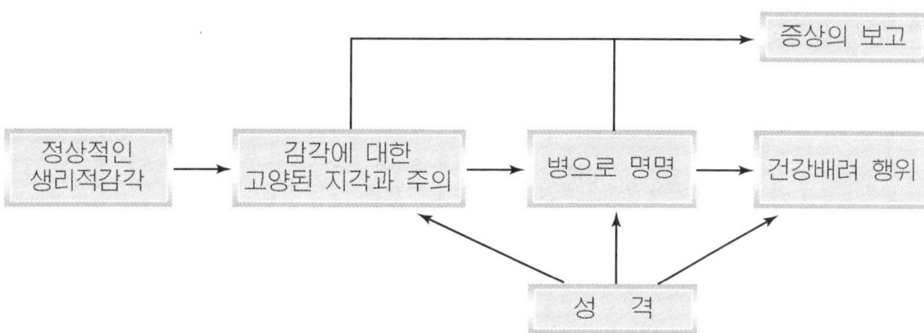

출처: Wiebe & Smith, 1997

3. 그러므로 성격과 질병간의 탄탄한 연관은 사실은 부수현상일 따름이다.

4. 아직 다양한 성격변인들과 관련하여 체계적으로 연구되지는 않았으나 성격의 유전성에 대한 증거들로 비추어 성격-건강의 고리에 미치는 유전적 요인들의 영향을 이해하는 것이 중요하다는 점을 시사한다.

질병행동 모형

1. 질병행동 모형(illness behavior model)에서는 성격이 실제 질병보다 질병행동에 영향을 주는 것으로 가정된다.

2. 질병행동은 자신이 병에 걸렸다고 지각한 사람들이 취하는 행동들(증상의 보고, 결근, 진료를 받음, 자기치료 등)을 지칭한다.

3. 질병행동은 심리적 요인들에 의해서 영향을 받는다. 금욕적인 사람들, 질병 공포증인 사람들, 신경증 성향의 사람들 간에 질병행동에서 차이를 발견할 수 있다.

건강에 영향을 미치는 성격

건강에 영향을 미치는 성격특성들로는 Type A 행동패턴, Type C 행동패턴, 신경증 성향, 강인성, 억제된 권력동기, 정서적 특성들(낙관성, 부적 정서성, 정서 표현성 등)이 거론되어 왔다.

Type A 행동패턴

Type A 행동패턴은 경쟁심, 적개심, 조급함, 성취에 대한 갈망, 일에 대한 몰두, 요란하고 폭발적인 언행 등의 행동패턴을 총칭하며 이러한 행동패턴을 보이는 사람들은 관상심장질환을 발전시킬 위험성이 높은 것으로 임상장면에서 관찰되었다(Friedman & Rosenman, 1974). Type A는 보다 느긋하고 태평한 Type B와 대비된다.

Type A 행동과 관상질환과의 연결에서는 생리적 반응성이 핵심 역할을 하는 것으로 설명된다. 앞에서 언급한 성격-건강 모형들 중 상호작용적 스트레스 조절 모형을 적용하면, Type A 사람들은 스트레스를 경험하면 심장혈관 및 신경내분비 변인들(예: 혈압, 맥박, 카테콜라민 등)에서 Type B보다 더 큰 증가를 보인다. 상호거래적 스트레스 조절 모형에서는 Type A 사람들이 스트레스에 보다 더 큰 생리적 반응을 보일 뿐 아니라 생각과 행동을 통하여 보다 심하고 빈도가 잦고 지속적인 스트레스 사건을 만들어낸다고 본다. 한편 체질적 소인 모형에서는 Type A 사람들이 보다 반응적인 교감신경계를 유전적으로 갖고 태어났으며 이러한 교감신경계의 반응성이 Type A 행동 스타일과 심장혈관 질환에 다같이 기여한다고 설명한다.

Type A 행동패턴을 측정하기 위한 도구로 SI(Structured Interview)와 JAS(Jenkins Activity Survey)가 개발되었다. SI는 경쟁심, 조급함, 공격성 등을 유발하도록 설계된 표준적 질문들로 구성되어 있으며, 이러한 내용들에 덧붙여 말하는 속도, 크기, 폭발성 등과 같은 표현 스타일도 측정한다. JAS는 SI와 같은 인터뷰가 아니라 표준화된 검사이다. 그러나 JAS는 SI와 낮은 상관을 보였으며 두 측정도구 중 SI가 Type A 행동패턴의 보다 더 적절한 측정도구로 평가되고 있다.

1981년에 미국 심장협회는 Type A 패턴이 관상질환의 위험요소라고 공인을 했지만 Type A와 관상질환 사이의 연결에 관한 증거들은 초기에 기대했던 것만큼 일관성을 보여주지는 못하였다. 이러한 비일관성의 원인을 밝히기 위해서 Type A를 구성하는 개별 성분들을 독립적으로 연구한 결과 적개심(hostility), 특히 억압된 적개심이 건강에 해를 주는 독소적인 요소로 나타났다(Booth-Kewley & Friedman, 1987). Type A라도 적개심이 두드러지지 않으면 관상심장질환에 큰 위협이 되지는 않았다. 적개심은 관상심장질환뿐 아니라 모든 원인의 사망률을 상승시키는 독소로 밝혀졌다. 최근에는 적개심뿐 아니라 사회적 지배성도 관상심장질환에 영향을 미치는 요소라는 증거가 제시되었다(Houston, Chesney, Black, Cates, & Hecker, 1992).

Type A와 대비되는 행동패턴으로 Type C 혹은 암-취약 성격(cancer-prone personality)이 거론되기도 한다(Temoshok, 1987). Type A인 사람들이 분노, 적개심, 폭발적 스타일을 보이는데 비해 Type C 인 사람들은 부적 정서의 표현을 회피하는 스타일을 보인다. Type C 행동패턴은 암 유발의 위험요소로 알려졌지만 Type A 만큼 집중적으로 연구되지 않았으며 아직 충분한 증거가 축적되지 않았다.

신경증 성향

신경증 성향(neuroticism)은 정서적 불안정성과 걱정, 불안, 우울, 신체적 증상의 호소 등으로 특징지워지는 성격특질이다. 신경증 성향은 매우 안정적이며 유전의 영향이 큰 것으로 알려져 있다. 신경증 성향을 측정하는 도구들 중 잘 알려진 것은 Eysenck Personality Inventory(Eysenck & Eysenck, 1968)의 신경증 성향 척도와 NEO Personality Inventory(Costa & McCrae, 1985)의 신경증 성향 요인이다.

신경증 성향은 질병의 다양한 측정치들과 유의미한 상관을 보인다. 부적 정서는 자율신경계의 변동 및 나쁜 건강습관(흡연, 음주, 마약 복용 등)과 연관되므로 질병의 발전에 기여할 수도 있다. 그러나 대부분의 연구들이 주관적인 질병 지표(예: 자기보고식 증상 점검표)를 사용하고 있기 때문에 신경증 성향이 실제 질병보다는 질병행동이나 정신신체적 효과와 관련되었을 가능성이 높다. 이러한 질병행동 가설은 많은 연구들(예: Larsen, 1992)에서 지지되었다. 즉, 신경증 성향은 신체적 질병 자체보다는 일반적인 신체적 감각을 질병으로 지각하여 보고하거나 행동을 취하는 경향성과 높은 상관을 보였다. 비록 연구결과들이 전적으로 일관성이 있지는 않지만 신경증 성향을 질병의 신뢰로운 위험요인으로 보기는 어렵다.

신경증 성향과 질병행동 사이의 관계성은 성격-건강 연구에 경종을 울린다. 첫째, 성격-건강 연구에서 자주 사용되는 주관적 건강 측정치는 성격변인과 독립적이 아니므로 성격-건강간의 정확한 관계를 보여주지 못한다. 둘째, 건강과 관련하여 자주 연구되는 성격변인들이 신경증 성향과 개념적으로 유사하거나 관련성이 높다. 셋째, 성격이 건강에 미치는 영향을 중재하는 것으로 가정되는 변인들(스트레스 생활사건, 사회적 지원, 건강행동 등)이 신경증 성향과 관련되어 있다. 이와 같이 상이한 구성개념들이 보이는 중복성이 성격-건강간의 정확한 관계를 밝히는데 장애가 된다.

강인성

Kobasa(1979)에 따르면 강인성(hardiness)은 인생이 의미있고, 통제가능하며, 도전적이라는 일련의 믿음들로서, 몰입(commitment)과 통제(control)와 도전(challenge)의 세 성분으로 구성되어 있다. 강인성은 스트레스에 대한 대처능력을 높여줌으로써 건강에 도움을 준다고 가정된다. 연구들에서 높은 강인성은 낮은 신체증상의 보고와 관련되었다. 그러나 신체증상의 자기보고는 질병이 아니라 질병행동의 지표로 간주되기 때문에 이러한 연구들에서 강인성과 질병과의 관계를 확인하기는 어렵다.

강인성의 생리적 기제(예: 혈압 등)를 밝히는 연구들은 일관성있는 결과를 산출하지 못하였다. 반면에 강인성의 인지적 기제를 밝히는 연구들에서는 강인성이 높은 사람들이 낮은 사람들보다 객관적인 스트레스 상황을 덜 위협적이고 통제가능한 상황으로 평가한다는 결과를 얻었다(Rhodewalt & Zone, 1989).

강인성과 건강의 관계에 대한 연구는 강인성의 개념이 갖는 심리측정적 문제 때문에 명료한 결과를 얻기 어렵다. 우선 강인성은 신경증 성향과 높은 상관을 보이고 있기 때문에 강인성의 독립적인 영향을 확인하기 어렵고, 또한 강인성이 단일 개념이 아닌 세 개의 성분으로 구성된 복합개념이라는 점도 명료한 연구결과를 얻기 어렵게 하는 요인이 된다.

억제된 권력동기

권력동기(power motive)는 다른 사람들에 대하여 통제하고, 영향을 미치고, 공격하고, 심지어 도움을 줌으로써 영향력을 가지려는 욕구로 정의된다(McClelland, 1975, 1985). 권력동기를 건강과 연결시키는 개념적 모형에 따르면, 권력동기가 자기억제나 상황적 요인들과 같은 심리적 과정에 의해서 억제되거나 좌절될 때 신체적 질병의 발달에 기여한다는 것이다. 억제된 권력동기(inhibited power motive)는 투사검사의 일종인 주제통각검사(TAT)로 측정된다.

권력동기의 억제는 고혈압(McClelland, 1979)과 면역능력의 저하(McClelland, Alexander, & Marks, 1982) 등을 일으킨다는 연구결과가 있다. 또한 다른 사람들에 대해서 영향력이나 통제력을 확립하려는 시도는 심장혈관 반응성을 높였다(Brown & Smith, 1992). 원숭이를 대상으로 한 연구(Manuck, Kaplan, Adams, & Clarkson, 1988)에서도 사회적 집단들을 반복하여 재조직하는데서 유발된 스트레스가 지배적인 숫원숭이에게서 동맥 경화증을 유발시켰다. 이러한 연구결과들은 권력이나 지배성과 연합된 사회행동들이 질병위험을 높이는 생리적 스트레스 반응과 관련되어 있음을 시사한다.

정서적 특성들: 낙관성, 부적 정서성, 정서표현성

낙관성, 부적 정서성, 정서표현성(혹은 정서표현 억압성)등의 정서적 특성들도 건강과 관련이 있는 것으로 가정되어 많은 연구들이 이루어졌다. 이들은 앞장(제5장 성격의 정서 및 동기 요소)에서 자세히 다루어졌기 때문에 여기서는 간략하게 언급만 한다. 삶에서 좋은 일이 일어날 것이라는 일반화된 기대를 지칭하는 낙관성은 신체적 건강의 지표와 정적인 관계를 보이는 반면, 만성적으로 부적 정서를 체험하는 성향인 부적 정서성은 실제 건강보다 건강에 관한 불평(질병행동)과 관련을 보였다. 정서를 외적으로 표현하는 정도를 지칭하는 정서표현성도 건강과 관계가 있을 것으로 시사하는 증거들이 있지만 아식 충분한 연구들이 축적되지 않은 상태이다.

성격장애

성격장애는 심하게 부적응적인 성격으로 인한 장애를 지칭한다. 성격장애를 지닌 사람은 스트레스 상황에서 부적응적 반응을 반복하고, 일과 사랑에 어려움을 겪고, 정신건강 수준이 낮으며, 대인관계의 갈등이 심하고, 주위사람들의 삶을 어렵게 만든다. 미국 정신의학회에서 정신장애의 진단을 위한 기준으로 펴낸 '정신장애의 진단 및 통계 편람'(Diagnostic and Statistical Manual of Mental Disorders: DSM)의 최신판(제4판)인 DSM-IV에서는 성격장애를 "성격특질이 경직되고 비적응적이며 중요한 기능장애나 주관적 고통을 가져올 때 성격장애가 된다"(APA, 1994)고 정의한다. DSM에서는 정신장애를 적응반응, 임상적 증상, 성격장애의 셋으로 분류하는데, 성격장애는 장기간 지속되는 특질장애로서 정신분열증이나 우울증과 같은 비교적 일시적인 상태장애인 임상적 증상과 질적으로 구분된다. 성격장애는 이상심리학의 영역이지만 부적응적 성격의 유형과 기제를 통하여 성격에 관한 통찰

표 7.2 성격장애의 일반진단기준(DSM IV에서 발췌)

A. 개인이 속한 문화의 기대로부터 현저하게 떨어져있는 내적 체험과 행동의 지속적인 패턴. 이 패턴은 인지(자기, 타인, 사건을 지각하고 해석하는 양식), 정서성(정서반응의 범위, 강도, 변동성 및 적절성), 대인간 기능, 충동통제의 네 영역 중 둘 이상에서 드러난다.
B. 지속적인 패턴이 유연성이 없고, 광범위한 개인 및 사회적 상황들에 걸쳐 퍼져있다.
C. 지속적인 패턴이 임상적으로 중요한 고통이나 사회적, 직업적 혹은 다른 중요한 기능영역의 손상을 초래한다.
D. 패턴이 안정적이고 오래 지속되며, 그 시작이 적어도 사춘기나 초기 성인기로 거슬러 올라갈 수 있다.
E. 지속적인 패턴이 다른 정신장애의 표현이나 결과로 더 잘 설명되지 않는다.
F. 지속적인 패턴이 물질(예: 마약, 의약품)이나 일반적인 의학적 상태(예: 뇌 손상)의 직접적인 생리적 효과에 기인하지 않는다.

을 제공하기 때문에 여기서 간략히 소개한다.

성격장애의 개관

성격장애의 역사

성격장애의 역사는 서양의학의 아버지인 Hippocrates로 거슬러 올라간다. 그는 체액과 성격간에 상관이 존재하며 체액의 균형이 깨질 때 특정한 정신병리가 발생한다고 주장하였다. 신체특징과 성격, 정신병리를 관련시키는 Hippocrates의 전통은 근대에도 Krechmer와 Sheldon 등에 의해서 계승되었다. 정신장애의 진단체계를 발전시킨 Kraepelin은 정신병질적 성격을 4가지로 구분하였고, 그를 계승한 Schneider(1923)는 10개의 정신병질적 성격유형을 제안하였는데 이것이 정신의학계에서 처음으로 폭넓게 사용된 성격장애의 기술적 체계로서 오늘날의 성격장애 분류의 기초를 이룬다.

성격장애는 DSM-I(1952)에서부터 심리장애 속에 포함되었지만 DSM-II(1968)를 거쳐 본격적으로 진단체계가 확립된 것은 DSM-III(1980)에 이르러서였다. 그리고 현재 사용하고 있는 DSM-IV(1994)에서 임상적인 타당성을 검토하여 하위유형을 분류하고 발생빈도가 낮거나 타당성이 낮은 성격장애(수동-공격성 성격장애 및 자기패배적 성격장애)를 제외하였다.

성격장애의 진단

성격장애는 성격장애를 판별하기 위하여 제작된 (반)구조화된 면접법들과 Millon 임상 다축 성격검사(Millon Clinical Multiaxial Inventory), 그리고 MMPI나 투사법 등을 사용하여 진단한다. (반)구조화된 면접법은 신뢰도의 문제점을 안고 있고, MMPI와 투사법은 성격장애를 판별하기 위하여 만들어진 검사가 아니라는 한계점이 있다. Millon 검사는 성격장애의 진단을 목적으로 제작되었으나 DSM-IV의 분류체계와 일치하지 않는 어려움이 있다.

성격장애의 발생빈도

성격장애는 10-15%의 발생률을 보인다. 하위유형 중에서는 강박성 성격장애와 분열형 성격장애가 3-5%로 가장 높다. 남녀간의 발생비율을 비교하면, 경계선 성격장애에서만 여자가 남자보다 발생률이 높고(경계선 장애의 75%가 여자임), 연극성 성격장애, 회피성 성격장애, 의존적 성격장애는 남녀간에 발생률이 비슷하며, 그밖의 성격장애는 모두 남자의 발생률이 높다.

성격장애의 유형

아래의 분류는 DSM-IV(1994)에 따른 것이다. 수동-공격성 성격장애는 DSM-IV에서는 제외되었으나 우리나라 문화권에서는 자주 발견되는 장애로 간주되어 포함되었다. 성격장애는 A, B, C의 3개의 군집으로 크게 나뉘며, 군집 A에는 편집성 성격장애, 분열성 성격장애, 분열형 성격장애, 군집 B에는 반사회적 성격장애, 경계선 성격장애, 연극성 성격장애, 자기애적 성격장애, 그리고 군집 C에는 회피성 성격장애, 의존적 성격장애, 강박적 성격장애, 수동-공격성 성격장애가 각각 속해있다. 각 성격장애는 아래에 간략한 설명과 함께 소개되어 있다. 보다 자세한 설명을 원한다면 원호택(1997)의 이상심리학을 참조할 것을 권한다.

군집 A 성격장애: 이상하며 기묘한 증상들이 특징.

1. 편집성 성격장애(paranoid personality disorder): 근거없는 의심을 많이 하고, 사람을 믿지 않으며, 극도로 다른 사람을 경계하고, 정서는 메말라 있는 것이 특징이다. 타인의 선의나 진실을 그대로 받아들이지 못하고 동기를 악의적으로 해석하며, 늘 경계하고, 위협상황에 대처할 준비를 하고 있다. 정서가 메말라있다는 점에서 분열성 장애와 유사하나 편집성 장애의 경우 강렬

하고 만성적인 의심과 불신, 그리고 냉소적인 태도가 두드러진다.

2. 분열성 성격장애(schizoid personality disorder): 사회적 관계로부터 초연하여 고립된 삶을 영위하며 정서반응도 거의 없는 것이 특징이다. 대인관계 기술이 결손되었다기보다 고립을 선호하고 타인에 대해서 무관심하며 타인의 반응이나 감정에 무감각하고 자신도 거의 정서반응을 보이지 않는다.

3. 분열형 성격장애(schizotypal personality disorder): 기괴한 사고와 언행 및 왜곡된 지각, 그리고 소외된 대인관계가 특징이다. 스트레스나 위협 상황에서 망상에 가까운 생각을 하거나 이해할 수 없는 말을 중얼거리기도 하며 정신분열증적 소인이 성격장애라는 표현형으로 나타난 것으로 간주될 수 있다.

군집 B 성격장애: 극적, 감정적, 변덕스러운 증상들이 특징

4. 반사회적 성격장애(antisocial personality disorder): 타인의 권리와 규범을 침해하고 무시하는 행동을 반복해서 한다. 상습적인 기만, 충동성, 공격성, 무책임감의 패턴을 보이며, 자신의 범죄행위에 대한 뉘우침이 없다.

5. 경계선 성격장애(borderline personality disorder): 대인관계와 감정에서의 불안정성과 현저한 충동성, 그리고 손상받기 쉬운 자기개념이나 자기상이 특징이다. 정서적 변화가 심해서 종잡을 수 없고, 대인관계를 갈망하면서도 거절의 두려움 때문에 관계를 지속시키지 못하고 접근-단절의 대인관계를 반복한다. 자기 정체의식의 혼란 때문에 가치관, 목표에서도 심한 혼란을 보인다.

6. 연극성 성격장애(histrionic personality disorder): 끊임없이 타인의 주의를 추구하고, 외모에 집착하며, 자기연출적이고, 변덕스러우며, 과도한 정서성을 보인다. 여자의 경우 유혹적이다. 타인의 칭찬과 관심에 너무 의존적이어서 타인의 관심이나 보살핌이 없으면 몹시 불안해한다.

7. 자기애적 성격장애(narcissistic personality disorder): 자신이 특별한 사람으로 특별한 대우를 받아야 한다는 과장된 생각과 느낌을 드러내는 것이 특징이다. 사려깊지 못하고, 타인의 감정에 공감하지 못하며, 타인을 이용하고, 자기중심적이면서도 타인의 평가에는 극히 예민하다.

군집 C 성격장애: 불안, 두려움, 근심 등이 특징

8. 회피성 성격장애(avoidant personality disorder): 사회적 억제, 낮

은 자기 존중감과 부적절감, 부적 평가에 대한 과민성이 특징이다. 분열성 성격장애와 달리 사회적 관계에 대한 욕구는 강하지만 불안과 근심 때문에 회피적이 된다.

9. 의존적 성격장애(dependent personality disorder): 일상적인 일이나 결정에서조차 스스로 하지 못하고 남에게 의지하는 성향이 특징이다. 혼자 있을 때 무력함을 느끼고 끊임없이 타인의 보살핌을 요구하며 다른 사람의 요구에 순종적이다. 의존관계를 지속하기 위해서 학대나 무시도 참으며, 자기주장적이고 적극적인 행동을 요구하는 상황에서 적절하게 반응하지 못한다.

10. 강박적 성격장애(obsessive-compulsive personality disorder): 완벽을 추구하고, 엄격하며, 정서적으로 위축되어 있고, 원칙과 질서를 지나치게 강조하고, 의례를 중요시한다. 자신의 일에 헌신적이지만 자신의 일을 즐기는 것은 아니다. 과도하게 완벽을 추구하는 성향 때문에 오히려 자신의 잠재력을 발휘하는데 어려움을 겪고 우유부단하기도 하다. Type A 행동패턴과 유사하며 성취지향적이므로 성공적인 직장생활을 하기도 한다. 그러나 스트레스에 취약하고 나이가 들면서 갱년기 우울증에 취약하게 된다.

11. 수동-공격성 성격장애(passive-aggressive personality disorder): 빈둥대기, 늦장부리기, 엉터리로 일하기 등과 같은 수동적이고 간접적인 방식으로 권위, 의무, 요구, 책임 등에 저항하는 성향이 특징이다. 또한 불평, 비난, 분개, 짜증의 패턴도 보인다. 자신이 언제나 제대로 대우받거나 인정받지 못하고 있으며 학대받고 이용당한다는 불만이 강하다. 그러나 직접적으로는 불만을 표현하지 못하고 간접적이고 수동적인 방식에 주로 의존한다.

성격장애의 주요 가정

성격장애의 주요 특징들은 다음과 같다(Morey, 1997). Morey는 이들이 아직 충분한 논의가 이루어지지 않은 가정일 따름이라고 한다.

1. 생애 초기에 출현한다: 반사회적 성격의 경우 6-9세의 아동행동으로부터 예언될 수 있다는 증거가 있다(Loeber & Dishion, 1983). 그러나 다른 성격장애의 경우 얼마나 일찍 확인될 수 있는가에 관한 정보가 별로 없다. 정신분열증 계열의 환자들이 아동기에 위축된 인간관계를 보였다는 연구들(예: Ricks & Berry, 1970)이 있을 따름이다. 그러나 Block(1971)의 정상성격에 관한 IHD 종단연구('제6장 성격의 유전과 발달' 참조)에서 확인된 아동기-성

인기 연속성에 관한 증거들에 비추어 볼 때 경직성과 융통성결여로 특징지워지는 성격장애가 적어도 청년기 초기까지는 드러날 것으로 추정할 수 있다.

2. 시간적 안정성을 보인다: 성격의 시간적 안정성에 관한 증거로부터 성격장애도 유사할 것으로 추론된다. 성격장애는 상당히 이른 나이에 나타날 뿐 아니라 노년기까지 지속된다는 증거가 있다(McCrae & Costa, 1984). 또한 성격장애는 잘 치료되지 않는다고 한다. 예를 들면, 한 종단적 연구(McGlashan, 1983)에서 경계선 성격장애로 입원한 100명의 환자들을 퇴원 후 15년이 지난 뒤 조사하였을 때, 이들의 44-50%가 여전히 경계선 성격장애로 진단되었고, 이 환자들 중 46%가 치료를 받고 있었다. 성격장애는 중년에(40-55세) 완화되는 듯 보이나 60세 이후에 다시 악화된다고 한다. 중년에는 안정적인 도구적 기능을 발달시키기 때문에 장애가 두드러지지 않지만, 친밀한 사회적 개인적 관계를 발달시키지 못한 까닭에 노년에 이르러 도구적 역량을 상실하면서 다시 악화되는 것이다.

3. 범상황적 일관성을 갖는다: 성격의 범상황적 일관성은 Mischel(1968)에 의해서 비판되었다. 그러나 성격장애의 경우 정의상 범상황적 일관성을 지니는데 이 경우 일관성은 부적응성을 의미하게 된다. Block(Block & Block, 1980)의 자아탄력성(ego resiliency)은 환경의 요구에 맞추어서 자신의 행동을 수정해나가는 개인의 역량을 의미한다. 성격장애는 이러한 적응기제가 실패한 것으로서 병적인 수준일 정도로 성격이 안정적인 것이다.

4. 자아동질성(ego-syntonicity)의 장애이다: 성격장애는 (이질적인 것으로 경험되는 증상들이 아니라) 성격의 핵심부분인 특질들을 수반한다. 그러므로 환자는 종종 자신의 어려움의 속성에 대한 통찰이 결여되어 있다. 성격장애 환자들은 증상적인 장애 환자들과 경험하는 어려움의 속성에서 차이를 보인다. 예를 들면, 성격장애는 증상장애보다 쉽게 합리화되는 경향("저사람은 원래 그래"하는 식으로)을 보이는데 이러한 이른바 '존재양식'(way of being)은 불안이나 우울과 같은 자아소외의 증상들(ego-alien symptoms)보다 환자의 고통과 덜 관련되는 것으로 간주되는 경향이 있다. 성격장애의 자아동질성은 진단에서 어려움을 초래한다. 환자들은 보통 자기에게 문제가 있다고 생각하지 않으므로 이들의 자기보고는 임상적인 진단을 오히려 흐려놓는 수가 많다.

5. 주로 대인관계의 와해에 의해서 구별된다: 성격장애는 주로 사회적 환경에서의 표현을 통해 역기능적임이 드러난다. 혼자 있을 때도 고통을 받는

정신분열증이나 편집장애와 달리 성격장애는 본인보다는 주로 다른 사람들에게 곤란을 주는 장애이다. 이러한 인간관계의 속성 때문에 성격장애 환자의 경우 자기보고에 너무 의존하지 말고 동료나 친구나 친척으로부터 정보를 획득할 필요가 있다.

6. 정상성격의 연속선상의 극단을 반영한다: 정상성격과 성격장애간의 차이가 질적이 아니라 양적이라는 가정이다. 이 가정은 성격장애를 비연속적인 범주(성격장애자와 비성격장애자의 범주)로 규정하는 DSM의 입장과는 반대가 되는 가정이다. 성격장애가 정상성격과 질적으로 구분되는 범주라는 증거는 별로 없다. Millon(1981)은 성격양식들을 10가지로 분류하고 각각의 부적응적인 극단이 성격장애라고 주장하였다. 또한 정상성격인과 성격장애환자의 성격의 요인구조가 유사하다는 증거도 존재한다(Tyrer & Alexander, 1979).

7. 여러 원인들에 의해서 결정된다: 성격장애는 특정한 단일 원인에 의해서 발생하는 것이 아니라 신체적, 발달적, 환경적/상황적 영향들을 포함하는 다양한 원인으로부터 발생한다는 가정이다. 또한 상이한 경로가 동일한 장애로 이끌기도 한다. 예를 들면, 의존적 성격장애가 신체적 약점 때문에 발생했을 수도 있고, 부모의 과보호 때문일 수도 있고, 배우자의 학대 때문일 수도 있는 것이다.

성격장애의 설명

성격장애는 어떻게 해서 생겨날까? 바로 이전에 언급했듯이 성격장애의 원인은 다양하며 하나의 장애가 여러 원인들의 조합에 의해서 발생하기도 한다. 이들을 정리하면 다음 몇 개의 설명으로 제시될 수 있을 것이다.

생물학적 설명

생물학적 관점에서는 유전적 소인이나 생물학적 기제를 통하여 현상을 설명한다. 아직까지 성격장애와 유전적 소인간의 직접적인 관계를 밝힌 연구는 찾아보기 힘들다. 왜냐하면 성격장애가 여러 특징들로 구성되는데, 이 특징들을 모두 포괄하는 유전적 소인의 연구가 어렵기 때문이다. 대신에 한 성격장애의 주요 특징을 선정하여 그 유전적 소인을 밝히는 연구가 수행되어 왔다. 한 예로 반사회적 성격장애나 경계선 성격장애의 주요 특징 중의 하나인 충동적 공격성의 경우 뇌의 세로토닌(serotonine) 활동수준의 비정상적 저하와 관련된 것으로 밝혀졌다(Coccero et al., 1989). 충동적 공격성과 세로토닌 이상의 관계는 상습적 범죄자들(Virkkennen et al., 1989)과 주의력 결핍 장애 아동들(Kruesi, 1992)에서도 발견되었다. 또한 충동적 공격성과 세로토닌 대사의 이상이 MAO(monoamin oxidase)라는 효소의 결핍을 초래하는 유전적 결함 때문이라는 사실도 밝혀졌다(Brunner et al., 1993).

특질 관점에서는 성격장애를 극단적인 성격특질의 조합으로 본다. 예를 들면, 강박적 성격장애는 극단적으로 높은 성실성과 극단적으로 낮은 외향성의 조합으로 규정된다. 이러한 성격특질과 성격장애간의 연속성 때문에 성격특질의 연구로부터 성격장애의 유전적 생물학적 기초에 대한 간접적인 증거를 얻을 수 있다. Eysenck(1990)는 요인연구로부터 추출한 성격특질들(신경증 성향, 외-내향성, 정신병 성향)이 생물학적 기초를 갖고 있음을 밝혔고 특히 외향성과 내향성은 각성수준에서의 차이에 기인한다는 증거를 제시하였다. 또한 여러 행동유전학 연구에서도 유전성 추정치가 Big Five의 경우 .28~.46, 기질들의 경우 .25~.45에 이르는 것으로 나타났다.

정신역동적 관점: 대상관계이론

고전적인 정신분석이론에서는 성격장애를 특정 발달단계에 고착되어 있을 때 형성되는 것으로 본다. 예를 들면, 강박적 성격장애는 항문기에 고착된 탓이고, 자기애적 성격장애는 구순기에 고착되었기 때문이라고 설명한다. 그러나 대상관계이론에서는 유아기의 대상관계의 문제 때문에 성격장애가 형성된다고 주장한다. 즉, 유아기에 엄마 혹은 엄마의 대리자와의 관계로부터 자기, 타인, 자기와 타인의 관계에 대한 표상이 형성되는데 성격장애는 이들 표상이 잘못 형성되었기 때문이라는 것이다. 예를 들면, 경계선 성격장애의 경우, 유아기에 엄마 혹은 엄마의 대리자가 자신의 욕구에만 관심을 둘 뿐 아이의 욕구나 감정에는 냉담하고 무관심하여, 어떤 때는 아이에게 극단적으로 관심을 쏟으며 총애하다가 다른 때는 극도로 냉담하거나 비난을 퍼붓곤 한다. 그 결과 아이는 자기와 중요한 타인에 대한 통합된 표상을 형성하지 못하게 된다. 즉, 자기에 대해서도 착한 나와 나쁜 나, 그리고 중요한 타인에 대해서도 위협적이고 악의적인 존재와 나를 돌보고 내가 전적으로 의지하는 존재로 분리된 표상을 형성하는 것이다. 따라서 이들은 타인과의 관계에서 극단적이고 통합이 안된 태도를 보여서, 사랑에 굶주린 사람처럼 매달리다가도 금방 상대를 평가절하하고 관계를 끊곤 한다.

특질 관점

특질 관점에서는 성격장애에 대해 DSM에서 취하고 있는 범주적 접근과 달리 차원적 접근을 주장한다. 즉, 성격장애를 정상성격과 질적으로 다른 범주로 보지 않고 정상성격의 연장으로 간주하는 것이다. 이 관점에 따르면, 성격장애란 "그렇지만 않으면 정상적이라고 말할 수 있는, 사고, 감정, 행동의 극단적이고 경직된 표현으로 특징지워진다"(Clark, Vorhies, & McEwen, 1994).

최근의 특질 관점을 대표하는 5요인 이론에서는 성격장애를 5요인에서의 극단값으로 표현한다. 예를 들면, 강박적 성격장애는 성실성에서의 높은 점수와 외향성에서의 낮은 점수로 기술되고, 자기애적 성격장애는 우호성에서의 낮은 점수와 외향성에서의 높은 점수 및 경험에 대한 개방성에서의 높은 점수로 표현된다.

DSM-III의 성격장애 분류체계를 마련하는데 주된 공헌을 한 Millon은 성격장애의 생물사회적 학습유형 모형(biosocial learning typological model)을 제안하였다. 그는 성격을 정적 강화를 성취하고 처벌을 회피하는 특정 양식을 반영하는 습관적 대치패턴으로 간주하였다. 다시 말하면, 성격이란 강화가 추구되고 획득되는 양식을 지칭하는 것이다. Millon(1987)은 강화를 추구하는 도구적 양식을 나타내는 2개의 열과 추구되는 강화의 출처를 나타내는 5개의 행을 조합하여 10개의 성격유형을 만들어 내었다. 도구적 양식은 수동적, 능동적이며, 강화의 출처는 독립적(강화의 출처가 자기임), 의존적(강화의 출처가 타인임), 양가적(강화추구에서 불확실성과 동요를 보임), 초연한(강화를 추구하지 않거나 강화를 경험하지 못함), 불일치적(강화와 처벌의 경험이 역전되어 있음) 등이다. Millon에 따르면 성격장애는 이 10개의 기본 성격유형들의 부적응적인 극단을 의미한다고 한다. 예를 들면, 능동적-의존적은 정상인 경우 사교적 성격이지만 높은값을 가지면 연극성 성격장애(중간 높은 값)나 경계선 성격장애(아주 높은 값)가 되며, 수동적-초연한은 정상인 경우 내향성이지만 높은 값을 가지면 분열성 성격장애(중간 높은 값)나 분열형 성격장애(아주 높은 값)가 된다.

성격에서 인간관계의 중요성은 대인 원형 모형(interpersonal circumplex)에서 반영된다. Wiggins 등(1989)은 지배-복종과 사랑-미움의 두 축으로 이루어진 대인행동의 원형 모형을 제안하고(그림 7.7 참조), 성격장애는 대인 원형 모형에서의 위치로 표현될 수 있다고 주장하였다. 예를 들면, 오만함, 자기중심성, 지배성 등의 특징을 갖는 자기애적 성격장애는 대인 원형 모형에서 '오만한–계산적인'의 위치로 표현된다.

사회 인지적 관점

사회 인지적 관점에서는 성격장애를 다른 정신장애와 마찬가지로 잘못된 인지도식 때문이라고 본다. 이러한 인지도식은 발달과정에서 중요한 타인과의 경험을 통해서 형성된다. 각 성격장애 유형은 독특한 인지도식으로 특징지워지는데, 예를 들면, 분열성 성격장애는 "내 친구는 나 하나 뿐이야" "왜 내가 다른 사람과 친하게 지내야 하나?" "다른 사람이 무슨 소리를 하든 상관없어", 연극성 성격장애는 "다른 사람의 주의를 끌어야 해" "외모가 가장 중요해" "감정은 표현해야 해", 그리고 자기애적 성격장애는 "나는 특별한 존재야" "사람들은 나를 숭배해야 해" "내가 원하는대로 해야 해"와 같은 인지도식을 발전시킨다. 이러한 부적응적인 신념을 인지치료를 통하여 교정함으로써 성격장애를 치료할 수 있다고 본다. 또 왜곡된 신념뿐 아니라 미숙한 대인

그림 7.7 대인행동의 원형 모형

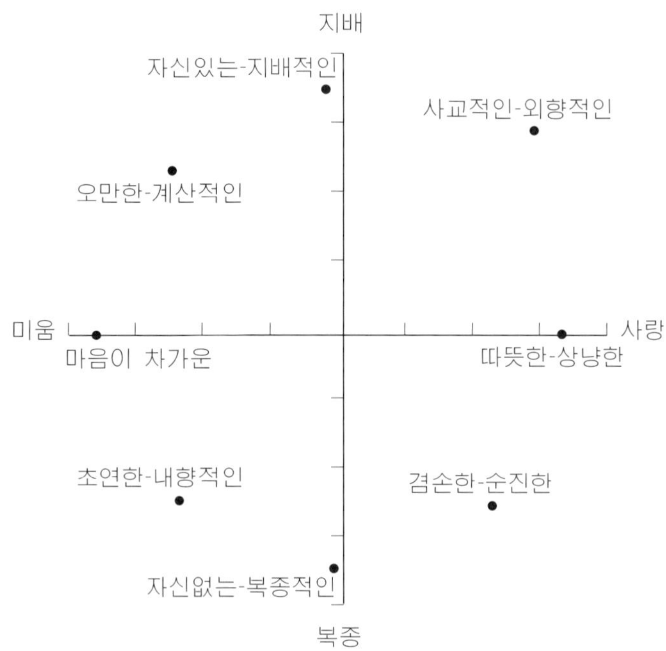

출처: Wiggins, Phillips, & Trapnell, 1989

관계 행동도 문제이므로 신념의 교정과 함께 사회적 기술을 훈련시킴으로써 대인행동을 보다 자연스럽고 자신감있게 수행할 수 있도록 도와주기도 한다.

성격이론과 정신병리의 설명

앞장들(2, 3, 4장)에서 세 가지 주요 성격이론들(특질이론, 정신역동이론, 인지이론)을 소개하였다. 그러나 이들 성격이론을 정신병리와 관련시켜서 논의하지는 않았는데(정신병리의 연구로부터 출발한 정신역동이론을 제외하고), 그 이유는 정신병리는 이상심리학에서 다루므로 성격심리학의 제목이 붙은 이 책의 내용을 대체로 정상성격에 국한시키자는 의도에서였다. 그러나 성격이론과 정신병리, 진단, 치료의 관계는 대단히 깊고 포괄적이다. 병리의 이해나 진단 및 치료는 성격이론에 기반을 두고 있으며, 각 성격이론은 병리를 설명하고 진단하고 치료하는 방식에서 가장 특징적인 모습을 드러낸다. 그러므로 여기서 간략하게라도 정신병리의 이해, 진단, 치료의 세 측면에서 정신역동이론과 특질이론과 인지이론을 비교, 논의해보고자 한다.

정신역동이론

정신역동이론은 정신병리의 설명과 치료를 중심으로 발전된 성격이론이기 때문에 정신병리 자체가 '편의초점' 이다. 정신역동이론에서는 불안감정, 방어기제, 소망과 두려움 사이의 갈등이 정신병리의 핵심을 이룬다. 아동은 발달의 각 단계에서 주로 성적인 욕구와 관련된 소망을 갖게 된다. 그러나 처벌에 대한 두려움 때문에 아동의 소망은 불안과 연합되어 있다. 아동은 소망이나 감정을 인식하거나 표현하면 고통과 처벌이 뒤따른다고 믿기 때문에 불안과 소망에 대해서 방어하는 법을 배운다. 가장 기본적이며 자주 사용되는 방어는 불안과 연합된 소망과 욕구를 의식 밖으로 밀어내 버리는 것, 즉 억압이다.

그러나 방어가 성공하더라도 여기에는 대가가 따른다. 첫째, 자신의 내적 삶의 부분과의 접촉을 잃어버리게 되고 둘째, 외부 현실을 왜곡하거나 회피하게 되고 셋째, 죄의식이나 수치심과 같은 자신에 대한 부적 감정이 남게되고 넷째, 이 과정들의 기저에 놓여있는 불안 때문에 기능의 경직성을 보인다. 경직성 혹은 비유연성이야말로 방어적이고 부적응적인 성격기능을 규정하는 특성이라고 할 수 있다.

정신역동이론의 정신병리 모형은 학습모형이라고 할 수 있다. 즉, 아동기에 욕구와 소망의 해석, 관계의 정립, 자기에 대한 평가와 감정의 형성 등에서 학습이 잘못되었다고 보는 것이다. 그러므로 정신분석과정은 환자가 옛날의 갈등을 재경험하고 지난날과는 다르게 보다 적응적인 방식으로 해결해 나갈 수 있도록 만드는 학습과정인 것이다. 여기서 중요한 역할을 하는 것이 전이(transference)이다. 전이란 분석이 진행되면서 환자가 아동기에 중요한 인물(엄마나 아빠)과의 관계에서 체험했던 태도와 소망과 감정을 분석가에 대해서 발전시키는 것이다. 이러한 체험이 아동기 때와 다른 것은 정신분석에서는 안전한 환경과 신뢰할 수 있는 치료자를 맥락으로 하여 표현되고 연구되고 이해될 수 있다는 점이다. 치료적 전이의 상황에서 환자는 타인 및 자신과 관계를 맺는 부적응적인 방식을 인식하고 검사할 기회를 갖게 된다. 정신분석에서는 인지적 성분과 감정적 성분에서의 변화를 모두 추구한다. 인지적 성분의 변화는, 무의식의 내용을 의식 위로 떠올리고(억압된 내용을 회복하고), 무의식적 갈등과 그 뿌리에 대한 통찰을 갖는 것을 의미한다. 감정적 성분의 변화는, 전이를 통하여 교정적 정서체험(corrective emotional experience)(Alexander & French, 1946)을 갖도록 하는 것이다. 교정적 정서체험이란 환자가 감정수준에서 모든 것이 달라질 수 있고, 자신의 욕구나 감정을 두려워하거나 처벌할 필요가 없다고 인식하는 것이다.

요약하면 정신분석적 치료모형의 핵심은, 특정 사고와 감정이 더 이상 불안을 유발하거나 죄책감을 일으킬 필요가 없으며, 보다 적응적인 방식으로 대처할 수 있다는 점을 학습하는 것이다. 정신분석적 치료가 다른 심리치료보다 더 효과적이라는 증거는 제시되지 않았다. 최근의 정신분석학자들은 정신분석의 전체적 효과에 대한 평가보다 정신분석의 어떤 성분이 치료적 변화를 가져오는지에 초점을 맞추고 있다(Messer & Warren, 1990).

특질이론

특질이론에서는 정신병리를 정상성격의 연장으로 보는 차원적 설명을 선호한다. 이 설명에 따르면 정신병리는 정상성격과 질적으로 다른 것이 아니라 양적으로 다를 따름이다. 즉, 정상성격에도 적용되는 성격특질에서 극단값을 갖게 되면 정신병리가 된다. 이 설명은 Big Five 모형의 지지자들이 주장하는 것으로 성격장애를 설명하는데 특히 유용하다(성격장애 부분 참조). 한편 정신병리에 취약한 특질들의 유전적, 생물학적 소인을 강조하는 생물학적 설명도 Eysenck와 같이 차원적 접근을 고수하면 심리학적 설명으로 간주될 수 있다. 그렇지 않고 정신병리와 정상 심리과정을 질적으로 구분하는 범주적 접근을 취하면 의학적 설명으로 간주된다.

특질이론에서는 정신병리의 치료를 위한 특별한 방법을 제시하지 않았다. 이는 정신병리에 대한 특질연구자들의 관심이 비교적 최근에 생겨나기 시작했고 또한 특질의 변화보다는 안정성을 강조하기 때문이다. 해당 병리가 학습된 것인가 생물학적 원인 때문인가에 따라서 행동치료나 약물치료를 사용한다.

특질이론은 정상성격의 연구를 통하여 형성된 이론으로 정신병리가 '편의 초점'이 아니다. 따라서 위에서 보듯이 정신병리의 이해나 치료의 관점에서 볼 때 상당히 취약한 이론이다. 특질이론에 의한 정신병리의 설명은 설명보다는 기술의 수준에 가까우며, 또한 심리과정의 역동성과 깊이를 반영하지 못하는 평면적이고 피상적인 이론이라는 인상을 준다. 그러나 성격특질에 관한 정보는 정신병리를 예언하고 적절한 치료를 결정하는데 중요한 도움을 준다. 또한 성격에 대한 양적인 접근을 추구하는 특질이론에 기반을 둔 검사는 타당도와 신뢰도 등 심리측정적인 원칙에 충실하므로 정신병리의 과학적인 진단에 큰 공헌을 한다.

인지이론

인지이론에서는 정신병리가 잘못된 인지로부터 비롯된다고 본다. 따라서 심리치료도 역시 잘못된 인지의 교정에 초점을 맞춘다. 치료자는 적극적으로 치료과정에 개입하여 환자로 하여금 자신의 인지를 검사하도록 하고 대안적인 사고나 행동을 실험해보도록 독려한다.

이 책에서 중요한 인지이론가로 언급한 Kelly, Rotter, Mischel, Bandura는 모두 임상심리학 배경을 가진 사람들로서 이들의 이론은 모두 어느 정도는 정신병리의 이해와 치료에 함의를 갖는다. 그러나 여기서는 정신병리와 보다 직접적인 관련이 있는 이론을 제안한 Kelly와 Bandura, 그리고 정신병리에 대한 인지적 접근을 대표하는 Beck을 소개한다.

Kelly의 개인적 구성개념 이론

앞에서 언급했듯이 Kelly는 인간의 과학자 모형을 제안한 사람이다. 사람들은 과학자와 마찬가지로 구성개념들의 체계를 갖고 있으며, 세계를 해석하고 예언하기 위하여 구성개념체계를 사용한다. Kelly는 나쁜 과학자의 태도를 정신병리에 비유한다. Kelly에 따르면 정신병리는 구성개념체계의 기능장애이다. 즉, 개인의 구성개념이 타당하지 않다는 증거가 반복해서 나타나는데도 불구하고 계속 고집하는 것을 지칭한다. 이러한 상황에서 개인은 사건들을 자신의 구성개념체계에 맞도록 왜곡하거나 구성개념체계를 혼란스럽게 사용해서 더 이상 유용하지 않도록 만든다.

왜 구성개념체계의 기능장애가 발생할까? Kelly에 따르면 구성개념 체계의 장애는 불안, 공포, 위협에 대한 반응이다. 불안은 구성개념이 사건들에 적용되지 않을 때 발생하고, 공포는 새로운 구성개념이 구성개념체계 속으로 들어오려 할 때 유발되며, 위협은 구성개념체계의 포괄적인 변화가 임박했음을 인식할 때 생겨난다. 즉, 구성개념체계의 장애는, 구성개념체계가 잘 작동하지 않고, 어떻게 사건들을 이해하고 예언할지 막막하고, 구성개념체계의 변화가 필요하다는 느낌에 대한 반응인 것이다. 그러나 구성개념체계의 변화는 위협을 수반하기 때문에 현실과 구성개념을 왜곡하고 오용하면서도 기존의 구성개념체계를 고집하는 것이다.

심리치료는 나쁜 과학자의 태도를 고쳐 보다 나은 과학자가 되도록 도와주는 것이다. 즉 보다 나은 구성개념과 보다 통합된 구성개념체계를 갖도록 도와주는 것이 심리치료의 목표이다. 그러기 위해서 치료자는 환자가 새로운 생각과 가설을 탐색할 수 있는 실험적 분위기를 조성하고 개방적인 마음가짐을 갖도록 도와준다.

Bandura의 자기효능성 개념

Bandura의 사회인지적 성격 이론 중에서 정신병리와 직접적으로 관련되고 임상장면에 널리 활용되는 개념은 자기효능성이다. 자기효능성 판단은 직접체험에서 얻어지기도 하고 모델의 관찰을 통하여 학습되기도 한다. Bandura의 이론에서 낮은 자기효능성 혹은 자기 비효능성의 지각은 모든 심리적 장애의 기본을 이룬다. 예를 들면, 불안은 위협적인 사건의 대처와 관련된 자기 비효능성의 지각에서 비롯되고, 우울은 보상적인 결과를 얻지 못하는 자기 비효능성의 지각에 기인한다.

Bandura에 따르면 자기효능성 신념의 변화가 모든 심리치료의 핵심을 이룬다. 자기효능성 신념은 모델의 관찰(모델링)과 치료자의 도움을 받아 목표 행동을 수행하는 훈련(유도된 참여: guided participation) 등을 통하여 증진된다. Bandura는 정신병리와 치료에서 인지의 중요성을 인정했지만 실제로 체험하는 것이 자기효능성 신념의 진정한 변화에 필수적이라고 주장했다. 자기효능성 신념의 변화를 추구하는 심리치료는 불안이나 우울등의 정신병리에 적용될 수 있지만 성격장애와 같은 정신병리에도 적용될 수 있는지는 알려져 있지 않다.

Beck의 인지 이론

Beck은 본래 정신과의사이며 정신분석학자였으나 정신분석에 실망하고 인지적 접근을 선택하여 인지치료를 발전시키는데 크게 공헌한 사람이다. Beck에 따르면 정신병리의 기저에는 자동적이고 그릇된 신념과 부적응적인 정보처리가 놓여있다고 한다. Beck(1967)은 특히 우울증의 연구로 잘 알려져 있으며 우울증의 인지적 3요소(cognitive triad of depression) 모형을 제안하였다. 이 모형에서는 자기와 세계와 미래에 대한 부정적 인지도식 — 자기는 패배자이고, 세계는 좌절을 주며, 미래는 암담하다 — 이 우울증을 유발한다고 설명한다. 인지치료의 과제는 환자가 왜곡된 관념, 역기능적인 신념, 잘못된 정보처리 방법을 찾아내서 교정하도록 돕는 것이다. 환자와 치료자는 함께 팀을 이루어 문제가 되는 사고와 인지도식을 검사하는 이른바 '협동적 경험주의'(collaborative empiricism)를 실천한다. Beck(Beck et al., 1961)은 가장 널리 쓰이는 우울증 검사인 Beck 우울증 검사(Beck Depression Inventory: BDI)를 개발하였다.

인지치료는 오늘날 정신분석과 함께 심리치료의 양대 산맥을 이룬다. 그러나 아직 치료성과에 대해서는 평가가 제대로 이루어지지 않았다. 또한 인지적 변화를 추구하는 모든 치료들을 포함하므로 내적 일관성을 갖춘 정리된 치료방식이라기보다는 다양한 치료방식들의 산만한 집합체일 따름이다. 그리고 인지치료가 인지의 변화를 넘어서서 얼마나 다른 영역(감정, 동기, 행동 등)의 변화에까지 효과를 미칠 수 있을지는 아직 미지수이다.

Pervin(1996)은 정신역동이론과 특질이론 및 인지이론을 정신병리 및 치료와 관련하여 비교 정리하여 〈표 7.3〉으로 제시하였다.

표 7.3 부적응적 성격기능과 치료적 변화에서 세 모형(특질, 정신역동, 인지 모형)의 비교

	특질이론	정신역동이론	인지이론
	성격기능의 이상		
관련개념들	특질상에서의 극단적 점수	소망, 공포, 불안, 방어들 사이의 갈등; 엄한 초자아(죄책감); 내적 작용 모형	역기능적, 비합리적 인지들(도식, 자기평가, 사고 등)과 인지 과정들
	치료적 변화		
	행동치료; 안정성의 강조	전이; 무의식의 의식화; 교정적 정서경험	모델링과 유도된 참여; 부적절한 인지의 인식과 교정; 협동적 경험주의
편의초점	낮음	높음	보통-높음
영역특정성의 강조	낮음	낮음	높음
체계기능의 강조	낮음	높음	낮음-보통
무의식적 영향의 강조	낮음	높음	낮음-보통
인지, 감정, 행동에 대한 상대적 강조	행동	감정	인지

출처: Pervin, 1996

요 약

1. 주관적 안녕감은 자신의 삶에 대한 평가와 관련되며, 전반적인 삶의 만족감, 특정 삶의 영역(예: 결혼이나 직장)에서의 만족, 정적 감정의 빈번한 경험, 그리고 부적 감정의 상대적 부재 등으로 구성된다.
2. 기질과 성격은 주관적 안녕감과 강한 관계를 갖고 있다. 아동기 초기의 기질연구는 주관적 안녕감이 유전에 의해 크게 영향을 받는다는 사실을 보여준다. 성격도 주관적 안녕감에 지속적이고 범상황적인 영향을 미친다. 반면에 환경요인들이 주관적 안녕감에 미치는 영향은 별로 크지 않은 것으로 밝혀졌다. Big Five와 관련해서는, 외향성은 정적 감정의 경험과 강하게 관련되고, 신경증적 성향은 부적 감정의 경험과 강하게 관련되었다. 자기존중감과 낙관성도 주관적 안녕감과 관련을 보였다.
3. 성격과 신체적 건강의 관련성을 설명하는 모형들로 스트레스 조절 모형(상

호작용적 스트레스 조절모형과 상호거래적 스트레스 조절모형), 건강행동 모형, 체질적 소인 모형, 질병행동 모형 등이 제안되었다.

4. 건강에 영향을 미치는 성격특성들로는 Type A 행동패턴과 Type C 행동패턴, 신경증 성향, 강인성, 억제된 권력동기, 정서적 특성(낙관성, 부적 정서성, 정서 표현성 등)들이 거론되어왔다.
5. 성격장애는 A, B, C의 세 개의 군집으로 크게 나뉘며, 군집 A에는 편집성 성격장애, 분열성 성격장애, 분열형 성격장애, 군집 B에는 반사회적 성격장애, 경계선 성격장애, 연극성 성격장애, 자기애적 성격장애, 그리고 군집 C에는 회피성 성격장애, 의존적 성격장애, 강박적 성격 장애, 수동-공격성 성격장애가 각각 속해 있다.
6. 성격장애는 생애 초기에 출현하고, 시간적 안정성을 보이며, 범상황적 일관성을 갖는, 자아동질성의 장애이다. 그리고 주로 대인관계의 와해에 의해 구별되고, 정상성격의 연속선상의 극단을 반영하며, 여러 원인에 의해 결정된다.
7. 성격이론과 정신병리의 설명을 살펴보면, 정신역동이론에서는 소망, 공포, 불안, 방어 사이의 갈등이 정신병리의 핵심을 이루고, 특질이론에서는 정신병리를 정상성격의 연장으로 보는 차원적 설명을 선호하며, 인지이론에서는 역기능적이고 비합리적인 인지 및 인지과정들이 정신병리를 발전시킨다고 설명한다.
8. 성격이론과 치료적 변화의 방식을 살펴보면, 정신역동이론에서는 전이와 무의식의 의식화 및 교정적 정서경험들을 강조하고, 인지이론에서는 모델링과 유도된 참여, 부적절한 인지의 인식과 교정, 협동적 경험주의 등에 의존한다. 특질이론은 뚜렷한 치료방법을 개발하지 못했으며, 해당 병리가 학습된 것인가 생물학적 원인 때문인가에 따라 행동치료나 약물치료를 사용한다.

관련된 책 소개

이상심리에 관해서 좀 더 알고싶은 사람은 '이상심리학'(원호택 지음, 법문사)을 참고하기 바란다. 개별 이상심리(예: 성격장애, 공황장애, 강박장애

등)에 대하여 관심이 있는 사람은 30권으로 이루어진 '이상심리학 시리즈'(학지사) 중 해당 장애를 다룬 책을 찾아서 읽으면 된다. 정상인의 적응과 관련해서는 '행복의 심리학'(이훈구 지음, 법문사)과 '젊은이의 정신건강'(홍숙기 지음, 박영사)에서 도움을 받을 수 있을 것이다.

제 8 장

성격의 평가

몬드리안, 〈구성〉 1921

몬드리안의 미니멀리즘은 과학의 환원주의(reductionism)를 연상시킨다.

성격의 평가

"우리는 우리가 할 수 있다고 느끼는 것에 의하여 자신을 판단하고, 반면에 다른 사람들은 우리가 이미 한 것에 의하여 우리를 판단한다."

—롱펠로우, 카바나—

세계의 대부분의 문화권에서 젊은이들은 결혼의 상대를 평가할 때 가장 중요한 것이 성격이라고 말한다. 이해가 가는 부분이다. 재산이나 명예는 함께 살면서 늘리기도 하고 잃기도 하지만 성격은 쉽게 변하는 것이 아니다. 더구나 매일같이 마주보며 밥먹고 이야기하고 몸을 맞대고 자는 사이에 서로 성격이 안 맞는다면 어떻게 같이 살겠는가? 그러기에 이혼의 사유로 가장 많이 언급되는 것이 성격의 차이이기도 하다. 물론 진짜 사유를 말하기가 거북할 때 자주 둘러대는 말이기도 하지만.

그러나 성격이 중요한 것 만큼 성격을 아는 것도 어렵다. 제1장에서 언급했듯이 성격은 내적인 존재로 눈에 보이지 않으며, 행동을 통해서 추론될 뿐이다. 그러나 이렇듯 체계적이지 못한 성격평가는 피상적이거나 그릇되기 쉽다. 심리학자들은 객관적이고 정확한 성격평가의 방법을 개발하기 위해서 많은 노력을 해왔다. 실제로 성격심리학의 역사는 성격평가의 발전과 깊이 관련되어 있다. 마치 지능에 관한 연구가 지능검사의 발달과 병행해서 발전해 온 것과 같다. 성격심리학에서는 새로운 성격이론이 제안될 때마다 그 이론에 기초한 성격검사가 개발되곤 했다. 정신역동이론과 투사검사들(Rorschach, TAT 등), 특질이론과 자기보고 성격검사들(16 PF, EPQ, NEO-PI 등)이 좋은 예들이다.

성격의 평가는 목표지향적이며 포괄적이다. 성격을 평가하는 것은 대개 현실적인 예언이나 결정 등의 목표와 연관되어 있다. 예를 들면, 어떤 직업에 적당한 성격을 갖고 있는지를 판단하거나 혹은 어떤 심리치료가 적절한지를 결정하기 위해서 성격평가를 실시하곤 한다. 평가라는 어휘는 측정이나 검사보다는 광의로 사용되는데, 자기보고 검사나 평정 등 양적인 자료뿐만 아니라 면접이나 투사검사 등 질적인 자료를 포함하여 다양한 방법으로부터 개인에 관한 정보를 수집하는 것을 의미한다. 이 장에서는 성격평가의 역사, 성격측정자료의 유형, 심리측정상의 요건, 성격이론과 성격평가의 관계 등을 살펴보고, 자주 사용되는 성격검사들을 선별하여 간략하게나마 각 검사의 특징을 소개함으로써 연구나 성격측정을 위한 검사의 선택에 도움이 되도록 하였다.

성격평가의 역사

근세이전의 성격평가

사람들의 성격을 기술하고 성격특징들에 따라 구분하는 것은 구약이나 고대 중국, 희랍의 문헌들에서 발견된다. 희랍의 의사인 Hippocrates(460-377 B.C.)는 인체에 담즙 등 네 가지 체액이 존재한다고 주장하고 정신장애의 분류를 시도하였다. 그의 분류는 Emil Kraeplin의 분류체계보다 2,300년이나 앞선 것으로 조증, 우울증, 뇌의 열병 등을 포함하고 있었다.

기원후 200년경 살았던 로마의 의사인 Galen은 Hippocrates의 체액이론을 받아들여 네 가지 체액 각각의 과잉에 대응시킨 네 가지 유형의 기질로 사람들을 분류하였다. 이들은 각기 다혈형(sanguine), 우울형(melancholic), 담즙형(choleric), 점액형(phlegmatic)이다. Galen에 따르면 다혈형 기질을 가진 사람은 피가 과다하고 활동적, 정력적이며 자신감에 차있고, 우울형 기질인 사람은 검은 담즙이 과다하고 우울하며 슬픔에 잠겨있다. 담즙형 기질의 사람은 갈색 담즙이 과다하며 쉽게 화를 내고 폭력적인 경향이 있고, 점액형 기질인 사람은 점액이 과다하며 무기력하고 비정서적이라고 한다.

고대 희랍인들은 인간의 특성에 깊은 관심을 갖고 많은 저술을 남겼는데 여기에는 유명한 철학자인 Platon(428-347 B.C.)과 Aristoteles(384-322 B.C.)도 포함된다. Platon은 이성적인 인간과 비이성적인 인간을 구별하였고, 갈등과 억압을 분석하였다. 영혼(soul)의 개념도 Platon과 Aristoteles에 의해서 발전되었다. Platon은 영혼이 자양적(nutritive), 감성적(sensitive), 이성적(rational)의 세 가지 기능을 갖고 있다고 주장했고, Aristoteles는 영혼이란 신체내에서 움직이는 정신으로서, 신체기능들이 지향하는 완벽한 조화라고 생각했다. Aristoteles의 후계자인 Theophrastus(372-287 B.C.)는 30개의 성격유형들을 기술했는데 여기에는 아첨꾼, 수다쟁이, 거짓말쟁이, 구두쇠 등 재미있는 성격묘사가 많다.

중세는 봉건주의와 기독교가 지배하던 시기로서 과학 및 예술에서와 마찬가지로 개인과 성격의 연구에서도 거의 진보가 없었던 암흑기였다. 기독교의 인간관은, 인간이란 기본적으로 사악한 존재로서 원죄를 지니고 태어난다는 생각이었다. 그러나 14세기에 들어서서 르네상스 운동을 통하여 헬레니즘이 부활하면서 개인의 가치가 존중되고, 뒤이은 계몽주의와 낭만주의에서 더욱 강조되었다. 프랑스의 철학자 루소는 인간이 선한 상태로 태어났으며 자연스러운 것이 덕성이라고 주장하였다. 이러한 입장은 자기실현을 주장하는 현대의 인본주의 심리학에 깊은 영향을 미쳤다.

의사과학에 근거한 성격평가 방법

사람들의 성격에 대한 관심은 역사가 깊다. 과학이 발전되기 이전에도 사람들은 성격을 평가하기 위하여 여러 가지 방법을 사용하였다. 이들은 과학적 기반을 갖추지 못하였기 때문에 의사과학적 방법(pseudoscientific method)으로 불리지만 오늘날에도 많은 사람들에 의해서 신봉되고 있다.

1. 점성술(astrology): 점성술은 가장 오래된 의사과학적 방법들 중 하나이다. 점성술은 개인과 연합된 별의 위치로부터 개인의 운과 성격을 예언할 수 있다고 주장한다.

2. 수상학(palmistry): 점성술만큼 역사가 오래 되었으며 성격도 비슷하다. 수상가는 손금을 분석함으로써 개인의 성격을 분석하고 운명을 예언할 수 있다고 주장한다.

3. 골상학(phrenology): 수상학과 유사하나 손 대신 머리의 윤곽에 초점을 맞춘 것이 골상학이다. Franz Gall(1758-1828)과 그의 제자인 Johann Spurzheim(1776-1832)에 의해서 발전되었다.

4. 관상학(physiognomy): 외적 신체특징들, 특히 얼굴로부터 개인의 운과 성격을 예언한다. 동양에서는 오랜 전통이 있으며, 최근까지도 유수한 직장에서 사람을 채용할 때 관상에 의존한 사례가 있다.

5. 필적학(graphology): 필적을 분석함으로써 개인의 성격을 평가하는 방법이다. 필적학은 점성술이나 골상학만큼 사이비는 아니지만 그 타당성에 대한 과학적 증거는 미미한 편이다.

과학적 성격평가의 역사

과학으로서의 심리학의 출범과 측정기법의 발달은 성격평가에도 영향을

표 8.1 **성격평가의 중요한 이정표**

1. Galton이 성격의 측정을 위한 방법들(단어 연상과 행동표집 기법 등) 소개(1884).
2. Binet와 Simon이 실용적인 지능검사를 처음으로 개발(1905).
3. Woodworth가 Personal Data Sheet를 개발(1919). 표준화된 첫 번째 성격검사로서 미군의 선별검사에 사용됨.
4. Rorschach Ink Blot Test가 출판됨(1920).
5. Murray와 Morgan에 의해서 TAT가 개발됨(1935).
6. 2차대전시 OSS에 의해서 상황검사들이 개발됨(1941-1945).
7. Hathaway와 McKinley에 의해서 MMPI가 출판됨(1943).
8. Cattell에 의하여 16PF Questionnaire가 출판됨(1949).
9. Stephenson에 의해서 Q-sort 기법이 고안됨(1953).
10. Eysenck의 성격의 2요인(후에는 3요인)에 근거한 성격검사(EPI 및 EPQ)가 개발됨(1964, 1975).
11. Big-Five 이론에 근거한 성격검사(NEO-PI)가 개발됨(1985, 1992).

미쳐서 19세기 말부터 과학적 성격평가의 방법들이 발전하게 되었다. 그 시조라고 할 수 있는 Galton으로부터 오늘날에 이르기까지 과학적 성격평가의 중요한 발전들을 정리하면 〈표 8.1〉과 같다.

성격측정자료의 유형

Block(1993)은 성격측정자료들을 생애기록자료(life-record data), 관찰자자료(observer data), 객관적 검사자료(objective test data), 자기보고자료(self-report data)의 네 가지로 분류하였다. 이들은 흔히 L-data, O-data, T-data, 그리고 S-data 등으로 약칭된다.

L-data는 생애기록(life-record) 혹은 생애역사(life-history) 자료로 구성된다. 학교 다닐 때의 성적이나 과거의 범죄기록 등이 여기에 속한다. 정확한 기록이 남아 있다면 L-data는 대단히 객관적이고 중요한 정보를 제공할 수 있다.

O-data는 부모, 교사, 배우자, 동료 등에 의한 관찰자 평정들로 구성된다. Block이 종단연구에서 사용한 Q-sort 자료나 Magnusson이 역시 종단연구에서 얻은 과잉활동성(hyperactivity)에 대한 부모의 평정들이 여기에 속한다. O-data는 자연상황에서 자료를 얻는 장점이 있지만 관찰자의 주관적 평정에 의존하기 때문에 신뢰도의 문제가 제기될 수 있다. 이 문제를 해결

하기 위하여 두명 이상의 관찰자로부터 독립된 평정을 받아 그 평균을 취하고 관찰자간 상관을 구하여 신뢰도 점수(관찰자간 신뢰도 혹은 평정자간 신뢰도)로 보고한다. 만약 관찰자간 신뢰도가 낮게 나오면 O-data는 신뢰할 수 없게 된다.

T-data는 실험적 절차나 표준화된 검사로부터 얻어진다. Bandura가 자기효능성의 변화를 알아보기 위하여 얻은 면역세포의 증가자료나, 스트레스의 지표로 사용되는 생리적 측정치들, 그리고 Ainsworth의 애착연구에서의 '낯선 상황' 자료, 장의존성과 장독립성의 인지스타일을 알아보기 위하여 사용된 EFT(Embedded Figures Test) 등이 여기에 속한다. T-data는 개인차보다는 성격기능에 관한 가설들을 검증하는데 주로 사용된다. 표준화된 상황에서 객관적으로 자료를 얻는 장점이 있는 반면, 인위적인 상황과 한정된 피험자 표집이 한계로 작용한다. 예를 들면, 유아는 집이라는 자연상황에서 실험실의 '낯선 상황'에서 관찰된 것과는 다르게 행동할지도 모른다. 또한 실험실에서 주로 피험자 역할을 하는 대학생 집단이 사람들을 잘 대표하는 표본일지도 의문이다.

S-data는 응답자가 자기에 관하여 보고하도록 하는 자기보고자료이다. S-data는 성격평가에서 가장 보편적으로 사용되는 자료로서 성격 질문지나 검사들이 여기에 속한다. 대표적인 성격검사들로 MMPI, CPI, NEO-PI, I-E Scale, Rep Test 등을 들 수 있다. S-data는 많은 수의 피험자들에게 손쉽게 실시할 수 있는 장점이 있는 반면, 피험자가 정직하고 정확하게 반응을 한다는 가정에 크게 의존하는 취약점을 가지고 있다.

대부분의 성격연구자들은 각기 선호하는 종류의 자료가 있으며 연구목적에 따라 적합한 자료의 종류가 달라지기도 한다. 그러나 위에서 언급한 바와 같이 각 자료는 장점과 단점이 있으므로 한 연구에서 두 가지 이상의 자료수집방법을 복합적으로 사용하는 것이 바람직하다. 통합적인 방법론적 다원주의(integrative methodological pluralism)로 불리는 이러한 연구태도는 일찌기 Henry Murray의 실험실에서 모범을 보인바 있으며 최근 많은 성격연구들에서 채택되고 있다. 예를 들면, Bandura는 자기효능성에 관한 연구에서 자기효능성의 신념, 목표설정 상황에서의 수행점수, 면역체계 기능의 측정치 등 다양한 종류의 자료들을 수집하였다.

심리측정상의 요건

성격평가 도구들이 과학적 측정도구로 인정받기 위해서는 심리측정상의 요건들을 만족시켜야 한다. 심리측정상의 요건들 중 가장 중요한 것은 신뢰도(reliability)와 타당도(validity)이다. 신뢰도는 관찰의 재현성(replicability)의 정도를 의미하고, 타당도는 관찰의 진실성(veridicalness)의 여부(혹은 정도)를 지칭한다. 더불어 성격평가도구는 개인의 반응스타일의 영향이 배제되어야 한다. 반응스타일 중 가장 문제가 되는 것은 사회적 바람직성(social desirability), 즉 진실한 반응보다 사회적으로 바람직한 반응을 하려는 경향성이며, 그밖에도 '예' 반응 경향성, 추정반응 경향성, 중앙반응 경향성, 극단반응 경향성 등이 있다.

신뢰도

신뢰도(reliability)는 관찰 혹은 측정을 반복했을 때 일관성있는 결과를 얻는 정도를 기리킨다. 심리측정용어를 빌어서 표현하자면, 관찰된 점수의 변량 중 진점수(true score) 변량이 차지하는 비율이 신뢰도이다. 즉, 신뢰도 계수 = (진점수 변량 / 관찰된 점수 변량)이다. 신뢰도에는 여러 가지가 있으나 크게 다음 세 종류로 분류할 수 있다.

내적 일관성 신뢰도

내적 일관성 신뢰도(internal consistency reliability)는 한 검사의 문항들이 동일한 속성을 측정하는 정도를 반영한다. 내적 일관성 신뢰도를 얻는 가장 손쉬운 방법은 검사를 두 부분(보통 홀수 문항과 짝수 문항)으로 나누어 둘 간의 상관계수를 구한 뒤 교정공식을 사용하여 신뢰도를 얻는 방법이다. 이렇게 얻어진 신뢰도는 반분신뢰도(split-half reliability) 혹은 양분신뢰도로 불린다. 그러나 신뢰도 계산에서 컴퓨터를 사용할 수 있는 요즘에는 보다 더 정확한 내적 일관성 신뢰도의 지표인 Coefficient Alpha(혹은 Cronbach's Alpha)를 구하여 제시한다. Coefficient Alpha(α)는 가능한 모든 반분신뢰도들의 평균을 나타내기 때문에 반분신뢰도보다 훨씬 정확한 신뢰도 계수이다. 한편 검사문항들이 0 혹은 1로만 채점될 때는 간편 공식인 KR-20

의 공식(Kuder-Richardson Formula 20)을 사용하여 신뢰도 계수를 구할 수 있다. 그러므로 Coefficient Alpha나 KR-20나 반분신뢰도나 모두 동일 개념에 근거한 신뢰도 계수로서, 내적 일관성 신뢰도를 제시할 때는 Coefficient Alpha값 하나를 제시하는 것으로 충분하다.

시간적 일관성 신뢰도

시간적 일관성 신뢰도(reliability across time)는 한 검사의 점수들이 시간에 걸쳐 일관성을 보이는 정도를 측정한다. 가장 간단한 방법은 동일한 검사를 두 번 실시하여 둘 간의 상관계수로 표시하는 검사-재검사 신뢰도(test-retest reliability)일 것이다. 그러나 동일한 검사를 두 번 실시할 경우 첫 번째 시행이 두 번째 시행에 영향을 미칠 가능성이 높다. 예를 들면, 연습효과나 기억효과등이 두 번째 시행에 개입하게 된다. 그러므로 동질적인 검사를 A형과 B형의 두 종류로 만들어 둘 사이에 시간 간격을 두고 각각 시행한 뒤, 두 시행 사이의 상관계수를 구하여 동형검사 신뢰도(alternate form reliability)로 제시하기도 한다. 이때 두 시행간의 간격은 적어도 2주 이상이 되어야 시간적 일관성을 충분히 반영할 수 있다고 본다.

채점자(간) 신뢰도

채점과정에 주관성이 많이 개입될 경우 두명 이상의 채점자들이 채점을 하고 이들간의 상관계수를 구하여 채점자(간) 신뢰도(interscorer reliability)를 보고하기도 한다. 경우에 따라서 관찰자(간) 신뢰도, 혹은 평정자(간) 신뢰도를 구하기도 하며, 채점보다는 해석의 주관성이 문제일 경우에는 해석자(간) 신뢰도를 구한다. Rorschach, TAT같은 투사법 검사나 행동관찰 연구(예: '낯선 상황' 에서 아동의 애착행동의 관찰)에서 주로 요구되는 신뢰도이다.

타당도

타당도(validity)는 어떤 검사가 측정하려고 목적했던 것을 정확하게 측정하는 정도를 나타낸다. 신뢰도는 타당도의 필요조건이지만 충분조건은 아니다. 즉 어떤 도구가 타당하다고 말하기 위해서는 신뢰도가 필수적이지만, 신뢰도가 높다고 해서 그 도구가 타당하다고 말할 수는 없다. 예를 들어, 어떤 아동의 지능검사 점수가 108이 나왔다고 하자. 이 아동의 지능이 108이라고 주장하기 위해서는 여러번 반복해서 측정했을 때 점수들이 모두 108에 근접해야 한다. 만약 한번은 70이 나오고 다음에는 120이 나왔다면, 지능이 상당히 안정적인 속성이라는 점을 고려할 때 이 검사는 지능을 측정한 것이 아니다(즉 지능검사로서 타당하지 못하다). 한편 반복측정에서 점수들이 108에 근접했다고 해서 이 검사가 지능검사로서 타당하다는 주장은 할 수 없다. 왜냐하면 이 검사가 측정한 것이 지능이 아니라 학습한 내용이나 동기일 수도 있기 때문이다.

신뢰도가 비교적 단순명료하며 통계적 측정치(신뢰도계수)로 나타낼 수 있는 반면에, 타당도는 다양한 접근을 요구하며 양적 접근이 불가능한 경우가 많다. 그러므로 신뢰도보다 타당도의 확보가 더욱 어렵지만 또한 더욱 중요한 것도 사실이다. 타당도에는 내용타당도(content validity), 준거관련 타당도(criterion-related validity), 구성타당도(construct validity)의 세 종류가 있다.

내용타당도

내용타당도(content validity)는 측정도구가 해당 내용영역을 잘 반영하고 있는지의 여부(정도)에 의해서 결정된다. 내용타당도가 적용되는 가장 좋은 예는 학업성취검사이다. 예를 들면, 성격심리학의 학기말 시험은 성격심리학 시간에 배우거나 공부하도록 요구된 내용들을 반영해야 하며, 다른 과목의 영역이나 배우지 않은 내용들을 포함하는 것은 적절치 못하다. 그렇다고 성격심리학 시간에 배운 내용들을 무작위로 표집해서 시험문제를 만든다고 타당도가 높아지지는 않는다. 왜냐하면 성격심리학의 내용중에는 중요한 것도 있고 중요하지 않은 것도 있어서 교수가 중요도를 고려해서 사려깊게 문제를 선정해야 할 필요가 있기 때문이다. 그러므로 내용타당도는 통계적 방법이나 다른 정해진 절차보다 주로 전문가의 판단에 의존하는 타당도이다. 내용타당도의 한 하위유형으로 볼 수 있는 외관타당도(face validity)는 측정도구가 해당영역(속성)을 측정하는 것으로 보이는 정도를 지칭한다. 외관타당도는 검사의 구매자나 대상자들에게 좋은 검사라는 인상을 주기 위해서 특히 필요하다. 내용타당도는 주로 학업이나 인지기술의 성취정도를 측정하는 검사들에서 특히 중요하지만 성격평가에도 해당되는 타당도이다. 왜냐하면 어떤 성격검사를 제작하기 위해서는 그 검사가 측정하는 것으로 알려진 내용들을 표집하여야 하기 때문이다. 예를 들면, 외향성 검사는 외향적인 행동들을 표집하여 구성된다.

준거관련 타당도

준거관련 타당도(criterion-related validity)는 검사와 그 검사가 측정하려고 하는 특성의 외부 준거간의 관련정도를 반영한다. 준거관련 타당도는 상관계수로 표현될 수 있으며, 준거가 가용될 수 있는 시점에 따라 공존타당도와 예언타당도로 구분된다.

공존타당도(concurrent validity)는 검사점수가 현재 존재하는 준거의 측정치와 얼마나 일치하느냐에 의해서 결정된다. 예를 들면, 임상검사를 개발할 때, 새로이 개발된 검사에 의한 환자의 분류가 다른 방법(정신과의사나 임상심리학자에 의한 인터뷰 등)에 의한 분류와 일치하는 정도가 높을 때 공존타당도가 높다고 한다. MMPI는 공존타당도에 기초하여 만들어진 검사이다. 공존타당도는 기존의 검사를 준거로 사용하여 구하기도 한다. 그러나 이때 준거가 되는 검사가 타당하다는 확신이 있어야 한다. 공존타당도는 타당도가 잘 확립된 기존의 검사를 바탕으로 단축형 검사나 편의검사를 새로 만들었을 때, 새 검사의 타당도를 확립하는 방법으로 자주 사용된다. 100문항으로 이루어진 검사와 30문항으로 단축된 검사간의 상관이 충분히 높다면 대부분의 경우에 단축형 검사를 사용해도 무방할 것이다.

예언타당도(predictive validity)는 미래에 나타날 행동이나 현상을 정확하게 예언하는 정도를 가리킨다. 예언타당도가 전형적으로 요구되는 상황은 특수한 교육이나 과제나 직업에 적당한 사람들을 선발하는 경우이다. 예를 들면, 소방관을 선발하는 검사를 제작하여 시행한 후 이 검사에서 높은 점수를 받은 사람들이 낮은 점수를 받은 사람들보다 나중에 소방관으로서 훌륭히 업무를 수행하였는지를 비교한다. 이 때의 문제점은, 검사에서 낮은 점수를 받은 사람들은 소방관으로 선발되지 않기 때문에 시험에 합격한 비교적 좁은 점수범위의 사람들을 대상으로 타당도를 확인할 수밖에 없다는 점이다. 대학의 입학시험의 경우에도 대학에서 공부를 잘 할 학생을 뽑는 것이 목적이므로 입학성적과 대학 4년간의 학업성적간의 상관계수가 입학시험의 예언타당도를 반영하는 것으로 간주될 수 있다.

구성 타당도

성격검사에서 가장 중요한 타당도는 구성개념 타당도 혹은 구성 타당도

(construct validity)이다. 심리적 측정도구의 구성 타당도는 그 도구가 특정 구성개념을 측정하는 정도를 지칭한다. 구성개념이란 추상적이고 잠재적인 변인으로서 직접 관찰되지 않는다. 구성개념은 모든 과학영역에 존재하지만 특히 심리학에서 중요한 역할을 하며, 불안, 성취동기, 외향성-내향성, 지능 등의 예를 들 수 있다. 구성 타당도는 단 하나의 방식이나 한번의 조사로 결정되지 않으며, 어떤 심리적 변인을 측정하기 위하여 제작된 측정도구가 그 변인을 효과적으로 측정하는지를 발견하기 위하여 고안된 일련의 절차들로 구성된다. 구성 타당도의 증거를 제공하는 절차들이 아래에 소개되어 있는데, 이들 중 경우에 따라 적절한 절차들을 선정하여 사용하며, 보통 여러개의 절차들에서 증거가 발견될 때 보다 타당도가 높다고 간주된다.

1. 검사의 내용이 해당 구성개념에 적합하다는 전문가의 판단.

2. 검사가 관련행동들을 예언하는 정도의 분석. 예를 들면, 공격성을 측정하는 검사를 제작한 후 사람들에게 이 검사를 실시하여 검사점수에 따라 공격성이 높은 집단과 낮은 집단으로 분류한 다음 이들을 자연상황 혹은 실험실 상황에서 관찰한다. 이때 공격성점수가 높은 집단이 낮은 집단보다 더 높은 공격성을 보였다면 이 검사는 공격성을 측정하는 타당한 검사로 인정된다. 다른 예로는, 지능검사를 제작한 후 지능이 연령이 높아짐에 따라 발달한다는 이론에 근거하여 연령이 높을수록 더 많은 문항들에 정확하게 응답을 하는지를 확인한다.

3. 검사문항들의 요인분석. 검사문항들의 요인분석 결과가 해당 구성개념에서 기대되는 요인구조와 일치하는지를 확인한다. 예를 들면, 강인성(hardiness)의 이론에서는 강인성이 몰입, 통제, 도전의 세 성분으로 구성되어 있다고 가정하기 때문에, 타당한 강인성 척도는 문항들을 요인분석했을 때 위의 세 개의 요인으로 이루어진 요인구조를 보여야 할 것이다. 대부분의 심리측정 도구들은 단일 개념의 측정을 목표로 하기 때문에 문항들의 요인분석에서 단일 요인의 구조, 즉 내적 일관성을 보이는 것이 중요하다.

4. 검사점수와 다른 변인간의 상관관계의 분석. 검사가 타당하기 위해서는, 검사점수가 상관이 높을 것으로 기대되는 변인의 측정치와는 높게 나오고, 상관이 낮을 것으로 기대되는 변인의 측정치와는 낮게 나와야 한다. 예를 들면, 정서복잡성(황석현과 민경환, 1998)은 인지복잡성이나 지능과 독립적인 개념으로 제안되었기 때문에 이들과는 상관이 낮게 나와야 하고, 반대로 유사한 개념인 정서지능의 하위 요소들과는 높은 상관을 보일 것으로 기대된다.

5. 수렴타당도(convergent validity) 및 변별타당도(discriminant validity)의 분석. 구성 타당도를 확보하기 위해서 측정도구는 동일한 구성개념을 측정하는 다른 도구(혹은 다른 방법)와 높은 상관을 보여야 하고(수렴타당도), 상이한 구성개념을 측정하는 도구와는 낮은 상관을 보여야 한다(변별타당도). 측정도구의 수렴타당도와 변별타당도를 확인하는데 가장 널리 쓰이는 방법은 Campbell과 Fiske(1959)에 의해 제안된 다특질-다방법 접근(multitrait-multimethod approach)이다. 이 접근에서는 (1) 동일한 구성개념을 동일한 방법을 사용하여 얻은 측정치들간 상관, (2) 상이한 구성개념들을 동일한 방법을 사용하여 얻은 측정치들간 상관, (3) 동일한 구성개념을 상이한 방법들을 사용하여 얻은 측정치들간 상관, (4) 상이한 구성개념들을 상이한 방법들을 사용하여 얻은 측정치들간 상관 등 4개의 상관계수를 산출한다. 구성타당도를 인정받기 위해서는 동일한 구성개념을 동일한 혹은 상이한 방법들을 사용하여 얻은 측정치들간의 상관들(1과 3)이 상이한 구성개념들을 동일한 혹은 상이한 방법들을 사용하여 얻은 측정치들간의 상관들(2와 4)보다 통계적으로 의미있게 커야 한다. 불행히도 이러한 기준을 만족시키지 못하는 경우가 종종 발견된다. 특히 상이한 구성개념들을 동일한 방법을 사용하여 얻은 측정치들간 상관(2)이 동일한 구성개념을 상이한 방법들을 사용하여 얻은 측정치들간 상관(3)보다 높은 경우가 많다. 이 경우에는 방법(지필검사, 투사법, 평정척도, 면접 등)이 측정대상인 구성개념보다 무엇이 측정되는가를 결정하는데 더욱 큰 영향을 미쳤다고 결론을 내릴 수 있다.

반응 스타일

반응 스타일(response style)이란 여러 검사상황들에 걸쳐 일관성있게 나타나는 개인의 특성으로, 피검자가 문항에 대하여 진실하게 응답하지 않고 반응 스타일에 의존하여 응답하게 되면 검사의 결과를 믿을 수 없게 된다. 가장 자주 발견되고 가장 해결하기 어려운 반응 스타일은 사회적 바람직성 반응이다.

사회적 바람직성 반응

사회적 바람직성(social desirability) 반응은 진실보다는 사회적으로 바람직하다고 간주되는 방향으로 응답을 하는 경향성을 지칭한다. 성격측정에서 사회적 바람직성의 문제를 처음 제기한 Edwards(1953)의 연구에서 각 문항의 사회적으로 바람직한 정도의 평정과 그 문항이 자신에게 해당된다고 응답할 확률간의 상관은 .87에 이르렀다. 그후 Edwards(1957)는 사회적 바람직성 척도(social desirability scale)를 개발하여 사회적 바람직성이 신뢰로운 개인차의 차원임을 밝혔다. 그는 사회적 바람직성의 개인차가 측정대상인 성격특성들과는 관계가 없으므로 성격측정에서 이 반응경향성을 제거하거나 통제할 것을 강조하였다. 사회적 바람직성을 통제하기 위해서 (1) 사회적 바람직성 반응 성향이 특히 높은 사람들을 판별하여 배제하는 방법, (2) 사회적 바람직성의 정도가 유사한 문항들을 짝지어 선택하도록 하는 방법, (3) 지시문에서 정직한 반응을 강조하는 방법 등이 사용된다. 한때 사회적 바람직성 반응 성향은 자기보고 성격검사의 타당성을 위협하는 가장 큰 장애물로 간주되었지만 그 뒤 관심이 상당히 퇴조하였다. 그러나 MMPI나 CPI 등에는 사회적 바람직성 반응을 비롯한 거짓반응들을 판별하기 위한 척도들이 포함되어 있다. 사회적으로 바람직한 문항들에 대한 응답은 실제 적응을 반영할 수도 있고, 자기에 관한 지식을 표현한 것일 수도 있으며, 정직성 여부의 반영일 수도 있는데 이들 세 성분 중 실제적응이나 자기지식은 반응스타일로 볼 수 없기 때문에 부정직성만 성격검사에서 문제되는 성분으로서 제거되거나 통제되어야 할 대상으로 남는다.

기타 반응 스타일

사회적 바람직성외의 반응 스타일에는 '예' 반응 경향성(묵종경향성 혹은 동의경향성으로도 불리며 문항들에 대해 진실과 상관없이 '예' 혹은 '사실' 이라고 반응하는 경향성), 중앙반응 경향성(평정시 양 극단을 피하고 주로 중앙에 응답하는 경향성), 극단반응 경향성(평정시 극단에 주로 응답하는 경향성) 등이 있다. 그러나 이들은 드물게 나타나고 영향이 미미하며 대처가 단순하기 때문에 사회적 바람직성만큼 주목을 받지 못했다.

성격검사의 분류와 소개

앞에서 성격측정자료의 유형으로 L, O, T, S 등을 소개하였다. 이들 중 성격진단을 위하여 가장 널리 쓰이는 자료는 S 즉 자기보고자료이다. 성격검사는 다수의 자기보고 검사들(S 자료)과 소수의 투사검사들(T 자료)로 구성된다. 여기서는 중요한 성격검사들을 일반성격검사, 단일특성검사, 임상검사,

투사검사의 4 유형으로 나누어 간략하게 소개하였다.

성격검사 I: 일반 성격검사

1. NEO-Personality Inventory(NEO-PI)(Costa & McRae, 1985; 1992)

(1) 성인대상(20-90세)

(2) 181문항(자기보고형인 Form S와 관찰자 평정형인 Form R의 두 유형)의 각각에 대하여 5점 척도(강하게 반대, 반대, 중립, 동의, 강하게 동의)상에서 평정.

(3) 5 성격영역(신경증성향, 외향성, 경험에 대한 개방성, 우호성, 성실성)으로 구성.

(4) 5 성격영역의 각각은 6개씩의 하위척도들로 구성.

2. California Psychological Inventory(CPI)(Gough, 1957)

(1) 성인대상(특히 고등학생, 대학생, 청년들에게 적당)

(2) 480문항(개정판에서는 462문항) 중 178문항을 MMPI에서 선택. 각 문항에 대하여 그렇다-아니다(T-F)로 반응.

(3) 3개군(대인간 적절감, 사회적 규범과 가치의 수용 혹은 배척, 지적 학문적 변인들)으로 이루어진 18개의 척도(지배성, 지위에 대한 역량, 사교성, 사회적 침착성, 자기수용, 안녕감/책임성, 사회화, 자기통제, 관용성, 좋은 인상, 공통성/순응을 통한 성취, 독립을 통한 성취, 지적 효율성, 심리적 성향, 유연성, 여성성)로 구성됨. 개정판에서는 공감성과 독립성의 2개 척도가 추가됨.

3. Eysenck Personality Questionnaire(EPQ)(Eysenck & Eysenck, 1975)

(1) 넓은 연령범위의 대상(7세-성인)

(2) 성인용 90 문항, 아동용 81 문항으로 구성. 예-아니오(T-F)로 반응.

(3) EPI의 2개 차원(신경증성향과 외향성)에 3번째 차원(정신병성향)과 거짓말 척도가 추가된 것임.

4. 16 Personality Factor(16 PF) Questionnaire(Cattell, 1956)

(1) 성인대상(아동용도 있음)

(2) 187문항으로 구성. 예-아니오(T-F)로 반응.

(3) 16개 성격특질들(따뜻함, 지능, 자아강도, 지배성, 충동성, 집단 동조성, 대담성, 여린 마음, 의심, 상상, 영리함, 죄의식 성향, 반항성, 자기충족성, 강박성, 유동불안)과 3개의 타당도 혹은 검사태도 척도들(동기적 왜곡 혹

표 8.2 EPQ(성인용)의 문항 예

아래 물음에 대하여 '예' 나 '아니오' 에 ○표해 주십시오. 어디에 ○표를 해도 좋습니다. 옳고 그른 것이 있는 것이 아닙니다. 한 질문에 대해 너무 깊이 생각하지 말고 생각나는대로 ○표 하십시오.

1. 당신은 취미가 다양합니까?…………………………………………………… 예 아니오
2. 당신은 별 이유도 없이 비참하게 느껴진 적이 있습니까?
3. 당신은 한번 약속하면 어떤 일이 있더라도 꼭 지킵니까?
4. 당신은 새로 사람을 만나는 것이 즐겁습니까?
5. 당신이 사랑하는 사람을 괴롭히는 것이 재미있습니까?
6. 당신은 가끔 알지도 못하는 일에 대해서 이야기 합니까?
7. 당신은 게임할 때 속임수를 쓴 적이 있습니까?
8. 당신의 어머니는 훌륭한 여성입니까?
9. 당신은 외모에 대해서 신경을 많이 씁니까?
10. 당신은 난처한 일을 당하고 나면 오랫동안 고민합니까?

출처: 심리척도 핸드북 I (고려대학교 부설 행동과학연구소 편, 1998)

은 위선반응, 위악반응, 무선반응)로 구성.

5. Myers-Briggs Type Indicator(MBTI)(Myers, 1962)

(1) Jung의 성격 유형론에 근거.

(2) 166(Form F) 혹은 126(Form G)개의 느낌과 행동에서의 선호를 묻는 2선지 문항들로 구성.

(3) 4개의 양극척도들(내향-외향, 감각-직관, 사고-감정, 판단-지각)로 채점.

성격검사 II: 단일 특질(인지, 정서, 동기, 행동패턴) 검사

1. Wechsler Intelligence Tests: WAIS(성인용), WISC(아동용), WPPSI(유아용) 및 그 개정판들

(1) 언어척도와 수행척도로 나누어지며 언어 IQ, 수행 IQ, 전체 IQ의 세가지 IQ를 얻음.

(2) 언어척도 및 수행척도는 각각 5-6개의 하위검사들로 구성.

(3) KWIS(WAIS의 번안)가 전용신, 이창우, 서봉연(1963)에 의해서 제작됨.

2. Internal-External Locus of Control Scale(I-E Scale)(Rotter, 1966)

(1) 내적 통제성은 결과(강화)에 대한 책임이 자신에게 있다고 믿는 경향성

이며, 외적 통제성은 결과(강화)가 외적 힘(운, 사회적 맥락, 다른 사람 등)에 의해서 결정된다고 믿는 경향성임.

(2) I–E 척도는 23쌍의 문항들(+6개의 filler 문항들)로 구성. 피검자는 두 문항 중 하나를 강제로 선택하게 됨

3. Attributional Style Questionnaire(ASQ)(Peterson, 1991)

(1) 긍정적 사건과 부정적 사건, 성취관련 사건과 대인관계 사건에 관한 가상적 상황의 시나리오를 제시.

(2) 각각의 원인에 대해 세 가지 차원(내부, 안정성, 총체성)으로 귀인양식을 측정.

4. Life Orientation Test(LOT)(Scheier & Carver, 1985)

(1) 낙관주의(자신의 삶에서 대체로 좋은 일들이 일어날 것이라는 신념)를 측정하기 위한 도구

(2) 낙관주의 4문항, 비관주의 4문항 등 총 8문항으로 구성(개정판에서는 3+3=6 문항과 filler 문항 4개 등 총 10문항으로 구성). 5점 척도(매우 그렇지 않다, 그렇지 않다, 보통이다, 그렇다, 매우 그렇다)상에서 응답.

5. Positive and Negative Affect Schedule(PANAS)(Watson, Clark, & Tellegen, 1988)

(1) 정적 감정과 부적 감정을 평가하기 위한 목록표임.

(2) 정적 감정 형용사 10개와 부적 감정 형용사 10개로 구성.

(3) 목록의 형용사들이 현재 느끼는 감정이나 기분과 일치하는 정도를 5점 척도상에서 평정함(전혀 그렇지 않다 …… 매우 많이 그렇다).

6. Profile of Mood States(POMS)(Eichman & Weckowicz, 1971)

(1) 18세–성인 대상

(2) 감정과 기분을 묘사하는 65개의 형용사들로 구성. 5점 척도(전혀, 조금, 약간, 꽤, 아주)상에서 반응.

(3) 6개 요인들(긴장–불안, 우울–낙담, 분노–적개심, 활력–활동성, 피로–무기력, 혼동–당혹감)로 채점되며, 총점은 전체 기분 혼란(Total Mood Disturbance: TMD) 점수가 됨.

7. Multiple Affect Adjective Check List(MAACL)(Zuckerman & Lubin, 1985)

(1) 고등학생, 대학생, 성인 대상.

(2) 132개의 감정을 기술하는 형용사들로 구성. 일반적으로 느끼는 감정을

지칭하는 형용사들에 체크하게 하거나 (감정특질들을 측정하는 General Form), 오늘 혹은 현재 느끼는 감정을 지칭하는 형용사들에 체크하게 함(하루하루의 변동을 측정하는 Today Form).

(3) 5개의 기본 척도들(불안, 우울, 적개심, 긍정적 감정, 자극추구)에서 채점이 이루어지고, 덧붙여서 우울성(dysphoria)과 긍정적 감정 + 자극추구의 두 요약점수가 얻어진다.

8. Marlowe-Crowne Social Desirability Scale(MCSD)(Crowne & Marlowe, 1960)

(1) 사회적으로 바람직한 방향으로 반응하려는 성향, 혹은 사회적 인정욕구의 측정도구로 사용.

(2) 33 문항으로 구성(바람직하지만 아주 드문 행동들과 바람직하지 않지만 아주 보편적인 행동들). 예-아니오(T-F)로 반응.

9. Sensation Seeking Scale(SSS)(Zuckerman, 1979)

(1) 성인대상

(2) 감각추구 성향(새로운 경험에 대한 욕망과 위험을 택하려는 의욕)을 측정.

(3) 14쌍의 문항들로 구성. 각 쌍에서 자신의 감정을 더 잘 반영하는 문장을 선택하도록 함.

표 8.3 PANAS

다음에 나오는 각 단어는 감정이나 기분을 기술한 것입니다. 각 단어를 읽고 지금 이 순간 당신이 그렇게 느끼는 정도를 보기의 번호를 기입함으로써 평가해 주십시오.

[보기]
전혀 그렇지 않다 ············ 1
약간 그렇다 ············ 2
보통 정도로 그렇다 ············ 3
많이 그렇다 ············ 4
매우 많이 그렇다 ············ 5

흥미진진한 ____ 민활한 ____ 강한 ____ 원기왕성한 ____ 단호한 ____
죄책감 드는 ____ 피로한 ____ 부끄러운 ____ 혼란스러운 ____ 과민한 ____
주의깊은 ____ 흥분된 ____ 열정적인 ____ 자랑스러운 ____ 활기찬 ____
신경질적인 ____ 겁에 질린 ____ 적대적인 ____ 조바심나는 ____ 두려운 ____

출처: 심리척도 핸드북 I (고려대학교 부설 행동과학연구소 편, 1998)

읽어보기·····

양성성 개념과 BSRI

성역할에 관한 고정관념적 시각에서는 남성은 '남성적인' 특성을 갖는 것이 바람직하고, 여성은 '여성적인' 특성을 갖는 것이 바람직하다. 또한 남성성과 여성성은 서로 반대되는 특성으로 간주되어 양극척도상에서 평정되었다. 즉 남성성-여성성의 단일 차원상에서 어느 위치에 놓이는가에 따라 남성성 혹은 여성성의 정도가 결정되었다. 이 척도에서는 남성성이 높으면 필연적으로 여성성이 낮고, 반대로 여성성이 높으면 자동적으로 남성성이 낮게 나오도록 되어 있다.

양성적인 시각에서 볼 때 이러한 척도는 양성적인 특성의 측정을 불가능하게 만든다. 양성성을 측정하는 척도에서는 이러한 양 극단의 개념을 거부하고 여성성과 남성성을 상호 독립적인 요소로 보았다. 이 새로운 척도에서는 응답자가 다양한 특성을 보일 수 있게 된다. 즉 두가지 특성이 다 높을 수도 있고, 다 낮을 수도 있고, 하나는 높고 하나는 낮을 수도 있는 것이다.

Bem(1974)은 양성성을 본인의 성에 관계없이 바람직한 남성적 특성들과 바람직한 여성적 특성들을 다같이 갖춘 이상적인 사람으로 정의하고, 양성적인 사람들을 판별하는 자기보고 검사인 Bem Sex Role Inventory(BSRI)를 개발하였다. 이 검사에서는 고정관념상에서 남성적인 특성들을 표현하는 성격형용사들과 역시 고정관념상에서 여성적인 특성들을 표현하는 성격형용사들로 구성된 설문지를 피검자에게 실시한다. 검사결과에 따라 피검자들은 양성적, 남성적, 여성적, 미분화의 4유형으로 구분된다. 이 분류는 중앙치 분리법을 적용한 것으로서, 남성성 점수와 여성성 점수가 다같이 중앙치 이상이면 양성적, 다같이 중앙치 이하이면 미분화, 남성성 점수는 중앙치 이상이고 여성성 점수가 중앙치 이하이면 남성적, 그 반대이면 여성적으로 분류된다. 아래에 BSRI에 기초하여 제작된 한국 성역할 검사(Korean Sex Role Inventory: KSRI)(정진경, 1990)의 남성성, 여성성 문항들을 소개한다.

표 8.4 KSRI의 남성성, 여성성 문항들

남성성	여성성
믿음직스럽다	섬세하다
과묵하다	어질다
남성적이다	친절하다
강하다	온화하다
자신감이 있다	부드럽다
털털하다	상냥하다
박력이 있다	감정이 풍부하다
독립적이다	깔끔하다
씩씩하다	따듯하다
야심적이다	인정이 많다
근엄하다	다정다감하다

의욕적이다	차분하다
자신의 신념을 주장한다	알뜰하다
의지력이 강하다	유순하다
대범하다	민감하다
집념이 강하다	순종적이다
의리가 있다	꼼꼼하다
지도력이 있다	얌전하다
결단력이 있다	여성적이다
모험적이다	싹싹하다

출처: 정진경, 1990

10. Bem Sex Role Inventory(BSRI)(Bem, 1974)

(1) 60문항으로 구성(남성성 척도 20문항과 여성성 척도 20문항 및 중성적 filler 20문항). 7점 척도(결코 혹은 거의 항상 사실이 아니다 …… 항상 혹은 거의 항상 사실이다)상에서 평정.

(2) 피검자들은 점수에 따라 남성성, 여성성, 양성성(androgyny), 미분화의 4집단으로 분류됨.

(3) 한국판 성역할 검사(KSRI)가 정진경(1990)에 의해서 제작됨.

11. Tennesse Self-Concept Scale(TSCS)(Roid & Fitts, 1988)

(1) 12세 이상-성인 대상

(2) 100문항으로 구성. 5점 척도(전혀 거짓, 대부분 거짓, 부분적으로 거짓이고 부분적으로 사실, 대부분 사실, 전적으로 사실)상에서 평정.

(3) 총점(높을수록 긍정적 자기개념을 나타냄)과 5개의 범주(신체적 자기, 도덕 및 윤리적 자기, 개인적 자기, 가정적 자기, 사회적 자기) 점수들을 구할 수 있음

12. Self-Esteem Scale(SES)(Rosenberg, 1965)

(1) 고등학생 이상 성인 대상

(2) 10개의 문항으로 구성. 4점 척도(강하게 동의, 동의, 반대, 강하게 반대)상에서 평정.

13. Self-Esteem Inventory(SEI)(Coopersmith, 1967)

(1) 아동대상

(2) 50문항형과 25문항형이 있음. 각 문항에 대해 '나와 같다'와 '나와 다르다' 중 선택하게 함.

14. California F Scales(Adorno et al., 1950)

(1) 인종간 편견과 친(親)파시스트 성향을 간접적으로 측정. 권위주의 척도로 지칭되어 옴.

(2) 4가지 형(문항 수에 따라 Form 78, Form 60, Form 40-45, Form 60A로 불림)이 있으며 7점 척도(강하게 반대 …… 강하게 동의)상에서 평정.

(3) 9개의 이론적 성분들에 기초: 인습주의, 권위주의적 공격성, 권위주의적 복종성, 반(反) 내성주의, 미신과 고정관념적 사고, 권력과 강인함에 대한 믿음, 파괴주의와 냉소주의, 투사성, 성에 대한 과도한 관심.

(4) 한국판 권위주의 척도가 민경환(1989)에 의해서 제작됨.

성격검사 III: 임상검사

1. Minnesota Multiphasic Personality Inventory(MMPI) (Hathaway & McKinley, 1943)

(1) 심리적 장애를 진단하는데 사용(16세 이상 및 6년 교육수준 이상인 사람들을 대상)

(2) 550개의 문항들로 이루어짐. T-F로 반응.

(3) 4개의 타당도(검사태도) 척도(?, L, F, K)와 9개의 임상척도(Hs, D, Hy, Pd, Mf, Pa, Pt, Sc, Ma) 및 사회적 내향성(Si) 척도로 구성.

(4) 많은 특수 척도들이 MMPI로부터 개발됨. 그중 자주 쓰이는 것들이 불안(A) 척도, 억압(R) 척도, 자아강도(Es) 척도, MacAndrew 알코올리즘(Mac) 척도 등이다.

(5) 한국판 MMPI는 1965년 미국판 MMPI를 바탕으로 표준화 검사를 거쳐 제작되었고(정범모 · 이정균 · 진위교, 코리안 테스팅 센터), 1989년 한국임상심리학회에서 개정판을 출판하였음(김영환 · 김재환 · 김중술 · 노명래 · 염태호 · 오상우, 한국 가이던스)

2. Millon Clinical Multiaxial Inventory(MCMI)(Millon, 1987)

(1) 17세 이상의 임상환자들 대상

(2) 175 자기-기술적 진술문들로 구성. T-F로 반응.

(3) 25개의 임상척도들로 구성. DSM과 밀접한 관련.

3. Symptom Check List-90(SCL-90)(Derogatis, 1977)

(1) 90개의 자기보고식 증상문항들에 체크하도록 함.

(2) 정신과 및 일반 환자들의 심리적 증상패턴들을 반영하는 9개의 주요차

읽어보기·····

MMPI

미네소타 다면적 인성검사(Minnesota Multiphasic Personality Inventory: MMPI)는 세계적으로 가장 널리 쓰이고 가장 많이 연구되어 온 자기보고 성격검사이다. 오늘날까지 MMPI에 관해서는 45개 나라에서 115종류 이상의 번역판이 출판되어 있고, 12,000편 이상의 연구논문이나 저서가 발표되어 있다(김중술, 1996).

원래 MMPI는 1940년대 미국 미네소타 대학의 임상심리학자인 Starke Hathaway와 정신과 의사인 Jovian McKinley에 의하여 비정상적인 행동을 객관적으로 측정하기 위한 한 가지 수단으로 만들어졌다. 따라서 MMPI의 일차적인 목적은 정신과적 진단분류를 위한 측정이며, 소위 일반적 성격특성을 측정하기 위한 것은 아니다. 그러나 병리적 분류의 개념이 정상인의 행동설명에도 어느정도 적용 가능하다는 전제하에서 MMPI를 통하여 일반적 성격특성에 관한 유추도 어느정도 가능할 수 있다.

MMPI는 준거-대응 방식(criterion-keying approach)에 따라서 개발된 좋은 예이다. 각 척도의 문항들은 해당 정신과 진단 환자들을 다른 집단(정상인들 및 다른 정신과 진단 환자들)과 신뢰롭게 구분해주는 문항들로 구성되었다.

MMPI는 다음과 비슷한 형태의 566문항(반복된 문항을 제외하면 550 문항)으로 구성되어 있다.

나는 학교에서 자주 곤란에 빠진다.
대부분의 경우에 나는 행복을 느낀다.
누군가 나의 생각을 조종한다.
카드를 하거나 게임을 할 때 내가 이기는 것이 중요하다.

피검자는 각 문항에 대하여 '그렇다' 혹은 '아니다'의 두 가지 답변 중 하나를 택하여 반응하도록 요구된다.

이와 같은 반응은 주요 비정상행동의 종류를 측정하는 10가지 임상척도와 그 사람의 검사태도를 측정하는 4가지 타당도 척도에 따라 채점된다. 〈표 8.5〉는 이들 10가지 임상척도와 4가지 타당도 척도의 척도명과 기호를 보여주고 있다. 각 척도별 피검자의 점수는 프로파일로 제시된다. 각 임상척도의 점수는 평균 50과 표준편차 10인 T점수로 표시된다. 70점 이상(평균보다 2 표준편차 이상)이면 임상적 의미가 있는 것으로 간주된다. 평균으로부터 2 표준편차 내의 점수들은 정상범위 내로 간주된다.

1990년에 미국에서는 기존 MMPI에 대대적인 수정을 가하여 MMPI-2를 제작하였다. MMPI-2에서는 (1) 기준집단을 확장하고, (2) 적절치 못한 문항들을 수정하거나 폐기하고 새로운 문항들을 포함시켰으며, (3) 자살기도, 약물남용 및 치료와 관련된 행위 등 검사 사용자들이 중요하다고 생각하는 여러 행동 특성들을 포함시켰다.

표 8.5 MMPI 타당도 및 임상척도

척 도 명	기 호	약 자
타당도 척도		
알수 없다		?
부인척도		L
F척도		F
K척도		K
임상척도		
건강염려증(Hypochondriasis)	1	Hs
우울증(Depression)	2	D
히스테리(Hysteria)	3	Hy
반사회성(Psychopathic Deviate)	4	Pd
남성특성-여성특성(Masculinity-Femininity)	5	Mf
편집증(Paranoia)	6	Pa
강박증(Psychasthenia)	7	Pt
정신분열증(Schizophrenia)	8	Sc
경조증(Hypomania)	9	Ma
내향성(Social introversion)	0	Si

출처: 김중술, 1996

원들(신체화, 강박증, 대인민감성, 우울증, 적개심, 공포불안, 편집사고, 정신병증상 등)로 구성됨.

4. Beck Depression Inventory(BDI)(Beck, 1967; Beck & Beck, 1972)

(1) 13-80세 대상

(2) 우울증을 확인하고 강도를 평가하며 우울증을 불안과 구별하기 위하여 사용

(3) 임상적으로 우울한 환자의 언어에서 진술되는 감정, 태도, 행동을 반영하는 21개의 문항들로 구성. 0-3의 척도상에서 평정.

(4) 한국판 BDI가 이영호(1993)에 의해서 제작됨.

5. State-Trait Anxiety Inventory(STAI)(Spielberger, 1970)

(1) 자기평가적 불안검사로서 각 20 문항으로 이루어진 두가지 형(A-State와 A-Trait)이 있음

(2) A-State 질문지에서는 지금 순간에 어느정도로 불안을 느끼고 있는가를 4점 척도상에서 응답. A-Trait 질문지에서는 일반적으로 얼마나 자주 불

표 8.6 BDI의 문항 예

다음의 문항을 읽어보시고 각 번호의 여러 란 중에서 요즈음 자신에게 가장 적합하다고 생각되는 번호를 하나씩만 골라 ○표를 하십시오.

1. (1) 나는 슬프지 않다 ( )
(2) 나는 슬프다 ( )
(3) 나는 항상 슬프고 기운을 낼 수 없다 ( )
(4) 나는 너무나 슬프고 불행해서 도저히 견딜 수 없다 ( )

2. (1) 나는 실패자라고 느끼지 않는다 ( )
(2) 나는 보통사람들보다 더 많이 실패한 것 같다 ( )
(3) 내가 살아온 과거를 뒤돌아 보면, 실패투성이인 것 같다 ( )
(4) 나는 인간으로서 완전한 실패자라고 느낀다 ( )

3. (1) 나는 특별히 죄책감을 느끼지 않는다 ( )
(2) 나는 죄책감을 느낄 때가 많다 ( )
(3) 나는 죄책감을 느낄 때가 아주 많다 ( )
(4) 나는 항상 죄책감에 시달리고 있다 ( )

4. (1) 나는 자살같은 것은 생각하지 않는다 ( )
(2) 나는 자살할 생각을 가끔 하지만, 실제로 하지는 않을 것이다 ( )
(3) 자살하고 싶은 생각이 자주 든다 ( )
(4) 나는 기회만 있으면 자살하겠다 ( )

5. (1) 나는 평소처럼 잠을 잘 수 있다 ( )
(2) 나는 전만큼 잠을 자지는 못한다 ( )
(3) 나는 전보다 한두 시간 일찍 깨고 다시 잠들기 어렵다 ( )
(4) 나는 평소보다 몇시간이나 일찍 깨고, 한번 깨면 다시 잠들 수 없다 ( )

6. (1) 나는 다른 사람들에 대한 관심을 잃지 않고 있다 ( )
(2) 나는 전보다 다른 사람들에 대한 관심이 줄었다 ( )
(3) 나는 다른 사람들에 대한 관심이 거의 없어졌다 ( )
(4) 나는 다른 사람들에 대한 관심이 완전히 없어졌다 ( )

출처: 심리척도 핸드북 I (고려대학교 부설 행동과학연구소 편, 1998)

안을 느끼는가를 4점 척도상에서 응답.

(3) 성인대상이며 아동용 척도(Children's State-Trait Anxiety Inventory: How-I-Feel Questionnaire)도 개발되었음.

투사검사(projective tests)

가장 잘 알려진 분류(Lindzey, 1959)에 따르면 투사검사는 (1) 연상(단어연상, 초기기억, Rorschach), (2) 구성(TAT, HTP, Make-a-Picture-Story Test), (3) 완성(문장완성 검사들 및 Rosenzweig Picture Frustration Study), (4) 배열 혹은 선택(Szondi Test, Kahn Test of Symbol Arrangement), (5) 표현(필적분석, 그림, 심리극)의 다섯 유형으로 나누어진다.

1. 연상검사

(1) 초기 회상: Adler에 의해서 처음 사용됨. "너의 최초의 기억을 이야기해달라, 단 특정적, 구체적, 단일한 기억을 이야기할 것"을 요구. 보통 3-6개의 구분되는 기억들이 얻어지며 여기에서 공통된 주제를 찾게됨.

(2) 단어연상: Galton(1879)에 의해서 소개. 후에 Wundt(1880)의 실험실에서 사용되었고 Kraepelin(1892)과 Jung(1910)에 의해서 임상적 상황에서 사용됨. 단어연상 검사를 실시할 때는, 우선 단어들의 목록을 한번에 한 단어씩 읽어주고 각 단어에 대해서 마음에 떠오르는 첫 단어를 말하도록 지시. 중성단어들 사이에 정서적으로 부하된 단어들 혹은 환자에게 특별한 의미를 가진 단어들을 삽입시킴. 긴 반응시간이나 특이한 연상들은 정서장애의 증상일 것으로 추정함. 많은 임상심리학자들은 단어들의 목록을 스스로 구성. 표준화된 목록으로는 Kent-Rosanoff Free Association Test(Kent & Rosanoff, 1910) 및 Rapaport, Gill, & Schafer(1946)에 의해서 구성된 단어목록이 있음.

2. 완성 검사

미완성된 문장, 이야기, 그림들을 완성하도록 하는 검사들은 다른 투사검사들보다 피상적인 혹은 의식적인 반응들을 산출하는 경향이 있지만 더 구조화되어 있으며 따라서 더 높은 신뢰도를 보인다.

(1) 문장완성: 대부분의 문장완성검사들은 특정상황에서 특정목적을 위하여 제작되어 출판되지 않고 표준화되지 않은 것들이다. 그러나 Rotter Incomplete Sentences Blank(ISB)와 Bloom Sentence Completion Survey(BSCS)는 출판된 표준화된 문장완성검사들 중 대표적인 것임.

(2) 이야기 완성: 아동의 경우에 문장완성보다는 이야기 완성이 적절. 이야기의 시작을 제공하고 완성하도록 함. 대부분 특정 아동과 평가목적에 맞추어서 만들지만 표준화된 검사들도 존재. 그 중 Madeline Thomas Stories (Zlotogorski & Wiggs, 1986)와 Duss(Despert) Fables(Rabin & Zlotogorski, 1981)가 대표적.

(3) Rosenzweig Picture-Frustration Study(P-F): 연령에 따라 3유형(4-13세, 12-18세, 18세 이상). 24개의 만화조각으로 구성. 두 사람의 대화로 구성되는데 왼쪽 사람이 오른쪽 사람에게 좌절상황을 기술하거나 좌절을 가져오는 발언을 하면 피검자는 오른쪽 사람의 머리에 떠 오른 언어반응을 쓰게 함.

3. 그림검사

(1) Draw-a-Person Test(DAP)(Machover, 1949, 1951): 성격특성들과 기능을 평가하기 위하여 개발됨. 백지에 사람을 그리도록 하고 다른 종이에 첫 번째 그림과 다른 성(性)의 사람을 그리게 하고, 각 사람에 대하여 이야기(나이, 야망, 교육수준, 공포 등 포함)를 하도록 함.

(2) House-Tree-Person Technique(HTP)(Buck, 1948): 연필과 백지를 주고 집과 나무와 사람을 그리도록 함. 다음에 크레용을 주고 역시 집과 나무와 사람을 그리도록 함. 마지막으로 각 그림에 대한 20개의 질문에 대답하도록 함. 집은 피검자의 집(가정생활과 가족관계에 관한 연상이나 지각)을 반영. 나무는 피검자의 자기에 대한 심층적이며 보다 무의식적인 감정을 반영. 사람은 자기를 나타내며 자기 및 자기와 환경의 관계에 대한 보다 의식적인 견해를 반영.

(3) Bender (Visual-Motor) Gestalt Test(BGT)(Bender, 1938): 9개의 기하학적 도안들로 구성. 피검자는 이 도안들을 모사하도록 하고, 다음에 기억으로부터 이 도안들을 재생하도록 함. 원래는 시각-운동 협응을 측정하려고 소개되었으나 주로 임상적으로 중추신경계의 손상(뇌 손상이나 기질적 장애)을 찾아내는데 사용됨. 지각/인지 기능 및 학습에서의 장애를 평가하는 종합검사의 일부로 자주 사용됨.

4. Rorschach Ink Blot Test

(1) 잉크 반점 그림이 들어있는 10장의 카드로 구성. 5장은 검정-회색의

그림 8.1 Bender Visual-Motor Gestalt Test 그림들

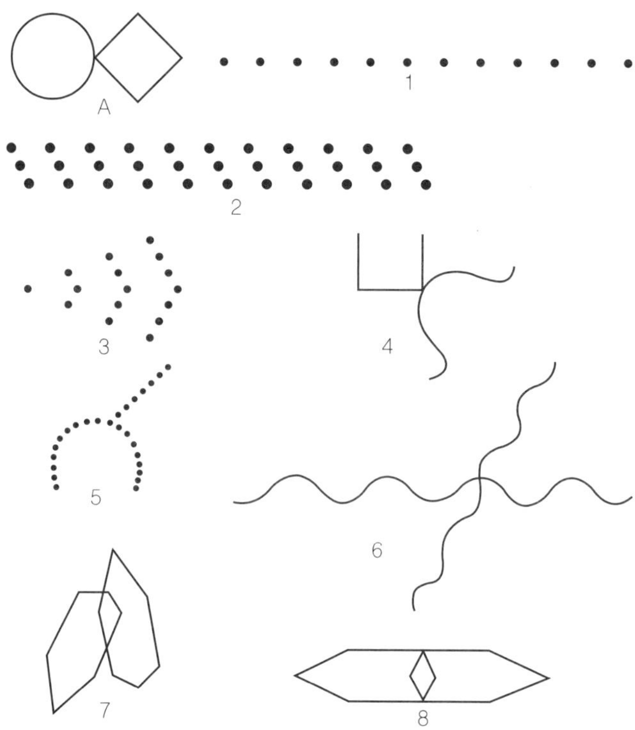

농담만 있고, 2장은 검정색과 적색, 3장은 다색임.

(2) 잉크반점과 같은 애매하며 비구조화된 자극은 피검자들에게 조직적, 지각적, 혹은 문제해결 과제로서 제시됨. 이때 개인의 고유한 동기, 소망, 욕구, 세계에 관계하는 양식등이 각 잉크반점에 반응하는 개인의 접근에서 반영될 것이라는 생각.

(3) 검사시행은 2단계(자유연상단계, 탐구단계)로 구성. 때로는 3단계(한계검증 단계를 포함)로 구성되기도.

(4) 피검자가 잉크반점의 특징들에 대해 보고한 지각들(형태, 색깔, 농담, 생명체 혹은 비생명체의 움직임 등)이 채점과 해석의 기본자료가 됨.

(5) Exner(1974)의 Comprehensive System의 발표에 의해서 Rorschach 검사의 시행, 채점, 해석 등의 체계가 세워짐.

(6) Rorschach는 오늘날 심리진단가들에 의해서 네번째로 많이 쓰이는 검사임(Lubin et al., 1986).

그림 8.2 Rorschach Ink Blot Test의 그림 예

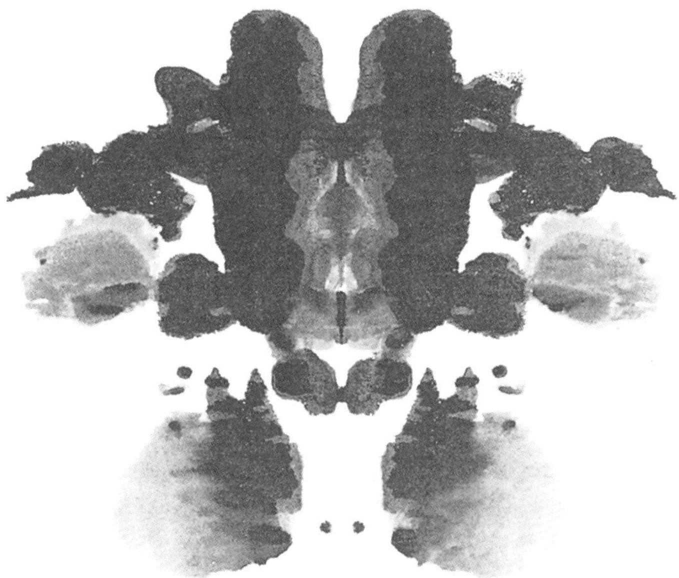

5. Thematic Apperception Test(TAT)

(1) 30장의 그림카드와 1장의 백지카드로 구성. 그러나 피검자의 나이, 성, 상황에 따라 보통 10장의 카드를 선정하여 실시.

(2) 그림들은 피검자의 갈등, 원망, 감정, 인생주제 들을 드러내는 이야기들을 유발하도록 도안됨.

(3) Murray에 의해서 제시된 해석방법은 주관적이며 인상에 의존(주인공의 욕구와 성격 및 환경의 힘에 대한 분석에 초점).

(4) 동기의 연구에 유용(성취동기 등)

(5) Rorschach 다음으로 많이 사용되는 투사검사임. 환경맥락에 영향을 받고, 정상인과 심리장애 사이를 잘 변별하지 못하며, 무의식적인 갈등과 억압된 소망들을 얻는데 덜 효과적이라는 비판을 받음.

(6) 아동용으로 CAT(Bellak & Bellak, 1949)와 Blacky Pictures (Blum, 1950)가 개발됨. 후자는 인물대신 Blacky라는 개와 그의 가족들의 모험을 그린 만화들로 구성.

그림 8.3 TAT의 그림 예

성격이론과 성격평가

성격평가의 역사는 오래지만 그 방법에 있어서 큰 진보가 이루어졌다고 볼 수는 없다. 아직도 성격평가는 자기보고 질문지와 투사법, 그리고 행동관찰의 세가지 방법에 주로 의존하고 있으며 그 중에서도 자기보고 질문지가 압도적으로 많이 이용되고 있다. 이들 세 가지 평가방법들은 각각 상이한 성격이론들에 기반을 두고 있으며, 성격의 상이한 측면들의 평가에 초점을 맞추고 있다. 성격평가 방식들은 중요한 차원들에서 차이를 보이는데 이러한 차이는 각 성격평가방식들이 기초하고 있는 성격이론들을 반영하는 것이다. 예언에 대한 개념 역시 상응하는 성격이론에 따라 달라지는 경향을 보인다.

성격평가 방식의 특징

Campbell(1957)은 성격의 평가방식들이 세 개의 차원에서 서로 비교될 수 있다고 주장하였다. 이 세 개의 차원은 각기 구조화 대 비구조화, 위장 대 비위장, 그리고 자발성 대 객관성이다. 구조화–비구조화 차원(structured–unstructured dimension)은 피검자가 얼마나 자유롭고 개인적인 반응을 할 수 있도록 허용하는가에 관련된다. Rorschach나 TAT 등 투사검사들은 MMPI 등 '예-아니오' 나 '맞다-틀리다' 반응으로 응답하게 하는 성격검사들보다 훨씬 자유로운 반응을 허용한다. 위장-비위장 차원(disguised-undisguised dimension)은 피검자가 자신의 반응이 어떻게 해석될지를 의식하는 정도와 관련된다. 투사검사들은 경험많은 전문가가 해석을 하기 전에는 피검자는 자신의 반응이 무엇을 의미하는지를 알지 못한다. 반면에 대부분의 자기보고 질문지에서는 반응이 직설적으로 해석되므로 피검자들은 자신의 반응의 의미를 알고 있는 경우가 많다. 자기보고 질문지에서 사회적으로 바람직한 방향으로 반응을 왜곡시키는 경향성이 심각하게 우려되는 것도 자기보고 질문지의 비위장적 속성 때문이다. 마지막으로, 자발성-객관성 차원(voluntary-objective dimension)은 피검자가 선호나 선택을 표현하는가 혹은 정답을 하도록 요구되는가와 관련된다. 투사검사들이나 자기보고 질문지들은 전자이며 수행검사는 후자에 속한다. 종합하면, 투사검사들은 비구조화, 위장, 자발성; 자기보고 질문지는 구조화, 비위장, 자발성; 그리고 수행검사는 구조화, 비위장, 객관성으로 특징지워진다.

성격이론과 성격평가 방식

성격평가 방식들은 상이한 성격이론들과 관련을 맺고 있다. 투사검사들은 정신역동이론에 뿌리를 두고 있고, 자기보고 질문지들은 특질이론에 기반을 두고 있으며, 수행검사들은 사회인지이론에서 선호되는 평가방식이다. 성격이론과 성격평가 방식간의 관계는 위에서 언급한 Campbell의 분석을 살펴보면 자명해진다. 우선 정신역동이론에서는 무의식의 영역에 위치하는 갈등이나 욕구를 찾아내는 것이 중요한데 이러한 목적을 위해서는 구조화되어 있지 않고, 해석이 은폐되어 있으며, 정답이 존재하지 않는 검사, 즉 비구조화, 위장, 자발성을 갖춘 투사검사가 적당하다. 그러므로 Rorschach나 TAT 등 투사검사들은 정신역동적 오리엔테이션을 지닌 연구자들에 의해서 개발되었고, 그 결과는 종종 정신역동이론의 맥락 속에서 해석되어진다. 특질이론에서는 개인이 중요한 성격차원(특질)들로 기술될 수 있으며, 자기 자신에 관하여 보고할 수 있는 능력을 인정한다. 그러므로 구조화, 비위장, 자발성의 특징을 지닌 자기보고 질문지가 개발되었다. Cattell의 16 PF, Eysenck의 EPI와 EPQ, 그리고 NEO-PI 등은 특질이론에 기반을 두고 제작된 대표적인 자기보고 성격검사들이다. 마지막으로 사회인지이론은 실험심리학의 틀 속에서 발전하였기 때문에 구조화, 비위장, 객관성 등의 요건을 갖춘 수행검사를 선호한다. 물론 성격이론과 성격평가 방식간의 관계는 절대적인 것은 아니다. 정신역동적 오리엔테이션을 지닌 정신과 의사들도 MMPI와 같은 자기보고 검사를 중요한 진단도구로 간주하고 있으며, 사회인지이론가들도 자기보고 평정척도들을 연구에 종종 사용하곤 한다.

투사검사와 자기보고 검사의 비교

투사검사와 자기보고 질문지는 성격심리학에서 가장 보편적으로 사용되는 두 유형의 검사이다. 앞에서 언급한 바와 같이 투사검사는 정신역동이론, 그리고 자기보고 질문지는 특질이론에 뿌리를 두고 있다. 자기보고 질문지의 장점은 심리측정이론에 기초를 두고 제작, 평가될 수 있다는 점이다. 따라서 타당도와 신뢰도가 높은 검사를 제작할 수 있으며 요인구조를 확인할 수 있다. 정신역동이론의 오리엔테이션을 지닌 학자들을 제외한 대부분의 심리학자들은 심리측정적 기반을 갖추고 있는 자기보고 질문지를 선호한다. 그러나 투사검사와 자기보고 질문지가 서로 다른 것을 측정한다는 주장도 있다. 이 두 검사간의 상관관계는 높지 않은 것으로 알려져 있다.

McClelland(1980)는 행동과 관련해서 투사검사는 동기(motives)와 가까운 측면을 측정하는데 비하여 자기보고 질문지는 가치(values)와 가까운 측면을 측정하는 경향이 있다고 지적한다. 대표적인 투사검사중의 하나인 TAT는 다양한 동기들을 측정하는데 이용되어 왔다. 특히 McClelland는 TAT를 주요 측정도구로 이용하여 성취동기(achievement motive)를 연구하였으며, 그외에 Winter(1992)는 권력동기(power motive)와 친화동기(affiliation motive)의 연구에, 그리고 McAdams(1992)는 친밀동기(intimacy motive)의 연구에 투사검사들을 사용하였다. 따라서 투사검사들을 단순히 신뢰도와 타당도를 확보하기 어렵다는 이유로 비과학적인 평가방법이라고 비판하는 것은 그릇된 태도라고 볼 수 있다. 자기보고 질문지로는 접근하기 어려운 성격의 심층적이며 역동적인 면을 측정할 수 있는 가능성 때문이다. Nunnally(1978)는 투사검사들을 좀 더 구조화하는 방안을 통하여 투사검사의 장점을 살리면서 보다 객관적인 검사로 개선하는 방향을 추구할 것을 제안하였다.

행동의 예언

행동을 예언하는 도구로서의 성격검사에 대한 맹신은 Mischel(1968)의 비판에 의해서 무너졌지만 행동의 예언은 여전히 성격평가의 가장 중요한 목적이다. 그러나 어떤 측정도구의 가치를 예언과 관련시켜 평가할 때에는 Pervin(1996)이 말한 예언의 폭(bandwidth)과 충실도(fidelity)를 다같이 고려하여야 한다. 여기서 폭이란 성격개념 혹은 측정도구가 관계하는 현상의 범위를 지칭하고, 충실도란 이들이 관심현상에 대해 갖는 민감도를 가리킨다. 성격이론 혹은 측정도구는 이 중 어느 하나에서 강하면 다른 하나에서는 약한 경향이 있다. 예를 들면, 특질이론과 이 이론에 기반을 둔 성격검사들은 대체로 광범위한 행동들의 예언에 적용될 수 있는 반면에 특정 행동에 대한 예언의 정확성은 그리 높지 않다. 그와 반대로 사회인지이론과 여기에 기반을 둔 측정도구들은 보통 특정 상황이나 과제와 관련된 현상으로 적용범위가 좁혀지지만 해당 현상을 예언하는 정확성은 상당히 높다. 폭과 충실도는 Kelly (1955)에 의해서 제안된 편의범위(range of convenience) 및 편의초점(focus of convenience) 개념과 맥락을 같이 한다. 편의범위는 앞에서 언급한 폭과 동일한 개념으로 어떤 이론 속에 포함된 현상의 범위를 지칭하고, 편의초점은 그 이론에 의해서 특히 잘 설명되는 특정현상을 가리킨다. 예를 들면 정신분석이론은 정신병리 현상이 편의초점이며, 사회인지이론은 합리적 행동이 편의초점이라고 할 수 있다. 예언과 관련시켜보면 어떤 이론 혹은 도구는 자신의 편의초점에 해당되는 현상을 예언할 때 충실도가 높아진다.

행동의 예언과 관련하여 또하나 고려해야 할 사항은 오래전에 Meehl(1954)에 의해서 제기된 '임상적 예언 대 통계적 예언'의 논쟁이다. 이 논쟁은 성격자료를 통합할 때 임상적, 직관적인 방식을 따르느냐 아니면 통계적인 공식을 사용하느냐의 질문으로부터 출발하였는데, 보다 근본적인 질문인 성격의 평가에 어떤 자료가 사용되어야 하느냐로 발전하였다. 즉 성격의 평가에 질적 자료(면접, 투사검사 등)가 사용되어야 하는가 혹은 양적 자료(자기보고 성격검사 등)가 사용되어야 하는가의 논쟁이다. 이 두 번째 질문은 연구자의 태도(인문학적 태도 대 기계론적 태도) 및 선호하는 이론(정신분석이론이나 현상학적 이론 대 특질이론)을 포함하고 있으므로 쉽게 해결될 수 있는 성질의 것이 아니다. 한편 양적 자료의 경우에는 기준(criterion)과의 관계에 대한 증거들이 존재할 때에는 임상적 통합보다 통계적 방법에 의거한 통합이 우월한 것으로 알려져 있다.

요 약

1. 과학이 발전되기 이전에도 사람들은 성격을 평가하기 위하여 여러 가지 방법을 사용하였다. 점성술, 수상학, 골상학, 관상학, 필적학 등을 포함하는 이들 의사과학적 성격 평가방법은 오늘날에도 많은 사람들에 의해서 신봉되고 있다. 과학적 성격평가의 방법은 19세기 말에 이르러 Galton에 의해 처음 시도되었다.
2. Block은 성격측정자료들을 생애기록자료, 관찰자자료, 자기보고자료 및 객관적 검사자료의 네 가지로 분류하였다. 대부분의 성격연구자들은 각기 선호하는 종류의 자료가 있으며 연구목적에 따라 적합한 자료의 종류가 달라지기도 한다. 그러나 각 자료는 장점과 단점이 있으므로 한 연구에서 두 가지 이상의 자료수집방법을 복합적으로 사용하는 것이 바람직하다.
3. 성격평가 도구들이 과학적 측정도구로 인정받기 위해서는 심리측정적 요건들을 만족시켜야 한다. 심리측정적 요건들 중 가장 중요한 것은 신뢰도와 타당도이다. 신뢰도는 관찰의 재현성의 정도를 의미하고, 타당도는 관찰의 진실성의 여부(혹은 정도)를 지칭한다. 신뢰도는 크게 내적 일관성 신뢰도, 시간적 일관성 신뢰도, 채점자(간) 신뢰도로, 타당도는 내용타당도, 준거관련 타당도, 구성타당도로 구분할 수 있다.
4. 성격평가도구는 개인의 반응스타일의 영향이 배제되어야 한다. 반응스타일중 가장 문제가 되는 것은 사회적 바람직성, 즉 진실한 반응보다 사회적으로 바람직한 반응을 하려는 경향성이다.
5. Campbell(1957)은 성격의 평가방식들이 세 개의 차원에서 서로 비교될 수 있다고 주장하였다. 구조화-비구조화 차원은 피검자가 얼마나 자유롭고 개인적인 반응을 할 수 있도록 허용하는가와, 위장-비위장 차원은 피검자가 자신의 반응이 어떻게 해석될지를 의식하는 정도와, 자발성-객관성 차원은 피검자가 선호나 선택을 표현하는가 혹은 정답을 하도록 요구되는가와 관련된다. 투사검사들은 비구조화, 위장, 자발성; 자기보고 질문지는 구조화, 비위장, 자발성; 그리고 수행검사는 구조화, 비위장, 객관성으로 특징지워진다.
6. 성격평가 방식들은 상이한 성격이론들과 관련을 맺고 있다. 투사검사들은 정신역동이론에 뿌리를 두고 있고, 자기보고 질문지들은 특질이론에 기반

을 두고 있으며, 수행검사들은 사회인지이론에서 선호되는 평가방식이다.

7. 어떤 측정도구의 가치를 예언과 관련시켜 평가할 때에는 예언의 폭과 충실도를 다같이 고려하여야 한다. 예언의 폭이란 성격개념 혹은 측정도구가 관계하는 현상의 범위를 지칭하고, 예언의 충실도란 이들이 관심현상에 대해 갖는 민감도를 가리킨다. 성격이론 혹은 측정도구는 이 중 어느 하나에서 강하면 다른 하나에서는 약한 경향이 있다.

관련된 책 소개

다양한 성격검사들의 유형과 내용을 알고 싶은 사람은 '심리검사 핸드북 I&II' (고려대학교 부설 행동과학연구소 편)를 참고하기 바란다. 다만 (아마도 저작권 문제 때문이겠지만) 가장 자주 사용되는 자기보고 임상검사인 MMPI와 인기있는 성격검사인 MBTI가 수록되지 않은 것이 아쉽다.

제 9 장

자 기

뷰샹 파이, 〈자화상〉 1986

베트남의 화가 뷰샹 파이는 불우하고 고결했던 삶의 여러 시점에서 자신의 모습을 돌이켜 보는 자화상을 그렸다. 위의 자화상은 그가 죽기 2년 전에 그린 것으로 젊은 시절의 분노와 격정 대신 우수와 회한을 담고 있다.

자 기

"나는 세상에서 나 자신보다 더 큰 괴물이나 불가사의를 본 적이 없다."

—몽테뉴, 수상록—

사람은 자의식적 동물이다. 화가들을 보자. 렘브란트는 유화, 드로잉, 에칭을 합쳐 모두 100여점의 자화상을 그렸다. 20남짓의 자신만만하고 호기심 많은 얼굴에서부터, 30-40대의 방탕하고 교만한 모습을 거쳐, 늙고 지치고 고독한 50-60대의 얼굴을 쉼없이 그렸다. 반 고흐도 생애 말년(말년이래야 불과 몇살이던가!)에 내면의 고통으로 불타듯 이글거리는 얼굴을 캔버스에 옮겨 놓았다. 베트남의 국민화가로 칭송받는 뷰샹 파이(Bui Xuan Phai)가 창작의 자유를 선언한 후 하노이 예술대학에서 쫓겨날 즈음 그린 자화상에는 분노와 슬픔과 불굴의 의지가 담겨있다. 그가 60이 넘어서 그린 자화상은 깊은 사색에 잠겨있는 우수어린 노인을 보여준다. 화가들이 생의 이런 저런 시점에서 자화상을 그리는 것은 첫째, 자기를 의식해서이고, 둘째, 고독하기 때문이다. 일반사람들도 마찬가지다. 사람들은 생의 어려운 시점에서나 근본적인 변화가 임박했을 때 '자기'를 돌이켜본다. 아마 그들도 화가라면 자신의 모습을 그렸을 터이지만 대신 거울을 보거나 사색에 잠기거나 친구를 찾거나 여행을 떠난다.

'자기'(self)는 '나'에 대한 심리학적 용어이다. 그렇다면 인간에게 '자기'에 대한 관심이 얼마나 클지 짐작이 될 것이다. 대부분의 사람들에게 '나'는 세상에서 가장 중요한 존재이기 때문이다. 대별하면 세계는 '자기'와 (외부)세계의 둘로 양분되며, 이 둘이 인간의 2대 관심사를 이룬다. 소크라테스로부터 비롯되어 플라톤, 파스칼, 칸트를 거쳐 사르트르에 이르는 서양 사상의 전통에서나, 동양의 불가와 유가사상의 전통에서나 '나 자신을 아는 것'은 가장 큰 지혜로 경외의 대상이었다. 철학자가 아닌 보통 사람들도 옛날부터 '자기'가 어떻게 생겨나는지, '자기'가 남과 어떻게 다른지, 육체가 소멸한 후에도 '자기'가 존재하는지 등에 관심을 가져왔다. 인간의 '자기'

에 대한 이러한 각별한 관심은 인간이 반성적 존재, 즉 '자기'를 돌아 볼 수 있는 인지적 능력을 갖추고 있는 존재이기 때문에 가능하다. 이 장에서는 최근 성격심리학의 주요 관심사 중의 하나인 '자기' 에 초점을 맞추어, '자기' 개념의 역사, '자기' 의 발달, Rogers의 현상학적 자기이론, '자기' 에 대한 사회인지적 관점, 문화심리학적 관점 등을 차례로 소개한다.

심리학의 '자기' 개념

심리학과 '자기' 개념의 중요성

전통적으로 철학적 사색의 대상이던 '자기' (self)가 왜 심리학에서 연구되는 것일까? Pervin(1996)에 따르면 심리학에서 '자기' 의 중요성은 다음 세 가지로 정리된다. 첫째, '자기' 는 사람들의 경험세계의 주된 부분이다. 자기애, 자의식, 자존감 등의 용어들에서 보듯이 '자기' 는 삶과 현상적 장(場)의 가장 중요한 부분으로서 대화나 심리치료 등에서 가장 자주 언급되는 주제이다. 둘째, '자기' 는 세상을 해석하는 양식을 반영한다. '자기' 는 생애의 초기에 출현하며 아동의 세계 구성의 중요한 부분을 형성한다. 또한 '자기' 는 세상을 해석하는데 크게 영향을 미치는 인지구조로서 정보의 평가와 조직화에 관여한다. 셋째, '자기' 는 다양한 기능들에 통일성을 부여한다. 개인은 다양한 상황에서 서로 다른 방식으로 행동하는데 이러한 다양한 행동들을 이해하는데 '자기' 의 개념이 필요하게 된다. 즉, '자기' 는 상이한 조건들 아래서 개인이 기능하는 다양한 양식들에 조직화와 통일성을 부여한다고 볼 수 있다. 이러한 심리학적 중요성 때문에 '자기' 는 오늘날 사회, 성격, 발달, 임상심리학 등 심리학의 여러 분야에서 가장 활발히 연구되는 주제 중의 하나이다.

'자기' 개념의 역사

'자기' 는 심리학사에서 부침을 거듭한 대표적인 개념이다. '자기' 개념의 기초는 심리학에서는 William James, 그리고 사회학에서는 G. H. Mead를 비롯한 상징적 상호작용주의 학파에 의해서 세워졌다. James는 '자기' 를 의식적이며 정서적인 체험의 대상으로 간주하였고, Mead는 '자기' 의 반성적이며 사회적인 측면에 초점을 맞추었다. 그 밖에도 분석심리학의 창시자인

Jung과 특질이론의 선구자인 G. Allport의 이론에서도 인본주의적인 색채를 띤 '자기' 개념이 소개되어 Rogers와 Maslow 등 인본주의 심리학자들에게 영향을 주었다. 그러나 이들의 이론에서 '자기'는 중심개념이 아니었고 행동주의가 심리학의 지배적인 패러다임이던 시기에 '자기'는 더 이상 과학적 심리학의 연구나 논의 대상으로 간주되지 않았다.

그러다가 '자기' 개념이 다시 심리학계에 부상한 것은 Rogers와 Maslow 등이 이끈 인본주의 심리학이 등장한 1950-60년대이다. 인본주의 심리학자들은 '자기'의 수용과 실현의 중요성을 강조하였고, 이러한 인본주의적 '자기'의 존중은 오늘날 '자기' 연구와 이론의 한 축을 이룬다. 다른 한 축은 인지혁명 이후 성격 및 사회심리학에 미친 인지심리학의 영향을 반영하는 것으로 '자기'가 정보처리에 미치는 영향을 강조한다. 이러한 사회인지적 '자기' 개념은 오늘날 '자기' 연구의 주류를 이룬다. 그 밖에 정신역동이론에 속하는 대상관계 이론에서도 '자기'는 중요한 개념으로 간주되며 대상관계 이론가인 Kohut는 자신의 이론을 '자기 심리학'(self-psychology)으로 지칭하였다('제3장 성격의 역동' 참조).

'자기' 개념의 선구들

James의 정서적으로 체험되는 '자기'의 개념

오늘날 심리학 교과서에서 다루는 많은 개념들은 William James(1890)의 고전적 저술인 '심리학 원리'(The Principles of Psychology)에서 소개된 것들이다. Wilhelm Wundt가 실험심리학으로서의 심리학을 출발시킨 사람이라면 William James는 심리학이 무엇을 연구주제로 삼아야 할 것인지를 제안한 사람이다. 따라서 James는 Wundt와 더불어 과학적 심리학의 공동 창시자로 간주될 만하다. '자기' 개념 역시 James에 의해서 '심리학 원리'에서 처음 소개되었다.

James는 '자기'를 "자신의 것으로 부를 수 있는 모든 것의 총합"(p. 188)으로 정의하였다. 여기에는 '물질적 자기'(material self), '사회적 자기'(social self), '정신적 자기'(spiritual self), 그리고 '순수 자아'(pure ego)의 네 가지가 포함된다. 물질적 자기는 일종의 영역이나 물체처럼 파악되어, 그 가장 중심부에 신체가 위치하고 그 다음에 의복, 그리고 가족, 집, 소유물 등이 차례로 포함된다. 이들이 '자기'로 간주되는 이유는 경험적 자기를 구성하기 때문이다. 예를 들면, 가족의 한 사람을 잃었을 때 우리는 '자기'의 일부를 상실한 느낌을 갖는다. 소유물들도 우리가 그것을 획득하느라고 바친 정성이나 비용 때문에 '자기'의 일부로 간주되곤 한다. 학자가 아끼는 책이나 레코드 수집가의 애장반은 본인들에게 무시하지 못할 '자기'의 부분인 것이다. 사회적 자기는 개인이 그의 동료들로부터 얻는 인정을 지칭한다. 연인이나 친구나 직장동료들로부터 얻는 사랑이나 명성이나 명예들이 사회적 자기를 구성한다. 정신적 자기란 개인의 내적 혹은 주관적 존재, 즉 그의 정신적 능력이나 성향들을 지칭한다. 정신적 자기는 반성과정의 결과로서 '자기'의 핵심적 부분이라고 말할 수 있으며 '느껴짐'으로서 발견되곤 한다. 순수 자아는 개인 정체성의 순수원리를 지칭하는데, 영혼주의자들은 영혼이나 초월적 통합원리로 파악하고, Hume과 같은 연합주의자들은 지나가는 사고의 흐름(stream of passing thought)이 전부일 따름이라고 한다.

'자기' 연구자들의 고민 중의 하나는 '자기'가 의식되는 대상인 동시에 의식하는 주체이기도 하다는 것이다. James도 이 점을 인식하고 의식되는 자기를 'Me'로, 그리고 의식하는 '자기'를 'I'로 구분하면서 이 둘을 다음과 같이 규정하였다: (1) Me의 핵심은 당시에 존재하는 것으로 느껴지는 신체적 체험이며 이 느낌과 연합되는 것들이 보다 포괄적인 의미에서의 Me를 구성하고, (2) Me는 경험적인 덩어리(empirical aggregate)이지만, (3) I는 덩어리도 아니고 영혼이나 순수자아와 같은 초월적 존재나 원리도 아니고, (4) I는 순간순간 변화하면서 과거를 Me속에 포함시켜나가는 사고(thought)이다. 이와 같이 James는 경험주의자의 입장에서 '자기'를 파악하였고, 개인은 다수의 '자기' 개념을 갖고 있으며, '자기'의 주요 속성은 의식적이며 정서적인 체험이라고 생각했다. 오늘날 심리학에서 다루는 '자기' 개념은 인지에 편중되어 있으므로 James의 영향을 감지하기 어렵지만 앞으로 정서심리학의 발전과 더불어 James의 정서적으로 체험되는 '자기'의 개념이 부각될 가능성이 크다.

G. H. Mead의 사회적으로 구성되는 '자기'의 개념

'자기'는 초기 심리학에서와 마찬가지로 초기 사회학에서도 중요한 개념으로 간주되었다. 특히 Cooley, Baldwin, G.H. Mead 등 상징적 상호작용주의(symbolic interactionism) 학파에서는 '자기' 개념의 발전에 많은 공헌을 하였다. 상징적 상호작용주의 학파란 1900-1930년대 시카고 대학에서 발달한 사회학의 한 학파로서, 사람들 사이의 상징들을 사용하는 상호작용에 초점을 맞추어 연구하는 것이 그 특징이다. Cooley와 G.H. Mead 등이 초창기의 대표적 학자이며 그후 Goffman 등의 학자들이 이 학파를 발전시켰다.

초기의 상징적 상호작용주의 학파에서는 '자기'에 많은 관심을 가졌다. 예를 들면, Cooley(1902)는 '거울 속의 자기(looking-glass self)' 비유를 통하여 사람들이 중요한 타인의 관점으로부터 '자기'를 구성한다는 점을 지적하였다. 즉, 자기개념은 타인에게 비친 자신의 모습에 대한 상상과 그 모습에 대한 타인의 판단에 대한 상상을 반영한다는 것이다.

초기 사회학에서 '자기' 개념의 확립에 가장 큰 공헌을 한 사람은 G. H. Mead이다. Mead(1934)는 '자기'의 반성적인(reflexive) 측면과 사회적 기원에 주목하였다. James의 '자기'가 개인의 경험세계 속에서 '자기'로 의식되는 것들로 주관적으로 규정된다면, Mead에서 '자기'는 그 반성적인(reflexive) 성격으로 주로 정의된다. 즉 '자기'는 주체(subject)이면서 동시에 대상(object)일 수 있는 존재이다. 이와 같이 자신에 대해 객체가 될 수 있는 속성이 '자기'의 핵심 속성이다. '자기'가 자신에게 대상이 되는 것은 자신도 포함된 사회적 환경에서 다른 사람들의 자신에 대한 태도를 취함으로써 가능해진다. 어떤 개인에 대한 컴뮤니티의 구성원들의 조직화된 태도와 반응들을 Mead는 '일반화된 타자(generalized other)'로 지칭하고, 이 '일반화된 타자'가 대상으로서의 '자기'를 구성한다고 말한다. 한편 Mead에서도 '자기'는 Me와 I의 두 부분으로 구성된다. Me가 대상으로서의 자기이며 '일반화된 타자'의 성격을 지닌다면, I는 Me를 바라보고 Me에 반응하는 존재인 것이다. James와 Mead의 '자기' 개념의 차이는 아래 Mead의 글에서 잘 나타난다.

> "James는 …… '자기'의 토대를 반성적인 감정적 체험, 즉 '자기느낌'을 수반하는 체험에서 발견하려고 노력한다. 그러나 '자기'의 성질이 그러한 체험에서 발견된다는 이론은 '자기'의 기원, 혹은 그러한 체험을 특징짓는다고 생각되는 자기느낌의 기원을 설명하지 않는다. 개인은 이 체험들에서 자신에 대한 타인들의 태도를 취할 필요가 없다 …… 그리고 그렇게 하지 않는 한 그는 '자기'를 발달시킬 수 없다. 그리고 '자기'가 이미 생성되어 있지 않다면 그러한 체험을 하지도 않을 것이다 …… '자기'의 핵심은 인지적이다. 그것은 사고를 구성하거나 혹은 사고나 반성이 진행되는 내면화된 제스처의 대화 속에 놓여 있다. 그러므로 '자기'의 기원과 토대

는, 사고의 그것들과 마찬가지로, 사회적이다."(1934, p. 173)

Jung과 Allport의 성숙한 '자기'의 개념

분석심리학을 창시한 Jung과 특질이론을 처음 제안한 Allport는 성격의 해부보다 인성의 의미를 추구했다는 점에서 공통성을 갖는다. 이들의 이론에서 '자기'는 성숙, 지혜, 조화와 관련된다. 비록 Rogers나 Maslow의 이론에서와 같이 본격적인 인본주의적 '자기' 개념을 추구하지는 않았지만 이들의 성숙한 '자기'의 개념은 인본주의 운동에 큰 영향을 미쳤다.

Jung의 이론에서 '자기'는 원형(prototype) 중의 하나이되 대단히 중요한 원형으로 간주된다. 앞(제3장)에서 설명했듯이 원형이란 사람들로 하여금 특정 방식으로 세계를 지각하고 경험하고 반응하도록 만드는 선천적인 생각 혹은 기억이다. '자기'는 성격의 핵심으로서 성격의 다른 요소들은 '자기'를 둘러싸고 조직화되고 통합되어 있는데, 이러한 통합이 잘 이루어졌을 때 그 사람은 통일감, 조화감, 전체감을 갖게 된다. 그러므로 Jung에게 있어서 '자기'의 발달은 인간의 삶의 궁극적 목표이다. '자기'의 발달이란 다른 존재로 탈바꿈하는 것이 아니라 '그 사람의 전체' 혹은 '본성'을 되찾는 것을 의미한다. 그러므로 '자기' 원형은 그 사람 자신이 되도록 이끌어가는 인간의 무의식에 존재하는 근원적 가능성을 지칭하며, 자기실현은 이러한 가능성을 자아의식이 받아들여 실천에 옮기는 능동적인 행위를 가리키는 것이다.

Allport는 더 나아가 '자기'라는 용어 대신 인본주의적 속성을 강조하는 '고유자기'(proprium)라는 용어를 사용한다. 고유자기는 따뜻하고 중추적이며 중요한 것으로 체험되는 '자기'로서, 인간본성의 긍정적, 창조적, 성장추구적, 진취적 자질을 나타낸다고 한다. Allport는 고유자기의 발달에 수반되는 일곱 가지의 자기감각(sense of self)을 소개하였다. 이들을 발달하는 순서에 따라 열거해보면 신체적 자기의 감각, 자기정체성의 감각, 자기존중의 감각, 자기확장의 감각, 자기상, 합리적 적응자로서의 자기의 감각, 고유자기의 추구 등이다. Allport는 이 일곱개의 자기감각들이 각각 잘 발달하고 통합됨으로써 고유자기가 완성된다고 보았다.

'자기'의 발달

'자기'는 언제 어떻게 발달하는가? '자기'는 태어날 때부터 존재하는가 혹은 출생 후 어떤 시점에서 출현하는 것일까? '자기'는 점진적으로 발달하는가 아니면 어떤 구별되는 단계가 존재하는가? 자기는 일정 시기 이후에는 고정되는가 혹은 일생을 두고 변화하는가? '자기'는 인간에게만 존재하는 것인가 아니면 동물들도 '자기'를 갖고 있는가? 만약 동물에게도 '자기'가 존재한다면 인간의 '자기'와 어떤 차이가 있는 것일까?

'자기'의 발달에 관련된 위의 질문들은 발달심리학자들의 중요한 관심사였다. '자기'에 관심을 가진 초기의 사회학자들이 '자기'의 사회적 기원을 주장하였으나 실제의 사회적 맥락에서 '자기'가 형성되는 과정을 구체적으로 밝혀내는 문제는 발달심리학자들의 과제였다. '자기'의 발달에 관한 연구들은 활발히 진행중이며 현재로서 위의 질문들에 대한 충분한 답을 제공하기는 어렵지만 몇가지 연구들을 소개함으로써 대강의 그림을 그려 보고자 한다.

자기지각과 자기의식의 발달

유아의 '자기' 발달을 연구하는 학자들은 자기지각과 자기의식을 구분한다. 자기지각(self-perception)은 자신이 다른 사물이나 사람과 분리되어 존재한다는 지각이고, 자기의식(self-consciousness)은 자신을 돌이켜 바라볼 수 있는 능력(반성적 능력)을 의미한다. 자기지각은 실존적 자기(existential self), 자기의식은 범주적 자기(categorical self)로 지칭되기도 한다. 자기지각은 다른 종들에서도 가능하다고 알려졌지만, 어느 정도의 인지적 능력을 필요로 하는 자기의식은 인간과 침팬지 등 영장류에서만 가능하다고 한다(Lewis, 1990). 자기지각과 자기의식, 그리고 '자기'가 시공간에 걸쳐 지속된다는 믿음인 자기 영속성(self permanence)의 세 가지가 자기발달에 중요한 성분으로서 유아기에 형성된다.

자기지각의 발달

자신이 다른 사람이나 사물과 분리되어 존재한다는 지각인 자기지각은 대략 생후 3개월경에 이루어진다. 여기에는 자신의 신체와 연합된 감각이 다른 사람이나 사물에 대한 감각과 차이가 있다는 경험이 주로 공헌한다. 예를 들면, 자신의 신체를 만지거나 깨물었을 때의 감각은 다른 사람이나 사물을 만지거나 깨물었을 때의 감각과 다르다는 것을 알게 된다. 또한 자신의 머리를 움직일 때와 자신은 움직이지 않고 외부의 움직이는 물체를 관찰할 때 시각적 흐름이 다르다는 것도 느끼게 된다. 덧붙여서 유아는 자신이 내는 소리와 다른 아기의 소리에 달리 반응한다. 태어난 지 하루밖에 되지 않은 신생아들도 다른 아기의 울음소리보다 자신의 울음소리에 덜 울음을 터뜨린다는 보고가 있다(Martin & Clark, 1982). 신생아도 자신이 내는 소리를 인지하고 다른 아기들의 소리와 구분을 한다는 증거이다.

또한 태어난 지 얼마 안된 유아도 자신의 손과 발의 움직임과 주위의 사물의 변화간의 유관성(contingency)을 학습했음을 보여준다. 예를 들면, 유아는 자신의 팔을 움직이는 것이 요람에 걸려있는 모빌에 영향을 준다는 것을 관찰한다. 이러한 행위-결과 유관성(action-outcome contingency)이 자신의 행위와 타인의 행위 간에 차이가 있다는 것을 유아는 깨닫게 되는데, 이러한 차이의 인식이 자기지각의 발달에 기여를 한다.

마지막으로 대상 영속성(object permanence)의 발달과 더불어 다양한 상황에 걸쳐 일관성을 유지하는 '자기'의 감각을 갖게 된다. 대상 영속성의 개념을 획득하게 되면 어떤 물건(사람)이 시야에서 사라졌다고 존재가 없어지는 것이 아니며, 외관에서 변화가 있다고 다른 물체(사람)가 되는 것은 아님을 알게 된다. 마찬가지로 자신의 옷이 달라지거나 다른 호칭으로 불리거나 다른 행동을 보이더라도 '자기'는 여전히 '자기'로 존재한다는 사실을 인식하게 되는 것이다.

이상에서 보듯이 3개월에서 18개월 사이에 아동은 지각된 '자기'의 감각이 발달한다. 지각된 '자기'는 자신의 신체가 상황에 걸쳐 연속적이고, 자신의 신체에 대한 체험이 다른 대상에 대한 체험과는 다르며, 자신의 행위와 결과간에 유관성이 있을 수 있다는 이해를 포함한다. 이러한 인지적 기술과 운동 기술의 발달을 통하여 능동적이고 독립적이며 인과적 행위자로서의 '자기'의 발달이 이루어진다.

자기의식의 발달

15개월경에 아동은 자기의식-자기를 반성하고 대상으로 간주하는 능력-이 발달하기 시작한다. 자기의식의 발달을 어떻게 확인할 수 있을까? 자주 사용되는 방법 중의 하나는 거울에 비친 자기 모습을 보고 자기라고 재인하는지를 알아보는 것이다. 침팬지를 대상으로 한 Gallup(1970)의 연구를 살펴보자. Gallup은 거울 속의 자기 모습을 볼 때의 침팬지의 반응을 관찰하였다. 대부분의 동물들은 거울에 비친 자기 모습에 대해 관심을 보이지 않거나 같은 종의 다른 구성원을 대하듯 행동한다. 이솝 우화에서 고기뼈를 물고 개울을 지나던 개가 개울에 비친 자기 모습을 다른 개인줄 알고 짖다가 뼈를 잃어버린 이야기가 여기에 딱 들어맞는다. 침팬지도 처음에는 거울 속의 자기 모습을 보고는 마치 다른 침팬지를 대하듯이 위협적인 제스처를 짓고 소리를 지르곤 했다. 그러나 며칠이 지난 후에는 몸을 다듬는데 거울을 사용하는 등 자기지향적인 행동을 할 수 있었다. 다음에 Gallup은 침팬지를 마취시키고 얼굴의 한 부분에 냄새없는 빨간 물감을 묻혔다. 마취가 깬 후 침팬지를 거울 앞에 놓았을 때 침팬지는 영리하게도 곧 자기 얼굴의 물감 묻은 부분을 탐색하는 자기의식적인 행동을 보였다.

인간의 경우 어느 시점에서 Gallup의 침팬지와 같은 행동을 보일까? Lewis와 Brooks-Gunn(1979)은 연령에 따라 구분된 세 집단의 유아들(9-12개월, 15-18개월, 21-24개월)을 대상으로 거울 속의 자기재인 행동을 비교하였다. 아이를 거울 앞에 놓기 전에 엄마가 아이의 코를 손수건으로 훔치는 척하면서 코에 빨간 루즈가 묻도록 하였다. 아이가 거울을 보고 어떻게 반응했을까? 자기재인에 해당하는 행동을 보였을까?

먼저 9-12개월된 유아들은 거울 속의 자신을 보고 웃고 만지는 반응을 보였지만 빨간 점에 특별히 지향된 행동을 보이지는 않았다. 즉 이 집단의 아동들은 거울 속의 모습에 대해 마치 다른 아이에게 대하듯 '사교적'으로 반응했고, 빨간 점에 대해 자기 얼굴에 묻은 것으로 인식하는 행동을 보이지 않았다. 그러한 자기지향적인 행동은 15-18개월의 아동들에서 나타나기 시작했고 21-24개월의 아동들에서 아주 뚜렷해졌다. 9-12개월의 아동들도 자신이 움직이면 거울 속의 모습도 움직인다는 것을 알아챘지만(유관성의 자기재인), 실제의 자기재인은 뚜렷하지 않았다.

연구자들은 세 연령집단의 아동들이 세 유형의 TV 이미지에 대하여 보이는 반응들도 비교하였다. 세 유형의 TV 이미지는 각각 (1) 유아의 행동을 TV 스크린에 생방영한 것, (2) 일주일전에 찍은 유아의 행동을 방영한 것, (3) 다른 아이의 행동을 방영한 것 등이었다. 아동들이 세 이미지에 대해서 다르게 반응했을까? 거울실험에서와 같이 9-12개월의 아동들과 15-18개월의 아동들간에 뚜렷한 차이가 나타났다. 어린 집단의 아동들은 자신의 생방영된 이미지와 일주일된 이미지에 대해 구별된 반응을 보였지만, 자신과 다른 아동의 일주일된 이미지를 구분하지는 못하였다. 즉, 이 아동들은 자신의 신체의 움직임과 스크린 이미지의 움직임간의 유관성을 단서로 해서 자기지각은 할 수 있었지만 자기재인 능력을 보여주지는 못했다. 반면에 15-18개월의 아동들은 자신과 다른 아동의 일주일된 이미지에 대해 구분된 반응을 보임으로써 자기재인을 할 수 있음을 보여주었다. 그러므로 이 연구에서 볼 때 자기재인 능력은 대체로 15개월경에 시작되어 2세까지는 잘 확립되는 듯하다.

그러나 거울실험에서 발견된 자기재인이 과연 '자기'를 반성할 수 있는 능력인 자기의식을 의미하는 것일까? 비록 거울 속의 자기재인 행동을 자기의식 능력의 직접적인 증거로 보기는 어렵지만 Lewis(1990)는 15개월경에 자기의식이 발달한다는 견해는 이 시기에 나타나는 다른 발달 현상들과 잘 합치된다고 주장한다. 예를 들면, 이 시기에 아동은 자신과 타인을 구분하는 방식으로 언어를 사용하기 시작하고, 또한 자기의식적인 정서들(당혹감, 자부심, 수치심 등)이 출현하기 시작한다는 것이다.

'자기' 발달의 일정

위에서 자기지각과 자기의식의 발달을 살펴보았다. 아래에서는 이들을 포함한 전반적인 '자기' 발달의 일정을 소개한다. 여기에 소개되는 '자기'의 발달 일정은 Lewis(1990)를 참고한 것이다.

시기 1: 0-3 개월

이 시기는 생물학적 결정론으로 특징지워진다. 타인에 대한 반응을 포함한 단순 및 복합반사가 나타난다. 초기에는 반사행동이 우세하지만 점차 쇠퇴하고, 초기 도식과 학습이 우세해지기 시작한다. 사회적 상호작용 및 물체와의 상호작용을 통해 유아는 자기와 타인을 변별하기 시작한다.

시기 2: 3-8 개월

반사가 쇠퇴하고 능동적 학습이 우세해진다. 보다 정교해진 도식의 발달을 통해 대상과의 상호작용이 촉진된다. 행동-결과의 유관성, 수단-목표의 관계성이 파악되기 시작한다. 자기와 타인의 구별이 보다 확고해지지만 영속성의 개념이 아직 없다. 자기에 대한 재인은 아직 발달하지 못했지만 거울을 보고 자신의 행동과 거울속의 행동간의 유관성을 알게 된다.

시기 3: 8-15 개월

이 시기가 시작되면서 유아는 새로운 정보나 자극이 주어졌을 때 일반적인 억제를 보인다. 즉 자극사태에 대해 즉각적인 반응을 보이지 않는다. 아기들이 흔히 보이는 낯가림도 이 중 하나이다. 이러한 일반적인 억제는 아동으로 하여금 자극에 대해 행동을 취하기 이전에 그에 대해 숙고해 보도록 해준다. 이로부터 다른 부가적 도식들이 빠른 속도로 발전할 뿐만 아니라 10~12개월부터는 특히 기억을 포함한 인지적 성장으로 인하여 '비교하기'가 가능해진다. 또한 기억용량의 확장을 통해 특정한 사람들과 지속적인 사회교환 패턴을 유지하며, 이것의 한 결과가 '자기 영속성'의 발현이다. 이것은 자기도식에 영향을 주고 나아가 정체성의 세 번째 수준인 자기-자각 및 자기-의식을 발생시킨다. 또한 자기와 타인의 변별이 최종적으로 확립되는데, 그 결과 다양한 상황하에서 타인으로부터 독립적인 자기의 보존이 가능해진다. 이러한 자기보존(self-conservation)은 첫 번째의 중요한 보존과업이며 대상영속성 이해의 성숙과 병행하는 것이다. 사실 대상영속성과 자기영속성을 동일한 과정의 부분들로 보는 견해도 있다.

시기 4: 15-24 개월

이 시기에 자기자각 및 자기의식이 나타난다. 이 기간중에는 자기지각이 유관성에 의존하는 정도가 감소하는 대신 점차 특질분석에 의존하게 된다. 유아는 자신을 사회적 존재중의 하나로 고려하게 되어 자기자신(행동, 사고, 감정)을 반추할 수 있게 된다. 이같은 자기의식은 자기자각으로 특징지을 수 있는 일군의 정서적 상태, 즉 자기의식적 정서를 유발시킨다. 이와 함께 다른 사람들이 자신과 비슷한 감정과 사고를 가지고 있음을 이해하게 되면서 공감적 행동들이 출현한다.

시기 5: 24-30 개월

간단한 언어지식으로 자신과 사회적 대상의 특징에 대한 지식을 표현하게 된다. 자기를 객관적으로 의식하게 되며 많은 속성들(선악, 성별, 효율성 등)에 관한 지식을 갖게 된다. 자기가 한 행동의 결과를 알고 실패에 대한 불안을 갖게 된다. 이때 자기의식적 평가 감정이 생기며 그 결과 자부심, 수치심, 죄책감 등을 경험하게 된다.

표 9.1 '자기' 발달의 주요 수준 및 다른 사회적 측면과의 관계

정체성 수준	계통발생적 수준	개체발생적 수준	사회적 관계	정서적 행동
I. 자기지각	모든 사회적 동물들	3개월	상호작용	일차적 정서들
II. 자기 영속성	모든 사회적 동물들	8개월에 시작	상호작용	일차적 정서들
III. 자기의식	인간(그리고 아마도 침팬지)	15~18개월에 시작	관계	자기의식적 정서들 공감적 행동들

출처: Lewis, 1990

'자기' 발달의 주요 측면인 자기지각, 자기영속성, 자기의식의 계통 및 개체발생적 수준과 다른 사회적 측면과의 관계를 〈표 9.1〉에 정리하였다.

아동기 이후의 '자기'의 발달

아동은 언어의 획득과 더불어 주관적 '자기'와 객관적 '자기'로 분화하여 자신만의 고유한 경험세계를 갖게 된다. 아동이 세 살 반이면 자신에 대한 일관성있는 견해를 발달시키기 시작하며, 7-8세까지는 명료하고 안정적인 자기도식을 갖추게 된다. 아동의 자기개념은 일련의 단계를 거치며 변화를 보이는데, Damon과 Hart(1988)에 따르면, 초기 아동기에는 자기지식이 기분이나 선호와 혐오를 기술하는데 집중되고, 중기 아동기에는 다른 사람들이나 어떤 규준과의 비교로 자신을 기술하고, 초기 청년기에는 인간관계의 특징들, 그리고 후기 청년기에는 신념, 철학, 도덕 등이 자기지식의 초점이 된다. Erikson(1963)은 일생의 발달과제들을 단계에 따라 열거하였는데, 각 단계에서의 개인의 자기지식이 해당 단계의 발달과제와 관련되어 있으리라고 추정할 수 있을 것이다.

자기의 변화에 개입하는 요인들로는 신체적 변화, 인지적 능력의 발달과 감퇴, 주위의 타인들, 역할, 중요한 사건들 등을 열거할 수 있다.

'자기'에 관한 지식의 출처

상징적 상호작용주의자들은 타인이 '자기'의 주요 출처라고 주장한다. 즉 타인의 태도를 취함으로써 '자기'를 파악할 수 있다는 것이다. 그러나 이들은 동시에 인간의 반성적 능력을 인정한다. 따라서 개인은 사회화의 과정에서 일

반화된 타자를 발전시키고, 이 개인내의 일반화된 타자가 그의 내면을 반성적으로 들여다 봄으로써 '자기'에 관한 지식을 획득할 수 있다는 것이다. 이러한 입장은 심리학 초기의 내성법이나 일반인들의 상식과 일치한다.

그러나 일부 심리학자들은 '자기'에 관한 지식이 내면의 반성을 통하여 이루어질 수 없다고 반박한다. 이들은 사람들이 내성에만 의존해서는 자신의 태도나 정서나 인지과정들을 정확히 보고할 수 없다는 관찰들을 증거로 제시한다. Bem(1967)에 따르면, 사람들은 자신의 태도를 판단할 때 자신의 내부를 들여다보는 것이 아니라 자신의 외부행동을 근거로 해서 결정한다고 한다. 예를 들면, 반(反)카스트로의 에세이를 쓴 사람은 자신이 반카스트로의 에세이를 썼다는 행위로부터 자신의 반카스트로 태도를 추론한다는 것이다. 또한 같은 맥락에서 Nisbett 등(1977)은 사람들이 행동을 설명할 때 실제 일어나는 것을 분석하기 보다는 그것에 대한 신념이나 이론을 보고한다는 점을 지적하며 내성적 자각을 부정하였다. 그들의 실험에서 피험자들은 실제로 자신들의 행동에 영향을 미친 인지적 과정들을 의식하지 못하였고, 대신 그 문화내에서 광범하게 공유되는 이론이나 신념을 행동의 원인으로 보고하였다. Schachter(1964)도 그의 정서이론에서 사람들이 자신의 정서상태를 직접적으로 자각하지 못하고 외부의 인지적 단서에 의존하여 정서판단을 한다는 주장을 한다.

오늘날 대부분의 심리학자들은 초기의 심리학자들처럼 내성을 신뢰하지는 않는다. 그러나 과거의 극단적인 행동주의자들에 동조하여 내성의 역할을 전적으로 부인하지도 않는다. 대신 사람들이 내성을 비롯하여 가능한 여러 출처들을 동원하여 '자기'에 관한 지식을 형성한다고 생각한다. Hampson(1988)은 '자기'에 관한 정보가 다음과 같이 여러 출처들로부터 획득되고 있음을 지적하였다.

1. 우리는 타인이 우리를 본다고 생각되는 방식으로 자신을 본다. 이러한 사실은 상징적 상호작용주의자들의 견해와 합치하는 것으로 다른 사람이 '자기'에 대한 중요한 정보원임을 시사한다.

2. 우리는 자신의 사적인 생각이나 감정을 관찰하여 다른 사람들이 모르는 자신에 관한 어떤 것을 발견하고자 노력한다.

3. 우리가 다른 사람들의 행동을 보는 것과 같은 방식으로 자신의 행동을 관찰한다.

그러니까 타인, 자신의 내부세계, 그리고 자신의 외적 행동의 세 가지가 '자기'에 관한 지식을 얻는 출처로 이용되고 있는 것이다.

'자기'에 대한 심리학적 접근

현상학적 관점: Rogers의 현상학적 '자기' 이론

심리학에서 현상학적 관점은 철학의 현상학과 다소 다른 의미를 갖는다. 철학에서 현상학(phenomenology)은 Husserl에 의해서 절대적인 진리를 발견하기 위한 방법론으로 제안되었다. 그러나 심리학에서 현상학적 관점은 주로 개인의 주관적인 경험세계를 존중하는 입장을 의미한다. 이러한 입장 때문에 현상학적 관점은 인간존중의 정신을 강조하는 인본주의적 관점과 깊이 관련되어있으며, 때로는 두 관점을 호환해서 호칭하기도 한다. 예를 들면, Rogers나 Maslow의 현상학적 이론은 인본주의 이론으로 불리기도 한다.

Rogers의 인간관

Rogers는 인간본성이 근본적으로 선하며 긍정적이고 건설적이라고 생각

Carl R. Rogers(1902~1987)

Carl R. Rogers는 일리노이주의 시카고 교외에서 5남1녀 중 넷째 아들로 태어났다. 그는 엄격하고 종교적인 환경에서 도덕 및 윤리적 문제에 대한 관심과 과학적 방법에 대한 존경을 배웠다. Rogers는 University of Wisconsin에서 농학을 전공했으나 2년만에 그만두고 뉴욕에 가서 신학대학을 다녔다. 그러나 구체적인 교리에 의혹을 갖게 되어 신학대학을 떠나 Columbia University로 옮겨서 임상심리학을 공부하고 1931년에 박사학위를 받았다. 졸업 후에는 Rochester Guidance Center 등에서 일했고, Ohio State University와 University of Chicago 등에서 근무하다가 1968년에 인본주의 철학을 공유하는 사람들과 함께 비영리기관인 인간연구센터(Center for the Studies of the Person)를 설립하여 일하기 시작했다. Rogers는 인간의 자기실현역량을 신뢰하고 현상학적 심리학을 제창했으며 인간중심 치료를 제안하는 등 미국의 인본주의 심리학의 정신적 지도자로 많은 존경을 받았다. 1950년대에 인간행동의 통제를 둘러싸고 Skinner와 벌인 논쟁은 유명하다. Rogers는 미국심리학회 회장을 역임하고 학회에서 주는 학술상을 수상하였다. 그의 저서로는 'Counseling and Psychotherapy: Newer Concepts in Practice' (1942), 'Psychotherapy and Personality Change' (1954), 'On Becoming a Person' (1961) 등이 잘 알려져 있다.

했다. 이러한 인간본성에 대한 신뢰는 임상경험에서 비롯되었다고 그는 보고 하고 있는데, 역시 임상경험에 기반을 둔 Freud 이론에서 인간을 무의식적인 욕구와 갈등으로 가득 찬 존재로 간주하는 것과는 대비가 된다. 또한 Rogers는 인간이란 외부의 힘에 의해 피동적으로 끌려가는 존재가 아니라 미래지향적이며 자기지시적인 에너지로 충만한 존재라고 주장했다. 이러한 관점은 인간본성의 선천적인 잠재력이 발현될 경우 최상의 개인적 발달과 효율성이 실현된다는 루소의 성선설과 흡사하다.

Rogers는 인간본성을 악한 것으로 보는 믿음이 종교, 특히 기독교의 교리에 의해서 조장되었으며, 현대에 와서는 Freud 이론(특히 무의식, 갈등, 성 및 공격적 추동에 관한 이론)이 이러한 왜곡된 믿음을 더욱 강화시켰다고 본다. 이들 관점에 따르면, 인간이란 비합리적, 이기적, 파괴적인 존재이다. Rogers도 인간이 때로는 살인이나 강간, 폭력 등 비정하고 반사회적인 행동을 보일 수 있다는 것에 동의를 하지만, 이러한 행동들이 인간의 진정한 내적 본성을 반영하는 것은 아니라고 주장한다. 인간이 완전히 기능하며 살아갈 때, 즉 자유롭게 자신의 내적 본질을 경험하고 만족할 때, 인간은 자신 및 다른 사람들과 조화하여 살아갈 수 있는 합리적이고 긍정적인 존재가 된다는 것이다. Rogers의 성선설에 기반을 둔 인간관은 소박한 낙관주의로 비판되곤 한다. 이러한 비판에 대하여 Rogers는 다음과 같이 대답했다.

> "나는 인간 본성에 관하여 터무니없는 낙천주의자는 아니다. 나는 사람들이 방어와 내적 공포 때문에 믿을 수 없을 만큼 잔인하고, 끔찍하게 파괴적이며, 미성숙하고 퇴행적이고 반사회적이며, 유해한 방식으로 행동을 할 수 있고 또 한다는 것을 잘 인식하고 있다. 그러나 나의 경험 중 가장 신선하고 활력을 주는 부분은, 그런 사람들과 상담하면서 우리 모두에서와 마찬가지로 그들의 가장 깊은 내면에 강한 긍정적 경향성이 존재하는 것을 발견한 것이다"(Rogers, 1961, p. 27)

위의 진술에서 우리는 Rogers의 인간에 대한 깊은 존중을 발견할 수 있으며, 이러한 인간존중의 정신이 그의 성격이론과 내담자 중심의 심리치료 이론에 반영되어 있다.

자기실현 경향

Rogers(1951)는 자기실현(self-actualization)이라는 하나의 동기개념으로 인간행동을 설명한다. 자기실현 동기는 자신을 실현, 보존, 향상시키려는 동기로서 인간본성의 긍정성을 신봉하는 Rogers가 제시하고 있는 유일한 동기개념이다. 이 점은 성 추동을 강조하는 Freud 이론이나 다양한 동기들의 위계를 가정하고 있는 Maslow의 요구 위계 이론과 대비가 된다. Rogers는 배고픔, 성, 성취 등도 자기를 보존하거나 향상시키려는 경향성, 즉 자기실현 경향성의 표현들로 간주될 수 있다고 주장했다.

Rogers는 강한 외적 제약이나 반대하는 힘이 없다면 자기실현 경향성이 광범위한 행동들에서 자연스럽게 자신을 표출할 것이라고 믿었다. 자기실현 경향성은 유기체의 중추적인 에너지 출처로서 다음과 같은 특징들을 갖는다(Rogers, 1980).

첫째, 자기실현 경향성은 신체 전체의 생리적 과정에 뿌리를 두고 있으며 따라서 심리적 경향이 아니라 생물학적 사실로 간주된다. 유기체 수준에서 이러한 선천적인 경향성은 유기체의 유지뿐 아니라 신체 기관과 기능의 발달, 분화, 성장, 재생산 등을 제공함으로써 유기체의 향상도 도모한다. 보다 더 중요한 것은 자기실현 경향성이 '자기'와 관련된 심리적 과정에 미치는 동기적 힘이다. 자기실현 경향성은 자율성의 증대와 자기 신뢰감을 제공하고, 경험의 장을 확대시키고 창조적으로 만드는 힘을 갖는다.

둘째, 자기실현 경향성은 모든 형태의 삶에 공통적이다. Rogers는 자기실현 경향성이 인간이나 동물에게만 존재하는 것이 아니라 살아있는 모든 생물의 특징이라고 주장하였다. 즉 자기실현 경향성은 삶의 본질이라는 것이다. Rogers는 가파른 낭떠러지에 뿌리박고 강한 바람을 맞으며 자라나는 나무나 척박한 바위틈에서 솟아나는 풀, 파도에 이리 저리 밀려가며 살아나가는 풀들 속에 "……믿기 어려울 정도로 적대적인 환경에 뛰어들어서 자신을 지킬 뿐만 아니라 적응하고 발달하고 자신이 되는 능력이 존재하고 있다"고 적고 있다(Rogers, 1963, p.2).

셋째, 자기실현 경향성은 유기체가 단순한 것으로부터 복잡한 것으로, 의존으로부터 독립으로, 고정되고 경직된 것으로부터 변화와 자유로움으로 성장하는 것을 포함한다. 유기체의 궁극적 목표는 긴장감소가 아니라 자기실현이기 때문에 때때로 긴장증가를 수반하기도 하며, 유기체를 향상시키는 활동으로부터 유발되는 즐거움과 만족을 지향한다.

인본주의 심리학자로서 Rogers와 함께 거론되는 Maslow도 자기실현 동기를 강조하였다. 그러나 Maslow는 자기실현 동기를 다른 하위의 기본적인 동기들이 충족된 후에 발현되는 고급동기로 간주함으로써, 자기실현 동기를 기본동기로 파악하는 Rogers와 다른 입장을 보인다(제5장 성격의 정서 및 동기 요소 참조).

Rogers의 현상학적 관점

Rogers의 성격이론은 현상학적 관점에 기초를 두고 있다. 현상학적 관점에서는 개인의 현실(reality)은 그 사람의 주관적 체험세계, 즉 현상적 장(phenomenal field) 속에 존재한다고 주장한다. 이러한 주관적인 지각과 체험들은 개인의 사적 현실을 구성할 뿐만 아니라 그의 행위의 기초도 형성한다고 본다. 사람들은 어떤 사건에 대해서 그 사건을 어떻게 주관적으로 지각하는가에 따라 다르게 반응하기 때문이다. 예를 들면, 교사의 체벌을 자신에 대한 애정 때문이라고 지각하는 경우와 맹목적인 권위주의 때문이라고 생각하는 경우에 체벌을 받는 아동의 태도가 달라지는 것이다. 개인의 주관적 체험과 행동간의 관계의 강조가 Rogers의 현상학적 이론의 핵심을 이룬다.

Rogers의 현상학적 이론은 Freud의 정신분석 이론과 중요한 점들에서 차이를 보인다. 첫째, Rogers는 과거 경험이 현재를 결정한다는 입장을 배척하고 현재의 경험세계를 강조한다. 과거 경험을 부정하는 것은 아니지만 과거 경험에 대한 현재의 해석이 과거의 사실보다 더 중요하다고 본다. 둘째, 개인의 주관적 체험세계는 의식되는 부분과 의식되지 않는 부분을 모두 포함하고 있지만 Rogers는 Freud와 달리 무의식보다 의식되는 부분이 행동에 대한 함의가 더 크다고 생각한다.

현상적 장은 개인의 사적인 세계이지만, Rogers는 그 사람의 눈으로 세계를 보려고 노력하고, 행동이 그에게 갖는 의미를 이해하려고 노력하면 접근이 가능하다고 주장한다. 또한 그는 개인의 이해뿐만 아니라 심리학의 연구도 주관적 체험의 현상을 이해하려는 꾸준하고도 체계적인 노력을 포함해야 한다고 주장한다. 그는 실험실 연구만을 고집할 것이 아니라 현상학적 자료의 귀중한 출처를 제공해주는 임상적 관찰을 잘 활용해야 하며, 여기서 만들어진 가설은 실험실에서 엄격한 방식으로 검증될 수 있다고 주장했다.

Rogers의 '자기' 개념

Rogers 이론의 핵심 개념은 '자기'이다. '자기'는 현상적 장에서 '나'로 지각되는 부분으로서 조직화되고 일관성있는 지각 패턴을 표상한다. '자기'는 새로운 경험을 하면서 계속 변화하지만 항상 정형화되고 통합되고 조직화된 속성을 유지한다. 그러므로 시간에 따라 개인이 많이 변화하더라도 그는 자기가 이전과 똑같은 사람임을 느끼는 확고한 내적 감정을 보유한다. Rogers는 '자기'가 사람 안에 위치해서 행동을 통제하는 또 하나의 작은 사람의 개념이 아님을 강조한다. '자기'는 단지 조직화된 '나'에 관련된 일군의 지각을 표상할 따름이라는 것이다. 그러나 조직화된 지각으로서 '자기'는 경험을 반영하는 동시에 경험에 영향을 미친다. 또한 Rogers는 '자기' 중에는 의식되지 않는 부분도 있겠지만 의식될 수 있는 '자기'의 부분이 중요하며 객관적으로 연구될 수 있다고 주장했다.

자기개념은 현 존재에 대한 지각인 '자기' 뿐만 아니라 되고 싶어하는 존재를 표상하는 '이상적 자기' (ideal self)도 포함한다. '이상적 자기 '는 개인이 높이 평가하고 지향하는 자기개념으로서 개인이 가장 보유하고 싶어하는 속성들을 반영한다.

Rogers에 따르면 초기의 '자기'는 주로 부모의 평가에 대한 지각으로부터 형성된다고 한다. 아동의 자존감이나 자신의 가치에 대한 개인적 판단이 모두 이 지각으로부터 비롯된다. 부모의 인정과 지원을 받으면서 아동은 새로운 경험을 자기감(sense of self) 속으로 받아들일 수 있다. 이 경우에 '자기'와 경험 사이에 합치(congruence) 상태가 존재한다. 반대로 부모가 아동의 기본적인 자기가치(self-worth)에 조건을 부과하면(즉 어떤 조건에서는 아동의 가치를 인정하고 다른 조건에서는 그렇지 않다면), 자기가치감을 위협하는 경험은 위협적으로 지각되고 배척될 것이다. 달리 말하면, 자기구조와 불합치하는 경험은 부정되거나 왜곡되어서 자기-경험 불일치(self-experience discrepancy)의 상태를 초래할 것이다. 예를 들면, 부모가 공부를 열심히 해야 사랑을 받을 수 있다고 강조하면, 아이는 친구들과 놀면서도 이 경험을 자기 속에 있는 그대로 받아들이지 못하고 왜곡하거나 부정함으로써 자기와의 괴리를 경험하고 불안을 느끼게 되는 것이다. Rogers는 자기가치에 조건을 부과하는 조건적 존중(conditional regards)이 자기구조와 불합치한 경험을 배척하도록 만듦으로써 정신병리의 형성에 핵심적인 원인이 된다고 주장한다. 인간에게는 자기실현의 기본적인 동기가 있기 때문에 무조건적 존중(unconditional regards)과 긍정반응을 통하여 자기실현을 성취할 수 있다는 것이 Rogers의 믿음이다.

본래 Rogers는 자기체계의 기능과 관련해서 자기일관성(self-consistency)의 필요를 강조했다. 자기일관성의 개념은 개인의 입장에서 자기체계와 조화를 이루어 기능하고 자기체계를 보존할 필요를 강조한다. 즉 자기체계의 일관성과 유지를 중요하게 간주하는 견해이다. Rogers는 초기에 이 견해를 수용했고, 후에도 이 견해를 배척한 바는 없지만, 점차 자기체계의 일관성보다는 긍정적인 자기감을 유지할 필요를 강조하게 되었다. 즉 일관성있는 자기상을 유지하는 것보다 긍정적인 자기상을 유지하는 것이 더 중요하다고 생각한 것이다. 그와 동시에 Rogers는 경험을 인정하고 자기체계의 부분이 되도록 허용하는, 자신에 대한 솔직함이 중요하다고 믿었다. 예를 들면, 자신이 결코 미움의 감정을 품는 사람이 아니라고 생각하고 싶더라도 마음 속의 미움의 감정을 인지하고 자신이 때로는 남을 미워하기도 하는 사람이라는 점을 받아들이는 것이 중요하다.

자기개념의 측정에는 Stephenson(1953)에 의해서 개발된 Q-sort 방법이 주로 사용된다. 이 방법에서 연구자는 피검자들에게 성격특성에 관한 진술이 적혀있는 100매의 카드를 배부한다. 피검자들은 카드에 적힌 진술문들을 읽고 각 진술문이 자신들을 잘 기술하는 정도에 따라 11범주로 분류하도록 한다. 각 범주별로 할당된 카드 수는 2-4-8-11-16-18-16-11-8-4-2로 정상분포 곡선을 이룬다. 이 절차는 '자기' 뿐 아니라 '이상적 자기' 의 측정에도 사용된다. 동일한 성격진술문이 동일한 정상분포에 따라 배열되기 때문에 '자기' 와 '이상적 자기' 를 비교하고 둘 사이의 불일치 점수를 구할 수 있다. 이 불일치 점수는 심리적 안녕감이나 심리치료의 효과와 관련되는 것으로 밝혀졌다. 즉 '자기' - '이상적 자기' 간의 불일치가 작을수록 심리적 안녕감이 높고, 심리치료의 효과는 불일치 점수가 작아지는 데서 반영된다는 것이다.

Rogers 이론의 평가

Rogers의 공헌을 간략히 정리하면 다음과 같다. 우선 Rogers는 현상학적 관점을 심리학에 도입함으로써 그때까지 행동주의와 정신분석학에서 무시되어 왔던 개인의 현상적 체험을 강조하였다. 또한 인본주의 입장에서 성격의 전체적이고 통합된 속성을 강조하고 인본주의와 경험적 연구를 결합하려고 노력하였다. 마지막으로 Rogers는 내담자 중심 치료를 제안함으로써 심리치료와 관련된 철학과 환경(예: 치료자와 내담자의 관계, 치료에 대한 태도, 치료기법 등)을 크게 변화시키는 계기를 마련했다.

그러나 Rogers 이론은 다음과 같은 비판을 받는다. 첫째, 실험심리학자들은 Rogers 이론이 과학적 검증이 어려운 개념들로 구성되어 있고, 연구방법에서도 객관성을 확보하기 어려운 자기보고에 주로 의존하고 있음을 비판한다. 둘째, 현상학적 이론에서는 개인의 경험세계에 초점을 맞추기 때문에 무의식이나 방어와 같은 중요한 영역을 다루지 못한다. 또한 현상적 체험 자체가 고정관념이나 편견으로 오염되어 있을 가능성을 무시한다. 마지막으로, Rogers의 인간의 성장동기와 선함에 대한 신념, 즉 성선설은 (그 반대의 성악설과 더불어) 너무 인간을 단순하게 인식하는 태도라는 비판을 받는다. Rogers의 소박한 이론은 인간의 다양하고 복합적인 면을 설명할 때 종종 어려움을 겪는다. 이러한 비판에도 불구하고 Rogers의 이론이 심리학계에 미친 영향은 대단히 크다. 정신분석학과 행동주의의 두 흐름이 심리학을 주도하고 있던 시기에 Rogers의 현상학적 이론은 인본주의 성향을 대표하는 새로운 대안으로 좁게는 심리치료, 넓게는 심리학자들의 인간관에 큰 영향을 미쳤다.

사회인지적 관점

심리학에서 '자기'에 대한 관심이 부활한 데에는 인지혁명의 영향이 크다. 행동주의가 지배하던 시기에는 내적 과정인 '자기'는 비과학적인 개념으로 간주되어 과학적 심리학을 표방하는 연구자들 사이에서는 거의 언급되지 않았다. 예외적으로 Allport, Rogers, Maslow 등 인본주의나 현상학적 입장에 서있는 학자들이 '자기'에 관심을 가졌으나 관념적이거나 이론적 수준에서 다룬 것이었고 '자기'에 대한 체계적인 연구를 수행한 것은 아니었다. 이러한 '자기'에 대한 무관심과 폄하는 인지혁명과 더불어 변화를 한다. 인지심리학에서는 인간을 컴퓨터에 비유하며 심리과정을 정보처리과정으로 파악한다. 즉 외현적 행동보다 내적 과정인 정보처리과정이 인지심리학의 주된 연구 대상이 된 것이다. 그러므로 '자기'는 심리학의 적법한 연구대상으로 인정을 받게 되었다. 특히 사회인지적 관점의 연구자들은 사회적 맥락에서의 중요한 정보처리가 '자기'로 불리는 범주를 중심으로 조직화된다고 보고 '자기'의 정보처리적 접근을 추구하고 있다. 다른 사회인지 이론들과 마찬가지로 '자기'에 관한 이론들도 대 이론으로 통합되지 못하고, '자기'의 다양한 측면들에 각각 초점을 맞추는 소규모의 여러 자기이론들이 존재한다.

자기도식

사회 및 성격심리학자들의 자기존중감(self-esteem)에 관한 연구나 Rogers와 Maslow의 자기실현 동기 개념은 모두 '자기'의 동기적 측면을 강조하고 있다. 사회인지적 관점에서 처음으로 '자기'의 정보처리적 속성을 부각시킨 연구자는 '자기도식'(self-schema) 이론을 제안한 Markus(1977)이다. Markus에 따르면, 자기도식은 "자기에 관련된 정보의 처리를 조직하고 인도하는, 과거경험으로부터 유도된 자기에 관한 인지적 일반화이다"(p. 63).

자기도식은 인지적 구조(cognitive structure)로서, 자신이 경험한 특정 사건들과 상황들로부터 유도된 개인적인 인지적 표상들과 자신의 행동에 대한 자기 및 주위 사람의 반복된 범주화와 평가로부터 유도된 보다 보편적인 인지적 표상들로 구성된다. 자기도식이 '자기'에 관련된 정보의 처리에 미치는 영향을 Markus는 실험연구를 통해 확인했다. 그녀는 자신을 독립성-의존성의 차원에서 평정한 피험자들(독립성-의존성의 자기도식을 갖고 있는 피험자들)과 이 차원에서 자신을 평정하려는 경향성을 보이지 않은 피험자들(독립성-의존성의 자기도식을 갖고 있지 않은 피험자들)간을 비교하였다. 그 결과 독립성-의존성의 자기도식을 가진 피험자들은 관련된 정보를 보다 신속하게 처리했고, 관련된 사례를 보다 많이 열거할 수 있었고, 자기도식과 합치하지 않는 정보에 저항하는 경향을 보였다.

후속 연구들(Fong & Markus, 1982; Markus & Sentis, 1982)을 통해 Markus는 일단 자기도식이 수립되면 대단히 다양한 인지과정들에 영향을 미친다는 증거를 얻었다. 예를 들면, '자기'에 관련된 정보는 관련되지 않은 정보에 비해 보다 쉽게 학습되고, 보다 잘 회상되며, 보다 적극적으로 추구된다. 요약하면, 자기도식은 다른 인지구조와 유사하게 기능하는 일종의 인지구조로 간주될 수 있고, 모든 유입되는 자극은 '자기'와의 관련성에 따라 평가되며, 자기확인적 편파가 존재한다.

자기개념

자기개념(self-concept)은 개인이 자신에 관하여 갖고 있는 모든 추론과 아이디어의 집합을 지칭한다. 여기에는 성격특질과 도식이 중심이 되지만 사회적 역할과 관계에 대한 이해도 포함된다.

자기개념을 형성하는 자기지식의 중요한 출처는 사람들이 서로 주고 받는 사회적 피드백이다. 이 견해를 대표하는 G. H. Mead에 따르면, 자기개념은 기본적으로 다른 사람들로부터 받는 피드백으로부터 증류된 것이다. 그러나 자기개념이 다른 사람들의 나에 대한 지각과 항상 일치하는 것은 아니다. 사람들은 자신에 대한 타인의 평가를 정확하게 지각하지 못할 수도 있고, 자신을 호의적으로 생각하려는 편파 때문에 타인의 평가를 배척하거나 왜곡해서 받아들일 수도 있다. 그러므로 자기개념을 타인으로부터 받는 피드백과 자기에 관한 신념 사이의 협상의 산물이라고 보는 것이 정확할 것이다.

Cantor와 Kihlstrom(1987)은 자기개념을 다른 개념이나 범주처럼 취급할 수 있다고 생각했다. 대부분의 개념들은 여러 계층의 개념들로 이루어진 위계구조를 갖는다. 예를 들면, 동물은 포유류, 파충류, 조류, 양서류 등으로 나누어질 수 있고, 포유류는 다시 소, 말, 개 등의 하위개념으로 구성된다. 자기개념도 다른 개념들처럼 하위의 '자기'들의 집합(family of selves)으로 이루어진 위계구조로 파악될 수 있다고 본다. 예를 들면, 자기개념은 일터의 자기, 가정의 자기, 사회적 자기, 홀로의 자기 등의 유형으로 분류될 수 있고, 다시 이들은 하위의 자기들로 분류되어 일터의 자기는 상사로서의 자기, 부하로서의 자기, 동료로서의 자기 등으로 구성된다. 사람에 따라 '자기'를 위계적으로 조직화하는 방식이 다르지만 대부분의 자기 위계는 예에서 든 바와 같이 상황맥락을 기준으로 조직화된다고 한다.

상황맥락에 따라 이렇게 '자기'가 달라지면 어떻게 통합된 자기감을 느낄 수 있을까? Cantor와 Kihlstrom에 따르면 여러 '자기들' 간의 통합감의 근거는 다음 세 가지에 근거하고 있다고 한다. 첫째, 여러 '자기들' 간에 중복되는 유사한 요소들이 통합된 '자기'로 인식하게 만든다. 즉 상황맥락에 따라 달라지는 요소들이 있는 반면에 불변하는 요소들이 있어서 '자기'의 통합감을 갖게 한다는 것이다. 둘째, 통합된 자기감은 자서전적 기록에서도 비롯된다. 즉 사람들은 자신이 시간에 걸쳐 연속성을 지닌 존재임을 회상이나 경험을 통해 인식하고 있는 것이다. 셋째, 비록 상황맥락에 따라 '자기'가 변화하기는 하지만 우리는 언제나 기본적인 (혹은 핵심적인) '자기'로 돌아갈 수 있다. 즉, 상황에 따라 변화하는 피상적인 '자기' 외에 기본적이며 핵심적인 '자기'가 있어서 '자기'의 연속성을 인식하도록 해준다는 것이다.

자기존중감

자기존중감(self-esteem) 혹은 줄여서 자존감은 자기개념의 평가적 차원을 지칭한다. 자존감의 중요성은 생애 초기부터 시작된다. Kagan(1981)에 따르면 여러 문화권에 걸쳐서 '좋다(착하다)'와 '나쁘다'는 어린 아동에게 가장 많이 건네지는 단어 중의 하나라고 한다. 또한 두 살이 될 때까지 아동은 자신의 행동을 좋은 행동-나쁜 행동의 기준과 비교하게 된다. 그러므로 자기평가의 습관은 초기에 획득되며 보편적이라고 할 수 있다.

자존감은 자기개념 중 가장 중요한 요소로서 다른 많은 요소들에 영향을 주는 중심 특질이다. 자기개념 연구의 대부분이 자존감에 집중되어 있다는 사실(Wylie, 1979)이 자존감의 중요성을 증명한다. 자존감의 두 중요한 출처가 있는데, 하나는 개인이 타인으로부터 받는 평가적 피드백이고, 다른 하나는 자신의 효능성과 성공(혹은 실패)에 대한 직접적인 경험이다. 자존감의 이 두 측면들이 서로 높게 상관되어 있지 않다는 보고가 있다(Franks & Marolla, 1976). 자존감의 측정은 주로 자신을 얼마나 호의적으로 생각하는지를 묻는 설문지를 통해서 이루어진다.

자존감과 관련된 몇가지 논제가 있다. 그 하나는 자존감의 안정성에 관한 것이다. 자존감이 매일매일 변하는 것일까? 아니면 안정적인 것일까? 대부분의 연구들이 안정성을 지지하는 결과를 보고하고 있다. 예를 들면, Baumeister (1991)는 자존감 척도의 2주에 걸친 검사-재검사 신뢰도가 .90에 가깝다고 보고하였다. Harter(1993)는 자존감이 (특히 결혼과 같은 인생의 주요 전환점에서) 변할 수 있지만 대부분의 시기에는 상당히 안정적이라고 보고했다.

또 다른 논제는 자존감이 단일한 것인지 혹은 독립적인(상관되지 않은) 자기평가들의 집합인지에 관한 것이다. 즉, 사람들을 전반적인 자존감의 높고 낮음으로 생각하는 것이 적절한지 혹은 어떤 영역(예: 학문 영역)에서는 자신을 높이 평가하고 다른 영역(예: 사교적 영역)에서는 낮게 평가하는 것으로 보는 것이 적절한지 여부이다. 현재는 전반적 자기평가를 반영하는 자존감의 총체적 수준도 존재하고 다양한 영역에 관련된 개별적인 자존감 수준들도 존재한다고 보는 위계적 다면 모형(hierarchical facet model)(Fleming & Courtney, 1984)이 연구자들 사이에 받아들여지고 있다.

자존감 수준은 자기지식의 차이와 연결되어 있다. 높은 자존감을 지닌 사람들은 자신에 관해서 명료하고 일관성있으며 안정적인 견해를 갖고 있는데 반해, 낮은 자존감을 지닌 사람들은 자신에 관해서 잘 모르며 혼동되고 모순되고 불안정하고 불확실하며 통합되지 않은 자기개념을 갖고 있다. 그러나 자존감이 낮은 사람들이 절대적 의미에서 낮은 것은 아니다. 자존감 척도를 실시해보면 많은 사람들이 높은 쪽에 위치하고 나머지 대부분의 사람들은 중간에 몰려있다. 그러므로 자존감이 낮은 사람들도 절대적 의미에서가 아니라 상대적 의미에서 낮은 것이며, 정확히는 중간 수준이라고 보아야 할 것이다.

자존감은 다양한 행동들에 영향을 미치는 것으로 알려졌다. 자존감이 낮은 사람들은 높은 사람들에 비해 외부 영향에 취약하고(Brockner, 1983), 실패에 직면했을 때 노력을 증가시키지 않으며(Maracek & Mettee, 1972), 타 집단에 대한 부정적인 고정관념이나 편견이 더 크다고 생각되어왔다. 그러나 자존감이 낮은 사람들이 높은 사람들보다 수행에서 뒤떨어진다는 증거는 없다. 실제로 대부분의 실험연구들에서 두 집단은 비슷한 수행수준을 보였다(예: Brockner & Hulton, 1978). 그러므로 낮은 자존감이 자신의 능력의 결여를 정확히 평가한 결과라고 보기는 어렵다. 또한 낮은 자존감이 타집단에 대한 높은 편견과 관련된다는 주장도 잘못된 것이다. 왜냐하면 자존감이 낮은 사람들은 높은 사람들에 비해 자신뿐 아니라 타인들에 대해서도 더 비판적이기 때문에 그와같은 결과가 나온 것으로 해석될 수 있기 때문이다. 실제로 자기와 타인에 대한 평가간의 차이는 모든 수준의 자존감에 걸쳐 비슷했다(Crocker & Schwartz, 1985).

심리학에서는 전통적으로 높은 자존감에 호의적인 태도를 취해왔다. 적응연구에서는 자존감을 적응의 한 측정치로 간주하기도 한다. 높은 자존감을 지닌 사람들은 성공, 사랑. 존경에 대한 목표와 동기를 갖고 있다. 일부 심리학자들은 자존감이 낮은 사람들이 자신의 부정적인 자기개념을 확인하기 위해서 실패와 배척을 오히려 원한다고 주장하지만(예: Aronson & Carlsmith, 1962), 관련 연구들을 종합해보면 자존감이 낮은 사람들도 높은 사람들과 마찬가지로 성공을 원한다고 한다(예: McFarlin & Blascovich, 1981). 그러나 이들은 성공을 원하면서도 자신의 성공에 대한 기대가 낮다는데서 높은 자신감을 보이는 자존감이 높은 사람들과 대비가 된다.

자존감이 높은 사람들과 낮은 사람들의 차이를 Baumeister 등(1989)은 자기고양(self-enhancement)과 자기보호(self-protection)의 두 기제를 적용함으로써 설명한다. 자기고양은 자기개념을 고양시키려는 동기에서 비롯되는 것으로 성공을 추구하며, 자기보호는 자기개념을 보호하려는 동기에서 비롯되는 것으로 실패를 회피하는 것으로 규정된다. 자존감이 높은 사람들이 주로 자기고양에 관심을 갖는 반면에, 자존감이 낮은 사람들은 주로 자기보호에 집착하는 경향을 보인다고 한다(Tice, 1990).

마지막으로 자존감에 대한 흥미로운 가설이 Steele(1988)에 의해서 제기되었다. 그에 따르면 자존감은 자원(resource)으로서 자존감이 낮은 사람들은 높은 사람들에 비해 이 자원이 충분하지 않은 사람들이라는 것이다. 그러므로 스트레스 상황에서나 위협상황에서 이들은 끌어다 쓸 자원이 충분치 않기 때문에 방어적 방식으로 반응하게 된다고 한다.

자기개념과 관련된 동기들: 일관성 동기와 고양 동기

'자기'와 관련해서 두 갈래의 동기적 힘이 존재한다. 하나는 '자기'의 일관성(consistency)을 지향하는 힘이고, 다른 하나는 '자기'의 고양(enhancement)을 지향하는 힘이다. 전자는 자기확인(self-verification)으로 일컫기도 하는데 자기지각들간의 일치성, 그리고 자기지각과 유입되는 정보들간의 일치성을 발견하려는 인지적 요구이고, 자기고양은 자존감을 유지하거나 상승시키는 정보를 발견하려는 감정적 요구를 지칭한다.

사람들이 자신에 대해서 긍정적인 견해를 가지려는 욕구는 심리학의 많은 문헌들에서 언급되어 왔다. 사람들은 실패를 타인의 탓으로 돌리고 성공은 자신에게로 돌리는 방어적 귀인의 성향이 있고, 다른 사람들이 자기를 좋아한다고 생각하며, 통제와 효능성의 정도를 과장해서 추정하곤 한다(Greenwald, 1980). 또한 자신의 능력은 고유하고 자신의 의견은 다른 사람들에 의해서 지지된다고 생각한다(Campbell, 1986).

반대로 사람들이 일관성을 추구한다는 증거도 있다. 사람들은 자신의 견해를 확인하려 노력하고, 자기개념과 괴리가 있는 피드백을 반박하고, 자기개념과 다른 견해를 표명하는 사람들을 회피하기까지 한다(Swann, 1987). 사람들은 왜 자기일관성을 추구할까? 자기 통합감을 확인하고, 미래의 행동을 예언하는데 필요하기 때문이라고 한다. 자기가 일관되지 못하고 변화가 심하거나 내적인 통합을 이루지 못하거나 하면 통합된 자기감을 갖지 못하게 되어 내적 갈등이나 스트레스를 경험하게 된다. 또한 자기가 어떤 행동을 하게 될지도 예측이 어려워져서 적응에 곤란을 겪게 된다.

사람들이 자기개념의 일관성과 자존감 고양 중 어떤 쪽을 더 중요하게 생각할 것인가의 질문은 부정적인 자기개념을 형성한 사람들의 연구로부터 답을 얻을 수 있다. 만약 사람들이 일관성을 추구한다면 낮은 자존감을 확인하는 부정적인 평가를 받아들이려 할 것이고, 반대로 자신에 관한 호의적인 견해를 원한다면 긍정적인 평가를 선호할 것이다.

Swann 등(Swann, Stein-Seroussi, & Giesler, 1992)의 실험에서 긍정적인 자기개념을 가진 피험자들과 부정적인 자기개념을 가진 피험자들에게 두 평가자 중 한 사람을 선택하여 상호작용하도록 하였다. 이 실제로는 가상적인 평가자 중 한 사람은 피험자에 관해서 호의적인 평가문을 썼고 다른 한 사람은 비호의적인 평가문을 썼다. 모든 피험자들이 자기에게 호의적인 평가자를 선호했을까? 그렇지 않았다. 긍정적인 자기개념을 가진 피험자들은 호의적인 평가문을 쓴 평가자와 상호작용하는 것을 선호했고, 부정적인 자기개념을 가진 피험자들은 비호의적인 평가문을 쓴 평가자와 상호작용하는 것을 선호했다. 따라서 이 연구에서는 일관성 동기가 자기고양 동기보다 앞선 결과를 보였다.

그러나 자기일관성 대 자기고양의 논쟁을 검증하는 연구들이 모두 일관성 동기를 지지하는 것은 아니다. 관련문헌을 조사해보면 오히려 자기고양 동기를 지지하는 결과들이 더 많은 편이다(Jones, 1973). Shrauger(1975)에 따르면 평가에 대한 반응이 어떻게 측정되었느냐가 중요하다고 한다. 측정치가 감정이었을 때는 자기고양 동기가 부각되고, 반대로 측정치가 인지였을 때는 일관성 동기가 지지되었다는 것이다. 즉 자존감이 낮은 사람들도 호의적인 피드백을 더 좋아는 하지만 비호의적인 피드백을 더 신뢰하는 경향을 보인다는 것이다. 또한 일관성 동기와 자기고양 동기의 상대적 중요성은 개인차나 상황에 따라 달라지기도 한다. 예를 들면, 자기애적인(narcissistic) 사람들은 자기고양 편파가 특별히 더 강하고(John & Robins, 1994), 데이트 초기에는 자기고양에 더 집착하다가 결혼이나 안정된 관계에서는 자기확인적인 평가를 더

그림 9.1 상호작용 상대에 대한 선호

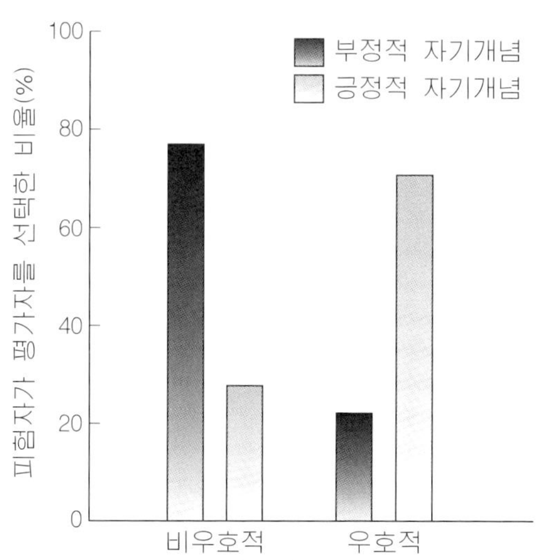

출처: Swann, 1992

선호한다고 한다(Swann, De La Ronde, & Hixon, 1994).

Bandura의 자기효능성 신념

자기효능성 신념(self-efficacy belief)(Bandura, 1986)은 Bandura의 후기 이론의 핵심개념인 동시에 현실적인 함의를 많이 갖고 있는 아주 유용한 개념이다. 앞장(제4장 성격의 인지요소)에서 자기 효능성에 관하여 자세히 다루었기 때문에 여기서는 아주 간략히 언급만 한다. 자기효능성 신념은 특정 상황에 대처하는 지각된 능력에 관한 신념으로서 실제 수행의 성취나 대리적 경험을 통해서도 결정되고, 가까운 타인의 언어적 피드백을 통한 신뢰나 불신의 표현에 의해서도 영향을 받고, 자신의 정서적 각성의 의식을 통해서도 정보를 얻게 된다. 예를 들면 가슴이 두근거리거나 불안을 느끼게 되면 자기효능성이 낮다는 판단을 하게 되고, 반대로 평온하거나 자신감을 느끼면 자기효능성이 높다고 생각하게 된다. 자기효능성 신념은 우리가 어떤 활동에 종사할지, 얼마나 많은 노력을 할지, 얼마나 꾸준히 과제를 수행할지, 어떤 정서반응을 보일지 등에 영향을 미친다. 즉 어떤 상황에서 자신의 능력을 얼마나 신뢰하는지 못하는지에 따라 그 상황에서 생각하고 행동하고 느끼는 것이 달라지는 것이다. 특히 자기효능성 신념은 심리치료나 건강과 관련된 실용적 함의가 큰 것으로 알려졌다. 심리치료의 효과는 흔히 자기효능성 신념의 변화를 수반하고(Bandura, Adams, & Beyer, 1977), 자기효능성 신념을 증대시키면 신체의 면역체계 기능이 촉진된다는 연구들(예: Wiedenfeld et al., 1990)이 보고되었다.

Snyder의 자기검색

사회인지 이론가들은 사람들이 상황단서를 변별하여 적절히 반응한다고 주장한다. 그러나 상황단서에 주목하는 정도는 사람들에 따라 차이를 보인다. 이와 같이 상황단서에 따라 자신의 행동을 검색 혹은 조절하는 정도, 즉 자기검색(self-monitoring)에서의 개인차에 주목한 사람이 Snyder이다.

Snyder(1974, 1987)는 높은 자기검색(high self-monitoring)을 보이는 사람과 낮은 자기검색(low self-monitoring)을 보이는 사람을 구분하는 자기검색 척도(Self-Monitoring Scale)를 개발하였다. 높은 자기검색자는 상황의 적절성 단서에 예민하고 그에 따라 행동을 조절하는 사람이고, 낮은 자기검색자는 사회적 정보에 덜 주목하고 주로 자신의 내적 감정이나 태도에 근

표 9.2 자기검색 척도의 문항 예

1. (R) 나는 다른 사람들의 행동을 잘 모방하지 못한다.
2. (R) 나는 내가 옳다고 믿고 있는 생각에 대해서만 주장할 수 있다.
3. 나는 훌륭한 연기자가 될 수 있을 것이라고 생각한다.
4. (R) 나는 다른 사람들이 나를 좋아하도록 만드는데 그다지 재주가 없다.
5. 나는 내가 거의 알지 못하는 화제에 대해서도 그 자리에서 즉흥적으로 이야기할 수 있다.
6. (R) 나는 상황이나 만나는 사람에 적절하게 내 행동을 잘 바꾸지를 못한다.
7. 나는 정말로 싫어하는 사람이라도 좋아하는 척할 수 있다.
8. 나는 내가 여러 사람들이 모인 곳에서 좌석의 흥을 돋구는 사람이라고 생각해왔다.

주: (R)은 역채점 문항임.
출처: 심리척도 핸드북 I(고려대학교 부설 행동과학연구소 편), 1998.

거하여 행동하는 사람을 지칭한다. 극단적으로 높은 자기검색자는 자기주관이 없이 카멜레온처럼 상황에 따라 변신을 아주 용이하게 하는 사람이고, 극단적으로 낮은 자기검색자는 타인의 감정이나 욕구에 대해서 무감각한 사람이다.

대체로 높은 자기검색자가 낮은 자기검색자보다 더 적응적이고 바람직한 성격으로 간주된다. Snyder에 따르면, 높은 자기검색자는 낮은 자기검색자보다 (1) 자신의 감정을 더 잘 표현하고 의사소통할 수 있고, (2) 타인의 감정상태를 더 잘 추론할 수 있으며, (3) 상황을 더 잘 변별하고, (4) 다른 사람에게 더 친절하고 사교적 외향적이며, (5) 자기표현이 자신의 기분상태의 변화에 의해서 덜 영향을 받는다고 한다.

Carver와 Scheier의 사적 대 공적 자기의식

어떤 사람들은 '자기'의 공적인 측면을 더 중요시하고 다른 사람들은 '자기'의 사적인 측면에 더 주의를 기울인다. 이와 같이 '자기'의 공적인 측면 대 사적인 측면에 주목하는 정도에서의 개인차를 측정하기 위해서 개발된 척도가 자기의식 척도(Self-Consciousness Scale)(Fenigstein, Scheier, & Buss, 1975)이다. 이 척도는 사적 자기의식(private self-consciousness)을 측정하는 문항과 공적 자기의식(public self-consciousness)을 측정하는 문항 및 사회불안(social anxiety)을 측정하는 문항들로 구성되어 있다. 대표적인 문항들은 〈표 9.3〉에 제시되어 있다.

표 9.3 자기의식 척도의 문항 예

pr 1. 나는 언제나 나 자신이 어떤 사람인지를 파악하려고 애쓴다.
pu 2. 나는 내가 일을 처리하는 방식에 대해 신경을 쓰고 있다.
pr 3. 대체로 나는 나 자신에 대해 잘 알고 있질 못하다.
so 4. 새로운 상황에서 수줍음을 극복하려면 시간이 걸린다.
pr 5. 나는 자신에 대해 되돌아보고 반성을 많이 한다.
pu 6. 내가 남에게 어떻게 보일까 하는 것을 항상 의식한다.
so 7. 사람들이 많으면 나는 신경이 예민해진다.
pu 8. 집을 나서기 전에 으레 거울을 본다.

주: pr은 사적 자기의식, pu는 공적 자기의식, so는 사회불안에 해당하는 문항임.
출저: 심리척도 핸드북 I(고려대학교 부설 행동과학연구소 편), 1998

사적 자기의식 척도에서 높은 점수를 받은 사람들은 자신의 내부, 즉 자신의 감정과 욕망과 규준에 주목하는 성향이 높고, 공적 자기의식 척도에서 높은 점수를 받은 사람들은 다른 사람들이 자신에 대해서 생각하는 것, 다른 사람들에게 보여주는 '자기', 그리고 외적 규준들에 주목하는 성향이 높다. 사회불안 점수가 높은 사람들은 사회적 상황에서 높은 불안을 체험하고 쉽게 당황하는 성향이 있다. 이 세 특질 중 연구자들의 관심은 사적 자기의식과 공적 자기의식에 집중되었다.

관련연구들(Buss, 1980; Nasby, 1985)에 따르면, 사적 자기의식이 높은 사람들은 낮은 사람들보다 (1) 더 강렬한 감정을 체험하고 자신의 감정에 대해서 더 명료하였고, (2) 행동에 대한 자기보고와 실제 행동간에 일치도가 더 높았으며 더 발달된 자기개념을 갖고 있었다. 반면에 공적 자기의식이 높은 사람들은 낮은 사람들보다 (1) 다른 사람들의 단서에 더 민감하고 반응적이었고, (2) 다른 사람들에 의해서 배척될 경우 더 쉽게 상처를 받고, 지각된 공적 규범에 맞추어 자신의 견해를 더 쉽게 수정하는 성향을 보였다. 요약하면, 사적 자기의식이 높은 사람들은 '사적 자기'(private self)에 더 민감하고, 공적 자기의식이 높은 사람들은 '공적 자기'(public self)에 더 민감하였다.

Higgins의 자기안내

Higgins(1987)의 이론에서 자기안내(self-guides)는 개인이 도달해야 할 기준을 지칭한다. 자기도식과 마찬가지로 자기안내는 정보를 처리하는 방식에 영향을 미치는 인지구조로서 자주 활용되기 때문에 자동적이고 무의식적으로 작용하곤 한다. 자기안내는 기준을 만족시키거나 만족시키지 못할 때 뒤따르는 정서적 결과와 연합된 어린시절의 사회학습 경험에 기인한다.

Higgins는 두 종류의 자기안내에 특별한 중요성을 부여했다. 이들은 각기 이상적 자기(ideal self)와 당위적 자기(ought self)이다. 이상적 자기는 이상적으로 우리가 보유하고 싶어하는 속성들을 지칭하고, 당위적 자기는 우리가 보유해야 한다고 느끼는 속성들(의무, 책임 등)을 지칭한다. 이상적 자기는 정적 결과와 연합되어 있으며, 자신의 초기 환경에서 중요했던 인물들에 의해서 설정된 기준에 도달하는 것과 연합된 정적 감정으로부터 도출된다. 당위적 자기는 부적 결과와 연합되어 있고, 자신의 초기 환경에서 중요했던 인물들에 의해서 부과된 의무와 책임들을 달성하지 못하는 것과 연합된 부적 감정으로부터 도출된다.

Higgins의 자기괴리 이론(self-discrepancy theory)에 따르면, 사람들은 실제자기와 이상적 자기간의 괴리(actual self-ideal self discrepancies), 그리고 실제자기와 당위적 자기간의 괴리(actual self-ought self discrepancies)를 감소시키려는 동기를 갖고 있다고 한다. 왜냐하면 사람들은 어린 시절에 이상적 기준과 당위적 기준을 만족시키는 것이 정적 감정과 연합되고, 만족시키지 못하는 것이 부적 감정과 연합된다는 것을 학습했기 때문이다.

Higgins는 자신이 개발한 '자기 질문지'(Selves Questionnaire)를 사용하여 피험자들이 실제자기, 이상적 자기, 당위적 자기를 각각 기술하는 특질이나 속성들을 보고하도록 하고, 이것으로부터 실제/이상적 자기간의 괴리(AI 괴리)와 실제/당위적 자기간의 괴리(AO 괴리)를 구하였다.

연구에 따르면 AI 괴리와 AO 괴리는 각각 서로 다른 정서적 결과와 연합되어 있음이 밝혀졌다. 즉 AI 괴리는 슬픔, 실망, 불만족과 연합되었고, AO 괴리는 불안, 걱정, 초조와 연합되었다. 아마도 전자의 경우 희망이나 바램이나 이상이 성취되지 못했기 때문에 슬픔에 취약하게 된 것이고, 후자의 경우 의무를 제대로 수행하지 못한데 대한 처벌의 위협 때문에 불안에 취약하게 된 것으로 보인다. 두 경우 모두 AI와 AO 괴리의 활성화가 면역기능의 약화와 관련된다는 것이 밝혀졌다.

특정 자기안내를 점화(priming)시킴으로써 상이한 정서상태를 유발할 수 있다는 것도 실험(Higgins, Bond, Klein, & Strauman, 1986)에서 확인되었다. 피험자들은 '자기 질문지'의 결과에 따라서 높은 AI 및 AO 괴리 집단과 낮은 AI 및 AO 괴리 집단의 두 집단으로 나누어졌다. 두 집단의 피험자들은 실망정서(슬픔, 실망 등)와 초조정서(걱정, 긴장 등)를 포함하는 기분질문지에 응답하였다. 그리고 각 집단의 반은 '이상적' 점화에, 다른 반은 '당위적' 점화 조건에 할당되었다. '이상적' 점화 조건에서 피험자들은 자신과 부모가 자신이 갖추면 좋겠다고 희망했던 속성들과 지난 세월동안 이 목표에서의 변화를 기술하도록 요구되었다. '당위적' 점화 조건에서 피험자들은 자신과 부모가 의무나 책임으로 부과했던 속성들과 지난 세월동안 이 목표에서의 변화를 기술하도록 요구되었다. 이와 같이 각각 이상 및 당위적 자기안내를 부각시킴으로써 실제자기와의 괴리를 의식하도록 유도한 뒤 피험자들은 기분질문지에 다시 응답하였다. 결과를 보면, AI 및 AO 괴리기 낮은 집단의 피험자들은 점화에 따른 기분의 변화가 작았다. 그러나 AI 및 AO 괴리가 높은 집단에서는 점화효과가 기분변화에서 나타났다. '이상적' 점화 조건의 피험자들은 실망정서가 높아졌고 '당위적' 점화 조건의 피험자들은 초조정서가 높아졌다(표 9.4 참조).

모든 아동들이 이상적 자기안내와 당위적 자기안내를 발달시키지만 그 상대적 중요성과 정서적 영향에서는 개인차가 발견된다. 예를 들면, 첫 아이는 부모의 기준에 대한 특별한 민감성 때문에 AI 괴리와 AO 괴리에 따른 정서적 고통이 나중에 낳은 아이들보다 더 크다고 한다(Newman, Higgins, & Vookles, 1992). 또한 어떤 자기안내 유형이 보다 관련되는지에 따라 자서전적 기억에서도 차이를 보인다. AI 괴리가 큰 사람들은 우울한 내용을 포함하는 기억을 주로 회상하는데 비해 AO 괴리가 큰 사람들은 불안한 내용을 포함하는 기억을 회상하는 경향을 보였다(Strauman, 1992). 한편 한국에서 시도된 연구들(미발표)에서는 이상적 자기안내와 당위적 자기안내가 잘 구분이 되

표 9.4 자기괴리의 수준과 점화유형에 따른 실망정서와 초조정서의 평균변화

	이상적 점화		당위적 점화	
자기괴리의 수준	실망정서	초조정서	실망정서	초조정서
높은 AI 및 AO 괴리	3.2	−0.8	0.9	5.1
낮은 AI 및 AO 괴리	−1.2	0.9	0.3	−2.6

주: 실망 및 초조정서들은 6점 척도(전혀 아님 — 아주 많음)에서 측정됨. 숫자가 클수록 불편감이 높은 것임.
출처: Higgins, 1987

지 않았다. 더 연구가 필요하겠지만 아마도 권위주의적인 교육 때문에 이상적 자기와 당위적 자기를 동일시하는 태도가 형성된 것이 아닌가 생각된다.

Epstein의 인지-경험적 자기이론

지금까지 소개한 인지적 자기이론들이 주로 합리적, 의식적 자기에 초점을 맞춘 것이라면 Epstein(1990)의 인지-경험적 자기이론(cognitive-experiential self theory)은 경험적, 전의식적 자기를 강조하는 이론이다. 대부분의 인지이론들이 합리적 체계라는 하나의 개념체계를 가정하고 다른 모든 것들(정서, 동기 등)을 이 체계에 종속시키는데 반해 인지-경험적 자기이론에서는 세 가지 개념체계를 가정한다. 즉 의식수준에서 주로 작동하는 합리적 개념체계, 전의식 수준에서 주로 작동하는 경험적 개념체계, 그리고 무의식 수준에서 주로 작동하는 연상적 개념체계가 그것이다. 따라서 정신분석이론과 유사하기도 하지만 전의식 체계를 별도로 인정하는 점에서 차이가 있다. 이 이론에서는 전의식 수준에 중심 역할을 부여하는데, 왜냐하면 현실을 자동적으로 해석하고 일상생활에서의 사고와 행동을 지시하는 체계인 경험적 체계가 주로 작동하는 것이 여기에서이기 때문이다. 이 이론에서 가장 관심을 두고 있는 세계가 경험적 체계이다. 연상적 체계는 변경된 의식상태에 해당되며, Freud의 무의식 체계와 유사하고, Jung의 관점과도 공통된 점이 있다. 〈표 9.5〉는 경험적 체계와 합리적 체계의 속성들을 비교한 것이다.

한편 Epstein은 독자적인 경험세계의 존재에 대한 증거로 다음 다섯 가지를 열거하고 있다.

첫째, 마음(heart)과 정신(mind)간의 갈등이 일상생활에 많다. 예를 들면, 차를 사려고 할 때 이성과 마음이 주장하는 바가 서로 다르기도 하고, 공부를 하고 싶지 않은데 하는 경우들이다. 즉 경험적 체계의 자기와 합리적 체계의 자기가 서로 다르다. 사람들은 합리적 체계를 경험적 체계의 감독자로 보는 경향이 있다.

둘째, 비합리적인 공포도 증거가 된다. 예를 들면, 사람들은 비행기가 더 안전하다는 것을 알면서도 자동차가 더 안전하다는 느낌에 따라 자동차 여행을 선택하기도 한다.

셋째, 통찰과 지적인 지식간의 차이도 두 체계간의 차이를 보여준다. 심리치료자들은 환자들에게 장애에 대한 지적인 정보를 주는 것보다 정서적으로 의미있는 경험을 통하여 통찰을 얻도록 하는 것이 보다 효과적이라는 사실을 종종 발견한다.

넷째, 광고에서 그림을 사용하는 것이 문자를 사용하는 것보다 종종 더 효과적이다.

다섯째, Piaget(1973)의 실험에서 적절한 순간에 끈을 놓음으로써 공으로 목표물을 맞추는 과제를 시켰는데, 아주 어린아이들은 여러 번의 연습으로 그 과제를 할 수 있었으나 어떻게 했는지를 설명할 수는 없었다. 좀 더 큰 아이들은 설명을 할 수 있었다. Piaget는 만일 아이가 정보를 소화할 적절한 의식적 도식을 가지고 있지 않다면 그가 습득한 비언어적 지식을 보고할 수 없다고 주장하였다. 이 예는 지식의 두 가지 다른 방식이 존재함을 보여준다.

표 9.5 경험적 체계와 합리적 체계의 속성들의 비교

경험적 체계	합리적 체계
1. 전체적(holistic)	1. 분석적(analytic)
2. 정서적: 쾌 지향 대 고통 지향 (무엇이 기분좋은 것인가)	2. 논리적: 이성 지향 (무엇이 분별있는 것인가)
3. 행동은 과거 경험으로부터의 '느낌'(vibes)에 의해 매개됨.	3. 행동은 사건에 대한 의식적 평가에 의해 매개됨.
4. 구체적 심상과 은유로 현실을 부호화함.	4. 추상적 상징들(단어와 숫자들)로 현실을 부호화함.
5. 신속한 처리: 즉각적인 행위를 지향.	5. 비교적 느린 처리: 지연된 행위를 지향.
6. 변화가 느림: 반복적인 체험(직접 혹은 간접)과 더불어 변화.	6. 신속한 변화: 사고의 속도로 변화.
7. 경험으로부터 직접 배움.	7. 경험의 상징적 표상들로부터 배움.
8. 거칠게 분화되고 통합되었음: 연상적, 범주적이며 정서적 복합체로 조직됨.	8. 정교하게 분화되고 통합되었음.
9. 수동적이고 전의식적으로 경험됨: "감정에 사로잡혔다".	9. 능동적이고 의식적으로 경험됨: "나의 사고를 통제한다".
10. 자명하게 타당함: "체험하는 것이 믿는 것이다".	10. 논리와 증거를 통한 정당화가 요구됨.

출처: Epstein, 1990

문화심리학적 관점

문화와 '자기'의 관계

최근 사회심리학에서 주목을 받고 있는 문화심리학적 관점에서는 '자기'를 문화적 산물로 파악한다. 이러한 입장은 '자기'를 대인간 산물로 보는 사회적 구성이론(social construction theory)에서 출발한 것으로 G. H. Mead 등의 상징적 상호작용 주의자들의 전통을 계승한 것이다.

Shweder(1982)는 문화가 "나는 누구인가?"라는 질문에 대한 대답을 제공한다고 주장한다. 그에 따르면 문화는 사회적 존재의 10가지 주제에 관한 정보를 제공하며 이 질문들에 대한 대답들이 자기지식의 핵을 형성한다고 한다. 이들은 각기 아래와 같다.

1. 개인적 경계의 문제: 무엇이 나(me)이고 무엇이 나 아닌 것(not-me)인가?
2. 성적 정체성의 문제: 무엇이 남성이고 무엇이 여성인가?
3. 성숙의 문제: 무엇이 성숙한 것이고 무엇이 아이같은 것인가?
4. 공통실체성(cosubstantiality)의 문제: 누가 나와 같은 종류이고 누가 나와 같은 종류가 아닌가?
5. 종족(ethnicity)의 문제: 무엇이 우리의 방식이고 무엇이 우리의 방식이 아닌가?
6. 위계의 문제: 왜 사람들은 삶의 짐과 혜택을 불공평하게 나누는가?
7. 자연과 문화의 문제: 무엇이 인간적인 것이고 무엇이 동물 같은 것인가?
8. 자율의 문제: 나는 독립적인가, 의존적인가, 혹은 상호의존적인가?
9. 상태의 문제: 내가 하고싶은 것 대 집단이 나에게 원하는 것은 무엇인가?
10. 개인적 방어의 문제: 나는 어떻게 만인 대 만인의 투쟁을 피할 수 있는가?

동양인과 서양인의 '자기' 비교

최근 심리학에서는 동양인과 서양인간의 사회심리의 차이에 대한 관심이 높아가고 있다. 일반적으로 동양인(여기서는 한국, 중국, 일본의 유교권 문화

읽어보기……

한국인의 '자기': 최상진의 개념화

한국인의 독특한 '자기'가 존재할까? 한국인을 대상으로 토착 문화심리학(endogenous cultural psychology)에 오랫동안 천착해 온 최상진(2000)은 "그렇다"고 대답한다. 최상진에 따르면 서구인의 '자기'는 참조적 물체로서의 '자기'(referential entity-self)이고, 한국인의 '자기'는 추론적 마음으로서의 '자기'(inferential mind-self)라는 것이다. 이 둘은 어떻게 다를까?

첫째, 서구인의 '자기'는 개인의 마음 속에 존재하는 실체로서 물체(entity)의 속성을 갖고 있다. 따라서 이성적 인식과 분석의 대상이 될 수 있다. 둘째, '자기'는 마음과 행동의 주체로서 작위성(agency)을 갖고 있다. 셋째, '자기'는 사람마다 다르며 그 까닭에 개인 자체가 자기 삶의 주체가 된다. 넷째, '자기'는 자신이 원하는 것을 선택하는 주체가 된다. 그러므로 '자기'의 선택에 따르는 것이 합리적이며 궁극적으로는 '자기'를 실현하는 길이다.

반면에 한국인에게는 서구의 'self'에 해당되는 말이 없다. 굳이 찾는다면 '나의 마음'(my mind)이다. 그런데 마음은 존재나 상태의 형태로 이해된다. 서구인의 '자기'는 자명한 구조물처럼 구성되는 것이어서 신뢰로운 참조의 대상이나 잣대로 이용될 수 있으나 한국인의 경우처럼 마음으로 구성되는 '자기'는 가변적이고 맥락적이어서 준거기준으로서의 기능이 약하다. 또한 마음은 분석되기 어려우므로 대신 성향(disposition)으로 기술되고 파악된다. 즉 '나'는 '무엇'이 아니라 '어떤 성향이 강한 또는 약한 사람'으로 개념화되는 것이다. 또한 한국인의 '자기'는 물체성이 강하지 않으므로 개인간의 경계도 뚜렷하지 않다.

한국인들이 '자기'를 파악하는 인식 양식은 추론이다. 자신의 마음은 자신의 다양한 행동이나 생각에 분산되어 있으므로 이것들로부터 대표적이며 공통적인 주요 성향(principal disposition)을 추론의 형태로 추출한다. 그러므로 한국인의 '추론적 마음-자기'는 "자기 마음의 모습을 그리는 것"이고 서구인의 '참조적 물체-자기'는 "자기 마음 속에 있는 '자기'를 명료화하고 확인하는 것"이라고 할 수 있다. 〈표 9.6〉에서 서구인의 '자기'와 한국인의 '자기'의 특징을 비교, 제시한다.

표 9.6 서구인의 참조적 물체-자기와 한국인의 추론적 마음-자기의 특징

참조적 물체-자기(Referential Entity-Self)	추론적 마음-자기(Inferential Mind-Self)
본체적(substantive)	상태적(static)
존재적(ontological)	성향적(dispositional)
구조적(structured)	비구조적(non-structured)
실재적(real)	심리적(psychological)
참조적(referential)	형태구성적(configurational)
초월적(transcendental)	맥락적(contextual)

출처: 한국인 심리학(최상진 지음), 2000

를 지칭)은 보다 집합주의적(collectivistic)이고 서양인은 보다 개인주의적(individualistic)인 성향을 지니고 있는 것으로 알려져 왔다. Markus와 Kitayama(1991)는 동양문화와 서양문화의 '자기'가 다르다고 주장한다. 그들에 따르면, 동양에서는 자신을 전체사회의 한 부분으로 보고 개인들 사이의 상호 연관성을 강조하며, 서양에서는 개인의 타고난 개별성과 독립성을 강조하여 자기자신의 독특한 속성을 발견하고 표현하는 것을 높이 평가한다는 것이다. 동양에서는 기본적으로 타인이 자신과 연결되어 있는 존재인데 비해서 서양에서의 타인은 사회비교나 피드백의 출처로서 중요할 따름이다. 그러므로 서양에서의 '자기'가 '독립적 자기'(independent self)로 정의된다면 동양에서의 '자기'는 '상호의존적 자기'(interdependent self)로 규정될 수 있다고 한다.

요 약

1. '자기' 개념의 기초는 심리학에서는 William James, 그리고 사회학에서는 G. H. Mead를 비롯한 상징적 상호작용주의 학파에 의해서 세워졌다. James는 '자기'를 의식적이며 정서적인 체험의 대상으로 간주하였고, Mead는 '자기'의 반성적이며 사회적인 측면에 초점을 맞추었다. 그 밖에도 분석심리학의 창시자인 Jung과 특질이론의 선구자인 G. Allport의 이론에서도 인본주의적인 색채를 띤 '자기' 개념이 소개되어 Rogers와 Maslow 등 인본주의 심리학자들에게 영향을 주었다.
2. 3개월에서 18개월 사이에 아동은 지각된 '자기'의 감각이 발달한다. 지각된 '자기'는 자신의 신체가 상황에 걸쳐 연속적이고, 자신의 신체에 대한 체험이 다른 대상에 대한 체험과는 다르며, 자신의 행위와 결과간에 유관성이 있을 수 있다는 이해를 포함한다. 또한 15개월 경에 아동은 자기의식(자기를 반성하고 대상으로 간주하는 능력)이 발달하기 시작한다.
3. 아동은 언어의 획득과 더불어 주관적 '자기'와 객관적 '자기'로 분화하여 자신만의 고유한 경험세계를 갖게 된다. 아동이 세 살 반이면 자신에 대한 일관성있는 견해를 발달시키기 시작하며, 7-8세까지는 명료하고 안정적인 자기도식을 갖추게 된다.

4. '자기'에 관한 정보는 (1) 타인의 피드백, (2) 자신의 내부세계의 관찰, (3) 자신의 외적 행동의 관찰 등 세 가지 출처로부터 획득된다.
5. Rogers는 현상학적 관점을 심리학에 도입함으로써 그때까지 행동주의와 정신분석학에서 무시되어 왔던 개인의 현상적 체험을 강조하였다. 또한 인본주의 입장에서 성격의 전체적이고 통합된 속성을 강조하고 인본주의와 경험적 연구를 결합하려고 노력하였으며, 내담자 중심 치료를 제안함으로써 심리치료와 관련된 철학과 환경을 크게 변화시키는 계기를 마련했다.
6. 사회인지적 관점의 연구자들은 사회적 맥락에서의 중요한 정보처리가 '자기'로 불리는 범주를 중심으로 조직화된다고 보고 '자기'에 대한 정보처리적 접근을 추구한다. 여기에는 자기도식, 자기개념, 자존감, 자기효능성 신념, 자기검색, 사적 대 공적 자기의식, 자기안내 등의 소규모 자기이론들이 포함된다.
7. 대부분의 인지이론들이 합리적 체계라는 하나의 개념체계를 가정하고 다른 모든 것들(정서, 동기 등)을 이 체계에 종속시키는데 반해 Epstein의 인지-경험적 자기이론은 의식수준에서 주로 작동하는 합리적 개념체계, 전의식 수준에서 주로 작동하는 경험적 개념체계, 그리고 무의식 수준에서 주로 작동하는 연상적 개념체계의 세 가지 개념체계를 가정한다. Epstein은 특히 삶에서 경험적 개념체계의 중요성을 강조했다.
8. 동양에서는 자신을 전체사회의 한 부분으로 보고 개인들 사이의 상호 연관성을 강조하는 반면, 서양에서는 개인의 타고난 개별성과 독립성을 강조하여 자기자신의 독특한 속성을 발견하고 표현하는 것을 높이 평가한다. 그러므로 서양에서의 '자기'가 '독립적 자기'로 정의된다면 동양에서의 '자기'는 '상호의존적 자기'로 규정될 수 있다.

관련된 책 소개

이 장과 관련해서는 마땅히 추천할 만한 책이 없다. '자기'와 직접적으로 관련된 것은 아니지만 한국인의 성격이나 사회행동 등을 토착심리학의 관점에서 분석한 '한국인 심리학'(최상진 지음, 중앙대학교 출판부)에서 한국인의 특성을 탐색해보는 것도 유용할 것이다. 또한 선(禪)에 관한 책이나 카뮈, 사르트르, 카프카, 파스칼, 릴케 등을 읽으며 '자기'와 존재에 관한 성찰의 시간을 갖는 것도 좋겠다.

제 10 장

공격성

고야, 〈1808년 5월 3일〉 1814
탁월한 심리묘사가였던 고야는 공격성과 같은 인간의 어두운 면에 즐겨 초점을 맞추었다.

10

공 격 성

"우리는 모든 사람을 죽인다. 몇 사람은 총알로, 몇 사람은 말로, 그리고 모든 사람은 우리의 행위로. 우리는 사람들을 무덤으로 몰아넣고도 그것을 보지도 않고 느끼지도 않는다."

—막심 고리끼, 적(敵)—

프란시스 코폴라 감독의 영화 '지옥의 묵시록'을 보면 소위 명분을 앞세운 전쟁에 얼마나 인간의 광기가 배어들어 있는지 섬뜩함을 느끼게 된다. 아무리 이성과 윤리를 강조하더라도 일단 대규모의 공격 매카니즘이 발동하기 시작하면 광기라는 휘발유가 쏟아져나와 걷잡을 수 없을 정도로 타오른다. 커트 대령의 독백대로 전쟁은 참혹함(horror), 그 뿐이다.

Freud는 초기에 생의 추동(libido)만을 인간의 핵심 추동으로 가정하였지만 1차대전의 참상을 목격하고는 인간에게 죽음 혹은 공격의 추동(thanatos)이 동시에 내재하고 있다고 결론을 내렸다. 공격추동이 인간에게 기본성향으로 자리잡고 있지 않고서야 그와 같이 맹목적이며 엄청난 규모의 잔인한 폭력을 설명할 수 없었기 때문이다. 인간의 공격성에 대한 인식은 William James도 공감하였다. James에 의하면, 인간은 "모든 맹수들 중에서도 가장 가공할 만한 존재이며, 또한 실로 동족을 조직적으로 잡아먹는 유일한 맹수"라는 것이다.

그러나 공격성은 전쟁이나 살인과 같은 극단적인 행위에서만 발견할 수 있는 것은 아니다. 세미나실에서의 날카로운 비판, 축구경기에서의 몸을 사리지 않는 태클, 컴퓨터 게임에서 적을 섬멸하는 기쁨 등이 모두 공격성과 연결되어 있다. 이들은 모두 사회적으로 인정받을 뿐 아니라 권장되기까지 하는 공격성이다. 한편 사회는 지나치거나 규범에 어긋나는 공격성을 규제하고 구성원들이 지나치게 공격적이 되지 않도록 주의를 기울인다. 왜냐하면 집단 내의 공격성은 집단의 응집력을 약화시키고 타 집단에 향해져야 할 공격역량을 소모하기 때문이다. 살인이나 강간, 강도를 비롯한 폭력범죄는 엄중하게 처벌되고, 대중매체의 등급을 판정할 때 폭력성의 정도는 성행위 장면의 노골성과 더불어 핵심 기준이 된다. 이와 같이 공격성은 그 정도에 있어서 무척 범위가 넓을 뿐 아니라 그 유형에 있어서도 상상을 초월할 정도로 다양하다. 이 점에서 공격성은 그 짝인 성과 비견될 만하다. 실로 인간의 문화란 성과 공격성에 관련된 코드들로 이루어졌다고 할 수 있다.

공격성은 문화인류학의 중요한 주제이기도 하지만 성격심리학에서도 대단히 중요하게 취급된다. 사람에 따라 공격성의 정도와 유형에서 많은 차이를 보이기 때문이다. 상습적인 범죄자나 반사회적 성격과 같이 사회적으로 유해한 극단적인 공격성향자들에 대한 관심은 오래 전부터 성격심리학자들의 주된 관심사였다. 최근에는 정서연구가 활발해짐에 따라 분노의 표현이나 조절이 공격성과 관련하여 많은 관심을 모으고 있다. 공격행동(특히 적대적 공격행동)을 중재하는 정서가 분노라고 간주되기 때문이다. 이 장에서는 공격행동의 다양한 설명들(진화론, 유전이론, 학습이론, 사회심리학적 이론 등)을 먼저 소개하고, 공격적 성격의 특징과 발달과정, 반사회적 행동의 유형, 공격행동과 비공격행동을 매개하는 정서인 분노와 슬픔의 역할 등을 차례로 살펴본다.

공격성의 개념

공격성의 정의

광범위한 의미의 공격성은 인간의 거의 모든 행위에 내포되어 있기 때문에 효과적인 연구를 위해서는 좀 더 범위를 좁혀서 협의의 공격성에만 국한시켜야 한다. 공격행동에 관한 가장 고전적인 정의에 따르면, 공격행동은 "어떤 사람을 해치려는 의도로 행해지는 행동"을 지칭한다(Dollard, Doob, Miller, & Sears, 1939). Dollard 등의 정의는 수십년에 걸쳐 의도에 대한 논쟁을 불러 일으켰는데, 행위자가 공격행동의 동기를 숨기고자 하거나 무의식적 동기에 의해 공격하는 경우에 행위자의 의도 여부를 판단하는 것이 매우 어려울 수 있는, 다시 말하면 의도가 극히 주관적인 문제이기 때문이다. 게다가 후속 연구자들은 의도가 공격행동 자체가 가지고 있는 속성이라기보다 이미 표현된 공격행동을 기초로 추론될 뿐인 선행조건에 불과하다고 생각했다(Bandura & Walters, 1963).

따라서 Buss(1961)는 관찰 가능한 행동을 판단의 기준으로 선택하여 '대인간 상황에서 상대방에게 유해한 자극을 가하는 행위'로 공격성을 정의함으로써 의도의 개념을 배제하였다. Bandura(1973)는 한 걸음 더 나아가 공격행동에 대한 평가자의 입장을 중시해서 행위자보다 평가자가 공격적이라고 판단하는 가해적이며 공격적인 행동을 공격행동으로 정의하였다.

그러나 최근에는 다시 의도성이 공격행동의 정의에서 거론되기 시작하였다. 의도성을 배제하고는 공격성을 논의하기가 불가능하다는 인식 때문이다. 이 입장에서는 유해한 의도가 무해한 결과를 초래했을 경우에는 공격행동으로 간주할 수 있지만, 무해한 의도가 유해한 결과를 초래했을 경우에는 공격행동으로 보지 않는다. 예를 들면, 부정한 남편을 죽이려고 아내가 엽총을 남편에게 겨누고 방아쇠를 당겼지만 빗나갔을 때는 비록 아무도 해를 입지는 않았지만 공격의도의 개입 때문에 공격행동으로 간주된다. 그러나 야구장에서 타자가 친 공이 관중석으로 날아가 무심코 관전하던 관중을 다치게 했을 경우에는 아무리 상처가 크더라도 의도성이 있다고 볼 수가 없으므로 타자의 행동을 공격행동으로 보지 않는다. 이러한 의도성의 중요성을 재인식하여 오늘날 공격행동은 일반적으로 "다른 사람을 (신체적 혹은 언어적으로) 해치려는 의도로 수행된 행동"으로 정의된다. Dollard 등의 고전적인 정의가 다시 부활한 셈이다.

공격성의 구분

Feshbach(1970)는 공격행동을 적대적 공격행동(hostile aggression)과 도구적 공격행동(instrumental aggression)으로 구분하였다. 적대적 공격행동은 상대방에 대한 적대감의 표현으로 나타나며 목표 자체가 상대방의 상해이다. 반면에 도구적 공격행동은 상대방에 대한 적대감 때문이 아니라 다른 목표(주로 돈, 사회적 인정, 자존감 유지 등)를 성취하기 위한 수단으로 공격성을 표현한다. 그러나 현실에서 적대적 공격행동과 도구적 공격행동을 정확히 구분하기는 어려울 때가 많다. 예를 들면, 폭력서클에 속한 학생이 다른 학생을 구타하는 것은 겉보기에 적대적 공격행동으로 보이지만 서클 내에서 인정을 받기 위한 목적이 더 큰 경우가 많다. LeVine과 Campbell(1972)은 미국 남부지방 백인들의 흑인에 대한 편견과 다양한 형태의 공격행동이 흑인과 일자리를 다툴 수밖에 없는 궁핍한 경제적 사정에서 주로 비롯되었다는 것을 밝혀내었다.

Rule과 Nasdale(1976)은 분노를 수반하는 공격행동과 분노를 수반하지 않는 공격행동을 구분하였다. 분노라는 정서의 수반 여부는 비교적 명료한 기준이며 또한 최근의 정서에 대한 관심의 증대 때문에 이들의 구분은 상당히 유용한 것으로 평가되고 있다. 공격(aggression)과 적대감(hostility)과 분노(anger)는 흔히 동반하여 나타나기 때문에 Spielberger 등(Spielberger, Krasner, & Solomon, 1988)은 이들을 'AHA! Syndrome'으로 통칭했다. 그러나 이들은 서로 상관되기는 하지만 독립적으로 일어나기도 한다.

공격행동에는 반사회적 공격행동(antisocial aggression)뿐 아니라 사회적 선(善)을 명분으로 하는 친사회적 공격행동(prosocial aggression)도 존재한다. 실제로 친사회적 공격행동이 더 잔혹한 경우가 많다. 예를 들면, 전쟁이나 소수 민족 박해나 독재권력이 휘두르는 폭력은 친사회적 공격행동이라고 할 수 있는데, 세계대전이나 나치의 유태인 학살에서 보듯이 역사적으로 대량학살은 거의 모두 친사회적 공격행동의 결과이다. 친사회적 공격행동은 그 규모가 클 뿐 아니라 집단 내에서 적법한 행위로 인정받고 오히려 권장되기까지 하므로 맞서 싸우기가 어렵다. 집단이 위기의식을 느끼고 있을 때 평화와 화해를 주장하는 사람들은 항상 이단자로 몰려 박해를 받아왔다. 한편 인가된 공격은 친사회적은 아니지만 법에 의해서 인정되는 공격을 지칭한다. 자기방어가 인가된 공격행동에 포함된다.

이 밖에도 많은 연구자들이 공격성을 나름대로의 기준에 따라 구분하고 있는데 대표적인 것들만 살펴보면 다음과 같다. 공격행동을 도발대상의 유무에 따라 도발된 공격행동과 도발되지 않은 공격행동으로 구분하기도 하고, 대상에 직접 가해를 하는 직접적 공격행동과 다른 희생양에 대해 가해를 하는 간접적 공격행동으로 구분하거나, 신체적으로 가해를 하는 신체적 공격행동과 언어의 수단을 통해 표현하는 언어적 공격행동으로 구분하기도 한다. 또한 공격행동이 얼마나 적응적이냐에 따라 적응적 공격행동과 부적응적 공격행동으로 구분하기도 한다.

동물행동학자들이 동물의 공격성을 분류하는 방식은 흥미롭다. Lorenz(1966)는 동물의 공격행동을 다음 여섯 가지로 분류하였다. 즉, (1) 먹이감에 대한 공격성(predatory aggression: 먹이감을 공격하는 상황에서 나타내는 공격성), (2) 집단항거(mobbing: 자신을 잡아먹으려는 상대에게 집단적으로 대항할 때 나타내는 공격성), (3) 위기반응(critical reaction: 도피할 수 없는 위험상황에서 보이는 공격성), (4) 텃세(territoriality: 자신의 영역을 방어하기 위해서 보이는 공격성), (5) 경쟁(rivalry: 수컷들의 짝짓기 경쟁 등 경쟁상황에서 보이는 공격성), (6) 새끼보호(defense of the young: 새끼를 보호하기 위해 어미가 보이는 공격성) 등. 이러한 여섯 가지의 공격성은 동물에 속하는 인간에게서도 모두 발견되는 공격성이다.

공격성의 설명

동물행동학

동물행동학(ethology)은 '자연상태에서 서식하는 동물들의 행동패턴(주로 종특유의 행동패턴들)과 그 원인을 연구하는 학문'으로서 Lorenz와 Tinbergen 등에 의해서 확립되었다. 이들은 이러한 행동(패턴)들이 선천적이거나 본능적 통제를 받고 있다고 가정했다. 이들 고정된 행동패턴들은 방출자극(releasing stimuli)으로 지칭되는 환경자극들에 의해서 자극되어 표출된다. 공격행동의 경우에도 선천적 경향성을 지니고 있다가 적절한 환경단서들에 의하여 표출된다. 즉 공격의 표현에 관한 2요인 설명이라고 할 수 있다.

동물행동학자들은 공격성을 종(種)과 개체 보존의 기능을 갖고 있기 때문에 진화된 본능으로 간주한다(Darwin, 1872; Lorenz, 1966; Tinbergen, 1951). 동물들은 다른 종보다 자기 종에 대해서 훨씬 공격적인데, 이러한 종내 공격성은 영역이나 성적 상대를 확보하는데 도움을 준다. 또한 우수하고 강한 개체들이 생존하고 번식하도록 만듦으로써 종에도 유익한 결과를 가져온다. 동물에서 발견되는 다양한 공격적 상호작용(먹이 구하기, 영토 확보, 배우자 찾기, 새끼 보호 등)은 종의 생존에 필수적이기 때문에 진화했으며, 그 결과 어떤 종의 구성원들은 특정 자극만 보면 본능적으로 공격하게 된다. 그러나 공격행동은 생존과 번식의 수단으로서 위험이 크다. 그러므로 다른 방법이 없거나 잠재적 이득이 상당히 큰 경우에 사용하도록 선택적 양식으로 발전되었을 것이다. 동물행동학자들은 동물연구 결과를 바탕으로 인간의 경우에도 공격성이 생존에 도움이 되기 때문에 진화되었다고 설명한다.

Lorenz(1966)는 인간과 다른 동물들 사이에 공격행동에서 중요한 차이가 있음을 지적하였다. 다른 동물들은 선천적으로 종내의 구성원을 향한 공격본능을 통제하는 기제들을 발달시켰으나 인간은 그렇지 못하다는 것이다. 아마도 인간이 만물의 영장이 되면서 인간 이외에는 적수가 없어졌기 때문에 공격성의 대부분이 종내로 향해졌기 때문일 수도 있고, 인지적 능력이 발달하면서 공격성을 감소시키는 상대방의 비언어적 신호(항복이나 고통의 신호)에 대한 민감성이 떨어졌기 때문일 수도 있고, 현대에는 인간의 공격성이 신체 보다는 언어 등의 다른 통로로 표현되거나 미사일 공격에서 보듯이 상대방을 대면하지 않는 방식으로 이루어지기 때문이기도 하다. 역사상 계속 되풀이되고 있는 소수민족 박해와 전쟁에서 나타난 인간의 잔인성이 아마도 그 증거일 것이다. 그러나 동물사회가 인간과 달리 불필요한 종내 공격성을 억제한다는 주장은 Jane Goodall(1978)에 의해 반박되었다. Goodall은 두 집단으로 나뉘어진 침팬지들이 아무 이유도 없이 다른 집단의 침팬지들을 살육하는 현상을 목격하였던 것이다. 타집단에 대한 적대감은 아마도 인간을 포함한 많은 동물들의 본능적 감정일지도 모른다. 한편 과도한 공격성을 비난받는 인간은 나름대로 공격성을 억제하는 사회적 기제를 발달시켰다. 법이나 각종 제도들, 대화, 스포츠 등이 인간의 공격성을 억제, 조절하는데 도움을 주는 것들이다.

사회학습 이론가들은 동물행동학의 이론을 인간의 공격성에 일반화시켜 적용하는 것은 문제가 있다고 비판한다. Bandura(1973)는 동물행동학이 인간보다 하위에 있는 종의 공격성을 설명하는데는 충분하지만 인간의 경우에는 발달된 인지능력이 있기 때문에 외적인 유발자극에 따라 반사적으로 공격행동을 한다는 동물행동학의 설명이 적절치 않다고 주장한다. 그러나 동물행동학은 인간의 공격행동을 종과 개체의 보존이라는 넓은 시각에서 바라보도록 함으로써 공격성을 선악의 잣대가 아니라 기능적인 입장에서 평가할 수 있는 길을 열어주었다.

공격추동의 이론

추동이론에 의한 공격성의 설명은 크게 Freud의 공격추동 견해와 Dollard 등(1939)의 좌절-공격 가설로 나누어 볼 수 있다. Freud(1933)는 말년에 세계대전의 참상을 목격하면서 공격 혹은 죽음의 추동인 타나토스(thanatos)의 존재를 가정하였다. 본래 타나토스는 그리스 신화에서 죽음의 신을 지칭하는 용어로서, Freud는 인간의 내부에 생의 추동인 리비도뿐만 아니라 죽음의 추동인 타나토스도 존재하기 때문에 엄청난 파괴를 저지를 수 있다고 생각했다. 그는 사람들에게는 자기파괴적인 죽음의 욕망이 있으며, 그러한 죽음의 욕망을 타인에게 전가시키려는 자기보호적 본능 때문에 공격행동이 표출된다고 주장했다. 공격행동은 사회적으로 인정받는 방식(운동이나 논쟁 등)으로 표현될 수도 있고 덜 인정받는 방식(모욕, 싸움 등)으로 표현되기도 한다. 공격성은 타인에게 향해질 수도 있고 자살에서 보듯이 자신에게로 향해질 수도 있다.

좌절-공격 가설(frustration-aggression hypothesis)은 공격성에 대한

논의가 시작된 1930년대 말에 Dollard 등(1939)에 의해서 제안된 가설로서 Freud의 공격추동 개념을 학습심리학의 틀 속에서 재개념화 한 것이다. Freud가 공격추동을 본능과 같이 타고난 것으로서 공격행동의 표출에 아무런 선행조건이 필요없다고 본데 비해, 좌절-공격 가설에서는 욕구의 좌절을 공격행동의 표출에 필수적인 것으로 간주한다. 즉, 이 가설에서는 욕구의 좌절이 공격추동을 유발하고, 유발된 공격추동은 공격행동을 함으로써 감소한다고 본다. 마치 음식을 먹지 않음으로써 배고픔 추동(hunger drive)이 발생하고, 음식을 먹음으로써 유발된 배고픔 추동이 감소하는 것과 같은 원리이다. 공격추동 입장에서는 직접적이고 신체적인 공격뿐만 아니라 대리적인 공격이나 언어적 공격에 의해서도 공격성이 감소될 수 있다고 본다(정화가설). 그러나 욕구좌절을 공격행동 발생의 필요 및 충분조건으로 보는 엄격한 좌절-공격 가설은 후속 연구자들에 의해서 비판되었다.

좌절-공격 가설을 검증하고자 하는 연구들은 일관된 결과를 보여주고 있지 못하다. 예를 들면, Mallick와 McCandless(1966)의 연구에서는 미국의 5학년 학생들에게 수수께끼를 맞추면 상을 주겠다고 말한 뒤, 학생들을 두 집단으로 나누어 한 집단은 좌절감을 느끼는 조건에, 다른 집단은 통제 조건에 할당하고 수수께끼를 풀도록 했다. 그 후에 다른 학생에게 전기충격을 가할 기회를 주었을 때, 좌절감 유발 조건에 할당된 학생들이 통제조건에 할당된 학생들보다 더 높은 강도의 전기충격을 가하였다. 이 결과는 좌절-공격 가설을 지지한다. 그러나 이와 반대의 결과를 산출한 연구들도 많다. 한 예로, Barker, Dembo와 Lewin(1941)의 고전적인 연구에서는 유아에게 매력적인 장난감을 보여주고 그 장난감을 가지고 놀려는 순간 장난감과 유아 사이에 철망을 놓아 유아를 좌절시킨 후 유아들이 보이는 행동을 관찰하였다. 일부 유아가 공격적인 반응(철망을 밀고 참)을 보였지만 대부분의 유아는 공격행동으로 볼 수 없는 다양한 반응들을 보였다.

좌절이 공격행동의 많은 부분을 설명하는 것은 사실이지만, 좌절이 모든 공격행동에 선행한다거나 항상 공격행동에로 이어진다는 초기의 좌절-공격 가설은 경험적 지지를 받지 못하는 것 같다. 이러한 엄격한 좌절-공격 가설은 Dollard 등이 Freud의 공격추동 견해에 입각하여 좌절이 본능적, 반사적으로 공격추동을 유발한다고 생각한데서 비롯된다. 그러나 그후의 학습 및 인지 이론가들은 좌절상황에서 인간이 보이는 공격행동을 학습이나 인지를 통하여 설명한다. Mischel(1971)은 공격행동을 보이는 사람들은 이전에 공격행동을 통해 좌절상황에서 벗어났던 사실을 학습하였기 때문이라고 설명하고, Feshbach(1970)는 좌절당하면 공격해야 한다는 사회적 규범을 학습했기 때문에 공격행동을 보이는 것이라고 주장한다. Dodge(1982)는 좌절상황에 대한 사회인지적 정보의 처리가 불완전하거나 편파적이기 때문에 공격행동을 한다고 설명한다. Berkowitz(1974)는 좌절이 항상 공격행동을 유발하지는 않고 분노의 매개를 필요로 한다는 좌절-분노-공격 가설을 제안했다. 그러므로 좌절이 공격행동의 주된 원인인 것은 사실이지만, 좌절 자체가 반사적으로 공격추동을 유발한다기 보다는 좌절상황에서 개인의 사회적 학습경험 및 인지적 반응들이 중요한 역할을 한다고 보는 것이 요즈음 학자들의 생각이다.

공격성의 생물학적 기초

공격성에 대한 생물학적 요인들의 영향에 관해서도 많은 연구들이 수행되었다. 이들을 정리하면 다음과 같다. 첫째, 형태론적 설명으로서, 체격이나 근육조직과 같은 기본적으로는 생물학적 요인이 공격성의 발달을 촉진시킨다는 주장이다(Feshbach, 1970). 일반적으로 체격이 크고 힘이 셀수록 공격행동이 강화를 받는 경우가 증가하기 때문에 유사한 상황에서 공격행동으로 타인을 통제하려고 할 확률이 높아진다. 그러나 형태론적 설명은 인간의 경우에 신체적 취약성을 도구나 무기의 사용을 통해 극복할 수 있다는 점에서 한계가 있다.

둘째, 호르몬에 의한 설명으로서, 오래 전부터 남성 호르몬인 테스토스테론이 공격행동과 관련된다는 연구 결과들이 보고되어 왔다(Cairns, 1979). 이 연구들에서는 테스토스테론이 많이 분비될수록 일관성있게 공격행동은 증가하는 경향을 보였다. 그러나 테스토스테론 효과는 유기체의 사회적 경험이나 습관 등 다양한 요인들에 의해서 영향을 받는다. 그러므로 남성 호르몬이 공격성에 미치는 영향은 부정할 수 없지만 남성 호르몬 단독으로 인간의 공격행동을 설명할 수는 없을 것 같다.

셋째, 신경학적인 설명으로서, 시상하부(hypothalamus)의 특정 부위가 공격행동과 관련되어 있다는 증거들이 제시되었다. 여러 연구들에서 이 부위가 손상되거나 전기충격을 받으면 유기체의 공격행동이 증가하거나 반대로 감소하였다. 뇌의 특정 영역이 공격성과 관련이 있다는 설명의 제한점은 뇌의 동일한 영역에 대한 자극이 유기체에 따라 상이한 반응을 산출한다는 점이다. 모든 유기체가 시상하부에 대한 자극에 동일한 공격행동을 보이는 것은 아니며, 특히 군집을 이루어 생활하는 동물의 경우, 자극을 받은 동물이 지배 위계에서 차지하는 위치와 공격행동을 표출할 대상의 속성에 따라 공격행동의 표현양상이 달리 나타날 수 있다(Cairns, 1979). 예를 들면, 동일 부위를 자극하였는데도 지배위계가 높은 원숭이는 공격행동을 보였으나 낮은 원숭이는 복종행동을 보였다.

넷째, 유전에 의한 설명으로서, 동물을 대상으로 선택적인 교배를 통해 공격성이 유전될 수 있음이 여러 연구들에서 확인되었다. 물론 공격성 자체가 유전되는 것은 아니며 공격성을 발달시킬 수 있는 조건(자극에 능동적으로 반응하는 경향성 혹은 활동수준)이 유전되는 것 같다. 인간의 경우, 간접적인 증거로서, 쌍생아 연구에서 일란성 쌍생아가 이란성 쌍생아에 비해 활동 수준에서 보다 유사한 것으로 나타났다(Bell, 1968).

다섯째, 스웨덴에서 수행된 Magnusson의 종단연구(제6장 참조)에서 13세에 과잉활동성(hyperactivity)과 낮은 아드레날린 분비를 보인 소년들은 후에 지속적으로 범죄를 저지르는 경향을 보였다. 낮은 아드레날린 분비를 보이는 사람들은 생리적 반응성이 낮고, 따라서 보통 사람들에게는 위협적인 상황을 별로 위협적이 아닌 것으로 지각하는 경향이 있다. 위협적인 상황에 대한 이러한 둔감성은 범죄성향과 관련될 수 있다.

그밖에도 노어에피네프린(norepinephrine)의 수준 증가나 저혈당 수준이 공격성과 관련이 있다는 보고가 있다(Wilder, 1947).

학습 이론

학습 이론은 기본적으로 공격성이 추동이나 본능적인 행동이 아니라 다른 많은 행동과 마찬가지로 학습된 행동에 불과하다는 입장을 취한다. 학습이론 중 대표적인 것은 조건형성 이론과 사회 학습 이론이다.

조건형성 이론

고전적 조건형성 이론에서는 공격행동과 특정 자극이 연합되어 후에 유사한 상황에서 특정 자극이 제시될 경우 공격행동이 유발된다고 주장한다(Berkowitz, 1974). 즉 공격행동과 연합된 자극은 충동적이고 반사적인 공격행동을 일으킬 잠재력을 갖게 된다는 것이다. Berkowitz는 총과 같은 공격행동과 연합된 무기가 눈앞에 있을 때 보다 더 공격행동을 보이는 경향이 있음을 밝혀냈다. 조작적 조건형성 이론에 따르면 특정 상황에서 공격반응을 보였을 때 강화를 받으면 유사한 상황에서 동일한 공격행동이 나타날 가능성이 증가된다고 한다(Patterson, 1976). 예를 들면, 동생을 때리거나 기물을 부숨으로써 부모의 관심을 얻었던 아이는 이후 부모가 자기에게 무관심하다고 생각될 때마다 비슷한 공격행동을 보일 것이다. 공격행동의 조건형성에도 변별과 일반화 현상이 적용된다. 한 상황에서 보인 공격행동이 보상을 받게 되면 유사한 상황에서도 공격행동을 보일 가능성이 높아진다(자극 일반화). 반면에 상황에 따라 공격행동이 보상을 받기도 하고 처벌을 받기도 하는 것을 알게 되면 보상받을 수 있는 상황에서만 공격행동이 나타날 것이다(자극의 변별). 일반화와 변별을 반응에 적용시켜 보면, 한 형태의 공격행동이 보상을 받게 되면 유사한 형태의 다른 공격행동도 증가하지만(반응 일반화), 한 형태의 공격행동은 처벌을 받지 않지만 다른 형태의 공격행동은 처벌을 받는다면 처벌을 받지 않는 공격행동을 선택하게 된다(반응의 변별). 많은 문화권에서는 신체적 공격을 법으로 처벌하기 때문에 언어적 공격이 주된 공격행동으로 자리잡고 있으며 이러한 반응의 변별은 양육과정에서 학습된다.

사회학습 이론

조건형성 이론에서 공격성이 직접적인 연합과 강화를 통하여 학습된다고 설명하는데 반해 사회 학습 이론에서는 주로 관찰과 모방을 통해 학습된다고 주장한다(Bandura, 1973; 1977). 사회학습 이론에서는 학습과 수행을 구별하고 모델링의 기능을 강조한다. 사람들은 다양한 공격행동을 관찰과 모방을 통해서 학습하지만 항상 학습한 공격행동을 표출하는 것은 아니며, 정적인 보상이 기대되는 상황에서만 학습한 공격행동을 나타낸다. 물론 보상 외에도 도덕적 규준이나 행동의 적절성에 대한 판단과 같은 인지적 요소들이 공격행동의 표현 여부에 영향을 미친다. 또한 모델링은 공격행동과 관련하여 다음과 같은 기능들을 수행한다. 첫째, 공격행동을 수행하는 모델이 관찰자에게 새로운 공격방법을 가르쳐 준다(관찰학습의 기능). 둘째, 공격행동을 했지만 처벌받지 않은 모델을 관찰하는 것은 공격행동에 대한 억제를 감소시켜서 공격행동의 확률을 증가시킨다(탈억제 기능). 셋째, 단순히 공격행동을 관찰하는 것만으로도 정서적 흥분이 유발되어 충동적이고 공격적으로 반응하게 된다(정서적 각성 기능).

정화가설 대 사회학습이론

정화가설(catharsis hypothesis)은 공격성의 추동 이론에서 비롯된 것이다. 이 가설에 따르면, 좌절당하거나 분노의 감정을 경험하는 사람이 타인의 공격행동을 관찰하거나(대리적 공격) 실제로 공격행동을 하면(직접적 공격) 공격추동이 감소되어 공격행동의 경향이 감소된다고 한다. 그러나 사회학습이론에서는 직접적이든 대리적이든 공격행동의 수행은 (특히 강화가 수반되는 경우에는) 오히려 공격행동의 경향을 증가시킨다고 반박한다. 이러한 두 이론 간의 논쟁 때문에 정화가설을 검증하기 위한 많은 연구들이 수행되었다.

직접적 공격행동과 관련된 활동에는 공격적 놀이를 하는 것, 스포츠 활동과 같은 경쟁적 활동을 하는 것, 자신에게 공격을 가한 대상에게 직접적으로 반격을 하는 행위 등이 포함되어 있는데, 경험적인 연구들은 대체로 반격을 하는 행위를 제외하고는 직접적 공격행동이 공격성의 감소를 가져오지 않는다는 결과를 얻음으로써 정화가설을 지지하지 않고 있다. 총과 같은 공격적인 장난감을 가지고 놀거나 공격적인 놀이를 하는 것은 공격성을 감소시키기 보다는 오히려 증가시켰고(Mallick & McCandless, 1966; Turner & Goldsmith, 1976), 축구나 경쟁과제의 수행과 같은 경쟁적 활동을 통해서도 공격적인 에너지가 방출되지 않는다는 결과가 보고되었다(Perry & Perry, 1976). 다만 자신을 모욕하거나 직접적으로 공격한 상대방에게 보복적인 공격행동을 한 후에 이후의 공격행동의 빈도가 감소되거나 혈압과 심장 박동 수가 회복되었다는 보고가 있다(Konecni & Ebbesen, 1976). 이 결과는 정화가설을 부분적으로 지지하지만 Berkowitz(1973)는 정화효과 때문이 아니라 죄책감 때문으로 해석했고, Bandura(1973)는 반격을 한 후 다시 또 공격을 하는 것이 부적절하다고 판단했기 때문이라고 설명했다.

간접적인 공격행동과 관련된 활동에는 공격행동을 관찰하는 것, 공격적 상상을 하는 것, 공격적으로 감정을 표현하는 행위 등이 포함되는데 연구결과들은 일관되지 않다. 공격적 영화의 관람은 정화 가설과는 반대로 오히려 공격행동의 증가를 가져왔다(Hartmann, 1969). 반면에 공격적인 공상은 주의분산의 기능을 함으로써 일시적으로 폭력적인 공격을 감소시킬 수 있다는 연구결과도 있다(Berkowitz, 1969). 또한 특정 상황에서는 상황에 대한 재해석을 동반한 부정적인 감정의 표현이 분노를 감소시킬 수 있다는 보고도 있다(Green & Murray, 1975).

현재까지의 연구결과들을 종합하면, 직접적, 대리적 공격표현이 공격성을 감소시킨다는 정화가설은 경험적인 지지를 받고 있지 못한 것 같다. 오히려 공격행동이 공격성을 증가시킨다는 사회학습 이론 쪽을 지지하는 증거들이 더 많다. 정화가설은 대중매체(영화, TV, 비디오 게임 등)의 폭력적인 장면들이 오히려 공격행동을 감소시킬 것이라는 주장을 뒷받침하는 유력한 가설로 원용되어 왔다. 그러나 오늘날 대부분의 연구자들은 대중매체의 폭력이 공격행동을 오히려 조장한다는 쪽에 손을 들어주고 있다.

사회인지 이론

최근에 많은 학자들이 공격성을 사회인지적 관점에서 설명한다. 사회인지적 관점에서는 공격성과 관련해서 사고, 기억, 해석과 같은 사회인지적 변인들의 역할에 초점을 맞춘다.

사회적 정보처리의 결함과 공격성

Dodge(1982)는 사회적 정보처리가 정보탐색, 해석, 반응탐색, 반응결정, 반응산출의 다섯 단계를 거쳐 진행되며, 각 단계에서 정보처리의 부적절함에 의해서 공격행동이 나타난다고 보았다. 첫 단계인 정보탐색 과정에서는 가용한 정보들을 충분히 활용하지 않고 공격적 단서에 초점을 맞춤으로써 공격행동이 나타난다. 두 번째 단계인 해석과정에서는 애매한 상황에서 사람들의 의도를 적대적으로 추론하는 체계적 편파를 보임으로써 공격행동이 일어난다. 세 번째 단계인 반응탐색 과정에서는 갈등상황에서 효과적이고 비공격적인 해결책을 탐색하는데 결함이 있어서 결과적으로 공격적인 해결방안을 모색하게 된다. 네 번째 단계인 반응결정 과정에서는 공격적인 해결책이 보다 나은 결과를 가져올 것으로 판단한다. 다섯 번째 반응산출 단계에서는 공격행동의 수행을 보다 쉽게 생각한다.

인지 사회적 개인변인들과 공격성

Mischel(1993)은 공격적인 사람들이 인지 사회적 개인변인들(개인적 구성개념과 부호화 방략, 목표, 기대, 능력, 자기조절 체계)에서 덜 공격적인 사람들과 다르다고 주장했다. 부호화 방략에서의 편파를 보면 공격적인 사람들은 부정적인 체험을 상대방의 고의적인 공격적 의도에서 비롯되었다고 보고(적대적 귀인) 역시 공격적인 방식으로 반응한다(Dodge, 1986). 예를 들면, 혼잡한 지하철 내에서 발을 밟혔을 때, 상대방이 고의로 그런 짓을 했다고 생각하고 자기도 상대방의 발을 밟아버림으로써 복수를 한다. 또한 공격적인 사람들은 대인관계의 문제나 갈등이나 좌절에 직면해서 적절한 해결책을 생각해 내는 능력이 부족하고(Downey & Walker, 1989), 욕구충족의 지연과 같은 적절한 자기조절 기술도 부족하다(Rodriguez, Mischel, & Shoda, 1989). 공격적인 사람들은 공격행동이 가치가 있다고 생각하며 보상을 받을 것으로 기대한다. 그러므로 공격행동을 보이는 모델이 처벌을 받지 않거나 오히려 보상을 받게 되면 관찰자의 공격행동은 증가한다(Bandura, 1986). 비록 현대 사회에서 대부분의 신체적 공격은 법으로 규제되지만 다양한 형태의 세련된 공격성은 가치가 부여되어 오히려 권장되고 있다. 더불어 청소년기에는 공격성이 또래들에 의해서 높이 평가되기 때문에 청소년 폭력을 근절하기가 어렵다.

자기규준과 공격성

사회화를 통해서 사람들은 공격성에 관한 자기규준(self-standards)을 형성한다. 자기규준은 공격행동의 자기규제를 가능하게 한다. 자기규준 때문에 대부분의 사람들은 경찰에 붙잡힐 가능성이 없더라도 살인이나 강간을 하지 않는다. 그러나 자기규준은 흔히 망각되거나 무시되기 쉽다. 리더의 권위나 집단의 압력이나 격렬한 흥분 등이 자기규준의 망각에 기여해서 평소에는 생각할 수 없었던 잔인한 행동을 가능하게 만들기도 한다. 전쟁이나 폭동에서 종종 발견되는 잔인한 행동들이 그 예이다. Hannah Arendt는 유태인 학살의 책임자였던 Eichmann조차 흉악한 살인마라기 보다는 상부의 명령을 아무 생각없이 충실히 따랐던 평범한 관료에 불과했다고 주장했다.

평범한 사람들이 권위적 인물의 지시에 복종하여 타인에게 잔인한 공격행동을 하게 되는 과정은 Milgram(1974)의 유명한 '복종 실험'에서 생생하게 제시되었다. Milgram은 학습실험을 가장한 사회심리학 실험에서 피험자들에게 옆 방의 '학습자'가 틀릴 때마다 전기충격을 주도록 지시했다. 전기충격의 강도는 15볼트로부터 450볼트에 이르도록 배열되었으며 '학습자'가 실수를 거듭할수록 더 높은 강도의 전기충격을 주도록 지시되었다. 물론 실제로 전기충격은 없었지만 피험자는 전기충격이 실제로 '학습자'에게 가해지는 것으로 믿도록 유도되었다. 놀랍게도 피험자들의 대부분(63%)이 '학습자'의 고통스러운 신음소리에도 불구하고 실험자의 지시에 복종해서 최고강도인 450볼트까지 전기충격을 주었다. 이 연구는 인간의 '생각없는' 잔인한 행동을 생생하게 보여준 것으로도 유명하지만 피험자의 인권과 실험의 윤리를 둘러싼 뜨거운 논쟁을 촉발한 실험으로도 잘 알려져 있다.

책임의 분산과 비인격화

공격성은 개인적 책임이 분산되거나 희생자의 비인격화(dehumanization)가 있을 때 특히 정도가 심해진다. 한 연구(Bandura, Underwood, & Fromson, 1975)에서 세 명이 한 집단이 된 남자 대학생들이 옆 방에서 의사결정 과제를 수행하고 있는 팀을 감독하는 역할을 맡았다. 감독자로서 이들은 의사결정자들이 협상문제에 대해서 잘못된 결정을 내릴 때마다 전기충격을 주도록 지시받았다. 결정의 적절성은 불빛에 의해서 표시되었으며 피험자들은 10단계의 강도 중에서 자유롭게 선택하여 전기충격을 줄 수 있었다. 실제로 의사결정자들은 존재하지 않았고 전기충격도 시행되지 않았다.

피험자들은 개인적 책임과 분산된 책임의 두 집단으로 나뉘었다. 개인적 책임 조건에서 각 피험자는 의사결정 팀의 구성원과 일대일로 할당되고 직접 전기충격의 강도를 결정했다. 분산된 책임조건에서는 세 명의 감독자들이 선정한 전기충격의 수준들이 자동적으로 평균되어 의사결정 팀의 모든 사람들에게 그 평균된 수준의 전기충격이 시행될 것이라고 피험자들에게 말해 주었다.

덧붙여 각 책임조건의 피험자들은 의사결정자들을 기술하는 세 가지 양식 중의 하나를 엿듣게 되었다. 인격화된 조건에서 희생자들은 '감수성이 높고 이해성있는 사람들'로 묘사되고, 비인격화된 조건에서는 '짐승같은 나쁜 무리'로 기술되고, 중립조건에서는 비평가적인 용어로 언급되었다.

결과에서 희생자의 비인격화가 공격성의 가장 강력한 결정자로 드러났다. 비인격화된 희생자들은 인격화된 희생자들보다 두배나 더 강한 전기충격을 받았고 중립조건의 희생자들보다도 훨씬 강한 전기충격을 받았다. 이 패턴은 개인적 책임과 분산된 책임의 두 조건에서 모두 일관성 있게 나타났다. 또한 책임이 개인적일 때보다 분산되었을 때 더 강한 전기충격을 가했다.

Zimbardo(1969)는 가해자의 비개인화가 공격성에 미치는 영향을 실험으로 검증했다. 그는 네 명의 여자로 이루어진 집단을 단위로 실험을 수행했다. 개인화된 집단에서 피험자들은 이름표를 달고 서로 이름을 불렀다. 비개인화된 집단에서 피험자들은 가운과 복면으로 모습을 가렸고 익명상태로 실험을 수행했다. 희생자들에게 전기충격을 주게 되었을 때 비개인화된 집단의 피험

그림 10.1 **책임의 분산과 희생자의 비인격화의 함수로서 피험자에 의해 시행된 전기충격의 평균 강도**

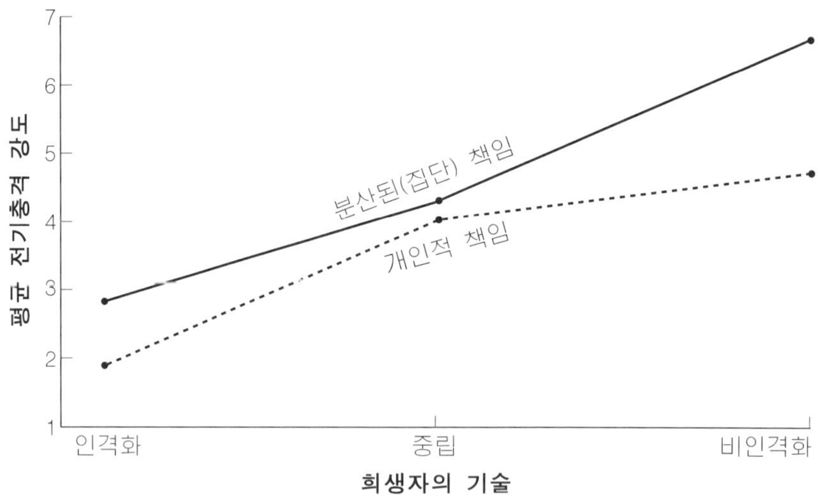

출처: Bandura, Underwood, & Fromson, 1975

자들은 개인화된 집단의 피험자들보다 더 오래 전기충격을 주었다.

위의 두 실험은 현대사회의 공격성의 행태와 관련하여 많은 시사점을 제공한다. 우선 현대사회에서는 복잡한 의사결정 구조 때문에 책임의 분산이 두드러진다. 대부분의 중요한 결정은 여러 단계에 걸쳐서 이루어지거나 집단의 표결에 의해서 이루어진다. 그러므로 사람들은 큰 책임감없이 엄청난 규모의 잔인한 행동에 쉽게 동의해 버리곤 하는 것이다. 더욱이 오늘날의 전쟁은 가해자와 피해자가 서로를 대면하지 않은 상태에서 이루어지는 경우가 대부분이다. 그러므로 피해자의 고통이 가해자에게 전달되지 않는 것은 물론이거니와 더 나아가 피해자는 인간이 아니라 단지 (파괴될) 물체로 지각될 뿐이다. Gulf 전에서 보듯이 실제로 많은 사람들이 참혹하게 죽어갔지만 공격자는 먼거리에서 비디오 게임을 즐기듯이 가벼운 기분으로 살상을 했던 것이다.

성격특질로서의 공격성

지금까지 공격성에 관한 추동 이론과 학습 및 인지 이론 등을 살펴보았다. 추동 이론에서는 공격성을 본능과 마찬가지로 선천적이며 모든 사람들이 공유하고 있는 것으로 본다. 반면에 학습 및 인지 이론에서는 공격성이 학습된 것이며, 강화나 모델링, 상황의 해석에 의해서 공격행동이 결정된다고 본다. 아마도 제3의 설명은 공격성의 정도가 사람에 따라 다르다는 견해일 것이다. 즉 공격성을 외향성-내향성과 같은 안정적인 성격특질로 간주하여 접근하는 것이다. 공격성을 성격특질로 보는 입장은 성격심리학의 전통적인 관점을 가장 잘 반영하기 때문에 별도로 분리하여 상세히 다루기로 한다. 또한 공격적 성격을 갖춘 것으로 간주될 수 있는 생애지속적인 반사회적 행동을 보이는 사람들을 청소년기에 국한된 반사회적 행동을 보이는 사람들과 비교하여 그 차이를 설명해 본다.

공격적 성격의 증거

공격성 측정 검사

Berkowitz(1998)는 공격성을 측정하는 자기보고 검사들에 관련된 연구들을 고찰함으로써 공격성이 성격특질로 간주될 수 있음을 확인하였다.

공격성을 측정하는 자기보고 검사들로는 BDHI(Buss-Durkee Hostility Inventory), AQ(Aggression Questionnaire), MAI(Multidimensional Anger Inventory), STAS(State-Trait Anger Scale), AX(Anger Expression) Scale, STAXI(State-Trait Anger Expression Inventory) 등이 있다.

이 중 BDHI는 Buss와 Durkee(1957)에 의해서 개발된 것으로 분노/공격성을 측정하는 도구들 중 가장 잘 알려진 것이다. 75 문항으로 구성된 BDHI는 7개의 요인들(폭력성, 간접적 공격성, 화잘냄, 반항성, 분개, 의심, 언어적 공격성)로 구분되지만 이들 요인들간은 상호 독립적이지 않은 것으로 밝혀졌다. BDHI의 총점은 일반적 공격성의 점수로 간주되는데, 폭력 범죄 때문에 수감된 남성들은 비폭력적인 범죄 때문에 수감된 남성들보다 BDHI 총점에서 높은 점수를 보였고, 실험에서 학습과제의 실수에 대한 벌로 동료에게 실시하는 전기충격의 강도도 BDHI 총점과 정적 상관관계를 보였다(Buss & Perry, 1992).

Buss와 Perry(1992)는 BDHI를 개선하여 29개의 5점 척도 문항들로 이루어진 AQ를 개발하였는데 요인분석에 의해서 신체적 공격, 언어적 공격, 분노, 적대감의 4개 요인들이 밝혀졌다. 그러나 이들 요인들 간에도 상당한 정도의 상관관계가 발견되었다. 신체적 공격, 언어적 공격, 분노의 세 척도 간에는

.45~.48의 상관관계가 나타났고, 적대감 척도도 나머지 세 척도들과 .25~.45의 상관관계를 보였다. 한편 동료들에 의한 공격성 평정은 자기보고 검사인 AQ 총점과 .31의 상관관계를 보였다.

Siegel(1986)은 분노 감정의 다양한 측면들을 측정하는 38문항으로 이루어진 MAI를 개발하였다. 요인분석 결과 MAI는 분노각성 성향의 요인 외에도 분노유발 상황의 범위, 적대적 태도, 분노표출 성향, 분노은닉 및 고민 성향 등으로 구성된 것으로 밝혀졌다. 그러나 이 요인들도 서로 상당한 정도의 상관관계를 보였는데 예를 들면 핀란드에서 수행된 연구(Miller et al., 1995)에서 이 요인들은 .43~.69에 이르는 상관을 나타냈다.

Spielberger 등(1985; 1988; 1995)은 현재의 분노감정(상태분노)과 습관적인 분노반응(특질분노)을 구분하여 측정하는 STAS를 개발하였다. 상태분노 척도(S-Anger Scale)는 '나는 굉장히 화가 나있다', '나는 짜증이 나있다'와 같은 현재 감정을 나타내는 문항들로 구성되고, 특질분노 척도(T-Anger Scale)는 '나는 불같은 성질을 가졌다'와 같이 자신의 성격특질을 기술하는 문항들로 구성된다. 요인분석 결과 상태분노 문항들은 현재 분노감정의 강도와 관련된 단일 차원을 구성했고, 특질분노 문항들은 분노기질과 반응적 분노의 두 개의 요인으로 구분되었다. 분노기질 요인은 도발상황의 명시없이 분노기질을 나타내는 문항들(예: '나는 성미 급한 사람이다')로 구성되고, 반응적 분노 요인은 도발에 분노로 반응하는 성향을 나타내는 문항들(예: '나는 사람들 앞에서 비판을 받을 때 격노한다')로 구성되었다. 이 두 요인은 서로 관련되었지만 심리적으로는 상이한 특질이라는 증거도 있다. 예를 들면, Crane(1981)의 연구에서 고혈압 환자들은 정상인들보다 반응적 분노 특질 점수에서는 더 높았지만 분노 기질 점수에서는 차이를 보이지 않았다.

Spielberger 등(1988)은 분노를 표출 혹은 억제하는 성향을 측정하기 위해서 AX(Anger Expression) 척도를 개발하였는데 이 척도는 분노표출(anger-out)과 분노억제(anger-in)의 두 차원으로 구성되었다. 그런데 분노 성향이 높은 사람들은 분노표출 차원에서도 높은 점수를 받았다. 즉 분노를 자주 경험하는 사람들은 분노를 숨기기 보다 표출을 더 많이 하는 경향을 보였다(Spielberger, 1988). Spielberger 등(1988)은 AX에 덧붙여 분노의 통제능력을 측정하는 척도도 개발하였는데, Miller 등(1995)의 핀란드 연구에서 분노통제 요인은 분노표출 요인과 부적인 상관이 나타났다. Spielberger 등(1995)은 최근에 자신들의 모든 분노 측정 도구들을 종합해서 STAXI(State-

Trait Anger Expression Inventory)를 제작하였다.

위의 검사들은 공격성을 측정하는 중요한 자기보고 측정도구들을 망라한 것이다. 이들 공격척도의 점수들은 공격성의 다른 지표들(폭력전과, 실험실에서의 전기충격의 강도, 동료들의 공격성 평정 등)과 높은 상관을 보였다. 그러므로 이 척도들은 공격성의 측정 도구로서의 타당도를 어느 정도 갖춘 것으로 보인다. 또한 상이한 지표들이 상이한 공격유발 상황을 반영하기 때문에 이들 지표들 간의 높은 상관은 공격행동이 다양한 상황들에 걸쳐서 일관성 있게 나타난다는 것(공격성격에서의 자극 일반화)을 의미한다. 더불어 공격성의 다양한 요인들은 서로 상당한 정도의 상관을 보였다. 그러므로 한 유형의 공격행동 성향을 보이는 사람들은 다른 유형의 공격행동에서도 높은 경향성을 보일 것으로 추정된다. 이것은 공격성격에서의 반응 일반화를 의미하는 것이다.

공격성의 종단적 안정성

청소년기의 높은 공격성은 성인기의 반사회적 행동 성향을 예언한다는 증거들이 있다.

Olweus(1979)은 미국, 영국 및 스웨덴 연구들을 고찰하였다. 이 연구들에서 남성들은 2~18세 사이에 처음 평가되었고, 그후 6개월~21년의 간격을 두고 다시 평가되었다. 직접 관찰, 교사의 평정, 친구들의 보고 등 다양한 평가방법들이 동원되었다. 결과를 보면, 이 연구들에 관여한 16 표본들로부터 비슷한 양상들이 나타났다. 대체로 첫 평가와 다음 평가간에 공격성 점수들의 상관관계가 높은 편이었는데, 상관계수의 크기는 두 측정간의 시간이 길수록 감소하였다. 두번째 평가가 첫 평가 후 일년 혹은 일년 미만일 경우는 .7이었고, 두 평가간의 간격이 길수록 규칙적으로 감소해서 21년의 간격에서는 .4까지 떨어졌다. 이러한 시간적 일관성은 평가방법에 관계없이 나타났다.

다른 종단적 연구들에서도 공격성의 시간적 안정성이 확인되었다. 400명의 노동계급 소년들을 대상으로 한 런던 연구(Farrington, 1989)와 800여명의 소년 소녀들을 대상으로 한 뉴욕 연구(Eron, 1987)에서 모두 청소년기의 공격성은 훗날의 공격성과 반사회적 행동의 훌륭한 예언자였다. 예를 들면, 런던 연구에서 9세 소년들 중 공격성에서 상위 1/4에 해당되었던 소년들의 40%가 8년 후에도 상위 1/4에 속해 있었다. 반면에 9세 때 공격성에서 하위 3/4에 속했던 소년들의 27%만이 8년 후에 상위 1/4에 속했다. 여기서 보듯이 대부분의 소년들이 어느 정도의 변화가 있었지만 청년기 이전에 높은 공격성을 보였던 소년들은 청년기 후기에도 높은 공격성을 보일 확률이 높았다. 또한 9세 때 높은 공격성을 보였던 소년들은 덜 공격적이었던 소년들보다 성인기에 도달할 때까지 법과 충돌할 가능성이 높았다. 전자의 14%가 21세에 도달할 때까지 폭력범죄로 유죄 판결을 받았는데 비해 후자의 경우는 4%에 불과했다.

뉴욕 연구에서도 상응하는 결과가 발견되었다. 8세 때 학급동료에 의해서 공격성이 높다고 평가된 소년 및 소녀들은 10년 후에도 또래들로부터 공격성이 높은 것으로 평가되었다. 또한 8세 때 아주 공격적이었던 아동들은 덜 공격적이었던 아동들보다 19세에 도달할 때까지 유죄판결을 받을 가능성이 세배나 높았다.

반사회적 행동의 일관성: 품행장애와 반사회적 성격장애

DSM-III-R(1987)에 따르면, 다음 특징들 중 세 가지 이상을 6개월 이상 보이면 품행장애(conduct disorder)로 간주된다:

- 한 번 이상 물건을 훔침
- 두 번 이상 집에서 야간도주를 함
- 자주 거짓말을 함(신체적, 성적 학대를 피하기 위한 경우는 제외)
- 고의로 불을 지름
- 자주 학교에 무단결석함
- 다른 사람의 집, 빌딩, 차에 침입함
- 고의로 다른 사람의 재산을 파괴함
- 동물들에 대해서 신체적으로 잔인한 짓을 함
- 성적 행위를 강요함
- 2회 이상의 싸움에서 무기를 사용함
- 자주 신체적 싸움을 시작함

성격장애의 하나인 반사회적 성격장애는 미국 성인남자들의 약 3%에 해당된다. DSM-III-R에서는 18세를 넘은 사람이 아래와 같은 여러 특징들을 6개월 이상 보이면 반사회적 성격장애(antisocial personality disorder)로 진단된다:

- 15세 이전에 품행장애를 보임

- 신체적 싸움에 반복적으로 개입됨
- 사전에 계획을 세우지 못하거나 충동적임
- 반복적으로 거짓말을 함
- 위험하게 운전함

아동기에 반사회적 행동을 보였던 사람들 중 많은 수가 성인기에도 여전히 반사회적 행동을 고치지 못한다. Farrington(1991)은 그의 런던 표본을 대상으로 DSM-III-R의 진단기준을 사용하여 품행장애를 보였던 아동들을 판별하였는데 이들의 상당수가 어른이 되어서도 반사회적 행동을 보였다. 구체적으로 DSM-III-R의 품행장애 지표에서 아주 높은 점수를 받았던 98명의 10세 아동들 중 1/3이 32세에 반사회적 성향이 높은 사람으로 분류되었다. 반면에 낮은 점수를 받았던 아동들은 1/5만이 32세에 높은 반사회적 성향을 지닌 사람으로 분류되었다. Farrington은 포괄적인 반사회적 행동 증상이 있으며 이것이 아동기에 생겨나서 성인기에도 지속될 가능성이 있다고 결론지었다. Robins(1991)의 대규모 연구에서도 반사회적 행동 패턴의 연속성이 발견되었다. 그의 연구에서는 3개 이상의 아동기 품행장애 증상을 보였던 미국 남자들의 1/4이 후에 성인기 반사회적 성격장애의 4개 이상의 특징을 보였다. 6개 이상의 아동기 품행장애 증상을 보였던 사람들은 절반 정도가 성인기 반사회적 성격장애로 분류되었다. 또한, 4개 이상의 성인기 반사회적 성격 특징을 보였던 사람들의 무려 3/4이 아동기에 품행장애를 보였던(즉 3개 이상의 품행장애 특징을 보였던) 사람들이었다. 한편 청소년기의 반사회적 행동은 대부분의 경우에 일시적이며, 이러한 청소년기에 국한된 반사회적 행동을 생애 지속적인 반사회적 행동과 구분해야 한다는 주장(Moffitt, 1993)도 제기되었다.

공격성의 유전

공격성은 어느 정도로 유전되는 것일까? 오늘날 환경과 유전의 논쟁이 유전의 우세 쪽으로 기울어 있는데도 불구하고 공격성이나 지능과 같은 사회적으로 민감한 영역에서 유전의 중요성을 강조하는 주장은 여전히 정치적으로 옳지 못한 것으로 간주되고 있다. 왜냐하면 이들 영역에서 유전의 비중을 강조하다보면 교육이나 복지의 효과를 부정하거나 사소한 것으로 만들게 되고, 또한 차별을 정당화시키는 논리를 제공할 수 있기 때문이다.

실제로 동물의 경우 공격성의 유전은 잘 확립된 사실이다. 오래 전부터 투견이나 투우에서는 의도적으로 교배를 통하여 공격성이 높은 개체를 만들어 왔다. 사람의 경우는 아직 명확한 증거가 확보되지 못하였다. 아래에서 공격성의 유전에 대한 증거들을 살펴보자.

질문지 측정을 통한 쌍생아의 공격성 비교

쌍생아들을 대상으로 질문지를 통해 공격성의 측정치를 얻은 연구들에서는 공격성이 유전된다는 주장이 지지되었다. Minnesota 쌍생아 연구(Tellegen et al., 1988)에서 함께 양육 및 따로 양육한 일란성 쌍생아 간에 공격성의 상관은 .43과 .46으로 나타났고 이란성 쌍생아의 경우는 .14와 .06으로 나타났다. 다른 연구(Rushton et al., 1986)에서도 비슷한 결과를 얻었다. 두 연구 모두에서 공유된 가정환경(동일한 집에서 동일한 부모에 의해서 양육되는 것)은 공격성에 거의 기여하지 않는 것으로 나타났다.

반사회적 성격

입양아들과 그들의 생물학적 부모들을 대상으로 반사회적 성격의 유전성을 확인하였다. 한 연구(Cadoret, 1978)에서는 반사회적 성격을 지닌 어머니의 자식들과 통제집단 어머니의 자식들을 비교하였고, 다른 연구(Schulsinger, 1972)에서는 반사회적 성격을 지닌 입양아들과 통제집단의 입양아들의 생물학적 부모들을 비교하였다. 두 연구 모두 유전성의 증거를 발견하였으나 간신히 통계적으로 의미있는 수준의 경향성에 도달하였을 뿐이었다. 예를 들면, 반사회적 성격을 지닌 입양아들에서는 54명의 생물학적 아버지들 중 5명이, 그리고 통제집단의 입양아들에서는 56명의 생물학적 아버지들 중 1명이 반사회적 증상을 가진 것으로 나타났다.

범죄성

덴마크에서 수행된 연구(Christiansen, 1974)에서 공격성 범죄와 재산범죄 모두에서 유전성의 증거가 발견되었다. Iowa 연구(Crowe, 1972)에서 범죄 경력이 있는 어머니와 통제집단 어머니의 입양해나간 자손들 간을 비교한 결과 전자에서 더 많은 체포빈도를 확인하였다. 또 다른 연구(Hutchings, 1974)에서는 범죄기록을 가진 입양자들의 생물학적 아버지와 그렇지 않은 입양자들의 생물학적 아버지를 비교한 결과 전자에서 두배 가까운 아버지들이 범죄기록을 갖고 있음이 밝혀졌다. 그러나 Mednick 등의 연구(1984)에서는 폭력범죄와 재산범죄를 구분하여 조사한 결과, 재산범죄에서만 유전의 영향이 나타났다.

XYY

1970년대 초기에 남성성의 지표로서 XYY의 개념이 인기를 끌었다. 1,000명의 남성 중에 1명꼴로 여분의 남성 Y 염색체를 갖고 태어나는 XYY집단은 평균보다 키가 크고 지능이 낮은 특징을 갖고 있다. 이들의 범죄율이 평균보다 높기 때문에 한때 연구자들은 XYY를 공격성이 높은 집단으로 추정했다. 그러나 덴마크 연구(Witkin et al., 1976) 등에서 XYY 남성들이 자주 법과 충돌하기는 하지만 대체로 사소하고 비공격적인 사건들에 관련된 것임이 밝혀졌다. 따라서 이들은 공격성이 높기 때문이 아니라 낮은 지능 때문에 법과 자주 충돌하는 것으로 추정되었다. 오늘날에는 XYY를 공격성과 연결시키는 주장은 별로 지지를 받지 못하고 있다.

양육방식과 공격성

Sears 등(1957)의 고전적인 연구에서 5세 아동을 가진 379 가정을 설문조사하였다. 결과를 보면, (1) 엄마가 냉정하고, (2) 엄마가 공격성을 허용하고, (3) 가정에서 신체적 체벌을 사용할수록 아동은 보다 공격적이었다. 이 연구는 양육방식과 아동의 공격행동에 관한 자료를 모두 1회의 설문조사에 의존했기 때문에 인과관계를 확인할 수 없다는 비판을 받았다. 그러나 양육방식을 관찰에 의존하고 상당기간에 걸쳐 여러번 자료를 수집함으로써 인과관계를 확인하는 등 연구방법을 개선한 Cambridge Somerville Youth Study(W. McCord et al., 1961; J. Mccord, 1979)에서도 유사한 결과가 나타났다. 또한 경로분석을 사용한 Olweus(1980)의 연구에서도 엄마의 부정적 태도, 공격성의 허용, 부모의 권위주의적 훈육방식 등이 아동의 학교에서의 공격성을 예언하였다.

다른 모든 성격특질과 마찬가지로 공격성도 부분적으로는 유전, 부분적으로는 양육(환경)의 영향을 받는다. 비록 Tellegen 등(1988)의 쌍생아 연구에서 공유된 환경의 영향이 별로 없다는 결과가 나왔으나 공유환경이 유전이나 비공유환경에 비해서 설명변량이 미미한 것은 다른 성격특질에서도 마찬가지이다. 이 장의 앞 부분에서 밝혔듯이 구체적인 공격행동이 유전되는 것이 아니라 적극적인 반응성이나 활동수준과 같은 공격성을 발달시킬 수 있는 조건이 유전되는 것이라고 보면 구체적인 공격성향을 만들어내는 것은 양육환경이라고 볼 수 있다. 따라서 공격적 성격은 유전과 환경의 공동작품인 것이다.

공격적인 사람들

정서적 공격자와 도구적 공격자

Berkowitz(1998)는 공격적인 사람들을 크게 두 유형으로 분류하였다. 하나는 정서적 공격자(affective aggressors)이고 다른 하나는 도구적 공격자(instrumental aggressors)이다.

정서적 공격자는 분노와 충동 때문에 다른 사람들을 공격하는 경향이 큰 사람들을 지칭한다. 이들은 지각된 위협과 도발에 대해 대단히 민감하고, 강렬한 분노를 자주 경험하는 성향을 갖고 있다. 반대로 도구적 공격자는 돈, 사회적 인정, 자존감 고양 등의 목표를 성취하는데 도움이 되기 때문에 공격행동을 한다. 이들은 공격이 보상을 준다는 것을 학습한 것이다. 전형적인 도구적 공격자는 돈을 목적으로 하는 살인 청부업자이다. 반사회적 성격자들이나 학교 깡패들도 동료들의 인정이나 자존감, 타인에 대한 권력과 통제감 등이 주된 목적이라는 점에서 도구적 공격자로 볼 수 있다.

Dodge와 Coie(1987)는 정서적 공격자와 도구적 공격자의 특징을 잘 표현하는 실험을 고안하였다. 그들은 초등학교 저학년 소년들을 대상으로 교사들의 평정을 통하여 정서적 공격자와 도구적 공격자들을 선별한 후 이들에게 한 아이가 다른 아이의 나무토막 쌓은 것을 쳐서 무너뜨리는 장면을 찍은 비디오테입을 보여주었다. 이 테입은 조건에 따라 세 종류로 나누어지는데, 한 조건에서는 상황이 애매했고, 다른 한 조건에서는 고의적으로 무너뜨렸고, 마지막 조건에서는 명백하게 사고였다. 정서적 공격자와 도구적 공격자는 애매한 상황의 해석에서 서로 차이를 보였다. 사건을 설명하도록 요구하였을 때, 정서적 공격자로 평정된 아동들은 나무토막을 무너뜨린 아이의 적대감에 귀인하였고, 어떻게 반응할 것이냐는 질문에 공격적인 행동을 언급하였다. 도구적 공격자로 평정된 아동들은 뚜렷한 정도로 적대적인 해석을 하지 않았다. 고의나 사고로 묘사된 조건에서는 두 유형의 공격자들간에 차이를 보이지 않았다.

공격적 성격의 특징

Berkowitz(1998)는 공격성에 관한 요인분석 연구들을 고찰한 후 공격적 성격을 가진 사람들의 특징으로 다음 네 가지를 열거하였다. 이들은 (1) 지각된 위협과 도발에 대한 민감성, (2) 보편적인 적대적 태도, (3) 강렬한 분노를 경험하는 경향성, (4) 공격행동을 표출하는 성향 등이다.

위협과 도발에 대한 민감성

공격성이 높은 사람들, 특히 정서적 공격성이 높은 사람들은 적대적인 정보처리를 하는 경향이 있다. 이들은 다른 사람들의 행동을 적대적인 의도에서 비롯된 위협과 도발이라고 지각하는 경향을 보인다. 앞에서 Dodge(1982)의 공격적인 정보처리의 단계모형을 살펴 보았다. 공격적인 사람들은 정보탐색, 해석, 반응탐색, 반응결정, 반응산출의 다섯 단계에서 공격적인 편파를 보인다. 즉 공격적인 단서에 초점을 맞추고, 애매한 상황을 적대적으로 해석하고, 효과적인 비공격적 반응을 발견하는데 결함을 보이고, 공격적 반응이 더 나은 결과를 가져온다고 믿으며, 공격반응이 어렵지 않다고 생각하는 것이다.

보편적인 적대적 태도

Zelli와 Huesmann(1995)은 Dodge의 정보처리 접근을 확장하였다. 그들에 따르면, 타인의 행동에 대해서 적대적 추론을 하는 성향은 상당히 보편적인 적대적 신념에 기초를 둔 것이라고 한다. Zelli와 Huesmann은 요인분석을 통해서 적대적 신념들의 성분을 탐색한 결과, (1) 자신이 타인에 의해서 박해를 받는다는 신념, (2) 세상이 야비하다는 신념, (3) 자신이 타인들보다 투지가 강하다는 신념 등 세 개의 성분을 발견하였다. 이 중 '박해' 신념과 '야비한 세상' 신념은 서로 높은 상관을 보였으나 '투지' 신념은 다른 두 신념들과 비교적 독립적이었다.

Zelli와 Huesmann은 Dodge와 Coie(1987) 실험의 패러다임에 근거하여 대학생 피험자들에게 일련의 사건을 녹화한 비디오 테입을 보여준 뒤 사건의 행위자가 의도적으로 적대적이었을 가능성을 평정하도록 하였다. 그 결과 박해와 야비한 세상 신념은 적대적 귀인과 정적 상관을 보였고, 투지 신념은 통계적으로 의미가 없는 약한 상관만을 보였다. 그러므로 타인의 애매한 행위를 적대적으로 해석하는 경향은 삶에서의 보편적인 적대적 태도를 반영한다고 볼 수 있다.

강렬한 분노를 경험하는 경향

공격성향(특히 정서적 공격성향)이 높은 사람들은 강렬한 분노를 경험하는 경향을 보인다. 분노와 공격성은 동전의 양면처럼 붙어 다닌다. 앞에서 공격성 측정 검사들을 소개할 때 대부분의 검사들이 분노와 공격성을 연결시키거나 구분하지 않는 분노/공격성 검사들이었음을 기억할 것이다. Berkowitz (1998)는 분노상태를 측정하는 문항들을 요인분석한 결과 분노감, 언어적 공격 충동, 신체적 공격 충동의 세 요인이 발견되었다고 보고하였다. Roseman 등의 연구(Roseman, Wiest, & Swartz, 1994)에서 피험자들에게 정서경험의 내용과 더불어 정서경험 당시에 무엇을 하기를 원했는지를 질문했을 때, 분노경험을 보고한 피험자들은 대부분 공격행동 충동을 보고하였다. Berkowitz(1974)는 좌절-공격 가설을 좌절-분노-공격 가설로 수정하였다. 좌절의 경험이 곧 공격으로 후속되지는 않으며 좌절이 분노를 유발하였을 때 비로소 공격으로 이어진다고 보았기 때문이다. 분노와 공격 간의 이러한 밀접한 관련은 진화론적 관점에서 보면 납득이 된다. 왜냐하면 공격을 필요로 하는 상황에서 분노감정은 공격에 투자하는 에니지를 극내화시켜주기 때문이다. 즉 분노는 유기체의 전투체계(fight system)와 연결된 정서이다. 마치 공포가 도주체계(flight system)와 연결되어 있는 것과 같다.

공격성을 표출하는 성향

분노의 경험이 곧 공격행동으로 후속되지는 않는다. 분노를 은닉하거나 통제하기도 하기 때문이다. 정서적 공격의 경우 분노수준의 고저와 통제수준의 고저의 결합에 의해서 공격행동의 출현확률이 결정된다고 볼 수 있다.

Siegel의 MAI나 Spielberger의 STAXI에서는 분노억제(anger-in) 성향과 분노표출(anger-out) 성향을 구분하였다. 당연하게도 분노억제 척도(AX/In)에서 높은 점수를 받은 사람들은 강한 분노를 경험하지만 언어나 신체적으로 표현하기 보다 억제하는 경향을 보였고, 분노표출 척도(AX/Out)에서 높은 점수를 받은 사람들은 공격성을 신체적, 언어적 형태로 공개적으로 표출하는 경향을 보였다(Spielberger & Sydeman, 1994). 분노의 표출과 억제 성향은 신체적 건강과도 관련된 것으로 알려져 있다. 습관적으로 강한 분노를 표출하지 않고 억제하는 것은 고혈압과 같은 순환기 장애의 위험을 높인다는 보고들이 있다(Spielberger et al., 1988). 또한 공격성의 과다통제 및 과소통제 집단으로 나누었을 때, 극단적인 공격행동을 보이는 사람들은 평소에는 과다통제형이었던 경우가 많다. 신문에서 끔찍한 폭력범죄의 주인공이 바로 이웃에 사는 아주 모범적이고 내성적인 청년이었음을 발견하고 충격을 받는 이야기들이 전해지곤 한다. 분노를 그때그때 표출하지 못하고 쌓아둔 것이 폭발한 것이리라. Freud식으로 해석하면 그렇다.

반사회적 행동의 두 유형

반사회적 행동의 안정성은 개인차가 두드러진다. 몇몇 소수의 사람들은 매우 안정적이고 지속적인 반사회적 행동을 보이는가 하면, 다른 대부분의 사람들은 특정 상황 혹은 생의 특정시기에서만 일시적으로 반사회적 행동을 보인다. 아마도 이 두 부류의 사람들은 질적으로 다른 유형에 속한다고 볼 수 있다.

또한 연령에 따른 범죄율을 보면 청소년기에 가장 높아서 약 17세에 정점에 이르고 성인초기에 급격히 떨어진다. 또한 청소년기의 불법적인 행동은 보고된 것보다도 실제로는 훨씬 높아서 10대의 비행은 그 시기 삶의 정상적인 일부를 이루는 것같다. 많은 경험적 연구들에 따르면 연령에 따른 범죄곡선이 청소년기에 절정에 다다르는 것은 소수의 사람들이 범죄를 저지르는 횟수가 이 시기에 급증하기 때문이 아니라 청소년기에 일시적으로 반사회적 행동에 참여하는 사람들의 수 자체가 증가하기 때문이다. 아마도 청소년 발달에 독특

그림 10.2 생애에 걸쳐서 반사회적 행동에 참여하는 비율의 변화를 나타낸 가설적 그림

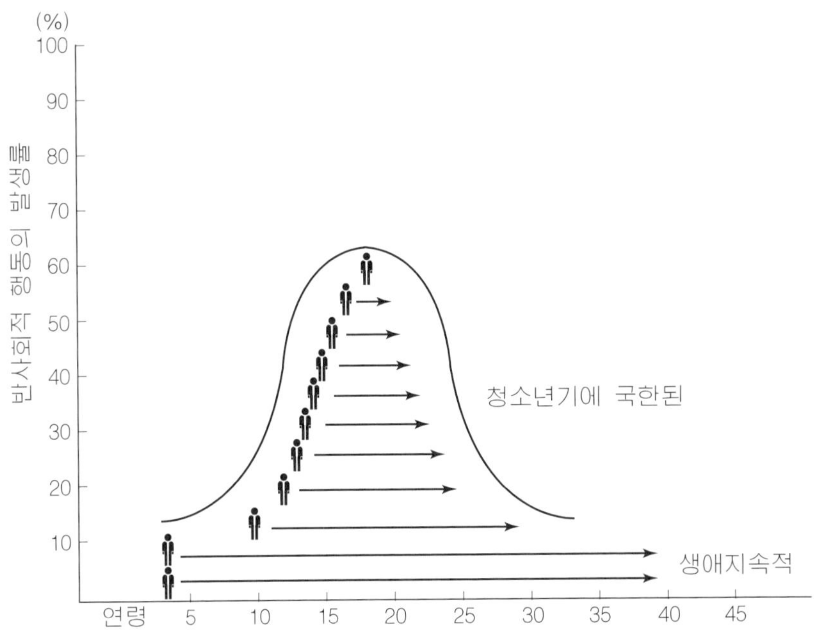

출처: Moffitt, 1993. 실선은 이미 알려진 연령에 따른 범죄율을 나타내고, 화살표는 개인이 반사회적 행동에 참여하는 지속기간을 나타낸다

한 어떤 현상이 새로운 청소년 범법자들로 하여금 일시적으로 소수의 지속적이며 반사회적인 사람들의 비행에 동참하게 하는 것일 가능성이 있다. Moffitt(1993)은 이러한 점들에 착안하여, 반사회적 행동을 생애지속적인 반사회적 행동(life-course persistent antisocial behavior)과 청소년기에 국한된 반사회적 행동(adolescence-limited antisocial behavior)으로 구분하고 이 두 반사회적 행동 각각의 원인, 발달경로, 예후 등을 논의하였다.

생애지속적인 반사회적 행동

생애지속적인 반사회적 행동을 보이는 사람들은 (1) 반사회적 행동의 연속성, (2) 미세한 신경심리적 취약성, (3) 반사회적 행동을 지속시키는 기제에 대한 취약성 (4) 정신병리로 간주될 수 있는 특징 등을 지니고 있다.

반사회적 행동의 연속성

생애지속적 반사회적 행동의 경우, 기저의 성향은 계속 동일하게 유지되는데 겉으로 표현되는 반사회적 행동은 연령과 사회적 환경의 변화에 따라 다르게 나타난다. 예를 들면 4세때 물고 때리기→10세때 무단결석과 상점에서 물건 훔치기→16세때 마약매매와 자동차 절도→22세때 강도와 강간→30세때 사기와 아동학대 등으로 나타난다. 또한 집에서는 거짓말하고 상점에서는 훔치고 학교에서는 싸우고 직장에서는 횡령을 하는 등 기저의 반사회적 성향의 상황적 일관성을 보여준다.

반사회적 행동의 시작

생애지속적인 반사회적 행동의 시초는 아동의 신경심리적 취약성과 범죄를 촉진하는 환경의 상호작용으로 발생한다. 신경심리적 취약성을 지닌 유아들은 까다로운 기질, 언어 및 운동 발달의 지체, 경미한 인지적 결손 등의 문제를 갖는다. 이렇게 취약하고 까다로운 유아와 불운한 양육환경이 만나면 생애지속적 반사회적 행동의 위험을 일으킨다. 까다로운 아이에게 대처해야 하는 부모는 아이와 성공적인 만남을 갖는데 실패함으로써 다시 아이에게 문제가 발생하게 되는 상호작용 과정이 이후에 계속된다. 이와 같이 아이의 행동이 타인으로부터 독특한 반응을 불러 일으키게 되는 유발적 상호작용은 반사회적 스타일을 조장하고 일생을 통해 그 연속성을 유지하게 하는데 중요한 역할을 한다.

반사회적 행동의 지속

반사회적 행동이 지속되는 기제로는 (1) 누적적 연속성(cumulative

continuity), (2) 동시대적 연속성(contemporary continuity), (3) 변화를 위한 선택의 좁아짐 등을 들 수 있다. 누적적 연속성은 생애초기의 개인차에서 출발하여 어떤 경로를 밟아 계속 누적되어 현재의 차이에 이르게 되는 것을 의미한다. 반사회적 행동의 경우, 아동기의 잦은 분노폭발 → 청년기의 학업부진 → 중년기의 낮은 직업적 위상으로 이어지는 것이 한 예이다. 동시대적 연속성은 과도하게 높은 활동수준이나 짜증, 낮은 자기 통제력, 낮은 인지능력 등 아동기에 문제가 되던 것과 똑같은 기저의 특징들이 성인기까지 계속되는 것을 가리킨다. 마지막으로 생애 초기에 시작된 인과적 연쇄는 누적적, 동시대적 연속성의 속박에 의해 지배된다. 그 결과, 생애지속적인 반사회적 개인은 대안적인 친사회적 행동 레퍼토리를 학습할 기회가 거의 주어지지 않는다. 이렇게 다른 행동의 선택의 폭이 제한된다는 것이 반사회적 행동이 지속되게 되는 주요한 원인 중의 하나이다. 또한 반사회적 행동의 결과(10대의 임신, 마약이나 알콜 중독, 퇴학, 감옥생활) 때문에 누적적 연속성을 깰 기회를 없앰으로써 이후의 삶의 성공 가능성도 사라지게 된다. 또한 생애 초기에 붙은 범죄자라는 오명은 이후 수입이 좋은 직장, 고등교육, 좋은 사람과의 결혼 등의 기회를 제한할 수 있다. 그러므로 누적적 연속성이 이미 상당히 진행된 후에 뒤늦게 시작되는 개입은 큰 실효를 거두지 못한다.

정신병리로서의 생애지속적 반사회적 행동

생애지속적 반사회적 행동은 희소성, 시간과 상황에 걸친 강한 안정성, 신경계의 기능장애, 다른 정신장애와의 관련성 등 정신병리의 조건들을 갖추고 있다. 남성의 약 5%가 생애지속적인 반사회적 유형으로 분류될 수 있는데 이는 이상성(abnormality)의 통계적 정의와 일치한다. 또한 이들은 오히려 불리하고 부적절한 경우에도 반사회적 행동을 보이는데 이처럼 변화하는 상황에 맞추어 유연하게 반응을 변화시킬 수 없다는 점에서 부적응적이다. 이들은 앞에서 언급했듯이 신경계의 미세한 기능장애를 보이는 생물학적 기초를 갖고 있다. 마지막으로, 반사회적 성격장애를 지닌 성인의 90%가 적어도 하나 이상의 부가적 정신과 진단을 지니고 있었다.

청소년기에 국한된 반사회적 행동

청소년기에 국한된 반사회적 행동이란, 아동기에 반사회적 행동의 과거력이 없고, 성인기에도 반사회적 행동을 거의 보이지 않는, 청소년기에 국한된 반사회적 행동을 지칭한다. 몇몇 연구들에 의하면 4/5에 해당하는 남자들이 생애에 한번 이상 경찰에 입건된 경험이 있고 이러한 경험의 대부분은 청소년기에 일어난 것이라고 한다.

생애지속적인 반사회적 행동과의 차이

1. 시간적 비안정성: 청소년기에 갑자기 비행을 시작했다가 초기 성인기에 갑자기 비행에서 완전히 손을 떼는 식으로 변화가 갑작스럽고 연속성이 없다.

2. 범상황적 비일관성: 짧은 범죄 경력 사이에 드문드문 범죄없는 기간이 있고, 상황에 따른 반사회적 행동의 일관성이 없다. 예를 들어 상점에서 물건을 훔치고 친구들끼리 마약을 하지만 학교 교칙은 잘 지킨다든지.

3. 유동성: 비행행동에서 시간적인 안정성이나 상황적인 일관성을 보이지 않는 것으로 보아 이들의 일탈적인 생활양식은 강화와 처벌의 유관성의 통제하에 있는 것 같다. 즉 반사회적 행동이 더 유리하면 반사회적 행동을 하고, 친사회적 행동이 더 유리하면 친사회적 행동을 하는 등 이들의 행동은 상황의 변화에 따라 융통성이 있으며 변화 가능하다.

반사회적 행동의 시작

1. 동기: 생물학적 성숙과 사회적 성숙간의 시간적 격차가 동기로 작용한다. 생물학적으로는 이른 나이에 성숙하여 성인과 같아지지만 결혼, 경제적인 독립과 같은 사회적인 성숙은 지연된다. 이러한 성숙의 격차가 불편감을 낳고 이러한 불편감이 동기가 되어 비행의 방식으로 대처하는 사회적 참조집단에 가담하게 되는 것이다.

2. 모방: 생애지속적인 반사회적 모델로부터 비행을 학습한다. 생애지속적인 반사회적 행동자들은 아동기에 반사회적 행동 때문에 또래 사회구조의 주변에 위치했으나 청소년기에 영향력있는 위치로 이동하게 된다. 청소년들은 자신의 성숙을 입증하고 싶은 욕구 때문에 이들 생애지속적인 반사회적 개인들의 비행을 모방하는 것이다.

3. 강화: 강화의 원리에 의해 지배된다. 청소년기의 반사회적 행동은 부적 결과를 통해 오히려 강화된다. 즉 어른들의 질책이나 처벌은 오히려 독립성의 확인으로서 좋은 강화요인이 된다. 그 밖에도 나이들어 보이는 것, 또래집단의 인정 등이 중요한 강화요인으로 작용한다.

반사회적 행동의 중단

청소년기에 국한된 반사회적 비행자들이 비행을 그만두게 되는 것은 변화하는 강화결과에 적응적으로 반응하기 때문이다. 즉, 동기적 기제와 학습기제가 비행을 촉발시키고 유지시킨다면 그에 수반되는 사건들의 변화는 비행을 소거할 수 있다.

우선 동기의 감소와 유관관계의 변화를 들 수 있다. 10대들도 나이가 들어감에 따라 보다 합법적이고 실질적인 성인의 역할을 할 기회를 갖게 되기 때문에 청소년기에 국한된 비행청소년들도 점차로 성숙의 격차로 인한 비행동기가 감소함을 경험하게 된다. 게다가 어른이 되어 10대 때 동경했던 특권을 갖게 되면서 범법행동의 결과는 보상적인 것에서 처벌적인 것으로 바뀌게 된다.

다음으로 변화에 대한 선택의 자유를 들 수 있다. 비행청소년들의 반사회적 행동은 고등학교 졸업, 군 입대, 결혼, 이사, 취직 등과 함께 감소한다. 이는 성인의 역할과 범죄 중단의 관련성을 보여준다고 할 수 있다. 그렇다면 무엇이 청소년기에 국한된 비행청소년으로 하여금 비행을 그만둘 수 있도록 하는 것일까?

생애지속적인 비행자들과 달리 청소년기에 국한된 비행자들은 상대적으로 누적적 연속성과 동시대적 연속성의 영향을 덜 받는다. 우선 반사회적 행동의 오랜 과거력이 없다면 누적적 연속성의 힘을 축적할 시간이 많지 않을 것이다. 청소년기에 국한된 비행자의 경우 비행에 물들기 이전에 기본적인 학업기술과 친사회적 레퍼토리를 발달시키기에 충분한 기간을 가졌기 때문에 이때 습득한 사회기술과 학업성취 덕분에 그들은 이후 재교육, 좋은 결혼, 바람직

그림 10.3 시대별 영국남성들의 연령과 범죄의 관계

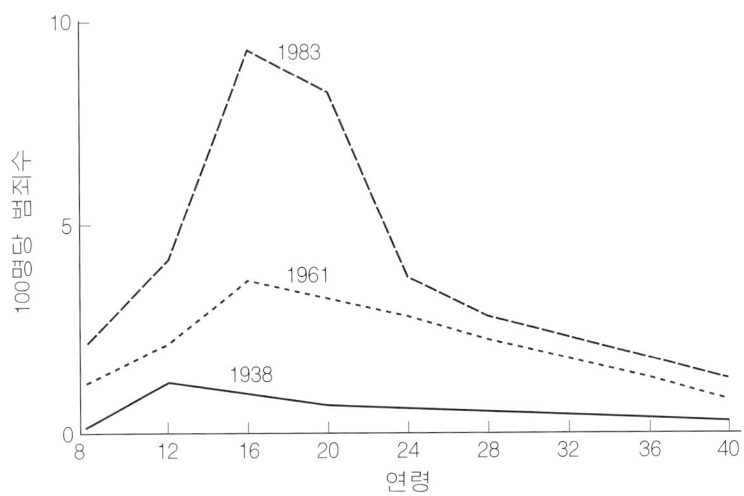

주: 도표는 1938, 1961, 1983년 각각에 발생한 영국남성들의 100명당 범죄수를 표시한다.
출처: Farrington, 1986

한 직업 등에 적합한 사람이 될 수 있다. 이처럼 범죄에 대한 대안이 있는지에 따라 범죄를 그만두는 시기에서 차이를 보인다. 그리고 생애지속적인 비행자와 반대로 청소년기에 국한된 비행자의 비행에서는 성격장애와 인지적 결손이 어떤 역할도 하지 않는다. 결과적으로 청소년기에 국한된 비행자는 동시대적 연속성의 영향을 받지 않을 수 있다.

성인기 초기로 진입하는 교차로에서 생애지속적인 비행자와 청소년기에 국한된 비행자는 서로 다른 길로 향한다. 이는 청소년기에 국한된 비행자의 발달사와 개인적인 특질이 새로운 삶의 경로를 탐색할 선택의 자유를 허용해 주기 때문이다. 반면에 생애지속적인 비행자의 발달사와 특질은 그들의 선택의 자유를 봉쇄시키고 반사회적인 경로에 가둔다.

청소년기에 국한된 비행은 근대화의 부산물이고, 성숙격차에 대한 청소년기의 적응으로 추정된다. 이 이론을 지지하는 증거로 연령에 따른 범죄 곡선이 현대에 가까울수록 보다 뾰족해지고(그림 10.3 참조), 동시대라도 산업화 이전의 국가들은 산업화된 국가들에 비해 덜 뾰족한 것으로 나타났다.

정상적 적응으로서의 반사회적 행동

청소년기에 국한된 반사회적 행동은 병리적 행동이 아니고 오히려 적응적 사회행동으로 간주될 수 있다. 앞에서 생애지속적 반사회적 행동이 유해하고 집요한 정신병리의 한 유형을 표상했던 것과 달리 청소년기에 국한된 반사회적 행동은 발생률이 높아서 비정상적이라기 보다는 표준적이며, 경직되고 안정된 것이라기 보다는 유동적이고 적응적이다. 이는 생물학적 성숙과 사회적 성숙간의 커져가는 격차에 대처하려는 최선의 노력으로서 다른 정신장애와의 관련성은 발견되지 않는다.

공격행동과 비공격행동을 매개하는 정서: 분노 대 슬픔

분노와 슬픔은 다같은 부적 정서이며 우울증에서 보듯이 흔히 서로 섞여서 나타난다. 그러나 동시에 두 정서는 상이한 선행사건의 평가에서 비롯되며, 그 결과에 있어서도 뚜렷한 차이를 보인다. 분노는 주로 자존감에 상처를 입었을 때 유발되고, 슬픔은 돌이키기 어려운 상실에 대한 정서적 반응으로 나타난다. 두 정서는 후속 행동에서도 차이를 가져온다. 분노가 공격행동을 촉진시키는데 반해, 슬픔은 공격충동을 억제하고 자신을 돌이켜보거나 친구에게 정서적 지원을 구하는 행동으로 이어진다. 두 정서 모두 적응적 기능과 부적응적 기능을 갖고 있으며, 문화에 따라 분노와 슬픔의 각각에 대한 강조와 억제에서 차이를 보인다.

분노와 슬픔의 기능

분노의 기능

분노의 적응적 기능으로는, (1) 자기방어와 과제의 숙달에 관련된 내적인 생리적 심리적 과정을 조직화하고 조절하는 기능과 (2) 사회적, 대인관계적 행동을 조절하는 사회적 신호의 기능 등을 들 수 있다. 분노는 필요한 경우에(전투, 경쟁, 과제수행 등의 상황에서) 행동에 활력을 주고 행동을 조직화시키는 기능을 한다. 또한 분노를 표현함으로써 대인관계 조정의 필요성을 알리기도 한다. 흔히 부부관계를 해치는 감정으로 분노를 거론하지만, 분노는 부부관계의 조정이 필요하다는 신호를 상대방에게 보내는 것으로서 관계개선을 위한 노력의 시발점이 될 수 있다. 부부관계를 정말로 해치는 것은 상대방에 대한 경멸이다.

분노의 비적응적 기능으로는, (1) 분노의 조절과 표현에서 문제가 있으면 사회적 상호작용의 실패(예: 왜곡되거나 복잡성 수준이 낮은 사회적 정보처리, 대인관계의 손상, 따돌림 등)를 가져오고, (2) 분노의 조절에 실패하면 부적응적 내적 조절로 이어져서 정신병리와 신체적 질병(예: 심장병)을 발달시킨다.

슬픔의 기능

슬픔의 적응적 기능으로는 (1) 자기에게로 주의를 집중하는 기능과 (2) 도움이 필요하다는 신호를 보내는 기능을 들 수 있다. 슬픔의 자기주의 기능을 설명하면 다음과 같다. 분노가 외부원인이나 좌절에 주의를 기울이는 것과 달리 슬픔은 목표를 달성하지 못한 자기에게 초점을 맞춘다. 그 결과 얼마나 일들이 잘 진행되어가는지에 대한 피드백을 제공함으로써 자신의 목표추구에 보다 효과적으로 주의하도록 하고, 또한 외부에 대한 감소된 주의는 에너지를 보존하고 개인이 문제를 해결하는데 집중하도록 해준다. 분노가 대상정서(it-emotion)라면 슬픔은 자기정서(me-emotion)인 것이다. 또한 슬픔은 도움이 필요하다는 신호로서 동정과 도움행동을 유발하는 기능을 한다.

슬픔의 비적응적 기능으로는 (1) 수동성과 (2) 슬픔의 조절실패로 인한 정신 신체적 질병을 들 수 있다. 슬픔과 분노의 영향을 비교한 실험(Lewis et al., 1992)에서 학습과제의 소거기간 중 분노를 경험한 아이들은 재학습시 흥미수준과 즐거운 얼굴표정 및 과제수행의 지표에서 높았으나(숙달지향), 슬픔을 경험한 아이들은 재학습시 이들 지표에서 낮았다. 즉 사건에 대한 반응에서 분노성향인 사람들은 숙달지향적(mastery oriented)이고 슬픔성향인 사람들은 철수지향적(withdrawal oriented)으로 대비될 수 있다. 또한 슬픔의 조절에 실패하면 정신병리(예: 우울, 자살)와 신체적 질병(예: 암, 면역체계의 약화 등)을 발달시킬 수도 있다.

분노중심 문화와 슬픔중심 문화

세상에는 부적 사건을 분노로 처리하는 문화와 슬픔으로 처리하는 문화의 두 유형이 있다. 각각의 예를 들어보자.

슬픔의 가치를 존중하는 문화

슬픔은 순수하게 부정적인 정서는 아니고 즐거움이나 자랑스러움도 함축하며, 인간을 겸손하고 깊이있게 만드는 정서로 여러 문화권에서 존중된다. 또한 향수(nostalgia)와 같은 혼합된 정서는 '즐거운 슬픔'으로 경험된다. 아래에 슬픔의 가치를 존중하는 문화들의 예를 소개한다.

1. Ifaluk족의 fago: 인류학자 Lutz(1988)의 보고에 따르면 남태평양의 작은 산호섬에 사는 Ifaluk족은 fago라고 불리는 독특한 정서를 매우 존중한다고 한다. fago는 연민/사랑/슬픔(compassion/love/sadness)이 혼합된 정서로서 다른 사람의 고통에 접했을 때 느끼는 정서이며, 관대함 및 성숙함과 관련된다. Ifaluk족에게 fago를 느낄 수 있는 능력은 힘을 의미하며, fago를 보이는 것은 좋은 사람임을 드러내는 것이라고 한다.

2. 17-18세기의 영국과 미국에서는 어려움에 직면했을 때의 슬픔을 인내, 지혜, 겸손과 연결하고 슬픔을 가치있는 정서로 간주하였다.

3. 많은 아시아 사회에서 슬픔은 가치있는 정서로 간주되어왔다. 슬픔은 구원의 길로 향하는 것과 관련된 것으로 간주되었고, 이란이나 스리랑카에서는 슬픔을 느끼는 능력을 사람됨의 깊이와 관련시켰다.

분노의 가치를 존중하는 문화

호전적인 문화에서는 슬픔을 수동성과 무력감을 조장하는 유해한 정서로 간주하여 배척하고, 공격성과 적극성을 촉진시키는 정서인 분노를 높이 평가한다. 아래에 분노의 가치를 존중하는 문화들의 예를 소개한다.

1. 필리핀의 Illongot족은 마음이 무겁게 느껴지거나, 비탄과 연합된 우울과 비슷한 기분을 느끼게 되면 머리사냥(head hunting)을 통하여 치유하는 풍습을 지니고 있다.

2. 뉴기니아의 Kaluli족은 상실과 같은 사건에 대해 슬퍼하는 대신 분노를 표현한다. 이들에게는 수동적 슬픔에 대한 단어가 존재하지 않는다.

3. 아랍의 Bedouin족은 슬픔이 나약함이나 취약함을 의미하고, 아이나 여성에게 해당되는 것으로 간주한다. 남성은 상실에 대해서 분노로 대응한다. 자신을 슬프게 놓아두는 것은 통제의 상실을 의미하는 반면 분노는 자신을 유지시킨다고 생각한다. 슬픔을 묘사하는데 죽음, 병, 무감각 등 은유를 사용함으로써 간접적으로 표현한다.

특정 문화에서 슬픔과 공격의 관계

Stearns(1993)에 의하면, 슬픔에 대한 승인과 가치판단은 (1) 그 사회의 공격성에 대한 태도, (2) 개인 대 집단의 책임에 대한 태도, (3) 활동성 대 수동성에 대한 태도와 관련된다고 한다.

대부분의 전통사회에서 슬픔이 초래하는 수동성은 경계대상이다. 이와같이 수동성의 위험을 인식하는 전통사회들 중 공격성에 대한 관용수준이 높은 사회에서는 슬픔을 공격으로 치환하고(위의 Illongot, Kaluli, Bedouin족 등), 반면에 공격성에 대한 관용수준이 낮은 사회에서는 슬픔에 해당하는 단어를 갖지 않는 방식으로 해결한다(Tahiti인, Inuit족 등). 전자가 슬픔에 대해서 억제(suppression)로 대처한다면, 후자는 억압(repression)을 사용하는 것으로 볼 수 있다.

현대사회는 어떠한가? 현대산업사회는 절제된 공격성의 문화라고 볼 수 있다. 즉, 합법적 공격성에 대해서는 관용을 보이고, 수동성은 비판하며, 집단보다는 개인의 책임을 강조한다. 우리나라의 경우 슬픔의 문화에서 분노의 문화로, 수동성의 문화에서 공격성의 문화로 이행해가고 있다는 느낌을 받는다. 새로운 산업사회의 공격적 문화가 개인과 사회에 활력을 주고 경쟁력을 제고시키는 장점이 있는 반면, 개인과 사회 모두 부드러움과 따뜻함, 그리고 감정과 사고의 깊이를 상실해가고 있는 것도 사실이다.

공격성과 관련된 주요 논제들

공격성의 성차

공격성의 성차에 관한 많은 연구들이 일관성 있게 남성이 여성보다 공격적이라는 결과를 제시하고 있다. 남성은 여성보다 더 다양한 상황에서 더 다양한 방법을 사용해 공격을 했고, 신체적 공격뿐 아니라 언어적 공격도 여성보다 더 높았다(Maccoby & Jacklin, 1974). 그러나 일부 연구자들은 공격성에서의 성차는 감소되고 있는 추세이며, 보는 사람이 없거나 집단적으로 공격행동을 하는 상황, 그리고 공격행동에 대한 책임을 전가할 대상이 있는 경우에는 여성도 남성 못지않게 공격적이라고 주장한다(예: Frodi, Macaulay, & Thome, 1977). 여성도 남성과 마찬가지로 공격적 잠재력을 갖고 있으나 사회적 규범 때문에 표현을 억제하고 있을 뿐이라는 것이다. 또한 여성과 남성의 공격성의 표현방식이 다르다는 주장도 있다. 남성이 공격성을 직접적으로 표현하는데 비해 여성의 공격성 표현은 간접적이라는 것이다. 예를 들면, 소년들이 공격성을 욕하거나 때리거나 차는 행동으로 표현하는데 비해 소녀들은 뒤에서 흉을 보거나 샐쭉하거나 따돌리는 행동으로 표현하곤 한다(Lagerspetz et al., 1988).

대부분의 연구자들은 공격성에서의 성차를 성역할에 관한 사회적 학습 때문으로 돌린다. 많은 사회에서 여성보다 남성이 더 공격적일 것을 기대하고, 이러한 고정관념에 적합한 행동을 보상과 처벌을 통하여 강화한다는 것이다. 그러나 사회적 학습이 전부는 아니라는 주장도 있다. Maccoby와 Jacklin(1980)은, 그들이 연구했던 모든 사회에서 소년들이 소녀들보다 더 공격적이었고, 공격성의 성차가 사회적인 학습을 시작하기 이전인 3세 이전에도 나타난다고 주장했다. 그 밖에도 이들은 인간이하의 영장류에서도 수컷이 더 공격적이며 남성 호르몬의 수준에 따라서 공격행동의 양상이 달라진다는 결과를 제시하며 생물학적 요인을 무시할 수 없음을 주장하였다.

공격성과 문화

공격성은 문화에 따라 차이를 보인다. 대체로 자연환경이 척박해서 생존이 어려운 지역에 사는 사람들이 자연환경이 풍요한 지역에 사는 사람들보다 더 높은 공격성을 보인다. 역사적으로 유목민족들이 농경민족들보다 더 공격적이었던 것도 생존을 위한 필요 때문인 것으로 보인다. 가을만 되면 먹을 것이 부족한 북방의 유목민족들이 만리장성을 넘어 중국을 약탈한 것은 역사적으로 잘 알려진 사실이다. 반면에 농경민족들은 농산물의 생산을 극대화하기 위해서 협동과 질서가 무엇보다도 필요하기 때문에 공격성을 되도록 억제하는 문화를 만들어왔다. 앞에서 분노와 슬픔의 조절을 통해서 각 문화가 공격성과 수동성을 조절하는 방식을 소개한 바 있다.

집합주의 문화와 개인주의 문화를 비교하는 것도 흥미롭다. 집합주의 문화에서는 집단내 공격성을 엄격하게 통제하는데 반해 개인주의 문화에서는 어느 정도 허용적이다. 오늘날 서구화의 결과로 우리나라를 비롯한 많은 집합주의 문화들이 개인주의 문화로 이행해가고 있는 과정에 있다. 집합주의 문화의 특성인 유대와 협동의 정신은 많이 실종되었고, 그 자리에 경쟁의 정신이 들어서고 있다. 경쟁은 비폭력적이며 합법적인 행동으로서 현대 개인주의 사회에서 권장되는 덕목이지만 공격성의 다양한 모습 중의 하나이기도 하다.

대중매체의 폭력물을 둘러싼 논쟁

영화와 TV 등 대중매체를 폭력물이 점령한 것은 어제 오늘이 아니다. 영화에서 성과 폭력은 흥행성공의 2대 요소이며 TV에서도 마찬가지다. 최근 '친구' 로부터 시작된 소위 조폭(조직 폭력배) 영화의 엄청난 성공을 보면서 이 영화들의 성공에는 다른 요소들도 있었겠지만 만약 폭력장면들을 모두 없앴더라도(혹은 좀 더 강도를 낮추었더라도) 그렇게 성공했을까 하는 생각을 했다. 그만큼 사람들은 폭력물을 좋아한다.

대중매체의 폭력이 아무리 극성스러워도 영화관이나 브라운관 앞에서 끝나고 사회에 아무런 영향도 없다면 규제할 이유가 없다. 그러나 많은 사람들이 대중매체의 폭력이 사회에서의 공격행동의 증가와 관계를 갖고 있다고 주장한다. 심리학에서는 두 가지 상반되는 가설이 이 논쟁에 개입하고 있다. 하나는 정화가설이고 다른 하나는 모델링 가설이다.

정화가설에서는 대중매체의 폭력물이 오히려 공격성을 감소시킨다고 주장한다. 앞에서 소개했듯이 정화가설에서는 공격성을 추동으로 간주하기 때문에 폭력물의 시청과 같은 대리적 공격행동은 공격추동을 감소시키고 따라서 공격행동의 감소를 가져온다는 것이다. 한동안 정화가설은 대중매체의 폭력을 정당화시키기 위한 논리적 근거로 대중매체 제작자들에 의해서 많이 인용되어 왔다. 그러나 심리학에서 추동이론에 대한 관심이 쇠퇴하면서 정화가설도 힘을 잃었다.

모델링 가설에서는 대중매체의 폭력물이 모델링 효과 때문에 청소년들의 공격성을 증가시킨다고 주장한다. 청소년들은 공격행동을 하는 모델과 동일시함으로써 공격행동을 학습하고, 공격의 다양한 방식에 대한 지식을 습득하며, 공격행동에 대한 억제심리로부터 벗어난다(탈억제). 학습과 수행을 구분하는 사회학습 이론에 따르면, 비록 폭력물을 시청한 청소년들이 당장 공격행동을 수행하지 않더라도 언젠가 적절한 조건이 주어지고 보상이 기대되면 이전에 학습한 공격행동을 수행할 것이라고 본다. 실제로 Bandura의 연구(1973)에서 모델의 공격행동을 관찰한 아동들은 그렇지 않은 아동들보다 공격행동의 증가를 보였다. 또한 모델이 자신과 유사할수록, 그리고 모델의 공격행동이 보상을 받았을 때 공격행동의 증가가 더 컸다. 오늘날 대부분의 시민단체들과 학자들은 모델링 가설에 의거해서 대중매체의 폭력물을 규제할 것을 주장한다.

이러한 논쟁의 현실적 중요성 때문에 대중매체, 특히 TV의 폭력물 시청의 효과를 검증하는 연구들이 쏟아져나왔다. 많은 연구들이 청소년들을 대상으로 TV 시청의 습관이나 선호에 관한 자기보고와 역시 자기보고된 공격성의 관계를 조사했는데 대체로 .10-.20에 이르는 상관관계를 보였다(Freedman, 1984). 그러나 이러한 연구들은 인과관계의 방향에 대한 논쟁을 불러 일으킬 수 있다. 왜냐하면 이미 공격적인 청소년들이 폭력물을 더 많이 보는 경향이 있다고 해석할 수도 있기 때문이다. 이러한 단점을 보완하기 위해서 공격행동을 자기보고가 아닌 동료들의 평정을 사용하여 조사하고, TV 시청 습관을 조사한 후 몇 년이 지난 뒤에 공격행동을 조사한 연구들(Eron et al., 1972; Huesmann, 1982)에서도 작지만 유의미한 상관(.20 내외)이 발견되었다. 그러나 TV의 폭력물 시청과 공격행동의 증가 사이에 유의미한 관계를 보이지 않은 연구들도 많다(예: Feshbach & Singer, 1971). 실험실이 아닌 삶의 현장에서는 수많은 요인들(범죄환경, 빈곤, 마약이나 알코올, 처벌의 두려움 등)이 공격행동에 관여한다. TV의 폭력물 시청은 이것들과 비교해 볼 때 미미한 영향에 불과할 수도 있기 때문에 현장연구에서 높은 상관을 기대하기는 어렵다.

오늘날 대부분의 학자들은 대중매체의 폭력이 공격행동을 자극할 수 있다는데 동의하고 있다. 그러나 사람들이 영화나 TV에서 폭력장면을 보고싶어하는 한 폭력물을 추방하는 것은 기대할 수 없는 일이다. 영상물의 엄격한 등급판정, 과도하게 잔인한 폭력장면과 폭력의 미화에 대한 규제 등에 의존해서 청소년에게 미치는 악영향을 최소화하는데 노력을 집중할 수밖에 없다.

공격성 감소의 방안

이 장을 쓰고 있는 중에 공교롭게도 미국의 세계무역센터와 국방성건물에 대한 여객기 테러가 자행되어 5천명 이상이 목숨을 잃었다. TV에서는 하루종일 뉴욕과 워싱턴의 아수라장이 된 현장을 보여주면서 미국이 곧 테러리스트에 대한 대규모 보복을 계획하고 있다는 소식을 전한다. 호메로스가 그리스와 트로이의 전쟁을 읊은 지 3천년이 지났는데도 인류는 여전히 전쟁의 악몽에서 벗어나지 못한다. 전쟁이 일어나면 또 얼마나 무고한 사람들이 생명을 잃게 될지 모르는데 도대체 그 동안 인류가 쌓아올린 문명이 무엇을 의미했는지 허망할 따름이다. 짧지 않은 인류의 역사에서 평화를 향한 노력이 결코 적지 않았음을 생각하면서 도대체 인류의 이 끈질긴 공격성을 없앨 방안이 있을지 난감한 생각이 든다.

심리학의 지식을 원용한다면 공격성을 감소하기 위한 방안으로 다음 세 가지를 거론할 수 있을 것이다. 첫째, 공격행동이 보상보다 처벌을 가져온다는 것을 인식시키는 방법이다. 지금 미국이 테러리즘에 대해서 취하고 있는 행동이 바로 공격에 대한 보복의 무서움을 깨닫게 해주는 것이다. 사형제도도 이와 관련해서 생각해 볼 수 있다. 사형제도의 필요성을 주장하는 사람들은 사형이 강력범죄에 대한 확실한 대응책이라고 주장하지만 연구자들은 처벌의 강도보다는 확실히 처벌을 받는다는 신념이 범죄예방에 더 중요하다는 증거를 제시하고 있다. 더욱이 보복이나 처벌에의 의존은 무고한 희생자들을 낳을 우려가 있고 또한 보복의 악순환으로 공격행동의 수준을 더욱 상승시키는 결과를 가져오기 십상이다. 이스라엘과 팔레스타인의 해묵은 갈등이 이에 대한 증거이다. 그러므로 공격행동에 대한 처벌은 필요하지만, 처벌의 강도에 초점을 맞추기보다는 확실하고 공정한 처벌에 초점을 맞추어야 한다.

둘째, 욕구좌절이 공격행동의 주된 원인이라는 점에서 좌절을 발생시키는 사회적 요인들을 제거하는 방법이 있다. 빈곤이나 상대적 박탈감, 차별 등이 좌절의 주요 원인으로 열거되곤 한다. 이 방안은 공격행동의 원인을 제거한다는 점에서 상당히 이상적인 방안으로 생각된다. 그러나 복지국가의 건설이 쉽지 않다는데 고민이 있다. 절대적인 빈곤은 어느 정도 해결이 가능하지만 상대적 박탈감이나 차별의 문제는 쉽게 해결되지 않는다. 경제가 성장할수록 빈부의 격차는 커지고, 복지정책의 강화는 경제성장의 발목을 잡기 때문이다.

셋째, 개인적인 수준에서 사람들에게 공격충동을 조절함으로써 공격행동을 통제하는 방법을 학습시키는 것이다. 이 방법은 주로 정서적 혹은 충동적 공격자에게 해당되는 것인데 분노의 조절과 주로 관련된다. 그런데 분노를 밖으로 표현하지 않고 안으로 참아내는 것(anger-in)은 신체 및 정신건강에 모두 나쁘다는 증거들이 있다. 가장 좋은 방법은 분노를 유발하는 좌절 경험을 재해석함으로써 분노의 유발을 차단하는 방법이다. 그러나 요즘 세상에서 개인적인 공격성의 억제가 얼마나 살아가는데 도움이 될지 회의적이다. 우리나라의 경우 협동과 질서를 강조하는 농경사회에서 자기주장과 경쟁을 강조하는 후기 산업사회로 이행하면서 공격적인 성격과 태도가 오히려 높이 평가되는 사회가 되었다.

원래 동물에서 공격성은 먹이와 짝을 확보하기 위한 목적 때문에 발달하였다. 인간의 경우도 마찬가지였으리라. 그런데 산업의 발달과 일부일처제로 이러한 기본적인 목적이 어느 정도 달성된 나라에서도 공격성이 기승을 부리고 있음은 무엇 때문일까? 그 이유는 문명사회의 모든 부조리가 공격성과 결합하여 병리적인 공격성으로 변형되었기 때문이다. 원시사회의 건강한 공격성은 문제의 해결에 기여하지만 현대의 병리적 공격성은 문제를 더욱 복잡하게 만들뿐이다. 문명이 지향한 목표중의 하나가 공격성의 감소(법, 제도, 각종 기구, 교육 등이 그 예들임)였음을 생각하면 현대의 공격성의 만연은 역설적인 느낌이 든다.

그러면 어떻게 할까? 문명의 많은 정치, 경제, 사회적인 부조리들을 고쳐나가는 동시에 개인과 개인, 집단과 집단 간에 이해와 공감의 폭을 넓히는 운동을 벌이는 수밖에 없다. 상습적인 범죄자들의 공격행동을 제외한다면 대부분의 공격행동은 주로 타인(혹은 타집단과 타문화)에 대한 이해와 공감의 부족에서 비롯된다. 미국과 이슬람의 갈등도 결국 아랍민족과 이슬람 문화에 대한 미국의 몰이해로부터 비롯되었다고 볼 수밖에 없다. 서로를 알게 되어 입장을 바꾸어 생각하거나 느끼게 되면 공격성은 감소된다. 오늘날 세계화는 경제적으로 많은 문제점을 낳고 있지만 반면에 타문화를 접하는데 좋은 기회를 제공한다. 미국의 TV가 심도있게 아랍인들의 삶을 조명하고 그들의 고통을 부각시킨다면 미국의 아랍에 대한 반감도 감소되고 대 아랍 정책도 변화할 수 있지 않을까?

아마도 21세기 인류의 2대 과제는 자연회복과 공격성 통제의 두 가지일 것이다. 현대인간이 원시인간보다 사악한 것은 아니다. 진화론에서 보면 수만년 전의 인간이나 21세기의 인간이나 비슷한 생리적, 심리적 구조를 갖고 태어난다. 다만 그 동안 인류문명이 자연을 수탈하고 공격을 조장하는 방향으로 달려왔기 때문에 지구도 황폐해지고 인간의 삶도 황폐해진 것이다. 그러므로 문명의 방향을 교정하는 것, 즉 자연회복과 공격성 통제를 최고의 목표로 삼는 운동이 절실한 시점이다. 자연회복과 공격성 통제는 우리와 함께 살아가는 존재들에 대한 존경과 사랑에서 비롯되기 때문에 사실상 같은 정신에 뿌리를 둔 것이다.

요 약

1. 공격행동은 "다른 사람을 (신체적 혹은 언어적으로) 해치려는 의도로 수행된 행동"으로 정의된다. 공격성의 정의에서는 '의도성'을 강조한다. 그러므로 공격적 의도없이 다른 사람을 다치게 한 것은 공격행동이 아니다. 반대로 공격적 의도는 있었으나 실패한 경우에는 공격행동으로 간주된다.
2. 공격행동은 적대감의 표현인 적대적 공격행동과 다른 목표를 성취하기 위하여 도구적으로 공격행동을 선택한 도구적 공격행동으로 구분된다. 또한 반사회적 공격행동과 사회적 선을 명분으로 하는 친사회적 공격행동으로 구분하기도 한다. 역사적으로 친사회적 공격행동이 더 참혹한 결과를 가져온 경우가 많다.
3. 동물행동학자들은 공격성을 종(種)과 개체 보존의 기능을 갖고 있기 때문에 진화된 본능으로 간주한다. Freud는 생의 추동인 리비도와 함께 죽음의 추동인 타나토스의 존재를 가정하여 공격성을 인간에게 가장 중요한 두 가지 본능 중 하나로 생각했다. Dollard 등은 좌절-공격 가설을 통해 욕구좌절이 공격추동을 유발하고, 공격행동을 함으로써 공격추동이 감소한다고 주장했다.
4. 공격성에 영향을 미칠 것으로 생각되는 생물학적 요인들로 체격이나 근육조직과 같은 신체적 조건, 남성 호르몬인 테스토스테론, 시상하부의 특정부위 등이 연구되었다. 공격성의 유전과 발달적 안정성을 시사하는 연구들도

있으나 제한적으로 해석되어야 한다.

5. 학습 이론은 기본적으로 공격성이 추동이나 본능적인 행동이 아니라 다른 많은 행동과 마찬가지로 학습된 행동이라는 입장을 취한다. 고전적 조건형성 이론에서는 공격행동과 특정 자극이 연합되어 차후에 유사한 상황에서 특정 자극이 제시될 경우 공격행동이 유발된다고 설명하고, 조작적 조건형성 이론에서는 공격행동이 강화에 의해서 학습된다고 주장한다. 사회 학습 이론에서는 공격성이 주로 관찰과 모방을 통해 학습된다고 주장한다
6. 타인의 공격행동을 관찰하거나 직접적으로 공격행동을 하면 공격추동이 감소되어 공격행동의 경향이 감소된다고 하는 정화가설과 공격행동의 수행은 공격행동의 경향을 증가시킨다는 사회학습 이론 사이의 논쟁으로 정화 가설을 검증하기 위한 많은 연구들이 수행되었다. 현재까지의 연구결과들은 정화 가설을 경험적으로 지지하지 않는 것으로 나타났다.
7. 사회인지적 관점에서는 공격성과 관련해서 사고, 기억, 해석과 같은 사회인지적 변인들의 역할에 초점을 맞춘다. Dodge는 사회적 정보처리가 정보탐색, 해석, 반응탐색, 반응결정, 반응산출의 다섯 단계를 거쳐 진행되며, 각 단계에서 정보처리의 부적절함에 의해서 공격행동이 나타난다고 보았다. Mischel은 공격적인 사람들이 인지 사회적 개인변인들(개인적 구성개념과 부호화 방략, 목표, 기대, 능력, 자기조절 체계)에서 덜 공격적인 사람들과 다르다고 주장했다. 사회인지 이론가들은 이 밖에 자기규준의 망각이나 책임의 분산, 비인격화 등을 공격성을 높이는 요인들로 간주한다.
8. 공격성 또는 분노 성향을 안정적인 성격특질로 간주하여 이를 측정할 수 있는 척도들이 개발되었다. 또한 공격성의 종단적 안정성과 유전성을 부분적으로 시사하는 연구들도 있다. 공격적 성격은 (1) 지각된 위협과 도발에 대한 민감성, (2) 보편적인 적대적 태도, (3) 강렬한 분노를 경험하는 경향성, (4) 공격행동을 표출하는 성향 등의 특징을 갖는 것으로 밝혀졌다. 또한 생애지속적인 반사회적 행동과 청소년기에 국한된 반사회적 행동을 구분해야 한다는 주장이 제기되었다.
9. 공격성의 성차에 관한 많은 연구들이 일관성있게 남성이 여성보다 공격적이라는 사실을 보여준다. 그러나 일부 연구자들은 공격성에서의 성차는 감소되고 있는 추세이며, 보는 사람이 없거나 집단적으로 공격행동을 하는 상황, 그리고 공격행동에 대한 책임을 전가할 대상이 있는 경우에는 여성도 남성 못지 않게 공격적이라고 주장한다. 공격성은 지역, 자연환경, 문화적

특성에 따라 차이를 보이기도 한다.

10. 오늘날 대부분의 학자들은 대중매체의 폭력이 공격행동을 자극할 수 있다는데 동의하고 있다. 그러나 사람들이 영화나 TV에서 폭력장면을 보고싶어 하는 한 폭력물을 추방하는 것은 기대할 수 없는 일이다. 영상물의 엄격한 등급판정, 과도하게 잔인한 폭력장면과 폭력의 미화에 대한 규제 등에 의존해서 청소년에 대한 악영향을 최소화하는데 노력을 집중할 수밖에 없다.

관련된 책 소개

Lorenz의 '공격성에 관하여' (송준만 옮김, 이화여대 출판부)를 읽을 것을 권한다. 노벨상을 수상한 저자가 동물행동학의 관점에서 인간의 공격성을 타 동물과 비교함으로써 신선한 충격을 준 책이다. 그 밖에 '일리아드' (호메로스 지음), '전쟁과 평화' (톨스토이 지음), '누구를 위하여 종은 울리나' (헤밍웨이 지음), '젊은 사자들' (어윈 쇼 지음), '나자와 사자' (노만 메일러 지음), '로마인 이야기' (시오노 나나미 지음, 한길사) 등 전쟁을 배경으로 한 작품들도 공격성을 비롯한 인간심리의 폭넓고 깊은 이해에 도움이 될 것이다.

제 11 장

성, 애착, 사랑

로댕, 〈입맞춤〉 1888
입맞춤이야말로 성과 애착과 사랑이 모두 참여하는 행위이다.

성, 애착, 사랑

"冬至(동지)ㅅ달 기나긴 밤을 한 허리를 버혀내여
春風(춘풍) 니불 아래 서리서리 너헛다가
어론님 오신 날 밤이여든 구뷔구뷔 펴리라."

—황진이, 青丘永言(戀情)—

심리학에서 사랑(love)이 연구되기 시작한 것은 지난 20-30년에 불과하다. 그나마 초기에는 사랑이 과학에 의해서 연구될 수 있는가 그리고 사랑의 연구가 사랑에 대해서 사람들이 품고 있는 아름다운 환상을 파괴하는 것은 아닌가 하는 비판의 목소리가 컸다. 사랑은 전통적으로 경험과학의 영역이라기 보다는 환상, 신화, 예술, 인문학의 영역으로 인식되어 왔기 때문이다. 사랑에 대한 심리학적 연구가 사랑에 대한 환상을 파괴했는지 아직 알 수가 없다. 아직은 사랑의 연구가 인간의 달 착륙과 같은 충격을 주지 못했기 때문이다. 그러나 심리학 덕분에 사랑에 대해서 좀 더 깊게 알게 된 것은 사실이다.

사랑은 대단히 다채롭고 복잡한 현상이기 때문에 다양한 접근이 가능하고 또한 어떤 접근도 그 일부만을 설명할 수 있을 따름이다. 심리학에서는 주로 사랑의 사회심리학적 면들이 조명되어왔다. 그러나 사랑의 현상적 면과 더불어 사랑의 기원이 무엇인가를 탐색하는 것도 사랑이 무엇인가를 밝히는데 대단히 중요할 것이다. 여기서는 사랑의 기원을 성과 애착에서 찾아보려고 한다. 성과 애착은 자손의 번식과 보존에 필수적인 생물학적 현상인 동시에 개인에 따라 차이를 보이는 심리학적 현상이기도 하다. 사랑은 성(sexuality)과 애착(attachment)의 요소들이 융합되어 문화 속에서 재탄생한 것으로 간주될 수 있다.

이 장에서는 사랑에 대한 이러한 생각을 따르면서 논의를 진행한다. 이 장은 크게 성, 애착, 사랑의 세 부분으로 구성되어 있다. 성에서는 성의 진화에 초점을 맞추어 성적 동물로서의 인간을 조명하고, 남녀간의 성적 책략의 차이를 규명하며, 더불어 동성애와 이성애의 기제를 탐색한다. 애착에서는 유아애착과 성인애착으로 나누어, 유아애착에서 애착의 개념과 유형 및 발달적 연속성 등을 소개한 뒤, 성인애착 부분에서 성인애착과 낭만적 사랑의 관계를 논의한다. 마지막으로 사랑에서는 사랑을 구성하는 성분, 사랑의 유형, 성격과 사랑, 문화와 사랑 등의 주제를 다룬다.

성(性)

성의 진화

진화론적 관점은 인간의 성에 관하여 우리에게 두 가지 사실을 알려준다. 하나는 인간이 대단히 성적인 동물이라는 것이고, 다른 하나는 남녀간에 성적 책략에서 차이를 보인다는 것이다. 전자는 주로 동물행동학자들에 의해서 제기된 주장이고, 후자는 진화론적 입장을 가진 심리학자들에 의해서 제안되어 온 주장이다. 전자가 인간의 성적 신체구조와 성행동을 다른 동물과 비교함으로써 도출된 결론이라면, 후자는 남녀의 성적 책략을 서로 비교하고 여기서 발견된 차이가 다양한 문화권에서 일관성있게 적용되는지를 확인하는 연구를 통해 가설을 입증하는 방식을 취한다. 두 주장 모두 인간의 성적 행동들이 진화론적 필요에 의해서 발전되어 왔다는 가정에서 출발하고 있다.

성적 동물로서의 인간

최근에 한국에서 번역 출간된 Desmond Morris의 '털없는 원숭이'와 '접촉', Helen Fisher의 '성의 계약' 등 대중적인 인기를 모은 인류학 저술들은 성적 존재로서의 인간의 특성을 부각시키고 있다. 인간이 모든 동물들 중 가장 성적인 동물이라는 주장은 다음과 같은 관찰들에 근거하고 있다.

1. 인간은 언제나 성교가 가능하다고 할만큼 시기에 구애받지 않고 성행동을 보인다. 대부분의 영장류들이 발정기를 갖고 이 시기에만 성교를 하며, 임신기간과 출산 후 새끼를 돌보아야 하는 일정기간 성 행동을 보이지 않는데 비해, 인간은 특별히 발정기를 갖지 않고 항상 성교를 할 수 있으며, 임신이나 육아기간에도 성 행동을 보인다.

2. 인간은 모든 동물들 중에서 성적 기관이 가장 발달된 동물이다. 여자의 잘 발달된 유방과 엉덩이, 신체 크기에 비해 상대적으로 큰 남성의 성기, 애무에 적합한 털없는 피부, 중요한 성감대로서의 입술의 발달 등이 그 예들로 거론된다.

3. 오늘날 인간의 성행동은 생식으로부터 상당한 정도로 독립되어 있다.

원시시대부터 남녀간의 성행동이 쾌락과 친밀감 증진에 공헌하는 정도는 점점 증가되어 왔으며 피임법의 발달이 성행동을 생식과 분리시키는데 결정적인 공헌을 하였다.

4. 인간의 성행위의 다양성과 성적 쾌감의 정도는 다른 동물들의 추종을 불허한다. 또한 인간의 많은 감정들은 성과 관련되어 있다.

5. 인간은 영장류 중에서 드물게 장기적인 배타적 성적 관계를 유지하는 동물들 중의 하나이다.

6. 성은 인류 문화의 핵심 코드로 자리잡아 왔다. 성에 관대한 문화와 엄격한 문화가 있어서 성은 탄압을 받기도 하고 찬양을 받기도 했지만 어느 문화에서나 성이 긍정적이든 부정적이든 관심의 중심에서 벗어난 일은 없었다. 특히 20세기는 성의 시대로 불릴 만큼 성을 주제로 하고 성욕을 자극하며 성적 신호와 상징들로 가득찬 문화를 발전시켰다.

인간이 이와 같이 탁월한 성적 동물로 발전한 이유는 무엇일까? 아마도 인간의 삶에서 성이 갖는 의미가 다른 동물들의 경우보다 더 크고 복합적이기 때문이 아닐까? 동물들은 종간의 경쟁과 종내의 경쟁을 헤쳐나가며 진화해간다. 그런데 대부분의 동물의 경우 종간의 경쟁에서 살아남기 위한 투쟁이 눈물겨울 정도로 치열한데 비해서 인간은 이미 수 만년 전에 종간의 경쟁에서 승리하고 그후에는 주로 종내 경쟁에 몰두할 수 있게 된 것이다. 종내 경쟁이란 영역과 짝을 확보하는 것이다. 그러므로 다른 동물들이 종간의 경쟁에서 살아남기 위한 특성들을 주로 진화시킨 반면 인간은 이성을 성적으로 매혹시키기 위한 특성들(신체특성 및 행동특성들)을 집중적으로 진화시킨 것이다. '성의 계약' 의 저자 Helen Fisher는 오늘날 인간이 보이는 성적 특성들(특히 여성의 성적 특성들)이 오랜 옛날 새끼를 거느린 암컷이 수컷으로부터 먹이를 얻는데 유리하기 때문에 진화되었다고 주장한다.

> "…… 즉, 보다 긴 기간동안 섹스하는 암컷, 임신중에도 섹스하는 암컷, 출산후 즉시 섹스할 수 있는 암컷이 보통 암컷보다 더 많은 고기와 보호를 수컷으로부터 받았고, 그러므로 세대가 흘러감에 따라 자연선택되어 천천히 그 수가 증가해갔다." (p. 108)

유전자의 공유정도에서 인간과 가장 근접한 동물인 피그미 침팬지를 보면 진화와 성의 중요성 간에 높은 상관관계가 있음을 알 수 있다. 다른 일반 침팬지와 달리 피그미 침팬지는 성활동의 면에서도 인간과 매우 닮았다. Kano(1992)의 관찰에 따르면, 피그미 침팬지 암컷은 생식능력이 생기기 훨씬 전(약 5년전)부터 성적 활동이 시작되고, 월경기간의 반이상 동안 성적으로 수용적이며, 새끼를 낳기 한달전과 낳은 후 일년 정도만 성적인 활동을 하지 않는다. 이들은 자신의 사회적 집단의 수컷들과 교미하는데, 어느 숫컷과 교미할 것인가는 암컷이 결정하고, 수컷들은 거절을 순순히 받아들이며, 성과 관련된 공격행동은 관찰되지 않았다. 또한 후면위와 더불어 직면위의 체위도 자주 사용되고, 동성애도 자주 관찰되었다. 그러니까 성활동의 왕성함과 다양성은 인간과 유사하고, 성의 공유, 암컷의 지위, 공격성의 결여 등에서는 인간과 다르다고 보면 된다. 피그미 침팬지의 성생활이 인간의 성생활보다 삶의 질이 높은 것은 아닐까?

한편 다른 동물의 새끼보다 출생 후 자립하기까지 오랜 기간을 소요하는 인간의 자식은 장기적이고 배타적인 어른 수컷의 보호와 먹이의 제공을 필요로 한다. 이런 이유 때문에 암컷과 수컷간에 장기적이고 배타적인 관계가 형성되게 되고 친밀감이 발달한다. 물론 인간의 인지적 능력이 진화에 의해서 제공된 것을 훨씬 뛰어넘는 복잡성과 다양성을 성에 부여하였고, 현대의 성문화는 주로 상업주의와 결부되어 있는 것도 사실이다. 어쨌든 Freud의 범성욕론을 들먹이지 않더라도 우리의 삶의 거의 모든 부분에 성과 관련된 욕구가 은밀하거나 노골적으로 개입되어 있으며, 성이 대부분의 사람들의 삶을 다채롭고 흥미롭게 치장하는 것은 사실이다. 보들레르의 표현을 빌리면, "성은 대중의 서정시"인 것이다.

성적 책략의 남녀차이: 진화론적 관점

부모투자이론과 친자확률이론

최근에 심리적 현상을 진화론적 관점에서 설명하는 심리진화 이론(psychoevolutionary theory)이 등장하였다. 심리진화 이론의 대표적인 학자인 Buss(1991)는 남자와 여자가 성적 책략에서 서로 다름을 지적하고 이 차이를 진화론적 관점에서 설명한다. 남녀의 성적 책략의 차이는 Trivers(1972)가 제안한 부모투자이론(parental investment theory)과 친자확률이론(parenthood probability theory)에 의해서 주로 설명된다. 부모투자란 "한 개별 후손의 생존기회(그러므로 또한 생식의 기회)를 늘리기 위하여 다른 후손에 투자할 능력을 대가로 부모가 하는 모든 투자"로 정의된다(Trivers, 1972, p.139). 부모투자이론에 따르면 여자는 남자보다 부모투자가 더 크다고 한다. 남자에 비해 여자는 더 적은 수의 자식에게 유전자를 전승하기 때문이다. 그 이유는 여자의 경우 한 명의 자식의 생산을 위해서 10개월에 가까운 임신기간을 필요로 할 뿐 아니라 생산이 가능한 연령범위도 남자에 비해 더 작기 때문이다. Trivers는 부모투자와 성적 선택간에 다음과 같은 관련이 있다고 주장하였다. 즉, (1) 부모로서 더 투자하는 성이 짝짓기 상대를 고를 때 더 선택적 · 차별적이고, (2) 후손에 덜 투자하는 성이 상대 성의 가치있는 고(高)투자 성원에 접근하기 위해서 더 열심히 경쟁한다.

또한 친자 확률이론(parenthood probability theory)에 따르면 남자가 여자보다 자신의 자식 여부에 대한 확신이 더 낮다. 여자는 출산의 직접 당사자이지만 남자는 여자가 낳은 자식이 자신의 자식이라는 직접적인 증거가 없는 상태에서 상황적 증거와 외모의 유사성에 의존하여 판단할 수밖에 없기 때문이다.

성적 책략의 남녀 차이

부모투자 개념과 친자확률 개념에 기반을 두고 Buss 등은 짝짓기 책략과 관련된 남녀 차이에 관한 이론인 '성적 책략 이론'(sexual strategies theory: SST)을 제안하였다(Buss & Schmitt, 1993). SST에 따르면 성적 책략과 관련된 남녀 차이는 아래와 같다.

1. 부모로서의 기본적인 투자수준의 차이 때문에 여자가 남자보다 배우자 선별에 더 선택적이고 차별적이다. 앞에서 언급했듯이 여자는 자녀 한명을 낳기 위해서 10개월 가까이 임신하고 낳은 후에도 수년간 수유와 육아에 전념해야 한다. 또한 임신을 할 수 있는 연령범위도 작다. 반면에 남자는 임신의 부담이 없이 여러 명의 여자를 동시에 임신시킬 수 있으며, 수유나 육아의 직접적 부담도 없고, 생식가능한 연령도 여자보다 훨씬 범위가 크다.

2. 남자가 단기적인 관계의 추구에 집중하는데 반해 여자는 장기적인 관계 추구를 선호한다. 남자는 기본적인 부모투자의 수준이 낮기 때문에 단기적인 관계를 통해서 많은 수의 여자를 임신시키는 것이 목표가 된다. 여자는 임신, 수유, 육아 등 장기간의 투자를 해야하기 때문에 자신과 아이의 보호와 지원을 지속적으로 제공할 남자를 찾는 장기적 책략을 선호하게 된다.

3. 남자는 역사적으로 생식의 성공이 다음 네 가지 문제와 관련되어 왔다. 즉, (1) 임신시킬 수 있는 여자의 수, (2) 어떤 여자가 성적으로 접근가능한지 알아내는 문제, (3) 어떤 여자가 임신이 가능한지 알아내는 문제, (4) 헌신과 투자를 최소화하는 문제 등. 이것들은 단기적 짝짓기 책략을 효과적으로 추구하기 위해서 해결해야 할 문제들로 볼 수 있다.

4. 남자가 장기적인 관계를 추구하기 위해서 해결해야 할 문제들은 다음 네 가지이다. (1) 생식의 관점에서 가치있는 여자를 알아내는 문제, (2) 자신의 자식임을 확실하게 보장하는 문제, (3) 양육기술이 훌륭한 여자를 알아내는 문제, (4) 장기간의 배우자관계에 헌신할 용의와 능력이 있는 여자를 알아내는 문제 등.

5. 여자는 역사적으로 생식의 성공이 성적 관계를 맺을 수 있는 남자의 수가 아니라 자신과 아이를 위해서 확보할 수 있는 외적 자원의 양과 질, 그리고 다음으로는 남자의 유전자의 질에 의존해왔다.

6. 여자의 경우 단기적 짝짓기 책략을 효과적으로 추구하기 위해서 해결해야 할 문제들로는 (1) 즉각적으로 자원을 뽑아내는 문제, (2) 장기적 관계를 맺을 짝인가의 여부를 평가하는 문제 등이 있다.

7. 여자가 장기적인 관계를 추구하기 위해서 해결해야 할 문제들은 다음 네 가지이다. 즉, (1) 자신과 자신의 자녀들에게 장기적으로 자원을 투자할 능력을 가진 사람을 알아내는 문제, (2) 자신과 자신의 자녀들에게 장기적으로 자원을 투자할 의사를 보이는 사람을 알아내는 문제, (3) 훌륭한 양육기술을 가진 남자를 알아내는 문제, (4) 장기적 관계를 맺을 의사와 능력이 있는 남자를 알아내는 문제, (5) 공격적인 사람들로부터 자신과 자녀들을 보호할 의사와 능력이 있는 남자를 알아내는 문제 등.

위에서 결혼이라는 장기적 책략에 국한시켜 생각할 때 남자와 여자의 배우자 가치는 다른 기준에 의해서 결정됨을 알 수 있다. 여자의 '배우자 가치'는 주로 생산능력(젊음, 신체적 매력 등에 의해서 반영되는)에 의해서 결정되며 여자의 정절도 남자 쪽에서 볼 때 친자확률을 높여주므로 가치가 부여된다. 반면에 남자의 '배우자 가치'는 생식적인 가치보다는 제공해줄 수 있는 자원에 의해서 결정된다. 여기에는 수입, 야망, 근면성 등이 포함될 수 있을 것이다. 또한 남자는 성적 불성실 및 부모일 확률의 위협에 대해서, 그리고 여자는 정서적 애착 및 자원의 상실의 위협에 대해서 질투를 더 느끼는 경향이 있다.

표 11.1 성적 책략과 관련된 남녀차이

여성	남성
• 여성은 한정된 시간범위내에서 적은 수의 자식들을 생산할 수 있다.	• 남성은 사춘기에서 죽을 때까지 많은 수의 자식들을 임신시킬 수 있다.
• 여성은 장기적 생식책략을 선호한다.	• 남성은 단기적 생식책략을 선호한다.
• 여성은 자신과 자기자식을 보호 양육하기 위한 자원을 보유한 남성을 찾는다.	• 남성은 생산가능한 여성을 찾는다.
• 여성은 돈 버는 능력, 야망, 근면성, 지위 및 재산에 근거해서 남성을 평가한다.	• 남성은 젊음, 건강, 아름다움에 근거해서 여성을 평가한다.
• 여성은 자원을 과시하는 남성의 애정행위에 끌린다.	• 남성은 생산능력을 반영하는 여성의 애정 행위에 끌린다.
• 여성은 배우자의 자원을 감소시키는 경쟁자의 존재에 민감하다.	• 남성은 친자확률을 감소시키는 배우자의 행위에 민감하다.

〈표 11.1〉은 위의 내용들 중 중요한 것들을 간추린 것이다.

Buss(1989)는 위에 언급한 성적 책략에서의 성차를 검증하기 위해서 33개 나라로부터 추출된 37 표본(총 10,000명 이상의 응답자들)을 대상으로 설문조사를 실시하였다. 이 표본들은 6대주 5대양에 걸쳐 있으며 다양한 지역, 인종, 문화, 종교들을 포괄하였다. 결과는 Buss의 가설을 지지하였다. 즉, (1) 남성이 여성보다 잠재적 배우자의 신체적 매력과 상대적 젊음에 더 가치를 두었고(37 표본 모두), 잠재적 배우자의 정절에 더 가치를 두었으며(37 표본 중 23 표본에서), (2) 여성은 남성보다 잠재적 배우자의 경제적 능력에 더 가치를 두었고(37 표본 중 36에서), 야망과 근면성에 더 가치를 두었다(37 표본 중 23에서).

Buss 등(1992)은 후속연구에서 대학생들을 대상으로 질투에서의 성차를 조사하였다. 첫 번째 연구에서는 성적 불성실과 정서적 불성실 중 어느 것이 더 큰 고통을 가져오는가를 질문한 결과 남자표본의 60%가 파트너의 성적 불성실에 더 큰 고통을 체험한다고 보고하였고, 여자표본의 83%가 파트너가 경쟁자에게 보이는 정서적 애착에 대해서 더 큰 고통을 체험한다고 보고하였다. 두 번째 연구에서는 피험자들로 하여금 두 가지 시나리오(파트너의 성적 불성실과 정서적 불성실)를 상상하도록 한 뒤에 각각에 대한 생리적 고통의 측정치를 얻었다. 결과에서 남자는 파트너의 성적 불성실 시나리오에 더 큰 생리적 고통을 보였고 여자는 정서적 불성실에 더 큰 생리적 고통을 보였다. 세 번째 연구에서는 상대방과 성적 관계를 가졌던 피험자와 갖지 않았던 피험자를 대상으로 조사한 결과 두 집단 모두 앞의 연구와 동일한 경향을 보였으며, 성적 관계를 가졌던 관계에서 보다 강한 질투(남자의 경우 성적 불성실, 여자의 경우 정서적 불성실에 대해서)를 유발할 것이라는 가설은 남자의 경우에만 지지되었다. 그 밖에도 많은 설문연구들에서 Buss의 SST로부터 유도된 예언들을 지지하는 증거들이 발견되었다.

그러나 진화론적 설명은 궁극적 원인에 의한 설명이라는 점에서 그 타당성을 확인할 만한 직접적인 증거를 제시하기가 어렵다. Buss가 제시한 증거들은 주로 다양한 문화권에 걸쳐서 가설이 검증되었다는 정도이다. 그러나 다양하고 충분한 수의 문화들을 표집하였는가의 질문과 더불어 대부분의 문화에서 삶의 조건들이 유사하고 또한 문화간의 커뮤니케이션이 활발하기 때문에 공통점이 발견되더라도 반드시 진화에 원인이 있다고 보기는 어렵다는 반론이 제기될 수 있다.

특히 남녀의 차이에 관한 진화론적 설명은 남녀간의 차이를 과장하거나 고착시킨다는 점에서 많은 비판을 받는다. 여권운동가들은 진화론적 설명이 권력을 가진 남성과 성적 대상으로서의 여성이라는 불평등구조를 정당화시킨다고 공격한다. 진화론적 설명과 대비되는 입장은 사회화 이론이다. 즉 남녀간의 성적 선호의 차이도 다른 대부분의 남녀간의 차이와 마찬가지로 (선천적인 것이 아니라) 사회화의 결과라는 주장이다. 이 두 입장을 절충한 제3의 입장은, 남녀간의 성적 선호에서의 진화적 차이는 존재하지만 그 차이를 확대하고 사회적으로 의미있게 만드는 것은 사회화 과정이라고 설명하는 것이다. '진화적 차이의 사회화 확대 가설'이라고 부를 수 있는 이러한 설명이 현 단계의 경험적 연구결과들을 포용할 수 있는 비교적 합리적인 설명일 것이다.

성의 방향: 동성애와 이성애

동성애자의 권리 찾기 운동이 한창인 서구와 달리 우리나라에서는 최근까지 동성애에 관한 논의가 거의 없었다, 그러나 지난 2-3년 사이에 몇몇 대학에서 동성애자 모임이 만들어지고 인터넷에 동성애 사이트가 생겨났으며 얼마전에는 연예인 홍석천 씨가 자신이 동성애자라는 사실을 밝혀서 화제가 된 일이 있다. 아직 우리나라에서 동성애자의 비율이 얼마나 되는지는 조사된 바가 없어서 알 수가 없다. 미국에서도 동성애자의 비율은 조사자나 조사방식에 따라 차이를 보인다. 최근의 조사에서 2.8%의 남성과 1.4%의 여성이 자신을 동성애자라고 응답하였다. 그러나 질문을 달리 했을 때는 더 높은 비율을 보였다. 즉 18세 이후 동성의 상대와 성경험을 묻는 질문에는 남성의 5%와 여성의 4%가 '그렇다' 고 응답을 했고, 동성에게 성적으로 끌린다는 보고는 남성의 6%와 여성의 5.5%에 이르렀다.

왜 어떤 사람이 동성애자가 되는가는 아직 확실히 밝혀지지 않았다. 현재까지 심리사회적 설명, 생물학적 설명, 그리고 Bem의 절충적인 설명 등이 제안되었다. 아래에 이들을 간략히 소개한다.

심리사회적 설명

동성애와 관련해서 다음과 같은 심리사회적 가설들이 존재한다. 첫째, 여성의 동성애적 지향은 이성과의 성적 경험의 결여나 특별히 불쾌했던 이성과의 성적 경험을 반영한다. 둘째, 동성애는 아동기에 연상의 동성애자의 성적 유혹 때문이다. 셋째, 동성애는 아동기에 부모와의 비정상적인 관계의 패턴 때문에 발생한다. Freud에 따르면 아동은 특정시기에 동성애 단계(homoerotic phase)를 거치는데 남아의 경우 엄마와 과도하게 가깝고 아버지와는 정서적으로 냉담할 때 이 시기에 고착되는 현상이 발생한다는 것이다. 여아의 경우에는 정반대일 때 동성애 단계에 고착될 것이다.

Bell 등(1981)은 동성애자 남녀 979명과 비교집단인 이성애자 477명을 대상으로 하는 대규모 연구를 통해서 동성애의 발달을 연구하였다. 그 결과 대부분의 심리사회적 가설들이 옳지 않다는 사실을 밝혀냈다. 우선 많은 동성애자들도 이성과의 성경험을 가졌고 비록 동성과의 경험을 더 선호하기는 했지만 이성과의 경험도 즐겼다고 보고했다. 동성애자와 이성애자는 고등학교 때의 데이트 횟수에서 차이가 없었고 다만 이성애자들보다 적은 수의 동성애자들이 데이트를 즐겼다고 보고했다는 점에서 차이를 보였다. 그러므로 동성애가 이성과의 성적 경험의 결여나 불쾌한 경험 때문이라는 가설은 틀린 것이다. 또한 동성애가 아동기에 연상의 동성애자의 유혹 때문이라는 주장과는 달리 대부분의 응답자들은 첫 경험의 상대가 비슷한 나이 또래였다고 보고했다. 마지막으로 Freud의 가설에 부합하는 부모-자녀 관계의 패턴이 (특히 남성의 경우) 많은 동성애자들에서 발견되기는 하지만, 그렇지 않은 동성애자들도 많았다. 더욱이 많은 이성애자들이 상응하는 가족배경을 갖고 있었다.

동성애에 관한 심리사회적 설명들은 동성애가 이성애보다 덜 영구적이라는 가정을 함축하고 있다. 그러나 대부분의 치료자들은 동성애를 기능적이고 만족스러운 이성애로 바꾸는 것이 극히 어렵다는 점에 동의한다. 또한 단기적인 행동변화가 장기적인 성적 지향에 영향을 준다는 증거도 발견되지 않았다. 이러한 연구결과들에 비추어, 그리고 더 이상 동성애를 질병으로 간주하지 않는 정신의학회 및 심리학회의 입장에 근거하여, 치료자들이나 상담자들은 동성애를 변화시킴으로써 치료한다는 생각을 버리고, 동성애자들이 아직도 그들에게 적대적인 사회에서 사랑하며 살아가고 일할 수 있도록 돕는 것으로 치료의 초점을 바꾸었다. 이러한 치료관행의 변화는 문제를 동성애가 아니라 동성애에 대한 사회의 부정적 시각으로 정의했다는 점에서 중요한 의미를 갖는다.

생물학적 설명

동성애의 생물학적 근거를 밝히기 위해서 학자들은 여러 갈래의 가능성을 탐색해왔다. 첫 번째 가설은 동성애자와 이성애자 간에 호르몬의 차이가 있다는 것이다. 그러나 잘 통제된 어떤 연구에서도 성인 동성애자와 이성애자 간에 성호르몬 수준의 차이가 발견되지 않았다. 비록 차이가 발견되더라도 호르몬과 동성애 성향 간에 인과관계를 논의하기는 어렵다. 왜냐하면 호르몬은 동성애자가 사회의 박해 때문에 받았을 스트레스나 불안의 영향을 받는 것으로 일려져 있기 때문이다. 또한 성적 지향은 성인이 되기 전에 수립되기 때문에 성인의 호르몬 수준이 관련된다는 주장은 타당치 않다. 두 번째 가설은 태아기 호르몬의 불균형이 동성애에 영향을 준다는 것이다. 동물을 사용한 실험연구에서 태내에서 호르몬이 투여된 동물들은 암컷의 경우 수컷화되고 수컷의 경우 암컷화될 수 있으며 이들은 자라서 다른 성의 사회적 행동과 짝짓기 행동을 나타냈다. 사람의 경우 태아가 특히 성호르몬 수준에 민감한 결정적 시기가 존재하며 이 시기의 호르몬의 불균형은 동성애를 초래할 수 있다(Money, 1988). 동물의 경우 영양의 변화, 약물, 마약, 스트레스 등이 어미의 호르몬을 변화시킬 수 있다. 그러나 임신기간 동안의 엄마의 스트레스와 자녀의 성적 지향간에는 상관관계가 발견되지 않았다. 따라서 아직 동물연구의 결과를 인간에도 적용시킬 수 있는지는 확실치 않다. 셋째, 동성애 남자와 이성애 남자 사이에 뇌의 구조에서 차이가 있다는 주장도 있다. LeVay(1991)는 41명의 시체(19 동성애 남자, 16 이성애 남자, 6 이성애 여자)를 해부한 결과 성행동에 영향을 주는 뇌의 부분인 전(前)시상하부(anterior hypothalamus)의 크기가 동성애 남자의 경우 이성애 남자의 1/2에 불과한 것을 발견했다. 넷째, 유전적 요인이 동성애에 영향을 미칠 가능성도 제기되었다. 한 연구

(Bailey & Pillard, 1991)에서 연구자들은 일란성 쌍생아와 이란성 쌍생아 및 입양된 형제들의 세 집단을 비교하였다. 그 결과 형제 중 하나가 동성애자일 때, 다른 형제가 동성애자일 확률은 일란성 쌍생아는 52%, 이란성 쌍생아는 22%, 입양형제는 11%로 나타났다. 이 결과는 환경의 영향도 보여주지만 일란성 쌍생아 집단과 다른 두 집단간의 큰 차이는 유전적 요인이 성적 지향에 중요한 성분임을 강하게 시사한다. 마지막으로, 성인의 동성애 성향과 아동기의 성 비동조성(gender nonconformity)간의 강한 연결이 동성애 성향의 생물학적 근거에 대한 증거로 제기된다. 성 동조성이란 개인이 자신의 성에 해당하는 남성성 혹은 여성성의 고정관념적인 특징들을 보이는 정도를 지칭하며, 그 반대의 성향을 성 비동조성이라 부른다. 연구자들은 남성 및 여성 동성애자들이 이성애자들보다 아동기에 성 비동조성을 보이는 경향이 더 크다는 것을 발견하였다. 남성의 경우 동성애자들의 1/2과 이성애자들의 1/4이 전형적인 남성적 정체성의 패턴에 동조하지 않았고, 여성의 경우 동성애자들의 3/4과 이성애자들의 2/3가 아동기에 높은 여성적 행동을 보이지 않았다(Bell et al., 1981). 이와 유사한 패턴이 여러 문화권에서 발견되었고(Whitam, 1980), 15년에 걸친 종단적 연구에서도 확인되었다(Green, 1987). Bell 등은 만약 동성애의 생물학적 근거가 있다면 아마도 성적 지향과 성 비동조성을 함께 설명할 것이라고 추정하였다. 또한 성인의 인지능력을 측정한 연구에서도 공간능력과 언어유창성에서 동성애 남자의 인지패턴이 이성애 남자와 이성애 여자 중간에 위치하고 있음이 드러나 뇌의 차이를 시사하였다(McCormick et al., 1990).

지금까지의 연구들은 동성애에 생물학적 소인이 개입한다는 점을 시사하고 있다. 그러나 동성애, 보다 일반적으로는 성적 지향의 원인에 대해서는 아직 추정단계일 뿐 확실한 답을 갖고 있지 못하다. 아마도 현재로서는 단일 원인에 의존하기보다는 개인별로 다양한 심리사회적 요인들과 생물학적 요인들이 상호작용하여 이루어내는 것으로 보는 것이 가장 적절할 것이다.

Bem의 EBE 이론

최근에 Bem(1996)은 동성애에 관한 EBE 이론을 제안하였다. EBE는 Exotic-Becomes-Erotic의 첫글자를 딴 것으로 낯선 것이 성적인 것이 된다는 뜻이다. 이 이론에 따르면 성적 지향은 다음과 같이 A→B→C→D→E→F의 단계를 거쳐 결정된다.

A(생물학적 변인들: 유전자, 태아기의 호르몬 등) →B(아동기 기질들: 공격성, 활동수준 등) →C(성–전형적 · 비전형적 활동과 놀이친구 선호: 성 동조성 · 비동조성) → D(이성 · 동성 또래와 다르다는 느낌: 유사하지 않은, 친숙하지 않은, 이색적인) → E(이성 · 동성 또래에 대한 비특정적인 자율신경계의 흥분) → F(이성 · 동성 상대에 대한 성적 · 낭만적 끌림: 성적 지향)

이를 단계별로 다시 설명하면 다음과 같다.

A→B: 유전자, 태내 호르몬 등의 생물학적 변인은 성적 지향 자체를 결정하는 것이 아니라 공격성과 활동수준과 같은 아동기 기질을 결정한다.

B→C: 한 아동의 기질은 특정 행동을 더 즐기도록 만든다. 즉, 남성적 활동(예: 거친 놀이)과 여성적 활동(예: 공튀기기) 중에서 선호하는 활동이 생기고 선호하는 놀이친구가 생긴다. 이때 다음과 같이 유형이 구분된다. 성 동조형은 자기 성에 전형적인 활동과 동성 놀이친구를 선호하고 성 비동조형은 자기 성에 비전형적인 활동과 이성 놀이친구를 선호한다.

C→D: 성 동조형은 이성친구와 다름을 느끼고 성 비동조형은 동성친구와 다름을 느낀다.

D→E: 다르다는 느낌과 친숙하지 않다는 느낌이 자율신경계의 가성을 유발한다. 이 때의 각성이 반드시 감정적 색깔을 지니거나 의식적으로 느껴지는 것은 아니다.

E→F: 자율신경계의 각성을 일으키는 대상에 대한 감정이 성적/낭만적 끌림의 감정으로 전환된다. 그러므로 동성애자의 경우 동성에 대한 다름 혹은 낯섬의 느낌이 성적인 감정으로 전환된 것이다. 이성애자의 경우에도 마찬가지로 이성에 대한 다름 혹은 낯섬의 느낌이 성적인 감정으로 전환된다.

이 과정을 예를 들면 다음과 같다. 혜수라는 여자아이는 태어날 때부터 (아마도 유전이나 태내 호르몬의 영향으로 인해) 활동수준이 높고 공격적이었다. 그래서 여자아이들과 인형놀이하는 것보다 남자아이들과 전쟁놀이나 축구를 하는 것을 즐겨서 사내같다는 말을 들었다. 그러다보니 혜수는 여자아이들이 낯설고 다르게 느껴지고 남자아이들이 오히려 친숙하고 자신과 동류라는 느낌이 들었다. 동성인 여자아이들에 대한 낯선 느낌은 사춘기가 되면서 자연스럽게 성적인 끌림으로 발전했고, 이성인 남자아이들에 대해서는 편한 친구라는 느낌 외에는 다른 감정이 생겨나지 않았다.

EBE 이론은 동성애자에 관한 일반적인 관찰들(예: 아동기의 성 비동조성)

과 합치하고, 생물학적 요인이 어떻게 아동의 기질과 행동 및 친교관계에 영향을 미쳐 동성애로 발전하는가에 관한 합리적인 설명을 제공한다. 그러나 동성애에 이르는데 꼭 특정 단계들을 거쳐야 하고, 또한 인접 단계들간에 그가 가정한 인과관계가 존재하는지 아직 경험적으로 충분히 검증되지 않았다.

동성애에 관한 고정관념과 객관적 사실들

다른 소수집단에 관해서와 마찬가지로 동성애자들에 관해서도 많은 고정관념들이 유포되어 있다. 그 중 대표적인 것들을 골라 객관적 사실과 합치하는지를 살펴본다.

1. 동성애자에 대한 가장 전형적인 고정관념은 외모에 관한 것이다. 사람들은 남성 동성애자들이 과장된 '여성적인' 제스처를 하고 꼭 끼는 야한 옷을 입고 다닌다고 생각한다. 또한 여성 동성애자들은 짧은 머리에 남성적인 옷차림과 제스처를 하고 다닌다고 생각한다. 실제로 그러한 고정관념에 들어맞는 동성애자들은 드문데도 고정관념은 계속 유지된다. 한 연구에서 피험자들에게 동성애자들과 이성애자들의 인터뷰 장면을 담은 비디오 테입을 보여주고 두 집단을 구별시키는 과제를 주었는데 우연 수준을 넘는 성공률을 기록하지 못했다(Berger, 1990).

2. 사람들은 동성애자들의 관계에서 이성애자들의 관계에서와 같이 두 사람이 고정관념적인 능동적인 '남성' 역할과 수동적인 '여성' 역할을 나누어 맡는다고 생각한다. 그러나 오늘날 전통적인 성 역할 패턴은 많이 약화되었고 이성애보다는 동성애의 경우 더 유연한 것으로 알려져 있다. 동성애 관계와 이성애 관계의 특징을 조사한 연구(Peplau, 1981)에서 이성애 짝들이 동성애 짝들보다 전통적인 성 역할 기대에 더 가깝게 부합하는 패턴을 보이고 있음이 밝혀졌다. 대부분의 동성애 관계들은 낭만적 성적 끌림을 동반한 좋은 친구관계와 유사하였다.

3. 이성애 관계와 동성애 관계는 유사한 점들이 많다. Peplau 연구에서 두 집단 모두 상대에게 자신의 가장 사적인 감정에 관하여 이야기할 수 있는 것을 애정관계에서 가장 중요하다고 보고했다. 또한 두 집단 모두 공생(togetherness)과 독립(independence) 사이를 조화시켜야 하는 과제의 중요성을 보고했다. 또한 이성애와 동성애에 관계없이 여자들은 남자들보다 정서적 표현성과 동등한 관계의 중요성을 강조했다.

4. 여성 동성애자들과 남성 동성애자들 간에는 성적 상대의 수와 정서적

친밀감에 있어서 차이가 있다. 여성 동성애자들은 남성 동성애자들보다 더 적은 수의 성적 상대를 갖고 있고, 일부일처식의 관계를 갖는 경향이 있으며, 정서적 친밀성을 성과 결합시키는 경향이 있다. 비록 남성 동성애자들이 여성 동성애자들에 비해 다수의 상대와 가벼운 성적 관계를 갖는 경향이 있지만 이러한 경향이 보편적인 것은 아니다. 남성 동성애자들 중에는 가벼운 성적 만남보다는 지속적이고 다차원적인 관계를 추구하는 짝들도 적지 않다.

5. 동성애자들도 이성애자들과 마찬가지로 다양한 성적 접촉(껴안고 입맞추고 신체 전체를 애무하는 등)을 즐기며 다양한 성의 테크닉을 사용한다. 여성 동성애자들의 성적 접촉에서 남성기가 없기 때문에 만족도가 떨어진다든지 인조남성기를 주로 사용한다든지 하는 생각은 틀린 것이다. 여성 동성애자들은 여성 이성애자들보다 관계에서 만족도가 더 높고, 인조남성기를 사용하는 비율도 극히 낮다. 또한 남성 동성애자들도 성경험이 성기에 집중되어 있다는 고정관념과는 달리 성기 외의 신체부위에 대한 애무와 애정을 중요하게 생각한다.

애 착

애착(attachment)이란 무엇인가? Bowlby(1969)는 애착을 삶에서 특별한 사람에게 느끼는 강력한 정서적 결속을 나타내는 용어로 사용했다. 애착이 잘 이루어진 사람들은 애착된 사람과의 상호작용에서 즐거움을 느끼고 곤경이나 불확실한 시기에 함께 있으면 편안함을 느낀다. 아기가 엄마와 즐겁게 놀고, 불편하거나 무서울 때 엄마한테로 울며 기어가는 행동은 전형적인 애착 행동이다. 성인들도 마찬가지여서 연인들은 함께 있는 즐거움을 공유하고 불안하거나 힘들 때 상대방에게 기대어 위안을 얻는다. 애착은 유아기에 형성되어 비록 대상이나 양식은 변하더라도 일생을 두고 가까운 사람과의 관계를 묶어주는 심리과정으로 작용한다.

유아애착

애착의 개념과 유형

애착의 개념은 영국의 심리학자인 Bowlby(1969)에 의해서 처음 제안되었다. Bowlby의 애착이론은 정신분석학과 동물행동학(ethology)에 그 뿌리를 두고 있으며, 인지심리학과 통제체계이론(control systems theory)이 이론의 정교화에 기여하였다.

정신분석이론으로부터 Bowlby는 초기 아동-양육자(엄마)간의 유대에 관한 통찰을 얻었다. 즉, 유아-양육자 사이에는 진정한 사랑이 존재하며 이 둘의 관계를 장기간 떼어놓음으로써 해체하면 아동은 큰 슬픔을 경험한다는 것, 초기의 아동-양육자간의 유대가 후의 친밀한 관계에 대한 모델로 작용한다는 것, 심리적 적응이란 잘 일하고 잘 사랑하고 잘 놀 수 있는 역량으로 간주될 수 있다는 것 등이다. 양육자-유아의 상호작용의 맥락 속에서 형성된 초기의 사랑관계가 친밀한 관계를 잘 맺는 것에 대한 학습의 토대를 이룩한다는 관점에서 볼 때, 아동-양육자 애착은 평생에 걸친 개인내 및 개인간의 적응을 위한 주된 초석으로 해석될 수 있다. Bowlby의 이론은 성적 추동보다 친밀한 관계에 대한 추구를 강조한다는 점에서 전통적인 Freud 이론보다 대상관계이론에 더 가깝다고 볼 수 있다.

John Bowlby(1907~1990)

John Bowlby는 영국에서 외과의사의 아들로 태어났다. 그는 Cambridge University에서 자연과학과 심리학을 전공하고 런던의 University College에서 의학을 공부했다. 이때에 정신분석학에 입문했으며 Maudsley 병원과 런던 아동상담소에서 각각 성인과 아동 정신과의 훈련을 받았다. 2차대전 때 육군에서 정신과의사로 복무했고, 전쟁이 끝난 후 런던의 Tavistock 상담소에 들어가서 죽을 때까지 관계를 유지했다. 일찍부터 Bowlby는 당시의 정신분석이론이 강조했던 환상보다 실제 삶의 체험이 중요하다고 믿었다. 세계보건기구(WHO)의 자문역으로 활동하면서 그는 가정이 없는 아동들의 문제에 관해서 연구했으며, WHO에 제출한 보고서에서 아동의 건강한 발달에 엄마의 지속적인 사랑과 돌봄이 중요함을 강조했다. 한편 Tavistock에서의 연구에서 Bowlby는 초기 분리의 영향을 설명하기 위해서 애착이론을 제안했다. 그의 애착 개념은 처음에는 무시되었지만 오늘날에는 성격발달의 가장 중요한 현상 중의 하나로 인식되고 있다. Bowlby의 애착에 대한 개념과 연구는 애착의 3부작(애착, 분리, 상실)에 잘 나타나 있다. 그 중 애착(Attachment, 1969)에서는 애착의 진화적 기능과 애착의 발달 등을 소개했고, 분리(Separation, 1973)에서는 유아가 양육자와 분리될 때 나타내는 반응들을 소개했고, 상실(Loss, 1980)에서는 애착인물의 상실에 대한 반응들을 소개하고 있다.

동물행동학으로부터 Bowlby는 양육자와의 근접성을 추구하고 유지하려는 아동의 경향을 설명하기 위한 개념적 기초와 경험적 자료를 얻었다. 특히 그는 Lorenz의 각인(imprinting)현상의 기술에 깊은 감명을 받았다. Lorenz는 엄마에게 각인된 새의 새끼들이 보이는 근접성 추구와 둘 간의 강한 유대, 그리고 엄마와 격리되었을 때 보이는 고통 등을 기술하였는데 이것들은 Bowlby의 애착행동의 기술에서도 발견된다. Bowlby는 애착행동을 지배하는 기제가 양육자에 대해 근접성을 유지하기 위하여 조직화되는 행동체계, 즉 애착행동체계(attachment behavioral system: ABS)라고 보았다. 애착행동에는 울음, 구구소리, 옹알이, 미소, 빨기 등이 포함되며 이들은 엄마와 가까이 있게 하고 접촉을 유지하도록 하는 기능을 한다. Bowlby는 애착행동체계가 적응가치를 지닌 진화적 유산으로 유아 속에 프로그램되어 있다고 주장했다. 즉, 포유류의 새끼들은 생후 상당기간 동안 자생적인 능력이 결여되어 있기 때문에 어미와의 근접성을 유지하기 위한 기제를 발달시켰는데 이것이 바로 애착기제라는 것이다. 이와 같이 근접성 추구와 접촉 유지를 위한 동기를 개체발생이 아닌 진화적 심층시간(deep time)에 위치시킴으로써 Bowlby는 애착행동을 정신분석학자들과 행동주의자들이 양육자에 대한 아동의 유대를 설명하기 위하여 사용한 다른 동기체계들(예: 성적 추동, 배고픔과 따뜻함에 대한 욕구)과 분리시킬 수 있었다. 통제체계이론은 행동체계의 핵심요소들인 목표설정, 목표수정, 피드백 등의 개념들을 제공하였다.

인지심리학 또한 Bowlby의 애착이론 형성에 큰 영향을 미쳤다. 그는 애착관계 출현의 발달 일정을 Piaget의 감각운동 및 전조작기와 맞추었으며, 아동이 자신의 발달에 능동적으로 참여한다는 Piaget의 입장에 동의하고, 이 점을 그의 애착이론과 아동-양육자 유대에 관한 다른 이론적 설명간의 차이로 간주했다. 또한 아동이 자신과 양육자에 대한 감정이 부하된 정신적 표상인 내적 작용 모형(internal working models)을 발전시킨다고 주장하고, 이 모형이 애착체계가 활성화될 때 어떻게 행동할 것인가를 인도하며, 세대간 전승을 가능케 하고, 외현적인 애착행동과 양육자가 존재하지 않을 때도 아동의 애착관계를 보존하기 위한 과정과 구조를 시사한다는 점 때문에 매우 유용하다고 생각했다.

Bowlby에 의해서 처음 제안된 애착이론은 Mary Ainsworth에 의해서 크게 발전하였다. Ainsworth의 공헌은 크게 세 가지로 정리될 수 있다. 첫째, '안전'(security)의 개념을 애착현상과 결합시켰다. 1950년대 초에

읽어보기……

어미각인과 성적 각인

각인이란 어린 동물이 어떤 대상, 보통 부모에 대한 지속적인 애착과 선호를 형성하는 과정을 지칭한다. 이 현상은 Lorenz(1935)에 의해서 처음 연구되었다. 그는 부화후 둥지를 막 떠난 새끼새가 처음 눈에 띄는 움직이는 대상을 엄마처럼 취급하는 것을 관찰하였다. 거위 새끼들이 꽥꽥 거리며 Lorenz를 좇아다니는 모습(사진)은 동물행동학의 상징적인 이미지였다.

두 유형의 각인-어미각인(filial imprinting)과 성적 각인(sexual imprinting)-이 구분된다. 어미각인은 새끼가 어미에게 애착되는 것이고, 성적 각인은 각인대상의 종에 대해서 보다 광범위하게 애착되는 것으로 후에 짝짓기 상대의 선택을 위한 기초로 사용된다. Lorenz에 따르면 각인은 신속하게 일어나며 한번 일어나면 되돌릴 수 없다는 점에서 다른 형태의 행동과 구별된다. 즉, 각인은 오직 유기체의 생애의 아주 초기의 짧은 결정적 시기(critical period) 동안 일어나고, 그 효과는 되돌릴 수 없으며, 오랜 지연 후에 나타나기도 한다.

각인의 비가역성은 어미각인과 성적 각인에서 다르게 나타난다. 어미각인은 새끼새를 도망가지 못하도록 하면서 새로운 대상과 함께 두면 바뀔 수 있다. 성적 각인은 보다 영속적인 반면에 보다 덜 절대적이다. 사람에게 각인된 칠면조는 칠면조에게 구애하겠지만, 칠면조와 사람 사이에 선택하도록 하면 사람을 선호한다. 벵갈 피리새에 의해서 양육된 얼룩 피리새의 수컷은 선택의 여지가 없으면 얼룩피리새에게 구애하지만, 선택이 가능하면 호의적인 얼룩 피리새보다 냉담하고 비협조적인 벵갈 피리새를 선호한다. 그러므로 동일한 종의 성원들에게 각인되는 편파가 존재하기는 하지만, 일단 다른 종에 각인되면 그 종을 짝짓기 상대로 영구적으로 선호하게 되는 듯하다.

학습과 수행간의 오랜 지연은 성적 각인을 다른 류의 변별과 구분짓는다. 각인자극에 대한 노출과 뒤에 그 자극을 번식을 위한 상대로 선택하는 것 사이에는 일년 혹은 그 이상이 소요된다.

각인은 학습영역에서 특별한 위치를 차지한다. 자연계에서는 엄마가 따뜻함과 음식과 보호의 원천이지만, 반응을 얻는데 아무 보상도 필요없는 것이 각인이다. 일단 동물이 대상에 애착을 형성하면 그 대상은 행동을 수정하기 위한 강화물로 사용될 수 있다. 병아리와 새끼오리들은 각인된 대상을 불러오기 위해서 조작적 행동을 수행하곤 한다.

새들이 아주 쉽게 각인되고, 또 한번 각인되면 거의 불변한다는 사실 때문에 각인현상을 생화학적 변화로 설명하기도 한다. Horn(1981)은 각인이 뇌의 특정 영역(특히 hyperstriatum ventrale)의 생화학적 변화를 수반한다는 것을 밝혔다. 각인의 경험 후에 이 영역의 생화학적 변화가 일어났고, 각인대상에 노출시킨 후에 이 영역을 파괴하면 새는 어떤 선호도 보이지 않았다.

각인의 생물학적 기능은 어미각인과 성적 각인을 분

리해서 생각해야 한다. 어미각인은 부모를 확인하고 새끼가 가까이 있도록 유지시킨다. 이런 식으로 새끼는 음식과 보금자리에 관해서 배우고 맹수로부터 보호를 받는다. 성적 애착은 보다 문제가 복잡하다. 성적 각인은 동물에게 성적 상대를 위한 모델을 제공하는 것처럼 보인다. 암수가 모두 동일한 배색을 가진 단일형태의 동물의 경우 양쪽이 모두 각인을 한다. 그러나 암수가 배색이 다른 두 가지 형태 동물의 경우 성적 각인을 보이는 것은 보통 오직 수컷만이다. 한때 동물에서 같은 종을 확인하기 위한 것으로 생각되었던 성적 각인은 이제 종의 어떤 성원들을 배척하는 것으로 생각되고 있다. Bateson(1966)은 메추리가 함께 자란 메추리들을 성적 상대로는 피하는 것을 발견하였다. 그러나 동시에 다른 유형보다는 함께 자란 유형의 메추리를 선호하였다. 예를 들면, 백색 메추리와 함께 자란 갈색 메추리는 짝짓기 상대로 함께 자란 백색 메추리들은 피했지만, 상대가 새로운 메추리일 경우 갈색 메추리보다 백색 메추리를 더 선호하였다. Bateson은 이 현상을 '최적의 족외 교배'(optimal outbreeding)로 해석하고, 각인의 대상이 보통 가까운 친족이기 때문에 성적 각인은 동물들에게 근친혼을 피할 수 있는 기제를 제공한다고 주장하였다. 비슷한 현상이 이스라엘의 키부츠에서 자란 아동들에서도 관찰되었다. 함께 양육된 아이들은 나중에 서로 결혼하지 않는 경향을 보였다.

출처: Harré & Lamb, 1983

Bowlby를 만난 직후 그녀는 애착관계가 어린 아동에게 안전의 일차적 원천으로 작용할 것임을 인식하였다. Ainsworth는 아동이 주위환경을 탐색하기 위한 안전기지(secure base)로 양육자를 활용하는 것을 관찰하였다. 또한 좌절되거나 위협을 느낄 때 아동은 양육자와의 근접성과 접촉을 통하여 안전감을 회복한 후 탐색을 계속했다. 둘째, Ainsworth는 애착양식에 개인차의 개념을 도입했다. 처음 구성될 때 애착이론은 어떻게 그리고 왜 아동-양육자 유대가 출현하고 유지되는지에 대한 규범적 설명이었다. 그러나 애착은 성격과 대인관계 적응의 영역에서 중요한 개인차의 함의를 갖고 있다. 우간다와 미국의 볼티모어 등에서 이루어진 현장연구(Ainsworth, 1967; Ainsworth, Blehar, Waters, & Wall, 1978)를 통해 Ainsworth는 아동-엄마 쌍을 특징짓는 상호작용 패턴에서의 차이가 안전의 원천으로서의 애착관계 효과성의 차이를 반영한다는 확신을 갖게 되었다. 이 차이들은 가정에서의 자연관찰에서도 나타났지만 그녀가 고안한 '낯선 상황'(strange situation) 절차에서 보다 명료하게 드러났다. Ainsworth의 세 번째 공헌은 바로 이 '낯선 상황'이라는 독창적인 절차를 고안하여 애착유형을 변별할 수 있는 방법론을 제공한 것이다. 8개의 에피소드로 이루어진 이 절차에서 유아(보통 생후 일년 내외)는 낯선 사람과 함께 낯선 상황에 놓여지며, 이때 엄마는 다양한 간격을 두고 아이와 함께 있다가 떠났다가 다시 돌아오곤 한다. 여기서의 요점은 낯선 사람이 있는 낯선 상황에서 엄마와 격리되고 재회할 때 유아가 엄마에 대해서 보이는 행동을 관찰하는 것이다.

Ainsworth는 '낯선 상황'에서 유아가 보이는 행동에 근거하여 애착유형을 세 집단으로 분류하였다. 이들은 각기 안정집단(secure group), 회피집단(avoidant group), 그리고 저항(resistant) 혹은 양가집단(ambivalent group)이다. 안정집단은 B, 회피집단은 A, 그리고 저항 혹은 양가집단은 C 집단으로 부르기도 하는데 뒤의 두 집단은 불안정 집단(insecure group)으로 묶기도 한다.

회피집단의 유아들은 환경을 기꺼이 탐색하고, 엄마와의 분리에 별로 항의하지 않고, 엄마가 없을 때도 낯선 이를 별로 꺼리지 않는다. 엄마가 돌아왔을 때 이 집단의 유아들은 몸을 돌리거나 시선을 돌리거나 떨어지려고 하는 등 회피행동을 보인다. 안정집단의 유아들은 엄마가 옆에 있을 때는 탐색도 잘하고 낯선 이를 별로 꺼리지 않지만, 엄마가 떠나는 것에 민감하고(예: 엄마를 찾으며 우는 등), 엄마가 돌아왔을 때는 맞이하는 행동(예: 웃고 상호작용을 선도하는 등)을 보인다. 또한 이 집단의 유아들은 엄마에 의해서 쉽게 달래지고 일단 엄마와 재결합하면 기꺼이 탐색과 놀이로 되돌아간다. 마지막으로 저항집단의 유아들은 엄마와 분리되는데 어려움을 겪고, 낯선 이를 경계하며, 엄마가 돌아와서 재결합할 때도 어려움을 보인다. 재결합시에 이 유아들은 매달리는 동시에 내려 놓아달라고 떼를 쓰는 등 상반된 요구를 하곤 한다.

문화에 따라 차이가 있겠지만 서구의 경우 대략 70%가 안정애착으로 분류되고, 20%가 회피애착, 그리고 나머지 10%가 저항애착 유형에 귀속된다. 우리나라의 경우도 비슷해서 홍계옥과 정옥분(1995)의 연구에서는, 안정애착이 62%, 회피애착이 25%, 나머지 유형이 11%였고, 박응임(1990)의 조사에서는 안정애착이 80%, 회피애착이 17%, 나머지 유형이 3%로 나왔다.

후에 Main과 Solomon(1986)은 Ainsworth의 세 애착유형 속에 포함시키기 어려운 유아들을 발견하였다. 이들은 정상표본의 약 5-10%, 그리고 고위험표본(high-risk sample)에서는 더 높은 비율을 차지하는 유아들로, Main과 Solomon은 이들을 네 번째 집단(D 집단)으로 분류하고 혼란(disorganized/disoriented) 유형으로 이름붙였다. D 집단으로 분류된 유아들은 낯선 상황에서 가장 스트레스를 많이 받고 가장 불안정한 태도를 보인다. 이 유아들은 엄마와의 관계에서 일관성있는 책략을 갖고 있지 않으며, 흔히 회피와 저항의 양자가 조합된 갈등양상을 드러내곤 한다. 예를 들면, 재결합 상황에서 이들은 멍하고 얼어붙은 듯한 태도를 보이며 엄마에게 다가가야 할지 피해야 할지 모르는 듯한 모습을 보인다.

'낯선 상황' 절차는 2세 이상된 아동의 애착유형을 결정하는데는 유용하지가 않다. 왜냐하면 이 나이가 되면 아동들은 짧은 분리와 낯선 이와의 만남에 비교적 익숙해져서 더 이상 큰 스트레스 상황이 되지 않기 때문이다. 이 문제를 해결하기 위하여 개발된 방법이 AQS(Attachment Q-Sort)이다. Waters(1995)에 의해서 개발된 AQS는 1-5세 아동의 안전기지 행동(secure-base behavior)의 질을 평가하는 90개의 문항으로 구성되어 있다. AQS는 부모나 훈련된 관찰자에 의해서 작성된다.

애착 안정성에 영향을 주는 요인들

유아의 애착 안정성에 영향을 주는 요인들로 엄마의 양육의 질과 유아의 기질이 주로 논의되어 왔다. 전자가 환경의 영향을 강조한다면 후자는 유아의 타고난 기질이 애착관계에 반영된다는 입장이다.

양육의 질. Ainsworth(1979)는 유아의 엄마에 대한 애착의 질은 엄마가 제공하는 양육의 질에 의해서 결정된다는 양육가설(caregiving hypothesis)을 주장하였다. 그러면 안정애착된 유아의 엄마들은 어떤 양육자일까? 민감하고 반응적인 양육자라는 것이 일반적인 결론이다. De Wolff와 van Ijzendoorn(1997)은 66개의 연구들을 개관한 후, 안정애착을 조성하기 위한 특징들로 자극민감성, 긍정성, 동시성, 상호성, 지지, 자극의 6가지 요소를 확인하였다. 즉 아기의 신호에 대해 민감하고, 긍정적 정서와 애정을 표현하고, 동시적이며 상호적인 반응을 아기와 주고 받고, 정서적 지지와 빈번한 자극을 제공한다면 아기는 엄마와의 상호작용에서 편안함과 즐거움을 경험하게 되고 안정애착될 가능성이 높다는 것이다.

저항적인 애착유형을 보이는 유아의 엄마들은 비일관적인 양육방식을 갖고 있다. 이들은 기분에 따라 열정적으로 반응하기도 하고 무관심하기도 하며 대체로 아기의 반응에 둔감하다. 이들의 아기들은 매달리고 우는 등 여러 애착행동들을 보이며 엄마의 애정을 얻으려 하지만 뜻대로 되지 않기 때문에 슬픔과 분노를 느끼곤 한다.

회피적 애착유형을 보이는 유아의 엄마들은 상이한 두 가지 유형 중의 하나이다. 어떤 엄마들은 자신의 아기를 거부하는 완고하고 자기중심적인 태도를 갖고 있다. 이들은 아기의 신호에 둔감하고 부정적인 감정을 자주 표현하고 아기와의 접촉에서 즐거움을 끌어내지 못한다. 또 다른 엄마들은 아기에게 끊임없이 간섭하고 과도한 자극을 주며 너무 열광적인 태도를 보인다. 그러므로 유아들은 자기와 같이 있기 싫어하는 것처럼 보이거나 반대로 통제할 수 없을 정도의 자극을 퍼붓는 어른들을 회피하는 것을 학습하게 되는 것이다. 저항적 유아들이 정서적 지지를 얻으려고 적극적인 시도를 보이는 반면 회피적 유아들은 부모의 정서적 지지없이 지내는 것을 학습한 듯하다(Isabella, 1993).

네 번째 유형인 혼란 애착의 유아들은 엄마로부터 무시되거나 신체적으로 학대받은 경험을 갖고 있다. 그러므로 이들은 위안을 얻기 위해 엄마에게 접근해야 할지 혹은 안전을 위해 엄마를 피해야 할지 갈등상태에 놓인다. 재결합 상황에서 나타나는 유아의 접근 · 회피(혹은 전반적으로 멍한 태도) 반응은 이러한 심리적 갈등을 반영한다. 이 유형은 정상 표본에서 관찰되기도 하지만 학대받는 유아 집단의 경우에는 예외라기보다는 규칙이라고 할만큼 흔하다(Carlson et al., 1989). 특히 심한 우울증에 걸린 엄마들의 유아에서 자주 발견되는 유형이다.

엄마들이 민감하고 반응적인 양육자가 되지 못하는 이유는 무엇일까? 우울증, 아동이었을 때 사랑받지 못하고 무시되거나 학대받았다고 느끼는 것, 아기를 원치 않았던 경우, 빈곤, 불행한 결혼 등이 좋은 양육자가 되는데 장애요인으로 작용한다.

유아의 기질. 애착은 엄마와 아기간의 2자관계이기 때문에 애착의 질에는 엄마가 제공하는 양육의 질뿐 아니라 아기의 기질도 관여할 것으로 추정된다. 기질은 아니지만 출생시 과소체중을 갖고 태어난 유아들은 정상체중을 갖고 태어난 유아들보다 불안정 애착을 형성할 가능성이 높은 것으로 밝혀졌다(Mangelsdorf et al., 1996).

Kagan(1984; 1989)은 '낯선 상황'이 애착의 질보다 오히려 유아의 기질차를 측정한다고 주장한다. 이런 주장은 애착유형에 따른 비율이 기질유형에 따른 비율과 거의 일치한다는 관찰에 근거하고 있다. Kagan에 따르면, 까다로운 아동은 낯선 상황에 고통을 느끼고 엄마의 위로에 건설적으로 반응하지 못하기 때문에 저항애착으로 분류되고, 순하고 편안한 아동은 안정애착으로,

그리고 수줍거나 느린 아동은 회피애착으로 분류되는 경향이 있다고 한다. 그러므로 Kagan은 아동이 보이는 애착행동은 양육자의 양육태도의 결과라기보다는 아동 자신의 기질을 반영하는 것이라고 주장한다.

그러나 Kagan의 기질가설(temperament hypothesis)은 너무 과격한 주장으로 보인다. 비록 흥분성과 부적 정서와 같은 일부 기질요소들이 애착과 관련되기는 하지만, 유아의 기질보다는 양육자의 양육의 질이 더 중요하다는 증거는 많다. 우선 많은 유아들이 한 명의 가까운 양육자에게는 안정애착되고 그밖의 다른 사람들에게는 불안정애착된다는 사실은 애착이 양육자와는 상관없이 안정적인 기질에만 의존하지는 않음을 증명한다(Goossens & van Ijzendoorn, 1990; Sroufe, 1985). 또한 까다로운 기질의 유아들도 엄마의 민감성 훈련을 통해서 대부분 안정애착을 형성했다는 보고도 있다(van den Boom, 1995). 마지막으로 34개 연구를 개관한 한 논문(van Ijzendoorn et al., 1992)에 따르면, 둔감한 양육과 관련되는 엄마의 질병, 우울증, 아동학대 등은 불안정애착의 급격한 증가를 가져오는데 반해 유아에게 발생하는 미숙아, 질병, 심리적 장애 등은 애착의 질에 별로 영향을 주지 않았다.

그러므로 유아 특성보다는 양육자의 양육의 질이 애착형성에 일차적인 영향을 미치는 듯하다. 물론 유아의 기질도 중요하다. 왜냐하면 순한 아이보다는 까다로운 아이의 경우 양육자가 일관되게 민감하고 반응적인 태도를 취하기 더 어렵기 때문이다. 그러나 기질이 까다로운 유아라도 유아의 기질적 특성에 양육방식을 맞춘 양육자와는 안정된 애착을 형성했고(van den Boom, 1995), 반면에 순한 유아라도 심각한 심리적 장애 때문에 민감하고 반응적인 양육이 어려운 엄마들과는 불안정 애착을 형성했다(van Ijzendoorn et al., 1992).

이런 결과들은 유아의 기질과 엄마의 양육방식간의 조화의 중요성을 보여준다(Thomas & Chess, 1977). 그러므로 안정애착은 유아가 받는 양육과 유아의 기질 사이에 조화 양호성(goodness of fit)이 높을 때 형성되고, 반면에 불안정 애착은 스트레스를 많이 받거나 심리적 장애가 있는 엄마들이 유아의 기질적 특성에 잘 맞추지 못했을 때 발달할 가능성이 높다(van den Boom, 1995).

초기 애착이 이후의 발달에 미치는 영향

Bowlby는 양육자와의 따뜻하고 지속적인 관계가 아이의 일생에 걸친 심리적 건강과 안녕에 중요한 영향을 미친다고 주장하였다. 또한 Ainsworth와 더불어 유아-엄마 애착 안정성에서의 개인차가 이후의 친밀한 관계, 자기이해, 정신병리 등과 관련하여 장기적인 함의를 갖고 있음을 지적하였다. '낯선 상황' 절차와 AQS의 개발과 더불어 애착의 안정성과 지속적 효과를 검증하는 많은 단기적 종단연구들이 수행되었다.

애착의 발달적 연속성의 근거로 가장 중요하게 거론되는 것은 내적 작용 모형(internal working models)이다. Bowlby는 유아가 엄마와의 애착 경험을 통해 내적 작용 모형, 즉 '자기 자신과 타인에 대한 인지적 표상들' 을 발달시킨다고 주장했다. 그는 내적 작용 모형을 관계, 사회적 경험, 자기이해 등을 구성하는데 사용되는 무의식적인 해석 필터(interpretive filter)이자 타인과 자신에 대한 기대를 확인하고 유지하도록 돕는 행동의 암묵적 결정 규칙(implicit decision rule)이라고 보았다. 민감하고 반응적인 양육을 받게 되면 유아는 사람들을 신뢰하고 의지할 수 있다는 믿음, 즉 타인에 대한 긍정적인 작용 모형을 발달시키는 반면, 무관심하거나 비반응적인 양육을 받는 유아는 타인을 신뢰할 수 없고 의지할 수 없다는, 타인에 대한 부정적인 작용 모형을 발달시키게 된다. 더불어 반응적인 양육은 '자신이 사랑을 받을 가치가 있다' 는 신념, 즉 자기에 대한 긍정적인 작용 모형을 발달시키고, 반면에 비반응적인 양육은 '자신이 사랑을 받을 가치가 없다' 는 신념, 즉 자기에 대한 부정적인 작용 모형을 발달시킨다. 이러한 인지적 표상은 생애 초기의 애착 경험이 후의 인간관계나 성격형성이나 적응에 지속적 영향을 미치는 근거를 제공한다.

그러나 유아는 발달하면서 환경의 변화를 겪으며, 특히 초기의 부모-자녀 관계의 질이 지속되느냐 혹은 변화하느냐에 의해서 많은 영향을 받는다. 초기 안정애착에 기여했던 민감하고 지지적인 양육이 유지되어 조화로운 관계가 지속된다면 유아기의 애착이 이후 부모에 대한 신뢰와 자신의 가치에 대한 정교화된 작용모형으로 이어지게 된다. 그러나 부모-아동 관계의 조화는 시간에 따라 변화한다. 변화는 아동에게 나타나는 규범적인 발달적 변화 - 새로운 역량의 출현으로 부모에게 교사, 중재자, 훈련자로서의 역할을 요구하기도 함 - 의 결과로 일어나기도 하고, 부모가 경험하는 삶의 변화 - 이혼, 이직, 동생의 출생 등 - 로 인해 일어나기도 한다. 예로, 민감하게 반응하는 것이 쉬웠던 의존적 유아의 부모는 아이가 자율성을 추구하기 시작하면서 다루기가 어려움을 느끼게 되고 부모-아동 관계는 변화를 겪게 된다. Teti 등(1996)은 AQS

를 사용한 연구에서 동생이 출생한 이후 아동의 애착 안정성이 감소한 것을 발견하였다. 특히 엄마가 우울이나 불안 증세를 보인 경우, 안정성 점수가 극적으로 하락하였으며, 아버지로부터의 사회적 지지가 있는 경우 그 충격은 완화되었다. 그러므로 애착 안정성이 이후의 심리사회적 기능을 예언하는지는 이후의 부모-아동 관계의 질에 달려있다. 안정애착 형성에 기여했던 상호 반응적인 관계가 지속되면 여러 긍정적인 발달을 촉진시키지만, 규범적인 발달적 변화나 중요한 생활상의 변화가 생겨 이러한 관계가 깨어지면 초기 애착은 더 이상 이후의 발달을 예언하지 못한다.

유아기의 애착과 이후의 발달간의 관계를 조사하는 대부분의 연구들은 단기종단 연구거나 성인을 대상으로 한 회상연구이다. 회상연구의 경우 회상 당시의 적응상태가 회상에 미치는 영향 때문에 많은 비판을 받는다. 예를 들면, 현재 잘 적응하고 있는 성인은 어린 시절의 엄마와의 관계를 긍정적으로 회상하는 반면, 적응에 어려움을 겪고 있는 성인은 부정적으로 과거를 회상하는 경향이 있다. 이러한 오염 요인 때문에 회상연구의 결과를 그대로 받아들이기는 어렵다. 단기종단 연구들에서는 대체로 유아기 애착의 영향이 검증되었다. 즉 안정애착은 부모와의 조화로운 관계, 형제 및 친구들과의 관계, 낯선 대상에 대한 사교성, 다양한 성격변인들, 자기와 타인 및 관계의 표상 등에서 긍정적인 영향을 미치는 것으로 나타났다. 장기적 추수연구는 많지 않기 때문에 결론을 내리기 어렵다. 앞(제6장 성격의 유전과 발달)에서 소개한 Minnesota 부모-아동 프로젝트에서는 2세때의 애착 안정성과 아동기 중기의 심리사회적 변인들간에 의미있는 정적 상관들이 발견되었다. 그러나 대부분의 장기적 추수연구들에서는 상관이 미미하거나 일관성이 없는 것으로 나타났다.

요약하면, 초기의 안정애착의 적응적 중요성은 상당히 크지만 아동의 이후의 삶에 절대적인 영향을 미치는 것은 아니라고 할 수 있다. 엄마와 불안정 애착된 아동들도 아빠나 할아버지, 할머니와 안정애착을 형성함으로써 어느 정도 잘 적응해나갈 수 있고(Clarke-Stewart, 1989), 반대로 안정애착된 아동들도 가족환경의 변화(엄마의 취업, 이혼, 질병, 경제적 어려움 및 기타 생활 스트레스들)를 겪으면서 적응에 실패할 수 있다(Thompson, Lamb, & Esters, 1982). 또한 Bowlby가 지적했듯이 자기, 타인, 정서적 관계에 대한 인지적 표상(내적 작용 모형)도 역동적이기 때문에 후에 양육자나 친구나 연인이나 배우자와의 강력한 경험을 통해 변할 수 있는 것이다.

성인애착과 낭만적 사랑

애착, 즉 두 사람간의 지속적인 감정적 유대는 사랑이라고 불리는 강한 감정적 상태를 동반한다. Bowlby는 다음과 같이 말한다.

> "감정적 유대와 강렬한 감정의 주관적 상태는, 모든 소설가와 극작가들이 알고 있듯이, 서로 동반하는 듯하다. 그러므로 모든 인간정서들 중 가장 강렬한 것들이 감정적 유대의 형성, 유지, 해체, 그리고 재생이 일어날 때 발생한다. 주관적 경험으로 볼 때 유대의 형성은 사랑에 빠지는 것, 유대의 유지는 누군가를 사랑하는 것, 파트너를 잃는 것은 누군가에 대해 비탄에 빠지는 것으로 기술된다." (Bowlby, 1979, p.69)

최근에 낭만적 사랑을 애착과정으로 설명하려는 시도들이 많이 등장하고 있다(Bartholomew & Horowitz, 1991; Collins & Read, 1990; Hazan & Shaver, 1987, 1994). 낭만적 사랑을 애착과 연결시키는 연구들은 주로 성인애착에 초점을 맞추고 있다. 이 계열의 연구들을 선도하고 있는 Hazan과 Shaver는 낭만적 사랑을 애착과정으로 개념화할 수 있다고 주장한다. 즉 연인이나 배우자간의 관계는 Bowlby에 의해서 기술된 애착과 흡사한, 복합적인 정서적 역동에 의해서 특징지워지는 지속적인 감정적 유대라는 것이다. 더욱이 낭만적 사랑은 애착과 마찬가지로 생물학적 기반을 갖고 있고 자손에 대한 보살핌과 관련되어 있다. 또한 낭만적 사랑도 개인의 애착역사에 의존해서 상이한 유형들로 나뉠 수 있다고 한다. 아래에서 좀 더 자세히 살펴보자.

애착개념으로서의 낭만적 사랑

Hazan과 Shaver(1987)는 낭만적 사랑을 애착으로 개념화하는 근거로 다음과 같은 점들을 들고 있다.

정서로서의 사랑. 낭만적 사랑을 정서로 기술하는 것은 단순히 사랑을 느낌(feeling)이라고 말하는 것이 아니다. 정서는 평가와 행동경향의 복합적 패턴으로서 기본정서의 경우 정서마다 전형적인 유발자(선행사건)와 전형적인 반응들이 존재한다. 낭만적 사랑도 마찬가지이다. 낭만적 사랑의 경우 중요한 유발자는 상대와의 친숙성, 상대가 자신의 욕구를 만족시킴, 상대가 자신의 신뢰를 유발함 등이고, 중요한 반응들로는 안정과 신뢰의 느낌, 상대에게 잘해주고 싶은 마음, 상대와 신체적으로 가까이 있고 싶음 등이 포함된다(그림

11.1 참조). 이러한 유발자와 반응들에서 사랑과 애착은 대체로 합치한다.

사랑과 애착의 관계. 낭만적 사랑과 애착은 많은 속성들을 공유한다. 우선 행동과 정서의 유사점들로는 잦은 눈맞춤, 미소, 안아주는 것, 상대와 발견과 반응을 공유하려는 욕망, 강력한 공감 등을 들 수 있다. 또한 관계의 역동성에서도 유사점들이 있다. 두 경우 모두 애착(사랑)대상이 옆에 있고 반응을 보이면 안정감을 느끼고, 그렇지 않으면 신호를 보내거나 가까이 다가가는 등 안정감을 회복하려는 행동을 보인다. 그러므로 사랑과 애착이 동일한 기저과정의 두 변종이라는 추정이 가능하다.

행동체계들의 통합으로서의 사랑. 그러나 아동기 애착과 성인기의 낭만적 사랑 간에는 다른 점들도 많다. 중요한 차이 두 가지를 들면 첫째, 낭만적 사랑이 돌보아주고 돌봄을 받는 면에서 대칭적인데 비해 유아기 애착에서는 양육자와의 관계가 비대칭적이다. 둘째, 낭만적 사랑의 주요 성분인 성(sexuality)이 유아기 애착에서는 드러나지 않는다. Shaver와 Hazan(1988)은 낭만적 사랑이 애착, 돌봄, 성의 세 가지 행동체계의 통합으로 개념화되어야 한다고 주장한다. 그러나 이 세 체계 중에서 애착체계가 중심이 된다고 보았다. 애착체계가 개인의 발달경로에서 처음 출현하는 체계이고, 자기와 타인에 대한 심적 모형의 형성에 핵심역할을 하기 때문에 다른 체계들의 기초를 놓는다고 본 것이다.

낭만적 사랑을 애착이론의 관점에서 해석함으로써 얻는 장점을 Shaver와 Hazan(1988)은 다음과 같이 열거하고 있다. 첫째, 애착이론의 관점은 발달적 조망을 제공한다. 낭만적 사랑에 대한 상이한 오리엔테이션이 아동기 초기의

그림 11.1 정서로서의 사랑: 유발자 및 반응

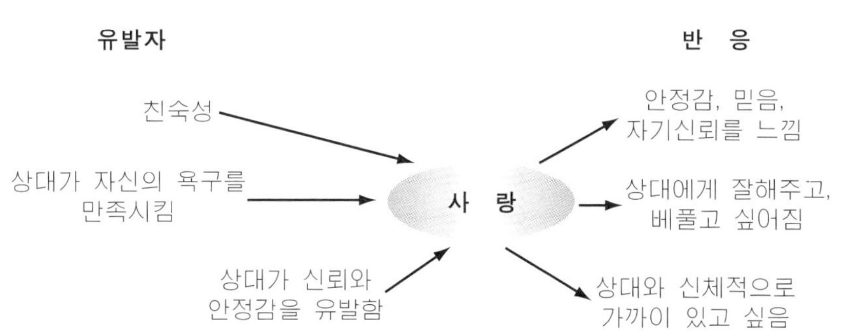

출처: Shaver & Hazan, 1988

사회적 경험(애착경험)에서 유래하고, 애착의 심적 모형(내적 작용 모형)을 수반하는 매개과정들이 초기관계 패턴의 연속성과 변화가능성을 설명할 수 있다. 둘째, 애착이론은 광범위한 영역의 다양한 현상들을 동일한 일반법칙으로 설명할 수 있는 대단히 절약적인(parsimonious) 접근이다. 사랑과 관련된 정적 감정(배려, 친밀감, 신뢰 등)과 부적 감정(질투, 감정의 기복, 친밀함에 대한 두려움 등)이 모두 애착관점에서 다루어질 수 있고, 애착이론의 상실/분리의 개념은 사랑의 실연/이별의 개념과 일치하며 그 심리적 결과(외로움, 슬픔 등)도 흡사하다. 이러한 관점에서 사랑의 복합적 성격이나 건강한 유형의 사랑 대 병리적 유형의 사랑이 설명될 수 있다. 셋째, 낭만적 사랑을 애착과 같이 진화론적 관점과 연결시켜서 이해할 수 있다.

성인애착의 유형 분류

Hazan과 Shaver(1987)는 성인들이 낭만적 관계에서 보이는 애착을 자기보고 기법을 사용하여 유아기 애착과 마찬가지로 안정애착, 회피애착, 불안 · 양가애착의 세 가지 유형으로 구분하였다. 성인의 애착유형을 구분하기 위한 질문은 〈표 11.2〉와 같으며 피험자는 아래 세 유형 중 자기에게 가장 가까운 유형을 고른다. 여기서 (1)은 안정애착, (2)는 회피애착, (3)은 불안 · 양가 애착이다.

한편 Bartholomew와 Horowitz(1991)는 Bowlby의 내적 작용 모형이 의미하는 바를 따라서 자기와 타인의 긍정 및 부정적 표상의 조합으로부터 성인애착의 네 가지 유형을 만들어 내었다(그림 11.2 참조). 이들은 각기 안정(자기와 타인표상이 모두 긍정), 거부(자기표상은 긍정, 타인표상은 부정), 집착(자기표상은 부정, 타인표상은 긍정), 두려움(자기와 타인 표상이 모두 부정)이다. 안정집단(secure group)은 친밀감과 자율을 모두 편안하게 느끼고, 거부집단(dismissing group)은 친밀한 관계와 의존을 거부하고, 집착집단(preoccupied group)은 관계에 집착하고, 두려움집단(fearful group)은 친밀감을 두려워하고 사회적으로 회피적이다.

경험적 연구들

성인애착과 낭만적 사랑을 연결시킨 연구들이 최근 많이 발표되고 있다. 이들은 대체로 질문지에 의거해서 애착유형을 분류하고 각 유형을 다양한 사회심리적 측정치들과 관련시킨다는 점에서 공통점을 갖고 있다. 이들 중 관련

표 11.2 성인 애착유형 질문지

질문: 다음 중 어떤 것이 당신의 느낌을 가장 잘 기술하는가?

(1) 나는 다른 사람들과 쉽게 가까워지고, 그들에게 의지하거나 그들로 하여금 나에게 의지하도록 하는데 편안함을 느낀다. 나는 버림을 받거나 너무 가까워지는데 대해서 별로 걱정하지 않는다.

(2) 나는 다른 사람들과 가까워지는데 불편함을 느낀다. 나는 그들을 완전히 신뢰하거나 그들에게 의지하는데 어려움을 느낀다. 나는 누가 너무 가까워질 때 불안을 느끼며, 종종 나의 이성친구는 내가 편하다고 느끼는 것보다 더 가까워지기를 원하곤 한다.

(3) 나는 다른 사람들이 내가 바라는 것만큼 가까워지려고 하지 않는다고 생각한다. 나의 상대가 나를 진정으로 사랑하지 않거나 내 곁에 머무르지 않을까 자주 걱정한다. 나는 다른 사람과 완전히 하나가 되고 싶고 이런 나의 욕구가 때때로 사람들을 놀라서 도망가도록 만든다.

출처: Hazan & Shaver, 1987

그림 11.2 자기-타인표상의 내적작용 모형과 연합된 성인애착의 4 유형

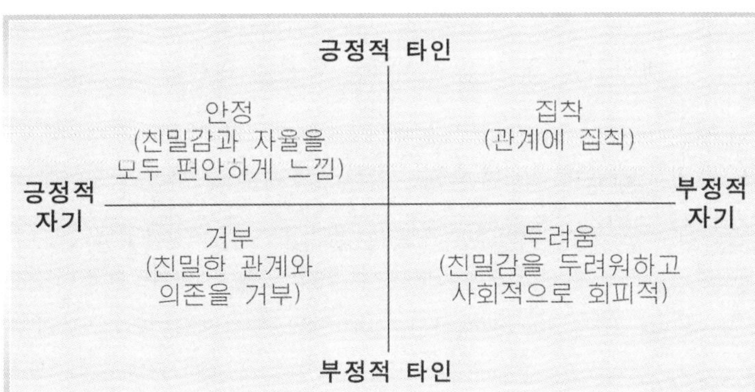

출처: Bartholomew & Horowitz, 1991

된 연구들을 소개하면 아래와 같다.

Hazan과 Shaver의 선구적 연구

Hazan과 Shaver(1987)는 성인 620명(남 205명, 여 415명)과 대학생 108명(남 38명, 여 70명)을 대상으로 질문지 연구를 실시하였다. 질문지는 앞의 애착유형 질문과 더불어 가까운 관계에 대한 일반적인 태도들과 가장 소중한 낭만적 사랑에 대한 구체적인 경험들을 묻는 질문들을 포함하였다. 응답을 분석한 결과 성인들이 낭만적 사랑에서 보이는 애착유형의 특징이 유아기 애착유형의 특징과 아래와 같이 공통성이 있음이 확인되었다.

첫째, 유아기 애착유형의 분포 비율이 성인의 애착유형에서도 유사하게 나타났다. 미국에서 이루어진 유아기 애착유형에 대한 연구들을 정리하면서 Campos 등(1983)은 62%가 안정, 23%가 회피, 15%가 불안 · 양가 애착유형에 속한다고 결론을 내렸다. Hazan과 Shaver의 연구에서는 56%가 안정, 25%가 회피, 19%가 불안 · 양가 애착유형에 속했다. 그러므로 유아기의 애착유형 분포와 성인기 낭만적 애착의 분포가 비슷하다고 결론지을 수 있다.

둘째, 애착유형에 따라 낭만적 사랑에 대한 경험도 다르게 나타났다. 〈표 11.3〉에서 보듯이 안정애착 유형에 속하는 응답자들은 사랑의 경험을 행복감, 신뢰감, 친애감으로 기술했고, 관계의 지속기간도 가장 길었으며, 이혼율도 가장 낮았다. 반면에 회피애착으로 구분된 응답자들은 친밀한 관계에 대한 두려움과 신뢰의 결여를, 그리고 불안 · 양가 애착의 응답자들은 상대와 하나가 되고 싶은 열망, 극단적 감정, 높은 성적 끌림과 질투 등을 보고하였다.

셋째, 자아 및 관계에 대한 내적 작용모형도 애착유형에 따라 다르게 나타났다. 안정애착의 경우에는 지속적인 사랑에 대한 믿음, 타인에 대한 신뢰감, 타인이 자신에 대해 호감을 가질 것이라는 확신을 표현했고, 회피애착의 경우

표 11.3 세 가지 애착유형 각각에 속하는 응답자들의 사랑-하위척도 평균들(대학생 집단)

척도 이름	회피애착	불안 · 양가 애착	안정애착	F(2, 104)
행복감	3.06	3.26	3.30	ns
친애감	3.34a	3.39a	3.61b	3.30*
신뢰감	3.25a	3.35b	3.57b	3.03*
친밀함에 대한 두려움	2.63a	2.45a	2.13b	4.48**
수용	2.96	3.11	2.91	ns
극단적 감정	2.79a	2.86a	2.33b	4.67**
질투	2.52a	3.26b	2.40a	13.24***
강박적 집착	3.03	3.09	3.09	ns
성적 끌림	3.05	3.31	3.23	ns
결합에 대한 열망	2.83a	3.29b	2.92a	3.41*
감정교환에 대한 열망	3.21a	3.64b	3.18a	7.50***
첫눈에 사랑	2.67a	3.10b	2.83a	3.76*

주: 각 행내에서 상이한 첨자는 Scheffé 검사 결과 .05 수준에서 차이가 있음을 의미한다.
* $p<.05$
** $p<.01$
*** $p<.001$
ns: 통계적 의미 없음(non-significant)
출처: Hazan & Shaver, 1987

표 11.4 성인 애착양식에 따른 특질 및 상태 외로움 점수(대학생 집단)

특질 및 상태 외로움	회피애착	불안 · 양가 애착	안정애착	F(2, 104)
특질 외로움	2.30ab	2.59a	2.01b	7.12***
상태 외로움	2.57ab	3.02a	.21b	6.43**

주: 각 행내에서 상이한 첨자는 Scheffé 검사 결과 .05 수준에서 차이가 있음을 의미한다.
출처: Hazan & Shaver, 1987

에는 낭만적 사랑의 존재나 지속성에 대한 의심과 행복해지기 위해서 사랑하는 대상을 필요로 하지 않는다는 생각을 보고했다. 또한 불안 · 양가적 애착의 경우에는 자주 쉽게 사랑에 빠지지만 진정한 사랑을 발견하기 어렵다고 보고했다.

넷째, 애착유형에 따라 어린 시절의 애착역사에 대한 보고가 다르게 나타났다. 안정애착의 경우는 반응적이고 배려하는 엄마를, 그리고 회피애착의 경우는 냉담하고 배척하는 엄마를, 그리고 불안 · 양가 애착의 경우는 엄마와의 긍정적, 부정적 경험의 혼합을 보고했다.

다섯째, 애착유형에 따라 특질 및 상태 외로움을 느끼는 정도가 다르게 나타났다. 〈표 11.4〉에서 보듯이 인정애착 응답자들이 가장 낮은 외로움 점수를 기록했고, 불안 · 양가 애착의 응답자들이 가장 높은 외로움 점수를 나타냈다. 회피애착 응답자들은 중간 점수를 기록했는데 높게 나오지 않은 이유로 방어의 가능성이 의심되었다.

위의 결과들은 성인의 낭만적 사랑이 애착이론으로 설명될 수 있음을 보여준다. 그러나 성인의 낭만적 사랑에서 나타나는 애착유형을 유아기 애착유형과 동일시하는데는 다음과 같은 문제들이 있다. 첫째, 낭만적 사랑과 유아애착 사이에는 두 가지 중요한 차이가 있다. 우선 낭만적 사랑은 양방적인데 반해 유아애착은 일방적이다. 유아애착에서 엄마가 주로 안전을 제공하고 유아는 엄마에게 의존하는 것과 달리 낭만적 관계에서는 두 사람 모두 안전의 추구자인 동시에 제공자로서의 역할을 한다. 또 다른 중요한 차이는, 낭만적 사랑은 거의 항상 성적 끌림을 동반한다는 것이다. 그러나 유아애착은 Freud의 유아성욕설에도 불구하고 성적 요소가 아주 미약하다. 둘째, 유아기로부터 성인기에 이르는 애착유형의 연속성에 대한 증거가 미약하다. 비록 이 연구에서 응답자들이 회상한 부모요인들과 현재의 애착양식간에 통계적으로 의미있는 상관이 나왔지만 상관의 크기는 높지 않았고 더욱이 종단적 연구가 아니라 회상자료라는 점에서 신뢰성이 떨어진다. 그러므로 유아기 애착양식과 성인기의 낭만적 애착양식간에는 현재로서는 강한 관계를 가정하기 어려우며 앞으로 여러 종단연구들의 결과를 기다려야 할 것 같다. 셋째, 낭만적 사랑을 애착과정으로 파악한다고 해서 낭만적 사랑의 초기 단계를 애착과 동일하게 간주하는 것은 아니다. 오히려 감정이 집중되는 초기 애정형성 단계를 지나 보다 안정되고 장기적인 관계로 돌입해가는 과정에서 안정된 애착관계가 확립되는 것이다. 이러한 이유들 때문에 Hazen과 Shaver(1987)는 낭만적 사랑이 애착 자체라기 보다는 성과 애착과 돌봄의 세 체계로 구성된다는 사랑의 세 행동체계 이론(three behavioral systems theory of romantic love)을 제안하였다.

Feeney와 Noller의 연구

Feeney와 Noller(1990)는 대학생들을 대상으로 한 연구에서 애착유형과 아동기 가족사 및 심적 모형을 연결시킨 Hazan과 Shaver의 발견들을 검증하였다. 결과는 대체로 앞의 연구를 지지하였는데 한가지 특기할 만한 발견은, 회피애착유형의 피험자들이 다른 피험자들보다 아동기에 엄마로부터 오랜 기간 떨어져 지냈다고 보고한 것이었다. 이 발견은 애착이론의 원리와는 일치하지만 앞의 연구에서는 보고되지 않았던 것이었다. 또한 이 연구에서는 사랑과 관련된 광범위한 영역의 변인들을 사용하여 관계체험에서의 애착유형에 따른 차이를 탐색하였다. 여기에는 자기존중감, 사랑의 정도, 사랑의 스타일, 감정변화가 극단적인 사랑(배척의 공포, 정서적 극단, 집착 등으로 특징지워지는 사랑), 사랑의 중독(강박, 과도한 몰두, 극단적 의존성 등을 포함하는 사랑) 등이 포함되었다. 이 측정치들을 요인분석한 결과 4개의 요인이 출현하였다. 이들은 신경증적 사랑(강박적 집착, 정서적 의존, 파트너의 우상화), 자기신뢰(높은 자기존중감과 더불어 낭만적 파트너와의 관계에서 자의식적 불안이 없음), 친밀감의 회피, 그리고 우애적 사랑이었다. 애착유형에 따라 각 요인에서의 점수를 비교한 결과는 다음과 같았다. 안정애착의 피험자들은 자기신뢰에서는 높은 점수를, 그리고 나머지 세 요인에서는 낮은 점수를 얻었다. 두 불안정애착의 피험자들은 모두 자기신뢰에서는 낮은 점수를 얻었지만 다른 요인들에서는 서로 상이하였다. 회피애착의 피험자들은 친밀감의 회피가 뚜렷하였고, 불안 · 양가 애착의 피험자들은 신경증적 사랑에서는 높은 점수를, 그리고 우애적 사랑에서는 낮은 점수를 얻었다. 이 연구는 애착모형이 낭만적 사랑의 유형들을 분류하고 이해하는데 유용하다는 것을 보여준다.

애착유형과 감정조절에 관한 연구

애착이론은 감정조절 이론, 즉 사람들이 부적 정서를 어떻게 다루는가에 관한 이론으로 기술될 수 있다. 애착유형의 개인차는 아동이 양육자와의 관계에서 발생하는 부적 정서를 조절하는 방략으로부터 발달한다고 볼 수 있기 때문이다. 안정애착된 사람들은 부적 감정을 비교적 건설적으로 처리한다. 즉 자신의 부적 감정을 인정하고, 지지와 위로를 얻기 위해 타인의 도움을 받는 방식을 택한다. 이러한 방략은 반응적인 양육자와의 경험으로부터 발달한 것이다. 반면에 회피애착된 사람들은 부적 감정을 잘 인정하지 않으려하고, 분노와 불편감을 잘 드러내지 않는다. 이러한 방식은 거부적이거나 냉담한 양육자와의 갈등을 감소시키는 방략으로 학습된 것이다. 또한 불안 · 양가애착된 사람들은 자신의 부적 감정에 늘 초점이 맞추어져 있고 끊임없이 분노와 공포를 과장되게 표현한다. 이러한 방략은 일관성이 없는 양육자와의 접촉을 유지하기 위한 방법으로 학습된 것이다.

애착유형과 감정조절의 관계에 관한 위의 가설은 Kobak와 Sceery(1988)의 대학 일학년 학생들을 대상으로 한 연구에서 지지되었다. 한편 낭만적 관계 속에서 애착유형과 부적 감정의 조절간의 관계는 Simpson(1990)에 의해서 탐색되었다. Simpson은 데이트중인 쌍들을 대상으로 애착유형과 정서체험(관계의 정서적 질 및 관계의 파국에 대한 반응)의 보고를 받았다. 결과는 대체로 애착이론의 예언과 일치하였다. 안정애착된 피험자들은 회피애착이나 불안 · 양가애착된 피험자들보다 더 잦은 정적 정서와 덜 잦은 부적 정서의 체험을 보고했다. 또한 관계의 파국에 대해서 회피애착된 피험자들은 덜 고통을 받았다. 그러나 이 효과는 남자에게서만 나타났다.

애착유형과 관계기능에 관한 연구

Simpson(1990)은 상이한 애착유형의 사람들에 의해서 보고되는 데이트관계의 질도 조사하였다. 결과를 보면, 안정애착은 높은 수준의 신뢰, 헌신, 만족, 상호의존과 관련되었고, 반대로 회피 및 불안 · 양가 애착은 신뢰 및 만족과 부적 상관을 보였다. 또한 회피애착은 낮은 수준의 상호의존 및 헌신과 관련되었다.

Collins와 Read(1990)의 연구에서도 유사한 결과를 얻었다. 이들은 데이트중인 쌍들을 상대로 애착유형과 친밀감(친밀한 관계에 대한 편안함), 의지(상대를 신뢰하고 의존할 수 있다고 생각함), 불안(관계와 관련된 문제에 대한 불안)의 측정치를 얻었다. 각 애착유형에 따른 이들 세 척도에서의 차이를 비교한 결과, 안정애착된 피험자들과 불안 · 양가애착된 피험자들은 친밀감과 의지에서 회피애착된 피험자들보다 높은 점수를 얻었고, 불안 · 양가애착된 피험자들은 안정 및 회피집단보다 더 높은 불안을 보고했다. 남녀 차이도 나타났는데, 여자의 경우 관계에 대한 불안이 보고된 관계의 질과 강한 관련을 보인 반면에 남자의 경우에는 친밀한 관계에 대한 편안함이 관계의 질과 상관이 높았다.

위의 연구들은 낭만적 사랑이 상당부분 애착으로 개념화될 수 있음을 보여준다. 즉 낭만적 사랑의 많은 부분이 애착의 속성을 갖고 있다는 이야기다. 그러나 여기서 유의할 것은, 성인애착과 낭만적 사랑 사이의 밀접한 관계가 곧 둘 사이의 인과관계를 의미하지는 않는다는 것이다. 왜냐하면 성인애착과 낭만적 사랑은 동시에 측정한 것이므로 둘 사이의 관계는 인과관계가 아니라 공통성분을 공유한 것일 뿐이기 때문이다. 애착이 낭만적 사랑의 기반이라는 것을 증명하기 위해서는 아동기 애착과 성인기 낭만적 사랑간의 관계를 제시할 수 있어야 한다. 혹은 성인애착과 낭만적 사랑간의 관계가 위의 연구들에서 검증되었기 때문에 유아기 애착유형이 성인기에도 보존된다는 사실을 제시하여도 된다. 그러나 애착유형의 연속성에 관한 증거는 아직까지는 미약한 편이다. 그러므로 현재로서는 아동기 애착이 성인기 낭만적 사랑의 질을 결정한다는 주장은 경험적으로 입증된 사실이라기 보다는 이론적으로 가능성을 지니고 있는 하나의 가설일 따름이다. 물론 성인애착과 낭만적 사랑 사이에 깊은 관련이 있다는 것은 위의 연구들에서도 확인된 바이다.

사 랑

사랑이란 무엇인가? 아래의 정의들은 사랑에 대한 다양한 관점들의 일부를 대표할 뿐이다. 이것만으로도 우리는 사랑이 얼마나 복잡하고 다양하며 정체를 종잡을 수 없는 존재인지 대충 느낄 수 있을 것이다.

사랑이 이렇게 복잡하고 형체를 알 수 없게 된 것은 작가들의 탓이 크다. 언어가 생긴 이래로 시와 노래와 소설 등 문학작품들의 대부분은 사랑을 주제로 한 것들이다. 예술이란 무엇인가? 의미 덧붙이기이다. 하나의 작품을 만들 때마다 작가는 먼저 사람들이 쌓아놓은 의미의 더미에 새로운 의미를 추가하느라고 고역을 치른다. 사랑이라는 주제에 관한 작품이 수십만권이 발간되었다면 그만큼 어마어마한 숫자의 (대부분은 아주 미세하게) 서로 다른 의미들이 사랑에 부여된 것이다. 한편 그만큼 어마어마한 숫자의 의미들이 만들어질 수 있다는 것은 사랑이라는 주제가 갖고 있는 역량의 크기를 말해준다. 그만한 세월동안 그만큼 많이 다루어졌으면서도 여전히 작가들은 사랑을 붙들고 무언가 새로운 모습을 만들어 낼 수 있다고 생각하고 있는 것이다.

과학자들은 작가들과 정반대의 짓을 한다. 작가들이 덧붙인 의미들을 떼어내고 축약하면서 오래가고 쓸만한 것들이 무엇이 있나 살핀다. 예술이 의미의 풍요화를 지향한다면 과학은 의미의 축약을 지향하는 것이다. 예술과 과학의 이러한 대조적인 특징이 가장 극명하게 드러나는 곳이 바로 사랑이란 영역이다. 사랑을 연구하는 심리학자들이 한동안 의혹과 혐오의 눈길을 받았던 것은 사람들이 가장 소중하게 품어오고 가장 찬란한 상상력의 나래를 펴던 영역에 과학적 방법이라는 연장을 들고 나타났기 때문이다. 사람들은 이 무례한 친구들이 사랑이란 존재를 양파처럼 한꺼풀 한꺼풀 벗겨낸 뒤 결국 아무 것도 없다고 선언할까 두려워한 것이다. 이제는 모두 다 알다시피 심리학자들은 그런 능력이 없다. 그러나 심리학자들이 사랑에 관해서 의도했던 것은 회화에서 세

표 11.5 다양한 사랑의 정의들

사랑은 아름다운 꿈이다.	윌리암 샤프
사랑은 미(美)의 중개에 의한 생식의 욕망이다.	소크라테스
사랑은 끝없는 신비이다. 그것을 설명할 수 있는 것이 전혀 없기 때문이다.	타고르
사랑은 허다한 죄를 덮나니라.	신약성서(베드로 전서 4:8)
죽음보다 강한 것은 이성이 아니라 사랑이다.	토마스 만
사랑은 여기, 즉 두 고독한 사람이 서로 보호하고, 접촉하고, 인사하는 데에 존재한다.	릴케
사랑이란 믿기 어려운 것이다.	오비디우스
인간의 사랑은, 종종 두 사람의 연약성이 만나는 것에 지나지 않는다.	프랑스와 모리악
사랑이 그 어떻더냐 둥글더냐 모나더냐 기더냐 짜르더냐 밟고 남아 자일러냐 하그리 긴줄은 모르되 끝간 데를 몰라라.	무명씨

잔이 의도했던 작업과 같은 것이다. 즉 무언가 본질적이고 안정적인 구조를 찾는 것이다.

그 동안 심리학자들이 사랑에 관해서 했던 작업은 사랑의 구성성분을 밝히고, 사랑의 유형을 분류하고, 사랑의 기원을 탐색하고, 상이한 문화권에서 사랑의 의미를 비교하는 것 등이다.

사랑의 성분과 유형

사랑의 세 요소: Sternberg의 사랑의 삼각형 이론

사랑의 복합성과 다양성을 감안할 때 사랑을 단일 개념으로 파악하기 보다는 사랑을 구성하는 성분들을 분석하는 것이 더 합리적인 것으로 보인다. 지능의 성분이론을 제안했던 Sternberg(1986)는 사랑의 삼각형 이론(triangular theory of love)에서 사랑의 세 가지 구성요소로 친밀감(intimacy), 열정(passion), 결심/헌신(decision/commitment)을 들고 있다. 각 요소는 삼각형의 세 꼭지점으로 간주된다.

친밀감. 친밀감은 사랑의 성분 중 정서적 요소로서 상대와 가깝고, 연결되어 있고, 결합되어 있다는 느낌을 포함한다. 친밀감의 형성에는 시간이 걸린다. 친밀감은 처음에는 꾸준히 증가하다가 점차 증가추세가 둔화된다. 친밀감의 발달을 이해하기 위해서는 명시적 혹은 관찰 가능한 친밀감과 잠재적 혹은 관찰 불가능한 친밀감을 구별하는 것이 필요하다. 오래된 부부나 연인관계에서와 같이 두 사람이 서로를 더 잘 알게되고 서로를 더 많이 예측할 수 있게 되면서 전에 경험했던 만큼의 가까운 느낌을 갖지 못하게 되는 경우가 많다. 이때는 두 경우 중의 하나인데, 정말로 두 사람의 관계가 소멸했거나 아니면 명시적 친밀감은 저하했지만 잠재적 친밀감은 그대로이거나 증가한 경우이다. 잠재적 친밀감은 서로 떨어져 있음으로써 확인된다. 부부가 부득이한 일로 떨어져 있게 되었을 때 서로 느끼는 상실감과 외로움은 두 사람이 평소에는 인식하지 못했던 상호 의존과 잠재적 친밀감의 정도를 가르쳐 준다.

열정. 열정은 사랑의 성분 중 생리적 요소로서 연애감정, 신체적으로 끌림, 성적 결합의 충동 등을 포함한다. 열정은 급속히 발달한 후에 습관화가 나타난다. 그래서 상대가 더 이상 지금까지와 같은 자극이 되지 않는다. 열정은 약물(니코틴, 알코올, 카페인, 코카인 등)에 대한 중독과 흡사하다. 따라서 동일한 각성효과를 얻기 위해서 점점 상대와의 경험의 강도나 양을 늘려야하고 그 사람을 잃게 되면 약물을 끊었을 때와 마찬가지로 우울, 초조, 불안과 같은 금단증상을 경험한다. 시간이 흘러가면 이러한 금단증상이 서서히 사라지고 본래의 기저선 상태(그 사람을 만나기 이전의 상태)로 돌아간다. 실연에는 세월이 약이라는 것은 이러한 의미에서 이다.

결심/헌신. 결심/헌신은 사랑의 성분중 인지적 요소로서 단기적인 것과 장기적인 것의 두 측면으로 구성되어 있다. 단기적인 것은 어떤 사람을 사랑하겠다는 결심이고 장기적인 것은 그 사랑을 지속시키겠다는 헌신, 즉 자기약속이다. 결심/헌신의 두 측면이 꼭 동반되지는 않는다. 사랑의 결심이 상대와의 관계에 장기적 투자를 하겠다는 헌신을 항상 수반하지는 않으며, 반대로 장기적 관계를 받아들이겠다는 헌신이 곧 사랑하겠다는 결심은 아니다. 그러나 대체로 사랑의 결심이 장기적 관계에 대한 헌신에 선행하는 것이 보통이다. 결심/헌신의 요소가 시간의 경과에 따라 변화하는 과정은 관계의 성공여부에 상당부분 의존한다. 장기적인 관계에서 보통 결심/헌신 수준은 처음에는 서서히 그리고 짐짐 속도가 빠르게 증가한다. 관계가 장기적으로 지속되면 헌신의 양은 대체로 감소하며 관계가 소원해져서 종결로 향하면 출발점인 0의 상태로 회귀한다.

그림 11.3 사랑의 세 가지 요소

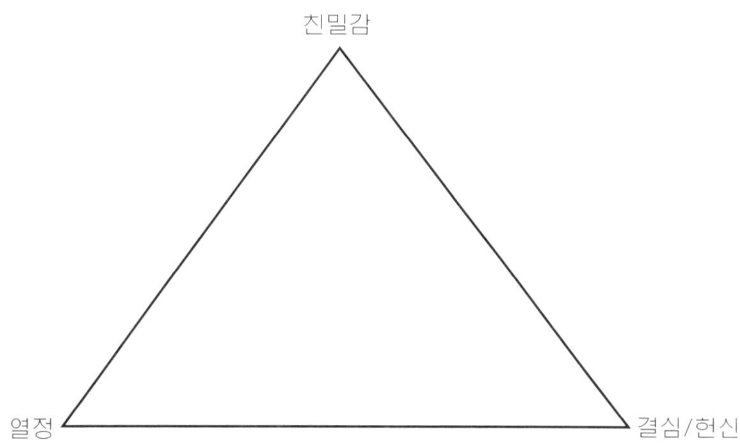

출처: Sternberg, 1986

사랑의 여덟 가지 유형

사랑의 세 요소를 갖고 가능한 모든 결합을 시도해보면 8가지의 조합이 산출된다. 이 여덟 가지 조합이 [그림 11.4]에 사랑의 8가지 유형으로 소개된다.

친밀감만 있는 사랑: 좋아함

좋아함은 사랑에서 열정과 결심/헌신 요소가 결여된 채 친밀감 요소만 경험될 때 나타난다. 여기서 '좋아한다'라는 말은 일상적인 여러 대상들에 대해서 느끼는 가벼운 호감보다는 아주 친한 친구들에게 느끼는 깊은 감정을 일컫는다. 이 경우 강한 열정이나 장기적 헌신 없이도 상대에 대해서 가까움, 결합되어 있다는 느낌, 따뜻함 같은 것을 느낄 수 있다.

열정만 있는 사랑: 도취성 사랑

도취성 사랑은 친밀감과 결심/헌신의 요소가 결여된 채 열정적인 흥분만으로 이루어진 사랑이다. '첫눈에 빠진 사랑', '번개를 맞은 듯한 느낌' 등으로 흔히 표현되듯이 갑자기 일어나서 어떤 환경 아래서 갑자기 사라지기도 한다. 도취성 사랑은 다음과 같은 문제들을 수반한다. 첫째, 도취성 사랑은 있는 그대로의 상대를 보기보다는 이상화된 상대의 모습에 기초하여 생성된다. 이

그림 11.4 사랑의 세 요소의 조합으로 표현된 사랑의 유형

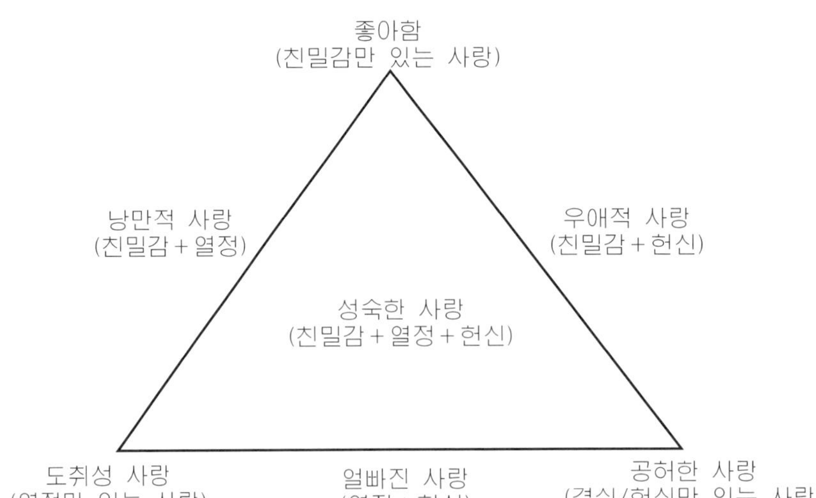

출처: Sternberg, 1986

렇게 허상에 의존하기 때문에 도취성 사랑은 미처 그 관계가 성숙되지 않거나 관계에 어려움이 없을 때만 지속되는 경향이 있다. 둘째, 도취성 사랑은 홀린 듯한 상태를 만든다. 그렇기 때문에 다른 일에 투자해야 할 시간과 정력과 동기 등을 상실하게 한다. 또한 도취성 사랑은 상대방을 불편하게 하는 경향이 있는데 왜냐하면 사랑이 자신에 대한 진정한 관심이라기 보다는 그 사람의 욕구가 투사된 것이라는 느낌을 주기 때문이다. 셋째, 도취성 사랑은 흔히 비대칭적이다. 도취성 사랑에 빠진 사람의 상대방은 대부분의 경우 같은 정도로 도취되어 있지 않기 때문에 이러한 비대칭성이 두 사람의 관계를 긴장상태로 만들고 도취성 사랑에 빠진 사람의 스트레스를 증대시킨다.

결심/헌신만 있는 사랑: 공허한 사랑

공허한 사랑은 친밀감이나 열정이 없이 상대를 사랑하겠다고(사랑에 헌신하겠다고) 결심함으로써 생긴다. 몇 년 동안씩 서로 감정적 몰입이나 육체적 매력을 전혀 느끼지 못하는 정체된 관계에서 발견되는 사랑의 유형이다. 오래된 부부 사이에 공허한 사랑만 남아있는 경우가 종종 있는데 부부 사이에 아무 생기나 따뜻함도 찾아볼 수 없는 죽은 관계로 느껴진다. 서구사회에서 공허한 사랑은 대체로 오래된 관계의 끝이나 끝 무렵에 나타나지만 어떤 사회에서는 장기적인 관계의 시작단계에서 나타나는 수도 있다. 과거 우리나라에서 서로의 얼굴도 보지 못한 채 중매로 결혼한 부부들의 경우가 여기에 속한다. 이 경우에 성공적인 부부는 관계에 대한 결심/헌신으로부터 출발해서 열정과 친밀감을 포함하는 사랑으로 키워나가기도 한다. 그러나 공허한 사랑이 관계의 첫 단계에 나타나는 것은 자연스럽거나 바람직한 것은 아니다.

친밀감과 열정이 결합된 사랑: 낭만적 사랑

낭만적 사랑은 친밀감과 열정이 결합되어 나타난다. 다시 말하면, 그것은 좋아함의 감정에 육체적 매력이나 그 밖의 매력들이 첨가된 것이다. 그 관점에서 보면 낭만적 사랑은 서로에게 육체적, 감정적으로 밀착되어 있는 것이다. 그러나 결심/헌신은 낭만적 사랑의 필수 부분이 아니다. 낭만적 관계의 연인들은 자신들의 관계가 미래로 이어진다거나 영원하다고 생각하지 않으며 따라서 관계의 지속에 대해서 크게 신경을 쓰지 않는다. 대표적인 것이 여름 해변가에서 맺어진 사랑으로 여름이 지나면 두 사람은 헤어지는 것이 당연하다고 생각한다. 낭만적 사랑은 도취성 사랑과 비슷하게 보이지만 친밀감의 감정이 형성되었다는 점에서 다르다. 낭만적 사랑은 열정으로부터 출발해서 친밀감이 축적된 결과일 수도 있지만 반대로 우정으로 시작된 친밀감이 어떤 순간에 열정의 요소가 첨가되어 발전된 경우도 있다.

친밀감과 결심/헌신이 결합된 사랑: 우애적 사랑

우애적 사랑은 친밀감과 결심/헌신이 결합되어 생긴다. 열정의 주된 원인인 육체적 매력이 약해져서 오래된 우정같은 결혼에서 자주 발견되는 사랑이다. 대부분의 낭만적 사랑은 차츰 우애적 사랑으로 변화한다. 즉 열정은 없어지지만 친밀감은 남고, 관계에 대한 깊은 헌신이 열정을 대체한다. 우애적인 사랑에 만족을 느끼는 정도는 개인이나 짝에 따라 차이가 있다. 어떤 사람은 낭만적 사랑에 계속 집착하여 결혼생활의 밖에서 반복적으로 로맨스를 추구하기도 하고, 어떤 사람은 더 이상 우애적 관계 이상을 추구하지 않고 안정된 부부로서 만족하며 살아가기도 한다.

열정과 결심/헌신이 결합된 사랑: 얼빠진 사랑

얼빠진 사랑은 열정과 결심/헌신이 결합되어 생겨나며 친밀감 요소는 결여되어 있는 사랑이다. 소위 헐리우드식 사랑이라고 불리는데 남녀가 어느 날 만나 순간적으로 사랑에 빠지고 며칠 안에 결혼에 골인하는 것이 전형적인 패턴이다. 사랑에 대한 결심/헌신이 존재한다는 점에서 그렇지 않은 도취성 사랑과 구별되는데, 결심/헌신의 기반을 비교적 안정적인 친밀감에 두지 않고 변덕스러운 열정에 두었다는 점에서 대단히 무모하며 따라서 얼빠진 사랑이라고 불려서 마땅하다. 얼빠진 사랑에서 열정이 사라지면 결심/헌신이 남을 뿐인데 이것이 장기간에 걸쳐 심화되고 성숙한 것이 아니라 얕고 미숙한 수준이기 때문에 사랑을 지탱해 줄만큼 강하지 못하다. 따라서 얼빠진 사랑은 쉽게 깨어진다.

친밀감과 열정과 결심/헌신이 결합된 사랑: 완전한 사랑

완전한, 혹은 성숙한 사랑은 사랑의 세 가지 요소가 모두 존재할 때 생겨난다. 낭만적 관계에 있는 연인들이 모두 지향하는 이상적인 사랑의 유형이다. 완전한 사랑에 도달하기도 어렵지만 그 상태를 유지하는 것은 더욱 어렵다고 한다. 아마 프로포즈를 하고 받아들이는 순간에 연인들은 완전한 사랑을 경험할 것이다. 그리고 이러한 사랑의 완전함이 평생을 갈 것으로 기대도 하고 노력도 하겠다고 다짐할 것이다. 마치 체중을 원하는 만큼 감량한 여자가 흡족한 표정으로 "이젠 됐다. 평생 이 체중을 유지해야지" 하고 되뇌이는 것과 같이 말이다. 그러나 두 가지가 모두 불가능은 아니더라도 대단히 어렵다는 사실을 아는 사람은 안다. Sternberg가 신뢰롭게 지속적인 완전한 사랑이 가능하다고 지목한 것은 엄마의 아이에 대한 사랑이었다. 그만큼 낭만적 관계에서 완전한 사랑을 지속적으로 유지한다는 것은 어렵다고 본 것이다.

사랑의 모든 요소들이 부재한 경우: 사랑이 아닌 것

사랑이 아닌 상태는 사랑의 세 요소가 모두 결여된 상태이다. 이런 상태는 일반적인 다수의 대인관계들에 적용된다. 우리는 보통 특정 소수의 사람들에 대해서 우정이나 애정을 형성할 뿐 대부분의 관계를 피상적이며 단편적인 것으로 처리하며 살아간다.

열정적 사랑과 우애적 사랑

앞에서 Sternberg가 제안한 8가지 유형의 사랑을 소개했지만 사람들이 가장 구별하고 싶어하고 또한 혼란을 느끼는 사랑의 두 유형은 열정적 사랑과 우애적 사랑이다. 특히 낭만적 관계로 발전하는 단계에서 많은 젊은이들이 자신의 감정이 열정적 사랑인지 우애적 사랑인지 혼란을 느끼며 고민한다. 사랑을 감정이라고 본다면 사랑의 세 요소 중 인지적 요소인 결심/헌신을 제외하고 남는 것은 열정과 친밀감 혹은 우애이다. 따라서 사랑은 크게 열정적 사랑과 우애적 사랑의 두 가지로 분류될 수 있다.

열정적 사랑

Hatfield와 Walster(1978)에 따르면 열정적 사랑은 다음과 같이 정의된다. "상대방과 결합하려는 강렬한 바람 …… 서로 주고 받는 사랑(상대방과 하나됨)은 충만감 및 황홀감과 연합된다. 보답받지 못하는 사랑(분리)은 공허감, 걱정, 절망감과 연합된다 …… 깊은 생리적 흥분의 상태"(p. 9).

과거에는 열정적 사랑을 강화의 원리에 의해서 설명했다. 즉 사랑이 긍정적 강화에 의해서 증대되고 부정적 강화에 의해서 감소된다는 것이다. 그러나 그후 열정적 사랑이 강한 정적 정서 경험들뿐 아니라 강한 부적 정서 경험들도 수반하는 것으로 파악되었다. 즉 열정적 사랑은 고조와 절망, 흥분과 두려움 간의 지속적인 상호작용을 포함한다. 그러므로 열정적 사랑에 빠진 사람들은 감정의 롤러 코스터를 탄 것과 같다고 토로하곤 한다. 종종 열정적 사랑은 외로움, 비애, 질투, 두려움 등 부적 감정들에 의해 오히려 촉진된다. '로미오와 줄리엣' 을 비롯한 수많은 비극들이 증언하듯이 사람들은 고통에도 불구하고가 아니라 오히려 고통 때문에 더욱 강렬한 사랑을 체험하는 것 같다. 열정은 상대방의 존재에 대한 기쁨뿐만 아니라 상대방을 잃어버릴 고통에 의해서도 활활 타오르는 것이다. 〈표 11.6〉에서 소개하고 있는 열정적 사랑의 척도는 열정적 사랑이 어떤 성분들로 구성되어 있는지를 잘 보여준다.

열정적 사랑에 수반되는 감정의 큰 폭과 복잡성은 이 유형의 사랑이 생물학적 기제와 관련을 갖고 있음을 시사한다. 최근에 생리학자들의 노력으로 열정적 사랑의 해부학적 기반이나 화학적 기제가 드러나고 있다. 열정적 사랑의 주 성분은 성충동이다. 생리학자들에 의하면 대뇌의 성 중추는 감정과 동기를 조절하는 기능을 가진 변연계 안에 자리잡고 있다고 한다. 남녀 모두에게 있어 가장 강력한 정서가 생성되고 행동을 가장 강력하게 동기지우는 곳이 이곳이므로 열정적 사랑이 강한 정서 및 동기를 수반한다는 관찰이 설득력이 있는 것이다. 또한 성체계는 대뇌의 다른 부분들과 신경조직에 의해서 연계되어 있는데 특기할 것은 대뇌의 쾌 중추 및 고통 중추와 신경 화학적으로 연결되어 있다는 점이다. 따라서 열정적 사랑이 극단적인 쾌감이나 고통과 관련된 것이 이해가 된다.

열정적 사랑은 마약중독과 유사한 것으로 알려져 있다. 열정적 사랑에 빠진 사람은 천상에 오른 듯한 기분의 고양과 더불어 나락에 떨어진 듯한 기분의 침잠을 경험한다. 이러한 감정의 기복은 마약중독자에게 약을 투여했을 때, 그리고 금단증상을 경험할 때의 상태와 각각 유사하다. 그러므로 열정적 사랑의 경우에도 감정의 고조나 침잠과 관련된 화학물질(예: 암페타민, 도파민 등)의 분비나 철회 등이 관련된 것으로 추정된다. 특히 낭만적 사랑의 기분을 고조시키고 에너지를 가져다주는 효과를 내는 것은 암페타민과 관련된 성분인 페닐알라닌(phenylalanine)으로 알려져 있다(Liebowitz, 1983).

우애적 사랑

우애적 사랑은 친밀감으로 대표되는 사랑이다. 우애적 사랑은 복잡한 생리적 인지적 기제를 가지며 극단적인 감정의 기복을 경험하는 열정적 사랑보다 흥미롭지는 않지만 가장 보편적이며 안정적인 사랑의 유형이다. 열정적 사랑은 깨어지지 않으면 대부분 우애적 사랑으로 이행된다. 우애적 사랑은 대체로

표 11.6 열정적 사랑의 척도

이 질문지는 당신이 열정적 사랑에 빠졌을 때 어떻게 느끼는가를 알아보기 위해 만들어진 것입니다.

당신이 지금 가장 열정적으로 사랑하는 사람을 염두에 두고 다음의 질문들에 응답해 주십시오. 만일 현재 사랑에 빠진 상태가 아니라면 당신이 가장 열정적으로 사랑했던 최근의 사람을 생각해 주십시오. 만일 당신이 한번도 사랑에 빠진 경험이 없었다면 당신이 가장 열정적으로 가깝다고 느끼는 누군가를 생각하십시오. 당신이 생각하는 이 사람을 대상으로 하여 다음의 질문들을 끝까지 마쳐주시기 바랍니다. 당신이 생각하는 사람은 당신과 반대되는 성(性)의 사람이어야 합니다. 당신이 사랑하는 사람에 대한 감정이 가장 고조되었을 때 응답해 주시기 바랍니다.

당신이 응답한 모든 사실은 완전한 비밀이 보장됩니다.

1. 내가 ____ 와 사귄 이후로 나의 감정은 제트열차를 탄 기분이다.
2. 만일 ____ 가 나를 떠난다면 나는 깊은 절망감을 느낄 것이다.
3. 때때로 나는 ____ 를 보게되면 몸이 떨리는 흥분을 느낀다.
4. 나는 ____ 의 몸의 각도와 움직임을 연구하면서 즐거움을 느낀다.
5. 때때로 나는 나의 생각들을 통제할 수 없음을 느낀다. 그러한 생각들은 ____ 에 집착되어 있다.
6. 나는 ____ 를 행복하게 만드는 어떤 일을 행하고 있을 때 행복감을 느낀다.
7. 나는 다른 어떤 사람보다도 ____ 와 함께 있고 싶다.
8. 나는 ____ 가 다른 사람과 사랑에 빠졌다고 싱상해보면 심한 질투감을 느낀다.
9. 어느 누구도 내가 사랑하는 만큼 ____ 를 사랑하지는 못한다.
10. 나는 ____ 에 관한 모든 것을 알고 싶은 갈망을 갖고 있다.
11. 나는 육체적, 감정적, 정신적으로 ____ 을 원한다.
12. 나는 ____ 를 영원히 사랑할 것이다.
13. 나는 ____ 의 눈을 들여다보면 내가 녹아드는 느낌이다.
14. 나는 ____ 의 애정을 끊임없이 갈구한다.
15. 나에게 있어 ____ 는 완벽한 낭만적 사랑의 파트너이다.
16. ____ 는 나를 가장 행복하게 만드는 사람이다.
17. 나는 ____ 가 나를 만질 때 내 몸이 반응하는 것을 느낀다.
18. 나는 ____ 에 대해서 마음이 여려진다.
19. ____ 는 항상 내 마음 속에 있다.
20. 만일 긴 시간동안 ____ 를 떠나 있는다면 나는 깊은 외로움에 젖을 것이다.
21. 나는 때때로 일에 몰두할 수 없음을 발견하는데 이것은 ____ 에 대한 생각이 내 머리속을 가득 채우고 있기 때문이다.
22. 나는 ____ 가 나의 생각, 나의 두려움, 나의 소망들에 대해 알기를 바란다.
23. ____ 가 나에 대해 염려한다는 것을 아는 것은 나를 충만감에 젖게 한다.
24. 나는 ____ 가 나를 원한다는 것을 나타내는 징후를 열심히 찾는다.
25. 만일 ____ 이 어려운 일을 겪는다면 나는 내일을 제쳐놓고 __를 도울 것이다.
26. ____ 는 나를 활기차고 둥둥 뜨는 기분으로 만든다.

27. ____ 와 함께 있으면 나는 ____ 를 만지고 싶고 ____ 로부터 애무를 받고 싶다.
28. ____ 가 없는 세상은 어둡고 비참할 것이다.
29. 나는 ____ 에 대해 강렬한 매력을 느낀다.
30. ____ 와의 관계에서 일이 잘 풀려나가지 않을 때 나는 깊은 우울에 빠진다.

각 문항에 대하여 1에서 9까지의 숫자범위 중에서 택하여 응답해 주십시오.

1	2	3	4	5	6	7	8	9
전혀 그렇지 않다				중간 정도로 그렇다				전적으로 그렇다

출처: Hatfield & Sprecher, 1986

강화의 원리에 의해 지배된다고 한다. 즉, 사람들은 자신에게 보상을 주는 사람을 좋아하고 벌을 주는 사람을 싫어한다는 것이다. 그러나 현실의 삶에서 우애적 사랑의 대상이 항상 보상만을 줄 수는 없으며 때로는 벌을 주기도 한다. 그러나 우애적 사랑이 깊어지면 상대에 대한 신뢰가 형성되기 때문에 단기적인 계산보다는 장기적인 안목에서 보상-처벌 목록을 바라보게 된다.

사랑과 성격

어떤 사람들이 낭만적 사랑에 빠질 가능성이 높을까? 또 그 영향은 사람에 따라 어떻게 다르게 나타날까? 이러한 물음은 성격과 사랑의 관계에 대한 질문이다.

Dion 등(Dion & Dion, 1988)은 성격변인들 중 통제의 소재, 자기존중감과 방어성, 자기실현 등이 낭만적 사랑의 체험에 미치는 영향을 선행연구들과 자신들이 직접 수행한 경험적 연구들을 통해서 탐색하였다.

통제의 소재

Dion 등은 내적 통제 소재를 믿는 사람들이 외적 통제 소재를 믿는 사람들보다 낭만적 사랑을 체험할 가능성이 더 적고, 또한 낭만적 사랑을 덜 이상화할 것으로 가정하였다. 서구에서 낭만적 사랑이란 강렬하고 신비스러우며 자신이 통제할 수 없는 외적 힘에 의해서 압도적인 경험상태에 빠져드는 것으로 간주한다. 따라서 통제의 소재가 운명이나 외적인 힘보다는 자신에게 있다고 생각하는 내적 귀인자들에게는 낭만적 사랑이 잘 납득이 되지 않을 것이라는 추론이다. Dion 등은 미네소타 대학생 243명을 대상으로 Rotter의 내외 통제

척도(I-E Scale)와 Rubin의 낭만적 사랑 검사를 실시하였는데 결과는 가설을 지지하였다. 즉 내적 귀인자들은 외적 귀인자들보다 낭만적 사랑을 덜 경험해 본 것으로 나타났고, 사랑을 경험했거나 현재 하고 있는 사람들도 자신들의 경험을 보다 이성적, 현실적, 안정적인 것으로 보고했으며, 낭만적 사랑을 이상화하는 견해에 대해 부정적 반응을 보였다.

자기존중감과 방어성

자기존중감과 낭만적 사랑의 관계에 대해서는 서로 대립되는 두 가지 주장이 있다. 하나는 Fromm, Maslow, Rogers 등 인본주의 성향의 심리학자들에 의해 주장되는 것으로, 수용적이고 방어적이지 않은 사람들이 타인을 더 잘 사랑할 수 있으며, 더 만족스럽고 충족적인 남녀관계를 경험한다는 것이다. 즉, 자기 자신을 사랑할 수 있는 사람만이 다른 사람도 사랑할 수 있다는 생각이 이 주장에는 내포되어 있다. 반면에 자기존중감을 연구하는 사회심리학자들은 자기존중감과 낭만적 사랑간의 관계에 대해 반대되는 입장을 취한다. 이러한 입장의 대표적인 학자인 Hatfield에 따르면, 사랑에 대한 특별한 욕구를 가진 사람들은 자기존중감이 낮은 경우가 많으며 따라서 자기존중감이 높은 사람보다 훨씬 더 보상적이고 충족적인 낭만적 사랑을 하기 쉽다고 한다. 또한 다른 사람의 애정의 대상이 되고 싶어하는 것은 자신의 가치를 확인하고자 하는 욕구의 반영이며 이것은 바로 자기존중감이 상대적으로 결여된 사람들의 특징이라는 것이다.

Dion 등은 토론토 대학생 150명을 대상으로 자기존중감 및 방어성 척도와 낭만적 사랑 검사를 실시하였다. 자기존중감 척도로는 Ziller의 자기-사회적 상징 과제(Self-Social Symbols Task) 척도를 사용하였고 방어성 척도로는 Marlowe와 Crowne의 사회적 인정 척도(Social Approval Scale)를 사용하였다. 결과를 보면, Rogers와 Maslow의 주장대로 자기존중감이 높으면서 방어성이 낮은 사람들이 낭만적인 사랑을 가장 자주 경험하는 것으로 나타났다. 그러나 다른 한편으로는, 자기존중감 이론가들의 예상대로 자기존중감이 낮은 사람들은 상대적으로 강렬하면서도 비이성적인 낭만적 사랑을 하며 상대방에 대한 호감과 신뢰를 강하게 표현하는 것으로 나타나기도 했다. 자기존중감이 낮은 사람들 중에서 방어성이 높은 사람들은 낭만적인 사랑에 덜 빠지며 사랑에 대해 냉소적인 태도를 보였다. Dion 등은 자기존중감과 방어성의 효과에 대해서 다음과 같이 정리했다. 첫째, 자기존중감이 낮은 사람들은 사교적인 기술의 부족 때문에 성공적인 남녀관계를 맺지 못하는 경우가 많다. 이들 가운데 짝사랑에 빠지는 사람들이 많은 것이 그 증거이다. 둘째, 그러나 일단 낭만적 관계가 형성되면 자기존중감이 낮은 사람들은 자신을 받아준 상대방과 관계 자체에 크게 고마움을 느끼며 사랑에 몰입하는 경향이 있다. 셋째, 방어성이 높은 사람들은 자신의 취약한 자기상을 보호하기 위해서 친밀한 이성관계를 회피하는 행동패턴을 보인다.

자기실현과 의존성

앞의 토론토 대학 연구에서는 자기실현과 낭만적 사랑의 관계도 조사하였다. 자기실현은 Shostrom의 개인적 지향 검사(Personal Orientation Inventory: POI)로 측정하였고, 낭만적 사랑 검사와 감정척도 목록(Wessman & Ricks, 1966)을 함께 실시하였다. 결과를 보면, 자기실현 정도가 높은 사람들이 현재 또는 과거의 사랑을 더 풍부하고 만족스러운 것으로 묘사하였으며, 주관적인 사랑의 경험을 방어적이지 않고 더 강렬하게 표현하였다. 그러나 이들은 동시에 사랑에 대해서 이상주의적이라기 보다는 실용주의적인 태도를 보였고, 상대방에 대한 욕구와 배려에서 낮은 것으로 나타났다.

자기실현 정도가 높은 사람들의 이러한 사랑 양식은 Maslow에 의하면 '존재적 사랑'에 해당된다. '존재적 사랑'은 상대방의 특성을 있는 그대로 인정하고 사랑 그 자체의 경험에 만족하는 사랑이다. 이것과 반대되는 특성의 사랑은 '결핍적 사랑'으로 불리는데 자신의 채워지지 않는 욕구를 친밀한 관계 속에서 충족하기를 바라는 사랑이다. 이러한 사랑은 소유적이고 요구적인 성격을 가질 수밖에 없는데, 왜냐하면 이러한 사랑을 하는 사람은 필요성 때문에 관계를 유지하기 때문이다. Maslow는 자기실현 정도가 높은 사람은 상대방으로부터 무엇을 얻으려는 욕구가 없기 때문에 타인에 대한 의존으로부터 자유롭다고 한다. 그러나 이러한 자기충족적인 사랑이 과연 낭만적 사랑일까? Dion 등에 따르면, 낭만적 사랑을 낭만적으로 만드는 요소 중 하나는 바로 상대방에 대한 의존성인 것이다. 앞에서 내적 통제성과 방어성이 낭만적 사랑을 억제한다는 연구결과를 소개했다. 이 두 가지 성격 차원은 타인에 대한 의존을 혐오하는 태도나 또는 의존에 대한 양가적인 태도를 나타내는 것이다. 낭만적인 사랑에 몰입할수록 상호의존성과 감정적 취약성 역시 커진다. 자신의 운명을 통제하는 것은 자기 자신이라고 믿는 사람에게는 관계가 아주 친밀하게 깊어짐에 따라 생겨나는 개인적 취약성에 대한 갈등이 커져갈 것이다. '사랑에 빠진다', '사랑의 포로가 된다' 등의 표현은 낭만적 사랑을 통제감 상실의 경험으로 간주하는 예들이다. 마찬가지로 방어성이 높은 사람도 낭만적 사랑을 원하면서도 사랑에 동반되는 통제감 상실이나 상호의존성에 대해 불안을 느낀다. 이러한 양가적인 태도 때문에 방어적인 사람들은 자신을 던지는 사랑에 빠져버리기가 어려운 것이다.

그렇다면 낭만적 사랑에 빠지기 쉬우며 동시에 사랑의 경험을 풍부하게 갖는 사람들은 어떤 성격의 소유자일까? 현재까지의 연구결과들을 종합해 본다면, 아마도 자기존중감이 높고, 방어성이 낮으며, 동시에 상호의존의 가치를 인정하는 사람이 아닐까? 의존성이 높은 사람이 대체로 자기존중감이 낮다는 점을 고려하면 의존성 자체보다는 친밀한 타인에게 의존할 수 있고, 상대방의 의존을 받아줄 수 있는 능력이 낭만적 사랑에 몰입할 수 있는 필요조건이 아닐까? 그렇게 본다면 Maslow의 '존재적 사랑'은 적어도 낭만적 관계에서는 불충분한 사랑이 된다. 인간은 어차피 혼자서는 부족하며 그 부족한 부분을 채워줄 사람을 그리워하는 존재라는 것을 Maslow는 몰랐을까?

사랑과 문화

Oatley와 Jenkins(1996)에 의하면 서구에서 낭만적 사랑의 개념은 성적 끌림/애모/독점성(sexual attraction/adoration/exclusiveness)으로 정의될 수 있다고 한다. 미국을 비롯한 서구 문화권에서 낭만적 사랑은 가장 귀중한 정서로 평가된다. 미국인 10만 명을 대상으로 한 한 연구(Freedman, 1978)에서 행복과 가장 강하게 연합된 것은 돈이나 권력이나 젊음이나 심지어 건강도 아닌 바로 결혼에서의 사랑이었다.

그러나 낭만적 사랑이 서구에만 국한된 것은 아니다. Jankowiak와 Fischer(1992)는 인류학적 문헌들을 광범위하게 고찰한 뒤, 조사대상이 된 166개의 사회 중 저자가 사랑과 정욕을 구분하였거나, 두 남녀가 만난 지 2년 내에 다음 다섯 가지 사랑의 특징 중 적어도 하나 이상을 보였으면 낭만적 사랑이 존재하는 것으로 판단하였다. 즉, (1) 개인적 고통 혹은 바람, (2) 사랑의 노래나 그와 유사한 것, (3) 사랑의 도피, (4) 열정적 사랑의 토착적 설명, (5) 사랑의 존재에 대한 인류학자의 확인 등. 그 결과 166개 사회 중 147개 사회(88.5%)에서 낭만적 사랑의 존재가 확인되었다. 따라서 낭만적 사랑은 여러 문화에 걸쳐 상당히 보편적인 현상으로 보인다. 그러나 낭만적 사랑의 표현양식과 중요성(혹은 허용)의 정도는 문화에 따라 다를 것으로 추정된다. 아랍과 서구를 비교해보면 납득이 될 것이다.

서구에서 낭만적 사랑의 개념은 중세 유럽의 기사도적 사랑에서 비롯되었다고 한다. 기사도적 사랑은 용감한 기사가 아름다운 귀부인과 사랑에 빠져 그녀의 기사가 되기로 서약하고 그녀가 원하는 것은 위험을 돌보지 않고 무엇이든 하며 봉사하는 사랑의 양식이다. 호수의 기사 랜스롯과 기네비아 왕비의 사랑은 기사도적 사랑의 대표적 예로 잘 알려져 있다. 중세와 근대, 그리고 오늘날에도 신사를 자처하는 남자들은 기사도적 사랑을 구현하려고 노력한다. 한편 '헌화가'라는 향가에서 보듯이 기사도적 사랑이 서구의 전유물은 아니다. 그러나 20세기 들어 성의 자유화 물결 이후 서구에서 기사도적 사랑은 헐리우드식 사랑(쉽게 사랑에 빠지고 가볍게 성을 즐기고 쉽게 헤어지는 사랑의 양식)으로 대치되는 양상을 보인다. 특히 TV, 영화, 인터넷 등을 통해 헐리우드식 사랑은 세계로 급속히 전파되고 있다.

문화에 관심을 갖는 사회심리학자들은 문화를 크게 개인주의 문화와 집합주의 문화로 나누곤 한다. 낭만적 사랑이 집합주의 사회에서나 개인주의 사회에서나 모두 존재하는 것은 사실이다. 남녀간의 사랑은 자연스러운 성적 끌림이기 때문이다. 어떤 사회든 자신의 사회구조와 문화에 적합한 양식으로 낭만적 사랑을 조형한다. 그러므로 서구적 의미에서의 낭만적 사랑은 서구의 문화, 즉 개인주의 문화에서 가장 꽃을 잘 피울 것으로 기대된다. 오늘날 우리나라를 비롯한 전통적으로 유교권의 집합주의 사회는 개인주의 문화로 급속히 이행해가고 있다. 이러한 과도기 사회에서 젊은이들은 개인주의적인 낭만적 사랑을 추구하고 부모들은 집합주의 사회의 잣대로 규제하려는데서 문제가 생긴다. 그러나 Dion 등은 개인주의가 낭만적 사랑에 꼭 이상적이지만은 않다고 주장한다. 첫째 낭만적 사랑에 빠짐으로써 자신의 자아와 개인적 자율성을 잃는다는 두려움을 갖게 되고, 둘째 두 사람의 분리된 개성의 자율적인 욕구를 조화롭게 만족시키기 어려우며, 셋째 개인주의 정신으로는 자기가 받는 것 이상을 주거나 자기를 희생하는 행동을 받아들이기 어렵다는 점 등 때문이다. 집합주의 문화에서는 두 개인간의 사랑을 집단의 공동체 의식과 조화시키기 위한 압력이 존재하고, 개인주의 문화에서는 개인간의 친밀한 애정관계를 맺기가 어렵다는 문제를 안고 있다.

성, 애착, 사랑의 관계

낭만적 사랑은 복합적인 감정인 동시에 진화론적 기반을 갖고 있는 종 특유의 현상이다. 낭만적 사랑에는 상대방과 성적인 교섭을 하고 싶은 욕구에 덧붙여서 상대방을 돌보아 주고 싶은 욕구와 상대방으로부터 돌봄을 받고 싶은 욕구가 포함되어 있다. 앞에서 소개한 열정적 사랑의 척도에도 이 세 가지 요소를 측정하는 문항들이 포함되어 있다.

Hazan과 Shaver(1994)는 낭만적 사랑의 세 가지 요소가 진화론적 기반을 갖고 있다고 주장한다. 그에 따르면, 낭만적 사랑은 애착체계(attachment system)와 돌봄체계(caregiving system), 그리고 짝짓기 혹은 생식체계(mating or reproduction system) 등 세 진화론적 체계의 통합으로 이루어지며 통합의 형태는 애착의 역사에 의해서 결정된다. 애착의 역사가 낭만적 사랑에 미치는 영향에 관해서는 앞에서 설명하였다. 이 세 체계 중 생식체계는 성 활동과 연합되고, 애착체계는 유아기에 엄마로부터 돌봄을 받는 것과, 그리고 돌봄체계는 부모가 자녀에게 느끼는 양육본능과 연합되어 있다. 이 세 체계는 각각 종족을 번식시키고 유지하는데 핵심이 되는 체계들이다. 앞에서도 언급했듯이 이 세 체계 중 애착이 최초에 출현하고 내적 작용모형의 형성에 결정적 역할을 한다는 점에서 가장 중심적인 역할을 한다. 안정된 애착의 역사는 이 세 체계가 잘 통합, 발달하도록 도우며 그 결과 성인이 되었을 때 성숙한 낭만적 사랑을 할 수 있는 역량을 길러준다고 한다. 이 세 성분의 통합은 예측될 수 있는 발달경로를 밟는 것으로 추정된다. [그림 11.5]에서 보듯이 애착과 돌봄 성분은 관계의 초기에 강도와 중요성이 증가하기 시작해서 어느 정도 시일이 지나면 더 이상 증가하지 않은 채로 일정하게 유지되고, 성적 성분은 관계의 아주 초기에 정점에 도달해서 그 후에는 좀 떨어진 상태로 오르내림이 되풀이된다고 한다.

인간뿐 아니라 대부분의 포유류들도 생식체계와 애착체계 및 돌봄체계를 갖추고 있다. 그러나 다른 동물들의 경우에는 이 세 체계가 통합되었다기 보다는 각기 다른 대상에 대해서 발달되었을 따름이다. 즉 생식체계는 성적 상대에 대해서, 애착체계는 어미에 대해서, 그리고 돌봄체계는 새끼에 대해서 발달된다. 인간이 다른 동물과 다른 점은 인간의 경우 성적 상대에 대해서 이 세 가지 체계가 모두 관여한다는 점이다. 이와 같은 인간의 낭만적 사랑의 복합성은 인간이 성적 상대와 장기적인 (대부분의 문화에서 평생에 걸친) 관계

그림 11.5 낭만적 사랑의 세 성분의 발달 경로

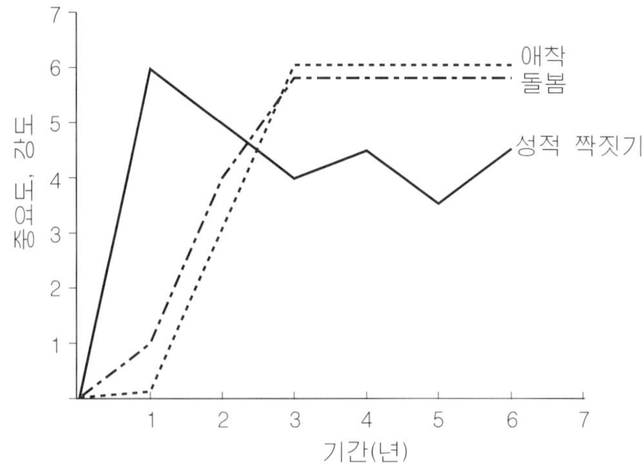

출처: Hazan & Shaver, 1994

를 수립하기 때문인 듯 싶다. 장기적 관계에 투자하기 위해서는 상대가 성적 매력이 충분한가, 나와 가족을 평생 잘 돌보아 줄만한 사람인가, 그리고 평생 돌보아주고 싶은 생각이 드는 사람인가를 확인하는 것이 중요하며, 낭만적 관계란 이 세 가지 질문을 결론에 도달할 때까지 끊임없이 되뇌이며 갈등하는 관계로 볼 수 있다.

인간이 대부분의 포유류와 다른 또 하나의 중요한 특징은 인간의 삶에서 중요한 사람들(예를 들면, 부모, 자녀, 배우자 등)이 단순히 역할을 채우는 것이 아니라 고유한 개인(individuals)이 된다는 사실이다. 이러한 특징은 진화된 영장류에서도 발견된다. Goodall(1986)은 여섯살에 어미를 잃은 새끼 침팬지가 스스로 먹이를 찾아 살아갈 능력이 있음에도 불구하고 슬픔에 빠져 쇠약해져서 죽는 것을 발견했다. 이 경우 상실한 것은 단순히 먹이를 제공하는 존재가 아닌, 그 개체와의 특별한 관계인 것이다. 그 개체는 고유하기 때문에 대체가 불가능한 존재이다. 인간의 경우에는 더욱 그러하다. 우리의 부모는 단순한 양육자가 아니라 우리 자신의 특별한 엄마와 아빠이고, 우리의 자녀는 단순히 돌보아야 할 피부양자가 아니라 우리 자신의 특별한 아들과 딸이다. 낭만적 사랑의 대상도 마찬가지다. 물론 상대를 단순히 성적 파트너로만 생각하고 다른 사람과 대체 가능하다고 생각하는 사람들도 있지만, 열렬한 낭만적 사랑의 핵심에는 항상 특별한 그 사람에 대한 열망이 자리잡고 있다. 만약 그렇지 않다면 젊은 베르테르나 로미오와 줄리엣이 죽을 이유도 없었을 것이고, 더 나아가 이 세상에 연애소설이란 장르는 존재하지도 않았을 것이다.

Oatley와 Jenkins(1996)에 의하면, 이와 같은 고유한 타자에 대한 사랑은 인간에게 특유한 취약점으로 작용한다고 한다. 젊은 시절 특정한 상대를 만나 사랑에 빠지고 그 결과 그 사람을 일생에 걸친 동반자로 선택한다는 것은 대단히 모험적인 일이라는 것이다. 그 사람이 병에 걸리거나 죽을지도 모르고, 혹은 자신에게 적합하지 않을지도 모르기 때문이다. 개인적 선택이 결혼의 기반이 되는 사회에서 이러한 문제는 항상 수반되게 마련이다. 특히 평생동안의 동반관계의 결정을 상당한 정도로 환상에 기초하고 변덕스러운 성적 끌림의 기분에 전적으로 의존하는 소위 '헐리우드식 사랑'은 위험부담이 무척 크다. 낭만적 사랑이 성적인 끌림과 더불어 돌보고 돌봄을 받는 요소 (배려와 의존의 이 두 요소를 합쳐서 친밀감 요소라고 부를 수도 있는데) 등 세 요소의 복합체로 구성된 것은 이러한 인간의 취약성을 감소시키기 위한 진화론적 책략이라고 할 수 있다.

요 약

1. 성에 대한 진화론적 관점에서는 인간의 신체구조와 성적 활동을 근거로 인간이 다른 동물보다도 성적인 존재라는 주장을 제기한다. 한편 심리적 현상을 진화론적 관점에서 설명하는 심리진화적 이론에서는 진화론에 근거한 남녀간 성적 책략의 차이를 제안한다. 즉, 남녀는 부모투자의 정도와 친자확률에 대한 확신의 차이 때문에 선호하는 상대의 특징과 생식책략에서 차이를 갖게 된다는 것이다.
2. 동성애를 이성과의 부정적인 성적 경험이나 연상의 동성애자의 유혹 혹은 과도한 오이디푸스 콤플렉스 등으로 해석하는 심리사회학적 가설들은 경험적인 증거가 부족하다. 동성애에 대한 생물학적 설명들은 호르몬이나 뇌의 구조, 태아기 호르몬의 불균형, 유전적 요인, 아동기의 성 비동조성 등을 포함한다. 최근 Bem은 생물학적 변인이 아동의 기질에 영향을 미침으로써 성적 동조성에 차이를 가져와서 동성(혹은 이성)에 대한 낯선 느낌이 개인의 성적 지향을 형성한다는 절충적인 주장을 제시하였다.

3. Bowlby의 초기 애착 이론은 정신분석학, 동물행동학, 인지심리학의 영향을 받아 형성되었으며, 애착이 유아의 생존확률을 높이는 진화의 산물로서 자신과 타인에 대한 내적 작용 모형으로 기능한다고 보았다. Ainsworth는 '낯선 상황'이라는 실험절차를 통하여 안정, 회피, 저항/양가 집단으로 애착유형을 구분하고, 안정된 애착의 형성에는 엄마의 민감성과 반응성이 요구된다고 주장하였다. 이후의 연구들에서는 양육의 질뿐만 아니라 유아의 기질과 양육방식간의 조화도 중요하고, 초기 애착이 이후의 성격발달과 대인관계 적응에 중요한 함의가 있다는 점 등이 밝혀졌다.
4. 애착은 낭만적 사랑과 공통점이 많으며 낭만적 사랑의 기초를 구성하는 것으로 추정된다. 성인애착연구에서는 애착유형에 따라 낭만적 사랑의 경험이 달라짐을 보이고 있다.
5. Sternberg는 사랑이 친밀감, 열정, 결정/헌신의 세 성분으로 구성된다고 보고, 각 성분의 존재여부에 따라, 좋아함, 도취성 사랑, 공허한 사랑, 낭만적 사랑, 우애적 사랑, 얼빠진 사랑, 완전한 사랑, 사랑없음 등의 8가지 사랑의 유형을 제시하였다.
6. 사랑은 크게 열정적 사랑과 우애적 사랑으로 나뉜다. 열정적 사랑이 생물학적 기반을 갖고 극단적인 감정의 기복을 수반하는데 반해, 우애적 사랑은 평범하고 보편적이고 안정적인 사랑으로 강화의 원리에 의해서 지배된다.
7. 낭만적 사랑의 체험에 미치는 성격요인들로 통제의 소재, 자기존중감과 방어성, 자기실현 등이 연구되었다. 연구결과를 종합해보면, 자기존중감이 높고, 방어성이 낮으며, 상호의존의 가치를 인정하는 사람이 낭만적 사랑에 빠지기 쉽고 동시에 사랑의 경험을 풍부하게 갖는 사람들인 것 같다.
8. 낭만적 사랑은 집합주의 사회와 개인주의 사회에 모두 존재한다. 두 문화 모두 낭만적 사랑을 촉진시키는 요인들과 장애가 되는 요인들을 수반하고 있다.
9. 낭만적 사랑은 성활동과 연합된 생식체계, 유아기에 엄마의 돌봄을 받는 것과 연합된 애착체계, 부모가 자녀에게 느끼는 양육본능과 연합된 돌봄체계의 세 핵심체계들로 구성된다. 낭만적 사랑은 복합적인 감정인 동시에 진화론적 기반을 갖고 있는 종 특유의 현상이다.

관련된 책 소개

성적인 동물로서의 인간을 묘사한 인류학 및 동물행동학 책들이 많다. 예를 들면, '털없는 원숭이' (Desmond Morris 지음, 김석희 옮김, 영언문화사), '접촉' (Desmond Morris 지음, 박성규 옮김, 지성사), '성의 계약' (Helen Fisher 지음, 박매영 옮김, 정신세계사), '욕망의 진화' (David Buss 지음, 김용석과 민현경 옮김, 백년도서) 등의 책들이 진화론적 관점에서 인간의 성을 설명한다.

사랑과 관련해서는 Erich Fromm의 '사랑의 기술' (The Art of Loving: 한국에서는 여러 출판사에서 번역되어 나왔음), '사랑의 의미' (김중술 지음, 서울대학교 출판부), '사랑의 심리학' (Sternberg 등 지음, 고선주, 이경희, 조은숙, 최연실 편역, 하우) 등이 출간되었다. 이 주제로는 수많은 관련서적들이 나와 있으므로 일일이 소개할 수가 없다. 마지막으로, 성보다는 성역할에 관련되었지만 페미니즘 최고의 고전으로 평가되는 시몬느 드 보부아르의 '제2의 성' (The Second Sex: 조홍식 옮김, 을유문화사)을 대학졸업 전에 꼭 읽을 것을 권한다.

제 12 장

예술가

피카소, 〈아비뇽의 처녀들〉 1907

예술가는 인습적인 사고로부터 자유로워야 한다. 피카소의 '아비뇽의 처녀들'은 미술을 사실적 묘사로부터 독립시킨 작품으로 모든 현대미술의 시발점으로 평가된다. 입체파 운동의 효시가 된 이 작품이 처음 선을 보였을 때 사람들은 경악과 분노를 표시했다.

예 술 가

"하지만 그들은 너무 때 이르게 찾아온 사람이다. 그들 삶에서 풀리지 않은 것, 그것이 그들의 작품이 된다."

—릴케, 예술에 대하여—

이 마지막 장에서는 '예술가'에 대한 성격심리학적 탐구를 시도한다. 왜 하필 예술가일까? 과학자도 아니고 사업가도 아니고 종교인도 아니고 왜 예술가가 선택되었을까? 그 첫 번째 이유는 예술가가 심리학적으로 가장 흥미로운 집단이기 때문이다. 예술가는 다양하고 복잡하며 강한 개성을 가진 사람들로서 다른 집단보다 심리학적인 연구의 재료가 무궁무진한 집단이다. 모차르트, 베토벤, 바그너, 반 고흐, 로뜨렉, 피카소, 니진스키 등을 떠올려보라. 심리학자들이 예술가들에 대해 얼마나 할말이 많을지 짐작이 갈 것이다. Freud를 보더라도 정신분석학을 적용하여 설명하려고 했던 것은 미켈란젤로와 레오나르도였지 갈릴레오나 뉴톤은 아니었다.

둘째, 예술가 연구는 인간 심리에 관한 많은 통찰과 시사를 제공해 줄 것으로 기대되기 때문이다. 심리학에서는 인간을 합리적인 과학자로 간주하는 생각이 주류이다. 이러한 과학자 편향은 성격심리학에서도 Kelly의 과학자 모형과 그후의 사회인지이론에서 대표적으로 드러난다. 그러나 인간이 과학자일까? 오히려 미지의 세계를 꿈꾸고 아름다움에 탄식하고 사랑의 느낌에 전율하는 예술가가 아닐까? 인간의 예술가적인 측면이 더 중요하고 더 다채로울수록 예술가 연구는 인간에 대한 이해를 더 깊고 더 폭넓게 해줄 것이다.

셋째, (개인적인 소견이지만) 예술가가 세상에서 제일 중요한 일을 하기 때문이다. 예술가의 정감, 창조적 비전, 아름다움의 구현, 진리에 대한 통찰은 인간의 고단하고 범상하고 때묻은 삶을 정화하고 격상시킨다. 달리 말하면, 예술은 이 세상에서 인간을 구원한다. Vygotsky(1925/1971)에 따르면 예술가란 동시대의 사람들에 앞서서 미래의 세계를 예지하고 예술활동을 통하여 그 준비를 시키는 존재이다. 그렇다면 예술가 연구를 통하여 우리는 사회와 삶의 많은 문제들에 대하여 창의적인 해답을 모색하고 더 좋은 세상을 만들기 위한 아이디어를 얻을 수 있을 것이다.

이 장에서는 예술가의 심리적 특성, 창조성, 예술가 모형 등을 다룬다. 예술가의 심리적 특성 중 인지적 특성에서는 지능과 예술적 재능을 나누어 살펴보았고, 동기적 특성에서는 추동감소와 자극추구의 두 동기를 논의하였으며, 성격특성에서는 예술가의 성격특질, 가치, 정신건강 등이 다루어졌다. 또한 창조성에서는 창조의 사고과정과 더불어 창조적 성격을 조명해 보았다. 마지막으로 예술가 모형에서는 심리학연구에 적용될 수 있는 예술가 모형을 제기하였고 앞으로 예술가에 관한 심리학적 연구에서 다룰 주제들을 제안하였다.

읽어보기·····

Vygotsky와 '예술심리학'

Lev Semenovich Vygotsky(1896-1934)는 Freud 및 Piaget와 더불어 심리학이 낳은 천재 중의 한 사람이다. Freud와 Piaget가 각각 장수하면서 체계적이고 방대한 이론을 구성해 낸 반면, Vygotsky는 짧은 생애동안에 후기의 Wittgenstein처럼 탁월한 통찰력으로 여러 현상들에 걸쳐서 체계적이지는 않지만 본질을 꿰뚫는 섬광과 같은 아이디어들을 펼쳐놓았다.

Vygotsky는 그의 짧고 찬란했던 학문적 생애의 첫 10년 동안 예술과 문학비평, 문학사, 미학, 예술심리학 등에 몰두하였다. 1915년에 'Hamlet'에 관한 첫 번째 평론을 썼고, 1915년과 1922년 사이에 문학비평에 관한 많은 논문들을 썼으며, 이러한 연구들을 바탕으로 1925년 '예술심리학'(The Psychology of Art)을 완성하였다.

'예술심리학'에서 Vygotsky는 당대의 미학을 심리학적 미학(실험미학 혹은 상향미학)과 비심리학적 미학(관념론적 미학 혹은 하향미학)으로 구분한 뒤, 이 두 입장이 모두 예술의 근본적인 이해와는 거리가 멀다고 비판한다. 왜냐하면 하향미학은 영혼의 본질이나 형이상학적 전제나 사변적 구성들로부터 그 법칙과 증거를 찾으려하고, 반면에 상향미학은 기본적인 미적 관계를 탐색한다는 미명아래 극히 원초적인 실험에 몰두함으로써 예술을 의미없는 사실들의 조합으로 환원시켰을 따름이기 때문이다. Vygotsky는 새로운 예술심리학이 (개인을 연구하는) 사회심리학적 관점에서 추구되어야 하고, 작가나 감상자의 심리가 아니라 예술작품 자체가 연구대상이고, 예술의 내용이 아니라 형식이 연구영역이 되어야 하며, 연구방법론으로서 객관적 · 분석적 방법을 사용해야 한다고 주장한다.

Vygotsky는 또한 예술에 대한 세 갈래의 전통적 견해들 - 예술을 지각으로 보는 견해, 기교로 보는 견해, 정신분석학 - 을 비판한다. 예술을 지각(perception) 혹은 사고로 파악하는 견해에 따르면 예술이란 이해 혹은 지각을 돕는 방식으로서 그 목표에 있어서 과학과 다를바 없는 것이다. Vygotsky에 의하면 이러한 주지주의적 관점의 가장 큰 오류는 예술에서 정서의 중요성을 간과한 것이다. 한편, 예술을 기교(technique)로 보는 견해는 예술의 형식을 강조하는 형식주의로서, 예술은 내용과는 완전히 독립되어 순수한 형식으로 존재한다고 본다. 그러나 Vygotsky는 형식주의가 예술의 가치를 형식이 주는 감각적 즐거움에 국한시킴으로써 초보적 쾌락주의로 전락시켰다고 비판한다. 더욱이 예술에서 내용과 형식은 독특한 관계를 유지하고 있어서 둘 중 한 요소를 파괴하거나 변화시키면 예술의 효과를 유지할 수가 없다. 그러므로 예술에서는 내용과 형식이 모두 중요한 것이다. 마지막으로 정신분석학의 경우, 예술심리학의 연구에 필수적인 무의식의 개념을 도입하였다는 점에서 높이 평가할 만하다고 본다. 그러나 정신분석학은 의식을 무시함으로써 슬기로운 사회적 활동으로서의 예술활동을 신경증에서의 병리적 현상이나 꿈에서의 무질서한 이미지와 구분할 수 없게 만든 것은 잘못이라고 비판한다.

그렇다면 Vygotsky는 예술의 핵심적인 심리적 과정을 무엇으로 파악하였으며, 그가 주장하는 예술심리학이란 어떤 모습일까? Vygotsky는 인간에 대한 예술의 효과의 법칙을 탐구하는 것이 예술심리학의 영역이라고 주장한다. 이때 예술의 효과는 정서적인 성격이며, 이러한 정서적 효과는 정화(catharsis)의 기제에 의해서 이루어진다고 한다. Vygotsky의 정화의 개념은 독특하다. 정화는 본래 Aristoteles에 의해서 제안된 개념으로 대리체험에 의한 정서의 발산을 의미하지만 Vygotsky는 갈등적인 정서의 유발과 변형과 소멸을 의미하는 것으로 사용하였다. 그는 예술에서 정화란 작품의 형식과 내용 간의 갈등에서 비롯되는 정서의 변환과 방출로서, 이 정화효과가 예술적 효과의 핵심이라고 주장한다.

Vygotsky의 예술심리학의 또 하나의 축은 예술의 사회적인 기능의 강조이다. 그는 삶과 예술의 관계를 포도와 포도주의 관계로 비유하였다. 즉, 삶에서 재료를 얻어 그 재료에 포함되지 않은 어떤 것을 돌려주는 것이 예술이라는 것이다. Vygotsky는 예술을 유기체와 환경 간에 균형을 확립하는 활동으로 파악하였다. 즉 예술은 행동을 통하여 정서를 방출하는 대신 상상을 통하여 정서를 방출하며 미래의 행동에 대한 준비를 한다는 것이다. 이렇게 보면 예술은 자폐적인 개인활동이 아닌 사회적 의미를 지닌 사회활동이며, 개인과 사회가 가장 깊숙한 수준에서 접촉하는 접점인 것이다.

Vygotsky의 예술관을 요약하면, 첫째 예술의 효과는 정서적이며, 둘째 작품의 형식과 내용간의 갈등에서 비롯되는 정서의 변환과 방출, 즉 정화(catharsis)가 예술적 효과의 핵심이고, 셋째 예술은 사회적 활동으로서 유기체와 환경 간의 균형을 확립하는 역할을 한다. Vygotsky가 예술에서 정서를 강조하고 사회적 기능을 부각시킨 것은 종래의 주지주의적이거나 형식주의적인 예술관과 선명하게 대조가 되는 것이다.

'예술심리학'은 당대 러시아의 새롭게 떠오르는 이데올로기였던 Marxism이 20대의 청년 지식인 Vygotsky에게 미친 영향을 가늠케 한다. 그가 예술의 효과를 내용과 형식의 갈등이 생성하는 정서의 변환과 해소, 즉 정화로 파악한 것은 Marx의 변증법적 원리를 적용한 것이고, 예술활동을 아무리 사적이고 개인적으로 보이더라도 궁극적으로는 사회활동이라고 주장한 것도 개인이 사회의 구성물임을 강조하는 Marxism의 영향을 받은 것이다.

Vygotsky의 '예술심리학'은 학문적 성숙이 이루어지기 전인 20대 초반에 쓰여진 것으로서 후기의 명저 '사고와 언어'에 비해서 논리적 완결성이 미흡한 것은 사실이다. 실제로 Vygotsky는 '예술심리학'을 탈고하고도 출판은 하지 않았는데 아마도 그 자신 이 책을 미완성으로 생각하지 않았나 추측도 된다. 또한 그가 '예술심리학'에서 제시했던 경험적 증거들은 오늘날의 심리학적 지식으로 볼 때 부적절하거나 불충분하다는 인상을 주며, 그가 심리학과 결합시키기 위해서 노력했던 Marxist 변증법은 사회주의의 몰락과 더불어 퇴색하였다.

그러나 그의 예술심리학의 두 축인, 내용과 형식의 관계가 생성하는 심리적 효과에 대한 논의와 개인과 사회를 잇는 접점으로서의 예술에 대한 인식은 예술의 본질에 관한 날카로운 통찰로서 현대의 예술심리학의 정체확립에 중요한 지표를 제공하고 있다고 생각한다. 비록 그의 '예술심리학'이 미성숙한 천재의 미완성 저술이라고 하더라도 오늘날의 예술심리학은 여전히 Vygotsky 당대의 정신분석학과 실험미학의 수준에서 크게 벗어나지는 못한 상태이며, 또한 그 이후 어느 누구도 Vygotsky가 '예술심리학'에서 보여준 통찰과 종합을 능가하는 예술심리학을 제시하지는 못하였다.

출처: Vygotsky의 '예술심리학' 고찰 (민경환, 1993)

예술가의 심리적 특성

예술가는 통상적으로 예술에 종사하는 사람을 일컫는다. The New Encyclopedia Britannica(1988)에 따르면 예술이란 "다른 사람들과 공유할 수 있는 미적인 대상, 환경, 혹은 체험의 창조에 기술과 상상을 사용하는 것" (p. 594)이다. 예술은 흔히 문학, 시각예술, 그래픽 예술, 조형예술, 장식예술, 공연예술, 음악, 건축 등을 포함한다. 따라서 예술가는 이들 활동에 종사하는 사람들로 단순하게 정의될 수 있다.

그러나 이러한 단순한 정의 속에 얼마나 다양한 상징체계들이 포함되어 있는가? 예를 들면, 시인과 화가와 작곡가와 콘서트 피아니스트와 영화배우들은 모두 자칭 타칭 예술가들이다. 상이한 재능과 활동들이 요구되는 이들 속에서 어떤 공통점들(성격이든 능력이든 가치든간에)을 발견할 수 있을까? 또한 같은 상징체계속에서도 인류 역사상 최고의 음악천재로 간주되는 모차르트와 평범한 음악교사를 묶어서 예술가로 명명하고 그들을 비예술가와 구분하는 특성들을 찾는 것이 과연 가능하고 의미가 있을까? 이러한 어려움 때문에 실제로 예술가의 특성을 밝히는 심리학적 연구들은 의외로 많지 않다.

예술가에 관한 심리학적 연구들은 크게 둘로 나눌 수 있다. 하나는 개별사례적 접근(idiographic approach)으로서 특이한 삶을 살아간 예술가들(예를 들면 로트렉이나 반 고흐)을 선택하여 그 사람의 삶과 예술을 그가 지닌 재능, 성격특성, 정신병리 등과 관련시켜가며 해석하고 설명하는 전기적(biographic) 방식이다. 이러한 접근들은 소수 천재적인 예술가들의 삶과 창조성의 원천 들을 이해하는데 도움을 준다. 다른 하나는 법칙정립적 접근(nomothetic approach)으로서 예술가의 공통적인 특성들을 집단연구를 통해 밝혀내려는 작업들이다. 예를 들면 창조적인 예술가 집단과 평범한 예술가 집단을 비교하거나 예술가 집단과 비예술가 집단을 비교하는 연구들이 여기에 속한다. 여기서는 두 종류의 접근에서 밝혀진 예술가의 심리적 특성들을 인지적 특성, 동기적 특성, 성격특성 등으로 정리하여 차례로 소개한다.

인지적 특성

지능

예술가들은 지적 능력에 의해서 평가되지 않을 뿐더러 지성보다는 감성이 부각되기 때문에 예술가들을 지능이 높거나 높아야 한다고 생각하지는 않는 것 같다. 감성에 호소하는 예술은 인지적인 문제해결 능력과는 관계가 없는 작업으로 보인다.

실제로 학교성적이나 지능검사에 의해서 측정된 지능과 다양한 창조성 검사나 작품의 창조성 평정에 의해서 측정된 창조성 사이에는 낮은 상관관계만이 발견되었다(Getzels and Jackson, 1962; Guilford, 1967; Torrance, 1962; Wallach and Kogan, 1965). 예를 들면, 어떤 예술가들은 지능에서는 높은 점수를 얻었으나 창조성에서는 동료들에 의해서 높이 평정되지 않았고, 어떤 예술가들은 높은 창조성을 달성하였지만 지능검사에서는 높은 점수를 받지 못하였다(Barron, 1963; Mackinnon, 1961). 따라서 창조적 예술가와 평범한 예술가 사이를 구분짓는 것이 지능의 차이라고 말하기는 어렵다.

그러나 낮은 지능을 가진 사람이 어떤 분야에서든 높은 창조성을 발휘하기는 어렵다. 창조적인 사람들은 대체로 일반인들보다 높은 지능의 소유자들이다(Barron, 1963). 물론 지능이 높다고 더 창조적인 것은 아니다. 지능검사는 창조성과는 독립적인 인지적 문제해결 능력을 측정하는 검사이기 때문이다. IQ와 창조성 간의 관계에 대한 연구들에 따르면, 높은 창조성을 발휘하기 위해서는 어느 정도 수준의 지능(대략 IQ 120 정도)이 요구되지만 이 수준을 넘어서면 지능과 창조성 간에는 거의 상관이 없다고 한다. 앞에서 언급한 예술가의 창조성과 지능간의 낮은 상관은 조사된 예술가 집단이 대체로 높은 수준의 IQ를 갖고 있기 때문일 수도 있다. 창조성의 높고 낮음에 관계없이 예술이라는 전문직종에 종사하기 위해서는 꽤 높은 수준의 지능을 갖고 있어야 하기 때문이다. 한편 아동을 대상으로한 Wallach와 Kogan의 연구(1965)에서는 낮은 IQ를 받은 아동들 중 상당수가 높은 창조성 점수를 기록하였다. 아마도 아동의 창조성은 성인의 창조성보다 지적인 요소가 영향을 미칠 여지가 적기 때문일 것이다.

그렇다면 지능이 낮은 사람은 예술가가 될 수 없는가? 이 문제는 예술 혹은 예술가를 어떻게 정의하는가에 달려있다. 장인들은 지적으로 우수하지 않더라도 타고난 손재주와 오랜 세월의 훈련을 통하여 아름답고 정교한 미술품을 제작해낼 수 있다. 또한 자폐아나 정신분열증 환자들도 자신의 독특한 세계를 그려내어 보는 사람들에게 깊은 충격을 줄 수 있다. 그러나 창조적 예술은 세계에 대한 깊고 정확하며 독창적인 해석을 타인에게 전달하여 감동을 가져오게 만드는 대단히 지적인 작업으로서 지적 능력을 갖추는 것이 필수적이다. 이 점은 화가나 시인이나 음악가나 배우나 다 마찬가지인 것이다. 다만 화가의 경우 고대 그리스에서는 높은 지능을 부여하지 않았다. 왜냐하면 현실세계를 그대로 모사하는 것이 화가의 임무라고 생각했기 때문이다. 그러나 시인에게는 높은 지능이 필요하다고 생각했다. 한편 이러한 지적 능력이 통상적인 지능검사에서 잘 반영된다고 확신할 수는 없다. 그러므로 창조적 예술가가 되기 위해서 IQ가 얼마 이상이 되어야 한다는 류의 주장은 매우 위험한 일이다.

일본의 작가 시오노 나나미는 '르네상스를 만든 사람들'에서 한 가지 흥미로운 지적을 하고 있다. 인류역사상 최고의 천재 중 한 사람으로 꼽히는 레오나르도 다 빈치의 경우 완성된 작품들에 비해 미완성작품들이 너무나 많다. 그 이유를 시오노 나나미는 레오나르도의 탁월한 지적 능력에 돌린다. 즉 다른 사람들은 작품이 완성될 때까지 그 결과를 알지 못하는데 반해 레오나르도는 어느 정도 작업이 진행되면 이미 머리 속에 작품이 완성된 형태로 그려져 있다. 이미 최종 결과를 거의 완벽하게 미리 알고 있는 상태에서 더 이상 작업을 진행할 열정을 유지하기가 어렵기 때문에 레오나르도는 미완성 상태에서 작업을 중단하곤 했다는 것이다. 필자는 시오노 나나미의 의견에 십분 동조하면서 동시에 레오나르도의 세상 모든 것에 대한 다양하고도 왕성한 호기심도 큰 역할을 했을 것이라고 추정한다. 죽기 전에 세상의 모든 것을 알고 싶어했던 레오나르도에게 어느 정도의 해답을 갖고 있는 질문들에 계속 매달리는 것은 다분히 시간낭비로 보였을 것이다. 이 점은 시스티나 성당의 '천지창조'와 '최후의 심판' 등 엄청난 대작들을 몇 년 동안 매달려 기어이 완성시키고 만 미켈란젤로의 집념과 대조가 된다.

지능의 수준과는 독립적으로 예술가들을 지성적인 예술가와 감성적인 예술가로 분류할 수 있다. 새로운 형식이나 이데올로기를 도입하는 예술가들(음악에서 바흐, 쇤베르크, 스트라빈스키, 마일즈 데이비스; 회화에서 레오나르도 다 빈치, 세잔, 피카소, 석도 등)은 전자에 속하고, 낭만주의 예술가들(음악에서 슈베르트, 쇼팽, 리스트; 회화에서 로트렉, 반 고흐, 고갱, 팔대산인 등)은 후자에 속한다. 우리나라에서도 강세황, 김정희, 이응로, 백남준과 같은 지성적인 화가들과 최북, 신윤복, 장승업, 이중섭, 박수근, 장욱진, 김기창과 같은 감성적인 화가들이 존재한다. 물론 이러한 구분은 상대적이다. 위대한 예술가들은 지성과 감성을 모두 갖춘 사람들이다. 예술은 Vygotsky가 지적했듯이 지혜로운 작업인 동시에 정서에 호소하는 작업이기 때문이다.

예술적 재능

예술가로서 성공하기 위해서 재능은 필수적이다. 시중에는 각 예술영역 별로 재능을 측정하는 수많은 검사들이 나와있다. 그러나 예술가로 성공하기 위해서 실제로 어떤 재능이 필요한지에 대한 연구는 많지 않으며 따라서 이들 소위 예술적성검사들의 타당도는 제대로 확인되지 않은 상태이다.

사람들은 위대한 예술가를 평범한 예술가와 구분시키는 것이 재능(talent)이라고 생각하는 경향이 있다. 모차르트나 피카소나 김홍도의 재능이 뛰어나다는 것은 의문의 여지가 없다. 그러나 재능의 의미는 매우 모호하며 무엇이 재능을 결정하는지도(유전? 학습? 환경?) 확실하지 않다. 또한 어떤 재능이 요구되는가도 각 예술의 상징체계에 따라 다른 것같다. 예를 들면, 음악에서는 절대음감의 보유, 미술에서는 사상(寫像)기억(eidetic memory)이나 시(視)지각, 시(詩)에서는 정서적 감민성 등이 타고난 예술가를 만드는지도 모른다. 한 예로 Getzels와 Csikszentmihalyi(1976)의 연구에서 미술학교 학생들은 일반학교 학생들보다 대상회전 검사와 심미적 판단검사에서 더 높은 점수를 얻었다. 그러나 이러한 재능들은 예술이 주로 기능으로 존재했던 르네상스 이전에는 존경받는 예술가가 되기 위한 중요한 조건이었지만 창조성이 강조되기 시작한 르네상스 이후에는 위대한 예술가가 되기 위한 충분조건이 아니다. 각 상징체계간의 구별을 뛰어넘는 어떤 공통적인 성분을 위대한 예술가들은 공유하는 듯하다. 또한 각 예술분야별로 재능을 요구하는 정도도 다르다. 예를 들면, 음악의 경우에는 선천적인 뛰어난 재능이 요구되지만 미술이나 문학에서는 아주 어린 시기에 뛰어난 재능을 보이는 경우가 드물다.

음악의 천재

예술 중에서 가장 재능이 중요한 역할을 하는 분야는 음악이다. 인류학자 Levi-Strauss는 음악을 작곡할 수 있는 천재와 보통사람 사이에 경이로울만큼 큰 간격이 존재한다고 지적하였다. 예술의 다른 분야들(문학, 미술 등)에서는 천재의 재능이 음악에서만큼 신비스럽지 않다.

음악에 대한 탁월한 재능은 타고난 것으로 신경학적 기반을 갖고 있다고 주장하는 학자들이 있다. 여러 증거들이 이러한 주장을 뒷받침한다. 우선 음악가의 발달에서 훈련이나 연습이 중요하지만 타고난 음악적 재능을 대신하지 못한다는 것은 잘 알려진 사실이다. 또한 대부분의 뛰어난 음악가들은 (모차르트, 멘델스존, 바이올리니스트 메뉴인 등) 아주 어릴 때부터(때로는 2-3살 때부터) 음악적 재능을 보여주었다. 그리고 음악신동들은 종종 음악에 무관심한 가정에서도 배출된다. 더욱이 음악적 능력에서의 개인차는 무척 크며 훈련과 상관없이 유지되는 경향이 있다.

특수한 음악적 능력은 때때로 다른 능력에서 결함을 갖고 있는 아동들에게서도 보고된다. 심한 정신지체 아동이 음악에서 우수함을 보이는 경우가 있다. 예를 들면, IQ 55인 한 아동이 7개의 악기를 다루고, 높은 수준의 곡을 작곡하고, 천곡이 넘는 곡을 암기하여 부를 수 있는 능력을 보인 경우도 관찰되었다(Gardner, 1973). 또한 언어 능력이 결여되고, 정서적 장애를 보이며, 사회적 접촉을 꺼리는 자폐아동들에서도 특별한 음악적 능력이 발견되기도 한다.

특별한 음악적 기술과 강한 인지적 · 정서적 장애가 함께 나타날 수 있다는 사실은, 음악적 능력이 별개의 타고난 신경학적 역량으로서 학습이나 훈련으로 만들어질 수 있는 것이 아님을 시사한다. 그러나 정신지체 아동들과 자폐아동들이 음악적 조숙성을 보이기는 하지만 그들이 성인이 되어서 위대한 음악가가 되지는 못한다. 또한 천재적인 음악적 재능이 아주 어려서부터 나타나지만, 강한 규율과 공식적인 훈련이 없이는 성숙하지 못한다. 위대한 음악가가 된 사람들은 대부분 아주 어렸을 때부터 부모나 교사로부터 매일 음악적 재능을 키우기 위한 엄격한 훈련을 받았다. 또한 음악적 천재들은 부모나 교사만큼 스스로 엄격하다. 동양인이나 유대인 중에 유명한 음악가가 많이 나온 것도 이들 문화가 엄격한 훈련의 전통이 있기 때문이라고 볼 수 있다.

따라서, 어렸을 때의 재능, 이 능력을 양육하고 훈련시키는 부모, 매일 엄한 훈련을 받아 들이려는 자발성이 위대한 작곡가나 연주가가 되는데 결정적인 요소들이다. 이에 더하여 음악에 깊이 감동받는 것이 필요하다. 바이올리니스트 아이작 스턴은 이점을 잘 지적하였다. "어린아동은 음악에 빠져야 한다. 이것은 10-14세 사이에 갑자기 생긴다."

음악에의 깊은 정서적 몰입은 청소년기까지는 나타나지 않는다. 청소년기가 되면 음악적 신동들은 결정적인 변화 — 조숙한 재능의 단계로부터 더 성숙되고 경험있는 예술가로의 변화 — 의 시기를 겪는다. 메뉴인에 의하면, 실패자는 여기서 단순한 기교와 개인적 표현양식 사이의 간격을 메울 수 없는 사람이다. 15살쯤 되면, 음악적 신동들은 음악에 몰입하는 이유에 대해 자문한다. 이 위기를 피하는 신동들은 거의 없으며, 이 위기를 극복하지 못하고 모든 것을 포기하는 사람들도 많다. 마크 잘즈만의 소설 '솔로이스트'는 이 시기에 일어난 좌절을 잘 표현하고 있다.

왜 어린 신동들이 시각 예술이나 언어 예술보다는 음악 영역에서 더 많이 발견되느냐 하는 문제는 심리학자들의 흥미를 돋우는 수수께끼이다. 한가지 설명은, 수학이나 체스나 바둑과 같은 신동을 많이 배출하는 분야와 비교함으로써 얻어질 수 있을 것이다. 음악, 수학, 체스, 바둑은 모두 고도의 복잡한 형식적 법칙의 체계위에 세워진다는 공통점이 있다. 이러한 법칙들의 숙달은 인간관계의 경험에서 얻어진 지식과는 독립적이다.

그러나 어린 신동이 위대한 음악을 작곡할 수는 없다. 위대한 음악은 기교적으로 복잡할 뿐 아니라 인간경험의 깊이를 표현한다. 물론 정서적 표현성은 수학이나 체스나 바둑에서는 아무 역할도 하지 않는다. 음악적 신동들의 위험성은 음악의 형식적 법칙을 숙달하여 기교를 획득하지만 정서적 깊이에 도달하지 못하는 것이다. 이 정서적 깊이는 시간 및 경험과 더불어 오며 따라서 어린 신동에게서는 발견될 수 없다. 모차르트가 어린 신동에서 불세출의 음악가로 모든 사람들을 감동시키는 위대한 음악을 작곡한 것은 겉으로 드러난 경박한 모습에도 불구하고 내면적으로는 위대한 작곡가에 필수적인 정서적 깊이에 도달하였기 때문이다. '피가로의 결혼'과 '마술피리' 등의 후기 오페라들에서 모차르트는 인생의 애환을 깊이 이해하는 정서적 성숙을 유감없이 보여주었다.

위대한 음악가가 되는 아동들의 음악적 기술은 지적 및 정서적 능력에서 결함을 지니면서 특별한 음악적 재능을 보이는 아동들의 것과는 다르다. 정신지체나 자폐적 아동의 음악적 천재성은 일반지능, 정상적 성격발달, 훈련 및 환경적 지원과는 독립하여 출현하는 기교의 섬이다. 위대한 음악가가 되는 아동의 경우에 음악적 재능은 고정되지 않고, 엄격한 훈련에 의해서 크게 성장할 수 있는 것이다. 그러나 천재의 씨앗이 없으면 아무리 잘 짜여진 훈련 프로그램이라 하더라도 천재를 만들 수는 없다. 이 점은 스즈끼의 훈련 프로그램에서 아무리 어려서부터 엄격하고 체계적으로 지도를 받았어도 위대한 음악가가 나타나지 않은 데서도 알 수 있다. 따라서 위대한 성인 음악가가 되기 위해서는 타고난 재능과 아주 초기부터 시작되는 엄한 훈련이 필수적이다. 그리고 이 둘의 혼합만으로는 충분하지 못하다. 음악적 천재는, 오직 소수에서만 발달하며, 또한 보통 청소년기까지는 나타나지 않는, 음악에 대한 정서적 유대를 기다려야 한다.

미술의 천재

음악이나 수학에는 신동이 많지만 미술에는 별로 많지 않으며 문학의 경우에는 더욱 드물다. 그러나 피카소나 끌레가 9세 전후에 그린 그림을 보면 이들이 어릴 때부터 대단히 뛰어난 재능을 보였음을 알 수 있다. 또한 르네상스 시대의 예술가들 중에는 이미 7,8세때 두각을 나타낸 화가들이 많았으며, 오늘날에도 8,9세에 뛰어난 그림 솜씨를 보여주는 아동들이 많다.

1979년 이스라엘에서는 유명한 화가들의 어린 시설 그림들을 모아 진시회를 열었다. 여기에 출품된 그림과 평범한 아동들의 그림을 비교한 결과, 유명한 화가들의 어린 시절 그림들도 보통아동들의 그림과 같이 자유롭고, 표현적이고 조화롭게 구성된 전(前)인습적 단계를 거쳤다. 그러나 이들의 그림은 도식적인 기하학적 형상보다는 유연한 윤곽선을 사용하는 등 보통아동들의 그림보다 훨씬 자연스러운 느낌을 주었다.

나중에 뛰어난 화가가 된 재능있는 아동들도 (보통아동들보다는 덜 하지만) 초등학교 시절에는 대상을 딱딱하고 인습적인 도식으로 그리는 등 인습적인 단계를 거친다. 그러나 보통아동들이 이러한 인습적인 단계를 영영 벗어나지 못하는 반면, 재능있는 아동들은 빨리 이 시기를 졸업하고 10세쯤 되면 그들의 성인기의 작품에서 보이는 개인적 스타일을 발달시키며 청년기 초기에는 예술적 성숙에 도달한다. 그러므로 재능있는 아동들도 보통아동들과 질적으로 다른 단계를 거치는 것은 아니며 다만 인습적인 단계로부터 (빨리) 빠져나온다는 점이 가장 큰 차이이다.

자폐적인 신동들은 성숙한 화가와 많은 점을 공유한다. 윤곽선에 대한 민감성, 예민한 시각 기억, 이러한 기억을 운동 패턴에 이용하여 마음의 눈으로 읽고, 힘들이지 않고 충실하게 종이 위에 시각적 패턴으로 옮기는 능력 등이 그렇다. 그러나 성숙한 화가가 자연 그대로 그리거나 않거나를 자유롭게 선택하는데 비하여 자폐적 신동은 시각적으로 사실적인 스타일로 표상하는 외에는 다른 선택을 갖지 못하는 것처럼 보인다. 자연 그대로 그리지 않는 자유가 결여되고, 그럼으로써 예술적 산물에 대한 완전한 통제가 결여되는데서 자폐적 신동은 예술적 발전의 최종상태에 도달하지 못한다.

창조적 사고: 확산적 사고

심리학자들은 예술보다는 창조성 일반에 관심을 갖고 있으며, 창조성을 특별한 형태의 사고를 수반하는 것으로 정의하고 그 실체를 밝히려는 노력을 기울여 왔다. Guilford(1967)는 창조성 검사를 발전시킴으로써 창조성이 통합된 기술이 아니라 상이한 능력성분들의 집합임을 보이려고 하였다. 창조성 검사에서 높은 점수를 받은 사람들의 사고과정은 확산적 사고(divergent thinking)로 지칭되었다. 확산적 사고는 이미 알려진 정답을 지향하는 사고유형인 수렴적 사고(convergent thinking)와 대조되는 사고유형으로 유창성(fluency: 산출된 반응의 수)과 유연성(flexibility: 반응의 다양성) 및 독창성(originality: 반응의 신기함)의 세 성분으로 구성된다.

Guilford는 확산적 사고를 할 수 있는 능력이 창조적인 사람들의 특징이라고 주장했다. 즉 창조적인 사람들은 다수의 재료를 가용할 수 있다는 점에서 유창하고, 사고에서 유연하며, 비인습적이고 독창적이라는 것이다.

그러나 확산적 사고와 예술적 창조성간의 관계에 대한 연구들은 일관성있는 결과를 보이지 못했다. 예를 들면, Lowenfeld과 Beittel(1959)은 시각예술에서 매우 창조적이라고 평가된 학생들이 확산적 사고에서도 높은 점수를 받았다고 보고하였다. 그러나 MacKinnon(1961)은 건축가들을 대상으로 한 연구에서 확산적 사고와 창조성간에 관계가 없음을 발견하였고, Getzels와 Csikszentmihalyi(1976)은 확산적 사고 점수와 훗날의 예술가로서의 성공간에 부적 관계를 발견하였다.

확산적 사고와 예술에서의 창조성간에 뚜렷한 관계가 발견되지 못한 것은 확산적 사고를 측정하는데 사용된 과제의 유형(예: 벽돌의 비통상적인 사용을 15가지를 들 것 등)이 영리하고 순발력있으며 유연한 마음을 선별하지만 예술이나 과학에서의 창조성과 관련되는 깊은 사고의 능력과는 거리가 멀기 때문인 듯하다. 또한 Guilford의 과제는 모두 언어과제인데 언어능력이 비언어적인 예술에서의 창조성에 중요하다고 가정할 이유도 없다.

다른 연구자들은 창조성의 핵심을 다른 능력에서 찾았다. Mednick(1962)는 창조적인 사람들이 신기한 연합(novel connection)을 지각하는데 특별한 능력이 있다고 주장하였다. 그는 거리가 먼 범주들로부터 단어들을 선정하여 제시한 후 이들 모두를 연결시키는 단어를 생각해내도록 하는 과제를 고안하였다. 다른 도구들에서 높은 창조성을 지닌 것으로 평가된 사람들은 이 과제에서 높은 점수를 받았다. 이 결과는 창조성이 비통상적인 연합을 형성하는 능력을 수반함을 시사한다.

Rothenberg(1971)는 반대단어들을 생성하도록 요구하는 과제를 통하여 통상적으로 상이하게 간주되는 대상들에서 유사성을 찾아내는 능력을 측정하였다. 창조성이 높은 사람들은 이 과제에서 높은 점수를 받았는데, 그는 이와 같이 통상적으로 상이하다고 간주되는 요소들간에 유사성을 지각하는 능력을 '야누스적인 사고' 라고 지칭하고, 이러한 유형의 사고가 창조성에 중요하다고 주장하였다. 신기한 연합의 능력이나 상이한 대상들에서 유사성을 지각하는 능력들은 모두 확산적 사고의 측면들로 간주될 수 있다.

대부분의 전통적인 지능이나 창조성의 측정도구들은 문제를 해결하는 능력을 평가하는데 초점을 맞추고 있다. 그러나 문제해결도 예술에서 중요하지만 그보다 더 핵심적인 능력은 문제를 발견하는 능력이다. 아마도 가장 창조적인 예술가는 문제를 해결하는데 뛰어날 뿐만 아니라 도전적인 문제를 발견하는데도 탁월한 능력을 가진 사람들일 것이다.

동기적 특성

예술가의 창조적 동기에 대해서는 두 갈래의 설명이 존재한다. 하나는 긴장감소(추동감소)의 추구이고 다른 하나는 긴장증가의 추구이다. 전자는 Freud의 정신분석 이론에 의해서 대표되고, 후자는 실험심리학의 자극추구의 동기 이론에 의해서 설명된다.

추동감소의 동기: Freud의 예술이론

Freud에 따르면, 예술적 창조는 충족되거나 의식적으로 직면될 수 조차 없는 무의식적(주로 오이디푸스적) 소망에 대한 예술가의 대처 수단이다. 창조성과 마찬가지로 신경증도 본능의 압력과 본능적 욕망의 충족을 억제하는 문명의 요구 사이의 갈등에 대한 반응에서 기원된다. 그러므로 신경증과 창조성 모두 이 갈등을 해결하려는 시도이다. 신경증 환자들은 욕망을 억압하고 왜곡하는 방어기제들을 부과함으로써 갈등에 반응하며, 그 결과로 종종 상당히 경직된 성격을 발달시킨다. 창조적인 사람들은 사회적으로 용납되지 않는 본능적 욕망들을 억압하는 대신 승화시킨다. 승화(sublimation)를 통하여 리비도 에너지는 억압되지 않고 사회적으로 용납될 수 있는 목표를 향하여 통로가 수정된다. 승화는 예술영역에 국한되지는 않는다. 운동선수들도 예술가와 마찬가지로 자신의 욕망을 승화시키는 일에 종사하고 있는 것이다.

예술적 창조에 수반되는 승화는 따라서 일상적인 생산행동에 수반되는 승화와 유사하다. 그러나 예술적 승화는 꿈의 기저에 있는 과정과 유사하고 놀이(play)와 친족관계를 이룬다는 점에서 다른 형태의 승화와 다르다. Freud는 예술가와 신경증 환자는 구별하면서 예술가와 꿈꾸는 사람 간의 유사성은 강조하였다. 둘 다 동일한 활동, 즉 마음 깊이 자리잡고 있는 소망을 환상 속에서 무의식적으로 충족시키는 활동에 종사하고 있는 것이다. 예술가가 놀이를 하고 있는 아이와 같다는 것도 바로 이러한 의미에서이다. 아이나 예술가 모두 자신들은 대단히 심각하게 생각하지만 현실세계와는 뚜렷이 구별되는 세계를 창조하는 것이다. 이 꾸며낸 세계에서 이들의 소망은 환상 속에서, 그리고 위장된 형태로 충족될 수 있다. 비록 수준 낮은 예술작품에서만 예술가의 소망이 노골적으로 드러나고 위대한 작품에서는 가려져 있지만, 모든 예술은 환상 속에서 예술가의 무의식적 소망의 충족을 포함한다. 그리고 모든 소망 충족은 환상의 차원에서조차 본능적 긴장의 감소를 가져온다.

아이들의 놀이는 어른이 되면 백일몽 속의 환상으로 대체되는데 예술가의 경우에는 예술작품의 창조로 대체된다.

그러므로 예술, 신경증, 놀이, 백일몽, 밤의 꿈, 그리고 일상적인 생산작업 간에 유사성의 끈이 놓여있다. 이 모든 형태의 행동들의 기저에는 충족될 수 없는 강력한 소망이라는 공통적인 성분이 존재한다. 이 성분에 억압 성향을 더하면 신경증 환자가 되고, 이 동일한 성분에 승화 성향을 더하면 야심 많은 노력가가 되며, 이 사람이 '천재'라는 신비한 성분을 갖추고 있으면 창조적 예술가 혹은 과학자가 되는 것이다.

Freud는 창조의 욕구뿐 아니라 예술작품의 내용도 아동기 초기의 무의식적 갈등에 의해서 결정된다고 믿었다. 꿈이나 아동의 놀이와 마찬가지로 그림이든 소설이든, 그 표면적 주제가 무엇이든, 심층수준에는 항상 그 작품을 만들도록 하는 무의식적 소망의 충족을 포함하고 있다. 그러므로 예술작품의 내용을 분석하여 그 상징적인 위장의 배후를 뚫어보면 예술가의 무의식적 세계

(성격)가 드러나게 마련이다.

Freud(1928)는 소포클레스의 '오이디푸스 왕', 세익스피어의 '햄릿', 도스토에브스키의 '카라마조프 형제들'을 오이디푸스 갈등에 의한 부친살해의 주제를 전형적으로 담고 있는 작품들로 평가한다. 소포클레스의 희곡은 이 금기적인 주제가 가장 명시적으로 드러난데 비해 후의 두 작품은 간접적이며 감추어져 있다고 보았다. 오이디푸스적인 주제는 레오나르도 다 빈치의 분석(1910)에서도 나타난다.

Freud의 예술이론은 많은 비판을 받았다. Vygotsky에 따르면, 정신분석학은 연구의 시야를 잠재의식에까지 확장시켜 준다는 점과, 어떻게 예술에서 잠재의식적인 것이 사회적인 것이 되는가를 설명해 준다는 점에서 훌륭한 이론적 가치를 지니고 있다고 한다. 그러나 그는 정신분석학이 진정한 예술심리학으로서 유용성을 가지려면 다음 몇가지 조건들이 선행되어야 한다고 지적한다. 즉, (1) 잠재의식과 더불어 능동적이고 독립적인 요소로서 의식을 고려하고, (2) 형태(form)가 갖는 효과를 예술의 대단히 중요한 기제이며 기법으

읽어보기……

Freud의 레오나르도 다 빈치 분석

Freud는 레오나르도의 생애, 저술, 그림 등으로부터 모을 수 있는 모든 증거를 사용해서 이 예술가의 성격과 동기의 통합된 모습을 구성하려고 노력하였다.

레오나르도는 사생아로서 3-5세의 어느 시점까지 엄마와 같이 살다가 아버지와 새엄마와 살기 위해서 엄마와 헤어졌다. 레오나르도의 친엄마는 남편으로부터 버림받은 뒤 유일한 사랑의 대상이 이 아들이었기 때문에 레오나르도에게 모든 사랑을 쏟아부었을 것이라고 Freud는 가정했다. 엄마와 아들 간의 그러한 강렬한 관계는 레오나르도에게 조숙한 성과 엄마에 대한 비정상적으로 강한 오이디푸스적인 애착을 자극했을 것이라고 Freud는 믿었다. 그러나 레오나르도가 어린 나이에 엄마와 헤어졌기 때문에, 오이디푸스적 소망을 충족시킬 일반적인 통로는 차단되었고 이러한 점이 레오나르도에게 더욱 사무쳤다. 그러므로 레오나르도는 예술가가 되기 위한 결정적인 전제조건 중 두 가지를 갖추었다. 즉 비정상적으로 강한 추동을 가졌고, 이 추동의

레오나르도, 〈마리아와 아기 예수와 성 안나〉

충족이 금지된 것이다.

이 두 아동기 요인이 레오나르도에게 창조성이 아니라 신경증을 유발할 수도 있었다. 그럴 경우에 엄마의 사랑에 대한 비정상적으로 강한 열망에 대한 방어로 반동형성이란 방어기제를 발달시켜서 엄마에 대한 긍정적 감정이 반대의 적대감, 아마도 모든 여성에 대한 적대감으로 변환되었을지도 모른다. 혹은 자신의 열망을 아주 가혹하게 억압해서 그 결과 다른 모든 정서도 역시 억압되어 어떤 강한 정서도 경험할 수 없게 되었을지도 모른다.

그러나 레오나르도는 신경증 환자가 되는 대신 예술가이자 발명가가 되었다. Freud는 그 이유를 레오나르도가 비상한 승화의 역량과 더불어 비상한 재능을 보유했기 때문으로 추론했다. 그러므로 레오나르도는 예술가가 되기 위한 필요 충분 조건을 갖춘 것이다. 만약 그의 성향이 (승화가 아니라) 억압으로 향했다면 창조적이 되는 대신 신경증 환자가 되었을 것이다.

Freud는 레오나르도의 동기에 대한 그의 설명을 지지하는 증거로 레오나르도의 그림 '마리아와 아기 예수와 성 안나' (그림)를 지목한다. 마리아와 성 안나는 모두 젊은 엄마의 더없이 행복한 미소를 띄고 있다. 성 안나는 성경에 따르면 마리아 보다 훨씬 나이가 많은데도 여기서는 마리아만큼 젊게 그려져 있다. 더욱이 세 인물 모두 삼각형의 큰 덩어리 속에 융합되어 있다. Freud에 따르면, 레오나르도와 같은 아동기를 가진 예술가만이 동일한 우아함과 매력을 가진 두 젊은 엄마의 그림을 생각해 낼 수 있을 것이라고 한다. 이 그림은 친엄마와 새엄마 모두에 의해서 돌봄과 사랑을 받고 싶은 레오나르도의 억압된 소망이 무의식적으로 표현된 것이다. 이러한 그림을 그리는 것은 이 소망의 부분적인 충족을 제공했다. 레오나르도는 자신의 소망을 현실에서 충족시킬 수 없었기 때문에 예술의 환상 수준에서 무의식적으로 충족시킨 것이다.

그러나 Freud의 분석에는 문제점들이 있다. 무엇보다도 Freud는 예술적 추동을 단 하나의 원리(오이디푸스 콤플렉스)로 설명하기 때문에 비판에 취약할 수밖에 없다. 레오나르도의 분석도 예외가 아니다. Freud는 레오나르도가 그림을 그렸던 사회역사적 맥락에 주의를 기울이지 않았는데, 당시는 성 안나에 대한 숭배가 유행하고 있었고, 마리아와 아기예수와 성 안나가 함께 있는 목판화가 존재하고 있었다. 따라서 레오나르도의 그림은 오이디푸스적 추동 때문이 아니라 이 목판화의 이미지에 영향을 받은 결과일 수도 있다. 또한 새엄마가 레오나르도를 사랑했다는 증거도 없다. 아마도 새엄마는 이 사생아를 미워했을지도 모르는 것이다. 이러한 가능성은 직접 연구될 수 없는 역사적 인물의 심리적 초상을 구성하는 어려움을 드러내준다.

출처: Invented Worlds: The Psychology of the Arts (Ellen Winner, 1982)

로 인식하고, (3) 범성욕주의와 유아주의를 포기하고 인간의 삶의 총체를 연구 속에 포함시켜야 하며, (4) 예술의 상징성과 역사적 진화에 대해 정확한 사회심리학적 해석을 제공하고, (5) 예술을 '개인의 삶' 이란 제약된 관점을 넘어서서 '사회적 삶' 이란 보다 폭넓은 관점에서 바라보아야 한다. 즉 "잠재의식으로서의 예술보다는, 잠재의식에 대한 사회적 해결로서 예술을 설명하는 것이 보다 타당한 접근"이라고 Vygotsky는 주장한다.

자극추구의 동기

Freud의 정신분석 이론이나 실험심리학의 내적 평형(homeostasis)의 개념은 모두 창조과정을 긴장감소의 패러다임을 통하여 이해한다. 이 패러다임에 따르면, 유기체의 최적의 자연상태는 내적 평형상태로서 유기체는 항상 이 평형상태로 돌아가려는 방향으로 행동한다고 한다. 내적 평형상태를 교란시키는 긴장은 상황의 완결성이 부족하거나 의식 혹은 무의식의 갈등이 존재할 때 생겨나며 이때 유기체는 완결성을 회복하거나 갈등을 해소하는 해결책을 찾음으로써 긴장의 감소를 모색한다. 이 패러다임에서는 지적 활동, 상상, 창조적 행동들은 모두 추동의 감소, 갈등의 완화, 긴장과 자극의 감소를 수반한다고 주장한다.

긴장감소의 패러다임 혹은 추동감소 이론은 유기체의 모든 행동을 설명하지는 못한다는 것이 곧 밝혀졌다. 예를 들면, 원숭이는 흥미로운 활동을 추구하고, 한가할 때 먹이를 찾아 다니는 대신 종종 퍼즐을 갖고 놀며(Harlow, 1953), 유아는 상당한 시간을 순수한 탐색행동에 종사한다(Piaget, 1963). 이러한 증거들은 사람들이 종종 자극을 감소시키기보다 오히려 증가시키려는 동기를 갖고 있음을 시사한다. 따라서 정신활동은 그 자체로서 목표가 될 수 있고 신기함과 자극을 통하여 권태로부터 탈출하는 것이 강력한 추동으로 간주될 수 있다.

Getzels와 Csikszentmihalyi(1976)은 창조적인 사람은 뛰어난 자극추구자라고 가정하였다. 예술가는 해결할 새로운 문제를 추구하고 탐색하는 동기를 갖고 있다는 것이다. 예술학교 학생들을 대상으로 한 연구에서 발견에 대한 관심이 높고, 흥미롭고 도전적인 디자인 문제를 발견할 때까지 탐색행동을 한 학생들의 소묘가 독창성과 미적인 가치의 평가에서 높은 점수를 받았다. 또한 그림을 그리는 이유를 물었을 때 대부분의 학생들이 발견하고 이해하고 알기 위해서 그림을 그린다고 대답하였다.

창조적 예술가가 환경과의 상호작용에서 도전적인 문제들을 찾는 동기가 강한 것은 당연한 일이다. 왜냐하면 창조적 활동을 지배하는 것은 아직 발견되지 않은 새로운 조건들을 찾는 것이기 때문이다.

Getzels와 Csikszentmihalyi은 예술적 창조에 자극(혹은 추동)감소와 자극추구의 두 모델이 모두 관여한다고 주장한다. 즉 예술가들은 상징적 해결이 가능한 구조화된 문제들의 발견을 통하여 모호한 상태에 머물러 있는 긴장을 감소한다는 것이다. 창조적 행동은 감정 혹은 인지적 상징내에서 생성되는 긴장에 의해서 동기화된다. 이러한 긴장은 생리적 불균형이나 리비도적 갈등이라기 보다는 주로 예술가가 처해있는 시간과 공간의 상징적 애매성에서 비롯된다. 예술적 창조성의 기저에 놓여있는 특수한 힘은 이미 구조화된 문제의 해결보다는 문제발견적 활동 그 자체에서 나오거나 그것과 떼어놓을 수 없는 성격의 것이다. 창조적 활동의 목적은 이전의 평형을 회복하는 것이 아니라 새로이 출현하는 평형을 성취하는 것이다. 그러므로 예술적 활동은 다음과 같은 과정들로 구성된다. 즉 (1) 지각, 정서 혹은 사고에서 갈등을 체험하고, (2) 이전에 명료하지 않던 갈등을 명료하게 만드는 문제를 만들고, (3) 이 문제를 (미술의 경우) 시각적 형태로 표현하고, (4) 상징적 수단을 통해 갈등을 해결하는데 성공하고, (5) 그럼으로써 새로운 정서적, 인지적 균형을 성취한다.

창조적 예술에서 자극감소의 동기는 역동적 동기(dynamic motive)로, 그리고 자극추구의 동기는 인지적 동기(cognitive motive)로 재개념화될 수 있다. 창조적 활동에는 역동적 동기와 인지적 동기가 다같이 관여한다. Freud의 이론에서 보듯이 역동적 동기는 창조를 위한 에너지를 제공하며 때로는 그 내용에도 영향을 미친다. 그러나 예술이 역동적 동기에만 의존한다면 신경증이나 백일몽과 다를 바 없을 것이다. 인지적인 동기를 통하여 인지적 평형을 깨트리는 도전적인 문제를 발견하고 창조적인 인지적 재배열을 통하여 새로운 인지적 평형을 달성하는데서 예술이 성립된다고 볼 수 있다.

한편 Rhodes(1990)는 Maslow의 결핍동기와 존재동기가 창조성에도 적용된다고 주장한다. 결핍동기에 기반을 둔 결핍 창조성(deficiency creativity)은 인정과 사랑에 대한 욕구에 의해서 동기화되어 결핍된 환경을 양육적인 환경으로 변화시키는 것을 도우며, 존재동기에 기반을 둔 존재 창조성(being creativity)은 자기실현을 위한 성장욕구에 의해서 동기화되고 예술가와 감상자 모두에게 초월적 만족을 가져온다고 한다. 창조성과 관계지을 때 Maslow의 결핍동기는 자극감소 동기, 존재동기는 자극추구 동기와 유사하다. 그러나 창조활동에서 결핍동기와 존재동기를 구별하기는 어렵다. 외현적으로 관찰된 행동들이 어느 동기에서 비롯되는지 추정하는 것이 힘들기 때문이다.

성격 특성

사람들은 예술가들이 일반인과는 다른 '특별한' 성격을 갖고 있다고 생각한다. 이러한 예술가적 성격(artistic personality)의 개념은 Bornstein

(1984)에 따르면 고전적인 뿌리를 갖고 있다고 한다. 플라톤은 예술가가 신성한 영감을 갖고 있다는 관념주의적 견해를 주장하였고, 아리스토텔레스는 예술가가 자연의 예리한 관찰자며 해석자라는 현실주의적 견해를 주장하였다. Wittkower와 Wittkower(1963)는 고전주의 시대로부터 현재에 이르기까지 예술가적 기질의 특이성에 관해서 세 갈래의 해석이 존재해왔다고 주장한다. "첫째 플라톤에 의해 제기된 열정과 영감을 수반하는 광기(mania), 둘째 다양한 종류의 정신이상 및 정신장애, 셋째 다소 모호하게 언급되는 기이한 행동" (p. 101) 등이 그것이다. 그러나 예술가적 성격에 관한 경험과학적 연구들은 드물며, 따라서 예술가적 성격이 일반인의 성격의 정상범위를 넘어설만큼 의미있게 다르다는 주장은 아직 과학적 뒷받침을 받고 있지 않다.

예술가의 성격은 또한 그가 살던 시대의 사회적 환경과 함께 고려하는 것이 필요하다. 고대 이집트에서는 예술가란 정부를 위해 일을 하는 관료와 유사했다. 따라서 변덕스럽거나 괴팍하게 볼 이유가 없었다. 그리스 시대에는 시인, 음악가, 극작가 들이 존경을 받았다. 그러나 조각가나 화가들은 그렇지 못했는데 이들의 작업은 단지 미(美)를 묘사하고 역사적 사건을 기술하는데 그칠뿐 '창조적'인 것은 아니라고 간주되었기 때문이다. 예외적인 시기는 알렉산더 대왕의 시대였는데 알렉산더는 정복국가들에 그리스 문명을 심어주기 위해 예술가들을 활용하였으므로 예술가들은 명성과 부를 누리게 되었다. 예술가들의 괴벽스런 성격에 대해 언급되기 시작한 것은 바로 이때부터였다고 한다. 로마시대에는 예술가들의 지위가 후기 로마로 가면서 대체로 높아졌으나 전반적으로는 천대를 받았다. 로마 사람들은 조각가들이 만든 조각상은 숭배하였으나 조각가는 천대하였다. 중세의 예술가들은 사회질서의 유지에 봉사하였다. 그들의 일은 종교적인 사건과 상징을 묘사하는 것이었다. 또한 이들은 예술가 개인으로서 작업을 하는 것이 아니라 집단으로 모여서 작업활동을 하였다. 르네상스 시대가 되면서 많은 변화가 있었다. 새로운 기법과 늘어난 수요 때문에 예술가 개인이 대중의 관심을 끄는 인물로 드러나게 되었다. Vasari(1550/1959)는 그가 아는 예술가들의 전기 모음을 출판하였는데 여기에서 독특한 예술가적 성격(예를 들면, 작업에 몰두해서 받을 돈도 안받고 옷도 제대로 입지 않는 등)이 기술되기 시작하였다. 이러한 예술가들의 괴벽에 대해서는 두 가지 설명이 가능하다. 우선 작업환경의 변화인데, 예술가들이 집단(마스터 한 명과 여러명의 견습공들)으로 작업을 하던 것이 개인작업으로 바뀜에 따라 개인의 괴벽스러운 성격이 드러나게 되었다는 것, 그리고 길드가

해체되고 교회중심의 주제와 기호가 무너지는 등 전통적인 제도와 가치가 파괴되어 예술가들이 심리적 방황을 경험하게 되었다는 것 등이다.

예술가들의 성격에 대한 고정관념을 확인한다는 것은 개념과 방법론상의 문제들 때문에 어려운 일이다. 더욱이 일반인들은 성격이 독특하거나 기이한 행동을 보이는 예술가들을 다른 직업인들에 대해서와는 달리 너그럽게 허용할 뿐 아니라 오히려 예술적으로 더 높이 평가하는 경향마저 있다. 일반인들의 이러한 반응이 예술가들의 괴벽을 더욱 부추기는 역할을 하는 것도 사실이다.

예술가들의 성격에서 일관성을 발견한다는 것은 잘못된 기대일지도 모른다. 예술가들은 다양하기 때문이다. 예술가들의 성격에 관한 연구들은 단편적이거나 전기적이어서 그 결과를 일반화하기도 어렵다. 아래에 소개하는 연구들도 그러한 제한점을 전제하고 결과를 해석해야 할 것이다.

예술가의 성격특질

Getzels와 Csikszentmihalyi은 Cattell의 16 성격요인 검사(16 Personality Factors Questionnaire: 16 PF)를 예술학교 학생들에게 실시하여 그 결과를 일반학교 학생들과 비교하였다. 16개 요인 중 예술학교 학생들은 11개 요인에서 일반학교 학생들과 차이를 보였는데 이 11개 요인 중에서 예술학교의 남, 녀학생들이 같은 방향으로 일반학교 학생들과 차이를 보인 것은 아래 6개 요인이었다.

즉 예술학교 학생들은:

(A−) 대인관계에서 소극적이고 초연함

(F−) 심각하며 내성적임

(G−) 행동과 도덕의 기준이 약함

(M) 비인습적이고 상상력이 풍부함

(Q1) 과격하고 실험적임

(Q2) 자기충족적이고 단호함

이러한 성격특질들이, 적어도 르네상스 이후의 서구문화권에서 창조적 활동을 하는데 도움이 되는 특질들일지 모른다. 기존의 문제들을 재구조화하고 새로운 문제들을 발견하는 것이 오늘날 창조적 예술의 핵심을 이룬다. 다른 사람들로부터 분리되어 있고, 정열적인 내적 삶을 갖고 있고, 외부적인 지지에 의존하지 않고, 다수가 공유하는 사고기반에 의존하고 있지 않은 사람들이 창조적 업적을 내고 있는 것처럼 보인다.

Cattell은 16 PF의 가중 점수들을 조합하여 창조적인 집단과 비창조적인 집단을 구분할 수 있다고 주장하였다. 그가 제시한 측정치는 초연함(aloofness: A−), 상상력(imaginativeness: M), 그리고 민감성(sensitivity: I) 등의 요인들로 구성되었다. 이 측정치를 예술학교 학생들에게 적용한 결과 89%가 일반학교 학생들보다 높은 점수를 받았다.

Eysenck의 정신병 성향(psychoticism: P)도 예술가와 관련되어 논의되었다. Claridge(1981)는 P가 천재성과 관련된다고 주장하였다. 그의 연구에서 높은 P점수를 얻은 사람들은 확산적 사고 검사에서 높은 성적을 얻었다. 또한 Gotz와 Gotz(1979)도 상업적으로 성공한 예술가들이 높은 P점수의 소유자들임을 발견하였는데, 그들은 이 결과를 예술 자체에서의 독창성과 작품을 판매할 때 이들이 보이는 저돌적인 추진력의 결합으로 해석하였다.

한편 예술학교 학생들의 남녀 차이를 조사한 결과 남학생은 일반학교 남학생보다 더 여성적인 반면 여학생은 일반학교 여학생보다 더 남성적이었다. 이 결과는 창조적인 사람들의 심리는 여성적이라고 주장한 Jung의 결론과는 차이를 보이는데 아마도 Jung이 창조적인 '남성' 만을 대상으로 연구하였기 때문인 듯하다. 이러한 남녀 차이는 다음과 같이 설명될 수 있다. 첫째, 인간의 경험에 대한 보편적인 진실을 표현하는 예술가들은 가능한한 다양한 경험에 노출되어야 하는데 엄격한 성-고정관념화(sex-stereotyping)는 이러한 경험의 폭을 제한시킨다. 둘째, 예술은 일반적으로 부드러운(soft) 일로 간주되어 공격성과 지배성이 강한 남성들이 기피하는 반면, 여성들이 진출하여 성공하기 위해서는 보통 여성 이상의 남성적 특질을 가져야 한다. 이러한 설명을 지지하는 증거들로, 사회화 과정에서 성적 고정관념을 지나치게 강조하는 것은 아동의 표현력이나 창조성에 부적인 영향을 준다는 연구결과(Torrance, 1959, 1961)와 공간의 시각표상 능력이 남자 아이의 창조성 및 여자 아이의 공격성과 상관이 있다는 연구결과(Rau, 1963) 등을 들 수 있다.

예술가의 가치관

가치는 성격과 밀접한 관련을 맺고 있다. 가치는 성격의 표현이기도 하며, MBTI를 비롯한 자기보고형의 성격검사들은 주로 가치를 측정한다는 지적도 있다. 따라서 여기서는 예술가의 가치에 대한 연구를 성격의 항목에 포함시켜서 소개한다. 앞에서 언급한 Getzels와 Csikszentmihalyi(1976)의 연구에서 Allport-Vernon-Lindzey 가치 검사를 사용해서 예술학교 학생들과 일반학교 학생들의 가치를 비교하였다. 이 검사에서는 6개의 가치(이론적, 경제적, 심미적, 사회적, 정치적, 종교적)를 측정한다. 결과를 보면, 예술학교 학생들은 심미적 가치(예술을 통해 의미를 찾고 감각적인 조화를 중요시하는 가치)가 월등하게 높았고 경제적 가치(물질적 보상을 얻고 재정적 독립을 추구하는 가치)와 사회적 가치(대인관계를 강조하고 다른 사람을 도움으로써 얻는 성취를 중요시하는 가치)가 낮았다. 예술학교 학생들과 이미 창조적인 성취를 한 사람들(건축가)의 프로파일을 비교해보면 공통적으로 심미적 가치와 이론적 가치(진리의 추구 및 추상적인 지적 이해를 중요시하는 가치)가 높고 경제적 가치와 사회적 가치가 낮았다.

예술가를 지망하는 학생이나 예술가들에서 예술의 핵심을 이루는 심미적 가치가 높은 것은 당연한 현상이며, 경제적 가치가 낮은 것은 예술가로서의 삶이 경제적 불안정을 내포하고 있기 때문에 오히려 적응적인 것으로 해석할 수 있다. 이것은 또한 현대의 지배적인 물질주의 가치에 대한 거부를 나타낸다고 볼 수도 있다. 한편 예술가들은 주로 혼자서 작업하며 사교성보다는 개성과 독립성을 강조하므로 사회적 가치가 낮게 나온 것이다.

성격과 가치간의 밀접한 관계로 볼 때 예술가의 독특한 성격패턴과 가치패턴의 상관을 조사하는 것도 흥미로울 것이다. 6개의 가치 중 심미적 가치와 경제적 가치를 선정하여 16 PF와의 상관을 조사하였다. 그 결과, 심미적 가치는 예술학교 학생들을 일반학교 학생들과 구분시켜주는 위의 6개의 성격특질들과 정적인 상관을, 그리고 경제적 가치는 부적인 상관을 보였다. 한편 나머지 10개의 성격특질 중에서는 민감성(sensitivity)과 영악함(shrewdness)이 이 두 가치와 특히 높은 상관을 보였다. 즉 민감성은 심미적 가치와 정적 상관을 그리고 경제적 가치와는 부적인 상관을 보였으며, 반대로 영악함은 심미적 가치와는 부적 상관을 보이고 경제적 가치와는 정적인 상관을 보였다. 민감성은 Cattell의 연구에서는 예술가의 특성으로 포함되었기 때문에 이해가 된다. 영악함의 경우 그 반대 극단이 순진함(naiveté), 즉 자발성, 독창성, 인습으로부터의 자유로움 등 창조적 작업에 필요한 속성들을 대표하는 특성이라는 점에서 심미적 가치와 부적인 상관을 보인 것으로 해석할 수 있다.

예술가의 정신건강

창조적인 예술가들의 기벽과 정서적 불안정에 대해서는 많은 일화들이 있다. 또한 심한 신경증이나 정신병의 증세를 보인 것으로 알려진 예술가들도 적지 않다. 반 고흐, 뭉크, 에곤 실레, 슈만, 카뮤 클로델 등의 정신병력은 잘 알려져 있으며, 우리나라의 예술가들 중에도 이중섭이 정신병원에서 최후를 마쳤고, 권진규, 전혜린, 최욱경 등이 자살로 생을 마감하였다. 또한 최북, 장승업, 이상, 김광식, 천상병 등도 그들의 뛰어난 예술과 더불어 생활에서의 기벽으로 세상에 널리 알려진 사람들이다.

창조적인 예술가들은 특히 감정장애(affective disorder)에 취약한 것으로 알려져 있다. Whybrow(1994)는 창조성과 감정장애간의 관련이 실재하며, 특히 우울증과 양극장애(조울증)가 작가와 화가들에서 빈번히 발견된다고 주장하였다. 그에 의하면, 어떤 예술가들에게는 극심한 우울증이 삶과 죽음에 대한 직접적이고 고독한 직면으로 이끎으로써 창조에 도움을 준다고 한다. Schildkraut와 Ostero(1996)도 New School의 추상표현주의 작가들과 후앙 미로의 예를 들며 예술가들에서 우울증과 양극장애가 빈번함을 지적하였다. Hershman과 Lieb(1988)도 베토벤, 디킨즈, 반 고흐 등의 사례를 통하여 조울증이 범상한 재능과 천재간을 구분해주며, 이 장애가 위대한 창조적 예술가들에게 던지는 많은 장애와 문제들을 논의하였다. 이들은 조증에 의해서 발화되고 공급되는 영감과 우울증이 가져오는 엄청난 장조적 장벽을 논의하면서 고통을 당하는 것(suffering)이 창조성에 필수적이라는 대중적인 신화가 사실이라고 주장하였다.

우울증 및 양극장애와 더불어 예술가들과 연결되어 논의된 정신장애로는 자기애적 성격(narcissistic personality)을 들 수 있다. Feldman(1989)은 잭슨 폴락의 창조성이 자기애적 취약성에서 비롯되며 자기대상(self-objects)과의 핵심관계들과 연결되어 있다고 주장한다. Kohut의 자기 심리학(self psychology)의 틀 속에서 전이의 개념으로 창조성을 바라보면 예술적 창조성은 손상된 자기를 구성하는 힘으로 간주될 수 있다. Zerbe(1995)는 마네를 실패한 분리 때문에 자기애적 성격장애를 갖게 된 화가로 파악한다. 마네는 사랑과 숭배의 대상이었던 아버지에 대한 그리움과 지배적이며 배척적인 어머니와의 투쟁 때문에 성숙한 대상관계를 형성하지 못하였으며 승인에 대한 욕구가 대단히 강하였다. 이러한 심리적 역동이 그의 그림들에서 반영된다는 것이 Zerbe의 주장이다. 그러나 자기애적 장애는 감정장애만큼 창조적 예술가와 관련되어 널리 언급되지 않는다. 자기애적 성향보다는 자의식의 민감성이 예술가들을 보다 더 보편적으로 특징짓는 듯 싶다. 감동적인 예술은 (렘브란트나 반 고흐, 에곤 실레, 뷰상 파이, 이중섭에서 보듯이) 흔히 상처받은 자기

(damaged self)에 대한 깊은 통찰을 전달하고 있다.

일반인들의 고정관념이나 위에 언급한 단편적인 연구들에서 관찰된 것과는 달리 창조적 예술가들이 오히려 정신적으로 건강하다는 주장도 있다. 예를 들면, MacKinnon(1965)은 창조적으로 평가된 건축가 집단과 평범한 건축가 집단으로 나누어 성격특성들을 비교하였다. 그 결과 창조적 건축가들은 자아강도와 의지, 독립성과 자기 신뢰, 자아 중심성과 자율성 등에서 높은 점수를 받았으며, 솔직성과 자발성, 아이디어의 풍부함과 특이성을 보였다. 이러한 특성들은 대단히 건강한 특성들로서 신경증적 성향과는 거리가 멀다. 또한 이들은 성취동기, 통찰력, 미적 민감성, 복잡성에 대한 선호 등에서 높은 점수를 받았다.

창조적 예술가들이 오히려 자아강도(ego strength)가 높다는 주장은 Otto Rank(1945)의 창조성 이론에서 비롯된다. 이 이론에서는 의지와 죄의식이 중심 개념이다. 아이는 부모의 의지를 먼저 경험하고 나서 나중에 자기 자신의 반대 의지가 출현하여 부모의 의지와 충돌하게 되며, 이런 갈등이 죄의식에 이르게 하는데 아이는 이렇게 생긴 죄의식을 다음 세 가지 방식 중의 하나로 해결한다고 한다. 첫째, 단순히 부모의 의지에 자신의 의지를 맞추는 경우로서 전형적인 성인이 여기에 해당된다. 둘째, 부모로부터 부분적으로 벗어나는 경우로서 갈등과 신경증을 수반하지만 보다 창조적이다. 셋째, 부모로부터 완전한 독립을 달성하는 경우로서 가장 창조적이라고 할 수 있으며 예술가가 여기에 해당된다.

자율성과 창조성의 관계는 흔히 자기보고식의 지필검사로 측정되기 때문에 그 결과가 진정한 예술적 창조와의 관계를 제대로 반영한다고 간주하기 어렵다. Baron(1958)이 창조적 집단과 비창조적 집단을 나누어 Asch의 동조 실험을 수행한 결과 창조적인 집단이 더 낮은 동조 성향을 보였다. 그러나 자율성과 자아강도가 과연 창조적 예술가의 특성으로 간주될 수 있는가에 대해서는 의문이 남는다. 왜냐하면 이들은 예술뿐 아니라 삶의 다른 영역에서도 성공 요인이기 때문에 창조성과는 관계없이 일반적인 성공을 예언하는 요인으로 간주될 수도 있기 때문이다.

아마도 창조적 예술가들은 창조의 원동력이 되면서 동시에 일상적 삶에는 부적응을 가져오는 심리적 취약성을 갖고 있지만 동시에 신경증이나 정신병으로 추락하는 대신 위대한 예술로 승화시킬 수 있는 자아강도와 자율성을 지니고 있는 듯하다. 이러한 견해는 사실상 Freud의 이론에서도 시사되고 있다. Freud의 이론에서 예술가는 건강한 사람들은 아니다. 레오나르도와 미켈란젤로의 분석에서 보듯이 창조적 예술가들은 신경증 환자와 마찬가지로 심각한 갈등(오이디푸스적인 갈등)의 소유자이다. 그러나 이들은 신경증 환자로 추락하는 대신 위대한 예술가가 되었는데 Freud는 그 이유로 이들의 탁월한 재능과 승화에 대한 비상한 역량을 들었다. 특히 그의 후기 이론에서는 자아의 역할을 강조하였는데, 천재적 예술가를 자신의 환상에 대한 통제의 능력을 가진 사람으로 간주하여 환상의 지배를 받는 신경증 환자와 구별하였다.

심리적 취약성을 가진 예술가들에게 창조는 자기실현에 앞서서 삶과 자기를 지탱해주는 수단인 경우가 많다. 창조가 치료효과를 갖고 있다는 주장은 예술치료에서 뿐만 아니라 위대한 예술가들에 대한 전기적 분석에서도 언급되고 있다. 예를 들면, Roman과 Stastny(1987)은 정신병에 시달리다가 끝내 자살로 생을 마감한 화가인 요헨 자이델의 생애를 분석하면서 창조적 작업이

읽어보기……

이중섭 그림의 매력

이중섭(1916–1956)은 한국의 근 · 현대 화가 중 가장 유명하고 인기있는 화가로 꼽힌다. 그 이유로 이중섭의 비극적인 생애와 문인들과의 교분을 들기도 하지만 그의 그림이 갖는 독특한 매력을 빼놓을 수가 없다. 이중섭 그림의 무엇이 사람들을 끌리게 만들까? 이중섭만의 독특한 분위기 때문이라고 생각한다. 이중섭의 그림은 당대의 다른 화가들과 달리 특유의 심리적인 복잡성과 정서적인 이중성을 담고 있다. 같은 시기에 활약했던 박수근이 토속적인 친근감으로, 그리고 김환기가 서정적인 아름다움으로 사람들의 사랑을 받았다면, 이중섭은 그 심리적인 복합성 때문에 사람들에게 감동을 준다.

이중섭, 은지화 〈애정〉 중 부분

이중섭의 가장 프로이트적인 그림은 은지화에서 자주 발견된다. 이중섭은 아이들의 뛰노는 모습을 많이 그렸다. 자신도 아이처럼 어울려서 뛰놀고 싶었던 모양이다. 그런 면에서 이중섭은 동심이 가장 잘 묻어나는 그림을 그린 사람이기도 하다. 그런데 그의 그림 속에서 아이들은 한결같이 벌거벗고 고추를 드러내놓고 있다. 당시는 아이들이 모두 벌거벗고 지냈으니 그들의 자연

스러운 모습을 솔직하게 그려냈다고 할 수도 있다. 그러나 어떤 은지화에서는 벌거벗은 여인의 손목과 발목을 묶어놓기까지 하였다. 남녀가 끌어안고 농도짙게 입을 맞추는 장면도 은지화에서 발견된다(그림). 이중섭은 원산에서 아내와 살 때 집안에서 둘이 벌거벗고 지내곤 했다고 한다. 요즘의 나체주의를 실천한 셈이다. 이렇게 이중섭의 삶과 예술 속에는 성(性)에 대한 강렬한 관심과 어린아이(혹은 어린아이다움)에 대한 동경의 두 요소가 자리잡고 있다. 이러한 복합적이며 심리적인 요소는 한국의 다른 화가들에서는 찾아보기 힘들다. 로댕의 조각이 환기시키는 에로티시즘의 복합성과는 또 다른 종류의 복합적인 에로티시즘이 이중섭의 그림에 독특한 분위기를 부여한다.

이중섭은 가난 때문에 아내와 아이들을 일본으로 보내고 혼자서 술로 세월을 보냈다. 그렇게 어렵고 고통스럽게 살았으면서도 그의 그림들 중에는 천진함과 장난기가 넘쳐나는 작품들이 많다. '길 떠나는 가족', '가족과 비둘기', '봄의 어린이'(표지 그림)가 그렇다. 그러나 겉으로 보기에 티없이 밝고 장난스런 그림들이지만, 한참 들여다보고 있으면 그 속에 형언할 수 없는 슬픔과 외로움이 담겨있는 것을 발견하게 된다. 그러니까 이중섭의 그림은 햇살과 그늘의 이중적인 정서를 유발하는 것이다. 아마도 이중섭에게는 자신의 불행과 고독을 보통 사람보다 더욱 아프게 느끼는 예민한 감수성과 더불어, 환상의 세계에서 모든 것을 훌훌 던져버리고 삶을 신나게 즐기는 뛰어난 역량이 있는 듯하다. 그런데 화가에게 환상의 세계란 곧 그림이라는 현실적인 세계와 직접 연결된 것이다. 정서의 이중성은 Vygotsky가 말한 예술의 효과를 의미하는 것이기도 하다. Vygotsky는 예술의 효과란 정서적인 것이고, 정서적 효과는 정화의 기제에 의해서 이루어지며, 정화란 갈등을 일으키는 두 정서가 유발되고 변환되고 방출되는 과정이라고 하였다. 우리가 이중섭의 그림에서 깊은 감동을 받는 것은 Vygotsky의 이른바 정화효과 때문인 듯하다. 밝음과 어두움, 슬픔과 환희, 한없는 외로움과 모든 것을 잊고 아이처럼 엉켜노는 즐거움이 그의 그림 속에는 함께 담겨있다. 그래서 이러한 갈등적인 복합정서의 역동이 다른 어떤 화가의 그림에서보다 이중섭의 그림에 우리를 몰입시키는 지도 모른다.

상실에 대한 반응이며 자기치유(self-healing)를 위한 노력이라고 주장하였다. Schildkraut와 Hirshfeld(1995)도 창조적 작업이 우울증에 시달려온 미로를 어떻게 절망과 고통 속에서 지탱해주었는지를 설명하고 있다. 이중섭과 최욱경의 글들에서도 창조에 대한 집념이 상실과 고독으로 피폐해진 삶을 이어주는 생명선이었음이 나타나 있다. 그러나 창조에 대한 집념만으로는 살아내는데 부족하든지 혹은 창조에 대한 자신마저 상실하게 되면 잠복해 있던 취약성이 치명적인 독소가 되어 쓰러지고 만다.

창조적 성격의 특징

Csikszentmihalyi(1996)은 창조적인 사람을 보통 사람과 구분하는 대표적인 특질로 '복잡성'(complexity)을 들었다. 창조적인 사람들은 행동이나 사고에서 상호 모순되는 극단적 모습을 보이는 경향이 있다. 물론 보통 사람들도 모순되는 다양한 속성들을 자신 내에 보유한다. 그러나 대부분의 사람들은 축의 한쪽만을 발달시킨다. 따라서 어떤 사람은 공격적, 경쟁적이고 다른 사람은 우호적이고 협동적이다. 그러나 창조적인 사람은 공격적이며 동시에 협동적이라는 것이다. 그러므로 복잡한 성격을 갖고 있다는 것은 인간의 목록 속에 존재하는 특질들의 전 범위를 표현할 수 있음을 의미한다. 이런 유형의 인간은 Jung의 이른바 성숙한 인간과 공통점을 갖는 듯하다. Jung에 의하면 개인을 특징짓는 드러난 측면의 배후에는 억압된 그림자 측면이 존재하는데 사람들은 이 그림자 측면을 부정하기 때문에 진정한 자기를 찾지 못한다는 것이다. 창조적인 사람은 이러한 그림자 측면을 인정하고 여기에서 잠재된 힘을 동원하는 사람일 것이다.

복잡한 성격은 단순히 중간이나 평균을 의미하는 것이 아니라 필요할 때 한 극단으로부터 다른 극단으로 이동할 수 있는 능력을 수반한다. 즉 이들은 양 극단을 모두 알고 동일한 강도를 갖고 내적 갈등없이 양 극단을 체험하는 사람들이다. Csikszentmihalyi은 창조적인 사람의 내부에서 변증법적으로 통합되는 10쌍의 대조특질들을 열거함으로써 창조성과 복잡성을 연결시키는 시도를 하였다. 이들을 소개하면 다음과 같다.

1. 창조적인 사람들은 대단한 양의 신체적 에너지를 갖고 있으나 종종 조용히 안식을 취하곤 한다. 이들은 대단한 집중력을 갖고 열정과 생기를 유지하면서 긴 시간을 일한다. 그러나 이들이 과잉활동적(hyperactive)인 것은 아니며 자주 쉬고 충분한 수면을 취한다. 중요한 것은 에너지를 자신의 통제 아래 둠으로써 필요할 때는 레이저 광선처럼 집중하고 그렇지 않을 때는 재충전상태에 들어간다. 이들에서 한가지 특기할 만한 것은 성(性) 에너지이다. 이들은 대단한 양의 성 에너지를 갖고 있어서 종종 왕성한 성 활동을 보이곤 하는데 성적 탐닉에 빠져서 에너지를 소진하는 대신 이를 창조적 성취로 연결시키곤 한다.

2. 창조적인 사람들은 영리한 동시에 순진하다. 앞에서 논의했듯이 문화적으로 의미있는 창조적 성취를 위해서는 어느 정도 이상의 지능이 필요하다. 한편 지능이 이 수준을 넘어서면 지능과 창의성의 관계는 0에 가깝게 된다. 높은 지능은 오히려 창의성에 장애가 될 수 있다. 왜냐하면 지능이 높은 사람은 자신의 지적 능력에 대한 자신감과 문제 해결의 용이성 때문에 기존의 지식에 대해 의심하고 개선하려는 욕구를 느끼지 못하기 때문이다.

3. 창조적인 사람들은 유희성(playfulness)과 규율(discipline), 혹은 책임감과 무책임감의 결합이다. 창조적인 사람들의 세상이나 관념에 대한 태도에는 무책임한 가벼움이 배어 있으며 이러한 가벼움이 새로운 아이디어를 탐색하는데 유리하게 작용한다. 그러나 유희성 혹은 가벼움은 그 반대 극단인 꾸준함, 집착, 인내가 갖추어져 있지 않으면 결코 위대한 업적으로 이어지지 못한다.

4. 창조적인 사람들은 상상과 현실감각의 두 극단을 교차하는 사람들이다. 위대한 예술과 과학은 모두 현재와 다른 새로운 세계로의 도약이다. 그러나 이러한 탈출은 방향없는 세계를 지향하는 것은 아니며 새로운 현실을 창조하는 것으로 이어진다. 예술가들은 투사검사에서 보통 사람들보다 독창적이며 다채로운 반응을 보이곤 한다. 그러나 보통 사람들에서 가끔 나타나는 괴상한(bizarre) 반응을 보이지는 않는다. 창조적인 사람들의 독창성은 현실에 기반을 두고 있다는 증거이다.

5. 창조적인 사람들은 내향적인 동시에 외향적이다. 공부나 훈련이나 연구나 작업에 집중하기 위해서 홀로 있는 시간이 필요한 것은 사실이며 따라서 창조적인 사람들에게 일정시간의 고독은 필수적이다. 그러나 창조성은 동시에 다른 사람들로부터 자극받고, 자신의 아이디어나 업적을 전달하고 확인받는 행동과 무관할 수 없다. 적절한 사회적 교류없이 창조성은 자폐성으로 전락하기 쉽다.

6. 창조적인 사람들은 대단히 겸손한 동시에 자부심이 강한 사람들이다. 이들이 겸손한 이유는 인간의 능력에 대한 조망을 인식하고 있고, 과거의 위대한 사람들의 업적을 잘 알고 있으며, 지금까지의 성취보다는 현재와 미래의 도전에 관심이 집중되어 있기 때문이다. 그러나 이들은 동료들에 비해 자신이 많은 것을 성취했음을 알고 있으며 이러한 인식이 이들에게 자신감 혹은 자부심을 심어준다.

7. 창조적인 사람들은 심리적 양성성(psychological androgyny)의 소유자들이다. 창조적인 여성들은 보통 여성들보다 더 지배적이고 독립적이며, 창조적인 남성들은 보통 남성들보다 더 예민하고 덜 공격적이다. 이들은 자신의 성의 강점들을 보유하는 동시에 이성의 강점들도 더불어 갖춘 사람들로 볼 수 있다. 이러한 양성성은 창조에 기여하는데 왜냐하면 보다 다양하고 자유로운 반응 목록들을 갖추고 있기 때문이다.

8. 창조적인 사람들은 반항적, 독립적으로 알려져 있지만 전통적인 문화를

내면화하지 않고는 창조적이 될 수 없다. 따라서 창조적인 사람들은 한편으로는 전통적이고 보수적인 동시에 다른 한편으로는 반항적이고 우상파괴적이다.

9. 대부분의 창조적인 사람들은 자신의 작업에 대해 열정적이지만 동시에 대단히 객관적일 수 있다. 애착과 거리를 두는 것 간의 이러한 갈등에 의해서 생성되는 에너지가 이들의 작업에 필수적이다. 왜냐하면 열정이 없이는 어려운 과제에 대한 흥미를 곧 잃을 수밖에 없고, 동시에 객관성을 갖추지 못하면 다른 사람들에 의해서 인정받는 훌륭한 업적을 낳을 수 없기 때문이다.

10. 마지막으로, 창조적인 사람들의 개방성과 민감성은 고통과 수난을 가져오는 동시에 커다란 즐거움을 맛보게 한다. 창조적인 사람들의 예민한 영혼은 보통 사람들보다 모욕과 불안에 더 민감하다. 따라서 전통과 관습에서 벗어나는데 따른 비판과 공격에 취약할 수밖에 없다. 그러나 동시에 모든 창조적인 사람들에게 항상 존재하는 가장 중요한 속성은 이들이 창조의 과정 그 자체를 즐기는 능력을 갖고 있다는 것이다. 창조의 즐거움에 대한 탁월한 감수성이 없이는 훌륭한 창조적 작업이 이루어질 수 없는 것이다.

이상 10가지 대조쌍으로 표현된 창조적 성격의 특징은 창조적 예술가들에 대해 우리가 갖고 있는 지식들과 대개 합치한다는 점에서 외관타당도(face validity)를 갖추고 있다고 볼 수 있다. 아래에 각 성격특징에 해당하는 대표적인 예술가들의 사례를 간략히 소개함으로써 이해를 돕고자 한다. 물론 예술가란 집단의 다양성을 생각할 때 여기에 해당되지 않는 창조적 예술가들도 무수히 많을 것이다.

1. 사람들이 예술가들에 대해 갖고 있는 고정관념은 섬약하고 선병질적인 유형, 즉 창백한 피아니스트 쇼팽의 모습이다. 그러나 실제로 많은 예술가들이 엄청난 에너지와 집중력의 소유자들이다. 미켈란젤로, 로댕, 모네, 피카소, 이응로, 김기창 등 거장들은 모두 대단한 체력의 소유자들로서 엄청난 양의 걸작들을 남겼다. 위대한 작품의 창조를 위해서는 엄청난 양의 에너지가 필요하기 때문이다. 한편 창조적 작업은 영감이 떠오르면 집중해서 작업을 하는 형태로서 에너지의 극대화된 집중이 요구된다. 그러므로 작업과 작업 사이에는 충분한 휴식과 재충전이 필요하다. 특히 탐미적이며 에너지가 넘치는 예술가들은 성적 편력이 화려하다. 로댕, 피카소, 리스트, 바그너 등의 여성편력이

특히 잘 알려져 있지만 서구의 예술가들은 대체로 성에 관하여 자유로운 듯하다. 반면에 정신세계를 중요시하는 동양의 예술가들은 대체로 성을 억압하는 경향이 있다. 그러나 신윤복과 김홍도의 춘화에서 보듯이 동양의 예술가들도 기회만 있으면 성을 즐기고 표현하였음을 볼 수 있다.

2. 창조적 예술가들은 대개 천진한 아이와 같다. 음악과 미술을 각각 대표하는 천재로 불릴 수 있는 모차르트와 피카소를 보더라도 아이다움이 넘쳐난다. 피카소는 아이처럼 그리는 것이 화가들이 목표로 삼아야 할 경지라고 주장하기까지 했다. 청나라의 문인화가 금농(金農)도 그림을 그릴 때 타고난 치졸함(生拙)을 잃지 말 것을 당부하였다. 이러한 천진성이 중요한 이유는 아름다움과 진리를 볼 수 있기 위해서는 어린아이와 같은 맑은 눈이 필요하기 때문이다. 그러나 지적, 정서적 성숙이 동반되지 않으면 위대한 예술이 되지 못하고 아이의 수준에 그치고 만다. 모차르트나 피카소가 위대한 예술을 창조한 것은 맑으면서도 성숙한 혜안을 가졌기 때문이다. 한국에서도 이중섭, 장욱진, 천상병, 백남준의 행동거지와 예술은 아이답기 짝이 없다. 그러면서도 이들의 예술은 어른들에게도 깊은 감동을 준다.

3. 앞에서 예로 든 모차르트와 피카소는 유희성과 진지함, 또는 가벼움과 무거움을 함께 갖춘 대표적 예술가이기도 하다. 예술가들이 삶을 대하는 가벼움은 주위 사람들에게 유쾌한 재미도 주지만 종종 진지한 관계를 추구하는 이들에게 고통과 실망을 안겨주기도 한다. 예술가들에서 종종 발견되는 성적 방종은 성적 에너지와도 관계가 있지만 이들에게 독특한 유희성 때문이기도 하다. 반면에 창조적 예술가들은 작품을 제작할 때는 상상을 뛰어넘는 진지한 자세로 몰두하곤 한다. 피카소의 게르니카는 세상의 반휴머니즘적인 만행들에 대한 가장 진지하고도 강렬한 항의를 담고 있다.

4. 비구상 예술의 등장 이후 예술가들의 상상에 근거한 작업은 종종 일반 사람들이 이해할 수 있는 한계를 넘어서곤 한다. 그러나 창조적 예술가들의 비구상 작업이 현실과 괴리된 것은 아니다. 훌륭한 예술작품은 공감과 이해를 가져온다. 한국의 대표적 추상화가인 김환기의 '점' 시리즈를 생각해보자. 김환기는 뉴욕에서 고향의 친구들을 그리워하면서 캔버스에 수없이 점을 찍었고 그렇게 완성된 그림을 '어디서 무엇이 되어 다시 만나랴' 라는 이름을 붙여 고국의 공모전에 출품하여 대상을 받았다. '점' 시리즈에서 우리는 김환기의 그리움을 공감할 수 있기에 그의 그림은 우리에게 깊은 감명을 준다. 그렇지만 오늘날 많은 현대작품들에서 사람들은 이해나 공감의 단서를 찾지 못하고

이질감만을 느낀다. 작가의 자기중심적인 비현실적 몽상 때문인가 아니면 사람들이 현대예술을 좇아가지 못하고 과거에만 안주하고 있는 것일까?

5. 예술가들은 옛날부터 시대의 예술적 흐름을 파악하고 자신의 역량을 평가받기 위해서 당대의 예술의 메카로 불리는 곳으로 모여들었다. 르네상스 시절의 피렌체, 근대의 파리, 그리고 현대의 뉴욕이 그러한 곳이다. 김환기와 이응노도 파리와 뉴욕으로 가고 싶어했고 끝내 뜻을 이루어 대성할 수 있었다. 그러나 두 사람 모두 자신의 정체성을 지키기 위해서 고독을 택했다. 김환기는 파리에서 개인전을 열기 전에 다른 사람들의 그림을 볼 기회를 일부러 피했고, 이응노는 파리에서 살면서도 불어를 배우지 않았다.

6. 모차르트와 피카소를 또 예로 들자. 두 사람 모두 당대의 천재로서 자신들의 재능을 잘 알고 있었다. 이들이 동시대의 동료들에게 우월감을 갖고 있었던 것은 당연하다. 그러나 두 사람 모두 전통에서 출발하였고 과거의 거장들에게 존경심을 갖고 있었다. 모차르트는 바흐를 대단히 존경했고 피카소 역시 세잔을 자신의 정신적 스승으로 존경하였다.

7. 한국의 뛰어난 예술가들에서도 양성성이 두드러진다. 박경리, 천경자, 최승희, 정경화, 조수미 등은 여성적인 섬세한 감수성과 더불어 남성적인 독립성과 적극성이 돋보이는 여성 예술가들이다. 반면에 이광수, 김소월, 박수근, 김환기, 황병기, 백건우 등에서는 여성적인 섬세함, 따뜻함, 그리고 부드러움을 발견할 수 있다. 여기서 여성적 혹은 남성적으로 표현한 특성들은 물론 고정관념적인 의미에서 여성적 혹은 남성적이란 말이다.

8. 피카소와 이응노를 예로 들자. 두 사람 모두 새로운 세계로 옮아가기 전에 전통적인 기법을 완전히 숙달하였다. 그러므로 확고하게 전통에 뿌리를 두고 실험을 시도하였던 사람들이며 또한 일생을 두고 반복해서 전통으로 회귀하곤 하였다. 두 사람 모두 창조적 열정이 초인적이어서 온갖 장르에 걸쳐 엄청난 양의 작품을 남겼다. 두 사람 모두 실험정신이 대단해서 피카소는 현대미술의 거의 모든 흐름에 선두를 섰고, 이응노도 70여년의 화력중 평균 10년에 한번 꼴로 화풍의 변모를 보였다. 주요한 변모를 적어보면, 청년기의 관념적인 전통 동양화, 일본유학 후의 사실주의 그림, 50년대의 반(半)추상, 파리로 건너간 후의 파피에 콜레, 사의적(寫意的) 추상, 서예적 추상, 그리고 만년의 휴머니즘이 담긴 인간 시리즈 등이다.

9. 다시 이응노를 예로 들자. 이응노는 대단한 다작이었다. 그러나 수십장의 그림 중에서 하나 정도만을 골라 낙관을 찍었다. 도불하기 전 수백점 중에

서 61점을 골라 전시회를 열고 하나도 팔지 않고 갖고 떠났다. 군인이 전쟁을 하러 가는데 총을 팔아먹고 갈 수 있겠느냐는 생각이었다. 타인의 추종을 불허하는 강렬한 창조적 열정과 더불어 자신의 그림에 대한 객관성의 유지와 철저한 자기관리가 이응노를 세계적인 화가로 성장시켰다고 볼 수 있다.

10. 베트남의 국민화가로 추앙받는 뷰상 파이(Bui Xuan Phai)를 보자. 파이는 에꼴 드 보자르 인도차이나를 졸업하고 하노이 예술대학 교수를 지낸 인텔리 화가이다. 그는 불란서에 대항하여 레지스탕스 운동에도 참여하였고, 하노이에 공산정권이 들어선 후 정부의 예술정책에 항의하다가 교수직에서 쫓겨난 후 계속 박해를 받으며 가난하게 살았다. 그러나 하노이 거리와 그곳에 살고 있는 사람들을 사랑하여 매일같이 화구를 들고 거리로 나가 하노이 풍경을 그렸다. 사람들은 그를 '거리의 파이' 라고 부르면서 존경과 애정을 표시하였다. 얼굴모습 때문에 '예수' 라는 별명으로 불리기도 했던 이 마르고 온순하며 사색적인 화가는 자신과 베트남인들의 고통과 수난을 창조의 즐거움으로 바꾸어 놓았다. 오늘날 그의 그림은 어두운 시절의 하노이를 따뜻하게 되살려주는 아름다운 서정시이다.

예술가의 창조과정

사람들은 예술가의 창조과정에 대해서 관심이 많다. 어떤 신비스러운 과정을 거쳐서 사람들의 찬탄을 받는 작품을 만들어내었는지 궁금한 것이다.

먼저 예술가 자신의 설명을 들어보자. 예술가들의 설명은 두 갈래로 나뉜다. 하나는 창조과정을 전적으로 무의식적, 비합리적 과정으로 보는 것이다. 예를 들면, 시인 에미 로웰은 시상이란 무의식 속에서 저절로 떠오르는 것으로서 시인이 어떻게 해볼 수 없는 것이라고 주장했다. 초현실주의 화가 막스 에른스트는 그림을 그릴 때 자신은 작품의 탄생을 바라보는 관객처럼 느낀다고 말했다. 그림을 그린다는 것은 아이를 낳는 것처럼 의식적인 통제가 거의 불가능한 일이라는 것이다. 또한 그림을 그리는 작업은 자동적으로 이루어지는 것으로 의식은 조용히 손을 놓고 무의식이 흐르는대로 맡겨 두는 것이라고 표현했다.

그러나 모든 예술가들이 창조과정을 무의식 과정으로 간주하지는 않는다. 에드가 알란 포우는 그러한 견해를 예술가를 신비화하려는 의도적인 시도로 보았다. 그에 따르면, 창조란 의식적이고 계산된 영리한 공작(clever craft)

일 뿐이다. 예를 들면, 피카소의 '게르니카'는 오랜 세월에 걸쳐 치밀한 계획과 많은 시행착오를 거친 끝에 완성된 걸작으로서 이 과정의 핵심은 목표지향적인 지속적 노력인 것이다.

아래에 창조과정을 무의식 과정으로 설명하는 입장과 의식 과정으로 설명하는 입장을 각기 소개한다. 그러나 여기 소개된 심리학자들은 무의식과 의식의 어느 쪽에 초점을 맞추는가에 따라 다를 뿐 예술작품의 창조에 의식과 무의식이 (비록 중요성은 입장에 따라 다르겠지만) 함께 관여한다는 점에서는 대체로 동의하고 있다.

창조과정에 수반되는 무의식 과정

Wallas(1926)에 의하면, 창조과정은 준비(preparation), 부화(incubation), 통찰(illumination), 검증(verification)의 4단계로 구성된다고 한다. 준비단계에서는 특정 문제의 해결과 관련된 예술적 기술을 획득하고 필요한 정보나 지식을 탐색한다. 다음 부화단계에서는 문제가 의식적 주의로부터 벗어난다. 그러나 창조를 향한 정서적 추동이 여전히 작용하기 때문에 의식에서는 손을 놓았지만 무의식에서는 치열하게 문제해결을 모색한다. 세 번째 통찰단계에서는 문제해결이나 예술작품과 관련된 통찰과 영감이 나타난다. 영감은 때때로 아주 갑작스럽게 출현하기도 한다. 마지막으로, 검증 혹은 정교화단계에서는 작품을 다듬고 정교화하거나, 과학의 경우 해답을 검증하는 긴 작업을 한다. 이 중에서 가장 많은 논쟁이 집중되는 단계는 무의식적 사고가 진행되는 것으로 간주되는 부화의 단계이다.

Freud에 따르면 창조적 영감에 이르게되는 사고는 일차과정적 사고(primary-process thought), 즉 비합리적이고, 질서가 없으며, 모순과 비논리성을 개의치않는 유형의 사고이다. Freud는 예술이 아동의 놀이나 환상이나 백일몽과 유사하다고 보았다. 이들은 모두 내적인 욕구와 상상 속의 해결책들을 표현한다. 예술가의 경우 감정과 갈등이 아동의 경우보다 더 억압되었으며, 이러한 억압된 감정과 갈등이 위장되고 사회적으로 인정될 수 있는 형태로 예술작품 속에 출현한다. Freud는 무의식으로부터 유래하는 일차과정적 사고를 자아의 통제를 받는 이차과정적 사고와 구별하고 창조적 작업에 두 과정이 모두 관여한다고 주장했다.

Kris(1952)는 Freud와 달리 창조에 기여하는 일차과정적 사고가 무의식이 아니라 전의식에 자리잡고 있다고 주장한다. 예술가는 영감을 얻는 단계에서 전의식의 일차과정적 사고로 퇴행한다는 것이다. 창조적 사고에 수반되는 퇴행은 정신병환자의 퇴행적 사고와 구별하여 '자아의 봉사를 받는 퇴행'(regression in the service of the ego)으로 지칭된다. 정신병적 퇴행과 달리 예술가의 퇴행은 일시적이며 자아의 통제아래 놓여있기 때문이다. 이러한 일차과정적 사고로의 퇴행에 의해 예술가는 창조성에 핵심이 되는 이미지와 아이디어들의 참신한 결합을 만들어 낼 수 있게 된다. 일차과정적 사고에서 얻어진 아이디어는 뒤이어 의식적이고 논리적인 이차과정적 사고를 수반하는 작업을 통해서 검증되고 정교화된다.

창조과정에 수반되는 의식적 작업

창조과정에서 의식적, 합리적 과정을 강조하는 학자들은 창조를 문제해결을 향한 논리적 작업으로 간주한다. 이들은 창조를 단순히 아이디어들의 신기한 결합으로 간주하는 것은 잘못이라고 비판한다. 일차과정적 사고에서 일어나는 아이디어의 재배열이 중요하기는 하지만 예술적 창조성의 핵심을 구성하는 것은 아니라는 주장이다. 그 대표적인 학자인 Arnheim(1962)은 피카소가 게르니카를 완성하기까지의 많은 작업지와 스케치와 캔버스 작업들을 조사한 후, 창조과정이란 긴 부화 후에 갑자기 출현하는 통찰이 아니라고 결론지었다. 대신 창조과정은 시행착오적인 도약과 전진과 후퇴 속에서 성장해가는 변증법적 과정으로서 이 과정의 핵심에는 '목표지향적인 시각적 사고'가 자리잡고 있다고 주장했다. 즉 예술가는 비전의 형태로 최종적인 목표를 가지고 있으며, 예술가의 창조는 우연이 아니라 최종 목표에 점진적으로 접근해가는 과정이라는 것이다.

Arnheim의 주장에도 문제가 있다. Winner(1982)는 예술가의 비전이 항상 시작부터 존재하는 것은 아니며, 그의 주장이 개념이 만들어진 이후의 작업과정을 설명하지만 최초의 개념화의 출처에 관해서는 말해주지 않고, 그림을 그리는 동안의 각 단계에 숨겨진 심리과정은 드러나지 않고 단지 추론될 뿐이라고 비판했다. 실제로 예술가의 창조과정 동안에 일어나는 사고과정을 직접 관찰하는 것은 어렵다. 심리학자들은 주로 내성법을 사용해왔으나 방법론적인 문제들 때문에 많은 비판을 받아왔다. 따라서 심리학자들은 창조과정을 연구하기 위한 다른 방법들을 탐색해왔다. 예를 들면, Gruber(1974)는 다윈의 사고과정을 그의 노트를 통해서 탐색했고, Perkins(1981)는 작업과정 동안 소리내어 사고하도록(즉 생각나는 것을 소리내어 말하도록)하는 방법을 사

그림 12.4 피카소의 게르니카: 초기 작업과 최종 작품

용했다. 이러한 경험적 연구들은 창조과정이 직관과 이성, 또는 일차과정적 사고와 이차과정적 사고의 결합이라는 사실을 알려주었다. 이 두 유형의 사고는 창조과정의 전 단계에서 협력하며 일을 한다. 그러므로 창조 과정의 어떤 단계는 전적으로 일차적 사고과정에 의해서 이루어지고 어떤 단계는 전적으로 이차적 사고과정에 의해서 이루어지는 것은 아니다. 또한 창조적 작업에 왕도가 있는 것은 아니어서 일차과정적 사고에 보다 의존하는 예술가도 있고 이차과정적 사고에 보다 의존하는 예술가도 있다.

심리학 연구와 예술가 모형

인간을 파악하기 위한 지적 노력은 흔히 명시적 혹은 묵시적인 인간모형을 중심으로 이루어진다. 인간과학의 영역에 속하는 심리학의 경우 전통적으로 몇 개의 인간모형이 경합하면서 학문이 발전되어 왔다. Freud의 정신역동 이

론은 인간을 갈등하는 존재(man in conflicts)로 파악하였고, 행동주의는 인간을 환경에 수동적으로 반응하는 자동인형(automaton)으로 간주하였다. 또한 이들에 반발하여 일어난 인본주의 혹은 현상학적 이론에서는 인간을 주체성을 갖고 자기실현을 지향하는 존재(self-actualizing person)라고 주장하였다. 최근의 인지심리학에서는 인간을 합리적으로 사고하는 존재, 즉 과학자로 가정하면서 인간을 연구한다.

현대 심리학의 인간관을 대변하는 과학자 모형은 어느 정도는 과학을 높이 평가하는 현대의 시대정신을 대표하는 것이다. 산업혁명과 계몽주의의 대두 이후로 인간의 삶에서 과학은 점점 더 큰 비중을 차지하게 되었고, 사람들은 과학이 제공해주는 삶의 편의와 과학의 속성인 발전에 매혹되어 왔다. 이것들은 과거에 철학이나 종교나 예술이 제공해주지 못한 것들이다. 오늘날 많은 사람들은 과학적 사고를 가장 바람직한 사고로 간주하며 그러한 사고를 전문적으로 하는 과학자를 존경한다.

과학자 모형의 유행은 한편으로는 심리학자 자신들이 과학자로서 과학적 사고와 가치를 가장 이상적이거나 가장 규범적인 것으로 생각하고 있기 때문이기도 하다. 심리학의 다른 모형들 역시 그 옹호자들의 관심영역과 가치를 반영하고 있기는 마찬가지이다. 심리학자들은 예술에 대한 관심과 존경을 갖고 있지 않기 때문에 인간을 예술가로 간주하는 착상을 떠올리지 않는 것이다.

어떤 한 모형의 독주는 여러 폐단을 낳는다. 우선 연구와 관심이 그 모형의 편의초점(focus of convenience)에 집중되고, 둘째로, 그 모형을 가장 보편적인(modal) 존재양태로 파악하며, 셋째, 그 모형에 근거한 사고나 행동을 이상적(ideal)이거나 규범적인(normative) 것으로 간주하게 된다.

이러한 사항들을 과학자 모형에 적용해보면, 오늘날 심리학자들은 사고, 학습, 기억, 지각 등의 인지영역을 집중적으로 연구하고 있고, 사람들이 과학자처럼 인지적 목표를 추구하고 (적어도 초보적 수준의) 과학적 사고를 한다고 믿고 있으며, 합리적 사고나 행동에서 벗어나면 오류로 처리하거나 일탈된 사고나 행동으로 간주한다. 만약에 심리학자들이 과학자 모형 대신 예술가 모형을 선택한다면 연구영역이나 인간관에서 전혀 다른 결과를 갖게 될 것이다. 아래에서 예술가는 과학자와 어떻게 다른가 살펴보자.

1. 과학자의 가장 중요한 가치는 객관성(혹은 보편성)이다. 예술가는 주관

성(혹은 개성)을 존중한다.

2. 과학자는 타당성을 추구한다. 예술가는 아름다움을 추구한다.

3. 과학자는 인지적 측면을 중요시한다. 예술가는 감정적 측면을 강조한다.

4. 과학자는 발전 혹은 축적을 신봉한다. 예술가는 변화를 선호한다.

5. 과학자는 질서에 집착한다. 예술가는 자유를 선택한다.

6. 과학자는 논리적이다. 예술가는 직관적(즉흥적)이다.

7. 과학자는 단순성 혹은 경제성의 원리를 따른다. 예술가는 다양성 혹은 의미의 충만성을 더 높이 평가한다.

8. 과학자는 애매성과 갈등에 대한 관용성이 낮다. 예술가는 애매성과 갈등에 대한 관용성이 높을 뿐 아니라 즐기는 경향조차 있다.

9. 과학자는 인식론자이다. 예술가는 표현을 중요시한다.

위에 열거한 과학자와 예술가의 구별이 보편타당한 것은 아니다. 현대 예술에서는 감각적 아름다움보다는 진실(타당성)을 드러내보이는 작품을 더 높이 평가한다. 또한 아주 규칙적인 생활습관을 갖고 작업을 하는 예술가도 많으며(예: 마티스, 유영국), 단순성이나 절약을 강조하는 예술가들(과거의 문인화가들, 그리고 현대의 미니멀리스트들)도 있다. 그리고 위대한 예술가들은 항상 탁월한 혜안을 가진 인식론자이기도 하였으며, 예술성은 흔히 표현기량보다는 인식의 깊이나 진실성에 의존하는 경우가 많다. 그러나 이러한 반론들에도 불구하고 위에 제시한 과학자와 예술가의 구별은 적어도 사회적 의미를 지닌 상식이나 고정관념 수준의 타당성을 가지며, 심리학자들이 기초하고 있는 인간모형은 대체로 이러한 상식적이고 대범한 관념들로 구성되어 있는 것이다.

만약에 예술가 모형을 채택한다면 심리학 연구는 어떻게 바뀔까? 우선 세 가지 영역에 대한 연구가 보다 활발해 질 것으로 보인다. 첫째 창의성 혹은 창조과정에 관한 연구, 둘째 정서 및 동기에 관한 연구, 셋째 표현에 관한 연구 등이다. 최근 심리학에서는 창의성과 창조과정, 그리고 정서 및 동기과정에 관한 연구가 활발히 이루어지기 시작하고 있다. 심리학자들이 인간의 과학자적 측면에 식상하고 예술가적 측면에 관심을 돌리기 시작하고 있다는 신호일지도 모른다. 그러나 아직까지 창의성 연구는 예술가들의 창조작업보다는 과학자들의 문제해결 과정에 집중되어 있고, 정서나 동기의 연구도 그 부적응적인 측면에 관심이 모아지고 있다. 삶에 다양한 색채를 제공해주는 존재로서의 정서나 동기가 아직 부각되지 못하고 있는 것이다.

한편 표현에 관한 연구는 심리학에서 거의 무시되어 왔다. 심리학은 전통적으로 출력(반응 혹은 행동)보다는 입력(자극 혹은 지각)을 집중적으로 연구하여 왔다. 반응이나 행동에 대한 관심은 그 자체보다는 자극의 속성이나 지각과정이나 유기체의 내적 상태 등을 추론하는데 사용되는 정도에 불과했다. 그러나 예술가의 입장에서 보면, 그리고 인간에게 어느 정도의 예술가적 측면이 존재한다는 점을 받아들인다면, 표현은 대단히 중요한 것이다. 인간의 행동은 단순히 자극에 대한 반응이나 사회적 역할의 수행이 아니라 자신의 표현이라는 측면이 강하기 때문이다. 이것은 단순히 자기를 바람직하게 제시한다는 인상관리 이론(impression management theory)이나 자기제시 이론(self-presentation theory)을 넘어서 다양한 표현양식들과 통로들을 조사하고 이들을 유기체와 연결시키는, 즉 S-O-R(자극-유기체-반응)에서 O-R 사이를 집중적으로 연구하는 것을 의미한다.

여기서 제시한 예술가 모형은 대체로 낭만적 인간상과 부합되는 점들이 많다. 낭만주의 시대의 예술가들을 전형적인 예술가로 생각하는 고정관념의 영향 때문일 것이다. 그러나 낭만적 인간을 사춘기를 벗어나지 못한 덜 성숙한 인간으로 취급하는 현대에서 낭만적인 예술가 모형의 부각은 세상과 삶에서 균형을 되찾아주는 아주 필요한 역할을 할 수 있을 것이다. 그와 더불어 앞으로 (현대의) 예술가에 관한 연구를 진척시킴으로써 보다 타당한 예술가 모형을 만들어 낼 수 있다고 본다.

에필로그

예술가란 매혹적이지만 다양하고 복잡하며 신비스럽기까지 한 존재이다. 그러므로 예술가란 어떤 사람일까 하는 물음은 대단히 흥미로우면서 안개 속을 더듬는 듯해서 방향감각을 갖고 접근하기가 어려운 주제이다. 이장에서는 이러한 한계를 인식하면서 예술가의 심리적 특성에 초점을 맞추어 기왕에 심리학이나 정신의학 쪽에서 이루어진 경험적 연구들을 살펴보았다. 그 결과 부분적이나마 예술가의 특성이라고 할만한 것들을 나열하였지만 보편적인 듯 보이는 특성에서도 언제나 예외에 속하는 예술가들이 존재해서 예술에 대한 재능과 열정과 노력외에는 어떤 공통점도 발견하기 어렵다는 생각이 들곤 했다. 아마도 모든 예술가들에게 공통된 보편적 특성을 추구하기 보다는 예술가들을 유형별로 분류해서 접근하는 것이 더 적절한 방법이 아닐까 하는 생각도 든다. 한편 이 장에서 책의 성격과 지면관계상 발달심리학적 측면과 사회심리학적 측면을 포함시키지 못한 것이 아쉽다. 예술가는 어떤 한 시점에 정지해 있는 존재가 아니라 예술적 세계와 삶이 일생을 두고 변화 발달하는 존재이다. 또한 창조의 세계는 자폐적으로 고립된 세계가 아니라 동료 예술가와 비평가와 애호가들이 서로 호감과 증오와 질투를 교환하는 역동적으로 얽혀 살아가는 세계이다. 이런 중요한 면들이 전혀 다루어지지 못했다. 아마도 이 제목에 걸맞는 내용을 담으려면 한권의 책(그리고 그 책을 쓰기 위한 적어도 3년의 세월)을 필요로 할 것이다. 아래에 적어 놓은 것들은 예술가를 이해하는데 필요하며 또한 흥미로운 주제들이라고 생각하면서도 이 장에서 시도하지 못했던 것들이다. 훗날 '예술가' 라는 책에서 이 주제들을 깊이있게 다루었으면 하는 희망을 품고 있다.

1. 예술적 재능의 발달: 각 예술영역별로 핵심적인 재능은 무엇이며, 재능의 발달을 촉진시키거나 저해하는 요인들은 무엇인가? 예술적 재능은 어떤 발달 단계를 따르는가?

2. 예술적 주제와 스타일의 변화: 예술가들 중에는 평생 하나의 주제나 스타일에 천착하는 이가 있고, 몇 번의 변신을 시도하는 이도 있다. 어떤 요인들이 이러한 차이를 가져오는가? 예술적 변신의 기저에 놓여 있는 요인들은 무엇인가?

3. 발달이론(Piaget나 Erikson 등의 이론)이 예술가로서의 발달이나 성취 혹은 변신에 어떤 함의를 갖는가?

4. 예술적 주제와 스타일은 무엇에 의하여 결정되는가? 성격특질이나 인지적 특성이 여기에 어느정도로 관여하는가?

5. 예술적 창조에 기여하는 광기 혹은 정신장애의 정체는 무엇인가? 광기는 어떤 때 창조를 돕고 어떤 때 창조성을 파괴하는가?

6. 자신의 예술에 대한 회의나 갈등, 혹은 창조의 장벽은 언제 어떻게 어떤 방식으로 찾아오는가? 예술가들은 창조의 장벽에 어떤 식으로 대처하는가?

7. 어린이와 정신장애자와 창조적 예술가 간에는 어떤 공통점과 차이가 있는가?

8. 예술가는 한 부류인가? 그렇다면 예술가 부류를 특징짓는 핵심적인 특

성은 무엇인가? 혹은 예술가들을 몇 개의 유형으로 나눈다면 어떤 유형들이 출현할 것인가? 예술가 유형은 일반적인 성격 유형과 어떻게 다를까?

9. 인지, 동기, 정서, 행동을 통합하는 성격의 조직화의 원리들이 예술가에서 어떤 특이성을 보일 것인가?

10. 예술가의 정서적 특성은 무엇인가? 정서 체험의 강도, 빈도, 범위, 방향 등에서 예술가 아닌 사람들과 차이를 보이는가? 정서적 특성은 예술적 주제나 스타일에서 어떻게 반영되는가?

11. 예술가의 '자기'(self)의 특이성은 무엇인가? 예술가들은 '자기'에 대한 의식과 집착이 높은 사람들인가? '자기'는 어떤 식으로 예술작품과 관련을 맺는가?

12. 예술가의 인간관계에는 어떤 특이함이 있는가? 예술가가 인간관계에서 추구하는 가장 중요한 요소는 무엇인가?

13. 예술가들이 생각하고 느끼며 살아가는 양식은 일반인들의 삶에 어떤 함의를 갖는가? 우리들의 삶의 어떤 요소들이 어느 정도로 예술과 관계되는가? 현대인이 지향하는 인간상에 예술가는 어떤 의미를 갖는가?

요 약

1. 창조적 예술가는 대체로 평균 이상의 지능을 갖고 있다. 그러나 일단 어느 정도 이상의 지능을 갖추면 지능이 높아지는 것에 비례하여 창조성이 높아지지는 않는다. 사회적으로 의미가 있는 창조성을 발휘하기 위해서는 높은 지적 능력이 요구되지만 통상적인 지능검사가 이러한 지적 능력을 잘 측정하는 것 같지는 않다.
2. 예술가로서 성공하기 위해서는 각 상징체계별로 요구되는 재능을 보유하는 것이 중요하다. 그러나 재능은 창조적인 예술가가 되기 위한 충분조건은 아니어서 위대한 예술가들은 각 상징체계간의 구별을 뛰어넘는 어떤 공통적인 성분을 공유하고 있다. 그러나 창조성을 개념화한 확산적 사고와 예술적 창조성의 관계는 일관성있게 나타나지 않았다.
3. 선천적인 재능의 중요성은 음악에서 가장 크고 미술이나 문학에서는 크게 두드러지지 않는다. 위대한 음악가로 성장하기 위해서는 타고난 재능과 어

린 시절부터의 엄격한 훈련, 그리고 (청소년기에 이르러서 비로소 나타나는) 음악에 대한 정서적 유대의 세 요소가 모두 필요하다. 재능있는 화가들도 보통 아동들과 마찬가지로 인습적인 단계를 거친다. 다만 보통아동들이 인습적인 단계에 고착되는데 반해 이들은 이 단계를 빨리 빠져 나온다는 점에서 차이를 보인다.

4. Freud에 따르면 예술적 창조의 기저에 놓인 동기는 (신경증이나 놀이에서와 마찬가지로) 본능적이며 무의식적인 소망(주로 오이디푸스적 소망)이다. 이러한 무의식적 갈등은 창조의 욕구와 예술작품의 내용 모두를 결정한다. 창조적 예술가는 또한 도전적인 문제를 발견하려는 강한 욕구를 갖고 있다. 이러한 욕구는 자극추구적인 동기로서 Freud의 자극감소(혹은 추동감소) 동기와는 대조를 이룬다. 예술적 창조에 관여하는 자극감소 동기는 역동적 동기로, 자극추구 동기는 인지적 동기로 재개념화할 수 있다. 그러므로 예술적 창조는 역동적 동기와 인지적 동기의 복합에 의하여 설명될 수 있다.
5. 예술가는 대인관계에서 초연하고, 덜 인습적이고 상상력이 풍부하며, 내성적이고 민감한 성격을 갖고 있다. 또한 남성의 경우는 일반 남성들보다 더 여성적이고 여성의 경우는 일반 여성들보다 더 남성적이다. 예술가들의 가치를 조사해보면 대체로 심미적 가치와 이론적 가치가 높고, 경제적 가치와 사회적 가치가 낮다.
6. 많은 예술가들이 감정장애(우울증 및 양극장애)에 취약성을 보인다. 또한 자기애적 취약성을 보이는 예술가들도 자주 발견된다. 이러한 심리적 취약성은 일상적 삶에는 부적응을 가져오지만 창조의 원동력이 되기도 한다. 위대한 예술가들은 심리적 취약성을 신경증이나 정신병으로 발전시키는 대신 예술로 승화시킬 수 있는 자아강도와 자율성을 지니고 있다.
7. 창조적인 사람들은 '복잡성'의 소유자들이다. 즉 심리적인 양 극단들을 동시에 보유하고 이들을 변증법적으로 통합시킴으로써 위대한 예술을 창조하고 독특한 삶의 경험을 얻는다.
8. 창조적 작업에는 무의식 과정과 의식과정이 모두 관여한다. 예술가의 영감은 비논리적이며 모순을 관용하는 일차과정적 사고에 주로 의존하고, 목표지향적인 작업의 수행은 합리적이고 체계적인 이차과정적 사고의 도움을 주로 받는다. 예술가의 창조적 사고에 수반되는 퇴행은 자아의 봉사를 받는 퇴행이라는 점에서 정신병적 사고와 구별된다.
9. 인간의 예술가 모형에서는 예술가의 특성들에 초점을 맞추어 인간을 파악

한다. 예술가 모형에서는 주관성, 아름다움, 감정, 변화, 자유, 다양성과 의미충만성, 애매함과 갈등에 대한 관용성, 표현 등을 강조한다.

관련된 책 소개

많은 예술가들의 삶과 작품에 대한 소개서가 나와있다. 시간이 없는 사람은 창해나 시공디스커버리 시리즈 중에서 고를 수도 있고, 보다 본격적인 해설서나 전기를 읽을 수도 있다. 이 방면의 고전으로는 로맹 롤랑의 '베토벤의 생애'(이휘영 옮김, 문예출판사)와 릴케의 '로댕론'(장미영 옮김, 책세상) 등이 있다. 그 밖에 뭉크나 반 고흐의 일기나 서간집, 이중섭 전기(고은의 '이중섭 평전'과 전인권의 '아름다운 사람 이중섭' 등이 있음) 등에서 예술가들의 삶과 창조에 얽힌 고뇌를 읽을 수 있다. 시오노 나나미가 쓴 '르네상스를 만든 사람들'(김석희 옮김, 한길사)도 레오나르도나 미켈란젤로 등 르네상스 시기의 예술가들의 창조작업을 조명하면서 창조란 무엇이고 르네상스 정신이란 무엇인가를 가르쳐 준다.

참고문헌

김성태 (1982). 경(敬)과 주의(注意). 서울: 고려대학교 출판부.

김성태 (1976). 성숙인격론. 서울: 고려대학교 출판부.

김영환 · 김재환 · 김중술 · 노명래 · 염태호 · 오상우 (1989). 개정판 다면적 인성검사 실시 요강. 한국가이던스.

김중술 (1996). 다면적 인성검사: MMPI의 임상적 해석. 서울: 서울대학교출판부.

민경환 (1989). 권위주의 성격과 사회적 편견 - 대학생 집단을 중심으로. 한국심리학회지: 사회 및 성격, 4(2), 146-168.

민경환 (1993). Vygotsky의 '예술심리학' 고찰. 심리과학, 2, 87-99.

민경환 (1997). 성격심리학에서의 비교문화 연구. 한국심리학회 학술위원회(편), 심리학에서의 비교문화 연구 (pp. 209-249). 서울: 성원사.

민경환 · 김지현 · 윤석빈 · 장승민 (2000). 부정적 정서 조절 방략에 관한 연구: 정서 종류와 개인 변인에 따른 정서조절 양식의 차이. 한국심리학회지: 사회 및 성격, 14(2), 1-16.

박응임 (1990). 영아-어머니간의 애착유형과 그 관련변인. 아동학회지, 11(1), 113-131.

고려대학교 부설 행동과학연구소 (1999). 심리척도 핸드북. 서울: 학지사.

원호택 (1997). 이상심리학. 서울: 학지사

육성필 (1994). 성격의 5요인 이론에 기초한 척도의 구성을 위한 예비연구. 고려대학교 석사 학위 논문.

윤태림 (1970). 한국인. 서울: 현암사.

이상로 (1974). 조선 성리학자들의 심리학설 연구. 계명대학교 박사학위 논문.

이수원 (1995). 한국인의 인정: 그 심리학적 함의(I & II). 임능빈(편), 동양사상과 심리학 (pp. 545-581). 서울: 성원사.

이수정 · 이훈구 (1997). Trait Meta-Mood Scale의 타당화 연구: 정서지능의 하위요인 탐색. 한국심리학회지: 사회 및 성격, 11(1), 95-116.

이영호 (1993). 귀인양식, 생활사건, 사건귀인 및 무망감과 우울의 관계: 공변량 구조모형을 통한 분석. 서울대학교 박사학위논문.

이주일 · 황석현 · 한정원 · 민경환 (1997). 정서의 체험 및 표현성이 건강과 심리적 안녕에 미치는 영향. 한국심리학회지: 사회 및 성격, 11(1), 117-140.

임능빈 (1995). 성격이론의 일연구 - 유교를 중심으로. 임능빈(편), 동양사상과 심리학 (pp. 55-76). 서울: 성원사.

전용신 · 이창우 · 서봉연 (1963). KWIS 실시요강. 서울: 중앙교육연구소.

정양은 (1970). 감정론의 비교연구: 사회적 감정을 중심으로. 한국심리학회지, 1(3), 77-90.

정영숙 (1996). 어머니에 대한 배려가 아동의 과제수행 열심도에 미치는 효과. 한국심리학회지: 사회, 10(1), 159-170.

정진경 (1990). 한국 성역할검사(KSRI). 한국심리학회지: 사회, 5(1), 82-92.

조긍호 (1998). 유학심리학: 맹자, 순자 편. 서울: 나남출판.

차재호 (1994). 지난 백년간의 한국인의 가치, 신념, 태도 및 행동의 변화. 한국심리학회지: 사회, 8(1), 40-58.

최상진 (2000). 한국인의 심리학. 서울: 중앙대학교 출판부.

한덕웅 (1994). 퇴계심리학. 서울: 성균관대학교 출판부.

홍계옥 · 정옥분 (1995). 유아의 기질 및 어머니의 양육행동과 모자 애착행동간의 관계. 아동학회지, 16(1), 99-112.

황석현 · 민경환 (1998). The conceptualization of emotional complexity as an individual differences variables. 심리과학, 7(1), 25-46.

Adorno, T. W., Frenkel-Brunswick, E., Levinson, D. J., & Sanford, R. N. (1950). *The authoritarian personality*. New York: Harper & Row.

Ainsworth, M. D. S. (1967). *Infancy in Uganda: Infant care and the growth of love*. Baltimore: Johns Hopkins University Press.

Ainsworth, M. D. S. (1979). Attachment as related to mother-infant interaction. In J. S. Rosenblatt, R. A. Hinde, C. Beer, & M. Busnel(Eds.), *Advances in the study of behavior(Vol. 9)*. New York: Academic Press.

Ainsworth, M. D. S., Blehar, M. C., Waters, E., & Wall, S. (1978). *Patterns of attachment: A psychological study of the strange situation*. Hillsdale, NJ: Erlbaum.

Alexander, F., & French, T. M. (1946). *Psychoanalytic therapy*. New York: Ronald.

Allport, G. W. (1937). *Personality: A psychological interpretation*. New York: Holt, Rinehart and

Winston.

Allport, G. W. (1950). *The individual and his religion*. New York: MacMillan.

Allport, G. W. (1955). *Becoming: basic consideration for a psychology of personality*. New Haven, CT: Yale University Press.

Allport, G. W. (1960). *Personality and social encounter: Selected essays*. Boston: Beacon Press.

Allport, G. W. (1961). *Pattern and growth in personality*. New York: Holt, Rinehart and Winston.

Alwin, D. F., Cohen, R. L., & Newcomb, T. M. (1991). *Political attitudes over the life span*. Madison: University of Wisconsin Press.

American Psychiatric Association (1994). *Diagnostic and statistical manual of mental disorder*(4th ed.). Washington, DC: Author.

Arnheim, R. (1962). *The genesis of a painting: Picasso's Guernica*. Berkeley: University of California Press.

Aronson, E., & Carlsmith, J. M. (1962). Performance expectancy as a determinant of actual performance. *Journal of Abnormal and Social Psychology, 65*, 178-182.

Bailey, J. M., & Pillard, R. (1991). A genetic study of male sexual orientation. *Archives of General Psychiatry, 48*, 1089-1096.

Bandura, A. (1973). *Aggression: A social learning analysis*. Englewood Cliffs, NJ: Prentice-Hall.

Bandura, A. (1977). *Social learning theory*. Englewood Cliffs, NJ: Prentice-Hall.

Bandura, A. (1986). *Social foundations of thought and action: A social cognitive theory*. Englewood Cliffs, NJ: Prentice Hall.

Bandura, A., & Cervone, D. (1983). Self-evaluative and self-efficacy mechanisms governing the motivational effect of goal systems. *Journal of Personality and Social Psychology, 45*, 1017-1028.

Bandura, A., & Rosenthal, T. L. (1966). Vicarious classical conditioning as a function of arousal level. *Journal of Personality and Social Psychology, 3*, 54-62.

Bandura, A., & Walters, R. H. (1963). *Adolescent aggression*. New York: Ronald Press.

Bandura, A., Adams, N. E., & Beyer, J. (1977). Cognitive processes mediating behavioral change. *Journal of Personality and Social Psychology, 35*, 125-139.

Bandura, A., Ross, D., & Ross, S. (1963). Vicarious reinforcement and imitative learning. *Journal of Abnormal and Social Psychology, 41*, 586-598.

Bandura, A., Underwood, B., & Fromson, M. E. (1975). Disinhibition of aggression through diffusion of responsibility and dehumanization of victims. *Journal of Research in Personality, 9*, 253-269.

Barker, R. G., Dembo, T., & Lewin, K. (1941). *Frustration and regression: An experiment with young children*. University of Iowa Studies in Child Welfare, 18(1).

Barron, F. (1958). The psychology of imagination. *Scientific American, 199(3)*, 151-166.

Barron, F. (1963). *Creativity and psychological health: Origins of personality and creative freedom*. Princeton: Van Nostrand.

Bartholomew, K., & Horowitz, L. M. (1991). Attachment styles among young adults: A test of a four-category model. *Journal of Personality and Social Psychology, 61*, 226-244.

Bateson, P. P. G. (1966). The characteristics and context of imprinting. *Biological Reviews, 41*, 177-220.

Baumeister, R. F. (1991). On the stability of variability: Retest reliability of metatraits. *Personality and Social Psychology Bulletin, 17*, 633-639.

Baumeister, R. F., Tice, D. M., & Hutton, D. G. (1989). Self-presentational motivations and personality differences in self-esteem. *Journal of Personality, 57*, 547-579.

Beck, A. T. (1967). *Depression: Clinical experimental and theoretical aspects*. New York: Harper & Row.

Beck, A. T., & Beck, R. W. (1972). Screening depressed patients in family practice: A rapid technic. *Postgraduate Medicine, 52*, 81-85.

Beck, A. T., Ward, C. H., Mendelson, M., Mock, J., & Erbaugh, J. (1961). An inventory for measuring depression, *Archives of General Psychiatry, 4*, 561-571.

Bell, A., Weinberg, M., & Hammersmith, S. (1981). *Sexual preference: Its development in men and women*. Bloomington, Ind.: Indiana University Press.

Bell, R. Q. (1968). A reinterpretation of the direction of effects in studies of socialization. *Psychological Review, 75*, 81-95.

Bellak, L., & Bellak, S. (1949). *Children's Apperception Test*. Larchmont, NY: C.P.S., Inc.

Bem, D. J. (1967). Self-perception: An alternative interpretation of cognitive dissonance phenomena. *Psychological Review, 74*, 183-200.

Bem, D. J. (1974). The measurement of

psychological androgyny. *Journal of Consulting and Clinical Psychology, 42*, 155-162.

Bem, D. J. (1996). Exotic becomes erotic: A developmental theory of sexual orientation. *Psychological Review, 103(2)*, 320-335.

Bem, D. J., & Allen, A. (1974). On predicting some of the people some of the time: The search for cross-situational consistencies in behavior. *Psychological Review, 81*, 506-520.

Bender, L. (1938). A visual motor gestalt test and its clinical use. *Research Monogragh of the American Orthopsychiatric Association*, No. 3.

Berger, R. (1990). Passing: Impact on the quality of same-sex couple relationships. *Social Work, 35*, 328-332.

Berkowitz, L. (1969). Control of aggression. *Review of Child Development Research, 3*, 95-140.

Berkowitz, L. (1973). Words and symbols as stimuli to aggressive responses. In J. Knutoon(Ed.), *The control of aggression*. Chicago: Aldine.

Berkowitz, L. (1974). Some determinants of impulsive aggression: Role of mediated associations with reinforcements for aggression. *Psychological Review, 81*, 165-176.

Berkowitz, L. (1998). Aggressive personalities. In D. F. Barone, M. Hersen, & V. B. Van Hasselt(Eds.), *Advanced personality*. New York: Plenum.

Bieri, J. (1955). Cognitive complexity-simplicity and predictive behavior. *Journal of Abnormal and Social Psychology, 51*, 263-268.

Bieri, J. (1961). Complexity-simplicity as a personality variable in cognitive and preferential behavior. In D. Fiske & S. Maddi(Eds.), *Functions of varied experience*. Homewood, IL: Dorsey Press.

Bieri, J., Atkins, A., Briar, S., Leaman, R. L., Miller, H., & Tripoldi, T. (1966). *Clinical and social judgment*. New York: Wiley.

Block, J. (1971). *Live through time*. Berkeley, CA: Bancroft.

Block, J. (1993). Studying personality the long way. In D. C. Funder, R. D. Parke, C. Tomlinson-Keasey, & K. Widaman(Eds.), *Studying lives through time* (pp.9-41). Washington, DC: American Psychological Association.

Block, J. H., & Block, J. (1980). The role of ego-control and ego-resiliency in the organization of behavior. In W. A. Collins(Ed.), *Minnesota Symposia on Child Psychology*(Vol. 13, pp.39-101). Hillsdale, NJ: Erlbaum.

Block, J., Gjerde, P. F., & Block, J. H. (1991). Personality antecedents of depressive tendencies in 18-year-olds: A prospective study. *Journal of Personality and Social Psychology, 60*, 726-738.

Bloom, B. S. (1964). *Stability and change in human characteristics*. New York: Wiley.

Blum, G. S. (1950). *The Blacky Pictures*. New York: Psychological Corporation.

Boor, M. (1976). Relationship of internal-external control and national suicide rates. *Journal of Social Psychology, 100*, 143-144.

Booth-Kewley, S., & Friedman, H. S. (1987). Psychological predictors of heart disease: A quantitative review. *Psychological Bulletin, 101*, 343-362.

Bornstein, M. (1984). Psychology and art. In M. Bornstein(Ed.), *Psychology and its allied disciplines*. Hillsdale, NJ: Lawrence Erlbaum.

Bouchard, T. J., Jr., & McGue, M. (1981). Familial studies of intelligence: A review. *Science, 212*, 1055-1059.

Bowlby, J. (1969). *Attachment and loss: Vol. 1. Attachment*. New York: Basic Books.

Bowlby, J. (1973). *Attachment and loss: Vol. 2. Separation: Anxiety and anger*. New York: Basic Books.

Bowlby, J. (1979). *The masking and breaking of affectional bonds*. London: Tavistock.

Bowlby, J. (1980). *Attachment and loss: Vol. 3. Loss: Sadness and depression*. New York: Basic Books.

Boyer, W. F. (1986). Influence of ABO blood type on symptomatology among outpatients: Study and replication. *Neuropsychobiology, 16*, 43-46.

Brockner, J. (1983). Low self-esteem and behavioral plasticity: Some implications. In L. Wheeler & P. Shaver(Eds.), *Review of personality and social psychology*(Vol. 4, pp. 237-271). Beverly Hills, CA: Sage.

Brockner, J., & Hulton, A. (1978). How to reverse the vicious cycle of low self-esteem: The importance of attentional focus. *Journal of Experimental Social Psychology, 15*, 564-578.

Bronfenbrenner, U., & Ceci, S. J. (1994). Nature-nurture reconceptualized in developmental perspective: A bioecological model. *Psychological Review, 101*, 568-586.

Brown, P. C., & Smith, T. W. (1992). Social Influence, marriage, and the heart: Cardiovascular consequences of interpersonal control in husbands and wives. *Health Psychology, 11*, 88-96.

Bruner, J. S. (1956). You are your constructs.

Contemporary Psychology, 1, 355-356.

Bruner, J. S., & Goodman, C. C. (1947). Value and need as organizing factors in perception. *Journal of Abnormal and Social Psychology, 42*, 33-44.

Brunner, H. G., Nelen, M., Breakefield, X. O., Ropers, H. H., & van Oost, B. A. (1993). Abnormal behavior associated with a point mutation in the structural gene for monoamine oxidase A. *Science, 262*, 578-580.

Buck, J. N. (1948). The H-T-P technique: A quantitative and qualitative scoring manual. *Clinical Psychology Monographs, 5*, 1-20.

Buss. A. H. (1961). *The psychology of aggression*. New York: Wiley.

Buss, A. H. (1980). *Self-consciousness and social anxiety*. San Francisco: Freeman.

Buss, A. H., & Durkee, A. (1957). An inventory for assessing different kinds of hostility. *Journal of Consulting Psychology, 21*, 343-349.

Buss, A. H., & Plomin, R. (1975). *A temperament theory of personality development*. New York: Wiley Interscience.

Buss, A. H., & Perry, M. (1992). The aggression questionnaire. *Journal of Personality and Social Psychology, 63*, 452-459.

Buss, D. M. (1989). Sex differences in human mate preferences: Evolutionary hypotheses tested in 37 cultures. *Behavioral and Brain Sciences, 12*, 1-49.

Buss, D. M. (1991). Evolutionary personality psychology. *Annual Review of Psychology, 42*, 459-492.

Buss, D. M. (1995). Evolutionary psychology: A new paradigm for psychological science. *Psychological Inquiry, 6*, 1-30.

Buss, D. M., & Schmitt, D. P. (1993). Sexual strategies theory: An evolutionary perspective on human mating. *Psychological Review, 100(2)*, 204-232.

Buss, D. M., Larsen, R. J., Westen, D., & Semmelroth, J. (1992). Sex differences in jealousy: Evolution, physiology and psychology. *Psychological Science, 3*, 251-255.

Cadoret, R. J. (1978). Psychopathology in adopted-away offspring of biological mothers with antisocial behavior. *Archives of General Psychiatry, 35*, 176-189.

Cairns, R. B. (1979). *Social development*. San Francisco: Freeman.

Campbell, D. T. (1957). A typology of projective tests and otherwise. *Journal of Consulting Psychology, 21*, 207-210.

Campbell, D. T., & Fiske, D. W. (1959). Convergent and discriminant validation by the multitrait-multimethod matrix. *Psychological Bulletin, 56*, 81-105.

Campbell, J. D. (1986). Similarity and uniqueness: The effects of attribute type, relevance, and individual differences in self-esteem and depression. *Journal of Personality and Social Psychology, 50*, 281-294.

Campos, J. J., Barrett, K. C., Lamb, M. E., Goldsmith, H. H., & Stenberg, C. (1983). Socioemotional development. In M. M. Haith & J. J. Campos(Eds.), Handbook of child psychology: Vol. 2. *Infancy and psychobiology* (pp. 783-915). New York: Wiley.

Cantor, N. (1990). Social Psychology and sociobiology: What can we live to evolution? *Motivation and Emotion, 14*, 242-254.

Cantor, N., & Kihlstrom, J. F. (1987). *Personality and social intelligence*. Englewood Cliffs, NJ: Prentice-Hall.

Carlson, V., Cicchetti, D., Barnett, D., & Braunwald, K. (1989). Disorganized/disoriented attachment relationships in maltreated infants. *Developmental Psychology, 25*, 525-531.

Carver, C. S., Scheier, M. F., & Weintraub, J. K. (1989). Assessing coping strategies: A theoretically based approach. *Journal of Personality and Social Psychology, 56*, 267-283.

Cattell, R. B. (1956). Validation and interpretation of the 16 PF Questionnaire. *Journal of Clinical Psychology, 12*, 205-214.

Cattell, R. B. (1965). *The scientific analysis of personality*. Baltimore: Penguin.

Cattell, R. B., Young, H., & Hundleby, J. (1964). Blood groups and personality traits. *American Journal of Human Genetics, 16*, 397-402.

Chess, S., & Thomas, A. (1990). The New York Longitudinal Study: The young adult periods. *Canadian Journal of Psychiatry, 35*, 557-561

Child, I. L. (1968). Personality in culture, In E. F. Borgatta, & W. W. Lambert(Eds.), *Handbook of Personality Theory and Research*. Chicago: Rand McNally.

Christiansen, K. O. (1974). The genesis of aggressive criminality: implications of a study of crime in a Dannish twin study. In J. De Wit & W. W. Hartup(Eds.), *Determinants and origins of aggressive behavior*. The Hague: Mouton.

Claridge, G. S. (1985). *Origins of mental illness*. Oxford: Blackwell.

Clark, L. A., Vorhies, L., & McEwen, J. L. (1994). Personality disorder symptomatology from the five-factor model perspective. In P. T. Costa, Jr. & T. A. Widiger(Eds.), *Personality disorders and the five-factor model of personality* (pp.95-116). Washington, DC: American Psychological Association.

Clarke-Stewart, A. (1989). Infant day care: Maligned or malignant. *American Psychologist, 44*, 266-273.

Coccero, E. F., Siever, L. J., Klar, H. M., Maurer, G., Cocharane, K., Cooper, T. B., Mohs, R. C., & Davis, K. L. (1989). Serotonergic studies in patients with affective and personality disorders: Correlates with suicidal and impulsive aggressiveness behavior. *Archives of General Psychiatry, 46*, 587-599.

Collins, N. L., & Read, S. J. (1990).Adult attachment, working models, and relationship quality in dating couples. *Journal of Personality and Social Psychology, 58*, 644-663.

Cooley, C. H. (1902). *Human nature and the social order*. New York: Scribner' s.

Coopersmith, S. (1967). *Antecedents of self-esteem*. San Francisco: W. H. Freeman.

Costa, P. T. (1994). *Traits through time, or the stability of personality: Observations, evaluations, and a model*. 102nd Annual Convention of the American Psychological Association, Los Angeles, CA.

Costa, P. T., & McCrae, R. R. (1985). *The NEO Personality Inventory Manual*. Odessa, FL: Psychological Assessment Resources.

Costa, P. T., & McCrae, R. R. (1988). Personality in adulthood: A six-year longitudinal study of self-reports and spouse ratings on the NEO Personality Inventory. *Journal of Personality and Social Psychology, 54*, 853-863.

Costa, P. T., Jr., & McCrae, R. R. (1988). From catalog to classification: Murray' s needs and five-factor model. *Journal of Personality and Social Psychology, 55*, 258-265.

Costa, P. T., Jr., & McCrae, R. R. (1992). *NEO-PI-R Professional Manual*. Odessa, FL: Psychological Assessment Resources.

Costa, P. T., Jr., & McCrae, R. R. (1994). "Set like plaster?" Evidence for the stability of adult personality. In T. Heatherton & J. Weinberger(Eds.), *Can personality change?* (pp. 21-40). Washington, DC: American Psychological Association.

Costa, P. T., Jr., & McCrae, R. R. (1980). Still stable after all these years: Personality as a key to some issues in aging. In D. Battles & O. G. Brim(Eds.), *Lifespan development and behavior(Vol. Ⅲ)*. 1981.

Costa, P. T., Jr., & Widiger, T. A. (Eds.). (1994). *Personality disorders and the five factor model of personality*. Washington, DC: American Psychological Association.

Costa, P. T., McCrae, R., & Zonderman, A. (1987). Environmental and dispositional influences on well-being: Longitudinal follow-up of an American national sample. *British Journal of Psychology, 78*, 299-306.

Crocker, J., & Schwartz, I. (1985). Prejudice and ingroup favoritism in a minimal intergroup situation: Effects of self-esteem. *Personality and Social Psychology Bulletin, 11*, 379-386.

Crowe, R. R. (1972). The adopted offspring of women criminal offenders: A study of their arrest records. *Archives of General Psychiatry, 27*, 600-603.

Crowne, D. P., & Marlow, D. (1960). A new scale of social desirability independent of psychopathology. *Journal of Consulting Psychology, 24*, 349-354.

Csikszentmihalyi, M. (1975). *Beyond boredom and anxiety*. San Francisco, CA: Jossey-Bass.

Csikszentmihalyi, M. (1996). *Creativity: Flow and the psychology of discovery and invention*. New York: Harper Collins.

Daitzman, R., Zuckerman, M., Sammelwitz, P., & Ganjam, V. (1978). Sensation seeking and gonadal hormones. *Journal of Biosocial Sciences, 10*, 401-408.

Damon, W., & Hart, D. (1988). *Self-understanding in childhood and adolescence*. Cambridge, England: Cambridge University Press.

Daniels, D., & Plomin, R. (1985). Differential experiences of siblings in the same family. *Developmental Psychology, 21*, 747-760.

Darnarin, F. L., & Cattell, R. B. (1968). Personality factors in early childhood and their relation to intelligence. *Monographs of the society for Research in Child Development, 33*, 1-95.

Darwin, C. (1859). *On the origin of species by means of natural selection*. London: Murray.

Darwin, C. (1872/1965). *The expression of the emotions*

in man and animals. Chicago, IL: University of Chicago Press.

Davis, P. J., & Schwartz, G. E. (1987). Repression and the inaccessibility of affective memories. *Journal of Personality and Social Psychology, 52*, 155-162.

De Wolff, M. S., & van Ijzendoorn, M. H. (1997). Sensitivity and attachment: A meta-analysis on parental antecedents of infant attachment. *Child Development, 68*, 571-591.

Depue, R. A., Luciana, M., Arisi, P., Colins, P., & Leon, A. (1994). Dopamine and the structure of personality: Relation of agonist-induced dopamine activity to positive emotionality. *Journal of Personality and Social Psychology, 67*, 485-498.

Derogatis, L. R. (1977). *SCL-90: Administration, scoring and procedures manual- I* . Baltimore: Clinical Psychometric Research Unit, Johns Hopkins University.

Diener, E. (1984). Subjective well-being. *Psychological Bulletin, 95*, 542-575.

Diener, E. (1998). Subjective well-being and personality. In D. F. Barone, M. Hersen, & V. B. Van Hasselt(Eds.), *Advanced Personality* (pp. 311-334). New York: Plenum.

Diener, E., & Diener, M. (1995). Cross-cultural correlates of life satisfaction and self-esteem. *Journal of Personality and Social Psychology, 68*, 653-663.

Diener, E., & Larson, R. J. (1984). Temporal stability and cross-situational consistency of affective, behavioral and cognitive responses. *Journal of Personality and Social Psychology, 47*, 871-883.

Diener, E., Sandvik, E., Pavot, W., & Fujita, F. (1992). Extraversion and subject well-being in a U.S. national probability sample. *Journal of Research in Personality, 26*, 205-215.

Diener, E., Sandvik, E., Seidlitz, L., & Diener, M. (1993). The relationship between income and subjective well-being: Relative or absolute? *Social Indicators Research, 28*, 195-223.

Diener, E., Wolsic, B., & Fujita, F. (1995). Physical attractiveness and subjective well-being. *Journal of Personality and Social Psychology, 69*, 120-129.

Dion, K. L., & Dion, K. K. (1988). Romantic love. In R. J. Sternberg & M. Barnes(Eds.), *The psychology of love*. New Haven: Yale University Press.

Dodge, K. A. (1982). *Social information-processing variables in the development of aggression and altruism and aggression: Social and sociobiological origins* (pp. 280-302). New York: Cambridge University Press.

Dodge, K. A. (1986). A social information processing model of social competence in children. Cognitive perspectives on children' s social behavioral development. *The Minnesota symposium on child psychology, 18*, 77-125.

Dodge, K. A. & Coie, J. D. (1987). Social information-processing factors in reactive and proactive aggression in children' s peer groups. *Journal of Personality and Social Psychology, 53*, 1146-1158.

Dollard, J., & Miller, N. E. (1950). *Personality and Psychotherapy*. New York: McGrow Hill.

Dollard, J., Doob, L., Miller, N. E., Mowrer, O. H., & Sears, R. R. (1939). *Frustration and aggression*. New Haven, CT: Yale University Press.

Downey, G., & Walker, E. (1989). Social cognition and adjustment in children at risk for psychopathology. *Developmental Psychology, 25*, 835-845.

Dunn, J., & Plomin, R. (1990). *Separate lives: Why siblings are so different*. New York: Basic Books.

Eagle, M. N., Wolitzky, D. L., & Klein, G. S. (1966). Imagery: Effect of concealed figure in a stimulus. *Science, 18*, 837-839.

Edwards, A. L. (1953). The relationship between the judged desirability of a trait and the probability that the trait will be endorsed. *Journal of Applied Psychology, 37*, 90-93.

Edwards, A. L. (1957). *The social desirability variable in personality assessment and research*. New York: Holt, Rinehart and Winston.

Ekman, P. (1972). Universals and cultural differences in facial expression of emotion. In J. Cole(Ed.), *Nebraska symposium on motivation* (pp. 162-222). Lincoln: University of Nebraska Press.

Ekman, P., & Friesen, W. V. (1971). Constants across culture in the face and emotion. *Journal of Personality and Social Psychology, 17*, 124-129.

Ekman, P., & Friesen, W. V. (1986). A new pan-cultural facial expression of emotion. *Motivation and Emotiom, 10*, 159-168.

Ekman, P., Sorenson, E. R., & Friesen, W. V. (1969). Pan-cultural elements in the facial displays of emotions. *Science, 164*, 86-88.

Emmons, R. A. (1989a). Exploring the relationship between motives and traits: The case of narcissism. In D. M. Buss & N. Cantor(Eds.), *Personality Psychology: Recent trends and emerging directions* (pp. 32-44). New York: Springer-Verlag

Emmons, R. A. (1989b). The personal striving approach to personality. In L. A. Pervin(Ed.), *Goal concepts in personality and social psychology* (pp. 87-126). Hills Dale, NJ: Erlbaum.

Epstein, S. (1977). Traits are alive and well. In D. Magnusson & N. S. Endler(Eds), *Personality at the Crossroads: Current issues in interactional psychology*. Hillsdale, NJ: Erlbaum.

Epstein, S. (1990). Cognitive-experiential self theory. In L. A. Pervin(Ed.), *Handbook of personality: Theory and research* (pp. 165-192). New York: Guilford.

Erikson, E. H. (1963). *Childhood and society*(2nd ed.). New York: Norton.

Eron, L. D. (1987). The development of aggressive behavior from the perspective of a developing behaviorism. *American Psychologist*, *42*, 197-211.

Eron, L. D., Huesmann, L. R., Lefkowitz, M. M., & Walder, L. O. (1972). Does television violence cause aggression? *American Psychologist*, *27*, 253-263.

Exner, J. E., Jr. (1974). *The Rorschach systems*. New York: Grune & Stratton.

Eysenck, H. J., & Rachman, S. (1965). *The cause and cures of neurosis*. San Diego: Knapp.

Eysenck, H, J., & Eysenck, S. B. G. (1975). *Manual of the Eysenck Personality Questionnaire*. London: Hodder & Stoughton.

Eysenck, H. J. (1970). *The structure of human personality*. London: Methuen.

Eysenck, H. J. (1973). *Eysenck on extraversion*. New York: Wiley.

Eysenck, H. J. (1990). Biological dimensions of personality. In L. A. Pervin(Ed.), *Handbook of Personality: Theory and Research* (pp.244-276). New York: Guilford.

Eysenck, H. J., & Eysenck, S. B. G. (1968). *Manual of the Eysenck Personality Inventory*. San Diego, CA: Educational and Industrial Testing Service.

Eysenck, H. J., & Eysenck, S. B. G. (1975). *Manual of the Eysenck Personality Questionnaire*. London: Hobber & Stoughton.

Farrington, D. P. (1986). Age and crime. In M. Tonry & N. Morris(Eds.), *Crime and Justice: An Annual Review and Research*(Vol. 7, pp. 189-250). Chicago: University of Chicago Press.

Farrington, D. P. (1989). Early predictors of adolescent aggression and adult violence. *Violence and Victims*, *4*, 79-100.

Farrington, D. P. (1991). Antisocial personality from childhood to adulthood. *The Psychologist*, *4*, 389-394.

Feasel, K. E. (1995). *Mediating the relation between goals and subjective well-being: Global and domain-specific variants of self-efficacy*. Unpublished master' s thesis. University of Illinois.

Feeney, J. A., & Noller, P. (1990). Attachment style as a predictor of adult romantic relationships. *Journal of Personality and Social Psychology*, *58*, 281-291.

Fehr, B., & Russell, J. A. (1984). Concept of emotion viewed from a prototype perspective. *Journal of Experimental Psychology: General*, *113*, 464-486.

Feldman, T. (1989). Creativity and narcissism: A self-psychology examination of the life and work of Jackson Pollock. *Arts in Psychotherapy*, *16(3)*, 201-209.

Fenigstein, A., Scheier, M. F., & Buss, A. H. (1975). Public and private self-consciousness: Assessment and theory. *Journal of Consulting and Clinical Psychology*, *43*, 522-527.

Feshbach, S. (1970). Aggression. In P. H. Mussen(Ed.), *Carmichael' s manual of child psychology*. New York: Wiley.

Feshbach, S., & Singer, R. D. (1971). *Television and aggression*. San Francisco: Jossey-Bass.

Fleming, J. S., & Courtney, B. E. (1984). The dimensionality of self-esteem: II. Hierarchical facet model for revised measurements scales. *Journal of Personality and Social Psychology*, *46*, 404-421.

Flink, C., Boggiano, A. K., & Barrett, M. (1990). Controlling teaching strategies: Undermining children' s self-determination and performance. *Journal of Personality and Social Psychology*, *59*, 916-924.

Fong, G. T., & Markus, H. (1982). Self-schemas and judgments about others. *Social Cognition*, *1*, 191-204.

Franks, D. D., & Marolla, J. (1976). Efficacious action and social approval as interacting dimensions of self-esteem: A tentative reformulation through construct validation. *Sociometry*, *39*, 324-341.

Freedman, J. L. (1978). *Happy people: What happiness is, who has it, and why*. New York: Harcourt Brace

Jovanovich.

Freedman, J. L. (1984). Effect of television violence on aggressiveness. *Psychological Bulletin, 96*, 227-246.

Freud, S. (1900). *Interpretation of dreams*. London: Hogarth Press.

Freud, S. (1901). *The psychopathology of everyday life*. London: Hogarth Press.

Freud, S. (1905). *Jokes and their relation to unconscious*. London: Hogarth Press.

Freud, S. (1905). *Three essays on sexuality*. London: Hogarth Press.

Freud, S. (1909). *Little Hans*. London: Hogarth Press

Freud, S. (1910). *Leonardo da Vinci and a memory of his childhood*. London: Hogarth Press.

Freud, S. (1920). *Beyond the pleasure principle*. London: Hogarth Press.

Freud, S. (1923). *The ego and the id*. London: Hogarth Press.

Freud, S. (1927). *The future of an illusion*. London: Hogarth Press.

Freud, S. (1928). *Dostoevsky and parricide*. London: Hogarth Press.

Freud, S. (1930). *Civilization and its discontents*. London: Hogarth Press.

Freud, S. (1933). *New introductory lectures on psychoanalysis*(W. J. H. Sproutt, Trans.), New York: Norton.

Friedman, M., & Rosenman, R. H. (1974). *Type A behavior and your heart*. New York: Knopf.

Frijda, N. H. (1986). *The emotions*. Cambridge: Cambridge University Press.

Frody, A., Macaulay, J., & Thome, P. R. (1977). Are women always less aggressive than men? A review of the experimental literature. *Psychological Bulletin, 84*, 634-660.

Fujita, F., Diener, E., & Sandvik, E. (1991). Gender differences in negative affect and well-being: The case for emotional intensity. *Journal of Personality and Social Psychology, 61*, 427-434.

Fulker, D. W., Eysenck, S. B. G., & Zuckerman, M. (1980). The genetics of sensation seeking. *Journal of Personality Research, 14*, 261-281.

Gale, A. (1969). Stimulus hunger: Individual differences in operant strategy in a button pressing task. *Behaviour Research and Therapy*, 7, 265-274.

Gale, A. (1983). Electroencephalographic studies of extraversion-introversion: A case study in the psychophysiology of individual differences. *Personality and Individual Differences, 4*, 371-380.

Gallup, G. G., Jr. (1970). Chimpanzees: Self-recognition. *Science, 167*, 86-87.

Galton, F. (1879). Psychometric experiments. *Brain, 2*, 149-162.

Gardner, H. (1973). *The arts and human development*. New York: Wiley.

Gardner, H. (1983). *Frames of mind: theory of multiple intelligence*. New York: Basic Books.

Getzels, J., & Csikszentmihalyi, M. (1976). *The creative vision: A longitudinal study of problem finding in art*. New York: Wiley.

Getzels, J., & Jackson, P. (1962). *Creativity and intelligence: Explorations with gifted students*. New York: Wiley.

Goldberg, L. R. (1981). Language and individual differences: The research for universals in personality lexicons. In L. Wheeler(Ed.), *Review of Personality and Social Psychology* (pp. 141-165). Beverly Hills, CA: Sage.

Goldberg, L. R. (1990). An alternative "description of personality": The big five factor structure. *Journal of Personality and Social Psychology, 59*, 1216-1229.

Goldberg, L. R. (1992). The development of markers for the Big-Five factor structure. *Psychological Assessment, 4*, 26-42.

Goleman, D. (1995). *Emotional intelligence*. New York: Bantam Books.

Goodall, J. (1986). *The chimpanzees of Gombe: Patterns of behavior*. Cambridge, MA: Harvard University Press.

Goossens, F. A., & van Ijzendoorn, M. H. (1990). Quality of infants' attachments to professional caregivers: Relation to infant-parent attachment and day-care characteristics. *Child Development, 61*, 832-837.

Gottesman, I. I. (1963). Genetic aspects of intelligent behavior. In N. Ellis(Ed.), *Handbook of mental deficiency*. New York: McGraw-Hill.

Gotz, K. O., & Gotz, K. (1979). Personality characteristics of successful artists. *Perceptual and Motor Skills, 49*, 919-924.

Gough, H. G. (1957). *California Psychological Inventory: Manual*. Palo Alto, CA: Consulting Psychologists Press.

Gray, J. A. (1985). The whole and its parts: Behaviour, the brain, cognition and emotion. *Bulletin of the British Psychological Society, 38*, 99-

112.

Green, R. A. (1987). *The "sissy boy" syndrome and the development of homosexuality*. New Haven, CT: Yale University Press.

Green, R. A., & Murray, E. J. (1975). Expression of feeling and cognitive reinterpretation in the reduction of hostile aggression. *Journal of Consulting and Clinical Psychology, 43*, 375-383.

Gsreenwald, A. G. (1980). The totalitarian ego: Fabrication and revision of personal history. *American Psychologist, 35*, 603-613.

Gruber, H. (1974). *Darwin on man: A psychological study of scientific creativity*. New York: E. P. Dutton.

Guilford, J. (1967). *The nature of human intelligence*. New York: McGraw Hill.

Guilford, J. P. (1959). *Personality*. New York: McGraw-Hill.

Hampson, S. E. (1988). *The construction of personality*(2nd ed.). London: Routledge.

Harlow, H. (1953). Mice, monkeys, men, and motives. *Psychological Review, 60*, 23-32.

Harlow, H. F. (1971). *Learning to love*. San Francisco: Albion.

Harlow, H. F.,& Harlow, M. K. (1965). The affectional systems. In A. M. Schrier, H. F. Harlow., & F. Stollnitz(Eds.), *Behavior of nonhuman primates(Vol. 2)*. New York: Academic Press.

Harre, R., & Lamb, R. (1983). *The encyclopedic dictionary of psychology*. Cambridge, MA: MIT Press.

Harter, S. (1993). Causes and consequences of low self-esteem in children and adolescents. In R. Baumeister(Ed.), *Self-esteem: The puzzle of low self-regard* (pp. 87-116). New York: Plenum Press.

Hartmann, D. (1969). Influence of symbolically modeled instrumental aggression and pain cues on aggressive behavior. *Journal of Personality and Social Psychology, 11*, 280-288.

Hatfield, E., & Sprecher, S. (1986). Measuring passionate love in intimate relations. *Journal of Adolescence, 9*, 383-410.

Hatfield, E., & Walster, G. W. (1978). *A new look at love*. Lantham, MA: University Press of America.

Hathaway, S. P., & McKinley, J. C. (1943). *Manual for the Minnesota Multiphasic Personality Inventory*. New York: Psychological Corporation.

Hazan, C., & Shaver, P. R. (1987). Romantic love conceptualized as an attachment process. *Journal of Personality and Social Psychology, 52*, 511-524.

Hazan, C., & Shaver, P. R. (1994). Attachment as an organizational framework for research on close relationships. *Psychological Inquiry, 5*, 1-22.

Headey, B., & Wearing, A. (1992). *Understanding happiness: A theory of subjective well-being*. Melbourne, Australia: Longman Cheshire.

Hershman, D., & Lieb, J. (1988). *The key to genius: Manic-depression and the creative life*. Buffalo, NY: Prometheus.

Higgins, E. T. (1987). Self-discrepancy: A theory relating self and affect. *Psychological Review, 94*, 319-340.

Higgins, E. T., Bond, R. N., Klein, R., & Strauman, T. (1986). Self-discrepancies and emotional vulnerability: How magnitude, accessibility, and type of discrepancy influence affect. *Journal of Personality and Social Psychology, 51*, 5-15.

Hoffman, L. W. (1991). The influence of the family environment on personality: Accounting for sibling differences. *Psychological Bulletin, 110*, 187-203.

Horn, G. (1981). Neural mechanisms of learning: An analysis of imprinting in the domestic chick. *Proceedings of the Royal Society of London(Series B), 213*, 101-137.

Houston, B. K., Chesney, M. A., Black, G. W., Cates, D. S., & Hecker, M. H. L. (1992). Behavioral clusters and coronary heart disease risk. *Psychosomatic Medicine, 54*, 447-461.

Honzik, M. P., MacFarlane, J. W., & Allen, L. (1948). The stability of mental test performance between two and eighteen years. *Journal of Experimental Education, 17*, 309-324.

Huesmann, L. R. (1982). Television violence and aggressive behavior. In D. Pearl, L. outhilet, & J. Lazar(Eds.), *Television and behavior: Ten years of scientific progress and implications for the eighties: Vol. II: Technical reviews*. Rockville, MD: National Institute of Mental Health.

Humphrey, L. G., & Davey, T.C. (1988). Continuity in intellectual growth from 12 months to 9 years. *Intelligence, 12*, 183-197.

Hutchings, B. (1974). Genetic factors in criminality. In J. De Wit & W. W. Hartup(Eds.), *Determinants and origins of aggressive behavior*. The Hague: Mouton.

Hyson, M. C., & Izard, C. E. (1985). Continuities and changes in emotion expressions during brief separation at 13 and 18 months. *Developmental*

Psychology, 21(6), 1165-1170.

Inglehart, R. (1990). *Culture shift in advanced industrial society*. Princeton, NJ: Princeton University Press.

Isabella, R. A. (1993). Origins of attachment: Maternal interactive behavior across the first year. *Child Development, 64*, 605-621.

James, W. (1890). *The principles of psychology(Vols. 1 and 2)*. New York: Holt.

Jankowiak, W. R., & Fischer, E. F. (1992). A cross-cultural perspective on romantic love. *Ethos, 31*, 149-155.

Jogawar, V. V. (1983). Personality correlates of human blood groups. *Personality and Individual Differences, 4*, 215-216.

John, O. P. (1990). The "Big Five" factor taxonomy: Dimensions of personality in the natural language and in questionnaire. In L. A. Pervin(Ed.), *Handbook of Personality: Theory and Research* (pp.66-100). New York: Guilford.

John, O. P., & Robins, R. W. (1994). Accuracy and bias in self-perception: Individual differences in self-enhancement and the role of narcissism. *Journal of Personality and Social Psychology, 66*, 206-219.

Johnson-Laird, P. N., & Oatley, K. (1989). The language of emotions: An analysis of a semantic field. *Cognition and Emotion, 3*, 81-123.

Jones, S. C. (1973). Self- and interpersonal evaluations: Esteem theories vs. consistency theories. *Psychological Bulletin, 79*, 185-199.

Jung, C. G. (1910). The association method. *American Journal of Psychology, 21*, 219-269.

Jung, C. G. (1961). *Memories, dreams, and reflections*. New York: Random House.

Kagan, J. (1981). *The second year: The emergence of self-awareness*. Cambridge, MA: Harvard University Press.

Kagan, J. (1984). *The nature of the child*. New York: Basic Books.

Kagan, J. (1989). *Unstable ideas: Temperament, cognition, and self*. Cambridge, MA: Cambridge University Press.

Kagan, J. (1994). *Galen's prophecy*. New York: Basic Books.

Kagan, J. & Snidman, N. (1991a). Infant predictors of inhibited and uninhibited profiles. *Psychological Science, 2*, 40-44.

Kagan, J. & Snidman, N. (1991b). Temperamental factors in human development. *American Psychologist, 46*, 856-862.

Kano, T. (1992). *The last ape: Pigmy chimpanzee behavior and ecology*(E. O. Vineberg, Trans.). Stanford, CA: Stanford University Press.

Kaplan, A. (1963). *The conduct of inquiry: Methodology for behavioral science*. New York: Harper & Row.

Kelly, G. A. (1955). *The psychology of personal constructs*. New York: Norton.

Kenrick, D. T., McCreath, H. E., Govern, J., King, R., & Bordin, J. (1990). Person-environment intersections: Everyday settings and common trait dimensions. *Journal of Personality and Social Psychology, 58*, 685-698.

King, L. A., & Emmons, R. A. (1990). Conflict over emotional expression: Psychological and physical correlates. *Journal of Personality and Social Psychology, 58*, 864-877.

Kobak, R. R., & Sceery, A. (1988). Attachment in late adolescence: Working models, affect regulation, and representations of self and others. *Child Development, 59*, 135-146.

Kobasa, S. C. (1979). Stressful life events, personality, and health: An inquiry into hardiness. *Journal of Personality and Social Psychology, 37*, 1-11.

Konecni, V. J., & Ebbesen, E. B. (1976). Disinhibition versus the cathartic effect: Artifact and substance. *Journal of Personality and Social Psychology, 34*, 352-365.

Koo, J., Han, J., & Kim, J. (2002). Integrative complexity of North-South Korean correspondence: A time-series analysis, 1984-1994. *Journal of Conflict Resolution*, in press.

Kraepelin, E. (1892). *Uber die Beeinflussung einfacher psychischer Vorgaenge*. Jena, East Germany: Fischer.

Kraut, R. E., & Johnson, R. E. (1979). Social and emotional messages of smiling: An ethological approach. *Journal of Personality and Social Psychology, 37*, 1539-1553.

Kretschmer, E. (1925). *Physique and character*. New York: Harcourt, Brace & World.

Kring, A. M., Smith, D. A., & Neale, N. (1994). Individual differences in dispositional expressiveness: Development and validation of the emotional expressivity scale. *Journal of Personality and Social Psychology, 66(5)*, 934-949.

Kris, E. (1952). *Psychoanalytic explorations in art*. New York: International Universities Press.

Kübler-Ross, E. (1969). *On death and dying*. New York: Macmillan.

Lagerspetz, K. M. J., Bjorkquist, K., & Peltonen, T.

(1988). Is indirect aggression typical of females? Gender differences in aggressiveness in 11-12-year-old children. *Aggressive Behavior, 14*, 403-414.

Larsen, R. J. (1992). Neuroticism and selective encoding and recall of symptoms: Evidence from a combined concurrent-retrospective study. *Journal of Personality and Social Psychology*, 62, 480-488.

Larsen, R. J., & Kasimatis, M. (1990). Individual differences in entertainment of mood to the weekly calendar. *Journal of Personality and Social Psychology, 58*, 164-171.

Lau, R. R. (1982). Origins of health locus of control beliefs. *Journal of Personality and Social Psychology, 42*, 322-324.

Lazarus, R. S. (1991). *Emotion and adaptation*. New York: Oxford University Press.

Le Doux, J. E. (1989). Cognitive-emotional interactions in the brain. *Cognition and Emotion, 3*, 267-289.

Le Vine, R. A., & Campbell, D. T. (1972). *Ethnocentrism: Theories of conflict, ethnic attitudes, and group behavior*. New York: Wiley.

LeVay, S. (1991). A difference in hypothalamic structure between heterosexual and homosexual men. *Science, 253*, 1034-1037.

Levinson, D. J. (1978). *The seasons of a man' s life*. New York: Knopf.

Levinson, D. J. (1986). A conception of adult development. *American Psychologist, 41(1)*, 3-13.

Lewis, M., Alessandri, S. M., & Sullivan, M. W. (1992). Differences in shame and pride as a function of children' s gender and task difficulty. *Child Development, 63*, 630-638.

Lewis, M. (1990). Self-knowledge and social development in early life. In L. A. Pervin(Ed.), *Handbook of personality* (pp. 277-300). New York: Guilford Press.

Lewis, M., & Brooks-Gunn, J. (1979). *Social cognition and the acquisition of self*. New York: Plenum.

Liebowitz, M. R. (1983). *The chemistry of love*. Boston: Little, Brown.

Lindzey, G. (1959). On the classification of projective techniques. *Psychological Bulletin, 56*, 158-168.

Little, B. R. (1989). Personal project analysis: Trivial pursuit magnificent obsessions and the search for coherence. In D. M. Buss, & N. Cantor(Eds.), *Personality Psychology: Recent trends and emerging directions* (pp. 15-31). New York: Springer-Verlag.

Loeber, R., & Dishion, T. (1983). Early predictors of male delinquency: A review. *Psychological Bulletin, 94*, 8-99.

Loehlin, J. C. (1992). *Genes and environment in personality development*. Newbury Park, CA: Sage.

Loftus, E. F. (1993). The reality of repressed memories. *American Psychologist, 48*, 518-537.

Lolas, F. (1987). Hemispheric asymmetry of slow brain potentials in relation to neuroticism. *Personality and Individual Differences, 8*, 969-971.

Lorenz, K. Z. (1935). *Studies on animal and human behavior*. London: Methuen.

Lorenz, K. Z. (1966). *On aggression*. New York: Harcourt.

Lowenfeld, V., & Beittel, K. (1959). Interdisciplinary criteria of creativity in the arts and sciences: A progress report. *Research Yearbook, National Art Education Association*, 35-44.

Lubin, B., Larsen, R. M., Matarazzo, J. D., & Seever, M. F. (1986). Selected characteristics of psychologists and psychological assessment in five settings: 1959-1982. *Professional Psychology: Research and Practice, 17*, 155-157.

Lucas, R., Diener, E., & Suh, E. (1996). Discriminant validity of subjective well-being, self-esteem, and optimism. *Journal of Personality and Social Psychology, 71*, 616-628.

Lutz, C. A. (1988). *Unnatural emotions: Everyday sentiments on a Micronesian atoll and their challenge to Western theory*. Chicago: University of Chicago Press.

Maccoby, E. E., & Jacklin, C. N. (1974). *The psychology of sex differences*. Stanford: Stanford University Press.

Machover, K. (1951). Drawing of the human figure: A method of personality investigation. In H. Anderson & G. Anderson(Eds.), *An introduction to projective techniques*. New York: Prentice-Hall.

Machover, K. (1949). *Personality projection in the drawing of the human figures*. Springfield, Illinois: Charles C Thomas.

MacKinnon, D. (1961). The study of creativity and creativity in architects. In *Proceedings of the Conference on "the creative person."* Berkeley: University of California Extension.

MacKinnon, D. (1965). Personality and the realization of creative potential. *American Psychologist, 20*, 273-281.

MacLean, P. D. (1993). Cerebral evolution of

emotion. In M. Lewis, & J. M. Haviland (Eds.), *Handbook of emotions* (pp. 67-83). New York: Guilford.

Magnus, K. (1991). *A longitudinal analysis of personality, life events, and subjective well-being*. Unpublished honors thesis. University of Illinois.

Magnus, K., & Diener, E. (1991). *A longitudinal analysis of personality, life events, and subjective well-being*. Paper presented at the 63rd Annual Meeting of the Midwestern Psychological Association, Chicago, IL.

Magnus, K., Diener, E., Fujita, F., & Pavot, W. (1993). Extraversion and neuroticism as predictors of objective life events: A longitudinal analysis. *Personality and Social Psychology, 65*, 1046-1053.

Main, M., & Solomon, J. (1986). Discovery of an insecure-disorganized/disoriented attachment pattern. In T. B. Brazelton, & M. W. Yogman (Eds.), *Affective development in infancy* (pp. 95-124). Norwood, NJ: Ablex.

Malatesta, C. Z., Culver, C., Tesman, J. R., & Shepard, B. (1989). The development of emotion expression during the first two years of life. *Monographs of the Society for Research in Child Development, 54*, 1-2, Serial No. 219.

Mallick, S. K., & McCandless, B. R. (1966). A study of catharsis of aggression. *Journal of Personality and Social Psychology, 4*, 591-596.

Mangelsdorf, S. C., Plunkett, J. W., Dedrick, C. F., Berlin, M., Meisels, S. J., McHale, J. L., & Dichtellmiller, M. (1996). Attachment security in very low birth weight infants. *Developmental Psychology, 32*, 914-920.

Manuck, S. B., Kaplan, J. R., Adams, M. R., & Clarkson, T. B. (1988). Studies of psychosocial influences on coronary artery atherogenesis in cynomolgus monkeys. *Health Psychology, 7*, 113-124.

Maracek, J., & Mettee, D. (1972). Avoidance of continued success as a function of self-esteem, level of esteem certainty, and responsibility for success. *Journal of Personality and Social Psychology, 22*, 98-107.

Marcia, J. E. (1966). Development and validation of ego-identity status. *Journal of Personality and Social Psychology, 4*, 551-558.

Marcia, J. E. (1980). Identity in adolescence. In J. Adelson(Ed.), *Handbook of adolescent psychology* (pp.159-187). New York: Wiley.

Markus, H. (1977). Self-schemata and processing information about the self. *Journal of Personality and Social Psychology, 35*, 63-78.

Markus, H., & Kitayama, S. (1991). Culture and the self: Implications for cognition, emotion, and motivation. *Psychological Review, 98*, 224-253.

Markus, H., & Sentis, K. (1982). The self in social information processing. In J. Suls(Ed.), *Psychological perspectives on the self* (pp. 41-70). Hillsdale, NJ: Erlbaum.

Martin, G. B., & Clark, R. D. (1982). Distress crying in neonates: Species and peer specificity. *Developmental Psychology, 18*, 3-9.

Maslow, A. (1955). Deficiency motivation and growth motivation. In M. Jones(Ed.), *Nebraska symposium on motivation*. Lincoln, Neb: University of Nebraska Press.

Maslow, A. (1970). *Motivation and personality* (2nd ed.). New York: Harper & Row.

Maurer-Groeli, Y. (1974). Blutgruppen, Personlichkeit und Schulabschluss: Eine Untersuchung mittels FPI. *Schweizerische Zeitschrift fur Psychologie, 33*, 407-410.

Mayer, J. D., & Salovey, P. (1993). The intelligence of emotional intelligence. *Intelligence, 17*, 433-442.

McAdams, D. P. (1988). *Intimacy, power, and the life history*. New York: Guilford.

McAdams, D. P. (1992). The five-factor model in personality: A critical appraisal. *Journal of Personality, 60*, 329-361.

McCartney, K., Harris, M. J., & Bernieri, F. (1990). Growing up and growing apart : A developmental meta-analysis of twin studies. *Psychological Bulletin, 107*, 226-237.

McClelland, D. C. (1951). *Personality*. New York: Sloane.

McClelland, D. C. (1961). *The achieving society*. Princeton, NJ: Van Nostrand.

McClelland, D. C. (1975). *Search for power*. New York: Irvington Publishers.

McClelland, D. C. (1979). Inhibited power motivation and high blood pressure in men. *Journal of Abnormal Psychology, 88*, 182-190.

McClelland, D. C. (1980). Motive dispositions: The merits of operant and respondent measures. *Review of Personality and Social Psychology, 1*, 10-41.

McClelland, D. C. (1985). *Human motivation*. Glenview, IL: Scott, Foresman.

McClelland, D. C., Alexander, C., & Marks, E. (1982). The need for power, stress, immune function, and illness among male prisoners.

Journal of Abnormal Psychology, 91, 61-70.

McCord, J. (1979). Some child-rearing antecedents of criminal behavior in adult men. *Journal of Personality and Social Psychology, 37*, 1477-1486.

McCord, W., McCord, J., & Howard, A. (1961). Familial correlates of aggression in nondelinquent male children. *Journal of Abnormal and Social Psychology, 62*, 79-93.

McCormick, C., Witelson, S., & Kingstone, E. (1990). Left-handedness in homosexual men and women: Neuroendocrine implications. *Psychoneuroendocrinology, 15*, 69-76.

McCrae, R. R., & Costa, P. T., Jr. (1984). *Emerging lives, enduring dispositions: Personality in adulthood*. Boston: Little, Brown.

McCrae, R. R., & Costa, P. T., Jr. (1990). *Personality in adulthood*. New York: Guilford.

McCrae, R. R., & Costa, P. T., Jr. (1991). Adding liebe und arbeit; The full five-factor model and well-being. *Personality and Social Psychology Bulletin, 17*, 227-232.

McCrae, R. R., & Costa, P. T., Jr. (1994). The stability of personality: Observations and evaluations. *Current Directions in Psychological Science, 3*, 173-175.

McDougall, W. (1908). *Social psychology*. London: Methuen.

McFarlin, D. B., & Blascovich, J. (1981). Effects of self-esteem and performance feedback on future affective preferences and cognitive expectations. *Journal of Personality and Social Psychology, 40*, 521-531.

McGinnies, E. (1949). Emotionality and perceptual defense. *Psychological Review, 56*, 244-251.

McGlashan, T. H. (1983). The borderline syndrome: Testing three diagnostic systems. *Archives of General Psychiatry, 40*, 1311-1318.

McGuffin, G. (1979). Is schizophrenia an HLA-associated disease? *Psychological Medicine, 9*, 721-728.

Mead, G. H. (1934). *Mind, self, and society*. Chicago: University of Chicago Press.

Mednick, S. (1962). The associative basis of the creative process. *Psychological Review, 69*, 220-232.

Mednick, S. A., Gabrielli, W. F., & Hutchings, B. (1984). Genetic influences in criminal behavior: Some evidence from an adoption cohort. *Science, 224*, 891-893.

Meehl, P. E. (1954). *Clinical versus statistical prediction*. Minneapolis: University of Minnesota Press.

Messer, S. B., & Warren, S. (1990). Personality change and psychotherapy. In L. A. Pervin(Ed.), *Handbook of personality: Theory and research* (pp.371-398). New York: Guilford.

Michalos, A. C. (1991). *Global report on student well-being*. New York: Springer-Verlag.

Milgram, S. (1974). *Obedience to authority*. New York: Harper & Row.

Miller, T. Q., Jenkins, C. D., Kaplan, G., & Salonen, J. (1995). Are all hostility scales alike? Factor structure and covariation among measures of hostility. *Journal of Applied Social Psychology, 25*, 1142-1168.

Millon, T. (1981). *Disorders of personality*. New York: Wiley-Interscience.

Millon, T. (1987). *Millon clinical multiaxial inventory-II manual*. Minneapolis, MN: National Computer Systems.

Mineka, S., Davidson, M., Cook, M., & Kleir, R. (1984). Observational conditioning of snake fear in rhesus monkeys. *Journal of Abnormal Psychology, 93*, 355-372.

Mischel, W. (1968). *Personality and assessment*. New York: Wiley.

Mischel, W. (1971). *Introduction to personality*. New York: Holt, Rinehart & Winston.

Mischel, W. (1990). Personality dispositions revisited and revised: A view after three decades. In L.A. Pervin(Ed.), *Handbook of personality: Theory and research* (pp. 111-134). New York: Guilford.

Mischel, W. (1993). *Introduction to Personality*. Orlando, FL: Harcourt Brace Jovanovich College Publishers.

Mischel, W., & Ebbesen, E. B. (1970). Attention in delay of gratification. *Journal of Personality and Social Psychology, 16*, 329-337.

Moffitt, T. E. (1993). Adolescence-limited and life-course-persistent antisocial behavior: A developmental taxonomy. *Psychological Review, 100(4)*, 674-701.

Money, J. (1988). *Gay, straight, and in-between: The sexology of erotic orientation*. New York: Oxford University Press.

Morey, L. C. (1997). Personality diagnosis and personality disorders. In R. Hogan, J. Johnson, & S. Briggs(Eds.), *Handbook of personality psychology* (pp.919-46). San Diego, CA: Academic Press.

Morgan, C. D., & Murray, H. A. (1935). A method for investigating fantasies: The Thematic

Apperception Test. *Archives of Neurology and Psychiatry, 34*, 289-306.

Mourant, A. E., Kopek, S. C., & Domaniewska-Sobezak, K. (1976). *The distribution of the human blood groups*. London: Oxford University Press.

Murray, H. A. (1938). *Explorations in personality*. New York: Wiley.

Murray, H. A. (1943). *Thematic Apperception Test*. Cambridge, MA: Harvard University Press.

Myers, D. G. (1992). *The pursuit of happiness: Who is happy-and why*. New York: Morrow.

Nasby, W. (1985). Private self-consciousness articulation of the self-schema, and recognition memory of trait adjectives. *Journal of Personality and Social Psychology, 49*, 704-709.

Neimeyer, G. J. (1992). Back to the future with the psychology of personal constructs. *Contemporary Psychology, 37*, 994-997.

Newman, L. S., Higgins, E. T., & Vookles, J. (1992). Self-guide strength and emotional vulnerability: Birth order as a moderator of self-affect relations. *Personality and Social Psychology Bulletin, 18*, 402-411.

Nisbett, R. E., & Wilson, T. D. (1977). Telling more than we know: Verbal reports on mental processes. *Psychological Review, 84*, 231-279.

Norman, W. T. (1963). Toward an adequate taxonomy of personality attributes: Replicated factor structure in peer nomination personality ratings. *Journal of Abnormal and Social Psychology, 66*, 574-583.

Nunnally, J. (1978). *Psychometric theory*. New York: McGraw-Hill.

Oatley, K., & Jenkins, J. M. (1996). *Understanding emotions*. Cambridge, MA: Blackwell.

Olweus, D. (1979). Stability of aggressive reaction patterns in males: A review. *Psychological Review, 86*, 852-875.

Olweus, D. (1980). Familial and temperamental determinants of aggressive behavior in adolescent boys: A causal analysis. *Developmental Psychology, 16*, 644-660.

Panksepp, J. (1982). Toward a general psychobiological theory of emotions. *The Behavioral and Brain Sciences, 5*, 407-467.

Patterson, G. R. (1976). The aggressive child: Victim and architect of a coercive system. In L. A. Hamerlynck, L. C., Handy, & E. J. Mash(Eds.), *Behavior modification and families, vol. 1, Theory and research*. New York: Brunner/Mazel.

Patton, C. S. (1992). Fear of abandonment and binge eating. *Journal of Nervous and Mental Disease, 180*, 484-490.

Pavot, W., Fujita, F., & Diener, E. (1996). The relation between self-aspect congruence, personality, and subjective well-being. *Personality and Individual Differences, 22*, 183-191.

Pennebaker, J. W. (1990). *Openning up: The healing powers of confiding in others*. New York: Morrow

Pennebaker, J. W. (1993). Social mechanisms of constraint. In D. W. Wegner and J. W. Pennebaker(Eds.), *Handbook of mental control* (pp. 200-219). Englewood Cliffs, NJ: Prentice Hall.

Pennebaker, J. W., Kiecolt-Glaser, J. K., & Glaser, R. (1988). Disclosure and traumas and immune function: Health implications for psychotherapy. *Journal of Consulting and Clinical Psychology, 56*, 239-245.

Peplau, L. (1981). What homosexuals want in relationships. *Psychology Today, 15(3)*, 28-38.

Perkins, D. N. (1981). *The mind's best work*. Cambridge, MA: Harvard University Press.

Perry, D. G., & Perry, L. C. (1976). A note on the effect of prior anger arousal and winning or losing a competition on aggressive behaviour in boys. *Journal of Child Psychology and Psychiatry and Allied Disciplines, 17(2)*, 145-149.

Pervin, L. A. (1996). *The science of personality*. New York: Wiley.

Pervin, L. A., & John, O. P. (1997). *Personality: Theory and research*. New York: Wiley.

Peterson, C. (1991). The meaning and measurement of explanatory style. *Psychological Inquiry, 2*, 1-10.

Phares, E. J. (1978). Locus of control. In H. London & J. E. Exner, Jr. (Eds.), *Dimensions of personality*. New York: Wiley.

Piaget, J. (1936/1963). *The origins of intelligence in children*. New York: Norton.

Piaget, J. (1973). The affective unconscious and the cognitive unconscious. *Journal of the American Psychoanalytic Association, 21*, 249-261.

Plomin, R. (1990a). *Nature and nurture*. Pacific Grove, CA: Brooks/Cole.

Plomin, R. (1990b). The role of inheritance in behavior. *Science, 248*, 183-188.

Plomin, R. (1994). *Genetics and experience: The interplay between nature and nurture*. Newbury Park, CA: Sage.

Plomin, R., & Bergman, C. S. (1991). The nature of nurture: Genetic influence on "environmental" measures. *Behavioral and Brain Sciences, 14*, 373-427.

Poetzl, O. (1917). The relationship between experimentally induced dream images and indirect vision. *Psychological Issues Monograph, 1960, 2*, 46-106.

Popper, K. (1959). *The logic of scientific discovery*. New York: Harper & Row.

Postman, L., Bruner,J. S., & McGinnies, E. (1948). Personal values as selective factors in perception. *Journal of Abnormal and Social Psychology, 43*, 142-154.

Rabin, A. I., & Zlotogorski, Z. (1981). Completion methods: Word association, sentence and story completion. In A. I. Rabin(Ed.), *Assessment with projective techniques: A concise introduction* (pp. 121-149). New York: Springer.

Rank, O. (1945). *Will therapy: Truth and reality*. New York: Knopf.

Rapaport, D., Gill, M. M., & Schafer, R. (1946). *Diagnostic psychological testing* (Rev. ed.). New York: International Universities Press.

Rau, L. (1963). Interpersonal correlates of perceptual-cognitive functions. *Paper read at the Society for Child Research and Development meeting*. University of California, Berkeley.

Rhodes, C. (1990). Growth from deficiency creativity to being creativity. *Creativity Research Journal, 3(4)*, 287-299.

Rhodewalt, F., & Zone, J. B. (1989). Appraisal of life change, depression, and illness in hardy and nonhardy women. *Journal of Personality and Social Psychology, 56*, 81-88.

Ricks, D. F., & Berry, J. C. (1970). Family and symptom patterns that precede schizophrenia. In M. Roff & D. Ricks(Eds.), *Life history research in psychopathology* (pp.31-39). Minneapolis: University of Minnesota Press.

Rinieris, P., Rabavilas, A., Lykouras, E., & Stefanis, L. (1983). Neuroses and ABO blood types. *Neuropsychobiology, 9*, 16-18.

Robins, L. N. (1991). Antisocial personality. In L. N. Robins & D. Regier(Eds.), *Psychiatric disorder in America* (pp. 259-290). New York: MacMillan/ Free Press.

Rodriguez, M. L., Mischel, W., & Shoda, Y. (1989). Cognitive person variables in the delay of gratification of older children at risk. *Journal of Personality and Social Psychology, 57*, 358-367.

Rogers, C. R. (1951). *Client-centered therapy*. Boston: Houghton Mifflin.

Rogers, C. R. (1961). *On becoming a person*. Boston: Houghton Mifflin.

Rogers, C. R. (1963). The actualizing tendency in relation to "motives" and to consciousness. In M. R. Jones(Ed.), *Nebraska symposium on motivation* (pp. 1-24). Lincoln: University of Nebraska Press.

Rogers, C. R. (1980). *A way of being*. Boston: Houghton Mifflin.

Roid, G. H., & Fitts, W. H. (1988). Tennessee Self-Concept Scale(revised manual). Los Angeles, CA: Western Psychological Services.

Roman, M., & Stastny, P. (1987). An inquiry into art and madness: The career of Jochen Seidel. *Annual of Psychoanalysis, 15*, 269-291.

Rorschach, H. (1920). *Psychodiagnostik*. Bern: Bircher.

Roseman, I. J., Wiest, C., & Swartz, T. S. (1994). Phenomenology, behaviors, and goals differentiate discrete emotions. *Journal of Personality and Social Psychology, 67*, 206-221.

Rosenberg, M. J. (1965). When dissonance fails: On eliminating evaluation apprehension from attitude measurement. *Journal of Personality and Social Psychology, 1*, 28-42.

Rothbart, M. K. (1986). Longitudinal observation of infant temperament. *Developmental Psychology, 22*, 356-365.

Rothbart, M. K. (1989). Temperament in childhood. In G. A. Kohnstamm, J. E. Bathe, & M. K. Rothbart(Eds.), *Temperament in childhood* (pp. 59-73) New York: Wiley

Rothbart, M. K. (1981). Measurement of temperament in infancy. *Child Development, 52*, 569-578.

Rothenberg, A. (1971). The process of Janusian thinking in creativity. *Archives of General Psychiatry, 24*, 195-205.

Rotter, J. B. (1966). Generalized expectancies for internal versus external control of reinforcement. *Psychological Monographs, 80*(Whole No. 609).

Rotter, J. B. (1971). Generalized expectancies for interpersonal trust. *American Psychologist, 26*, 443-452.

Rotter, J. B. (1990). Internal versus external control of reinforcement. *American Psychologist, 45*, 489-493.

Rule, B. G., & Nasdale, A. R. (1976). Emotional arousal and aggressive behavior. *Psychological Bulletin, 83*, 851-863.

Rushton J. P., Fulker, D. W., Neale, M. C., Nias, D. K. B., & Eysenck, H. J. (1986). Altruism and aggression: The heritability of individual differences. *Journal of Personality and Social Psychology, 50*, 1192-1198.

Russell, J. A. (1994). Is there universal recognition of emotion from facial expression? A review of cross-cultural studies. *Psychological Bulletin, 115*, 102-141.

Salovey, P., & Mayer, J. D. (1990). Emotional intelligence. *Imagination, Cognition, and Personality, 9*, 185-211.

Salovey, P., Mayer, J. D., Goldman, S. L., Turvey, C., & Palfai, T. P. (1995). Emotional attention, clarity, and repair: Exploring emotional intelligence using the trait meta-mood scale. In Pennebaker, J. W. (Eds.), *Emotion, disclosure and health* (pp.125-154). Washington, DC: APA.

Salovey, P., Hsee, C. K., & Mayer, J. D. (1993). Emotional intelligence and the self-regulation of affect. In D. M. Wegner & J. W. Pennebaker (Eds.), *Handbook of mental control* (pp. 258-77). Englewood Cliffs, NJ: Prentice Hall.

Scarr, S., & McCartney, K. (1983). How people make their own environment: A theory of genetype→environment effects. *Child Development, 54*, 424-435.

Schachter, S. (1964). The interaction of cognitive and physiological determinants of emotional states. In L. Berkowitz(Ed.), *Advances in experimental social psychology* (Vol. 1, pp. 49-80). New York: Academic Press.

Scheier, M. F., & Carver, C. S. (1985a). Optimism, coping, and health: Assessment and implications of generalized outcome expectancies on health. *Journal of Personality, 55*, 169-210.

Scheier, M. F., & Carver, C. S. (1985b). Optimism, coping, and health: Assessment and implications of generalized outcome expectancies. *Health Psychology, 4*, 219-247.

Scheier, M. F., & Carver, C. S. (1993). On the power of positive thinking: The benefits of being optimistic. *Psychological Science, 2*, 26-30.

Scheier, M. F., Magovern, G. J., Sr., Abbott, R. A., Matthews, K. A., Owens, J. F., Lefebvre, R. C., & Carver, C. S. (1989). Dispositional optimism and recovery from coronary artery bypass surgery: The beneficial effects on physical and psychological well-being. *Journal of Personality and Social Psychology, 57*, 1024-1040.

Schildkraut, J., & Hirshfeld(1995). Mind and mood in modern art: Miro and "melancolie." *Creativity Research Journal, 8(2)*, 139-156.

Schildkraut, J., & Otero, A. (1996). *Depression and spiritual in modern art: Homage to Miro*. New York: Wiley.

Schneider, K. (1923/1958). *Psychopathic personalities*. London: Cassell.

Schulsinger, F. (1972). Psychopathy: Heredity and environment. *International Journal of Mental Health, 1*, 190-206.

Sears, R. R., Maccoby, E. E., & Levin, H. (1957). *Patterns of child rearing*. New York: Row.

Shaver, P. R., & Hazan, C. (1988). A biased overview of the study of love. *Journal of Social and Personal Relationships, 5*, 473-501.

Sheldon, W. H. (1940). *The varieties of human physique: An introduction to constitutional psychology*. New York: Harper & Row.

Shoda, Y., Mischel, W., & Peake, P. K. (1990). Predicting adolescent cognitive and self-regulatory competencies from preschool delay of gratification: Identifying diagnostic conditions. *Developmental Psychology, 26*, 978-986.

Shoda, Y., Mischel, W., & WrigJ. C. (1994). Intra-individual stability in the organization and patterning of behavior: Incorporating psychological situations into the idiographic analysis of personality. *Journal of Personality and Social Psychology, 67*, 674-687.

Shrauger, J. S. (1975). Responses to evaluation as a function of initial self-perceptions. *Psychological Bulletin, 82*, 581-596.

Shweder, R. A. (1982). Beyond self-constructed knowledge: The study of culture and morality. *Merrill-Palmer Quarterly, 28*, 41-69.

Shweder, R. A., & Sullivan, M. A. (1990). The semiotic subject of cultural psychology. In L. A. Pervin(Ed.), *Handbook of personality* (pp.399-416). New York: Guilford Press.

Siegel, J. M. (1986). The multidimensional anger inventory. *Journal of Personality and Social Psychology, 51*, 191-200.

Sifneos, P. E. (1973). The prevalence of 'alexithymic' characteristics in psychosomatic patients. *Psychotherapy and Psychosomatics, 22*, 255-262.

Sifneos, P. E. (1988). Alexithyia and its relationship to hemispheric specialization, affect, and creativity. *Psychiatric Clinics of North America, 11*,

287-292.

Sifneos, P. E. (1994). Affect deficit and alexithymia. *New Trends in Experimental and Clinical Psychiatry, 10*, 193-195.

Silverman, L. H., Ross, D. L., Adler, J. M., & Lustig, D. A. (1978). Simple research paradigm for demonstrating subliminal psychodynamic activation: Effects of oedipal stimuli on dart-throwing accuracy in college men. *Journal of Abnormal Psychology, 87*, 341-357.

Simpson, J. A. (1990). Influence of attachment styles on romantic relationships. *Journal of Personaligy and Social Psychology, 59*, 971-980.

Snyder, M. (1974). Self-monitoring of expressive behavior. *Journal of Personality and Social Psychology, 30*, 526-537.

Snyder, M. (1987). *Public appearances/private realities: The psychology of self-monitoring*. New York: Freeman.

Spielberger, C. D., Gorsuch, R. L., & Lushene, R. E. (1970). *Manual for the State-Trait Anxiety Inventory*. Palo Alto, CA: Consulting Psychologist Press.

Spielberger, C. D., & Sydeman, S. J. (1994). State-trait anxiety inventory and state-trait anger expression inventory. In M. E. Maruish(Ed.), *The use of psychological tests for treatment planning and outcome assessment* (pp. 292-321). Hillsdale, NJ: Erlbaum.

Spielberger, C. D., Krasner, S. S., & Solomon, E. P. (1988). The experience, expression, and control of anger. In M. P. Janisse(Ed.), *Health psychology: Individual differences and stress* (pp. 89-108). New York: Springer-Verlag.

Spielberger, C. D., Reheiser, E. C., & Sydeman, S. J. (1995). Measuring the experience, expression, and control of anger. In H. Kassinove(Ed.), *Anger disorders* (pp. 49-67). Washington DC/London: Taylor & Francis.

Spielberger, C. D., Johnson, E. H., Russell, S. F., Crane, R. J., Jacobs, G. A., & Worden, T. J. (1985). The experience and expression of anger: Construction and validation of an anger expression scale. In M. A. Chesney, & R. H. Rosenman(Eds.), *Anger and hostility in cardiovascular and behavioral disorders* (pp. 5-30). New York: Hemisphere.

Sroufe, L. A. (1985). Attachment classification from the perspective of infant-caregiver relationships and infant temperament. *Child Development, 56*, 1-14.

Sroufe, L. A., Carlson, E., & Shulman, S. (1993). Individuals in relationships: Development from infancy. In D. C. Funder, R. D. Parke, C. Tomlinson-Keasey, & K. Widaman(Eds.), *Studying lives through time* (pp. 315-342). Washington, DC: American Psychological Association.

Stearns, C. Z. (1993). Sadness. In M. Lewis & J. M. Haviland(Eds.), *Handbook of emotions* (pp. 547-561). New York: Guilford.

Steele, C. M. (1988). The psychology of self-affirmation: Sustaining the integrity of the self. In L. Berkowitz(Ed.), *Advances in experimental social psychology* (Vol. 21, pp. 261-302). Orlando, FL: Academic Press.

Stephenson, W. (1953). *The study of behavior*. Chicago: University of Chicago Press.

Sternberg, R. J. (1986). A triangular theory of love. *Psychological Review, 93*, 119-135.

Strauman, T. J. (1992). Self-guides autobiographical memory, and anxiety and dysphoria. *Journal of Abnormal Psychology, 101*, 87-95.

Strickland, B. R. (1978). Internal-external expectancies and health-related behaviors. *Journal of Consulting and Clinical Psychology, 46*, 1192-1211.

Suedfeld, P., & Tetlock, P. E. (Eds.)(1991). *Psychology and social policy*. New York: Hemisphere.

Sullivan, M. W., Lewis, M., & Alessandri, S. M. (1992). Cross-age stability in emotional expressions during learning and extinction. *Developmental Psychology, 28*, 58-63.

Swann, W. B. (1987). Identity negotiation: Where two roads meet. *Journal of Personality and Social Psychology, 53*, 1038-1051.

Swann, W. B., De La Ronde, C., & Hixon, J. G. (1994). Authenticity and positivity strivings in marriage and courtship. *Journal of Personality and Social Psychology, 66*, 857-869.

Swann, W. B., Stein-Seroussi, A., & Giesler, R. B. (1992). Why people self-verify. *Journal of Personality and Social Psychology, 62*, 392-401.

Taylor, G. J. (1994). The alexithymia construct: conceptualization, validation, and relationship with basic dimensions of personality. *New Trends in Experimental and Clinical Psychiatry, 10*, 61-74.

Tellegen, A., Lykken, D. T., Bouchard, T. J., Jr., Wilcox, K. J., Segal, N. L., & Rich, S. (1988). Personality similarity in twins reared apart and together. *Journal of Personality and Social*

Psychology, 54, 1031-1039.

Temoshok, L. (1987). Personality, coping style, emotion and cancer: Towards an integrative model. *Cancer Surveys, 6*, 545-567.

Teti, D. M., Sakin, J., Kucera, E., Corns, K. M., & Das Eisen, R. (1996). And baby makes four: Predictors of attachment security among preschool-aged firstborns during the transition to siblinghood. *Child Development, 67*, 579-596.

Tetlock, P. E., Peterson, R. S., & Berry, J. M. (1993). Flattering and unflattering personality portraits of integratively simple and complex managers. *Journal of Personality and Social Psychology, 64*, 500-511.

Thomas, A., & Chess, S. (1977). *Temperament and development*. New York: Brunner/Mazel.

Thompson, R. A., Lamb, M. E., & Esters, D. (1982). Stability of infant-mother attachment and its relationship to changing life circumstances in an unselected middle-class sample. *Child Development, 53*, 144-148.

Thorndike, R. L., & Stein, S. (1937). An evaluation of attempts to measure social intelligence. *Psychological Bulletin, 34*, 275-284.

Tice, D. M. (1990). Esteem protection or enhancement? Self-handicapping motives and attributions differ by trait self-esteem. *Journal of Personality and Social Psychology, 60*, 711-725.

Tinbergen, N. (1951). *The study of instinct*. London: Oxford University Press.

Tomkins, S. S. (1962). Commentary. The ideology of research strategies. In S. Messick & J. Ross(Eds.), *Measurement in personality and cognition* (pp. 285-294). New York: Wiley

Torrance, E. (1959). Current research on the nature of creative talent. *Jouranl of Counseling Psychology, 6*, 309-316.

Torrance, E. (1962). *Guiding creative talent*. Englewood Cliffs, N.J.: Prentice Hall.

Trivers, R. (1972). Parental investment and sexual selection. In B. Campbell(Ed.), *Sexual selection and the descent of man* (pp. 136-179). Chicago: Aldine-Atherton.

Tryon, R. C. (1940). Genetic differences in maze learning in rats. In *National Society for the Study of Education*. Bloomington, IL: Public School Publishing.

Turkheimer, E. (1991). Individual and group differences in adoption studies of IQ. *Psychological Review, 110*, 392-405.

Turner, C. W., & Goldsmith., D. (1976). Effects of toy guns and airplanes on children' s antisocial free play behavior. *Journal of Experimental Child Psychology, 21(2)*, 303-315.

Tyrer, P., & Alexander. J. (1979). Classification of personality disorder. *British Journal of Psychiatry, 135*, 163-167.

Vaillant, G. E., & Vaillant, C. O. (1990). Determinants and consequences of creativity in a cohort of gifted women. *Psychology of Women Quarterly, 14*, 607-616.

van den Boom, D. C. (1995). Do first-year intervention efforts endure? Follow-up during toddlerhood of a sample of Dutch irritable infants. *Child Development, 66*, 1798-1816.

van Ijzendoorn, M. H., Goldberg, S., Kroonenberg, P. M., & Frenkel, O. J. (1992). The relative effects of maternal and child problems on the quality of attachment: A meta-analysis of attachment in clinical samples. *Child Development, 63*, 840-858.

Vasari, G. (1550/1959). *Lives of the most eminent painters, sculptors, and architects*. New York: The Modern Library.

Virkkennen, M., De Jong, J., Bartko, J., Goodwin. M., & Linnolia, M. (1989). Relationship of psychobiological variables to recidivism in violent offenders and impulsive fire setters. *Archives of General Psychiatry, 46*, 600-603.

Vygotsky, L. S. (1925/1971). *The psychology of art*. Cambridge, MA: MIT Press.

Vygotsky, L. S. (1987). Emotions and their development in childhood. In R. W. Rieber & A. S. Carton(Eds.), *Collected works of L. S. Vygotsky* (Vol. 1, pp. 325-337). NewYork: Plenum.

Waddington, C. H. (1966). *Principles of development and differentiation*. New York: Macmillan.

Wallach, M., & Kogan, N. (1965). *Modes of thinking in young children*. New York: Holt, Rinehart, & Winston.

Wallas, G. (1926). *The art of thought*. New York: Harcourt-Brace.

Wallston, K. A., & Wallston, B. S. (1982). Who is responsible for your health?: The construct of health locus of control. In G. Sanders and J. Suls(Eds.), *Social psychology of health and illness*. Hillsdale, NJ: Erlbaum.

Waters, E. (1995). The attachment Q-set. In E. Waters, B. E. Vaughn, G. Posada, & K. Kondo-Ikemura(Eds.), Caregiving, cultural, and cognitive perspectives on secure-base behavior and working models. *Monographs of the Society for Research in Child Development, 60(2-3, Serial No. 244)*, 247-254.

Watson, D., & Clark, L. A. (1984). Negative affectivity: The disposition to experience aversive emotional states. *Psychological Bulletin, 96*, 465-490.

Watson, D., & Clark, L. A. (1992). On traits and temperament: General and specific factors of emotional experience and their relation to the five-factor model. *Journal of Personality, 60*, 441-476.

Watson, D., & Pennebaker, J. W. (1989). Health complaints, stress, and distress: Exploring the central role of Negative Affectivity. *Psychological Review, 96*, 234-254.

Watson, D., Clark, L. A., & Carey, G. (1988). Positive and negative affectivity and their relation to anxiety and depressive disorders. *Journal of Abnormal Psychology, 97*, 346-353.

Watson, D., Clark, L. A., & Tellegen, A. (1988). Development and validation of brief measures of positive and negative affect: The PANAS scales. *Journal of Personality and Social Psychology, 54*, 1063-1070.

Wegner, D. M., Schneider, D. J., Carter, S. R., & White, T. L. (1987). Paradoxical effects of thought suppression. *Journal of Personality and Social Psychology, 53*, 5-13.

Wegner, D. M., Shortt, G. W., Blake, A. W., & Page, M. S. (1990). The suppression of exiting thoughts. *Journal of Personality and Social Psychology, 58*, 409-418.

Scheier, M. F., Weintraub, J. K., & Carver, C. S. (1986). Coping with stress: Divergent strategies of optimists and pessimists. *Journal of Personality and Social Psychology, 51*, 1257-1264.

Wessman, A. E., & Ricks, D. F. (1966). *Mood and personality*. New York: Holt.

Whitam, F. (1980). The prehomosexual male child in three societies: The United States, Guatemala, Brazil. *Archives of Sexual Behavior, 9*, 87-99.

White, R. W. (1960). Competence and the psychosexual stages of development. In M. R. Jones(Ed.), *Nebraska Symposium on Motivation*. Lincoln, NE: University of Nebraska Press.

Whybrow, P. (1994). Of the muse and moods mundane. *American Journal of Psychiatry, 151(4)*, 477-479.

Wiedenfeld, S. A., Bandura, A., Levine, S., O' Leary, A., Brown, S., & Raska, K. (1990). Impact of perceived self-efficacy in coping with stressors in components of the immune system. *Journal of Personality and Social Psychology, 59*, 1082-1094.

Wiggins, J. S.,(1991). Agency and communion as conceptual coordinates for the understanding and measurement of interpersonal behavior. In D. Cicchetti & W. Grove(Eds.) *Thinking clearly about psychology: Essays in honor of Paul Everett Meehl* (pp.89-113). Minneapolis: University of Minnesota Press.

Wiggins, J. S., & Pincus, A. L. (1994). Personality structure and the structure of personality disorders. In P. T. Costa, Jr., & T. A. Widiger(Eds.), *Personality disorders and the five-factor model of personality* (pp. 73-93). Washington, DC: American Psychological Association.

Wiggins, J. S., Phillips, N., & Trapnell, P. (1989). Circular reasoning about interpersonal behavior: Evidence concerning some untested assumptions underlying diagnostic classification. *Journal of Personality and Social Psychology, 56*, 296-305.

Wilder, J. (1947). Sugar metabolism in its relation to criminology. In S. Linduer & B. J. Seliger(Eds.), *Handbook of correctional psychology*. New York: Philosophical Library.

Winner, E. (1982). *Invented worlds: The psychology of the arts*. Cambridge: Harvard University Press.

Winter, D. G. (1973). *The power motive*. New York: Free Press.

Winter, D. G. (1992). Content analysis of archival productions, personal documents, and everyday verbal productions. In C. P. Smith(Ed.), *Motivation and personality: Handbook of thematic content analysis* (pp.110-125). Cambridge, England: Cambridge University Press.

Witkin, H. A., Mednick, S. A., Schulsinger, F., Bakkestrom, E., Christiansen, K. O., Goodenough, D. R., Hirschhorn, K., Lundsteen, C., Owen, D. R., Philip, J., Rubin, D. B., & Stocking, M. (1976). Criminality in XYY and XXY men: The elevated crime rate of XYY males is not related to aggression. *Science, 193*, 547-555.

Wittkower, R., & Wittkower, M. (1963). *Born under Saturn*. New York: Norton.

Wolpe, J., & Rachman, S. (1960). Psychoanalytic "evidence": A critique based on Freud' s case of Little Hans. *Journal of Nervous and Mental Disease, 131*, 135-148.

Worobey, J., & Blajda, V. M. (1989). Temperament ratings at 2 weeks, 2 months, and 1 year: Differential stablity of activity and emotionality. *Developmental Psychology, 25(2)*, 257-263.

Wundt, W. (1880). *Grundzuge der Physiologischen psychologie*. 2nd ed. Leipzig: Englemans.

Wylie, R. C. (1979). *The self-concept: Vol. 2. Theory and research on selected topics*. Lincoln: University of Nebraska Press.

York, K. L., & John, O. P. (1992). The four faces of eve: A typological analysis of women' s personality at midlife. *Journal of Personality and Social Psychology, 63(3)*, 494-508.

Zajonc, R. B. (1980). Feeling and thinking: Preferences need no inferences. *American Psychologist, 35*, 151-175.

Zajonc, R. B. (1984). On the primacy of affect. *American Psychologist, 39*, 117-123.

Zelli, A., & Huesmann, L. R. (1995). *Accuracy of social information processing by those who are aggressive: The role of beliefs about a hostile world.* Unpublished manuscript, University of Illinois at Chicago.

Zerbe, K. (1995). The tragic actor: Forms and transformations of narcissism in the life and work of Edouard Manet(1832-1883). *Psychoanalytic Review, 82(4)*, 599-620.

Zimbardo, P. G. (1969). The human choice: Individuation, reason, and order versus deindividuation, impulse, and chaos. In W. J. Arnold and D. Levine(Eds.), *Nebraska symposium on motivation* (pp. 237-307). Lincoln: University of Nebraska Press.

Zlotogotski, Z., & Wiggs, E. (1986). Story- and sentence-completion techniques. In A. I. Rabin(Ed.), *Projective techniques for adolescents and children* (pp. 195-211). New York: Springer.

Zuckerman, M. (1979). *Sensation seeking: beyond the optimal level of arousal*. Hillsdale, NJ: Erlbaum.

Zuckerman, M. (1984). Sensation seeking: A comparative approach to a human trait. *Behavior and Brain Sciences*, 7, 413-471.

Zuckerman, M. (1989). Personality in the third dimension: A psychological approach. *Personality and Individual Differences, 10*, 391-418.

Zuckerman, M., & Lubin, B. (1985). *Manual for the Multiple Affect Adjective Check List - Revised*. San Diego, CA: EdITS.

사항색인

인명색인

저자소개

서울대학교 문리과대학 및 대학원 심리학과를 졸업하고 미국 University of Washington에서 사회심리학 전공으로 박사학위를 받았다. 현재 서울대학교 사회과학대학 심리학과 교수로 재직중이며 성격심리학과 정서심리학 분야를 담당하고 있다. 인간의 감정이 주 연구영역으로 '한국 사회과학 방법론의 탐색'(공저), '심리학에서 본 지역감정'(공저) 등의 저서와 정서의 인식 및 조절에 관한 논문들이 있으며, '슬픔', '한국인의 정서', '예술가' 등의 책을 집필할 계획이다.

성격심리학

2002년 4월 5일 초판 발행
2015년 1월 25일 초판 17쇄 발행

저 자 민 경 환
발행인 배 효 선
발행처 도서출판 法 文 社
주 소 413-120 경기도 파주시 회동길 37-29
등 록 1957년 12월 12일 제2-76호(윤)
TEL (031)955-6500~6 FAX (031)955-6525
e-mail (영업) bms@bobmunsa.co.kr
(편집) edit66@bobmunsa.co.kr
홈페이지 http://www.bobmunsa.co.kr
조 판 (주) 동 국 문 화

정가 29,000원 ISBN 978-89-18-21062-9